邓云锋　主编

Keyan Zhengce Wenjian Jiedu

科研政策文件解读

山东大学出版社

《科研政策文件解读》
编委会

前 言

党的十八大以来，以习近平同志为核心的党中央洞察科技革命发展趋势，全面把握创新发展规律、科研管理规律和人才成长规律，不断推出科技改革重大举措，释放创新潜能，加速聚集创新要素，改善人才发展环境，激发人才创造活力，我国科技事业发生了历史性变革、取得了历史性成就。

高校作为"科技第一生产力、人才第一资源、创新第一动力"的结合点，日益成为创新领军人才的聚集地、科技创新中心和社会发展的引领者，在落实科教兴国战略、人才强国战略、创新驱动发展战略等重大战略部署中，地位举足轻重；在建设科技强国、教育强国的新征程中，责任重大、使命光荣。深刻领会科研政策内涵，用好科研政策红利，加快科研政策落地，是当前高校科研工作面临的一项重要任务。

为深入贯彻落实习近平新时代中国特色社会主义思想，进一步增强高校广大科研工作者对科研政策的研究把握，提升科研管理水平，更好地服务原始创新、技术开发、成果转化，为经济社会发展和新旧动能转换重大工程提供强有力支撑，我厅组织编写了《科研政策文件解读》，按“宏观政策”“科研项目”“科研经费”“科研成果奖励”“科研平台”“知识产权”“科技成果转化”七个类别，汇总了 2015 年以来的 94 部(项)法律法规和政策文件及其权威解读，并总结了我省高校的典型经验和做法。

中国未来发展的宏伟蓝图已经绘就，建设世界科技强国的号角已经吹响。我们期待本书能成为我省高校完善高校科研管理制度，规范科研管理环节，增强科技创新能力，加快科技成果转移转化的“案头卷”，在推动高校科研管理工作者准确把握科研政策，提升政策执行力，保障服务措施及时到位，打通政策“最后一公里”等方面发挥应有作用。

本书的编写得到了省内许多高校的大力支持，凝结了山东高校科研管理战线的集体智慧。谨向提供典型经验的高校和所有为本书顺利出版提出宝贵意见、付出辛勤劳动的同志们致以诚挚的谢忱。由于时间仓促，书中难免有疏漏和不当之处，恳请读者批评指正。

本书编写组

2018 年 9 月 30 日于济南

目　录

Ⅰ　宏观政策类

Ⅱ　科研项目类

Ⅲ 科研经费类

Ⅳ 科研成果奖励类

V 科研平台类

Ⅵ 知识产权类

Ⅶ 科技成果转化类

Ⅰ 宏观政策类

“十三五”国家科技创新规划

国发〔2016〕43号

“十三五”国家科技创新规划，依据《中华人民共和国国民经济和社会发展第十三个五年规划纲要》《国家创新驱动发展战略纲要》和《国家中长期科学和技术发展规划纲要（2006～2020年）》编制，主要明确“十三五”时期科技创新的总体思路、发展目标、主要任务和重大举措，是国家在科技创新领域的重点专项规划，是我国迈进创新型国家行列的行动指南。

第一篇　迈进创新型国家行列

“十三五”时期是全面建成小康社会和进入创新型国家行列的决胜阶段，是深入实施创新驱动发展战略、全面深化科技体制改革的关键时期，必须认真贯彻落实党中央、国务院决策部署，面向全球、立足全局，深刻认识并准确把握经济发展新常态的新要求和国内外科技创新的新趋势，系统谋划创新发展新路径，以科技创新为引领开拓发展新境界，加速迈进创新型国家行列，加快建设世界科技强国。

第一章　把握科技创新发展新态势

“十二五”以来特别是党的十八大以来，党中央、国务院高度重视科技创新，作出深入实施创新驱动发展战略的重大决策部署。我国科技创新步入以跟踪为主转向跟踪和并跑、领跑并存的新阶段，正处于从量的积累向质的飞跃、从点的突破向系统能力提升的重要时期，在国家发展全局中的核心位置更加凸显，在全球创新版图中的位势进一步提升，已成为具有重要影响力的科技大国。

科技创新能力持续提升，战略高技术不断突破，基础研究国际影响力大幅增强。取得载人航天和探月工程、载人深潜、深地钻探、超级计算、量子反常霍尔效应、量子通信、中微子振荡、诱导多功能干细胞等重大创新成果。2015年，全社会研究与试验发展经费支出达14220亿元；国际科技论文数稳居世界第2位，被引用数升至第4位；全国技术合同成交金额达到9835亿元；国家综合创新能力跻身世界第18位。经济增长的科技含量不断提升，科技进步贡献率从2010年的50.9%提高到2015年的55.3%。高速铁路、水电装备、特高压输变电、杂交水稻、第四代移动通信(4G)、对地观测卫星、北斗导航、电动汽车等重大装备和战略产品取得重大突破,部分产品和技术开始走向世界。科技体制改革向系统化、纵深化迈进,中央财政科技计划(专项、基金等)管理改革取得实质性进展,科技资源统筹协调进一步加强,市场导向的技术创新机制逐步完善,企业技术创新主体地位不断增强。科技创新国际化水平大幅提升,国际科技合作深入开展,国际顶尖科技人才、研发机构等高端创新资源加速集聚,科技外交在国家总体外交中的作用日益凸显。全社会创新创业生态不断优化,国家自主创新示范区和高新技术产业开发区成为创新创业重要载体,《中华人民共和国促进科技成果转化法》修订实施,企业研发费用加计扣除等政策落实成效明显,科技与金融结合更加紧密,公民科学素质稳步提升,全社会创新意识和创新活力显著增强。

"十三五"时期,世界科技创新呈现新趋势,国内经济社会发展进入新常态。

全球新一轮科技革命和产业变革蓄势待发。科学技术从微观到宏观各个尺度向纵深演进,学科多点突破、交叉融合趋势日益明显。物质结构、宇宙演化、生命起源、意识本质等一些重大科学问题的原创性突破正在开辟新前沿新方向,信息网络、人工智能、生物技术、清洁能源、新材料、先进制造等领域呈现群体跃进态势,颠覆性技术不断涌现,催生新经济、新产业、新业态、新模式,对人类生产方式、生活方式乃至思维方式将产生前所未有的深刻影响。科技创新在应对人类共同挑战、实现可持续发展中发挥着日益重要的作用。全球创新创业进入高度密集活跃期,人才、知识、技术、资本等创新资源全球流动的速度、范围和规模达到空前水平。创新模式发生重大变化,创新活动的网络化、全球化特征更加突出。全球创新版图正在加速重构,创新多极化趋势日益明显,科技创新成为各国实现经济再平衡、打造国家竞争新优势的核心,正在深刻影响和改变国家力量对比,重塑世界经济结构和国际竞争格局。

我国经济发展进入速度变化、结构优化和动力转换的新常态。推进供给侧结构性改革,促进经济提质增效、转型升级,迫切需要依靠科技创新培育发展新动力。协调推进新型工业化、信息化、城镇化、农业现代化和绿色化,建设生态文明,迫切需要依靠科技创新突破资源环境瓶颈制约。应对人口老龄化、消除贫困、增强人民健康素质、创新社会治理,迫切需要依靠科技创新支撑民生改善。落实总体国家安全观,维护国家安全和战略利益,迫切需要依靠科技创新提供强大保障。同时,我国国民收入稳步增加,市场需求加速释放,产业体系更加完备,体制活力显著增强,教育水平和人力资本素质持续提升,经济具有持续向好发展的巨大潜力、韧性和回旋余地,综合国力将再上新台阶,必将为科技创新的加速突破提供坚实基础。

同时,必须清醒地认识到,与进入创新型国家行列和建设世界科技强国的要求相比,我国科技创新还存在一些薄弱环节和深层次问题。主要表现为:科技基础仍然薄弱,科技创新能力特别是原创能力还有很大差距,关键领域核心技术受制于人的局面没有从根本上改变,许多产业仍处于全球价值链中低端,科技对经济增长的贡献率还不够高。制约创新发展的思想观念和深层次体制机制障碍依然存在,创新体系整体效能不高。高层次领军人才和高技能人才十分缺乏,创新型企业家群体亟须发展壮大。激励创新的环境亟待完善,政策措施落实力度需要进一步加强,创新资源开放共享水平有待提高,科学精神和创新文化需要进一步弘扬。

综合判断，我国科技创新正处于可以大有作为的重要战略机遇期，也面临着差距进一步拉大的风险。必须牢牢把握机遇，树立创新自信，增强忧患意识，勇于攻坚克难，主动顺应和引领时代潮流，把科技创新摆在更加重要位置，优化科技事业发展总体布局，让创新成为国家意志和全社会的共同行动，在新的历史起点上开创国家创新发展新局面，开启建设世界科技强国新征程。

第二章　确立科技创新发展新蓝图

一、指导思想

“十三五”时期科技创新的指导思想是：高举中国特色社会主义伟大旗帜，全面贯彻党的十八大和十八届三中、四中、五中全会精神，以马克思列宁主义、毛泽东思想、邓小平理论、“三个代表”重要思想、科学发展观为指导，深入贯彻习近平总书记系列重要讲话精神，认真落实党中央、国务院决策部署，坚持“五位一体”总体布局和“四个全面”战略布局，坚持创新、协调、绿色、开放、共享发展理念，坚持自主创新、重点跨越、支撑发展、引领未来的指导方针，坚持创新是引领发展的第一动力，把创新摆在国家发展全局的核心位置，以深入实施创新驱动发展战略、支撑供给侧结构性改革为主线，全面深化科技体制改革，大力推进以科技创新为核心的全面创新，着力增强自主创新能力，着力建设创新型人才队伍，着力扩大科技开放合作，着力推进大众创业万众创新，塑造更多依靠创新驱动、更多发挥先发优势的引领型发展，确保如期进入创新型国家行列，为建成世界科技强国奠定坚实基础，为实现“两个一百年”奋斗目标和中华民族伟大复兴中国梦提供强大动力。

二、基本原则

——坚持把支撑国家重大需求作为战略任务。聚焦国家战略和经济社会发展重大需求，明确主攻方向和突破口；加强关键核心共性技术研发和转化应用；充分发挥科技创新在培育发展战略性新兴产业、促进经济提质增效升级、塑造引领型发展和维护国家安全中的重要作用。

——坚持把加速赶超引领作为发展重点。把握世界科技前沿发展态势，在关系长远发展的基础前沿领域，超前规划布局，实施非对称战略，强化原始创新，加强基础研究，在独创独有上下功夫，全面增强自主创新能力，在重要科技领域实现跨越发展，跟上甚至引领世界科技发展新方向，掌握新一轮全球科技竞争的战略主动。

——坚持把科技为民作为根本宗旨。紧紧围绕人民切身利益和紧迫需求，把科技创新与改善民生福祉相结合，发挥科技创新在提高人民生活水平、增强全民科学文化素质和健康素质、促进高质量就业创业、扶贫脱贫、建设资源节约型环境友好型社会中的重要作用，让更多创新成果由人民共享，提升民众获得感。

——坚持把深化改革作为强大动力。坚持科技体制改革和经济社会领域改革同步发力，充分发挥市场配置创新资源的决定性作用和更好发挥政府作用，强化技术创新的市场导向机制，破除科技与经济深度融合的体制机制障碍，激励原创突破和成果转化，切实提高科技投入效率，形成充满活力的科技管理和运行机制，为创新发展提供持续动力。

——坚持把人才驱动作为本质要求。落实人才优先发展战略，把人才资源开发摆在科技创新最优先的位置，在创新实践中发现人才，在创新活动中培养人才，在创新事业中凝聚人才，改革人才培养使用机制，培育造就规模宏大、结构合理、素质优良的人才队伍。

——坚持把全球视野作为重要导向。主动融入布局全球创新网络，在全球范围内优化配置创新资源，把科技创新与国家外交战略相结合，推动建立广泛的创新共同体，在更高水平上开展科技创新合作，力争成为若干重要领域的引领者和重要规则的贡献者，提高在全球创新治理中的话语权。

三、发展目标

"十三五"科技创新的总体目标是：国家科技实力和创新能力大幅跃升，创新驱动发展成效显著，国家综合创新能力世界排名进入前 15 位，迈进创新型国家行列，有力支撑全面建成小康社会目标实现。

——自主创新能力全面提升。基础研究和战略高技术取得重大突破，原始创新能力和国际竞争力显著提升，整体水平由跟跑为主向并行、领跑为主转变。研究与试验发展经费投入强度达到 2.5%，基础研究占全社会研发投入比例大幅提高，规模以上工业企业研发经费支出与主营业务收入之比达到 1.1%；国际科技论文被引次数达到世界第二；每万人口发明专利拥有量达到 12 件，通过《专利合作条约》(PCT)途径提交的专利申请量比 2015 年翻一番。

——科技创新支撑引领作用显著增强。科技创新作为经济工作的重要方面，在促进经济平衡性、包容性和可持续性发展中的作用更加突出，科技进步贡献率达到 60%。高新技术企业营业收入达到 34 万亿元，知识密集型服务业增加值占国内生产总值(GDP)的比例达到 20%，全国技术合同成交金额达到 2 万亿元；成长起一批世界领先的创新型企业、品牌和标准，若干企业进入世界创新百强，形成一批具有强大辐射带动作用的区域创新增长极，新产业、新经济成为创造国民财富和高质量就业的新动力，创新成果更多为人民共享。

——创新型人才规模质量同步提升。规模宏大、结构合理、素质优良的创新型科技人才队伍初步形成，涌现一批战略科技人才、科技领军人才、创新型企业家和高技能人才，青年科技人才队伍进一步壮大，人力资源结构和就业结构显著改善，每万名就业人员中研发人员达到 60 人年。人才评价、流动、激励机制更加完善，各类人才创新活力充分激发。

——有利于创新的体制机制更加成熟定型。科技创新基础制度和政策体系基本形成，科技创新管理的法治化水平明显提高，创新治理能力建设取得重大进展。以企业为主体、市场为导向的技术创新体系更加健全，高等学校、科研院所治理结构和发展机制更加科学，军民融合创新机制更加完善，国家创新体系整体效能显著提升。

——创新创业生态更加优化。科技创新政策法规不断完善，知识产权得到有效保护。科技与金融结合更加紧密，创新创业服务更加高效便捷。人才、技术、资本等创新要素流动更加顺畅，科技创新全方位开放格局初步形成。科学精神进一步弘扬，创新创业文化氛围更加浓厚，全社会科学文化素质明显提高，公民具备科学素质的比例超过10%。

专栏1　　“十三五”科技创新主要指标

指　标		2015年指标值	2020年目标值
1	国家综合创新能力世界排名（位）	18	15
2	科技进步贡献率（%）	55.3	60
3	研究与试验发展经费投入强度（%）	2.1	2.5
4	每万名就业人员中研发人员（人年）	48.5	60
5	高新技术企业营业收入（万亿元）	22.2	34
6	知识密集型服务业增加值占国内生产总值的比例（%）	15.6	20
7	规模以上工业企业研发经费支出与主营业务收入之比（%）	0.9	1.1
8	国际科技论文被引次数世界排名	4	2
9	PCT专利申请量（万件）	3.05	翻一番
10	每万人口发明专利拥有量（件）	6.3	12
11	全国技术合同成交金额（亿元）	9835	20000
12	公民具备科学素质的比例（%）	6.2	10

四、总体部署

未来五年，我国科技创新工作将紧紧围绕深入实施国家“十三五”规划纲要和创新驱动发展战略纲要，有力支撑“中国制造2025”“互联网+”、网络强国、海洋强国、航天强国、健康中国建设、军民融合发展、“一带一路”建设、京津冀协同发展、长江经济带发展等国家战略实施，充分发挥科技创新在推动产业迈向中高端、增添发展新动能、拓展发展新空间、提高发展质量和效益中的核心引领作用。

一是围绕构筑国家先发优势，加强兼顾当前和长远的重大战略布局。加快实施国家科技重大专项，启动“科技创新2030——重大项目”；构建具有国际竞争力的产业技术体系，加强现代农业、新一代信息技术、智能制造、能源等领域一体化部署，推进颠覆性技术创新，加速引领产业变革；健全支撑民生改善和可持续发展的技术体系，突破资源环境、人口健康、公共安全等领域的瓶颈制约；建立保障国家安全和战略利益的技术体系，发展深海、深地、深空、深蓝等领域的战略高技术。

二是围绕增强原始创新能力，培育重要战略创新力量。持续加强基础研究，全面布局、前瞻部署，聚焦重大科学问题，提出并牵头组织国际大科学计划和大科学工程，力争在更多基础前沿领域引领世界科学方向，在更多战略性领域实现率先突破；完善以国家实验室为引领的创新基地建设，按功能定位分类推进科研基地的优化整合。培育造就一批世界水平的科学家、科技领军人才、高技能人才和高水平创新团队，支持青年科技人才脱颖而出，壮大创新型企业家队伍。

三是围绕拓展创新发展空间，统筹国内国际两个大局。支持北京、上海建设具有全球影响力的科技创新中心，建设一批具有重大带动作用的创新型省市和区域创新中心，推动国家自主创新示范区和高新区创新发展，系统推进全面创新改革试验；完善区域协同创新机制，加大科技扶贫力度，激发基层创新活力；打造“一带一路”协同创新共同体，提高全球配置创新资源的能力，深度参与全球创新治理，促进创新资源双向开放和流动。

四是围绕推进大众创业万众创新，构建良好创新创业生态。大力发展科技服务业，建立统一开放的技术交易市场体系，提升面向创新全链条的服务能力；加强创新创业综合载体建设，发展众创空间，支持众创众包众扶众筹，服务实体经济转型升级；深入实施知识产权和技术标准战略。完善科技与金融结合机制，大力发展创业投资和多层次资本市场。

五是围绕破除束缚创新和成果转化的制度障碍，全面深化科技体制改革。加快中央财政科技计划（专项、基金等）管理改革，强化科技资源的统筹协调；深入实施国家技术创新工程，建设国家技术创新中心，提高企业创新能力；推动健全现代大学制度和科研院所制度，培育面向市场的新型研发机构，构建更加高效的科研组织体系；实施促进科技成果转移转化行动，完善科技成果转移转化机制，大力推进军民融合科技创新。

六是围绕夯实创新的群众和社会基础，加强科普和创新文化建设。深入实施全民科学素质行动，全面推进全民科学素质整体水平的提升；加强科普基础设施建设，大力推动科普信息化，培育发展科普产业；推动高等学校、科研院所和企业的各类科研设施向社会公众开放；弘扬科学精神，加强科研诚信建设，增强与公众的互动交流，培育尊重知识、崇尚创造、追求卓越的企业家精神和创新文化。

第三章　建设高效协同国家创新体系

深入实施创新驱动发展战略，支撑供给侧结构性改革，必须统筹推进高效协同的国家创新体系建设，促进各类创新主体协同互动、创新要素顺畅流动高效配置，形成创新驱动发展的实践载体、制度安排和环境保障。

一、培育充满活力的创新主体

进一步明确各类创新主体的功能定位，突出创新人才的核心驱动作用，增强企业的创新主体地位和主导作用，发挥国家科研机构的骨干和引领作用，发挥高等学校的基础和生力军作用，鼓励和引导新型研发机构等发展，充分发挥科技类社会组织的作用，激发各类创新主体活力，系统提升创新主体能力。

二、系统布局高水平创新基地

瞄准世界科技前沿和产业变革趋势，聚焦国家战略需求，按照创新链、产业链加强系统整合布局，以国家实验室为引领，形成功能完备、相互衔接的创新基地，充分聚集一流人才，增强创新储备，提升创新全链条支撑能力，为实现重大创新突破、培育高端产业奠定重要基础。

三、打造高端引领的创新增长极

遵循创新区域高度聚集规律，结合区域创新发展需求，引导高端创新要素围绕区域生产力布局加速流动和聚集，以国家自主创新示范区和高新区为基础、区域创新中心和跨区域创新平台为龙头，推动优势区域打造具有重大引领作用和全球影响力的创新高地，形成区域创新发展梯次布局，带动区域创新水平整体提升。

四、构建开放协同的创新网络

围绕打通科技与经济的通道，以技术市场、资本市场、人才市场为纽带，以资源开放共享为手段，围绕产业链部署创新链，围绕创新链完善资金链，加强各类创新主体间合作，促进产学研用紧密结合，推进科教融合发展，深化军民融合创新，健全创新创业服务体系，构建多主体协同互动与大众创新创业有机结合的开放高效创新网络。

五、建立现代创新治理结构

进一步明确政府和市场分工，持续推进简政放权、放管结合、优化服务改革，推动政府职能从研发管理向创新服务转变；明确和完善中央与地方分工，强化上下联动和统筹协调；加强科技高端智库建设，完善科技创新重大决策机制；改革完善资源配置机制，引导社会资源向创新集聚，提高资源配置效率，形成政府引导作用与市场决定性作用有机结合的创新驱动制度安排。

六、营造良好创新生态

强化创新的法治保障，积极营造有利于知识产权创造和保护的法治环境；持续优化创新政策供给，构建普惠性创新政策体系，增强政策储备，加大重点政策落实力度；激发全社会的创造活力，营造崇尚创新创业的文化环境。

第二篇　构筑国家先发优势

围绕提升产业竞争力、改善民生和保障国家安全的战略需求，加强重点领域的系统部署，为塑造更多依靠创新驱动、发挥先发优势的引领型发展提供有力支撑。

第四章　实施关系国家全局和长远的重大科技项目

重大科技项目是体现国家战略目标、集成科技资源、实现重点领域跨越发展的重要抓手。“十三五”期间，要在实施好已有国家科技重大专项的基础上，面向 2030 年再部署一批体现国家战略意图的重大科技项目，探索社会主义市场经济条件下科技创新的新型举国体制，完善重大项目组织模式，在战略必争领域抢占未来竞争制高点，开辟产业发展新方向，培育新经济增长点，带动生产力跨越发展，为提高国家综合竞争力、保障国家安全提供强大支撑。

一、深入实施国家科技重大专项(略)

二、部署启动新的重大科技项目(略)

第五章　构建具有国际竞争力的现代产业技术体系

把握世界科技革命和产业变革新趋势,围绕我国产业国际竞争力提升的紧迫需求,强化重点领域关键环节的重大技术开发,突破产业转型升级和新兴产业培育的技术瓶颈,构建结构合理、先进管用、开放兼容、自主可控的技术体系,为我国产业迈向全球价值链中高端提供有力支撑。

一、发展高效安全生态的现代农业技术(略)

二、发展新一代信息技术(略)

三、发展智能绿色服务制造技术(略)

四、发展新材料技术(略)

五、发展清洁高效能源技术(略)

六、发展现代交通技术与装备(略)

七、发展先进高效生物技术(略)

八、发展现代食品制造技术(略)

九、发展支撑商业模式创新的现代服务技术(略)

十、发展引领产业变革的颠覆性技术(略)

第六章　健全支撑民生改善和可持续发展的技术体系

围绕改善民生和促进可持续发展的迫切需求,加大资源环境、人口健康、新型城镇化、公共安全等领域核心关键技术攻关和转化应用的力度,为形成绿色发展方式和生活方式,全面提升人民生活品质提供技术支撑。

一、发展生态环保技术(略)

二、发展资源高效循环利用技术(略)

三、发展人口健康技术(略)

四、发展新型城镇化技术(略)

五、发展可靠高效的公共安全与社会治理技术(略)

第七章 发展保障国家安全和战略利益的技术体系

围绕国家和人类长远发展需求,加强海洋、空天以及深地极地空间拓展的关键技术突破,提升战略空间探测、开发和利用能力,为促进人类共同资源有效利用和保障国家安全提供技术支撑。

一、发展海洋资源高效开发、利用和保护技术(略)

二、发展空天探测、开发和利用技术(略)

三、发展深地极地关键核心技术(略)

四、发展维护国家安全和支撑反恐的关键技术(略)

第三篇 增强原始创新能力

围绕增加创新的源头供给,持续加强基础研究,布局建设重大科技创新基地,壮大创新型科技人才队伍,力争在更多领域引领世界科学前沿发展方向,为人类科技进步做出更多贡献。

第八章 持续加强基础研究

坚持面向国家重大需求和世界科学前沿,坚持鼓励自由探索和目标导向相结合,加强重大科学问题研究,完善基础研究体制机制,补好基础研究短板,增强创新驱动源头供给,显著提升我国的科学地位和国际影响力。

一、加强自由探索与学科体系建设(略)

二、强化目标导向的基础研究和前沿技术研究(略)

三、组织实施国际大科学计划和大科学工程(略)

四、加强国家重大科技设施建设(略)

五、开展重大科学考察与调查(略)

六、加强基础研究协同保障(略)

第九章　建设高水平科技创新基地

紧密围绕国家战略需求，大力推进以国家实验室为引领的科技创新基地建设，加强基地优化整合，创新运行机制，促进科技资源开放共享，夯实自主创新的物质技术基础。

一、优化国家科研基地和平台布局

以提升科技创新能力为目标，着眼长远和全局，统筹科研基地、科技资源共享服务平台和科研条件保障能力建设，坚持优化布局、重点建设、分层管理、规范运行的原则，围绕国家战略和创新链布局需求对现有国家科研基地平台进行合理归并，优化整合为战略综合类、技术创新类、科学研究类、基础支撑类等，进一步明确功能定位和目标任务。战略综合类主要是国家实验室。技术创新类包括国家技术创新中心、国家临床医学研究中心，以及对现有国家工程技术研究中心、国家工程研究中心、国家工程实验室、企业国家重点实验室等优化整合后形成的科研基地。科学研究类主要是国家重点实验室。基础支撑类包括国家野外科学观测研究站、科技资源服务平台等基础性、公益性基地和平台。

以国家实验室为引领统筹布局国家科研基地建设，推动地方和部门按照国家科研基地总体布局，建设适合区域发展和行业特色的科技创新基地，形成国家、部门、地方分层次的合理构架。进一步完善管理运行机制，加强评估考核，强化稳定支持。

二、在重大创新领域布局建设国家实验室

聚焦国家目标和战略需求，优先在具有明确国家目标和紧迫战略需求的重大领域，在有望引领未来发展的战略制高点，面向未来、统筹部署，布局建设一批突破型、引领型、平台型一体的国家实验室。以重大科技任务攻关和国家大型科技基础设施为主线，依托最有优势的创新单元，整合全国创新资源，聚集国内外一流人才，探索建立符合大科学时代科研规律的科学研究组织形式、学术和人事管理制度，建立目标导向、绩效管理、协同攻关、开放共享的新型运行机制，同其他各类科研机构、大学、企业研发机构形成功能互补、良性互动的协同创新新格局。加大持续稳定支持强度，开展具有重大引领作用的跨学科、大协同的创新攻关，打造体现国家意志、具有世界一流水平、引领发展的重要战略科技力量。

三、推进国家科学研究与技术创新基地建设

瞄准科学前沿和重点行业领域发展方向，加强以国家重点实验室为重要载体的科学研究基地建设，在孕育原始创新、推动学科发展和前沿技术研发方面发挥重要作用，在若干学科领域实现并跑和领跑，产出国际一流成果。根据国家科技计划管理改革的整体要求，按照国家科研基地顶层设计，对现有国家重点实验室进行优化布局，重点在前沿交叉、优势特色学科择优建设一批国家重点实验室，推进省部共建、军民共建及港澳伙伴实验室建设发展工作。完善运行管理制度和机制，强化定期评估考核和调整，形成具有持续创新活力、能进能出的重要科学研究基地。

聚焦国家战略产业技术领域，建设综合性、集成性，面向全球竞争、开放协同的国家技术创新中心。面向行业和产业发展需求，整合国家工程技术研究中心和国家工程研究中心，完善布局，实行动态调整和有序退出机制。在先进制造、现代农业、生态环境、社会民生等重要领域建设高水平的技术创新和成果转化基地。建成若干国家临床研究中心和覆盖全国的网络化、集群化协同研究网络，促进医学科技成果转化应用。

四、强化科技资源开放共享与服务平台建设

加强平台建设系统布局，形成涵盖科研仪器、科研设施、科学数据、科技文献、实验材料等的科技资源共享服务平台体系，强化对前沿科学研究、企业技术创新、大众创新创业等的支撑，着力解决科技资源缺乏整体布局、重复建设和闲置浪费等问题。整合和完善科技资源共享服务平台，更好满足科技创新需求。建立健全共享服务平台运行绩效考核、后补助和管理监督机制。深入开展重点科技资源调查，完善国家科技资源数据库建设，强化科技资源挖掘加工、评价鉴定等。面向国家重大需求提供高水平专题服务。建立科技资源信息公开制度，完善科学数据汇交和共享机制，加强科技计划项目成果数据的汇交。

五、提升科研条件保障能力

以提升原始创新能力和支撑重大科技突破为目标，加强大型科学仪器设备、实验动物、科研试剂、创新方法等保障研究开发的科研条件建设，夯实科技创新的物质和条件基础，提升科研条件保障能力。强化重大科研仪器设备、核心技术和关键部件研制与开发，推动科学仪器设备工程化和产业化技术研究；强化国家质量技术基础研究，支持计量、标准、检验检测、认证认可等技术研发，加强技术性贸易措施研究；加强实验动物品种培育、模型创制及相关设备的研发，全面推进实验动物标准化和质量控制体系建设；加强国产科研用试剂研发、应用与示范，研发一批填补国际空白、具有自主知识产权的原创性科研用试剂，不断满足我国科学技术研究和高端检测领域的需求；开展科技文献信息数字化保存、信息挖掘、语义揭示、知识计算等方面关键共性技术研发。

第十章　加快培育集聚创新型人才队伍

人才是经济社会发展的第一资源，是创新的根基，创新驱动实质上是人才驱动。深入实施人才优先发展战略，坚持把人才资源开发放在科技创新最优先的位置，优化人才结构，构建科学规范、开放包容、运行高效的人才发展治理体系，形成具有国际竞争力的创新型科技人才制度优势，努力培养造就规模宏大、结构合理、素质优良的创新型科技人才队伍，为建设人才强国做出重要贡献。

一、推进创新型科技人才结构战略性调整

促进科学研究、工程技术、科技管理、科技创业人员和技能型人才等协调发展，形成各类创新型科技人才衔接有序、梯次配备、合理分布的格局。深入实施国家重大人才工程,打造国家高层次创新型科技人才队伍。突出“高精尖缺”导向,加强战略科学家、科技领军人才的选拔和培养。加强创新团队建设,形成科研人才和科研辅助人才的梯队合理配备。加大对优秀青年科技人才的发现、培养和资助力度,建立适合青年科技人才成长的用人制度,增强科技创新人才后备力量。大力弘扬新时期工匠精神,加大面向生产一线的实用工程人才、卓越工程师和专业技能人才培养。培养造就一大批具有全球战略眼光、创新能力和社会责任感的企业家人才队伍。加大少数民族创新型科技人才培养和使用,重视和提高女性科技人才的比例。加强知识产权和技术转移人才队伍建设,提升科技管理人才的职业化和专业化水平。加大对新兴产业以及重点领域、企业急需紧缺人才的支持力度。研究制定国家重大战略、国家重大科技项目和重大工程等的人才支持措施。建立完善与老少边穷地区人才交流合作机制,促进区域人才协调发展。

二、大力培养和引进创新型科技人才

发挥政府投入引导作用,鼓励企业、高等学校、科研院所、社会组织、个人等有序参与人才资源开发和人才引进,更大力度引进急需紧缺人才,聚天下英才而用之。促进创新型科技人才的科学化分类管理,探索个性化培养路径。促进科教结合,构建创新型科技人才培养模式,强化基础教育兴趣爱好和创造性思维培养,探索研究生培养科教结合的学术学位新模式。深化高等学校创新创业教育改革,促进专业教育与创新创业教育有机结合,支持高等职业院校加强制造等专业的建设和技能型人才培养,完善产学研用结合的协同育人模式。鼓励科研院所和高等学校联合培养人才。

加大对国家高层次人才的支持力度。加快科学家工作室建设,鼓励开展探索性、原创性研究,培养一批具有前瞻性和国际眼光的战略科学家群体;形成一支具有原始创新能力的杰出科学家队伍;在若干重点领域建设一批有基础、有潜力、研究方向明确的高水平创新团队,提升重点领域科技创新能力;瞄准世界科技前沿和战略性新兴产业,支持和培养具有发展潜力的中青年科技创新领军人才;改革博士后制度,发挥高等学校、科研院所、企业在博士后研究人员招收培养中的主体作用,为博士后从事科技创新提供良好条件保障;遵循创业人才成长规律,拓宽培养渠道,支持科技成果转化领军人才发展。培育一批具备国际视野、了解国际科学前沿和国际规则的中青年科研与管理人才。

加大海外高层次人才引进力度。围绕国家重大需求,面向全球引进首席科学家等高层次创新人才,对国家急需紧缺的特殊人才,开辟专门渠道,实行特殊政策,实现精准引进。改进与完善外籍专家在华工作、生活环境和相关服务。支持引进人才深度参与国家计划项目、开展科技攻关,建立外籍科学家领衔国家科技项目的机制。开展高等学校和科研院所部分非涉密岗位全球招聘试点。完善国际组织人才培养推送机制。

优化布局各类创新型科技人才计划,加强衔接协调。统筹安排人才开发培养经费,调整和规范人才工程项目财政性支出,提高资金使用效益,发挥人才发展专项资金等政府投入的引导和撬动作用。推动人才工程项目与各类科研、基地计划相衔接。

三、健全科技人才分类评价激励机制

改进人才评价考核方式,突出品德、能力和业绩评价,实行科技人员分类评价。探索基础研究类科研人员的代表作同行学术评议制度，进一步发挥国际同行评议的作用，适当延长基础研究人才评价考核周期。对从事应用研究和技术开发的科研人员注重市场检验和用户评价。引导科研辅助和实验技术类人员提高服务水平和技术支持能力。完善科技人才职称评价体系，突出用人主体在职称评审中的主导作用，合理界定和下放职称评审权限，推动高等学校、科研院所和国有企业自主评审，探索高层次人才、急需紧缺人才职称直聘办法，畅通非公有制经济组织和社会组织人才申报参加职称评审渠道。做好人才评价与项目评审、机构评估的有机衔接。

改革薪酬和人事制度，为各类人才创造规则公平和机会公平的发展空间。完善科研事业单位收入分配制度，推进实施绩效工资，保证科研人员合理工资待遇水平，健全与岗位职责、工作业绩、实际贡献紧密联系和鼓励创新创造的分配激励机制，重点向关键岗位、业务骨干和做出突出贡献的人员倾斜。依法赋予创新领军人才更大的人财物支配权、技术路线决定权，实行以增加知识价值为导向的激励机制。积极推行社会化、市场化选人用人。创新科研事业单位选聘、聘用高端人才的体制机制，探索高等学校、科研院所负责人年薪制和急需紧缺等特殊人才协议工资、项目工资等多种分配办法。深化国家科技奖励制度改革，优化结构、减少数量、提高质量、强化奖励的荣誉性和对人的激励，逐步完善推荐提名制，引导和规范社会力量设奖。改进完善院士制度，健全院士遴选、管理和退出机制。

四、完善人才流动和服务保障机制

优化人力资本配置，按照市场规律让人才自由流动，实现人尽其才、才尽其用、用有所成。改进科研人员薪酬和岗位管理制度，破除人才流动障碍，研究制定高等学校、科研院所等事业单位科研人员离岗创业的政策措施，允许高等学校、科研院所设立一定比例的流动岗位，吸引具有创新实践经验的企业家、科技人才兼职，促进科研人员在事业单位和企业间合理流动。健全有利于人才向基层、中西部地区流动的政策体系。加快社会保障制度改革，完善科研人员在企业与事业单位之间流动时社保关系转移接续政策，为人才跨地区、跨行业、跨体制流动提供便利条件，促进人才双向流动。

针对不同层次、不同类型的人才，制定相应管理政策和服务保障措施。实施更加开放的创新型科技人才政策，探索柔性引智机制，推进和保障创新型科技人才的国际流动。落实外国人永久居留管理政策，探索建立技术移民制度。对持有外国人永久居留证的外籍高层次人才开展创办科技型企业等创新活动，给予其与中国籍公民同等待遇，放宽科研事业单位对外籍人员的岗位限制，放宽外国高层次科技人才取得外国人永久居留证的条件。推进内地与港澳台创新型科技人才的双向流动。加强对海外引进人才的扶持与保护，避免知识产权纠纷。健全创新人才维权援助机制，建立创新型科技人才引进使用中的知识产权鉴定机制。完善留学生培养支持机制，提高政府奖学金资助标准，扩大来华留学规模，优化留学生结构。鼓励和支持来华留学生和在海外留学生以多种形式参与创新创业活动。进一步完善教学科研人员因公临时出国分类管理政策。

拓展人才服务新模式。积极培育专业化人才服务机构，发展内外融通的专业性、行业性人才市场，完善对人才公共服务的监督管理。搭建创新型科技人才服务区域和行业发展的平台，探索人才和智力流动长效服务机制。

第四篇　拓展创新发展空间

统筹国内国际两个大局，促进创新资源集聚和高效流动。以打造区域创新高地为重点带动提升区域创新发展整体水平，深度融入和布局全球创新网络，全方位提升科技创新的国际化水平。

第十一章　打造区域创新高地

围绕推动地方实施创新驱动发展战略和落实国家区域发展总体战略，充分发挥地方在区域创新中的主体作用，优化发展布局，创新体制机制，集成优势创新资源，着力打造区域创新高地，引领带动区域创新水平整体跃升。

一、支持北京上海建设具有全球影响力的科技创新中心(略)

二、推动国家自主创新示范区和高新区创新发展(略)

三、建设带动性强的创新型省市和区域创新中心(略)

四、系统推进全面创新改革试验(略)

第十二章　提升区域创新协调发展水平

完善跨区域协同创新机制，引导创新要素聚集流动，构建跨区域创新网络，集中力量加大科技扶贫开发力度，充分激发基层创新活力。

一、推动跨区域协同创新(略)

二、加大科技扶贫开发力度(略)

三、提升基层科技创新服务能力(略)

四、促进区域可持续发展(略)

第十三章　打造“一带一路”协同创新共同体

发挥科技创新合作对共建“一带一路”的先导作用，围绕沿线国家科技创新合作需求，全面提升科技创新合作层次和水平，打造发展理念相通、要素流动畅通、科技设施联通、创新链条融通、人员交流顺通的创新共同体。

一、密切科技沟通和人文交流(略)

二、加强联合研发和技术转移中心建设(略)

三、促进科技基础设施互联互通(略)

四、加强与"一带一路"沿线国家的合作研究(略)

第十四章 全方位融入和布局全球创新网络

坚持以全球视野谋划和推动创新，实施科技创新国际化战略，积极融入和主动布局全球创新网络，探索科技开放合作新模式、新路径、新体制，深度参与全球创新治理，促进创新资源双向开放和流动，全方位提升科技创新的国际化水平。

一、完善科技创新开放合作机制(略)

二、促进创新资源双向开放和流动(略)

三、加强与港澳台的科技创新合作(略)

四、深度参与全球创新治理(略)

第五篇 推动大众创业万众创新

顺应大众创业、万众创新的新趋势，构建支撑科技创新创业全链条的服务网络，激发亿万群众创造活力，增强实体经济发展的新动能。

第十五章 全面提升科技服务业发展水平

以满足科技创新需求和促进创新创业为导向，建立健全科技服务体系，全面提升科技服务业的专业化、网络化、规模化、国际化发展水平。

一、提升全链条科技服务能力(略)

二、建立统一开放的技术交易市场体系(略)

三、促进科技服务业国际化发展(略)

第十六章 建设服务实体经济的创业孵化体系(略)

第十七章 健全支持科技创新创业的金融体系(略)

第六篇　全面深化科技体制改革

紧紧围绕促进科技与经济社会发展深度融合，贯彻落实党中央、国务院关于深化科技体制改革的决策部署，加强重点改革措施实施力度，促进科技体制改革与其他领域改革的协调，增强创新主体能力，构建高效协同创新网络，最大限度激发科技第一生产力、创新第一动力的巨大潜能。

第十八章　深入推进科技管理体制改革

围绕推动政府职能从研发管理向创新服务转变，深化科技计划管理改革，加强科技创新管理基础制度建设，全面提升创新服务能力和水平。

一、健全科技创新治理机制

顺应创新主体多元、活动多样、路径多变的新趋势，推动政府管理创新，形成多元参与、协同高效的创新治理格局。转变政府职能，合理定位政府和市场功能，推动简政放权、放管结合、优化服务改革，强化政府战略规划、政策制定、环境营造、公共服务、监督评估和重大任务实施等职能，重点支持市场不能有效配置资源的基础前沿、社会公益、重大共性关键技术研究等公共科技活动，积极营造有利于创新创业的市场和社会环境。竞争性的新技术、新产品、新业态开发交由市场和企业来决定。合理确定中央各部门功能性分工，发挥行业主管部门在创新需求凝练、任务组织实施、成果推广应用等方面的作用。科学划分中央和地方科技管理事权，中央政府职能侧重全局性、基础性、长远性工作，地方政府职能侧重推动技术开发和转化应用。加快建立科技咨询支撑行政决策的科技决策机制，推进重大科技决策制度化。完善国家科技创新决策咨询制度，定期向党中央、国务院报告国内外科技创新动向，就重大科技创新问题提出咨询意见。建设高水平科技创新智库体系，发挥好院士群体、高等学校和科研院所高水平专家在战略规划、咨询评议和宏观决策中的作用。增强企业家在国家创新决策体系中的话语权，发挥各类行业协会、基金会、科技社团等在推动科技创新中的作用，健全社会公众参与决策机制。

二、构建新型科技计划体系

深入推进中央财政科技计划（专项、基金等）管理改革。按照国家自然科学基金、国家科技重大专项、国家重点研发计划、技术创新引导专项（基金）、基地和人才专项等五类科技计划重构国家科技计划布局，实行分类管理、分类支持。科技计划（专项、基金等）全部纳入统一的国家科技管理平台，完善国家科技计划（专项、基金等）管理部际联席会议运行机制，加强科技计划管理和重大事项统筹协调，充分发挥行业、部门和地方的作用。国家重点研发计划更加聚焦重大战略任务，根据国民经济和社会发展重大需求及科技发展优先领域，凝练形成若干目标明确、边界清晰的重点专项，从基础前沿、重大共性关键技术到应用示范进行全链条创新设计，一体化组织实施。分类整合技术创新引导专项（基金），通过市场机制引导社会资金和金融资本进入技术创新领域。加快推进基地和人才专项的整合与布局，深化国家科技重大专项管理改革，加强国家自然科学基金与其他科技计划的成果共享和工作对接。建立专业机构管理项目机制，加快建设运行公开透明、制度健全规范、管理公平公正的专业机构，提高专业化管理水平和服务效率。建立统一的国家科技计划监督评估机制，制定监督评估通则和标准规范，强化科技计划实施和经费监督检查，开展第三方评估。

三、进一步完善科研项目和资金管理

进一步完善科研项目和资金管理，建立符合科研规律、高效规范的管理制度，解决简单套用行政预算和财务管理方法管理科技资源等问题，让经费为人的创造性活动服务，促进形成充满活力的科研项目和资金管理机制，以深化改革更好地激发广大科研人员积极性。制定和修订相关计划管理办法和经费管理办法，改进和规范项目管理流程，精简程序、简化手续。建立科研财务助理制度。完善科研项目间接费用管理，加大绩效激励力度，落实好项目承担单位项目预算调剂权。完善稳定支持和竞争性支持相协调的机制，加大稳定支持力度，支持研究机构自主布局科研项目，扩大高等学校、科研院所学术自主权和个人科研选题选择权。在基础研究领域建立包容和支持非共识创新项目的制度。

四、强化科技管理基础制度建设

建立统一的国家科技管理信息系统，对科技计划实行全流程痕迹管理。全面实行国家科技报告制度，建立科技报告共享服务机制，将科技报告呈交和共享情况作为对项目承担单位后续支持的依据。完善科研信用管理制度，建立覆盖项目决策、管理、实施主体的逐级考核问责机制。推进国家创新调查制度建设，发布国家、区域、高新区、企业等创新能力监测评价报告。建立技术预测长效机制，加强对我国技术发展水平的动态评价和国家关键技术选择。进一步完善科技统计制度。

五、完善创新导向的评价制度

改革科技评价制度，建立以科技创新质量、贡献、绩效为导向的分类评价体系，正确评价科技创新成果的科学价值、技术价值、经济价值、社会价值、文化价值。推进高等学校和科研院所分类评价，实施绩效评价，把技术转移和科研成果对经济社会的影响纳入评价指标，将评价结果作为财政科技经费支持的重要依据。推行第三方评价，探索建立政府、社会组织、公众等多方参与的评价机制，拓展社会化、专业化、国际化评价渠道。完善国民经济核算体系，逐步探索将反映创新活动的研发支出纳入 GDP 核算，反映无形资产对经济的贡献，突出创新活动的投入和成效。改革完善国有企业评价机制，把研发投入和创新绩效作为重要考核指标。

六、增强民用技术对国防建设的支持

深入贯彻落实军民融合发展战略，推动形成全要素、多领域、高效益的军民科技创新深度融合格局。加强科技领域统筹，在国家研发任务安排中贯彻国防需求，把研发布局调整同国防布局完善有机结合起来，推进国家科技和国防科技在规划、计划层面的统筹协调，建立完善军民重大任务联合论证、共同实施的新机制，为国防建设提供更加强大的技术支撑。充分发挥高等学校、科研院所的优势，积极引导鼓励优势民口科研力量参与国防重大科技创新任务。打通阻碍转化的关键环节，加强评估引导，为军用技术向民用技术转化提供良好政策环境。持续推进技术标准、科研条件平台统筹布局和开放共享，增强对科技创新和国防建设的整体支撑能力，大力提升军民科技创新融合发展水平。

第十九章　强化企业创新主体地位和主导作用（略）

第二十章　建立高效研发组织体系

深化科研组织体系改革，全面提升高等学校创新能力，加快建设有特色高水平科研院所，培育面向市场的新型研发机构，完善科研运行管理机制，形成高效的研发组织体系。

一、全面提升高等学校创新能力

统筹推进世界一流大学和一流学科建设，系统提升人才培养、学科建设、科技研发、社会服务协同创新能力，增强原始创新能力和服务经济社会发展能力，扩大国际影响力。强化行业特色高等学校主干学科和办学特色。加强区域内高等学校科研合作、学术交流和资源开放共享，面向市场需求开展应用技术研发。加快中国特色现代大学制度建设，落实和扩大高等学校法人自主权，统筹推进教育创新、科技创新、体制创新、开放创新和文化创新，激发高等学校办学动力和活力。深化高等学校科研体制机制改革，推进科教紧密融合，开展高等学校科研组织方式改革试点。以产教融合、科教协同为原则推进研究生培养改革，鼓励开展案例式、互动式、启发式教学，培养富有创新精神和实践能力的各类创新型、应用型、复合型优秀人才。改革完善高等学校创新能力提升计划组织实施方式，加强协同创新中心建设。

二、加快建设有特色高水平科研院所（略）

三、培育发展新型研发机构（略）

第二十一章　完善科技成果转移转化机制

实施促进科技成果转移转化行动，进一步破除制约科技成果转移转化的体制机制障碍，完善相关配套措施，强化技术转移机制建设，加强科技成果权益管理改革，激发科研人员创新创业活力。

一、建立健全技术转移组织体系

推动高等学校、科研院所建立健全技术转移工作体系和机制，加强专业化科技成果转化队伍建设，优化科技成果转化流程，通过本单位负责技术转移工作的机构或者委托独立的科技成果转化服务机构开展技术转移。鼓励高等学校、科研院所在不增加编制的前提下建设专业化技术转移机构，培育一批运营机制灵活、专业人才集聚、服务能力突出、具有国际影响力的国家技术转移机构。建立高等学校和科研院所科技成果与市场对接转化渠道，推动科技成果与产业、企业技术创新需求有效对接。支持企业与高等学校、科研院所联合设立研发机构或技术转移机构，共同开展研究开发、成果应用与推广、标准研究与制定等。建立和完善国家科技计划形成科技成果的转化机制，发布转化一批符合产业转型升级方向、投资规模与产业带动作用显著的科技成果包，增强产业创新发展的技术源头供给。建立国家科技成果信息系统，加强各类科技成果信息汇交，鼓励开展科技成果数据挖掘与开发利用。

二、深化科技成果权益管理改革

落实高等学校、科研院所对其持有的科技成果可以自主决定转让、许可或者作价投资的权利，除涉及国家秘密、国家安全外，不需审批或者备案。高等学校、科研院所有权依法以持有的科技成果作价入股确认股权和出资比例，并通过发起人协议、投资协议或者公司章程等形式对科技成果的权属、作价、折股数量或者出资比例等事项明确约定，明晰产权。科技成果转化所获得的收入全部留归单位，扣除对完成和转化职务科技成果做出重要贡献人员的奖励和报酬后，应当主要用于科学技术研发与成果转化等相关工作，并对技术转移机构的运行和发展给予保障。进一步探索推进科技成果归属权益改革。建立健全科技成果向境外转移管理制度。

三、完善科技成果转化激励评价制度

积极引导符合条件的国有科技型企业实施股权和分红激励政策，落实国有企业事业单位成果转化奖励的相关政策。完善职务发明制度，推动修订专利法、公司法，完善科技成果、知识产权归属和利益分享机制。高等学校、科研院所对科技成果转化中科技人员的奖励应不低于净收入的50%，在研究开发和科技成果转化中做出主要贡献的人员获得奖励的份额不低于奖励总额的50%。对于担任领导职务的科技人员获得科技成果转化奖励，按照分类管理的原则执行。健全职务发明的争议仲裁和法律救济制度。

高等学校、科研院所的主管部门以及财政、科技等相关部门，在对单位进行绩效考评时应当将科技成果转化的情况作为评价指标之一。加大对科技成果转化绩效突出的高等学校、科研院所及人员的支持力度，相关主管部门以及财政、科技等相关部门根据单位科技成果转化年度报告情况等，对单位科技成果转化绩效予以评价，并将评价结果作为对单位予以支持的依据之一。高等学校、科研院所制定激励制度，对业绩突出的专业化技术转移机构给予奖励。高等学校、科研院所应向主管部门报送科技成果转化年度报告。

四、强化科技成果转化市场化服务

以“互联网＋”科技成果转移转化为核心，以需求为导向，打造线上与线下相结合的国家技术交易网络平台，提供信息发布、融资并购、公开挂牌、竞价拍卖、咨询辅导等专业化服务。完善技术转移区域中心、国际技术转移中心布局与功能，支持地方和有关机构建立完善区域性、行业性技术市场，打造链接国内外技术、资本、人才等创新资源的技术转移网络。完善技术产权交易、知识产权交易等各类平台功能，促进科技成果与资本的有效对接。支持有条件的技术转移机构与天使投资、创业投资等开展设立投资基金等合作，加大对科技成果转化项目的投资力度。

五、大力推动地方科技成果转移转化

健全省、市、县三级科技成果转化工作网络，强化科技管理部门开展科技成果转移转化工作职能。以创新资源集聚、工作基础好的省区市为主导，依托国家自主创新示范区、高新区、农业科技园区、创新型城市等，建设国家科技成果转移转化示范区，探索形成一批可复制、可推广的工作经验与模式。支持地方建设通用性或行业性技术创新服务平台，搭建科技成果中试与产业化载体，开展研发设计、中试熟化、检验检测、知识产权、投融资等服务。

第七篇　加强科普和创新文化建设

全面提升公民科学素质，加强科普基础设施建设，加快科学精神和创新文化的传播塑造，使公众能够更好地理解、掌握、运用和参与科技创新，进一步夯实创新发展的群众和社会基础。

第二十二章　全面提升公民科学素质（略）

第二十三章　加强国家科普能力建设（略）

第二十四章　营造激励创新的社会文化氛围

营造崇尚创新的文化环境，加快科学精神和创新价值的传播塑造，动员全社会更好理解和投身科技创新。营造鼓励探索、宽容失败和尊重人才、尊重创造的氛围，加强科研诚信、科研道德、科研伦理建设和社会监督，培育尊重知识、崇尚创造、追求卓越的创新文化。（略）

第八篇　强化规划实施保障

强化各级政府部门在规划实施中的职责，充分调动科技界和社会各界的积极性和创造性，从政策法规、资源配置、监督评估等方面完善任务落实机制，确保规划实施取得明显成效。

第二十五章　落实和完善创新政策法规

围绕营造良好创新生态，强化创新的法治保障，加大普惠性政策落实力度，加强创新链各环节政策的协调和衔接，形成有利于创新发展的政策导向。

一、强化创新法治保障(略)

二、完善支持创新的普惠性政策体系(略)

三、深入实施知识产权战略(略)

四、持续推进技术标准战略(略)

五、强化政策统筹协调(略)

第二十六章　完善科技创新投入机制

发挥好财政科技投入的引导激励作用和市场配置各类创新要素的导向作用，优化创新资源配置，引导社会资源投入创新，形成财政资金、金融资本、社会资本多方投入的新格局。

一、加强规划任务与资源配置衔接(略)

二、建立多元化科技投入体系(略)

三、提高科技投入配置效率(略)

第二十七章　加强规划实施与管理

加强组织领导，明确分工责任，强化规划实施中的协调管理，形成规划实施的强大合力与制度保障。

一、健全组织领导机制(略)

二、强化规划协调管理(略)

三、加强规划实施监测评估(略)

国务院关于全面加强基础科学研究的若干意见

国发〔2018〕4号

各省、自治区、直辖市人民政府，国务院各部委、各直属机构：

强大的基础科学研究是建设世界科技强国的基石。当前，新一轮科技革命和产业变革蓬勃兴起，科学探索加速演进，学科交叉融合更加紧密，一些基本科学问题孕育重大突破。世界主要发达国家普遍强化基础研究战略部署，全球科技竞争不断向基础研究前移。经过多年发展，我国基础科学研究取得长足进步，整体水平显著提高，国际影响力日益提升，支撑引领经济社会发展的作用不断增强。但与建设世界科技强国的要求相比，我国基础科学研究短板依然突出，数学等基础学科仍是最薄弱的环节，重大原创性成果缺乏，基础研究投入不足、结构不合理，顶尖人才和团队匮乏，评价激励制度亟待完善，企业重视不够，全社会支持基础研究的环境需要进一步优化。为进一步加强基础科学研究，大幅提升原始创新能力，夯实建设创新型国家和世界科技强国的基础，现提出以下意见。

一、总体要求

（一）指导思想

全面贯彻党的十九大精神，以习近平新时代中国特色社会主义思想为指导，贯彻创新、协调、绿色、开放、共享的新发展理念，按照党中央、国务院决策部署，深入实施科教兴国战略、创新驱动发展战略，充分发挥科学技术作为第一生产力的作用，充分发挥创新作为引领发展第一动力的作用，瞄准世界科技前沿，强化基础研究，深化科技体制改革，促进基础研究与应用研究融通创新发展，着力实现前瞻性基础研究、引领性原创成果重大突破，全面提升创新能力，全面推进创新型国家和世界科技强国建设，为加快建设社会主义现代化强国、实现中华民族伟大复兴的中国梦提供强大支撑。

（二）基本原则

遵循科学规律，坚持分类指导。尊重科学研究灵感瞬间性、方式随意性、路径不确定性的特点，营造有利于创新的环境和文化，鼓励科学家自由畅想、大胆假设、认真求证。推动自由探索和目标导向有机结合，自由探索类基础研究聚焦探索未知的科学问题，勇攀科学高峰；目标导向类基础研究紧密结合经济社会发展需求，加强战略领域前瞻部署。

突出原始创新，促进融通发展。把提升原始创新能力摆在更加突出位置，坚定创新自信，勇于挑战最前沿的科学问题，提出更多原创理论，作出更多原创发现。强化科教融合、军民融合和产学研深度融合，坚持需求牵引，促进基础研究、应用研究与产业化对接融通，推动不同行业和领域创新要素有效对接。

创新体制机制，增强创新活力。突出以人为导向，深化科研项目和经费管理改革，营造宽松科研环境，使科研人员潜心、长期从事基础研究。完善分类评价机制，调动科学家、科研院所、高校、企业等方面的积极性创造性。创新政府管理方式，引导企业加强基础研究，提升市场竞争力。

加强协同创新，扩大开放合作。适应大科学、大数据、互联网时代新要求，积极探索科研活动协同合作、众包众筹等新方式，破解科学难题、共享创新成果。坚持全球视野，创新人才培养机制，多方引才引智。主动融入全球创新网络，加强创新能力开放合作，打造国际合作新平台，共同应对全球关注的重大科学挑战。

强化稳定支持，优化投入结构。加大中央财政对基础研究的稳定支持力度，构建基础研究多元化投入机制，引导鼓励地方、企业和社会力量增加基础研究投入。建立稳定支持和竞争性支持相协调的投入机制，推动科学研究、人才培养与基地建设全面发展。

（三）发展目标

到 2020 年，我国基础科学研究整体水平和国际影响力显著提升，在若干重要领域跻身世界先进行列，在科学前沿重要方向取得一批重大原创性科学成果，解决一批面向国家战略需求的前瞻性重大科学问题，支撑引领创新驱动发展的源头供给能力显著增强，为全面建成小康社会、进入创新型国家行列提供有力支撑。

到 2035 年，我国基础科学研究整体水平和国际影响力大幅跃升，在更多重要领域引领全球发展，产出一批对世界科技发展和人类文明进步有重要影响的原创性科学成果，为基本实现社会主义现代化、跻身创新型国家前列奠定坚实基础。

到本世纪中叶，把我国建设成为世界主要科学中心和创新高地，涌现出一批重大原创性科学成果和国际顶尖水平的科学大师，为建成富强民主文明和谐美丽的社会主义现代化强国和世界科技强国提供强大的科学支撑。

二、完善基础研究布局

（四）强化基础研究系统部署

坚持从教育抓起，潜心加强基础科学研究，对数学、物理等重点基础学科给予更多倾斜。完善学科布局，推动基础学科与应用学科均衡协调发展，鼓励开展跨学科研究，促进自然科学、人文社会科学等不同学科之间的交叉融合。加强基础前沿科学研究，围绕宇宙演化、物质结构、生命起源、脑与认知等开展探索，加强对量子科学、脑科学、合成生物学、空间科学、深海科学等重大科学问题的超前部署。加强应用基础研究，围绕经济社会发展和国家安全的重大需求，突出关键共性技术、前沿引领技术、现代工程技术、颠覆性技术创新，在农业、材料、能源、网络信息、制造与工程等领域和行业集中力量攻克一批重大科学问题。围绕改善民生和促进可持续发展的迫切需求，进一步加强资源环境、人口健康、新型城镇化、公共安全等领域基础科学研究。聚焦未来可能产生变革性技术的基础科学领域，强化重大原创性研究和前沿交叉研究。

（五）优化国家科技计划基础研究支持体系

发挥国家自然科学基金支持源头创新的重要作用，更加聚焦基础学科和前沿探索，支持人才和团队建设。加强国家科技重大专项与国家其他重大项目和重大工程的衔接，推动基础研究成果共享，发挥好基础研究的基石作用。拓展实施国家重大科技项目，加快实施量子通信与量子计算机、脑科学与类脑研究等“科技创新 2030——重大项目”，推动对其他重大基础前沿和战略必争领域的前瞻部署。加快实施国家重点研发计划，聚焦国家重大战略任务，进一步加强基础研究前瞻部署，从基础前沿、重大关键共性技术到应用示范进行全链条创新设计、一体化组织实施。健全技术创新引导专项（基金）运行机制，引导地方、企业和社会力量加大对基础研究的支持。优化基地和人才专项布局，加快基础研究创新基地建设和能力提升，促进科技资源开放共享。

（六）优化基础研究区域布局

聚焦国家区域发展战略，创新引领率先实现东部地区优化发展，推动中西部地区走差异化和跨越式发展道路，构建各具特色的区域基础研究发展格局。支持北京、上海建设具有全球影响力的科技创新中心，推动粤港澳大湾区打造国际科技创新中心。加强北京怀柔、上海张江、安徽合肥等综合性国家科学中心建设，打造原始创新高地。充分发挥国家自主创新示范区、国家高新区作用，突出已有优势，强化东北和中西部地区基础研究布局，构建跨区域创新网络。

（七）推进国家重大科技基础设施建设

聚焦能源、生命、地球系统与环境、材料、粒子物理和核物理、空间天文、工程技术等领域，依托高校、科研院所等布局建设一批国家重大科技基础设施。鼓励和引导地方、社会力量投资建设重大科技基础设施，加快缓解设施供给不足问题。支持各类创新主体依托重大科技基础设施开展科学前沿问题研究，加快提升科学发现和原始创新能力，支撑重大科技突破。

三、建设高水平研究基地

（八）布局建设国家实验室

聚焦国家目标和战略需求，在有望引领未来发展的战略制高点，统筹部署和建设突破型、引领型、平台型一体的国家实验室，给任务、给机制、给条件、给支持，激发其创新活力。选择最优秀的团队和最有优势的创新单元，整合全国创新资源，聚集国内外一流人才，探索建立符合大科学时代科研规律的科学研究组织形式。建立国家实验室稳定支持机制，开展具有重大引领作用的跨学科、大协同的创新攻关，打造体现国家意志、具有世界一流水平、引领发展的重要战略科技力量。

（九）加强基础研究创新基地建设

优化国家重点实验室布局，在前沿、新兴、交叉、边缘等学科以及布局薄弱学科，依托高校、科研院所和骨干企业等部署建设一批国家重点实验室和国防科技重点实验室，推进学科交叉国家研究中心建设。加强转制科研院所创新能力建设，引导有条件的转制科研究院所更多聚焦科学前沿和应用基础研究，打造引领行业发展的原始创新高地。加强企业国家重点实验室建设，支持企业与高校、科研院所等共建研发机构和联合实验室，加强面向行业共性问题的应用基础研究。推进军民共建、省部共建和港澳国家重点实验室建设。加强国家野外科学观测研究站建设，提升野外观测研究示范能力。强化对科技创新基地的定期评估考核和调整，坚持能进能出，提升持续创新活力。

四、壮大基础研究人才队伍

（十）培养造就具有国际水平的战略科技人才和科技领军人才

把握国际发展机遇，围绕国家重大需求，创新人才培养、引进、使用机制，更大力度推进实施国家“千人计划”“万人计划”等高层次人才引进和培养计划，多方引才引智，广聚天下英才。在我国优势科研领域设立一批科学家工作室，培养一批具有前瞻性和国际眼光的战略科学家群体。建立健全人才流动机制，鼓励人才在高校、科研院所和企业之间合理流动。

（十一）加强中青年和后备科技人才培养

建立国际通行的访问学者制度，完善博士后制度，吸引国内外优秀青年博士在国内从事博士后研究。鼓励科研院所与高校加强协同创新和人才联合培养，加强基础研究后备科技人才队伍建设，支持具有发展潜力的中青年科学家开展探索性、原创性研究。

（十二）稳定高水平实验技术人才队伍

建立健全符合实验技术人才及其岗位特点的评价体系和激励机制，提高实验技术人才的地位和待遇。加大实验技术人才、专职工程技术人才和开放服务人才培养力度，优化科研队伍结构。加强实验技术人员培训，提升技术能力和水平。

（十三）建设高水平创新团队

发挥国家重大科技基础设施、国家重点实验室等研究基地的集聚作用，稳定支持一批优秀创新团队持续从事基础科学研究。聚焦科学前沿，支持高水平研究型大学和科研院所选择优势基础学科建设国家青年英才培养基地，组建跨学科、综合交叉的科研团队，加强协同合作。

五、提高基础研究国际化水平

（十四）组织实施国际大科学计划和大科学工程

继续参与他国发起或多国发起的国际大科学计划和大科学工程，积极承担任务，深度参与运行管理，积累管理经验。立足我国现有基础条件，综合考虑潜在风险，编制我国牵头组织国际大科学计划和大科学工程规划，重点在我国相关优势特色领域选择具有合作潜力的若干项目进行培育，力争发起组织新的国际大科学计划和大科学工程。主动参与国际大科学计划和大科学工程相关规则的起草制定。

（十五）深化基础研究国际合作

加大国家科技计划开放力度，支持海外专家牵头或参与国家科技计划项目，吸引国际高端人才来华开展联合研究，加快提升我国基础科学研究水平和原始创新能力。落实“一带一路”科技创新行动计划，全面提升科技创新合作层次和水平，打造“一带一路”协同创新共同体。深化政府间科技合作，分类制定国别战略，建立国际创新合作平台，联合开展科学前沿问题研究。

六、优化基础研究发展机制和环境

（十六）加强基础研究顶层设计和统筹协调

加强统筹规划，集中资源要素，瞄准世界科技发展前沿，突出原始创新。在国家科技计划（专项、基金等）管理部际联席会议机制下，成立基础研究战略咨询委员会，研判基础研究发展趋势，开展基础研究战略咨询，提出我国基础研究重大需求和工作部署建议。强化中央和地方、中央部门间协调，推进军民基础研究融合发展。结合国际一流科研机构、世界一流大学和一流学科建设，推进基础研究科教融合。

（十七）建立基础研究多元化投入机制

加大中央财政对基础研究的支持力度，完善对高校、科研院所、科学家的长期稳定支持机制。采取政府引导、税收杠杆等方式，落实研发费用加计扣除等政策，探索共建新型研发机构、联合资助、慈善捐赠等措施，激励企业和社会力量加大基础研究投入。探索实施中央和地方共同出资、共同组织国家重大基础研究任务的新机制。地方政府要结合本地区经济社会发展需要，加大对基础研究的支持力度。

（十八）进一步深化科研项目和经费管理改革

完善符合基础研究规律的项目组织、申报、评审与决策机制，遴选基础研究项目时更多注重对研究方向、人才团队及其创新能力的考察。简化基础研究项目任务书和预算书，落实法人单位和科研人员的经费使用自主权，使科研人员有充足时间心无旁骛地开展科学研究，让经费为人的创造性活动服务。探索直接委托国家科技创新基地承担国家科研任务的机制。

（十九）推动基础研究与应用研究融通

在重视原创性、颠覆性发明创造的基础上，大力推进智能制造、信息技术、现代农业、资源环境等重点领域应用技术创新，通过应用研究衔接原始创新与产业化。创新体制机制，推动基础研究、应用研究与产业化对接融通，促进科研院所、高校、企业、创客等各类创新主体协作融通，把国家重大科技项目等打造成为融通创新的重要载体。充分发挥企业特别是转制科研院所在产学研深度融合中的作用，推动基础研究和应用研究工程化，吸引国内外资金、技术，提升产业竞争力。适应互联网时代创新活动开源开放的新趋势，创新基础研究组织形式，探索开展基础研究众包众筹，举办多种形式的创新挑战赛，加强知识产权保护，建立集群思、汇众智、解难题的众创空间。

（二十）促进科技资源开放共享

加强国家科技资源共享服务平台建设和科学数据管理，统筹国家科技创新基地规划布局，推进国家科学数据中心、国家种质资源库、人类遗传资源和实验材料库（馆）建设，促进国防科技资源开放共享。面向重要基础科学问题和重大战略需求，加强基础性、公益性的自然本底数据、种质、标本等科技基础条件资源收集。完善国家科技报告制度，推动更多国家重大科技基础设施、科学数据和仪器设备向各类创新主体开放。强化新购大型科研仪器查重评议，建立健全科研设施与仪器开放共享管理机制和后补助机制。发挥创新券在促进科研设施与仪器开放共享方面的作用，强化法人单位开放共享的主体责任和义务。

（二十一）建立完善符合基础研究特点和规律的评价机制

开展基础研究差别化评价试点，针对不同高校、科研院所实行分类评价，制定相应标准和程序，完善以创新质量和学术贡献为核心的评价机制。自由探索类基础研究主要评价研究的原创性和学术贡献，探索长周期评价和国际同行评价；目标导向类基础研究主要评价解决重大科学问题的效能，加强过程评估，建立长效监管机制，提高创新效率。支持高校与科研院所自主布局基础研究，扩大高校与科研院所学术自主权和个人科研选题选择权。健全完善科技奖励等激励机制，提升科研人员荣誉感；建立鼓励创新、宽容失败的容错机制，鼓励科研人员大胆探索、挑战未知。

（二十二）加强科研诚信建设

坚持科学监督与诚信教育相结合，教育引导科研人员坚守学术诚信、恪守学术道德、完善学术人格、维护学术尊严。指导高校、科研院所等建立完善学术管理制度，对科研人员学术成长轨迹和学术水平进行跟踪评价，对重要学术成果发表加强审核和学术把关。抓紧制定对科研不端行为"零容忍"、树立正确科研评价导向的规定，加大对科研造假行为的打击力度，夯实我国科研诚信基础。

（二十三）推动科学普及，弘扬科学精神和创新文化

充分发挥基础研究对传播科学思想、弘扬科学精神和创新文化的重要作用，鼓励科学家面向社会公众普及科学知识。推动国家重点实验室等创新基地面向社会开展多种形式的科普活动。

积极牵头组织国际大科学计划和大科学工程方案

国发〔2018〕5号

积极提出并牵头组织国际大科学计划和大科学工程是党中央、国务院作出的重大决策部署。为做好组织实施工作,制订本方案。

一、重要意义

国际大科学计划和大科学工程(以下简称“大科学计划”)是人类开拓知识前沿、探索未知世界和解决重大全球性问题的重要手段,是一个国家综合实力和科技创新竞争力的重要体现。牵头组织大科学计划作为建设创新型国家和世界科技强国的重要标志,对于我国增强科技创新实力、提升国际话语权具有积极深远意义。

(一)牵头组织大科学计划是解决全球关键科学问题的有力工具

大科学计划以实现重大科学问题的原创性突破为目标,是基础研究在科学前沿领域的全方位拓展,对于推动世界科技创新与进步、应对人类社会面临的共同挑战具有重要支撑作用。牵头组织大科学计划有利于发挥我国主导作用,为解决世界性重大科学难题贡献中国智慧、提出中国方案、发出中国声音,提供全球公共产品,为世界文明发展做出积极贡献。

(二)牵头组织大科学计划是聚集全球优势科技资源的高端平台

牵头组织大科学计划,有利于面向全球吸引和集聚高端人才,培养和造就一批国际同行认可的领军科学家、高水平学科带头人、学术骨干、工程师和管理人员,形成具有国际水平的管理团队和良好机制,打造高端科研试验和协同创新平台,带动我国科技创新由跟跑为主向并跑和领跑为主转变。

(三)牵头组织大科学计划是构建全球创新治理体系的重要内容

开展大科学计划在优化全球科技资源布局、完善创新治理体系中扮演重要角色,已成为国际科技创新合作的重要议题。牵头组织大科学计划作为科技外交的重要途径,有利于建立以合作共赢为核心的新型国际关系和构建全球伙伴关系网络,对落实国家整体外交战略发挥积极作用。

二、总体要求

（一）指导思想

全面贯彻党的十九大精神，以习近平新时代中国特色社会主义思想为指导，落实全国科技创新大会精神，统筹推进“五位一体”总体布局和协调推进“四个全面”战略布局，牢固树立和贯彻落实创新、协调、绿色、开放、共享的发展理念，按照《国家创新驱动发展战略纲要》总体要求和外交总体布局，坚持中方主导、前瞻布局、分步推进、量力而行的整体思路，以全球视野谋划科技开放合作，深入落实“一带一路”倡议，遵循共商共建共享原则，积极牵头组织实施大科学计划，着力提升战略前沿领域创新能力和国际影响力，打造创新能力开放合作新平台，推进构建全球创新治理新格局和人类命运共同体，为建设创新型国家和世界科技强国提供有力支撑，为中国特色大国外交做出重要贡献。

（二）基本原则

国际尖端，科学前沿。适应大科学计划基础性、战略性和前瞻性特点，聚焦国际科技界普遍关注、对人类社会发展和科技进步影响深远的研究领域，选择能够在国际上引起广泛共鸣的项目，力求攻克重大科学问题。

战略导向，提升能力。落实建设世界科技强国“三步走”战略，服务于科技创新和经济社会发展整体战略需要，集聚国内外优秀科技力量，形成一批具有国际影响力的标志性科研成果，全面提升我国科技创新实力。

中方主导，合作共赢。发挥我国在大科学计划核心专家确定、研究问题提出、技术路线选择、科技资源配置、设施选址等问题上的主导作用，尊重各国及各方的优势特长，坚持多国多机构共同参与、优势互补，采取共同出资、实物贡献、成立基金等方式，共享知识产权，实现互利共赢。

创新机制，分步推进。借鉴国际先进经验，注重在大科学计划发起、组织、建设、运行和管理等方面进行系统创新，完善科技资源合作及共享机制，吸引部门、地方共同参加，加强科技界与产业界协作，试点先行，充分论证，根据实施条件成熟一个、启动一个。

（三）主要目标

总体目标：通过牵头组织大科学计划，在世界科技前沿和驱动经济社会发展的关键领域，形成具有全球影响力的大科学计划布局，开展高水平科学研究，培养引进顶尖科技人才，增强凝聚国际共识和合作创新能力，提升我国科技创新和高端制造水平，推动科技创新合作再上新台阶，努力成为国际重大科技议题和规则的倡导者、推动者和制定者，提升在全球科技创新领域的核心竞争力和话语权。

近期目标：到2020年，培育3～5个项目，研究遴选并启动1～2个我国牵头组织的大科学计划，初步形成牵头组织大科学计划的机制做法，为后续工作探索积累有益经验。

中期目标：到2035年，培育6～10个项目，启动培育成熟项目，形成我国牵头组织的大科学计划初期布局，提升在全球若干科技领域的影响力。

远期目标：到本世纪中叶，培育若干项目，启动培育成熟项目，我国原始科技创新能力显著提高，在国际科技创新治理体系中发挥重要作用，持续为全球重大科技议题做出贡献。

三、重点任务

(一)制定战略规划,确定优先领域

根据《国家创新驱动发展战略纲要》等部署,结合当前战略前沿领域发展趋势,立足我国现有基础条件,综合考虑潜在风险,组织编制牵头组织大科学计划规划,围绕物质科学、宇宙演化、生命起源、地球系统、环境和气候变化、健康、能源、材料、空间、天文、农业、信息以及多学科交叉领域的优先方向、潜在项目、建设重点、组织机制等,制定发展路线图,明确阶段性战略目标、资金来源、建设方式、运行管理等,科学有序推进各项任务实施。

(二)做好项目的遴选论证、培育倡议和启动实施

立足我国优势特色领域,根据实施条件成熟度和人力财力保障等情况,遴选具有合作潜力的若干项目进行重点培育,发出相关国际倡议,开展磋商与谈判,视情确定启动实施项目。要加强与国家重大研究布局的统筹协调,做好与“科技创新 2030——重大项目”等的衔接,充分利用国家实验室、综合性国家科学中心、国家重大科技基础设施等基础条件和已有优势,实现资源开放共享和人员深入交流。

(三)建立符合项目特点的管理机制

依托具有国际影响力的国家实验室、科研机构、高等院校、科技社团,通过科研机构间合作或政府间合作等模式,整合各方资源,组建成立专门科研机构、股份公司或政府间国际组织进行大科学计划项目的规划、建设和运营。积极争取把新组建的政府间国际组织总部设在中国。每个大科学计划可成立项目理事会和专家咨询委员会,对项目实施作出决策部署和提供专业化咨询建议。

(四)积极参与他国发起的大科学计划

继续参与他国发起或多国共同发起的大科学计划,积极承担项目任务,深度参与运行管理,积累组织管理经验,形成与我国牵头组织的大科学计划互为补充、相互支撑、有效联动的良好格局。积极参加重要国际组织的大科学计划相关活动,主动参与大科学计划相关国际规则的起草制定。

四、组织实施保障

(一)加强组织领导和协调管理

在国家科技计划(专项、基金等)管理部际联席会议机制下,召开牵头组织大科学计划专题会议,由科技部、国家发展改革委、教育部、工业和信息化部、财政部、农业部、国家卫生计生委、国家知识产权局、中科院、工程院、自然科学基金会、国家国防科工局、中央军委装备发展部、中央军委科学技术委员会和中国科协等部门和单位参加,统筹和审议大科学计划的战略规划、发展方向、领域布局、重点任务、项目启动、运行管理机制、知识产权管理和开放共享政策等。

成立由科技界、工程界、产业界等高层次专家组成的大科学计划专家咨询委员会,对大科学计划的优先领域、战略规划、项目论证等进行咨询评审,为国家决策提供参考。战略规划和项目设置等重大事项,经国家科技体制改革和创新体系建设领导小组审议后,

按程序报国务院，特别重大事项报党中央。

（二）建立多元化投入和管理机制

完善财政投入机制，充分利用现有资源和资金渠道，更好发挥财政资金在我国牵头组织大科学计划过程中的引导作用，吸引地方、企业、外国及国际组织的投入。根据实际需求，测算和编制项目经费概算，鼓励社会资本参与，建立多元化投入机制。充分借鉴国际经验，通过有偿使用、知识产权共享等多种方式，吸引国内外政府、科研机构、高等院校、科技社团、企业及国际组织等参与支持大科学计划的建设、运营及管理。

（三）加强高水平专业人才队伍建设

实施更加积极开放的高层次人才引进政策，依托国家重大人才工程培养和引进大科学计划所需人才，建立支持相关人员参与大科学计划的激励机制。探索建立与国际接轨的全球人才招聘制度，公开招聘世界一流科学家、国际顶尖工程技术人才。加强我国牵头组织大科学计划多层次专业人才队伍建设，构建可持续发展的人才梯队。

（四）建立大科学计划监督评估机制

建立健全监督评估与动态调整机制，定期对大科学计划的执行情况与成效进行跟踪检查，并将监督评估结果作为项目目标、技术路线、研究任务、预算、进度等调整的重要依据。监督评估结果和调整建议及时报国务院。

“十三五”国家社会发展科技创新规划

国科发社〔2016〕404 号

按照《中华人民共和国国民经济和社会发展第十三个五年规划纲要》《国家创新驱动发展战略纲要》《“十三五”国家科技创新规划》等的总体部署，为明确“十三五”期间社会发展科技领域的发展思路、发展目标、重点技术发展方向、重点任务和保障措施，特制定《“十三五”国家社会发展科技创新规划》(以下简称“规划”)。

社会发展科技创新是指在生物技术、人口健康、海洋、资源、环境、气候变化、防灾减灾、新型城镇化、公共安全、文体事业等领域，开展科学研究、技术开发及其成果转化应用，支撑引领经济社会发展的价值创造活动。社会发展科技创新具有公共性和社会性，涉及范围广，影响周期长。

一、形势与需求

“十二五”以来，我国社会发展科技事业战略地位不断提升，国际合作深入发展，创新能力不断增强，科技惠民成效显著。国家科技重大专项顺利实施，为满足国家战略亟须、推动生物医药产业转型升级、建设生态文明和改善民生做出了积极贡献。在国家重点基础研究发展计划(“973”计划)、国家高技术研究发展计划(“863”计划)、科技支撑计划、科技惠民计划等国家和地方科技计划的支持下，突破了一批服务民生的关键技术，凝聚和培养了一大批优秀科技人才，培育了一批创新能力强、具有国际竞争力的高技术企业，形成了一批创新平台和应用示范基地，取得了一系列重大突破和标志性成果。

在生物医药领域，成功研制出 EV71(肠道病毒 71 型)手足口病疫苗、西达本胺、盐酸埃克替尼等重大新药产品，药物自主创新能力显著增强，改变了我国长期以来对国外同类产品的依赖；突破艾滋病、乙肝、结核病防治系列关键技术，初步建立了突发急性传染病防控综合技术网络体系，有力支撑重大传染病防控工作，在应对 H7N9 禽流感、埃博拉等重大疫情中得到国际社会的高度评价；一批自主创新的医疗器械产品在国内医疗机构得以应用并走向海外；现代科技助力中医药传承与发展；国家临床医学研究中心建设有效推进了医学研究的协同创新和技术成果转化推广。在海洋和资源环境领域，海洋谱系化深潜器研发带动了海洋资源勘探技术和装备实现跨越发展，“海洋石油 981”、3000 型成套压裂设备等一批油气开发高端装备打破了国外长期垄断；攻克了一批重点行业废水深度处理关键技术，构建了我国水环境治理基础技术体系和监测预警网络，推动太湖、巢湖示范湖区消除劣五类，淮河贾鲁河流域生态环境全面改善、干流水质明显好转；区域大气污染联防联控技术攻关初见成效；防沙治沙等生态综合治理技术得到大面积推广。在社会事业领域，公共安全应急平台技术体系有效增强了突发事件的应对能力；绿色建筑技术和标准体系为降低城镇建筑能耗、改善人居环境提供了支持；智慧博物馆、数字图书馆等关键技术创新拓展了公共文化服务的深度和广度；国家可持续发展实验区成为实施可持续发展战略的重要实践基地。

我国社会发展科技在国际上的影响力显著提升。国家第三次技术预测数据显示，社会发展科技领域相关论文、专利等成果数量已经位居世界前列，如环境方面论文发表总数位于世界第 2 位，医学科技论文数量居世界第 5 位，医学科技国际专利申请量居世界第 3 位；药物临床前评价、新型疫苗和抗体制备、固体矿产资源处理工艺、重大工程建造等一批技术处于国际领先水平，中医药国际化战略成果显著。但从总体上看，我国社会发展科技相关领域技术仍处于以跟跑、并跑为主，部分领跑的阶段。

“十三五”时期，世界科技创新呈现新趋势，国内经济社会发展进入新常态，实现全面建成小康社会和进入创新型国家行列目标，建设健康中国、美丽中国、平安中国，推进供给侧结构性改革对社会发展科技创新提出了新任务、新要求。

全球新一轮科技革命和产业革命蓄势待发，世界各国政府高度重视社会发展领域科技创新，将其作为创新战略部署和公共财政投入的重点。依据经济合作与发展组织(OECD)编制的政府研发统计数据，美国环境和健康领域占政府研发非国防预算拨款的 57%，英国为 33%。2015 年美国《科学》(*Science*)杂志评选的十大科技突破中，有 7 项在社会发展科技领域。日本政府《第五期科学技术基本计划(2016～2020)》选定了 13 个科技创新重点方向，应对经济和社会发展面临的挑战，基本都在社会发展科技领域。主要发达国家相继部署了“精准医学”“脑计划”“‘未病’产业”等专项计划，积极应对重大疾病挑战；绿色、低碳、循环的发展理念已成为广泛共识，“2030 年可持续发展议程”成为世界各国新的行动纲领，国际社会纷纷采取行动应对气候变化等环境问题挑战；绿色建筑成为国际上持续关注的研究热点，建筑工业化成为建筑业发展的主流方式；大数据和人工智能等高新技术的应用正成为有效应对各种风险的利器。社会发展科技创新呈现出新特征，科技、产业、管理不断融合，不同领域科技创新加速融合，全球科技创新深度融合，社会价值与经济价值交织融合的态势，正在催生新经济、新产业、新业态、新模式，对社会发展态势、经济生产方式、人类生活方式乃至思维方式产生前所未有的深刻影响。

我国经济发展进入速度变化、结构优化和动力转换的新常态，提质增效、转型升级的要求更加紧迫，社会发展和生态文明建设的重要地位更加凸显，社会发展科技创新的核心作用更加突出。应对人口老龄化，保障人民健康，建设健康中国，迫切需要加快精准医学等重大疾病防控技术突破，增强生物医药自主创新能力，提升药品质量和质控水平，构建全链条的食品药品安全保障技术体系。突破资源环境瓶颈制约，建设美丽中国，迫切需要构建全过程污染控制与生态恢复技术体系，加快资源能源技术创新，发展低碳循环经济，推进新型城镇化建设，打造宜居城市和乡村。落实国家安全观，维护国家安全和战略利益，建设平安中国，迫切需要提高公共安全风险防控与应急技术装备的研发水平，提升公正司法与司法为民科技创新支撑实力，构建公共安全科技创新体系。面对经济发展进入新常态，推动经济结构调整和供给侧改革的重大挑战和机遇，迫切需要协调社会事业与经济发展的关系，提供更好的公共服务产品，促进生物、环保等产业发展壮大，通过社会事业的大发展，拉动经济持续健康发展。我国经济社会发展水平持续提升，综合国力将迈上新台阶，必将为深化高水平国际合作，促进社会发展科技创新提供坚实基础。

同时，必须清醒地认识到，与世界先进水平相比，与国家经济社会发展的新需求相比，我国社会发展科技创新整体上仍有较大差距。人民对健康生命、优质生活、良好环境、安全宜居的要求越来越高，社会各界对重大疾病防控和食品药品安全、天蓝水清等问题日益关注。我国社会发展科技创新还存在薄弱环节和深层次问题，主要表现在：关键技术领域科技创新能力还有很大差距，重要核心技术仍有待突破，科技发展对产业发展、区域发展、民生改善的支撑作用还不够强，创新体系整体效能不高。

综合判断，我国社会发展科技创新目前正处于大有作为的重要战略机遇期，同时也面临着严峻的挑战。要按照“创新、协调、绿色、开放、共享”五大发展理念的要求，把社会发展科技创新作为支撑引领经济社会协调发展的重要手段，促进科技与社会发展的深度融合。要树立既要经济发展也要社会发展、社会发展就是经济发展的理念，牢牢把握机遇，树立创新自信，调结构、补短板、惠民生，推动社会发展科技创新事业跃上新台阶。

二、指导思想和发展目标

（一）指导思想和发展思路

高举中国特色社会主义伟大旗帜，全面贯彻党的十八大和十八届三中、四中、五中、六中全会精神，深入贯彻习近平总书记系列重要讲话精神，按照“五位一体”总体部署，坚持“四个全面”战略布局，牢固树立和贯彻落实“创新、协调、绿色、开放、共享”五大发展理念，坚持“自主创新、重点跨越、支撑发展、引领未来”的指导方针，面向世界科技前沿、面向经济社会发展主战场、面向国家重大需求，围绕建设健康中国、美丽中国、平安中国，实施创新驱动发展战略。以科学部署关键技术体系，整体提升科技创新水平为根本，着力推进科技成果转化推广应用、国家可持续发展实验区建设、重点产业创新集聚发展、国际科技合作、社会化科学普及等工作。加强统筹协调，完善政策体系，激发人才活力，优化资源配置，提供高效的科技创新服务。在提升创新能力、造福人民大众、助力经济发展、保障社会安全上实现新突破，开创我国社会发展科技创新工作新局面，为促进经济社会可持续发展，全面建成小康社会和进入创新型国家行列提供有力支撑。

（二）基本原则

1. 坚持民生为先，以人为本

解决人民群众最直接、最关心、最迫切的问题是社会发展科技创新的根本目的。紧紧围绕人民切身利益和紧迫需求，把科技创新与改善民生福祉相结合，坚持科技进步造福人民，科技成果惠及百姓。社会发展创新活动要充分尊重和发挥人民群众的创造力，坚持人才是科技创新第一资源的理念，坚持在创新实践中发现人才，在创新活动中培育人才，在创新事业中汇聚人才。

2. 坚持目标导向，需求牵引

聚焦国家战略和经济社会发展重大需求，把推动社会事业发展和拉动经济发展作为工作的出发点和落脚点，在解决民生等社会事业发展问题的同时，主动服务经济建设主战场。按照社会发展规律办事，系统解决民生突出问题，打造社会发展领域的试点示范区。充分发挥社会发展科技创新在培育发展战略性新兴产业、促进经济提质增效升级、塑造引领型发展和维护国家安全中的重要作用。

3. 坚持顶层设计，系统集成

坚持战略和前沿导向，明确主攻方向和突破口，集中支持事关发展全局的基础研究和共性关键技术研究，分类建设和完善社会发展领域科研平台、基地、园区。深入研究社会发展科技创新的特殊性，以改革的思路破解发展难题，围绕产业链部署创新链，围绕创新链配置资金链，构建社会发展科技创新的良好环境，探索建立符合社会发展科技创新规律的新机制、新模式。

4. 坚持深化改革，社会协同

坚持科技创新和制度创新双轮驱动。强化政府战略规划、政策制定、环境营造、公共服务、监督评估和重大任务实施等职能。加强部门、行业、地方、学会、协会、企业及其他各类社会组织的分工协同，创新多主体融合机制，推动资源整合利用，促进区域均衡发展、行业协调发展，形成全国“一盘棋”格局。推动科技创新与大众创业、万众创新有机结合，提升公众参与意识，畅通公众参与渠道，拓展公众参与空间，丰富公众参与载体，筑牢公众参与平台，开创“人人参与、人人共享”的新局面。

5. 坚持统筹协调，重点推进

统筹各类创新资源，兼顾产业发展与社会事业发展，加强军民融合发展，构建“政产学研用”紧密结合的创新网络。发挥举国体制优势，跨领域、跨行业协调推进重点领域和关键环节的科技创新。加强分类指导，针对不同地区、不同行业、不同领域的社会发展科技创新，选择相适应的发展路径，试点先行，重点推进，实现共同发展。

6. 坚持国际视野，开放融合

坚持以全球视野谋划和推动社会发展领域的科技创新，主动融入全球创新网络和促进全球创新成果共享，在开放融合中加快引进消化吸收再创新，提高我国社会发展领域的科技创新水平。最大限度用好全球创新资源，全面提升在全球创新中的地位，力争成为若干重要领域的引领者和重要规则制定的参与者。

（三）发展目标

按照迈进创新型国家行列，有力支撑全面建成小康社会新的目标要求，今后五年社会发展科技创新的总体目标是：社会发展科技实力和创新能力显著提升，关键技术大幅突破，科技惠民更富成效，相关产业快速发展，科技支撑保障社会安全实现新突破。

——创新能力显著提升。基本建成国家临床医学研究中心及协同创新网络体系，形成有利于促进尖端医疗技术产出和辐射推广的平台。国家重点实验室、国家技术创新中心等领域创新基地平台建设更加完善。社会发展科技创新人才规模质量同步提升。

——关键技术大幅突破。一批国家科技计划、大科学计划、大科学工程和国际合作项目得以实施。在生物、健康、环保、城镇化等 10 个重点领域的关键核心技术取得重大突破,整体水平由跟跑、并跑为主向并跑、领跑为主转变,力争在合成生物、干细胞与再生医学、深地深海、资源节约、环境保护、公共安全应急处置等方面位居前列。

——科技惠民更富成效。开展国家可持续发展创新示范实验,制定一批系统性解决方案,在人口健康、资源约束、环境治理、城镇化、公共安全等领域瓶颈制约的解决突破上成效显著。创建10个左右国家可持续发展议程创新示范区,形成可复制、可推广的经验模式。国家可持续发展实验区在促进经济社会可持续发展中的示范引领作用更加突出。加强健康、环保等技术推广和科普工作,生产方式和生活方式绿色、低碳水平显著提升。

——助力产业快速发展。实现生物、健康、环保、海洋等万亿级高技术产业集聚发展和壮大提升,相关高新技术企业和专业化产业园区快速发展。社会发展相关产业技术创新体系初步建成,社会发展领域新技术、新产品、新业态、新模式不断涌现。

——支撑保障社会安全。总体国家安全观和安全战略更加深入落实,生物安全、反恐等国家安全科技支撑体系更加完善,装备水平显著提升,实现自主可控和自主保障,社会安全保障能力建设取得重大进展,军民融合创新机制更加完善,应对各种风险挑战能力全面增强。

三、重点科学与技术发展方向

围绕民生改善、产业提升、国家安全保障和可持续发展的战略需求,重点在生物技术、人口健康技术、海洋开发保护技术、生态环境质量改善技术、资源高效开发利用技术、全球气候变化应对技术、防灾减灾技术、新型城镇化技术、公共安全技术、文体事业支撑技术等社会发展技术领域,加强基础研究和共性关键技术研究的系统部署,重视原始创新和颠覆性技术创新,构建先进实用、自主可控、适合我国国情的技术体系。

(一)生物科学与技术

瞄准世界科技前沿,抢抓生物技术与各领域融合发展的战略机遇,坚持超前部署和创新引领,以生物技术创新带动生命健康、生物制造、生物能源、生物农业等创新发展,加快推进我国从生物技术大国到生物技术强国的转变。重点部署前沿共性生物技术、新型生物医药、绿色生物制造技术、先进生物医用材料、生物资源利用、生物安全保障、生命科学仪器设备研发、新型生物育种等任务,加快合成生物技术、生物大数据、再生医学、3D生物打印等引领性技术的创新突破和应用发展,提高生物技术原创水平,力争在若干领域取得集成性突破,推动技术转化应用并服务于国家经济社会发展,大幅提高生物经济国际竞争力。到2020年,实现生物技术整体并跑、部分领跑。

(二)人口健康

围绕健康中国建设需求,突出解决重大慢病防控、人口老龄化应对等影响国计民生的重大问题,以提升全民健康水平为目标,系统加强生物数据、临床信息、样本资源的整合,促进医研企结合开展创新性和集成性研究,加快推动医学科技发展。重点部署疾病防控、精准医学、生殖健康、康复养老、药品质量安全、创新药物开发、医疗器械国产化、中医药现代化等任务,加快慢病筛查、智慧医疗、主动健康等关键技术突破,加强疾病防治技术普及推广和临床新技术新产品转化应用,加强疾病临床医学诊疗指南规范的制定。力争到2020年,形成医养康护一体化、连续性的健康保障体系,为提高医疗服务供给质量、加快健康产业发展、助推医改和健康中国建设提供坚实的科技支撑。

（三）海洋开发与保护

按照建设海洋强国和“21 世纪海上丝绸之路”的总体部署和要求，坚持以“深水、绿色、安全”为原则，开展全球海洋变化、深远海海洋科学、海洋生态观测和保护等基础科学研究。重点发展维护海洋主权和权益、开发海洋资源、保障海上安全、保护海洋环境的重大关键技术，突破深海运载作业、海洋环境监测预报、海洋生态环境保护、海洋油气资源开发、海洋生物与渔业资源开发、海水淡化及海洋化学资源综合利用、海洋能综合利用等关键核心技术。集成开发海洋环境保护、防灾减灾、航运保障等应用系统。通过全创新链设计和一体化组织实施，为深入认知海洋、合理开发海洋、科学管理海洋提供有力的科技支撑。

（四）生态环境质量改善

以提供重大生态环境问题系统性技术解决方案、带动环保高新技术产业发展为目标，开发清洁生产、过程减量、末端治理、脆弱生态保护、环境质量监测等关键核心技术。重点研究大气复合污染形成机理、燃煤烟气污染物超低排放、挥发性有机物净化、区域大气污染联防联控等大气污染防治技术，饮用水健康风险控制、污水资源化、污染水体治理等水污染防治技术，污染土壤修复与风险控制、垃圾处理与废弃物资源化、危险废物处理处置等技术，生态系统动态监测、水土流失防控、脆弱生态修复等技术，以及有毒有害化学品风险防控、新型污染物防治等技术，构建适合我国国情的区域环境质量改善技术系统。

（五）资源高效开发与循环利用

以保障资源安全供给和促进资源型行业绿色转型为目标，大力发展水资源、矿产资源的高效开发和节约利用技术。在水土资源综合利用、煤炭资源绿色开发、油气与非常规油气资源开发、金属与稀土资源清洁开发、非金属资源综合利用等方面，集中突破一批基础性理论与关键核心技术，重点研发一批重大关键装备，构建资源勘探、开发与综合利用理论技术体系；加快资源开发利用技术“走出去”步伐，针对国外水资源、油气、矿产等资源特点，研发具有自主知识产权的资源开发利用核心技术与装备，提高我国资源型企业国际竞争力。

（六）全球气候变化应对

完善应对气候变化的科技支撑体系，开展应对气候变化的基础科学研究，研发碳捕集利用封存技术，发展气候变化影响评估、风险预估、减缓与适应等关键技术；开展面向气候变化国际谈判和国内绿色低碳转型的战略研究，组织编写国家气候变化评估报告。力争到 2020 年形成涵盖可持续发展议程所有重点领域的技术库，增强我国在国际气候变化科技领域的影响力和话语权，为推动经济可持续转型、实现绿色低碳发展和参与全球气候治理等提供有力的科技支撑。

（七）重大自然灾害监测预警与防范

针对重大地震灾害、地质灾害、极端气象灾害、旱涝灾害综合监测预警与防范中的核心科学问题，在成灾理论、关键技术、仪器装备、应用示范、信息服务产业化等方面开展系统研发。突破重大自然灾害发生演化及成灾机理、监测预测预警及应急处置、综合防治区划等核心技术，服务国家重大自然灾害防、抗、救科学决策。研制一批具有自主知识产权的重大自然灾害监测预警装备，提升重大自然灾害仪器装备产业化和信息服务产品化能力。在国家重点战略规划区开展灾害风险评估、应急处置、恢复重建等关键技术的集成应用，提升区域重大自然灾害综合防范应对能力。形成单灾种和多灾种相结合的多尺度分层次重大自然灾害风险综合防控科技支撑能力。

（八）新型城镇化

将以人为本、尊重自然、传承历史、低碳绿色生态、集约等新型城镇化建设理念融入规划设计全过程，研发系统性技术解决方案。加强城镇区域规划发展与动态监测、城镇布局和形态功能优化、城镇基础设施功能提升，加强城镇用地节约集约和低效用地再开发、地下综合管廊、地下空间合理布局和节约利用、智慧城市等关键技术研发，加强低碳绿色生态基础设施和海绵城市建设技术研发，着力恢复城市自然生态；加强建筑节能、室内外环境质量改善、绿色建筑及装配式建筑等技术和标准体系研究。

（九）公共安全

围绕平安中国建设，开展公共安全综合保障、社会安全监测预警与控制、生产安全保障与重大事故防控、国家重大基础设施安全保障、城镇公共安全风险防控与治理、综合应急技术装备等方面的关键技术攻关和应用示范；开展社会治理公共服务平台多系统和多平台信息集成共享、政策仿真建模和分析技术研究；开展社会基础信息、信用信息等数据共享交换关键技术和综合应用技术研究。

（十）文体事业

以提升遗产保护与公共文化服务能力建设为目标，重点面向公共文化服务、遗产保护与传承、文体事业发展的重大科技需求，围绕遗产价值认知、保护规划、修复维护、监测预警、传承利用以及公共文化服务体系，系统开展基础理论和应用基础研究、共性关键技术攻关及应用示范。

四、重点任务

围绕改善民生和促进可持续发展的迫切需求，加强各类科技计划任务的分类部署和统筹实施，夯实领域科技创新基础，保障社会发展科技成果源头供给，加大领域科技成果转移转化力度。创建国家可持续发展议程创新示范区，破解区域可持续发展难题。推动生物、健康、环保、海洋等战略性新兴产业发展，建立科技支撑和引领社会事业发展的新机制。强化健康、环保等领域科普工作。以全球视野谋划和推动社会发展科技创新。

（一）推进科技研发统筹部署，夯实技术创新基础

深化科技计划管理改革，根据国民经济和社会发展重大需求及社会发展科技优先领域和重点方向，凝练形成若干目标明确、边界清晰的科技计划专项，从基础前沿、重大共性关键技术到应用示范开展“全链条”和“一体化”科技计划设计，系统组织实施。以科技研发统筹部署和资源优化配置为抓手，夯实关键技术基础体系，支撑科技成果的转移转化和示范推广。

1. 加强科技创新平台建设，提升创新服务能力

(1)国家临床医学研究中心

国家临床医学研究中心是面向疾病防治需求，以临床应用为导向，以医疗机构为主体，以协同网络为支撑，开展联合攻关、学术交流、人才培养、成果转化、推广应用的国家科技创新基地。强化国家临床医学研究中心与国家重点实验室、国家技术创新中心等之间的协同，大力强化医研企协同，完善协同创新机制，打造医学协同创新新载体和医学科技成果转化推广新平台。

(2)国家重点实验室

面向世界科技前沿、面向国家重大需求，面向经济社会发展主战场，结合社会发展科技工作的形势任务，加强整体设计和系统谋划，做好国家重点实验室的规划布局，实现领域布局的结构优化和区域优化。

(3)国家技术创新中心

面向国际产业技术创新制高点，面向重点行业和产业发展需求、区域发展战略与布局，根据国家经济社会发展需求，在生态环境、社会民生等重要领域建设一批专业性国家技术创新中心，开展共性关键技术和产品研发、科技成果转移转化及应用示范。

(4)国家工程研究中心

面向国家重大战略任务和重点工程建设需求，开展关键技术攻关和试验研究、重大装备研制、重大科技成果工程化实验验证，突破关键技术和核心装备制约，支撑国家重大工程建设和发展。

(5)生命科学和生物安全科技创新国家平台

针对生命科学和生物安全重点领域，加强资源整合，推进特色科技创新国家平台建设，提供公益性、共享性、开放性的科技资源基础支撑和共享服务。推动国家生物信息中心建设，实现生物数据的存储、管理、检索、共享、分析、质量控制、标准化及安全保障等综合管理。建设国家级的中国人类遗传资源保藏中心，提升国家级人类遗传资源的开放共享率和管理能力。按照《高级别生物安全实验室体系建设规划(2016～2025年)》的要求，完善高级别生物安全实验室保障体系，为公益性实验室开展稳定研究提供经费条件保障，支撑国家生物安全战略实施。

2. 加强科技计划项目部署，筑牢技术创新基础

聚焦国家战略目标，科学布局科技计划项目，集中资源，形成合力，突破人口健康、资源环境、公共安全等领域的瓶颈制约，不断健全支撑民生改善和可持续发展的技术体系。

在国家科技重大专项方面，稳步推进大型油气田及煤层气开发、水体污染控制与治理、重大新药创制和传染病防治等四个社会发展科技创新领域重大专项。面向2030年选择一批体现国家战略意图的重大科技项目和重大工程，力争在深海空间站、脑科学与类脑研究、京津冀环境综合治理、健康保障等重点方向率先突破，实现多领域整体布局。在国家重点研发计划方面，着重在精准医学、干细胞、数字诊疗装备、生殖健康及重大出生缺陷防控、生物医用材料、重大慢性非传染性疾病防控、生物安全、大气污染防治、典型脆弱生态修复与保护、水资源高效开发利用以及深地、深海、海洋、公共安全、绿色建筑等领域实现重点布局。围绕社会发展和科技创新的新需求，继续在中医药现代化研究、食

品安全关键技术研发、重大自然灾害监测预警与防范以及主动健康与人口老龄化应对、中医药现代化、绿色生物制造、生物治疗与新型免疫制剂、新药发现与药品安全、土壤污染防治、废物资源化、低碳发展、矿产资源绿色开发利用、文化遗产保护与利用等方面进行研发布局。

(二)推进科技成果转化推广,支撑科技惠及民生

1. 以科技项目源头设计为引导,面向应用实现精准对接

注重国家科技计划项目"风向标"作用,组织部署以应用为导向的科技计划项目,提高项目组织实施的科学化规范化水平,与基层需求精准对接,确保科技成果产出可用。发挥项目实施的整体效益和综合示范推广优势,带动地方参与,吸引社会多元投入,建立科技惠民试点示范,提高服务经济社会发展和民生改善的总体水平。

加快人口健康成果转化应用与示范推广。以提升老年人群、慢病人群、残疾人群等重点人群的健康水平为目的,构建覆盖医院、社区、家庭、个体的闭环持续性防控管理模式,系统梳理科技转化成果,构建体系化、机制化转化推广服务和培训平台体系,开展疾病防控适宜技术示范、互联网+医疗健康科技示范、中医"治'未病'"科技示范、科学健身示范、食品安全科技示范、创新医疗器械产品应用示范工程(简称"十百千万工程")等创新科技成果和服务模式的综合示范,推动人口健康技术成果惠及亿万民众。

精准对接生态文明建设需求,加快生态环境成果转化应用与示范推广,以促进环境质量改善、脆弱生态修复、绿色低碳生活建设等为目标,开展"十城百座"城市废物循环低碳技术示范、生态治理科技示范、环境综合治理科技示范等环境治理技术应用实践和生态治理技术模式推广,实现生态治理、生态产业、生态富民,支撑资源节约型与环境友好型社会建设。

2. 以绿色技术银行等为载体,促进成果推广应用

积极推动"绿色技术银行"在落实创新驱动发展战略、破解科技成果转化难题中发挥创新性、前瞻性的重要作用,加强科技与金融资本等要素的融合,加快科技成果转化,促进科技与经济的紧密结合。通过建设"绿色技术银行",建立基于"信息平台""转化平台"和"金融平台"的科技成果转化机制,着力发挥"绿色技术银行"在落实联合国2030年可持续发展议程中的引领作用,促进国内先进技术向国外转移,以技术"走出去"支撑科技强国建设。努力发展"绿色技术银行"在资源节约、环境友好、安全高效、生命健康等可持续发展重点领域的支撑作用,转化应用一批适用技术。

坚持"绿色技术银行"国际化、市场化、专业化的发展方向,集聚全球技术、资本、人才、管理等要素,打造"一站式"创新服务平台,提高绿色技术服务市场化水平以及国际竞争力,积极推进生物医药、生物制造、生物能源等重点领域的先进适宜技术在我国及其他发展中国家的转化应用,为共同实现可持续发展提供支撑,最终形成面向全球的技术交易平台。

为加快落实科技成果转化,在具体操作层面率先以全国兼具金融中心和创新中心能力的地方为试点,探索技术、资本、市场、产业相融合的科技金融结合新模式,联合打造覆盖绿色技术转移转化全链条的"绿色技术银行"。构建多层次绿色技术交易体系,形成基于互联网、线上线下有效融合的绿色技术交易新模式,为全国碳交易市场运行后企业节能减排需求提供技术支持。充分利用国内外资源,建设涵盖联合国可持续发展目标

(SDGs)重点领域的成果库、需求库、专家库等,把共享和整合作为重点,为绿色技术转移转化提供良好支撑。大力推进先进适用绿色技术向发展中国家和地区转移转化,提高绿色技术服务市场化水平以及国际竞争力。

3. 以国家临床医学研究中心等为依托,促进成果普惠共享

以国家临床医学研究中心和协同创新网络建设为依托,充分运用互联网、先进通信技术等新技术,构建覆盖全国主要地区的研究型和学习型网络,大力开展远程会诊、手术指导、教育培训等活动,提供专业化、实时性的技术指导,提升基层网络成员单位的服务水平和服务能力。针对老少边穷地区因病致贫、因病返贫问题,在人员培训、专家会诊、科研项目、诊疗指南和规范推广等方面加强倾斜力度,提升基层单位的诊疗水平,建立健康医疗科技"精准对接"机制,积极促进医学科技成果的转化普及。

(三)推进国家可持续发展议程创新示范区创建,促进社会事业发展

1. 坚持问题导向,创建国家可持续发展议程创新示范区

紧密围绕全国科技创新大会精神,结合2030年可持续发展议程的落实和国家可持续发展实验区30年的实践经验,按照"创新理念、问题导向、多元参与、开放共享"的原则,以推动科技与社会发展深度融合为目标,以破解制约我国可持续发展的关键瓶颈问题为着力点,以地方为实施主体,坚持创新驱动,集成创新资源,形成技术路线和系统解决方案,推动科技成果的落地生根,探索科技与社会发展紧密结合的体制机制,促进国民经济和社会事业协调发展,打造一批可复制、可推广的可持续发展现实样板。

在"十三五"期间共创建10个左右国家可持续发展议程创新示范区,形成科技与社会发展深度融合的体制机制,激发社会发展新动能,实现经济与社会协调发展,形成一批可复制、可推广的可持续发展现实样板和模式,对内为其他地区实现可持续发展发挥示范带动效应,对外为其他发展中国家落实2030年可持续发展议程提供中国经验。

2. 加强顶层设计,推动国家可持续发展实验区迈上新台阶

加强国家可持续发展实验区顶层设计,统筹区域布局和建设规划,完善推进机制和修订管理办法,对现有的国家可持续发展实验区进行梳理整顿,使实验区焕发新的活力。面向实验区加大科技成果转移转化力度,促进实验区创新创业,探索区域协调发展新模式,与创新示范区并行推动、互为支撑。

"十三五"期间,探索按实验主题类型、发展阶段划分的实验区分类管理机制。定期开展实验区创新能力监测和评价工作,研究建立基于监测与评价结果的实验区激励与退出机制。促进已经通过验收的实验区继续开展主题实验和制定发展规划,采取复审认定等方式,形成没有继续开展主题实验的实验区自动退出机制。围绕五大发展理念和2030年可持续发展议程,建立必选指标与自选指标相结合、定性指标与定量指标相补充的实验区建设规划指标体系,适度给予实验区在规划制定方面的自主权,促进实验区根据自身区情进行特色实验。鼓励实验区建设规划和当地国民经济与社会发展规划等其他规划的紧密衔接,实现多规合一。增进实验区与国外可持续发展社区、城市之间的交流与合作,支持实验区参加2030年可持续发展议程相关的国际性活动。探索建立实验区参与"一带一路"协同创新共同体的途径,促进实验区建立双/多边合作机制。

(四)推进重点产业集聚发展,增添经济发展新动能

1. 发展壮大战略性新兴产业

(1)生物产业

建立系统的生物技术创新体系,突破一批关键核心技术,培育一批具有重大创新能力的企业。在京津冀和长三角地区等生物技术创新资源优势地区和产业集聚区,推进国家技术创新中心建设,加快产业共性关键技术的突破。依托北京、上海、重庆、天津、浙江、江苏、辽宁、湖南等地区的产业优势和集聚水平,建设一批以生物医药为特色的专业园区和工业生物技术为特色的专业园区,使生物产业成为国民经济的支柱产业之一,并形成较强的国际竞争力。

(2)健康产业

大力推动整合协同、技术创新、临床转化与普惠应用衔接配套,产学研医紧密融合,竞争力强,能够有效满足需求的健康产业科技体系建设,在创新药物、高端医疗器械、新型健康产品(中医药保健类、康复类、健身类)、健康服务等产业领域重点突破,重点支持创新药物、高端医疗器械龙头企业发展;培育10个超百亿的中药材大品种,建立一批中药材种植技术研发和推广中心;打造一批健康产业的临床转化、评价和推广中心,强化对产业的支撑;加快构建新型慢病闭环服务、新型医养结合服务、新型个人健康服务、新型分级诊疗服务等服务新模式、新产业、新业态。

(3)环保产业

加大具有自主知识产权的环保高科技产品源头供给,研发环境监测高端仪器设备、污染治理工程装备等高端技术产品,集成先进适用的环保新技术系统解决方案,为我国环境质量改善提供支撑。发展壮大环保高科技企业,培育一批具有国际影响力的环保科技创新型领军企业。加强环保特色高科技产业园区建设,依托国家可持续发展实验区、高新技术产业开发区等平台,推动环保高科技产业集聚集约发展,培育"环境医院""环境绩效合同"等环保产业新模式、新业态。积极拓展环保产业国际市场,发挥我国在污染排放末端治理等技术方面的比较优势,推进环保装备标准化工厂建设,完善环保产业技术标准体系,提升环保产业国际竞争力。

(4)海洋产业

加强海洋战略高技术产品开发,以大深度潜水器研制为重点,形成具有自主知识产权的耐压材料、深水通信、自控设备等高端技术产品,引领相关产业加工制造能力整体提升。培育壮大海洋高端制造业,研制深远海油气勘探开发装备和海洋特种船舶,推动大洋海底矿产资源勘探及试开采产业发展;发展高端海洋环境监测仪器装备,开发海洋环境数值预报系列产品,形成一批具有国际竞争力的海洋高端装备制造企业。发展海洋特有的群体资源、遗传资源、产物资源开发技术,培育与壮大我国海洋生物产业;开发低成本、高效能海水淡化装备,提升海水淡化工程设计、施工和运营技术能力,开拓海水淡化技术服务及工程建设国际市场。推动专业化海洋高技术园区的发展,形成规模化的海洋战略性新兴产业,实现海洋经济可持续发展。

2. 促进传统产业转型升级

加强科技应急产业发展,强化国家安全战略科技支撑体系。整合优化科技应急产业

体系，以项目为引导，培育复合型科技应急人才队伍，建立科技应急支撑平台，完善预警机制，编制优化应急预案，发挥科技支撑与保障作用。在有效应对突发灾害事件过程中，提升应急产业服务能力。

提升城镇新建建筑中绿色建筑比例，建设绿色生态城(区)。提高新建建筑节能标准，推动政府投资建筑、保障性住房及大型公共建筑率先执行绿色建筑标准，带动绿色建筑建设改造投资和相关产业发展。大力发展绿色建材，推动建筑工业化。积极推进太阳能发电等新能源和可再生能源建筑规模化应用。

支撑传统资源型产业转型升级。充分利用“两种资源”“两个市场”战略机遇，利用高新技术改造传统工艺，提高资源综合利用效率和深加工水平，培育创新能力强、服务品质优、环境友好的现代资源产业技术体系，支撑煤炭、有色、钢铁等战略性资源型产业转型升级，促进绿色循环低碳发展。

(五)推进国际合作深入开展，促进开放共享共赢

围绕服务“一带一路”等国家战略，积极参与并推动国际双边、多边交流合作。落实联合国2030年可持续发展议程，通过建立广泛的国际科技合作网络，实施多种形式的交流合作，主动融入全球创新网络和促进全球创新成果共享，将“引进来”与“走出去”相结合，在全球范围内优化配置创新资源，在开放融合中加快引进消化吸收再创新，提高我国社会发展领域的科技水平。实现开放共享共赢，力争成为若干重要领域的引领者和重要规则的制定者，为增强我国在全球治理体系中的影响力和话语权提供科技支撑。

1. 推进与“一带一路”国家科技合作

积极同“一带一路”沿线国家开展双边或多边科技合作，以传统医药、卫生健康、传染病防治、检验检疫、气象和海洋观测、生态保护、文化遗产保护为重点领域，开展科学数据交换共享、科技成果转化应用、科技人才培养交流、科技研发平台共建共享等工作，进一步完善具有领域特色的科技协作网络。支持国际先进技术联合研究中心、国际先进技术转移中心、南南合作相关基地(中心)的建设。

2. 提升与重点国家和地区的合作水平

在落实双边、多边合作协议的基础上，推进与科技发达国家建立创新战略伙伴关系，与周边国家打造互利合作的创新共同体，拓展对发展中国家科技伙伴计划框架。创新合作机制、丰富合作形式、扩大合作范围，围绕研发合作、创新政策、技术标准、知识产权等开展深度沟通。加强与科技欠发达国家和地区的科技合作，扩大科技援助规模，创新援助方式，支持发展中国家加强创新能力建设。

3. 倡导和参与公益性国际大科学计划

坚持以我为主，积极参与重大国际科技合作规则制定，围绕各国重大关切和全球性挑战，主动设置全球性议题，积极倡导和参与公益性国际大科学计划，创制国际科技合作公共产品，加快推动全球大型科研基础设施共享，推动国际共建实验室或共建工程中心建设，提升我国对国际科技创新的影响力和制度性话语权。

4. 深化国际组织合作和国际履约谈判

进一步落实联合国2030年可持续发展议程，深化我国与相关国际组织的合作，充分发挥科技部生物安全办公室和全球环境工作办公室等作用，整合国内社会发展科技资

源，为不断提升我国在国际履约谈判中的话语权和主导权，积极发挥好科技支撑作用。

（六）推进社会化科学普及，增强公众参与意识

科技创新、科学普及是实现创新发展的两翼，要把科学普及放在与科技创新同等重要的位置。落实国家科普与创新文化建设总体部署，聚焦重点领域，创新工作方式，搭建工作载体，大力推进社会化科学普及工作，引导公众深入理解创新、参与创新、支持创新。

重点围绕健康中国、美丽中国、平安中国建设，打造科普中国品牌，积极宣传卫生与健康、环境保护、资源利用、气候变化、海洋等领域科技进展，聚焦公众关切的健康、环境、食品安全、防灾减灾、科学健身等问题，及时、准确、便捷地为公众答疑解惑，大力宣传普及高新技术、绿色发展、健康生活等知识和观念，在全社会塑造科学理性精神。

将科技知识的科普化纳入科技项目和科技成果的考核评估指标，从源头保证科普知识的科学性和权威性；支持科普产学研联盟建设，发挥高校、科研机构、公共文化服务机构、高新技术企业、国家临床医学研究中心、可持续发展实验区等科普资源优势，提高科普资源的开放度；开展科技传播技术创新研究，大力推进科普信息化，促进科普公共产品和公共服务"质"和"量"的双提升；发挥科学家和专家在科普传播中的主力军作用，着力形成机构、专家和公众共同参与，各地方、各部门、各类机构协同联动的科普信息生产和分享的新机制。实现社会发展科技成果在全社会共享，让科普有效惠及最广大公众。

五、保障措施

（一）加强部门间的横向协调，强化顶层设计

在国家科技计划管理体制改革的背景下，坚持站在全局系统布局、科学谋划，主动加强与职能部门、行业部门之间的沟通，加快形成全国社会发展科技创新工作的总体格局。通过科卫、科环等协同合作机制、人类遗传资源管理工作协调工作机制等形式，创新工作方式，建立形成新时期与部门协同创新的新机制、新政策、新举措。深入实施知识产权、技术标准和品牌战略，加强科技与财税、金融、社保等政策的衔接，形成目标一致、部门协作的政策合力。

（二）加强与地方的纵向统筹，推动创新联动机制

重点围绕区域发展战略，加强中央与地方创新发展需求衔接，加强在科技创新政策、资源方面的统筹，充分调动和发挥地方各级政府推动科技创新工作的积极性和创造性。通过部省会商、任务对接等方式，主动加强与地方的合作，引导创新资源和创新要素在区域间合理聚集和流动。坚持面向基层、重心下移，大力支持基层科技创新，激发基层创新活力。

（三）加强政策引导，支持领域科技创新工作

针对社会发展科技创新工作的公益性特征，加强政府引导，推动制定相关政策，营造良好创新环境，搭建公共科技服务共享平台，探索科技惠民新思路。围绕国家可持续发展实验区、创新医疗器械推广应用、国家临床医学研究中心等国家相关政策，增强市场主体创新动力和活力，促进公益性科技成果转化推广，推动社会发展科技成果转化应用实践和落地。

（四）加强人才创新活力，推动聚智聚力发展

通过国家科技计划实施和领域产业培育，构建科技领军人才、高技能人才、企业家人才、科技惠民专员和创新服务人员“五员并举”的人才协同创新机制。实施科技惠民专员制度，在重要平台和重要研究机构设立专职岗位。大力培养创新服务人才，着力强化科技创新活动组织，释放和增强人才活力。推动人才的横向和纵向流动，健全人才评价、流动、激励机制。

（五）加强资源配置优化，形成多元投入机制

加大公共财政对社会发展科技创新的投入力度，在重大工程、重大专项、重点研发计划等部署中，强化中央财政在人口健康、资源环境、公共安全等重点领域的投入。充分发挥财政资金的杠杆作用，通过“绿色技术银行”等方式的带动，引导地方政府增加社会发展科技创新投入，推动建成中央财政、地方财政和社会资本之间各有侧重、分工合作的多元投入新格局。

（六）加强科技创新服务，努力实现规划目标

通过一批社会发展各领域专项规划的编制，细化落实本规划提出的发展目标和重点任务，形成以“十三五”国家社会发展科技创新规划为统领、专项规划为支撑的社会发展科技创新规划体系。构建并优化规划实施过程中与部门、行业、地方、军队的协同推进模式，形成规划实施的合力，做好重大任务在部门、行业、地方、军队的层层分解和落实，协同推进规划实施。在规划实施过程中，定期开展监测、评估，根据规划指标的阶段性落实情况和形势需求变化，及时、动态调整规划指标和任务部署。

“十三五”国家基础研究专项规划

国科发基〔2017〕162 号

基础研究是整个科学体系的源头，是所有技术问题的总机关。一个国家基础科学研究的深度和广度，决定着这个国家原始创新的动力和活力。党的十八大提出实施创新驱动发展战略，统筹部署以科技创新为核心的全面创新，主动适应科技革命和产业变革的新趋势，积极谋求掌握新一轮全球科技竞争的战略主动。“十三五”期间，经济社会发展和国家安全各领域对源头创新的巨大需求将集中释放，迫切需要基础研究发挥战略引擎作用。为加快建设世界科技强国、大力推动基础研究繁荣发展，按照《国家创新驱动发展战略纲要》和《“十三五”国家科技创新规划》的总体部署，特制定本专项规划。

一、形势与需求

“十二五”期间，我国基础研究工作全面贯彻落实《国家中长期科学和技术发展规划纲要(2006～2020 年)》部署，通过实施国家自然科学基金、973 计划、国家重大科学研究计划等国家科技计划和知识创新工程、985 工程、211 工程，持续加大投入力度，全国基础研究投入年均增长保持在 20%以上。基础研究持续快速发展，学科布局进一步优化，科研力量和基础条件建设进一步加强，科研产出持续规模化发展，整体科研实力和原始创新能力显著提高，进入世界领先或先进水平的领域不断增多，取得了一批具有世界影响的重大原创成果，国际影响力大幅提升，整体上呈现从量变到质变的加速发展态势，已发展成为具有全球重要影响力的基础研究大国，在国家经济社会发展中发挥了重要的引领作用，为创新型国家建设做出了重要贡献。主要表现在：

——基础研究水平大幅提升。学科体系、人才队伍、科研基地和条件保障能力建设进一步加强，一批研究院所成为有重要国际影响的科研机构，一些研究型大学跻身世界一流大学行列。国际科技论文数量连续多年稳居世界第 2 位，2015 年，我国国际科技论文总量为 29.68 万篇，占全球的份额从 2004 年的 5.4%增长至 2015 年的 16.3%。我国国际科技论文被引用次数稳步增加，影响力显著增强，2006 年至 2016 年 9 月，我国论文共被引 1489 万余次，居世界第 4 位。农业科学、化学、计算机科学、工程技术、材料科学、数学、药学与毒物学、物理学等 8 个学科领域的论文被引用次数排名世界第 2 位。

——学科布局进一步优化。数学、物理、化学、天文、地学、生物学等基础学科稳步发展，信息、空间、资环、海洋等综合学科，以及认知科学、纳米科学、数据科学、管理科学等交叉学科得到高度重视并加快发展，基础医学、农学、材料、能源和工程科学等应用基础学科得到大力支持，学科布局不断完善，多学科以及跨学科之间的交叉融合日益显著并取得重要进展，部分学科水平进入国际先进行列。

——原始创新成果不断涌现。在量子调控、纳米、蛋白质科学、干细胞、发育与生殖、全球变化等领域取得重要进展，基础研究重大原始创新成果呈加速产出的趋势。获得了一批诸如铁基超导、多自由度量子体系的隐性传态、量子反常霍尔效应、中微子振荡、四夸克物质发现、细胞剪接体等一批重要蛋白质的精细结构解析、小分子化合物诱导体细胞重编程为多潜能干细胞、小鼠－大鼠异源杂合二倍体胚胎干细胞构建等在世界上具有重大影响的原创成果。

——对经济社会发展的支撑引领作用不断增强。在重大传染病防控基础研究体系建立、农业生物遗传改良和农业可持续发展、油气资源高效利用等领域取得重大突破；理论基础和前沿技术的突破对载人航天、南水北调、应对气候谈判等领域提供有力支撑；材料科学、信息科学、制造科学等前瞻性研究，推动了我国传统产业的改造升级和战略性新兴产业的培育与发展；能源科学、生态科学、环境科学以及对深海、深地、深空、极地的探索等，为我国解决可持续发展和改善民生的重大瓶颈问题奠定了科学基础。

——基础研究队伍建设不断加强。从事基础研究的全时人员总量由2006年的13.13万人年增长到2014年的23.54万人年。吸引国外优秀人才回国，领军人才快速成长，中青年科学家成为主力，后备人才队伍逐步成长，一批优秀团队正在崛起。

——国际影响力进一步提升。我国科学家越来越多地参与国际热核聚变实验堆（ITER）、大型强子对撞机（LHC）、全球海洋观测计划（ARGO）、国际大陆钻探（ICDP）、国际大洋钻探（IODP）、全球综合地球观测系统（GEOSS）、人类蛋白质组研究等国际大科学研究计划，发挥重要作用。大亚湾中微子实验、地球空间双星探测等我国科学家提出的重大国际合作项目逐步增多，国际科学影响力不断提升。在国际学术组织和国际知名科技期刊担任重要职务的人数明显增加。

经过持续努力，我国基础研究总体水平已进入世界先进行列。同时，我国基础研究发展尚存在一些突出问题：重大原创成果偏少；支撑产业技术创新的应用基础研究薄弱；在引领前沿方向、主导国际大科学计划和大科学工程等方面欠缺；基础研究队伍结构不够合理，具有世界影响力的科学家数量匮乏；基础研究经费稳定性支持的机制有待完善，科研评价机制和创新环境有待进一步改善。

当今世界正处于发展、变革和调整的关键时期，新一轮科技革命加速演进，一些基本科学问题孕育重大突破，产生新的重大科学思想和科学理论，催生颠覆性技术，可望引发世界经济格局的重大深刻调整。国际科技竞争日益加剧，综合国力的竞争已前移到基础研究。切实加强基础研究，提升原始创新能力，对于提升我国综合国力、建设科技强国具有不可替代的重要作用。

我国经济发展进入速度变化、结构优化和动力转换的新常态。推进供给侧结构性改革，促进经济提质增效、转型升级，迫切需要依靠科技创新解决产业共性技术基础问题，提升产业核心竞争力，培育发展新动能。来自经济社会发展和国家安全各领域对源头创新的巨大需求将集中释放，迫切需要基础研究发挥战略引擎作用。

面对新形势新任务，我们必须切实加强基础研究，提升原始创新能力，着力解决我国基础研究发展过程中的问题，在提出原创科学思想、探索重大科学前沿、解决国家战略需求和产业共性技术基础等重大科学问题、完善科研基地建设以及引领重大国际科学合作等方面取得重大突破，造就一流的基础研究人才队伍，引导企业加强基础研究，推进我国基础研究实现从量变向质变的跃升，为全面提升自主创新能力、建成创新型国家提供知识基础、人才储备和发展动力。

二、总体要求

(一)指导思想

高举中国特色社会主义伟大旗帜，全面贯彻党的十八大和十八届三中、四中、五中和六中全会精神，以马克思列宁主义、毛泽东思想、邓小平理论、“三个代表”重要思想、科学发展观为指导，深入贯彻习近平总书记系列重要讲话精神，坚持“五位一体”总体布局和“四个全面”战略布局，坚持创新、协调、绿色、开放、共享发展理念，全面贯彻落实全国科技创新大会精神、《国家创新驱动发展战略纲要》和《“十三五”国家科技创新规划》部署，遵循科学发展和创新活动的规律和特点，坚持继承与创新，强化基地和能力建设，培养一流人才，着眼未来国家竞争力，聚焦在创新链的前端，坚持把强化基础研究、提升原始创新能力作为根本任务，发挥基础研究对建设创新型国家和世界科技强国的重要引领作用。

(二)基本原则

坚持鼓励自由探索和目标导向相结合。面向科学前沿，进一步加大对好奇心驱动基础研究的支持力度，引导科学家将学术兴趣与国家目标相结合，解决重大科学问题。面向国家重大需求和国民经济主战场，针对事关国计民生、产业核心竞争力的重大战略任务，超前部署基础研究，促进基础研究与经济社会发展需求紧密结合，为创新驱动发展提供源头供给。

坚持把加速赶超引领作为发展重点。把握世界科技前沿发展态势，在关系长远发展的基础前沿领域，超前规划布局，强化原始创新。鼓励科学家在独创独有上下功夫，勇于挑战最前沿的科学问题，提出更多原创理论，作出更多原创发现。在重要科技领域实现跨越发展，解决产业共性技术基础，跟上甚至引领世界科技发展新方向，掌握新一轮全球科技竞争的战略主动。

坚持把深化体制机制改革作为核心动力。尊重科学研究的灵感瞬间性、方式随意性、路径不确定性等特点，着眼长远，鼓励科学家自由探索、认真求证。完善基础研究分类评价机制，改进人才评价考核方式，赋予学术领军人才更多的学术自主权，完善基础研究投入结构和动态调整机制。

坚持把不拘一格发挥人才作用作为本质要求。牢固树立科学人才观，深入实施人才优先发展战略，遵循人才成长规律，完善更加开放、更加灵活的人才培养、吸引、使用机制，努力培养造就一大批科技领军人才，优秀青年科技人才，建设一批优秀创新团队。

坚持把全球视野作为重要导向。坚持开放发展，主动融入全球创新网络，共同应对全球关注的重大科学挑战，充分利用全球科技资源，在更高水平上开展基础研究创新合作。积极参与和组织实施国际大科学计划和大科学工程，提高国际话语权和影响力，为世界科学发展做出贡献。

（三）总体目标

基础研究原始创新能力和国际竞争力显著提升，重要领域方向跻身世界先进行列，整体水平向并跑和领跑为主转变，支撑引领创新驱动发展源头供给能力显著增强，为我国到2020年进入创新型国家行列奠定坚实的基础。

主要目标如下：

——持续稳定支持基础研究，基础研究占全社会研发投入比例大幅度提高。

——形成全面均衡的学科体系，科学产出的水平、质量和国际影响力大幅提升。学科整体水平进入世界前三名，部分学科学术影响力达到世界领先，国际科技论文被引次数达到世界第二。

——在若干重大创新领域组建一批国家实验室；优化国家重点实验室布局，完善国家重点实验室体系，显著增强科学创新基础能力。

——建设一流的人才队伍，形成一批跨学科、综合交叉的创新团队。

——在科学前沿重要领域取得一批重大原创成果；解决一批面向国家战略需求的前瞻性重大科学问题，基础研究对经济社会发展引领支撑作用显著增强。

三、发展重点与主要任务

（一）加强自由探索研究与学科体系建设

加强原创导向，激励新概念、新构思、新方法、新工具的创造，力争在更多领域引领世界科学研究方向。加强科学前沿探索，进一步加大对好奇心驱动基础研究的支持力度，加大对非共识创新研究的支持力度，鼓励质疑传统、挑战权威，重视可能重塑重要科学或工程概念、催生新范式或新学科新领域的研究。

构筑全面均衡的学科体系，为我国实现从科学大国迈向科学强国奠定扎实的学科基础。推动学科均衡协调和交叉融合发展，统筹基础学科、应用学科、新兴学科、交叉学科布局，形成多学科均衡协调可持续繁荣发展局面，促进基础研究百花齐放。推动数学、物理学、化学、天文学、地学、生命科学等基础学科持续发展，推进能源科学、环境科学、海洋科学、材料科学、工程科学和临床医学等应用学科发展，加强信息、纳米等新兴学科建设，鼓励开展跨学科研究，促进学科交叉与融合。

（二）组织实施重大科技项目

“十三五”期间，着眼于更长远的国家重大战略需求，凝练事关我国未来发展的重大科技战略任务，构建未来我国科技发展制高点，组织若干项基础研究类重大科技项目，努力实现以科技发展的重大突破带动生产力的跨越发展。

1. 量子通信与量子计算机

奠定我国在新一轮信息技术国际竞争中的科技基础和优势方向。量子通信研究面向多用户联网的量子通信关键技术和成套设备，率先突破量子保密通信技术，建设超远距离光纤量子通信网，开展星地量子通信系统研究，构建完整的空地一体广域量子通信网络体系，与经典通信网络实现无缝链接；量子计算机研究解决大尺度量子系统的效率问题，研发量子系统、量子芯片材料、结构与工艺、量子计算机整体构架以及操作和应用系统，实现量子信息的调制、存储、传输和计算，最终实现可实用化的量子计算机原型机；量子精密测量研究利用量子通信和量子计算所发展的量子探测、测量和操纵技术，实现对重力、时间、位置等的超高灵敏度测量，大幅提升卫星导航、潜艇定位、医学检测、引力波探测等的准确性和精确性。

2. 脑科学与类脑研究

围绕脑与认知、脑机智能和脑的健康三个核心问题，统筹安排脑科学的基础研究、转化应用和相关产业发展，形成“一体两翼”的布局，并搭建相关关键技术平台。以脑认知原理(认识脑)为主体，阐述脑功能神经环路的构筑和运行原理，绘制人脑宏观神经网络、模式动物介观神经网络的结构性和功能性全景式图谱；发展类脑计算理论，研发类脑智能系统(模仿脑)。基于对脑认知功能的网络结构和工作原理的理解，研究具有更高智能的机器和信息处理技术；促进智力发展、防治脑疾病和创伤(保护脑)，围绕高发病率重大脑疾病的机理研究，揭示相关的遗传基础、信号途径和治疗新靶点，实现脑重大疾病的早期诊断和干预。

(三)加强目标导向的基础研究和变革性技术科学研究

针对事关国计民生的农业、能源资源、生态环境、健康等领域，以及事关产业核心竞争力、整体自主创新能力和国家安全的领域，进一步聚焦国家目标，充分发挥基础研究的战略支撑作用。同时，围绕战略性、基础性、前瞻性重大科学问题，对科学和技术发展有很强带动作用的基础研究进行重点部署，为创新发展提供源头供给。

1. 加强国家重大战略任务部署基础研究

面向现代农业、健康、资源环境和生态保护、高新技术产业、节能环保和新能源、新型城镇化等领域的国家重大战略任务，选择可有力带动基础研究、重大共性关键技术和重大应用示范结合的战略性、全局性、长远性的方向进行全链条设计一体化组织，强化基础研究对经济社会发展的支撑作用。

(1)在现代农业方面，围绕粮食丰产增效、农业面源污染和农田综合防治修复、智能农机装备、食品加工及粮食收储运、林业资源培育及高效利用、海洋(蓝色)粮仓、作物优质高产、化学肥料和农药减施增效、七大农作物育种、主要畜禽水产动物育种、农业病虫害防治等重点任务，部署精确栽培、分子遗传变异、优良性状形成机理、种间互作和定向培育等基础研究。

(2)在节能环保和新能源方面，围绕煤炭清洁高效利用和新型节能技术、可再生能源与氢能、先进核能与核安全、智能电网、深层油气勘探开发、能源基元与催化，加强碳基能源清洁转化、源网荷协同机制、深层油气成藏机理和生态监测预警等基础研究的支撑引领。

(3)在产业转型升级方面，围绕网络协同制造、3D 打印和激光制造、智能机器人、重点基础材料、先进电子材料、材料基因工程、制造基础技术与关键部件、云计算和大数据、高性能计算、宽带通信和新型网络、网络空间安全、地球观测与导航、光电子器件及集成、科技服务业、新能源汽车、重大科学仪器设备、精细化学品生产、功能分子材料与器件部署基础研究，解决产业共性关键技术基础问题，为培育战略性新兴产业提供科学支撑。

(4)在资源环境和生态保护方面，围绕土壤及地下水污染防治、生态修复、深地资源勘探开发、废物处置与资源化、海洋环境安全、深海技术装备、重大自然灾害监测预警与防范、水资源综合利用、大气污染成因与控制、青藏高原多层圈相互作用及其资源环境效应、海洋生态环境与可持续发展、土壤一生物系统功能及其调控等开展重大科学问题研究。

(5)在健康方面，面向重大慢性非传染性疾病防控、精准医疗、生物制品与生物治疗、中医药现代化研究、生殖健康及重大出生缺陷、人口老龄化、生物安全关键技术、移动医疗与健康促进、生物医用材料与组织器官修复替代、食品药品安全、数字诊疗装备、个性化药物、典型污染物的环境暴露与健康危害机制等重大社会公益性研究，全链条部署自主神经干预、基因组学、三维微环境营造、分子设计和超快激光制造等基础研究。

(6)在新型城镇化方面，围绕物联网与智慧城市、综合交通运输与智能交通、先进轨道交通及其关键部件、绿色建筑及建筑工业化、公共安全风险防控与应急技术装备等领域的科学问题，强化基础研究与共性关键技术、示范应用的衔接。

2. 加强战略性前瞻性重大科学问题研究

围绕世界科学前沿的重点方向，凝练战略性前瞻性重大科学问题，以实现重点跨越、引领未来发展为目标，重点部署基础研究。

(1)量子调控与量子信息

认识和了解量子世界的基本现象和规律，通过对量子过程进行调控和开发，在关联电子体系、小量子体系、人工带隙体系等重要研究方向上建立突破经典调控极限的全新量子调控技术，实现量子相干和量子纠缠的长时间保持和高精度操纵，实现可扩展的量子信息处理。

(2)纳米科技

围绕纳米科学重大基础问题，新型纳米制备与加工技术，纳米表征与标准，纳米生物医药，纳米信息材料与器件，能源纳米材料与技术，环境纳米材料与技术等方面开展研究，加强基础研究与应用研究的衔接，推动纳米科技产业发展。

(3)蛋白质机器与生命过程调控

揭示蛋白质机器复杂的结构和功能、调控网络以及动态变化规律，发挥蛋白质科学研究设施的支撑优势，围绕重要细胞器及生物膜相关蛋白质机器等重大科学问题，高分辨率冷冻电镜、磁共振技术等重大技术方法，以及肿瘤、免疫类等疾病防治等重大应用研究领域部署研究任务。

(4)全球变化及应对

围绕全球变化关键过程、机制、趋势与表现，全球变化影响、风险、减缓和适应，数据产品及大数据集成分析，地球系统模式和高分辨率气候系统模式的开发、改进与应用等开展研究，提升我国全球变化研究的竞争力和国际地位，为应对全球变化国家战略提供科技支撑。

(5)干细胞及转化研究

以增强我国干细胞转化应用的核心竞争力为目标，以我国多发的神经、血液、心血管、生殖等系统和肝、肾、胰等器官的重大疾病治疗为需求牵引，重点部署多能干细胞建立与干性维持，组织干细胞获得、功能和调控，干细胞定向分化及细胞转分化，干细胞移植后体内功能建立与调控，基于干细胞的组织和器官功能再造，干细胞资源库，利用动物模型的干细胞临床前评估，干细胞临床研究。

(6)大科学装置前沿研究

依托我国已建成的专用和平台型大科学装置，主要支持粒子物理、天文等领域探索物质世界的结构及其相互作用规律等的重大前沿研究，以及依托先进光源、先进中子源、强磁场装置等为多学科交叉前沿提供先进实验技术和方法，推动大科学装置向社会用户开放共享。

(7)合成生物学

围绕生命体计算设计、合成再造与人工调控等核心科学问题，面向提升人工生物装置与系统的设计构建能力，创建一批具有特定功能的人工基因线路、人工生物器件、人工细胞等人工生物体，构筑智能疾病诊疗、人工生物固碳、药物高效规模合成、重要化工材料构建等重大应用的科学支撑，促进生物产业创新发展与经济绿色增长。

(8)发育编程及其代谢调节

面向科学前沿及健康和农业发展需求，以生命体发育和代谢的精准调控机制为主线，揭示胚胎和组织器官发育、成年组织器官可塑性及衰老、胚胎和组织器官发育的代谢调控等规律，鉴定发育与代谢的关键调控因子，创建大动物遗传修饰品系，揭示大动物发育与代谢的重要调控机制。

(9)微生物组学

开展微生物组形成、遗传稳定性及与环境互作机制研究，农业微生物组与作物生长和发育的相互关系、抵抗环境压力和病虫害的机理研究，基于生态环境污染监测与预警的微生物组技术研发，我国人群体内微生物组及健康相关功能研究。推动科学前沿发展，为我国健康、农业、环境可持续发展提供支撑。

(10)催化科学

在催化理论、催化剂的理性设计与表征、催化新方法与新反应、资源的绿色催化转化与高效利用等相关催化领域中获得重大原始创新和重要应用成果，提高自主创新能力和研究成果的国际影响力；为解决能源、环境、资源以及人口健康等领域的关键问题提供物质基础以及技术支撑。

(11)极端制造的科学基础与创新技术

围绕极端制造需求和技术发展面临的关键科学问题，研究超大规格高柔性高性能航天复杂构件一体化制造和高均匀性近零残余应力航空构件制造。10 纳米以下集成电路器件三维集成制造和光子集成器件制造，复杂曲面强光光学元件的抗损伤纳米精度制造和光学元件微纳结构的超快激光制造，热电高效转化的热防护构件制造、高性能复合声学结构制造和生机电一体化制造，为中国制造 2025 的顺利实施提供科学基础和支撑。

(12)磁约束核聚变能发展

以参加国际热核聚变实验堆(ITER)计划为契机，全面吸收消化关键技术，以聚变堆未来科学研究为目标，加快国内聚变发展，开展高水平的科学研究，开展聚变堆工程设计和关键技术预研，发展氚技术、聚变材料等ITER未涵盖的聚变堆技术。加快我国磁约束核聚变能的基础与应用研究，培养并形成一支高水平核聚变能研发队伍，大力提升我国核聚变能发展研究的自主创新能力，在2020年前后具备自主建造聚变工程堆的能力，适时启动高效安全聚变堆研究设施建设，加快聚变能走向应用进程，跨入世界核聚变能研究开发先进行列。

(13)空间科学系列卫星计划

研制并发射3～4颗新的空间科学卫星，在黑洞、暗物质、时变宇宙学、地球磁层－电离层－热层耦合规律、全球变化与水循环、量子物理基本理论和空间环境下的物质运动规律与生命活动规律等方面取得重大科学发现与突破。

3. 加强面向培育变革性技术的科学研究

以实现"重点科技领域战略领先"为目标，围绕重要科学前沿或我国科学家取得原创突破、学科交叉创新带动的特征明显、有望产出具有变革性技术原型的基础研究和应用基础研究，进行前瞻部署，建立快速响应机制、创新组织管理模式，培育有望推动产业变革和经济发展模式转变的变革性技术，抢占未来经济社会跨越发展的先机。

(四)加强国家科技创新基地和科研条件建设

"十三五"期间，以提升原始创新能力为目标，完善科学与工程研究类国家科技创新基地建设与布局，在重大创新领域组建若干国家实验室，推进国家重点实验室的优化布局和发展。进一步推进国家重大科研基础设施的建设和运行，加强野外科学观测研究站建设和科技基础资源调查，夯实孕育原始创新的物质技术基础。

1. 建设国家实验室，加强国家重大战略性基础研究能力

国家实验室是体现国家意志、实现国家使命、代表国家水平的战略科技力量，是突破型、引领型、平台型一体化的大型综合性研究基地。主要任务是突破世界前沿的重大科学问题，攻克事关国家核心竞争力和经济社会可持续发展的核心技术，率先掌握能够形成先发优势、引领未来发展的颠覆性技术，确保国家重要安全领域技术领先、安全、自主、可控。

面向世界科技前沿、面向国家重大需求、面向经济社会发展主战场，立足体系建设和能力提升，强化开放共享和协同创新，构建定位清晰、任务明确、布局合理、开放协同、分类管理、投入多元的国家重点实验室建设发展体系，实现布局的结构优化、领域优化和区域优化。深化学科国家重点实验室改革，带动省部共建、企业、军民共建和港澳伙伴实验室等国家重点实验室发展。主要任务是面向前沿科学、基础科学、工程科学开展基础研究、应用基础研究和竞争前共性技术研究，推动学科发展，促进技术进步。提高实验室原始创新能力，加强引领带动作用，为科技创新由跟跑为主向并跑、领跑为主转变提供支撑。

3. 加强国家重大科技基础设施建设

聚焦能源、生命、地球系统与环境、材料、粒子物理和核物理、空间和天文、工程技术等7个科学领域，以提升原始创新能力和支撑重大科技突破为目标，布局建设一批重大科技基础设施。强化国家重大科研基础设施绩效评估，形成以开放共享为核心的运行机制，提高成果产出质量和效率。

4. 建设完善野外科学观测研究站，提升野外观测研究示范能力

围绕生态保障、现代农业、气候变化和灾害防治等国家需求，建设布局一批野外科学观测研究站，完善国家野外观测站体系，推动野外科学观测研究站的多能化、标准化、规范化和网络化建设运行，促进联网观测和协同创新。开展科技基础资源调查，为认识自然现象、发现科学规律、推进基础学科发展奠定基础。

5. 加强科研条件研发，增强基础支撑能力

鼓励和培育具有原创性学术思想的探索性科研仪器设备研制，聚焦高端通用和专业重大科学仪器设备研发、工程化和产业化；加强国家质量技术基础的研究，研发具有国际水平的计量、标准、检验检测和认证认可技术；加强实验动物新品种（品系）、动物模型的研究与应用；注重研发具有自主知识产权的通用试剂和高端高纯专用试剂；组织开展跨学科、跨区域的重大科学考察与调查；强化夯实科技创新的物质条件基础。

6. 完善科技资源共享服务平台体系

根据科技资源类型，对现有国家科技基础条件平台进行优化整合；面向重大科技创新需求，在重大领域新建一批共享服务平台，完善平台布局；建设一批具有国际影响力的国家级科学数据中心、生物种质和实验材料资源库（馆），形成覆盖重点领域的科技资源支撑服务体系。

（五）加强基础研究人才队伍建设

“十三五”期间，遵循人才成长规律，加强基础研究人才引进和培养，凝聚和造就一批具有国际影响力的高水平领军人才、青年人才、实验技术人才和优秀创新团队。

1. 培养高水平领军人才

在我国具有优势的重要领域，选择有较大发展潜力的科学家设立杰出科学家工作室，进一步推进“国家杰出青年科学基金项目”“千人计划”和“万人计划”等高层次人才培养和引进计划的实施，加快培养一批在国际前沿领域具有较高影响力的领军人才。

2. 加强中青年和后备人才培养

瞄准世界科学研究前沿，培养和支持一批中青年科学家。实施“国家自然科学基金青年科学基金项目”“国家自然科学基金优秀青年科学基金项目”“长江学者奖励计划青年学者项目”“中青年科技创新领军人才”“国家重点研发计划青年科学家专题”等青年人才资助计划，加强优秀青年人才的培养。加大博士后支持力度，积极吸引国内外优秀的博士毕业生在国内从事博士后研究。推进国家科研机构与大学合作培养基础研究后备人才。

3. 稳定高水平实验技术人才

加强实验技术人才培训工作，提升实验技术人员技术能力和水平。建立健全符合实验技术人才及岗位特点的评价体系和激励机制，提高实验技术人才的地位和待遇。优化实验技术人才队伍，形成合理的科研队伍组成结构。

4. 培育和支持优秀科技创新团队

聚焦科学前沿，支持高水平大学和科研院所组建一批跨学科、综合交叉的科研团队，加强协同合作，提升创新实力。发挥国家重点实验室等研究基地的凝聚作用，稳定支持一批优秀创新团队。结合科技重大专项、国家科技计划的实施和重大科技设施的建设与

运行，加大对优秀创新团队的培育和支持力度。

(六)组织和加强重大国际科技合作与交流

“十三五”期间，以全球视野谋划我国基础研究发展，积极融入和主动布局全球创新网络，有效利用和整合全球创新资源，服务“一带一路”重大战略需求，推动基础研究多层次、全方位和高水平的国际合作服务国家战略，提升国际话语权和影响力，使我国成为引领科学前沿、解决重大全球性问题的主导国家之一。

1. 发起和组织国际大科学计划和大科学工程

加强顶层设计，长远规划，择机布局，重点在数理天文、生命科学、地球环境科学、能源以及综合交叉等我国已相对具备优势的领域，研究提出未来5～10年我国可能组织发起的国际大科学计划和大科学工程。调动国际资源和力量，在前期充分研究基础上，力争发起和组织若干新的国际大科学计划和大科学工程，为世界科学发展做出贡献。

2. 积极参与国际大科学计划和大科学工程

面向基础研究领域和重大全球性问题，结合我国发展战略需要、现实基础和优势特色，积极参与国际热核聚变实验堆(ITER)计划、平方公里射电望远镜(SKA)建设、大型强子对撞机(LHC)、地球观测组织(GEO)、国际大洋发现计划(IODP)等国际大科学工程和大科学计划合作研究，“以我为主”创新参与模式，在共享国际优势科技资源的同时，提高我国的科研能力和大科学工程、大科学计划项目管理能力。

3. 积极支持双边、多边基础研究科技合作

深化基础研究领域政府间合作，完善合作机制，加强双多边基础研究科技合作。加大国家科技计划、国家重点实验室等对外开放力度。鼓励和支持国际联合实验室和研究中心建设。

4. 走出去，请进来，吸引海外人才

深化基础研究领域科研人员国际交流，支持和推荐我国科学家到国际学术组织交流和任职，选派优秀青年科研人员到国外一流研究机构深造。大力引进从事科学前沿探索和交叉研究、具有创新潜质的优秀科学家，支持高校、科研院所在重点学科领域建立联合研究中心或创新团队，支持国际知名高校、科研机构来华开展科研合作，成立研究中心。

5. 促进基础研究活动国际化

鼓励国际科研合作交流，共同开展基础研究，合作发表论文；研究基础研究评审活动国际化，建立基础研究国际同行专家库，邀请国际高水平科学家参与项目评审，开展国际同行评议。

四、保障措施

(一)加强顶层设计，完善管理机制

加强顶层设计和整体布局，建立部门间沟通协调机制，按照新的国家科技计划体系对基础研究工作进行全面部署。统筹国家自然科学基金、国家科技重大专项、国家重点研发计划、国家基地和人才专项等国家科技计划系统支持基础研究，建立健全各类科技计划支持基础研究的资助政策与管理机制。

（二）建立基础研究多渠道经费投入和分配机制

建立基础研究多元化资助体系，多渠道增加基础研究投入。加大中央财政对基础研究的支持力度，完善稳定支持和竞争性支持相协调的机制；引导和鼓励地方、企业和社会力量增加对基础研究的投入，建立对非共识的探索性风险资助机制，提高基础研究占全社会研发投入比例。

（三）支持高等学校与科研机构自主布局基础研究

结合国际一流科研机构、世界一流大学和一流学科建设，支持高等学校与科研机构自主布局基础研究，扩大高等学校与科研机构学术自主权和个人科研选题选择权，鼓励开展长周期、高风险的基础研究。

（四）引导和鼓励企业加强基础研究

引导有条件的企业特别是大中型企业和企业化转制院所重视并开展基础研究。建立企业国家重点实验室，开展应用基础、前沿技术和共性技术研发。在企业内与高校、院所建立联合实验室，围绕自主创新能力建设，开展基础性、前沿性创新研究。鼓励社会力量通过设立科学研究基金、捐赠等形式支持基础研究。

（五）推动区域基础研究发展

鼓励地方把基础研究纳入地方总体发展规划，围绕区域发展的实际需求和在资源、产业等方面的优势研究确定基础研究发展模式和路线。引导地方加大对基础研究的投入，结合国家目标、行业发展方向和区域创新发展需求，开展有特色和优势的基础研究，提升行业未来竞争力、公共服务水平和区域创新能力。

（六）进一步优化科研和学术环境

改善学术环境，建立符合基础研究特点和规律的评价机制。强化分类评价和第三方评价，建立长效评价机制，确立以学术贡献和创新价值为核心的评价导向，让学术评价回归学术。建立以原创性和学术水平评价考核人才的机制，探索科研人员代表作制度，避免以人才计划"头衔"评价考核科研人员。探索有别于传统同行评审的特别项目甄别与评价方式，建立包容和支持"非共识"基础研究项目的制度。加强科技成果权益管理改革，允许科研人员依法依规适度兼职兼薪。

（七）促进科技资源开放共享

促进国家重大科研基础设施和大型科研仪器向社会开放，完善开放共享的评价考核和管理制度；开展考核评价，落实后补助激励机制；积极探索仪器设施开放共享市场化运作新模式，培育一批从事仪器设施专业化管理与共享服务的中介服务机构。

推进国家实验室、国家重点实验室等基础研究基地的对外开放与共享，完善开放共享机制，加大开放力度，强化面向科学研究和创新创业的高水平服务，提高全社会利用基础研究资源的效率和效益。

制定国家科学数据管理与开放共享办法，在保障知识产权的前提下推进资源共享。加强生物资源和实验材料收集、加工和保藏的标准化，提高资源存储数量和管理水平，完善开放模式，提高服务质量和水平，为国家科技创新、重大工程建设和企业创新提供坚实的资源保障支撑。

高等学校"十三五"科学和技术发展规划

教技〔2016〕5号

党的十八届五中全会确立了"创新、协调、绿色、开放、共享"的发展理念，提出了创新是引领发展第一动力，处于国家发展全局的核心位置。科技创新在全面创新中具有引领作用，高等学校作为国家科技创新的重要力量，发展机遇前所未有。为更好地贯彻落实国家国民经济和社会发展"十三五"规划，全面提升高校创新能力，引领支撑国家创新驱动发展战略实施，服务创新型国家建设和全面建成小康社会目标的实现，特制定本规划。

一、形势与需求(略)

二、发展理念与主要目标

(一)发展理念

深入贯彻党的十八大及十八届三中、四中、五中、六中全会和习近平总书记系列重要讲话精神，围绕"四个全面"战略布局，紧扣国家"十三五"国民经济和社会发展规划部署，全面落实国家教育、科技"十三五"发展规划，坚持"引领创新，支撑发展，科教融合，开放协同，追求卓越"的发展理念，牢固确立服务需求导向，以提升科技创新质量和贡献为核心，以促进科教融合为主线，以推动开放协同为突破口，以深化改革为动力，坚持科技、教育、经济三结合，科技创新、机制创新、管理创新三并举，全面提升科学研究原始创新、支撑创新人才培养、服务经济社会发展三种能力。

(二)主要目标

到2020年，高校科技创新质量和国际学术影响力实现新的跃升；服务经济社会发展能力和支撑高质量人才培养效果显著增强；开放协同高效的现代大学科研组织机制基本形成；引领支撑国家创新驱动发展，成为建设创新型国家和人才强国的战略支撑力量。具体目标包括：

——原始创新能力和国际影响力大幅跃升。建成若干国际领先的国家实验室、重大科学基础设施和一批协同创新平台；造就一批具有卓越国际声誉的科学大师、领军人才和创新团队；涌现一批代表国家水平、引领国际科学前沿发展方向的重大标志性成果。

——引领国家创新驱动发展的能力明显提升。牵头或参与组建若干国家技术创新中心和一批标志性产业技术创新联盟，建立专业的知识产权运营机构和技术经纪人队伍；在共性关键技术研究、前沿技术和颠覆性技术创新、产业技术新体系建设、科技成果转化等方面实现重大突破。

——支撑学科建设和人才培养的效果显著增强。培养汇聚高端人才，师资队伍结构更加优化、学术水平显著提升；以创新链引领学科群建设，以科研平台建设支撑学校优势特色学科发展；科教融合、政产学研用协同育人成为创新创业人才培养主要模式；人才培养质量显著提升。

——开放协同高效的现代大学科研组织机制基本形成。多学科交叉融合机制、政产学研用一体的创新网络、军民融合机制进一步完善；牵头建成一批国际创新合作平台，牵头组织若干国际大科学计划和大科学工程；科技资源开放共享、科技评价改革、科技创新文化建设取得明显进展；科技治理体系和治理能力现代化稳步推进。

三、坚持引领创新，抢占原始创新战略制高点

全面提升高校原始创新能力是高校科技发展的首要任务，是落实以科技创新为核心的全面创新，加速创新驱动发展的基础。

（一）大力加强需求引导的基础研究（略）

（二）聚焦前沿技术和颠覆性技术创新（略）

（三）加快培养聚集一流人才和创新团队（略）

（四）推进科技创新大平台和重大科技基础设施建设（略）

（五）推进高水平的交叉学科研究（略）

四、坚持支撑发展，服务国家战略需求

深化科技与经济融合，推动新技术、新产业、新业态发展，实现动力转换，是高校科技支撑发展的直接体现。

（一）积极参与产业技术创新体系建设（略）

（二）支撑构建各具特色的区域创新体系（略）

（三）实现重点领域关键技术的突破（略）

（四）加快技术转移和科技成果转化（略）

（五）服务国防建设与国家安全（略）

（六）加强高水平科技智库建设（略）

（七）为社会发展提供科技支撑（略）

五、坚持科教融合，支撑高质量高等教育

科教融合是现代高等教育的核心理念，支撑人才培养是高校科技工作的内在要求。高校科技工作必须与人才培养更紧密地结合起来，推动创新链与人才培养链有机衔接。

（一）促进世界一流大学和一流学科建设（略）

（二）支撑高校特色发展和优势学科建设（略）

（三）加快科技资源向教育教学转化（略）

(四)大力发展众创空间支撑大学生创新创业(略)

六、坚持开放协同,构建科研组织新机制

根据国家深化科技体制改革的总体部署,立足高校科技体制特点,打通阻碍创新的障碍,全面提升创新效率。

(一)强化学科开放融合(略)

(二)推进与其他创新主体大规模协同(略)

(三)加强军民科技融合创新(略)

(四)提升国际合作水平深度融入全球创新网络(略)

七、坚持追求卓越,营造崇尚创新的文化氛围

牢固树立追求卓越的价值导向和行为规范,营造崇尚创新的文化,是高校科技健康持续发展的必然要求,也是高校引领社会创新文化建设的重要任务。

(一)树立追求卓越的价值理念(略)

(二)营造开放包容的创新氛围(略)

(三)完善学风建设长效机制(略)

(四)加强科学传播和科学普及(略)

(五)推进高校科技治理体系和治理能力现代化(略)

八、深化改革与重大举措

(一)加大投入建立高校科学研究稳定支持制度

——完善高等教育科技创新的财政支持机制。推进经费分配和管理方式改革,强化政策和绩效导向,扩大高校统筹安排使用资金的自主权,开展重大科技创新平台、重大项目预先研究,承担国家重大科技计划项目和企事业研发任务。

——完善中央高校基本科研业务费制度。健全对高校基本科研工作的稳定支持机制,支持高校稳定基本科研队伍,培植基本科研能力;在稳定支持基础上,建立持续增长机制;进一步落实学校科研、财务部门管理职责,赋予高校在稳定基本科研方向、开展学科交叉研究和培育重大项目、提高科研基地运行效率等方面的自主权。

——推动地方建立高校基本科研业务费制度。鼓励地方设立高校基本科研业务费,引导经济发达地区率先试点,逐步推开,为地方高校科技创新提供稳定支持。

——建立适应国家科技体制改革的高校科研项目资金管理服务体系。推动高校落实法人主体责任,制定内部管理办法,落实项目预算调剂、间接经费统筹使用、劳务费分配管理、结余资金使用等管理权限。建立健全科研财务助理制度,提供专业化服务。

(二)大力推进科研组织方式和聘用机制改革

——启动高校科研队伍组织方式改革。鼓励高校自主设立科研岗位,推进高校研究人员聘用制度改革,建立专职科研队伍。加强博士后队伍建设。

——改善科技队伍结构。建立健全科研人才双向流动机制,试点将企业任职经历作为高校聘任工程类教师的必要条件;科学使用科研项目劳务费,建立相对稳定的专职科

研队伍；不断完善对高校科技创新的补偿机制，支持高校推进人事与薪酬机制改革，建立健全与科研人员岗位职责、工作业绩、实际贡献紧密相连的分配激励机制。

——加强国外智力资源引进。建立面向海外高端人才的访问学者制度。提高创新平台、研究中心负责人面向全球招聘的比例。探索在不涉密的创新平台和重大科技项目中引进外国高层次专家担任首席科学家。

——健全有利于科技人才向地方高校和中西部地区高校流动聘用的政策机制。

（三）深化技术转移和成果转化机制改革

——积极参与技术和知识产权交易平台建设，建立从实验研究、中试到生产的全过程科技创新融资模式。落实《教育部、科技部关于加强高等学校科技成果转移转化工作的若干意见》，组织实施“高校科技转移与转化行动计划”，继续深入实施“蓝火计划”，建设“中国技术供需在线”，构建“高校新兴产业技术创新网络”。

——推进建立高效多赢的国防科技成果转化机制。协同国防科技和武器装备主管部门，推动将高校国防知识产权信息逐步纳入国家国防信息平台，加大对高校国防知识产权信息资源的整合利用和保护，促进高校国防科技成果的转化与应用，支撑我国国防可持续发展。

——推进高校科技成果转化和投入方式改革。逐步实现高校与下属公司剥离，原则上不再新办企业。推动科技成果以许可方式对外扩散，鼓励以转让、作价入股等方式加强技术转移。提高科研人员成果转化收益比例。

——完善高校教师在岗兼职、离岗创业和返岗任职制度。允许符合条件的科技人员经学校批准，带着科研项目和成果，保留基本待遇到企业开展创新工作或创办企业。

（四）全面推进科技评价机制改革

——对基础和前沿技术研究实行同行评价，突出中长期目标导向，评价重点从研究成果数量转向研究质量、原创价值和实际贡献。对公益性研究强化国家目标和社会责任评价。

——实行科技人员分类评价，建立以能力和贡献为导向的评价和激励机制。对从事基础和前沿技术研究、应用研究、国防科研、成果转化等不同活动的人员建立分类评价制度，建立有利于调动科研人员积极性的评价和考核机制，提升评价的科学性。鼓励科研人员持续研究和长期积累。

——完善开放评价机制。进一步加强评价过程的公开、公平和公正；完善同行评价专家遴选机制和专家库，积极引入外部专家和国际同行评价。加强评价专家的自律教育和责任追究机制。

——探索建立以代表性成果为主要指标的评价体系和国际对标评价。鼓励开展标志性工作的国际同行专家评价。推动以国际一流水平的同类机构或学科为参照的评价制度。

——深化高校科技奖励改革。进一步完善优秀成果提名推荐制，聚焦原创性、突破性、引领性成果，加大对优秀青年科研人员的引导和激励。

（五）深入实施高校创新能力提升计划（2011 计划）

——完善实施机制。进一步落实顶层规划，有效衔接世界一流大学和一流学科建设，完善经费、政策支持机制。优化认定机制，突出对实质性协同和实施效果的后评价，充分激发协同创新的内生动力。

——建立绩效管理模式。加强年度监测、中期绩效检查和周期绩效评估，建立激励约束和退出机制，动态调整。

——推动计划分层实施。推动国家级、省（部）级、校级协同创新中心科学定位、协调发展，形成整体推进态势，实现计划预期目标。探索省部共建机制。

（六）实施高校创新平台体系建设计划

——组织高校牵头或参与组建若干国家实验室、国家科学中心、国家技术创新中心等综合性大平台建设。

——加强和完善国家重点实验室、国家工程（技术）研究中心、国家工程实验室等国家级科研平台建设。

——加强国防科技重点实验室、国防重点学科实验室培育建设，强化教育部重点实验室（B类）优化布局。

——优化教育部重点实验室、教育部工程中心和大学科技园的结构和布局，加强规范管理，提升建设水平和创新能力。

——加快推进新型科研机构和平台建设。建设一批野外科学观测和人才培养研究基地。开展高校科学考察和调查。

（七）实施重大科技项目培育工程

——探索重大科技项目形成机制，充分发挥战略科学家的重要作用。支持开展重大项目预研，充分发挥高校基本科研业务费的效能，构建重大科技项目培育体系。

——设立教育部科学事业费重大项目，资助重大创新平台顶层设计与培育、重大科技项目生成、重大科技战略与政策研究三类科技工作。

（八）加强高校创新团队建设

——鼓励长江学者牵头组建学术团队，加快培育国家自然科学基金委创新研究群体和科技部重大领域创新团队。推进科学家工作室建设。

——加强已立项教育部创新团队的规范化管理，提升建设质量。继续加强对教育部“创新团队发展计划”优秀团队的滚动支持，培育重大成果产出，持续提升创新能力和综合竞争力。

——加强高层次国防科技创新团队、国防拔尖人才培育，在教育部相关人才计划中加大对国防领域人才和团队的支持。

（九）实施科技资源开放共享计划

——引导高校建立科研设施与仪器开放共享的管理制度和网络信息平台，并与国家与地方网络信息平台进行对接。

——按照成本补偿和非营利原则，引导高校建立科研设施与仪器开放服务收费管理运行机制，用于支持开放共享。

——引导和鼓励高校建立科研基础设施和大型科研仪器开放共享的评价和激励机制，推动建立开放共享后补助机制。

（十）实施国际科技合作引导计划

——继续实施国际合作联合实验室计划，坚持高标准、有特色，稳步扩大规模，优化结构布局，强化对“一带一路”、内地和港澳、大陆和台湾地区联合实验室和协同创新平台的支持，加强科技部国际科技合作基地的培育。

——继续实施高校学科创新引智计划（“111”计划），坚持服务需求，提升建设质量，推进规范化管理，实现高水平、实质性、可持续的国际合作。积极推进全球顶级科学家工作室建设计划。

——组织参与和发起国际大科学计划和大科学工程，建设一批国际创新网络联盟。

——实施“海桥计划”，推进产业技术国际创新合作与国际技术转移，支持高校在境外建立技术转移中心。

九、组织实施（略）

山东省“十三五”科技创新规划

鲁政字〔2016〕281 号

为深入实施《“十三五”国家科技创新规划》《山东省国民经济和社会发展第十三个五年规划纲要》，发挥科技创新在全面创新中的引领作用，加快创新型省份建设，为经济文化强省建设和在全面建成小康社会进程中走在前列提供科技支撑，制定本规划。

一、加快推进创新型省份建设

（一）基础与优势。（略）

（二）面临形势。（略）

（三）指导思想。（略）

（四）发展目标。（略）

（五）总体部署

未来五年，全省科技创新工作将紧紧围绕深入实施《山东省国民经济和社会发展第十三个五年规划纲要》和贯彻落实《“十三五”国家科技创新规划》，加快创新型省份建设，充分发挥科技创新在供给侧结构性改革中的基础、关键和引领作用，为我省在全面建成小康社会进程中走在前列提供有力支撑。一是全面提升科技创新能力。围绕增强源头创新能力，鼓励面向科学前沿的自由探索，在海洋科学、农业科学、材料科学、生物医学等领域，前瞻部署目标导向的前沿基础研究，夯实学科发展基础。发挥青岛海洋科学与技术国家实验室的龙头带动作用，加强重点实验室、工程技术研究中心、新型研发机构等科学研究、技术创新和公共研发服务平台布局建设，争取更多重点领域的国家级科研基地落地山东。围绕增强各类创新主体的动力和能力，构建普惠性的企业技术创新引导政策体系，加快培育创新型企业，巩固企业技术创新主体地位；赋予高校、科研院所更大科研自主权，推动科教协同创新，发挥源头创新主力军作用；建立领军人才发挥作用的政策保障体系，激发科技人才创新活力。

二是强化科技创新对经济社会发展的支撑引领。面向长远发展，在智能制造、机器人、纳米技术、深海技术、基因编辑技术、生物 4D 打印技术等领域超前部署，实施战略前瞻性研究项目，力争掌握若干能够开辟新的产业发展方向、培育新的经济增长点的未来变革性技术。在现代农业技术、新一代信息技术、新材料技术、清洁能源与新能源技术、生物技术、海洋技术、先进制造技术、现代服务技术等领域科学梳理重大研发任务,加强关键核心技术研发部署,支撑引领现代农业发展和产业迈向高中端水平。加快生命健康技术、绿色发展关键技术、智慧绿色低碳城镇化技术、公共安全技术突破,提升人民生活品质,促进经济社会可持续发展。坚持战略和前沿导向,围绕国家和我省重大战略需求,在海洋科技、智能制造、现代农业、信息安全、节能环保、健康保障等领域,科学论证一批面向"十三五"乃至更长时期产业发展急需的关键核心技术和重大战略产品,组织实施"创新山东2030"重大科技创新工程,力争在重点优势领域取得重大创新成果和群体性技术突破,塑造更多依靠创新驱动的引领性发展。

三是打造一批支撑"两区一圈一带"战略实施的创新发展新高地。依托山东半岛海洋科技创新的综合优势,高水平建设山东半岛国家自主创新示范区,在海洋生命健康、海洋工程装备、绿色海洋化工等领域打造一批特色海洋科技产业聚集区,推动山东半岛加快建成具有国际影响力的海洋科技创新中心。加快黄河三角洲农业高新技术产业示范区建设,完善省级农业科技园—省级农高区—国家农业科技园—国家农高区四级联动、梯次发展的农业科技创新平台体系,带动提升全省现代农业科技创新能力和产业发展水平。支持济南、青岛建设具有重要影响的区域科技创新中心,推动一批有条件的城市尽快进入创新型城市行列。推动各高新区、可持续发展实验区优化科技、人才、政策等创新要素的优化配置,打造"名片"主导产业,培育形成一批高新技术产业聚集区和创新驱动发展先行区。创建一批有特色、有影响的创新驱动发展示范县、农业现代化科技示范县、农村一二三产融合发展示范县,规划建设一批科技"特色小镇",推进农村创新创业和科技精准扶贫。四是营造充满活力的创新创业生态环境。加大"创新券"政策实施力度,提升科学仪器设备开放共享水平,构建全省统一的技术市场体系,加快培育发展市场化的科技服务机构。加快专业化科技企业孵化器和众创空间建设,完善创新创业孵化链条。推进科技和金融的紧密结合,壮大科技创业投资规模,创新股权引导基金支持创新创业模式,强化与多层次资本市场的对接。深入实施知识产权强省战略,促进知识产权的创造与运用,加强知识产权保护。实施"十个一百"科技创新品牌培育工程,培育一批体制机制科学合理、模式和路径新颖、创新发展和创新服务成效显著的创新主体和服务载体。实施全民科学素质行动计划,培育山东特色创新创业文化。

五是构建开放融合的科技合作新格局。主动对接国家"一带一路"战略,深化与沿线国家高层次、多形式、宽领域的科技合作。加强国际科技合作基地建设,鼓励有条件的科技园区、经济园区和企业,在海外建立研发中心、科技产业园区、科技企业孵化器,加快融入全球创新网络。全面落实与中国科学院、中国工程院以及有关著名高校的战略合作协议,加快建设中科院山东产业技术协同创新中心,深化与国内大院大所和大型企业在合作研发、人才交流、平台建设等方面的全方位合作。加快构建军民科技协同创新体系,推进军民协同创新与成果双向转移转化。

六是全面深化科技体制改革。进一步强化政府科技管理部门抓战略、抓规划、抓政策、抓服务的职能,提高政府创新服务能力,建立科技咨询支撑行政决策的科技决策机制。完善以自然科学基金、重点研发计划、基地和人才建设、产业引导基金为主体的相互衔接的省级科技计划体系,加快建立健全决策、执行、评价相对分开、互相监督的项目管理机制,完善符合科研规律的科技计划和科研经费管理办法,加强科研诚信建设。探索建立政府、社会组织、公众等多方参与的科技评价机制,根据不同类型创新活动的规律和特点,建立健全科学分类的创新评价制度体系。建立健全科技成果转移转化体系和机制,深入推进科技成果权益管理改革,强化对科研人员的创新激励,促进科技成果加快转化为现实生产力。

二、全面提升科技创新能力

明确各类创新主体在创新链不同环节的功能定位,强化企业技术创新主体地位,不断提升高校院所源头创新能力,壮大创新型人才队伍规模,增强各类创新主体的创新动能,全面提升我省自主创新能力。到2020年,形成企业创新活跃、高校院所创新能力强、创新人才集聚、创新基地和平台布局合理、产学研用协同高效、服务支撑有力的创新组织体系,自主创新能力进入全国先进行列。

(一)增强源头创新能力

围绕可能产生革命性突破的焦点方向和科学前沿热点问题,尊重基础研究规律,统筹规划,重点部署,坚持自由探索和目标导向相结合,实行稳定扶持和竞争择优策略,培育创新思想,推动学科建设,巩固发展比较优势,补强基础研究短板,力争在更多战略性领域实现率先突破,提升全省学术水平和影响力,为创新型省份和实施创新驱动发展战略提供源头支撑。

鼓励科学前沿的自由探索。尊重科学研究灵感瞬间性、方式随意性、路径不确定性等特点,鼓励科研人员自由畅想、大胆假设、认真求证,在思想、知识、原理、方法的原始创新上积极进取。持续加强对"非共识"研究和颠覆性创新的稳定支持力度,努力取得一批原创性研究成果。尊重高等学校和科研院所的学术自主权,营造独立决策、自由探索、勇于创新的良好科研环境。发挥学术交流作为激发创新火花的源头活水作用,支持科技社团发展,打造学术交流品牌,营造宽松的学术环境和敢为人先、宽容失败的学术氛围,培育竞争共生的学术生态。

支持目标导向的基础前沿研究。坚持目标导向和需求牵引,前瞻部署和支持能够引领我省科技、经济和社会发展的基础性前沿性研究,瞄准我省重点领域、重点产业发展中的关键科学问题和未来产业发展变革性技术,积极对接国家战略需求,强化基础研究和应用研究衔接融合,重点在海洋科学、农业科学、材料科学、信息科学、生物医学、能源科学、资源与环境科学等领域布局重大基础科学和前沿技术研究,抢占创新制高点,促进我省原始创新能力显著提高。

(二)完善科研基地和创新平台布局

以提升科技创新能力为目标,围绕"两区一圈一带"区域发展战略部署和全省创新链布局需求,研究制定加快全省科技创新平台建设的意见,优化科技创新平台建设布局,充分体现不同区域的差异性、特色性和互补性,在重点领域和关键环节部署一批科学研究、技术开发、科技成果转化和产业化等开放式科技创新平台,加快各类基地、平台管理体制和运行机制创新,构建布局合理、管理科学、运行高效、支撑有力的科技创新平台体系,提高科技研发和产业支撑能力。

建设国家级重大科技创新平台。完善部、省、市共建机制，支持青岛海洋科学与技术国家实验室在人才评聘、科研项目组织、科研经费管理、科研成果转化等方面大胆创新，先行先试，建立符合科技规律、最大限度释放科研活力的非行政化科研治理结构和运行机制。加大省、市稳定支持力度，推动实验室集聚创新资源和创新团队，加快功能实验室、大型科研平台和海上试验场等重大科研设施建设，建立完善功能实验室、联合实验室和开放工作室的研发体系。扩大实验室科研自主权，通过自主选题、自主组建研发团队，组织实施省级科技计划，开展基础研究和前沿技术研究。支持实验室牵头或参与承担国家重大科技项目、海洋领域国际大科学计划和大科学工程，提升我国海洋科学与技术自主创新能力，增强国际影响力，尽快成为抢占全球海洋科技制高点的战略创新力量，引领我国海洋科学与技术的发展。以国家目标和战略需求为导向，瞄准国际科技创新前沿，布局建设一批体量更大、学科交叉融合、综合集成的重大科技创新平台，争取更多重点领域国家实验室落地我省。

加强科学研究平台建设。围绕重点领域和重点产业发展，完善重点实验室建设布局。支持重点实验室强化原始创新、培育人才队伍、增强国际开放性，围绕全省经济社会发展的重大科技需求设计研究课题，承担省级以上重大科研项目，为提升原创能力、孕育战略前沿技术和推动学科发展提供源头供给。重点围绕数学、生命科学、医学、信息科学及生物合成学、纳米等新兴、综合交叉学科，支持高校和院所布局建设一批省级重点实验室，争取在若干科学领域跟跑前沿并实现并跑和领跑。围绕现代农业、智能制造与机器人、新能源、资源环境等领域，依托龙头骨干企业和科技型企业布局建设一批省级企业重点实验室，支持企业参与应用基础研究和战略前瞻性研究，提高企业原始创新能力。在先进材料、资源利用、制造装备、生物育种、新药创制、中药材等优势特色领域，培育创建一批省部共建重点实验室。加大对国家重点实验室和企业国家重点实验室的持续稳定支持，发挥其在提升重点领域原始创新能力中的骨干作用。积极支持和推动若干基础好的省级重点实验室和省级企业重点实验室创建成为国家实验室或企业国家重点实验室。鼓励企业、高校、科研院所共建重点实验室或组建实验室联盟，形成创新合力。

推进技术创新平台建设。围绕现代农业、盐碱地综合治理、新材料、生物医药、高端装备、高速列车、信息安全、海洋智能装备等优势领域，开展综合性、集成性、开放协同的技术创新中心布局建设，支持有条件的中心创建国家级技术创新中心。在海工装备、量子通信、集成电路、高档数控机床、医疗器械等重点产业领域布局建设一批新的省级示范工程技术研究中心，与现有的国家级、省级示范工程技术研究中心形成优势互补、梯次连续升级的系统布局，推动工程技术研究中心高端发展。在先进制造、现代农业、新型材料、污染防控、健康安全等重要领域建设一批高水平的共性关键技术中试平台、基地和科技成果转化基地，完善科技创新与成果转化的中试环节。围绕肿瘤、心血管、内分泌、生殖发育、皮肤、眼科等领域，建成若干临床医学研究中心，促进医学科技成果转化应用。

加快发展新型研发机构。开展省级新型研发机构认定工作，围绕区域性、行业性重大技术需求，积极发展投资主体多元化、运行机制市场化、管理制度现代化、产学研紧密结合，以研发、技术服务、科技型企业孵化为主要业务的独立法人新型研发机构，形成跨区域跨行业的研发和创新服务网络。研究制定支持社会化新型研发机构发展的政策措施，促进新型研发机构加快发展。

构建开放协同的公共研发服务平台网络。深入实施山东省创新公共服务平台计划，聚焦全省经济社会发展重大需求，在重点领域布局建设一批研发设计、知识产权公共服务、科技成果转化、科技金融服务等公共研发服务平台，通过政府支持、市场化运作，为科技创新提供全链条、精准高效的公共研发服务。推动建立公共研发服务平台联盟，发展“互联网＋科技创新服务”新模式，促进科技资源的高效配置和共享利用，提升公共服务平台支撑创新创业的能力。

（三）提高企业技术创新能力（略）

（四）提升高校、科研院所科技创新水平

充分发挥高校、科研院所创新资源和创新人才聚集的优势，赋予高校和科研院所更大科研自主权，支持其建立和完善有效调动科研人员创新积极性的创新管理体制机制，不断增强高校院所原始创新、科技成果转化和服务经济社会发展的能力，为创新型省份建设提供源头创新支撑。

建设一流的现代科研院所。在科研机构开展理事会、学术委员会、管理层各负其责的法人治理结构改革试点，推进科研事业单位取消行政级别。制定科研机构创新绩效分类评价办法，定期对科研机构组织第三方评价，评价结果作为财政支持的重要依据。推行科研机构绩效拨款试点，逐步建立以绩效为导向的财政支持制度。支持科研院所根据世界科技发展态势和我省创新发展重大需求，优化自身科技布局，凝聚高层次创新人才，加强共性、公益、可持续发展相关研究，打造若干在国内外有较大影响力的一流研究方向领域，增强在基础前沿和行业共性关键技术研发中的骨干引领作用。

增强高校创新服务能力。支持高校建立以需求为导向、创新为核心、协同为纽带、服务为目的的科技创新体系，增强知识创新能力、人才培养质量提升能力和服务经济社会发展能力，建立应用型人才考核与评价体系。完善高校人才团队、科研项目、基地平台、成果转化一体化协同推动的科技创新机制，搭建校企产学研合作平台，强化学科与行业产业对接，积极推进与科研院所、企业开展多层面、广角度的协同创新。

推动科教融合创新。按照优势互补、协同创新的原则，推动科研院所与高等院校建立紧密合作关系，集聚资源优势，强化目标导向研究和自由探索相互衔接，形成发展合力。鼓励科研院所和高校共同组建科研团队，共同承担重大科技项目，共同组织跨学科、跨领域的协同攻关。支持具备条件的机构实施整合发展。

（五）激发科技人才创新活力

坚持把人才资源作为第一资源，加大创新型人才培养引进力度，充分激发人才创新动力和活力，大力打造创新创业人才高地，为我省科技创新能力提升和经济社会发展提供强大人才支撑。

加大创新型人才培养引进力度。深入实施科技人才推进计划，完善包括创新创业扶持、青年人才培养、杰出青年接力、拔尖人才支持和领军人才助推等在内的人才计划体系，构建从新苗人才到领军人才的多层次科技人才培养开发体系，促进青年优秀人才脱颖而出。围绕重大人才需求，发挥泰山学者、泰山产业领军人才工程等作用，加大海内外高层次人才引进力度。扩展政府间国际科技合作框架下的科技创新人才国际化培养渠道，培养引进一批具有国际视野、了解国际前沿和国际规则的海外高层次科技人才。

建立领军人才发挥作用政策保障机制。建立领军人才创新对话机制，增强领军人才在主导创新中的话语权。赋予领军人才更大的技术路线决策权、经费支配权和资源调动权。落实提高科研人员成果转化收益分享比例等激励措施，突出贡献导向，科研成果转化收益分配向领军人才倾斜。保障领军人才的科研成果收益权和知识产权归属权。支持领军人才瞄准高端和前沿技术方向，自主确定研究方向和技术路线，攻克重大科技难题。允许领军人才根据科研需要，打破所有制限制和地域限制，自主聘用"柔性流动"人员和兼职科研人员，自主组建科研团队。

完善创新型人才流动机制。建立科研人员双向流动机制，引导科研人员在事业单位和企业之间流动兼职。支持高校、科研院所等事业单位设立一定比例的流动岗位，吸引具有创新实践经验的企业家、科技人才兼职；通过双向挂职、短期工作、项目合作等柔性流动方式，每年引导一批高校、科研院所的博士、教授向企业一线有序流动。建立健全创新型人才激励机制。鼓励科研事业单位健全与岗位职责、工作业绩、实际贡献紧密联系和鼓励创新创造的分配激励机制，重点向关键岗位、业务骨干和做出突出贡献的人员倾斜。积极实行以增加知识价值为导向的分配政策，加快科技成果转化改革措施落实，提高科研人员成果转化收益分享比例。建立科技成果转化政策落实督查督导机制，确保创新人才成果转化收益的税收优惠政策的有效落实。深化省科技奖励制度改革，合理确定省自然科学奖、技术发明奖、科技进步奖数量，优化奖励结构，强化奖励的荣誉性和对人才的激励作用。建立科技领军人才荣誉制度，支持以在国内外具有较强影响力的科技领军人才命名重点实验室、工程技术研究中心等创新平台，支持设立以科技领军人才命名的创新工作室，并将其纳入省级创新平台支持范围。深化省科技奖励制度改革，加大对在提升我省相关领域创新能力、引领相关行业和领域科技创新发展方向等方面做出突出贡献的科技领军人才的奖励力度。

三、构建支撑引领经济社会发展的技术体系

坚持面向世界科技前沿、面向经济主战场、面向国家和省重大需求，加快基础性、引领性、标志性、颠覆性科学技术研发和重点领域关键技术突破，着力破解制约全省产业转型发展的技术瓶颈，加快构建起支撑引领全省经济社会发展的现代技术体系，提高科技供给质量，提升科技创新在推动产业迈向中高端的核心引领作用。到 2020 年，在重点领域掌握一批核心技术知识产权，在一些领域实现由并行跟跑向替代赶超转变，支撑转方式调结构取得突破性进展，高新技术产业产值占规模以上工业总产值的比重达到 38%左右。

（一）超前部署前瞻性技术研究

聚焦国家、省经济社会发展重大战略需求，紧跟国际科技前沿热点方向，面向长远发展，找准科技创新突破口，发挥科技领军人才的主导作用，支持开展原创的新技术研发和基于现有技术的跨学科、跨领域创新应用，在我省具有基础和优势的重点领域超前部署，实施战略前瞻性研究项目，力争掌握若干能够开辟新的产业发展方向和重点领域、培育新的经济增长点、彰显"创新山东"实力的未来变革性技术，在更多战略性领域率先赢得

科技创新推动经济发展的先机。

(二)发展高效安全生态的现代农业技术

发挥我省农业科技和产业优势,以发展农业高新技术产业、支撑农业转型升级为目标,围绕现代农业发展方向和市场需求,加强重点农业技术研发,着力突破良种培育关键技术,开发丰产栽培、作物生长辅助产品技术、智能化农业设施与装备,研发推广现代农业管理和生产技术、农业生物技术,建立信息化主导、智能化生产、生物技术引领、可持续发展的农业现代化技术体系,加强现代农业产业技术体系创新团队建设,支撑全省高效安全生态现代农业发展,加快推进农业供给侧结构性改革,为保障国家粮食安全和主要农产品有效供给做出积极贡献。到2020年,现代农业领域自主创新能力显著提升,获得一批具有自主知识产权的品种、技术、装备和产品,支撑引领现代农业发展,农业科技进步贡献率达到65%左右。

(三)发展引领产业中高端发展的高新技术

瞄准产业转型升级和迈向中高端发展,建立市场导向的技术创新机制,发挥企业技术创新主体作用和高校、科研院所源头创新主力军作用,促进产学研用贯通,以跨界融合推动产业模式创新,加强重点领域关键环节的重大技术开发,构建先进自主的高新技术体系,有效解决产业发展中关键核心技术"卡脖子"问题,为战略性新兴产业发展和传统行业转型升级提供技术支撑,加快推动由"山东制造"向"山东智造"和"山东创造"的转变。

新一代信息技术。围绕加快经济社会信息化、网络化进程,加快现代信息技术与产业深度融合,以形成信息化为引领的经济社会发展新形态为目标,加快部署以网络化、泛在化、智能化等为发展趋势的新一代信息技术研究,着力开展高端服务器与高性能计算技术、网络存储技术、大数据、核心电子元器件、新型显示等技术与产品研发,增强信息技术对经济社会的基础性支撑作用。

新材料技术。立足国家和我省重大需求和产业优势,加快部署战略性基础材料、高性能材料、特种新材料和前沿新材料的制备和产业化关键技术研发,加快金属材料、无机非金属材料、有机高分子材料及其复合材料领域的共性关键技术突破,确立我省在碳纤维、铝合金、电子材料、先进陶瓷材料等领域的领先地位,发挥新材料在产业高端发展中的基础和先导作用。

清洁能源与新能源技术。针对我省对能源结构优化调整、能源安全、温室气体减排等重大战略需求,以发展清洁低碳能源为主攻方向,加快突破煤炭清洁高效利用和新型节能、智能电网、储能系统、新能源和可再生能源等关键核心技术,提高能源使用效率,为建设清洁低碳、安全高效的现代能源体系提供技术支撑。

生物技术。紧跟国际生物技术发展前沿,加强先进生物技术的集成创新和应用发展,加快建立高水平的生物技术研究开发体系,提升我省生物领域的自主创新能力,推动我省由生物大省向生物强省的跨越。

海洋技术。充分发挥我省海洋领域创新资源集聚的优势,围绕海洋重点产业或重大产品,瞄准技术瓶颈精准发力,集中力量攻克海洋领域共性关键技术,提高海洋资源开发利用水平,培育新兴海洋产业,提升重点海洋产业核心竞争力,推动我省海洋优势产业集群跨越式发展。

先进制造技术。把握装备制造世界前沿技术和产业发展方向，立足我省良好的装备制造产业基础，以大型企业为龙头，加快发展自动化生产线集成技术和智慧工厂支撑技术、典型行业高端装备制造、智能制造装备及智能化生产关键技术，推动装备制造向柔性、绿色、智能、精细转变，提升我省装备制造和智能化生产技术的核心竞争力，巩固在高端智能制造和智能化生产技术方面的优势，实现高端装备制造业由大变强的转变。

现代服务技术。适应产业融合发展趋势和服务专业化要求，以新一代信息和网络技术为支撑，加强技术集成和商业模式创新，重点在信息服务、现代物流等生产性服务业领域，以及社会公共服务领域突破一批共性关键技术，提升全省现代服务业创新发展水平。

优势传统产业转型升级共性关键技术。围绕化工、机械、钢铁、建材、家电、造纸、纺织等我省优势传统产业转型升级需求，以提升企业自主创新能力为核心，加大对企业技术创新的支持和引导，加大对重点领域核心技术的研究部署，集中力量攻克一批带动性强并对产业发展产生重大影响的共性关键技术，提高传统产业装备水平、技术含量和产品附加值，实现高效智能化生产，增强产业核心竞争力，加快向技术链、产品链、产业链、价值链的高端发展。

（四）发展促进社会可持续发展的公益性技术

围绕生命健康、生态环境、公共安全、社会事业等与百姓生活密切相关的创新需求，以改善民生和促进可持续发展为目标，组织实施事关社会和谐发展的重大关键技术攻关，着力突破一批重大社会公益性关键核心技术，加快培育形成能够有效支撑医疗水平提升、环境质量改善和公共安全保障的重大公益性技术体系，研发一批具有自主知识产权的成果和产品，全面提升人民生活品质，促进经济社会可持续发展。

生命健康技术。围绕重大疾病防控、应对老龄化和提升人口质量等重大健康需求，以我省“发病率高、病死率高、致残率高、医疗费用高、科技支撑作用高”的疾病为重点，精准发力，加强生物技术和信息技术的融合，推进重大疾病生物样本库和生物医学研究大数据平台建设，加强临床科研资源的整合利用，促进临床协同研究网络建设，重点在重大疾病防控、公共医疗服务、康复养老、中医药现代化、主动健康、医用食品等方面加强创新和技术集成，研制一批疾病防治和健康促进的创新产品和技术解决方案，引领构建医养康护一体的卫生科技创新体系，力争“十三五”期间在预防措施和临床诊断治疗技术上取得重大突破。

绿色发展关键技术。聚焦环境污染源头控制、清洁生产和生态环境修复等系统技术体系，加快突破绿色发展难题，重点在节能减排与清洁、大气污染防控、资源高效循环利用、生态环保等领域，加强共性关键技术攻关，培育一批具有自主知识产权的技术装备，为加快建设资源节约型、环境友好型社会提供科技支撑。

智慧绿色低碳城镇化技术。加强城镇规划布局设计、土地高效开发利用、城市建设智慧化等关键技术的研究开发，着力提升城镇整体功能；加强绿色生态基础设施和海绵城市建设技术研发，着力恢复城镇自然生态；加强建筑节能、室内外环境质量改善、绿色建筑及装配式建筑等的规划设计、建造、运维一体化技术和标准体系研发，着力构建高效、节能、绿色、低碳建筑；加强文化遗产保护传承和公共文化、教育、体育健身等公共服务关键技术研发，着力培育教育、文化、体育、旅游等城市创新发展新业态。

公共安全技术。围绕社会安全监测预警与控制、生产安全保障与重大事故防控、综合应急能力提升、食品安全、自然灾害防范等方面，开展关键技术攻关和应用示范，加快构建主动保障型公共安全技术体系，实现对重大公共安全事件的提前感知、及时预警、快速处置，为经济社会持续稳定安全发展提供科技保障。

（五）组织实施重大科技创新工程

创新科研组织方式，发挥专家智库咨询作用，加强对我省重点领域和重点产业发展的技术预测，坚持有所为有所不为的原则，梳理对我省经济社会发展具有重要影响的重大科技创新任务，整合人才、平台、项目等创新资源，强化基础研究、应用研究一体化部署和产学研协同攻关，着力提升解决重大科技问题的能力。

实施重大科技创新工程。在“十二五”期间已经实施的省科技重大专项的基础上，坚持战略和前沿导向，围绕国家和我省重大战略需求，在海洋科技、智能制造、现代农业、信息安全、节能环保、健康保障等领域，科学论证一批面向“十三五”乃至更长时期产业发展急需的关键核心技术和重大战略产品，组织实施“创新山东 2030”重大科技创新工程，与已实施的科技重大专项形成接续的系统布局，集成优质创新资源集中攻关，按照“成熟一项、启动一项”的原则，分批次组织实施，力争在重点优势领域取得重大创新成果和群体性技术突破，塑造更多依靠创新驱动的引领性发展，带动全省产业向中高端发展，培育一批在推进供给侧结构性改革和融入国家创新战略中发挥重要作用的创新力量。加强与国家科技重大专项、重大科技项目和重点研发计划的衔接配合，积极承接国家重大科技创新任务，促进国家和省创新战略的协同推进。

(1)透明海洋。(2)深远海与极地渔业。(3)精准农业。(4)盐碱地绿色开发。(5)高性能特种新材料。(6)超导磁体及装备。(7)新能源汽车。(8)智慧工场。(9)信息安全。(10)高端制造装备。(11)环保溯源治理。(12)绿色化工。(13)精准医疗。(14)中医精方。(15)重大新药创制。(16)脑科学与类脑人工智能。

建立重大科技项目联合攻关机制。聚集省内外优势科研资源，重点对产业发展中的“卡脖子”共性关键技术问题，采取公开招标、定向委托等方式，鼓励企业和高校、科研院所协同攻关，加快实现重大突破。“十三五”期间，每年实施 50 项左右重大科技创新项目，突破一批制约产业发展的共性关键技术，掌握一批重点领域的核心技术知识产权，努力形成国家技术标准或国际标准，带动创新型产业集群发展。

四、打造具有山东特色的区域创新发展新高地

围绕“两区一圈一带”区域发展战略，遵循科技创新的区域集聚规律，因地制宜探索差异化的创新发展路径。按照东部提升、中部崛起、西部跨越的部署要求，优化区域创新布局，统筹山东半岛国家自主创新示范区、区域科技创新中心、创新型城市（城区）、科技园区建设，推动人才、资本、技术与信息等创新要素合理流动，系统打造一批区域创新示范引领高地，发挥辐射带动作用，引领和带动全省区域创新水平整体提升。力争到“十三五”末，形成具有山东特色的区域协调互动、优势互补、科学高效的区域创新发展新格局。

（一）高水平建设山东半岛国家自主创新示范区。（略）

（二）加快打造海洋科技产业聚集区。（略）

（三）建设黄河三角洲现代农业创新高地。（略）

（四）加快区域科技创新中心和创新型城市建设。（略）

（五）有序推进高新区和可持续发展实验区建设。（略）

（六）加快县域创新驱动发展。（略）

五、营造充满活力的创新创业生态环境

围绕加快发展新经济、培育发展新动能、打造发展新引擎，以激发全社会创新潜能和创业活力为主线，以建立和完善创新创业体系、提升创新创业服务能力为重点任务，加强资源整合，全力打造有利于创新创业的生态系统，到2020年，基本形成要素集聚化、载体多元化、服务专业化、资源开放化的创新创业生态体系。（略）

六、构建开放融合的科技合作新格局

主动对接国家“一带一路”战略，积极融入全球创新网络，以全球视野谋划和推动创新，探索开放创新的新模式、新路径和新机制，统筹利用国际国内两种创新资源，全面提升开放创新水平。到2020年，构建形成渠道通畅、机制完善、开放务实、成效显著的科技合作网络和完备的军民融合科技创新体系，区域国际化和开放程度显著提高，我省国内外创新资源的配置能力全面提升。（略）

七、全面深化科技体制改革

紧紧围绕促进科技与经济社会发展的深度融合，全面深化科技体制改革，着力破除制约创新的体制机制障碍，发挥市场在资源配置中的决定性作用，更好发挥政府作用，充分调动各类创新主体的积极性，激发全社会创新活力和创造潜能，加快形成充满活力的科技管理和运行机制，打造有效集聚创新要素的区域优势。

（一）加快政府职能向创新服务转变（略）

（二）深化科技计划管理改革

聚焦创新发展，进一步优化整合科技计划体系，创新财政科技资金使用方式，建立健全符合科技创新规律的资源配置和管理机制，充分发挥财政科技资金支撑创新的作用。

优化整合省财政科技资金。进一步完善以自然科学基金、重点研发计划、基地和人才建设、产业引导基金为主体的相互衔接的省财政科技资金体系，明确科技计划定位，加大对基础研究、公益类研究、科技创新平台建设和企业创新奖补的支持力度。完善稳定和竞争性相协调的基础研究支持机制，持续加大政府科技资金对基础研究的投入，稳步扩大自然科学基金规模。探索通过各级财政资金与社会资本共同设立联合基金的方式支持基础研究，引导企业和社会力量增加基础研究投入，形成全社会支持基础研究的合力。深化与国家自然科学基金委合作，逐步扩大联合基金规模，进一步加大对海洋、现代农业等我省重点优势领域基础研究的支持强度。对市场需求明确的技术创新活动，充分运用风险补偿、后补助、创投引导等支持方式发挥财政资金的杠杆作用，引导和带动社会力量支持科技创新。

改革科技计划项目管理机制。加快建立健全决策、执行、评价相对分开、互相监督的管理运行机制。建立委托专业机构管理科技项目机制，政府部门不再直接管理具体项目，由专业机构承担科技项目申请、评审、立项和过程管理等具体事项。加快培育和发展运行公开透明、制度健全规范、管理公平公正的项目管理专业机构，逐步建立专业机构竞争性遴选机制，完善专业机构运行监管、绩效评估等办法。构建统一的省级科技管理信息系统，建立面向社会的信息开放机制，对科技计划项目立项和执行全过程信息进行“痕迹化”管理，实现科技计划项目管理的全过程可查询、可追溯。完善科技报告制度，建立科技报告共享服务机制，将科技报告呈交和共享情况作为对项目承担单位后续支持的依据。

创新科研经费使用和管理方式。完善符合科研规律的科技计划和科研经费管理办法，简化省级财政科研项目预算编制，实施项目法人责任制，下放科研经费预算调整权，提高间接费用比重。探索建立科研财务助理制度，将科研人员从非研发类的事务性工作中解放出来。建立项目结余资金管理使用与项目法人信用评级挂钩的机制，信用良好项目法人的结余资金可按规定留归项目承担单位继续用于科研活动。加强科技资金使用监管，推行符合创新规律的科研经费审计方式，加强科研经费执行全过程监督，建立违规使用资金问责机制。

加强科研诚信建设。强化对科技计划项目法人的信用记录和管理，构建全省统一的科研诚信档案。加强与国家科研诚信系统的互联互通，推进科研信用信息的共享共用。制定对科研失信行为的惩戒办法，对出现科研失信行为的单位、组织和个人，列入失信名单，阶段性或永久取消其申请省级科技计划、科技项目和奖励以及参与科技计划和项目实施与管理的资格。

（三）完善科技评价体系和机制

健全完善科技评价制度，探索建立政府、社会组织、公众等多方参与的评价机制，根据不同类型创新活动的规律和特点，建立健全科学分类的创新评价制度体系，充分发挥科技评价对创新的激励和导向作用。

完善对各类创新主体的评价。以创新质量、创新贡献和创新效率为导向，推进高校、科研院所和科技人才的分类评价。将技术转移和成果转化对经济社会发展的支撑作用纳入对高校、科研单位的评价指标体系，将评价结果作为财政科技经费支持的重要依据。完善人才评价制度，改革科技人才评价中存在的唯学历、唯职称、唯论文倾向，对不同类型的科技人才分类制定评价标准。对科研团队实行以解决重大科技问题能力与合作机制为重点的整体性评价。合理界定和下放职称评审权限，突出用人主体在职称评定中的主导作用。改革完善国有企业评价机制，把研发投入和创新绩效作为重要考核指标。

强化科技计划和项目评价。强化对科技计划和科技项目实施绩效的评价，科学设置评价标准、方法和时限，正确评价科技创新成果的科学价值、技术价值、经济价值、社会价值和人文价值。基础研究项目评价以同行评价为主，弱化中短期考核，注重学术创新性、科学和社会价值方面；应用研究和产业化项目以市场评价为主，注重技术理论、关键核心技术的创新集成及潜在经济社会效益方面；科技条件建设项目评价以对经济、社会和科学技术可持续发展的贡献为评价重点。

建立科学规范的区域创新评价机制。制定符合我省特点的区域创新评价指标体系，着重从科技创新资源聚集配置、科技创新投入产出、科技创新环境及科技创新对经济社会发展贡献等方面对省内各区域创新能力进行监测、评价和发布，促进全省区域创新综合实力持续稳定提升。

（四）完善科技成果转移转化体系

建立健全科技成果转移转化体系和机制，深入推进科技成果权益管理改革，强化对科研人员的创新激励，促进科技成果加快转化为现实生产力。

建立健全科技成果转化组织体系。强化高校、科研院所科技成果以许可、作价入股等方式对外转移扩散，充分实现创新成果的市场价值。鼓励高校、科研院所建立健全科技成果转移转化机构，加强专业化队伍建设，强化与企业合作，拓展与市场对接渠道，形成一批机制灵活、服务专业的科技成果转化机构。完善高校、科研院所科技成果转移转化统计和报告制度。建立和完善科技计划形成科技成果的转化机制，遴选并发布符合我省产业发展需求的科技成果，增强技术源头供给能力。发挥省科技成果转化服务平台和全省统一的技术市场交易体系在促进科技成果转移转化中的重要作用。

深化科技成果权益管理改革。全面落实国家和省促进科技成果转化的政策措施，将财政资金支持形成的，不涉及国防、国家安全、国家利益、重大社会公共利益的科技成果的使用、处置和收益权，全部下放给项目承担单位。单位主管部门和财政部门对科技成果在境内的使用、处置不再审批或备案，主要加强事后监管。科技成果转移转化所得收入全部留归承担单位，纳入单位预算，实行统一管理，处置收入不上缴国库。在政府设立并投资建设的高校、科研院所中，职务发明成果转化收益按有关规定自主决定分配政策。转化收益用于人员激励的部分，计入当年工资总额，不计入绩效工资总额基数。落实国有企事业单位成果转化奖励相关政策，提高科研人员奖励比例，对担任领导职务的科技人员获得科技成果转化奖励，按照分类管理的原则执行。高校、科研单位、国有企业等要根据国家和我省有关规定，建立科技成果使用、处置的程序与规则，打通科技成果转化“最后一公里”，提高科技成果转化效率。

八、加强规划组织实施（略）

山东省教育厅关于贯彻落实《高等学校“十三五”科学和技术发展规划》的实施意见

鲁教科字〔2017〕10号

一、总体思路

全面贯彻党的十八大和十八届三中、四中、五中、六中全会精神，以习近平总书记科技创新思想为指导，认真落实省第十一次党代会精神、《山东省国民经济和社会发展第十三个五年规划纲要》和教育部《高等学校“十三五”科学和技术发展规划》。坚持科技、教育、经济三结合，科技创新、机制创新、管理创新三并举，实现需求导向、开放协同、资源汇聚三转变。以引领创新为核心，加强基础研究，提升高等学校原始创新能力；以支撑发展为目标，聚焦“四新”促“四化”，加快科技成果转移转化，更好服务新旧动能转换；以科教融合为主线，有机衔接创新链与人才培养链，促进“双一流”建设和高水平应用型大学及优势学科建设；以开放协同为突破口，强化学科开放，促进政产学研用协同，构建高等学校科研组织新机制；以追求卓越为导向，引领社会创新文化建设，营造崇尚创新的文化氛围。

二、发展目标

到2020年，山东省高等学校科技人才成长与科学研究的体制机制环境进一步优化，创新活力进一步释放，源头创新和前沿技术研究能力、关键共性技术有效供给能力、支撑高质量创新人才培养能力、服务经济社会发展需求能力显著提升，高等学校科技服务经济发展的贡献度比“十二五”有较大幅度增长。山东省高等学校科技创新能力整体进入全国前列，为山东全面建成小康社会、率先实现现代化提供有力支撑。

一是源头创新和前沿技术研究能力明显提升。面向科学技术前沿和我省战略性新兴产业与支柱产业，建成一批科技创新平台，争取新增国家级创新平台5个，若干高等学校协同创新中心进入国家“2011协同创新中心”行列。造就一批有较强影响力的领军人才和创新团队，形成一批标志性重大成果。

二是引领创新驱动发展的能力明显提升。服务产业技术创新体系和区域创新体系建设，依托高等学校科技创新平台，与科研机构、行业企业建设若干战略技术创新联盟，建立专业化的成果转移转化机构。在共性关键技术研究、前沿技术和颠覆性技术创新、产业技术新体系建设、科技成果转化等方面实现突破，在创新链、产业链中的地位、作用和功能进一步凸显。

三是支撑高端人才培养的能力明显提升。政产学研用协同的人才培养模式更加完善，办学水平和人才培养质量不断提高。师资队伍结构更加优化，学术水平进一步提升。以创新链引领学科和专业建设、以科研平台建设支撑学校优势特色学科发展的格局基本形成。

四是科研组织能力和保障能力明显提升。以创新质量和实际贡献为导向的科研评价激励机制基本形成，人才评价标准更加科学合理。多学科交叉融合机制进一步完善。科技资源开放共享、科技创新文化建设取得明显进展。经费投入使用机制、科研组织形式、资源配置方式、科研人员收入分配制度等更加适应高等学校科研创新的需要。

三、主要任务

(一)全面提升源头创新能力

1. 加强基础研究，促进原始创新。突出基础研究在高等学校科技工作中的核心地位，坚持战略和前沿导向，推动服务国家和区域重大需求与自由探索的有机结合。瞄准经济社会发展的重点领域、前沿领域、战略领域，重点研发、联合攻关，力求突破一批关系经济社会发展重要方向的关键科学问题和前沿技术。

2. 强化团队建设，聚集核心要素。以科技领军人才和高层次技术专家为核心，以高水平创新平台为依托，强化科研创新团队建设。突出“高精尖缺”导向，跨学科、跨领域凝聚优秀创新人才，形成创新群体，持续增强创新后备力量。

3. 加强创新平台建设，巩固创新支撑。以提升科技创新能力为目标，围绕区域发展战略部署和全省创新链布局，推进山东省高等学校科研创新平台建设。依托国家、省部级科技创新平台，吸引汇聚国际创新力量和资源，促进与国外高水平大学或科研院所实质性、高水平、可持续的国际科技合作。加快山东省高等学校科研创新平台管理体制和运行机制创新，构建布局合理、管理科学、运行高效、支撑有力的高等学校科技创新平台体系，提高创新支撑能力。

4. 促进学科交叉，增强融合效应。促进基础学科与应用学科的交叉融合，扩展新兴交叉研究领域。面向综合性科学问题，积极开展自然科学、工程科学及社会科学交叉融合的科学研究，特别是生命科学与工程科学、物质科学与生命科学、能源科学与信息科学、脑科学与信息科学、生命科学与环境科学等的交叉研究，培育新的学科生长点。

(二)全面提升服务经济社会发展能力

1. 积极参与产业技术创新体系建设。引导高等学校积极参与智能制造、智慧城市、网络与工业控制安全、清洁能源工程等新型制造体系的构建。通过服务传统产业技术改造和产品技术性能升级，推动传统产业向产业链条的中高端转移。面向战略新兴产业需求，提高高等学校技术集成创新和中试水平，加快市场导向的技术研发。

2. 主动服务国家和区域重大发展战略。面向“一带一路”、泛济青烟新旧动能转换综合试验区、青岛西海岸新区、黄河生态经济带等战略，强化高等学校服务能力。对接技术和产业布局，积极参与科技创新中心和创新示范区建设，加强高等学校间以及高等学校与示范区科技优势互补和协同联动，为发展新技术、新产业、新业态、新模式，实现产业智慧化、智慧产业化、跨界融合化、品牌高端化提供有力支撑。

3. 力争突破一批关键技术。围绕新一代信息技术、人工智能、生物、高端装备、新材料、绿色低碳、数字创意等重点领域，聚焦大数据、云计算、物联网、工业设计等特色新兴产业，发挥高等学校学科和人才优势，组织突破一批关键共性技术，掌握一批自主知识产权，增强产业核心竞争力，为经济社会发展输送创新资源。

4. 加快技术转移和科技成果转化。鼓励和支持有条件的高等学校建立技术转移服务机构，强化科技成果以许可方式对外扩散。探索高等学校以其拥有的科技成果作为无形资产入股，吸引社会资本，运用现代企业制度共同组建学科性公司，逐步建立市场化的科技成果转移转化运营机制。建立完善高等学校科技成果转移转化统计、报告制度和绩效评价机制。推动高等学校与地方政府、行业企业、科研机构的交流合作，有效开展技术成果对口转移，推进技术转移和科技成果转化为现实生产力。

5. 增强服务社会需求的针对性和实效性。实现高等学校科技扶贫网络全覆盖，加大科技精准扶贫力度，为贫困地区脱贫提供智力支持。坚持问题导向、全球视野、中国视角和山东特色，加强新型智库建设，建立科技决策咨询制度，发挥高等学校在科技战略研究、政策咨询和重大决策中的重要作用。聚焦社会发展中的重大综合性科学问题，充分发挥高等学校在人才、学科、平台等方面的综合和交叉优势，强化理论研究和实践创新。

(三)全面提升人才培养能力

1. 实现科研育人与学科建设的相互促进。以高水平科研创新平台建设支撑一流学科建设和高水平应用型专业建设，整合高等学校优势学科资源。通过承担重大科研项目，带动优势学科，提升学科综合实力和竞争力。用高水平的科研实力支撑高质量的人才培养。

2. 推动科研成果和学术成果转化为教育教学资源。加强政策引导和制度创新，促进科技成果和学术成果转化为教育教学资源，形成教学与科研互动的良性机制。探索科研项目引领人才培养模式创新，积极吸纳本科生参与科研活动，充分挖掘科研育人功能。完善专业课程教材内容定期更新机制，加快科研成果进教材、上课堂。加强信息技术与教育教学深度融合，鼓励开展“创新课堂”。支持各类科技创新平台向人才培养开放，依托科技资源构建创新创业教育支持体系，大力发展众创空间，增强学生创新精神和创业能力。

3. 促进创新与创业教育有机结合。支持高等学校广泛开展科研活动，进一步扩大高等学校科研计划项目覆盖面。坚持以科研活动带动教学能力和学术水平提升，把开展科技服务作为提升应用型本科高等学校、高职院校人才培养质量的重要途径。

(四)全面创新高等学校科研组织形式

1. 推进学科交叉。通过学科嫁接、跨界融合，培育新兴学科增长点，构建交叉学科体系。根据科研任务和学术研究的需要，打破学科建制障碍，建立新型科研组织模式，促进交叉学科发展。探索建立科学合理的交叉学科发展评价机制，科学评价跨学科成果。

2. 推进协同创新。继续实施高等学校协同创新计划，新认定一批高等学校协同创新中心。破除体制机制障碍，整合创新资源，建立多领域合作、多学科融合、多团队协同、多技术集成的互补互融关系。以市场为导向，以新旧动能转换重大工程为牵引，促进创新链、人才链、产业链的有机衔接。

3. 推进资源共享。加强创新平台共建共享，推动校校、校所、校企、校地等横向联动平台和研发服务网络，建立健全开放共享的运行管理模式。推进高等学校科学仪器设备、科技文献、科学数据等科技基础条件平台向科研院所、企业、社会研发组织等社会用户开放，实现资源共享。推动电子资源和科普资源向社会开放。

4. 推进军民融合。支持驻鲁军事院校积极参与"山东省高等学校科研发展计划"和"'十三五'山东省高等学校科研创新平台"建设；支持具备条件的高等学校参与国防科技建设，鼓励有基础、有能力的高等学校进入国防资质体系，推进军民资源双向开放与共享，加快形成军民深度融合发展格局。

5. 推进交流合作。鼓励和支持高等学校举办国际学术会议，支持优秀科学家参与国际学术组织。以国际先进水平为标杆，提升高等学校科技期刊办刊质量和水平。

(五)全面营造创新文化氛围

1. 营造有利于科技创新的文化环境。大力弘扬追求真理的求实创新精神，树立追求卓越的价值理念，创造诚信、宽松、和谐的学术生态环境。加强科学道德和学风建设，规范学术管理，净化学术风气，提升科研诚信意识，保护知识产权，营造崇尚科学、求真务实、风清气正的学术氛围。提倡学术平等，开展学术争鸣，尊重创新价值，保障科学探索的自由和独立，宽容探索过程中的挫折和失败。

2. 推进高等学校科技管理现代化。深化科技体制管理改革，加强战略规划和政策研究，完善高等学校科技治理体系。加强高等学校科技管理队伍建设，发挥好专职管理人才和"双肩挑"人才的积极性，加强管理干部技能培训和业务交流，建设一支高素质、专业化的科技管理队伍。加强高等学校科技管理与服务体系建设，不断优化制度、人力、信息化等基础条件，为科研人员提供全过程专业服务。

四、主要措施

(一)拓宽科研经费来源渠道

积极争取设立高等学校基本科研业务费，健全对高等学校基本科研工作的稳定支持机制，支持高等学校稳定基本科研队伍，培植基本科研能力。鼓励高等学校每年在事业收入中安排一定比例资金专项用于科研支出，引导高等学校通过企事业单位委托研究、联合攻关、技术开发、咨询服务、成果转化、社会融资等方式，多渠道获取经费支持。

(二)加大人才引进培养力度

实施"山东省高等学校青年教师成长计划(2016～2020年)"，以青年教师职业能力提升专题培训、国内访问学者、国际合作培养计划和泰山学术论坛等4个项目为重点，搭建学术交流、科学研究和创新发展的平台，提升广大青年教师科技创新和教育教学水平。按照"领军人才＋创新团队＋优势学科"模式，围绕全省和区域经济社会发展，从省外、海外引进并稳定支持一批国际一流水平的领军人才团队，形成人才发展的群落效应和优势叠加效应。

（三）深化科技评价改革

实行分类评价。针对科技活动人员、创新团队、平台基地、科研项目等不同对象，按照基础研究、应用研究、技术转移、成果转化等不同特点，分别建立涵盖科研诚信和学风、创新质量与贡献、科教结合支撑人才培养、科学传播与普及、机制创新与开放共享等内容，科学合理、各有侧重的评价标准。

建立开放评价机制。基础研究以同行评价为主，大力加强省外同行评价。应用研究和产业化开发建立主要由市场决定技术创新项目和经费分配、评价成果的机制，由用户、市场和专家等相关第三方参与评价。加强开放、多元的专家数据库建设和共享。充分利用信息化手段，提高科技评价工作效率和开放程度。

开展科技评价改革试点。鼓励和支持试点高等学校从自身实际出发，在政策和体制机制以及应用模式等方面进行大胆探索，带动高等学校科技评价改革整体推进。

（四）探索成果转移转化新路径

支持高等学校与地方政府或企事业单位建立科技成果转移转化对口合作长效机制，鼓励高等学校建设地方工程分院、中试基地、技术转移中心、产业技术创新联盟、大学科技园联盟等，提升高等学校科技成果转移转化的针对性和实效性。探索创立一批具有较强产品竞争力和行业影响力的学科性公司，并力争培育部分学科性公司上市。加快科技成果使用、处置和收益管理权改革等各项政策的实施和完善，激发科研人员积极性，缩短高等学校科研创新和技术产业化周期。

（五）深入实施高等学校协同创新计划

在总结“十二五”山东高等学校协同创新中心建设经验的基础上，落实《山东省国民经济和社会发展第十三个五年规划纲要》，对接我省“十三五”战略性新兴产业发展规划，服务新旧动能转换和产业结构调整优化升级，在新一代信息技术、人工智能、高端装备、新材料、现代海洋、绿色低碳、数字创意、环境保护和传统文化研究等领域，新认定一批协同创新中心。经过未来几年的建设，聚集一批拔尖创新人才，产生一批重大创新成果，使之成为区域创新发展的引领阵地、行业产业共性技术的研发基地、国内外有重大影响的学术高地和文化传承创新的主力阵营。

（六）强化科技创新平台建设

“十三五”期间继续实施“山东省高等学校科研创新平台计划”，强化建设在全省本科高等学校和高职高专院校中遴选的重点实验室、工程技术研发中心和科技智库。重点实验室围绕山东经济社会发展的重点科技问题和关键技术，开展创新性研究，获取原始创新成果和自主知识产权，培养高层次创新型人才，培育省部级和国家级重点实验室。工程技术研发中心以学校优势学科专业为依托，着力提升学校技术研发、成果转化、技术咨询、技术服务能力，提高高素质技能型人才培养水平。科技智库围绕产业技术革命、重大科技战略问题和区域发展，开展超前研究和决策咨询，建成科技发展战略研究中心或特色政策咨询机构。

（七）加强科研项目和经费管理

结合山东高等学校实际，适时出台加强山东省高等学校科研项目和经费管理的意见。落实高等学校对科研项目、科研经费管理的主体责任和学校纪检、审计等部门的监督责任。建立健全涉及科研活动全过程及人财物各方面的管理办法、制度,建立科技报告制度。进一步完善内部控制和监督约束机制,用好劳务费和间接费,确保经费使用权、管理权和监督权的有效行使。进一步明确项目负责人是科研项目实施和科研经费使用的直接责任人,负责对项目实施全过程进行科学规范管理,并对经费使用的合规性、合理性、真实性和相关性承担法律责任。

(八)扩大开放科技创新平台等科技资源

推动高等学校重点实验室、工程(技术)研究中心等各类创新平台的开放共享。推动重点建设高等学校的科技创新平台向普通高等学校开放。鼓励支持企业在高等学校建立实验室等研发平台,促进高等学校科研人员借助企业研发平台助力企业发展。

围绕"全面开放、充分共享"的目标,最大限度地改进管理方式方法,积极向企业特别是中小企业开放使用大型科学仪器设备等科技资源,形成符合高等学校实际的开放共享机制。单台(套)价值在10万元及以上的科研设施与仪器统一纳入山东省大型科学仪器设备协作共用网平台,为科技成果转移转化提供服务支撑。

(九)促进高等学校军民融合

鼓励和支持有基础、有能力的高等学校挖掘潜力,加快推进军工资质体系建设,积极参与国防科技创新;鼓励和支持有资质的高等学校同军工科研院所、企业和中介服务机构开展多方位、多形式深度合作,建立军民融合创新机制,深化互动、交流、共享,主动承接"军转民"技术成果转化,共同争取"民参军"科技项目立项,共建各级军民两用技术重点实验室、工程技术研究中心、产业技术创新战略联盟等各类新型科技创新平台,形成军民深度融合发展格局;支持驻鲁军事院校和高等学校协同合作,主动参与高等学校协同创新计划、建设科研创新平台和承担科研计划项目。

(十)扩大国际科技合作与交流

引导高等学校以访问学者、人才引进、学术会议、合作研究、基地建设等形式,进一步加强国际科技合作与交流。鼓励高等学校进一步加强与国外高水平大学合作,联合推进高水平基础研究和高技术研究,建设一批国际合作联合实验室。在高等学校协同创新计划实施中,支持高等学校积极联合国外高水平大学、科研机构开展深度合作、协同创新。进一步完善政策措施,支持高等学校优秀人才到国外访学、进修,引进国外高层次人才来我省高等学校从事创新研究,吸引国际知名大学和科研机构与我省高等学校联合组建研究中心。鼓励和支持高等学校举办有全球影响力的国际学术会议。

五、组织实施

省教育厅负责本意见的组织实施。

省属各高等学校应结合实际,加强对科技工作的领导,推进管理创新,建立科学规范、开放合作、运行高效的现代高等学校科技管理模式;加强科技工作的规划及发展战略研究,推进学术组织管理创新,建立符合科技创新规律和特点的科技管理队伍职业发展、考核评价与激励机制,逐步形成一支高素质、专业化的科技管理队伍;加强科技工作的过程管理,提升统筹、调控、协调和服务能力,推进学术组织模式和资源配置模式改革,激发高等学校学术活力。

中共山东省委　山东省人民政府关于科技创新支持新旧动能转换的若干措施

鲁科字〔2018〕39 号

为深入贯彻《中共山东省委山东省人民政府关于推进新旧动能转换重大工程的实施意见》(鲁发〔2018〕9 号)精神,充分发挥科技创新支持新旧动能转换的重要作用,全面实施《山东省新旧动能转换重大工程实施规划》,制定如下措施。

一、明确目标要求,推动新旧动能转换重大工程深入实施

1. 总体要求。以习近平新时代中国特色社会主义思想为指导,深入贯彻党的十九大精神,坚持发展是第一要务,人才是第一资源,创新是第一动力,以科技创新促进新旧动能转换,为实现走在前列目标提供科技支撑。

2. 主要目标。到 2020 年,全社会研发投入占生产总值比重达到 2.6%以上,科技进步贡献率达到 61%左右,科技创新对新旧动能转换支撑作用进一步增强;万人有效发明专利数达到 12 件,年均增长 15%,PCT 国际专利年申请量达到 2000 件以上,年均增长 20%,科技供给能力显著提升;经国家认定的科技型中小企业数量达到 2.4 万家,比 2018 年翻两番;高新技术企业数量超过 1 万家,每年新增 1000 家以上,企业创新主体作用充分发挥;高新技术产业产值占规模以上工业总产值的比重达到 38%以上,每年提高 1 个百分点。

到 2022 年,科技综合实力和自主创新能力进一步提升,科技创新生态环境更加优化,科技创新支撑新旧动能转换的效果更加显著,科技进步成为经济社会发展的重要驱动力量。

二、着力提升科技供给能力,为新旧动能转换提供技术支撑

3. 培育"十强"产业重点技术领域领跑新优势。发挥我省在海洋科技、现代农业、新能源新材料等重点领域技术创新优势,推动牵头承担国家重大科技创新项目,提升创新能力,形成产业发展新优势。创造条件启动部省联合支持的重大科技项目计划,积极推动氢燃料电池、透明海洋、盐碱地综合治理与盐碱地种业等新旧动能转换重大项目列为央地联合实施科技创新项目,进一步加快重大关键技术突破及成果转化应用,促进实现

“十强”产业重点技术领域领跑目标，发展壮大新动能。省财政科技资金将给予央地联合科技项目最高1亿元配套经费支持。“十三五”期间，围绕新旧动能转换重点领域，由我省单位牵头或参与实施国家科技重大专项、重点研发计划项目，每年达到100项以上，其中对加快新旧动能转换具有重大支撑作用的，省财政科技资金择优给予最高1000万元配套支持。

4. 强化“十强”产业重大关键共性技术支撑。聚焦“十强”产业技术领域，突出问题导向，继续深入实施信息安全、脑科学与人工智能、高端装备、新能源汽车、高性能特种新材料、深远海与极地渔业、精准医疗、精准农业等重大科技创新工程，强化以企业为主导的产学研协同攻关，突破一批关键共性技术，为“十强”产业发展提供技术支撑。“十三五”期间，持续加大支持力度，每年在每个产业领域重点梳理3～5个技术链条，支持100项左右重大攻关项目。

5. 强化“十强”产业高端发展前瞻性技术储备。密切跟踪生物、信息、海洋、材料等领域科技发展最新态势，组织实施应用基础研究和前瞻性技术研究项目。发挥省政府与国家自然科学基金委联合基金作用，深入实施面向海洋和黄河三角洲现代农业的重大基础研究项目，巩固海洋和现代农业科技创新优势。“十三五”期间，继续加大基础研究投入，每年部署实施30项左右重点项目，储备一批具有产业发展引领作用的前瞻性原创技术。组织开展以基础研究成果深度消化为重点的重大基础研究项目，主动承接国家自然科学基金项目研究成果在我省转化，支撑“十强”产业持续快速发展。

三、强化科技型企业培育，发挥企业新旧动能转换主力军作用

6. 大力培育科技型中小微企业。推动科技企业孵化器和众创空间提质增效专业化发展，实现创新孵化载体量质双升，增强科技型中小微企业源头培育能力。实施重点企业技术服务中心全覆盖，提高科技服务企业精准程度，培育形成更多科技型中小微企业，为新旧动能转换储备力量。到2020年，省级以上科技企业孵化器、众创空间数量均增加50%以上，分别达到300家和600家以上，在孵企业和创客团队超过3万家；由国家认定的科技型中小企业数量连续三年实现倍增，由2018年6000家增加到2.4万家，实现翻两番。全面落实国家科技型中小企业研发费用按175%税前加计扣除优惠政策，为企业发展提供政策支持。

7. 不断壮大高新技术企业队伍。继续实施“小升高”培育行动计划和中小微企业创新竞技（2017～2021）五年行动计划，按照政府引导、金融和社会资本共同支持中小微企业发展模式，激励一批创新能力强、发展潜力大的科技型企业脱颖而出，成长为高新技术企业。优化现行支持政策，探索将小微企业升级高新技术企业财政补助范围从首次通过认定的小微企业扩大到首次通过认定的中小微企业，以更大力度壮大高新技术企业队伍规模。进一步加大研发费用加计扣除、企业研发投入后补助、“创新券”、知识产权质押融资补贴、科技成果转化贷款风险补偿等普惠性政策落实力度，为高新技术企业规模化发展营造环境。对企业研发投入，按规定给予最高1000万元后补助支持。发挥企业科技特派员作用，开展“千人服务千企”活动，由企业认可并推荐，每年认定百名企业科技特派员，带技术成果和科研项目与企业联合开展技术攻关，帮助企业解决实际问题。省市两

级财政科技资金根据科技特派员与企业产学研合作绩效择优给予后补助支持。强化高新技术企业培育和税收优惠政策落实情况通报制度，调动地方推动高新技术企业培育的积极性。每年新培育高新技术企业1000家左右，到2020年全省高新技术企业数量突破1万家，年均增长15%以上。

8. 加快培育科技小巨人企业。以高新技术企业、科技型中小企业等为重点，实施《企业知识产权管理规范》，加快培育一批掌握核心技术、专利密集度指数高于行业平均水平的知识产权密集型企业，形成一批能够实现跳跃式发展的科技小巨人企业。到2020年，培育知识产权密集型企业达到2000家左右、科技小巨人企业达到1000家左右，为实现科技企业"小升规、规改股、股上市"夯实基础。

9. 发挥科技领军企业的创新引领作用。开展企业创新竞赛活动，遴选创新能力强、成长性好、税收贡献大的高新技术企业命名为创新百强企业，引领和示范企业创新发展，发展成为具有产业创新引领能力和国际竞争力的科技领军企业。支持科技领军企业牵头实施国家和省重大科技创新项目，牵头建设开放共享的创新创业平台、大学科技园和专业化众创空间，以众创、众包等方式带动上下游中小企业集聚发展，支撑区域创新驱动发展。到2020年，在全省高新技术企业中培育产值过百亿元的科技领军企业达到30家以上，产值过10亿元的200家以上。

10. 推动创新型产业集群加速膨胀。依托高新区、高新技术产业化基地和国家火炬特色产业基地，深入实施创新型产业集群培育工程，按年度分领域重点推进。发挥高新技术领军企业龙头带动作用，强化公共研发平台和科技服务体系建设，推动创新链与产业链双向融合。到2020年，全面完成《关于加快推动创新型产业集群发展的意见》确定的目标任务，围绕新旧动能转换重大工程，着力在"十强"产业领域培育一批产业竞争力和可持续发展能力强的创新型产业集群，实现省级以上高新区国家试点创新型产业集群全覆盖，其中在信息技术、高端装备、新材料、生物医药等领域培育产值过千亿元的产业集群20家左右。

四、加强科技成果转移转化体系建设，加速科技成果转化为现实生产力

11. 加快济青烟国家科技成果转移转化示范区建设。支持济青烟三市科技成果转移转化体制机制创新和政策先行先试，在科技成果转移转化主体、服务平台载体、人才队伍和金融支撑体系建设方面发挥示范带动作用。加快形成济南科技成果转移转化策源地、山东半岛海洋科技成果转移转化集聚区和黄河三角洲绿色农业科技成果转移转化高地。实施面向重大需求的科技成果转移转化服务计划，着力促进科技成果转化为现实生产力。到2020年，建设成为以蓝色经济、绿色农业为特色的全国重要科技成果转移转化辐射源和集聚地，为加快推动新旧动能转换提供有力支撑。

12. 完善全省技术市场体系。支持济南建设山东省技术成果交易与科技金融中心，创新科技金融服务模式，发挥中枢辐射带动作用。支持青岛构建以国家海洋技术转移中心为核心的海洋科技成果技术转移服务体系，成为海洋科技成果转化区域中心。加快建设德州山东省技术转移转化中心，打通对接京津冀技术成果转移转化渠道，实现区域创新融合发展。支持日照智能农机、枣庄智能机床等具有区域特色的专业化技术转移中心建设，加速先进科技成果与产业的精准对接。选择符合条件的地区开展技术合同认定权下放试点，开通技术合同网上认定登记系统。

13. 培育科技成果转移转化服务机构。加快以技术成果转移转化为代表的科技服务业发展，搭建技术成果转移转化桥梁。探索加大科技成果转移转化服务机构补助政策实施力度，对促成科技成果在省内转化，年度技术合同成交额在1000万元以上的省级服务机构，按合同成交额的1.5%给予最高50万元的补助；对承担省重大科技成果转化任务、进入示范性国家技术转移机构范围的服务机构，一次性给予最高600万元奖励。到2020年，培育国家技术转移示范机构50家、省级技术转移平台20个、技术转移服务机构200家，形成省市县三级联动、线上线下同步的技术市场体系；全省年技术交易额突破800亿元，年均增长20%以上。

14. 促进科技和金融深度融合。建设省级科技金融综合服务平台，加快区域性科技金融服务平台或一站式服务中心布局。完善省科技成果转化贷款风险补偿机制，对银行业金融机构为科技企业科技成果转化贷款提供70%的风险分担。强化省、市、高新区合作，构建覆盖面广的科技金融风险保障机制，撬动100亿元信贷资金支持科技型中小微企业创新发展。

五、强化高价值知识产权创造运用和保护，发挥对新旧动能转换的知识产权支撑作用

15. 重视高价值知识产权创造和保护。加大对新旧动能转换重点产业领域核心技术专利(群)的创造和保护，为重点产业始终保持领先优势创造条件。继续开展百项重点领域关键核心技术专利(群)认定工作，对认定的关键核心技术专利(群)给予100万元专利经费补助，用于核心技术专利(群)的维持、保护、转化应用及进一步的专利创造。

16. 建立专利申请保护“绿色通道”。对新旧动能转换重点产业领域专利申请提供优先审查支持，加大对专利申请和授权单位的奖励力度。到2020年，全省每万人有效发明专利拥有量达到12件，每年提高15%以上，PCT国际专利申请量达到2000件以上。推进烟台、东营、潍坊知识产权保护中心建设，争创中国(山东)知识产权保护中心，完善扩大全省知识产权保护中心网络。建立涉外企业知识产权风险预警机制，加大对中小企业和民营企业在“走出去”和“引进来”过程中涉外知识产权维权服务力度。

17. 提升知识产权服务水平。加快省知识产权公共服务平台和齐鲁知识产权交易中心建设，打造集专利申请受理、运营、交易、金融服务等于一体的“一站式”综合服务平台。开展专利导航，为企业、行业、区域提供知识产权全方位服务，实现导航点、线、面同时展开，摸清我省“十强”产业专利布局，为产业技术创新指引方向。构建新旧动能转换专利库，支持省内企业通过转让、许可、作价投资等方式引进产业发展急需的发明专利技术。持续加大知识产权质押融资力度，推广“政银保”融资模式。实施专利保险补贴政策，对企业专利保险保费按60%的标准给予补贴，每家企业每年补贴最高6万元。

六、实施科技园区提升专项行动，打造新旧动能转换示范引领区

18. 将山东半岛国家自主创新示范区打造成为新旧动能转换的核心引领区。推广“大部制”和“双轨制”等人事制度改革举措，完善以创新为导向的绩效评价体系，推动山

东半岛国家自主创新示范区管理模式创新和政策先行先试。支持济南、青岛、烟台国家高新区加快发展，发挥在“三核引领”中的支撑作用。支持青岛、烟台、潍坊、威海4市建设海洋科技产业聚集示范区，辐射带动山东沿海实现海洋科技产业聚集发展。到2020年，山东半岛国家自主创新示范区内海洋科技进步贡献率达到70%，具有全球影响力的山东半岛海洋科技创新中心初具规模。

19. 将高新区打造成为“四新”经济策源地。实施高新区提升专项行动，深化高新区体制机制改革，加快“证照分离”等改革试点，加快构建精简高效的高新区管理服务模式，打造发展理念新、产业结构优、资源配置强、创新成效显著的高新园区。强化高新区“名片产业”培育，支持每个高新区集中打造1～2个“名片产业”。支持国家高新区立足优势特色，建设世界一流科技园区。支持省级高新区“以升促建”，创建国家高新区。到2020年，力争实现全省设区市国家高新区全覆盖，有1～2家高新区综合排名进入全国前十名，全省高新区研发投入占生产总值比重达到5%以上，高新技术产业产值占规模以上工业总产值比重达到60%以上，形成10个左右产值过千亿的创新型产业集群。

20. 发挥农业科技园区在支撑现代高效农业发展中的作用。加快建设黄河三角洲现代农业研究院、盐碱地改良利用技术创新中心等重大科技创新平台，推动黄河三角洲农业高新技术产业示范区加快发展。支持寿光等省级农业高新技术产业示范区“以升促建”，创建国家农业高新技术产业示范区。实施农业科技园区产业提升工程，支持每个农业县(市、区)打造1～2个产业规模超10亿元的优势产业。巩固农业科技园区四级共建领先优势，持续实施农业科技园区产业提升工程，为农业插上“科技翅膀”，加速农业科技园区产业发展，为实施乡村振兴战略提供支撑。

七、加强科技人才载体建设，强化对新旧动能转换的智力支撑

21. 发挥国家级重大科研平台凝聚人才的重要作用。积极推动青岛海洋科学与技术国家实验室进入国家实验室序列，凝聚国内外海洋科研人才，加快海洋强省建设。支持国家高速列车技术创新中心建设，保持我省制造业重点领域的领军地位。积极推动在燃料电池、医疗器械领域创建国家技术创新中心，发挥人才集聚效应，实现领域重大关键技术突破。巩固和提升国家重点实验室、工程技术研究中心等在创新创造中的地位，在为科研人员提供科研环境方面发挥更大作用。推动省部共建生物多糖纤维成型与生态纺织、生物基材料与绿色造纸等重点实验室。

22. 发挥省级科技创新平台支撑人才创新创造的作用。加快碳纤维、生物诊断、智能农机等省级技术创新中心建设，在合成生物技术、生物育种、高端铝合金、大数据与云计算等领域再布局一批开放协同的省级技术创新中心。到2020年，省级以上技术创新中心达到20家左右。支持企业与高校、科研院所共建一批在产学研合作和科技成果工程化、产业化中发挥支撑作用的省级工程技术研究中心。在重点疾病领域和临床专科布局建设20家左右省级临床医学研究中心，搭建医疗机构协同创新和科技成果转化网络。

23. 强化公共研发服务平台人才创新服务功能。采用省市共建的方式支持建设一批体制机制灵活、产学研结合密切、开放共享程度高的新型研发机构和公共研发服务平台，力争利用三年左右时间实现重点领域和重点产业全覆盖。以山东信息通信技术研究院为载体，提升完善量子、集成电路设计和封测、通信测试等公共研发服务平台，建设可信云计算、下一代互联网公共研发服务平台以及支持 IPv6 的新型网络数据中心，适时构建开放式人工智能技术支撑平台，服务新一代信息技术发展。发挥青岛国家海洋科学研究中心的组织办调作用，搭建海洋产业领域人才、技术、信息服务平台，服务海洋强省建设。围绕“十强”产业重点领域，依托科技领军企业、高校或科技园区建设 20 家左右省级以上大学科技园，促进科教融合发展。

24. 提升青年科技人才创新创造能力。实施青年科技人才培养计划，持续加大省自然科学基金对青年科技人员支持力度，“十三五”期间累计支持人数达到 5000 人次以上。鼓励青年科技人才创新创业，探索将省级以上科技企业孵化器、众创空间、大学科技园内创客团队使用省大型科学仪器设备协作共用网入网仪器设备发生的费用纳入“创新券”补助范围，享受小微企业补助标准。制定支持科技副职的政策措施，更好发挥科技副职在推动县域新旧动能转换中的作用。完善科技人才荣誉制度，在省科技进步奖中增设青年科技创新奖。

25. 充分发挥科技领军人才重要作用。全面落实以增加知识价值为导向的分配政策，支持科技人员靠智力创新致富，激发科技人才创新创造积极性。启动“千人计划”专家工作站建设，完善院士工作站布局，吸引省外高层次科技人才服务我省新旧动能转换。“十三五”期间建设 30 家左右“科技领军人才创新工作室”，探索建立“一事一议”稳定扶持机制，支持科技领军人才加强团队建设，发挥创新引领作用。推进科研院所法人治理结构改革，深化高校科研体制改革试点工作，赋予高校、科研院所更大科研自主权，着力解决科技创新政策落地“最后一公里”问题，激发科研人员创新活力。

26. 实施科技人才分类评价。落实《中共中央办公厅国务院办公厅关于分类推进人才评价机制改革的指导意见》，加快建立健全科技人才评价体系，强化突出创新能力、质量、贡献、绩效的评价导向，对从事基础研究的人才、从事应用研究和技术开发的人才和从事社会公益研究、科技管理服务和实验技术的人才实行分类评价。

八、深化科技体制机制创新，凝聚新旧动能转换合力

27. 围绕新旧动能转换优化科技资源配置。建立新旧动能转换重大创新项目定向委托机制，对省委、省政府安排的新旧动能转换重大项目创新需求，按照“一事一议”原则，在专家论证的基础上，委托有实力的创新主体牵头组织实施。加大对新旧动能转换重大研发项目的支持力度，单项支持额度提高到 1000 万元。推行以合同优先的横向科研项目经费管理模式，建立企业出题、科研人员揭榜的产学研协同创新机制，鼓励高校、科研院所的科研人员深入到“十强”产业发展一线开展产学研合作。实施政策引导类科技项目，将新旧动能转换亟须的共性技术攻关项目择优纳入省科技计划立项。

28. 强化科技资源开放共享。完善科研机构和科技创新平台绩效评估体系，将开放共享、服务科技型中小微企业和创客团队情况作为评价的重要内容，引导科研机构和创新平台科技资源对外开放共享。加大“创新券”政策实施力度，推动大型科学仪器设备开放率不断提升，受惠中小微企业数量不断增加。

29. 扩大国内外科技合作。积极开展面向“一带一路”沿线国家的国际科技合作，重

点引进和联合研发“十强”产业升级亟须关键技术。推动共建中国(山东)—乌克兰科技创新研究院。深化与中国科学院、中国工程院等大院大所合作,共建技术成果转化基地、人才培养基地和新旧动能转换示范基地,推动中国工程院山东海洋科技发展战略研究院建设,加快中科院济南协同创新中心建设。

30. 深入推进军民科技融合。深入实施军民科技融合创新计划,重点支持新一代信息、高端装备、新材料等领域军民两用技术研发,加快先进科技成果双向转移转化。依托山东半岛国家自主创新示范区,布局建设军民科技协同创新平台,加强军民科技基础设施、创新基地和条件资源共建共用共享。支持有条件的地方建设一批军民科技融合示范基地,推动军民科技融合产业集聚发展。

31. 强化科技部门上下联动。推动将支持新旧动能转换综合试验区建设纳入省政府与科技部工作会商内容。完善厅市工作会商机制,集成省市创新资源共同支持新旧动能转换重大创新项目。定期开展科技部门推进新旧动能转换绩效评估,强化真抓实干激励导向,对发挥科技创新支撑新旧动能转换作用成效显著的市、县(市、区),在科技资源配置方面给予重点支持。

权威解读

《科技创新支持新旧动能转换的若干措施》解读

主要目标

到2020年,全社会研发投入占生产总值比重达到2.6%以上,科技进步贡献率达到61%左右,科技创新对新旧动能转换支撑作用进一步增强;万人有效发明专利数达到12件,年均增长15%,PCT国际专利年申请量达到2000件以上,年均增长20%,科技供给能力显著提升;经国家认定的科技型中小企业数量达到2.4万家,比2018年翻两番;高新技术企业数量超过1万家,每年新增1000家以上,企业创新主体作用充分发挥;高新技术产业产值占规模以上工业总产值的比重达到38%以上,每年提高1个百分点。到2022年,科技综合实力和自主创新能力进一步提升,科技创新生态环境更加优化,科技创新支撑新旧动能转换的效果更加显著,科技进步成为经济社会发展的重要驱动力量。

着力提升科技供给能力为新旧动能转换提供技术支撑

——培育“十强”产业重点技术领域领跑新优势。省财政科技资金将给予央地联合科技项目最高1亿元配套经费支持。“十三五”期间,围绕新旧动能转换重点领域,由我省单位牵头或参与实施国家科技重大专项、重点研发计划项目,每年达到100项以上,其中对加快新旧动能转换具有重大支撑作用的,省财政科技资金择优给予最高1000万元配套支持。

——强化“十强”产业重大关键共性技术支撑。“十三五”期间,持续加大支持力度,每年在每个产业领域重点梳理3～5个技术链条，支持100项左右重大攻关项目。

——强化“十强”产业高端发展前瞻性技术储备。“十三五”期间，继续加大基础研究投入，每年部署实施30项左右重点项目，储备一批具有产业发展引领作用的前瞻性原创技术。组织开展以基础研究成果深度消化为重点的重大基础研究项目，主动承接国家自然科学基金项目研究成果在我省转化，支撑“十强”产业持续快速发展。

强化科技型企业培育发挥企业新旧动能转换主力军作用

——大力培育科技型中小微企业。到2020年，省级以上科技企业孵化器、众创空间数量均增加50%以上，分别达到300家和600家以上，在孵企业和创客团队超过3万家；由国家认定的科技型中小企业数量连续三年实现倍增，由2018年6000家增加到2.4万家，实现翻两番。

——不断壮大高新技术企业队伍。每年新培育高新技术企业1000家左右，到2020年全省高新技术企业数量突破1万家，年均增长15%以上。

——加快培育科技小巨人企业。到2020年，培育知识产权密集型企业达到2000家左右、科技小巨人企业达到1000家左右，为实现科技企业“小升规、规改股、股上市”夯实基础。

——发挥科技领军企业的创新引领作用。到2020年，在全省高新技术企业中培育产值过百亿元的科技领军企业达到30家以上，产值过10亿元的200家以上。

——推动创新型产业集群加速膨胀。到2020年，实现省级以上高新区国家试点创新型产业集群全覆盖，其中在信息技术、高端装备、新材料、生物医药等领域培育产值过千亿元的产业集群20家左右。

加强技术成果转移转化体系建设加速科技成果转化为现实生产力

——加快济青烟国家科技成果转移转化示范区建设。到2020年，建设成为以蓝色经济、绿色农业为特色的全国重要科技成果转移转化辐射源和集聚地，为加快推动新旧动能转换提供有力支撑。

——完善全省技术市场体系。

——培育科技成果转移转化服务机构。到2020年，培育国家技术转移示范机构50家、省级技术转移平台20个、技术转移服务机构200家，形成省市县三级联动、线上线下同步的技术市场体系；全省年技术交易额突破800亿元，年均增长20%以上。

——促进科技和金融深度融合。建设省级科技金融综合服务平台，强化省、市、高新区合作，构建覆盖面广的科技金融风险保障机制，撬动100亿元信贷资金支持科技型中小微企业创新发展。

强化高价值知识产权创造运用和保护发挥对新旧动能转换的知识产权支撑作用

——重视高价值知识产权创造和保护。继续开展百项重点领域关键核心技术专利(群)认定工作，对认定的关键核心技术专利(群)给予100万元专利经费补助，用于核心技术专利(群)的维持、保护、转化应用及进一步的专利创造。

——建立专利申请保护“绿色通道”。到2020年，全省每万人有效发明专利拥有量达到12件，每年提高15%以上，PCT国际专利申请量达到2000件以上。

——提升知识产权服务水平。构建新旧动能转换专利库，支持省内企业通过转让、许可、作价投资等方式引进产业发展急需的发明专利技术。实施专利保险补贴政策，对企业专利保险保费按60%的标准给予补贴，每家企业每年补贴最高6万元。

实施科技园区提升专项行动打造新旧动能转换示范引领区

——将山东半岛国家自主创新示范区打造成为新旧动能转换的核心引领区。到2020年，山东半岛国家自主创新示范区内海洋科技进步贡献率达到70%，具有全球影响力的山东半岛海洋科技创新中心初具规模。

——将高新区打造成为“四新”经济策源地。到2020年，力争实现全省设区市国家高新区全覆盖，有1～2家高新区综合排名进入全国前十名，全省高新区研发投入占生产总值比重达到5%以上，高新技术产业产值占规模以上工业总产值比重达到60%以上，形成10个左右产值过千亿的创新型产业集群。

——发挥农业科技园区在支撑现代高效农业发展中的作用。实施农业科技园区产业提升工程，支持每个农业县（市、区）打造1～2个产业规模超10亿元的优势产业。

加强科技人才载体建设强化对新旧动能转换的智力支撑

——发挥国家级重大科研平台凝聚人才的重要作用。积极推动青岛海洋科学与技术国家实验室进入国家实验室序列，支持国家高速列车技术创新中心建设，积极推动在燃料电池、医疗器械领域创建国家技术创新中心，推动省部共建生物多糖纤维成型与生态纺织、生物基材料与绿色造纸等重点实验室。

——发挥省级科技创新平台支撑人才创新创造的作用。到2020年，省级以上技术创新中心达到20家左右。在重点疾病领域和临床专科布局建设20家左右省级临床医学研究中心，搭建医疗机构协同创新和科技成果转化网络。

——强化公共研发服务平台人才创新服务功能。采用省市共建的方式支持建设一批体制机制灵活、产学研结合密切、开放共享程度高的新型研发机构和公共研发服务平台，力争利用三年左右时间实现重点领域和重点产业全覆盖。围绕“十强”产业重点领域，依托科技领军企业、高校或科技园区建设20家左右省级以上大学科技园，促进科教融合发展。

——提升青年科技人才创新创造能力。实施青年科技人才培养计划，持续加大省自然科学基金对青年科技人员支持力度，“十三五”期间累计支持人数达到5000人次以上。完善科技人才荣誉制度，在省科技进步奖中增设青年科技创新奖。

——充分发挥科技领军人才重要作用。启动“千人计划”专家工作站建设，完善院士工作站布局。“十三五”期间建设30家左右“科技领军人才创新工作室”。推进科研院所法人治理结构改革，深化高校科研体制改革试点工作，赋予高校、科研院所更大科研自主权，着力解决科技创新政策落地“最后一公里”问题，激发科研人员创新活力。

——实施科技人才分类评价。

深化科技体制机制创新凝聚新旧动能转换合力

——围绕新旧动能转换优化科技资源配置。加大对新旧动能转换重大研发项目的支持力度，单项支持额度提高到1000万元。推行以合同优先的横向科研项目经费管理模式，建立企业出题、科研人员揭榜的产学研协同创新机制，鼓励高校、科研院所的科研人员深入到“十强”产业发展一线开展产学研合作。实施政策引导类科技项目，将新旧动能转换亟须的共性技术攻关项目择优纳入省科技计划立项。

——强化科技资源开放共享。

——扩大国内外科技合作。积极开展面向“一带一路”沿线国家的国际科技合作，推动共建中国(山东)—乌克兰科技创新研究院。深化与中国科学院、中国工程院等大院大所合作，推动中国工程院山东海洋科技发展战略研究院建设，加快中科院济南协同创新中心建设。

——深入推进军民科技融合。

——强化科技部门上下联动。推动将支持新旧动能转换综合试验区建设纳入省政府与科技部工作会商内容。完善厅市工作会商机制，集成省市创新资源共同支持新旧动能转换重大创新项目。

——引自：山东省科技厅 http://www.sdstc.gov.cn/page/subpage/detaⅠl.html?Ⅰd=7c61e0676aeb4855a089939f93cba14a.

关于加快构建中国特色哲学社会科学的意见

近日，中共中央印发了《关于加快构建中国特色哲学社会科学的意见》（以下简称《意见》）。《意见》强调，坚持和发展中国特色社会主义，必须加快构建中国特色哲学社会科学。要高举中国特色社会主义伟大旗帜，深入贯彻习近平总书记系列重要讲话精神和治国理政新理念新思想新战略，坚持为人民服务、为社会主义服务，坚持百花齐放、百家争鸣，立足中国、借鉴国外，挖掘历史、把握当代，关怀人类、面向未来，充分体现继承性、民族性、原创性、时代性、系统性、专业性，创新发展哲学社会科学，为实现"两个一百年"奋斗目标、实现中华民族伟大复兴的中国梦提供强大思想理论支撑。

《意见》指出，站在新的历史起点上，更好进行具有许多新的历史特点的伟大斗争、推进中国特色社会主义伟大事业，需要充分发挥哲学社会科学的作用，需要哲学社会科学工作者立时代潮头、发思想先声，积极为党和人民述学立论、建言献策。

《意见》指出，要坚持马克思主义在哲学社会科学领域的指导地位。把马克思主义理论作为必修课，组织广大党员、干部特别是领导干部学习和研读经典著作，推进经典著作编译、导读工作，加强教育教学。加强对党的十八大以来理论创新成果的学习研究，不断深化习近平总书记系列重要讲话精神和治国理政新理念新思想新战略的学习，梳理总结好新探索新实践，在理论上不断拓展新视野、作出新概括。推进马克思主义中国化、时代化、大众化，发展21世纪马克思主义、当代中国马克思主义，把中国特色社会主义理论体系贯穿到学科建设、人才培养、科学研究、课程设置、教材编写、学术评价等各环节。

《意见》指出，要加快构建中国特色哲学社会科学学科体系。巩固马克思主义理论一级学科基础地位，加强哲学社会科学各学科领域马克思主义相关学科建设，实施高校思想政治理论课建设体系创新计划，发展中国特色社会主义政治经济学，丰富发展马克思主义哲学、政治经济学、科学社会主义。努力构建全方位、全领域、全要素的哲学社会科学体系，加快完善对哲学社会科学具有支撑作用的学科，重点布局一批对文明传承有重大影响、同经济社会发展密切相关的学科，发展具有重要现实意义的新兴学科和交叉学科，支持具有重要文化价值和传承意义的濒危学科、冷门学科。加强教材建设规划，建立健全高校教材编审机制，创新教材编写、推广、使用的体制机制，调动学者、学校、出版机构积极性。

《意见》指出，要加快构建中国特色哲学社会科学学术体系。扎根中国大地，突出时代特色，树立国际视野，继承和弘扬中华优秀传统文化，积极吸收借鉴国外有益的理论观点和学术成果，融通各种资源，不断推进知识创新、理论创新、方法创新，提升学术原创能力和水平，推动学术理论中国化。建立激发科研活力的体制机制，落实社会科学领域财政科研项目资金管理改革政策，统筹管理好重要人才、重要阵地、重大研究规划、重大研究项目、重大资金分配，加强学术共同体建设、哲学社会科学基础设施和信息化建设，鼓励社会资金通过捐赠、设立学术基金会等方式支持科研工作。构建具有自身特质的学术评价体系，坚持正确的学术导向，以学术质量、社会影响、实际效果为衡量标准，建立科研信用管理、评价结果公布等制度，建立健全分类评价机制，科学设置考核周期，引导教学研究人员潜心钻研、铸造精品。

《意见》指出，要加快构建中国特色哲学社会科学话语体系。深化党的理论创新成果的学理阐释，将党的理论创新成果的核心思想、关键话语体现到各学科领域。推动哲学社会科学研究成果向决策咨询、教育教学转化，更好地服务社会、服务大众，开展形式多样的普及活动。坚持用中国理论阐释中国实践，用中国实践升华中国理论，创新对外话语表达方式，提升国际话语权。

《意见》指出，要建设种类齐全、梯队衔接的哲学社会科学人才队伍。深化人才发展体制机制改革，规范完善职称评定制度、岗位聘用制度，以增加知识价值为导向，完善收入分配激励机制。推动形成崇尚精品、严谨治学、注重诚信、讲求责任的优良学风，营造风清气正、互学互鉴、积极向上的学术生态，教育引导哲学社会科学工作者树立良好学术道德，遵守学术规范。

《意见》强调，要加强和改善党对哲学社会科学工作的领导。各级党委（党组）要把哲学社会科学工作摆在重要位置，加强政治领导和工作指导，及时解决实际问题。统筹推进各类智库协调发展，大力提高智库建设水平。领导干部要以科学的态度对待哲学社会科学，尊重哲学社会科学工作者的辛勤付出和研究成果，主动同专家学者打交道、交朋友，认真贯彻党的知识分子政策，加强哲学社会科学优秀人才使用。加强相关领域立法，加大宣传力度，营造尊重学术、尊重人才、崇尚科学、追求真理的良好氛围。

典型经验

山东师范大学哲学社会科学繁荣发展行动计划（2013～2020年）（节选）

二、全面实施哲学社会科学繁荣发展行动计划

（一）哲学社会科学学科体系创新计划

1. 保持和扩大传统优势学科优势。支持我校现有的国家级重点学科、国家级重点（培育）学科和省级重点学科发展。鼓励以传统优势学科为中心，形成学科群，带动相关学科发展。

2. 保持和扩大艺术、体育等特色学科特色。将艺体实践纳入哲学社会科学研究体系，鼓励艺术、体育类教师兼顾科学研究和艺术、体育实践，提升艺术、体育等学科在国内外的学术影响力。

3. 扶持新兴学科和交叉学科发展。结合我校现有院系设置和学科特点，鼓励跨学科研究，引导新兴学科和交叉学科提升科研水平，增加新的科研增长点。

（二）哲学社会科学平台体系建设计划

1. 建设山东师范大学协同创新中心。认真贯彻落实《教育部　财政部关于实施高等学校创新能力提升计划的意见》（“2011”计划），以我校现有研究特色和优势平台为依托，积极扩大与国内外高水平大学、科研机构的实质性合作与交流，探索建立校政协同、校际协同、校企协同、海内外合作的协同创新研究机制和模式，建设好省级和校级协同创新中心，并以此为培育重点，申报国家级协同创新中心。

2. 加强对我校现有的教育部人文社会科学重点研究基地、山东省社会科学重点研究基地、山东省高校“十二五”人文社会科学研究基地和校级人文社科研究基地的规划管理和考核评估，建立能上能下、差异激励的考核制度，提升研究基地在推动哲学社会科学研究中的平台作用。

3. 通过整合原有研究平台或建立新的研究平台的方式，确立以基础研究为主的基础类研究中心和以应用对策研究为主的应用类研究中心。

（三）哲学社会科学研究队伍建设计划

1. 培养引进高水平学术领军人物和学科带头人。采取切实有效措施，提供切实保障条件，推动我校优秀人才脱颖而出；引进在国内外具有重要学术影响的知名哲学社会科学学者，关键学科、特殊领域可以破格、破例引进；聘请国内外著名专家学者担任客座教授；继续发挥已退休老学者对人才培养和学术研究的传帮带作用。

2. 加强对青年人才的培养和扶持力度。根据学科和学术发展需要，扩大青年人才数量，提升青年人才科研水平。加大新进博士教师的科研启动经费资助力度。设立专项资金，用于哲学社会科学青年学者出版资助、校内青年科研项目资助。

（四）哲学社会科学高层次项目、高水平成果培育计划

1. 提升承担高水平科研项目的能力。设立高层次项目培育专项基金，瞄准重大基础理论和现实问题，整合校内外力量，建立研究团队，开展前期研究，为申报高层次科研项目做前期准备，切实提高哲学社会科学的核心竞争力。

2. 培育、推出高水平研究成果。培育一批具有重大理论创新和现实指导意义的精品力作。设立“山东师范大学学者文库”，对在学术界有较大影响的专家学者的学术成果予以资助出版。

（五）哲学社会科学社会服务能力提升计划

1. 推进哲学社会科学政产学研用相结合，推动协同创新，鼓励校内单位和科研人员同各级政府、企事业单位建立科研合作关系，拓宽合作渠道，加速产业化发展，积极推动优秀科研成果向现实生产力转化。

2. 提升横向课题在校内各类考核中的地位，将承担横向课题的业绩作为学校考核各相关单位的重要指标。

(六)哲学社会科学“名刊工程”建设计划

1. 将我校现有的《中国人口·资源与环境》《山东师范大学学报》(人文社会科学版)、《山东外语教学》等哲学社会科学类期刊办成在国内外具有重要影响的学术期刊。

2. 各学术期刊进一步明确办刊定位,突出办刊特色,充分发挥期刊编委会的重要作用,完善选稿、审稿和用稿制度,将学术期刊建成展现我校哲学社会科学研究水平的重要窗口。

(七)哲学社会科学“请进来、走出去”计划

1. 哲学社会科学“请进来”。办好社科大讲坛,聘请一批具有重要影响的国内外专家学者来学校讲学。举办重要学术会议,营造良好学术氛围。

2. 哲学社会科学“走出去”。支持教师到国外访学、开展学术交流和合作研究,开阔我校教师的学术视野和国际学术影响力。积极推介优秀科研成果“走出去”。

三、加强对哲学社会科学繁荣发展的领导和保障

(一)加强对哲学社会科学的规划和指导

1. 切实发挥学校各级学术委会的重要作用。充分发挥学术委员会在学科建设、学术研究、学术民主和学风维护中指导、监督和决策作用,保障学术民主和哲学社会科学研究工作科学化与规范化。

2. 发挥教授委员会的重要作用。旨在提升哲学社会科学决策和管理的科学化、规范化。

(二)加大对哲学社会科学的经费投入

建立哲学社会科学发展保障机制,设立山东师范大学哲学社会科学繁荣发展行动计划专项经费,确保“行动计划”顺利实施。

(三)加强学风和学术道德建设

引导教师保持良好学风,加强学术道德和学术规范教育,建立预防、监督、惩治、教育为一体的学风管理机制,建立风清气正、鼓励创新、尊重知识产权、遵守学术道德和学术规范的良好学术范氛围。

高等学校哲学社会科学繁荣计划
(2011～2020年)

(教社科〔2011〕3号)

为贯彻落实《国家中长期教育改革和发展规划纲要(2010～2020年)》《中共中央办公厅国务院办公厅转发〈教育部关于深入推进高等学校哲学社会科学繁荣发展的意见〉的通知》,全面规划2011～2020年高等学校哲学社会科学发展,制定本计划。

一、主要任务

"高等学校哲学社会科学繁荣计划"(以下简称"繁荣计划")是教育部、财政部贯彻落实中央精神,推进高等学校哲学社会科学繁荣发展的重大举措,自2003年实施以来,调动了高等学校广大哲学社会科学工作者的积极性、主动性和创造性,提升了高等学校的综合实力和整体水平,推动了高等教育事业改革和发展,为进一步繁荣发展高等学校哲学社会科学奠定了坚实基础。

当前,高等学校哲学社会科学进入了新的发展阶段,面临新的机遇和挑战。深入实施"繁荣计划",大力提升人才培养、科学研究、社会服务、文化传承创新的能力和水平,全面提高高等教育质量,积极推进高等学校哲学社会科学创新体系建设,为建设国家哲学社会科学创新体系,构建以当代中国马克思主义为指导,具有中国特色、中国风格、中国气派的哲学社会科学提供有力支撑,为全面建设小康社会做出新贡献,是未来十年的主要任务。内容包括:

——积极参与马克思主义理论研究和建设工程,深入开展中国特色社会主义道路、理论体系、制度的研究宣传,大力推动实践基础上的理论创新,加强哲学社会科学学科体系和教材体系建设,为推进马克思主义中国化、时代化、大众化做出新贡献。

——以研究解决重大理论和现实问题为重点,凝练学术方向、汇聚研究队伍、增强发展活力,构建哲学社会科学研究创新平台体系,建设一批达到世界水平,享有国际声誉的学术高地和咨询智库。

——统筹基础理论研究、应用对策研究,重点支持跨学科研究、综合研究和战略预测研究,构建团队协同攻关与个人自由探索并重的研究项目体系,大力提高研究质量和创新能力,努力培育学术精品和传世力作。

——推进哲学社会科学成果的转化应用，强化哲学社会科学育人功能，普及哲学社会科学知识，大力开展决策咨询研究，积极发挥思想库和智囊团作用，构建哲学社会科学社会服务体系，全面提升社会服务水平。

——适应信息化、数字化发展趋势，加强图书文献、网络、数据库等基础设施和信息化建设，构建方便快捷、资源共享的哲学社会科学研究条件支撑体系，全面提高保障水平。

——按照政治强、业务精、作风正的要求，造就一批学贯中西、享誉国际的名家大家，一批功底扎实、勇于创新的学术带头人，一批年富力强、锐意进取的青年拔尖人才，构建结构合理的哲学社会科学人才队伍体系，增强可持续发展能力。

——坚持"走出去"与"请进来"相结合，加强统筹规划，创新思路办法，拓展交流途径，健全合作机制，有选择、有步骤、有层次地推进高等学校哲学社会科学走向世界，推动中华文化"走出去"，增强我国国际话语权。

——深化科研体制机制改革，创新科研组织形式。加大科研投入，完善经费管理制度，提高经费使用效率。一手抓繁荣发展，一手抓科学管理，建立健全哲学社会科学管理体系，为学术发展提供良好的制度保障。

——加强科研诚信和学风建设，完善以创新和质量为导向的科研评价制度，构建教育、制度、监督、惩治相结合的学风建设工作体系，营造风清气正的学术环境。

二、重点建设内容

(一)积极参与马克思主义理论研究和建设工程

深化马克思主义基础理论和基本观点研究，加强马克思主义经典著作研究，深入开展中国特色社会主义道路、理论体系、制度的研究宣传，在服务于中国特色社会主义建设的实践中，推动马克思主义理论创新。不断丰富我国哲学社会科学的学术思想和理论体系，努力形成具有中国特色、中国风格、中国气派的学术话语体系。扎实做好马克思主义理论研究和建设工程重点教材编写和使用工作，建立工程重点教材统一使用工作的检查监督机制，确保高校相关专业统一使用工程教材。建立中央、地方和高校分级培训体系，对工程教材所涉课程的任课教师有计划地开展培训。深入推进哲学社会科学教学科研骨干和思想政治理论课骨干教师研修，制定实施《高等学校马克思主义理论队伍建设规划》，加强高校马克思主义理论队伍特别是中青年理论队伍建设。制定实施《高等学校思想政治理论课教师队伍建设规划》，全面实施课程建设标准，健全质量测评体系，进一步提高教学水平。

(二)推进人文社会科学重点研究基地建设

按照立足创新、提高质量、增强能力、服务国家的总体要求，构建特色鲜明、优势突出、结构合理、协调发展的人文社会科学重点研究基地体系。深化科研体制改革，创新组织管理，强化开放合作，全面提升综合创新能力，全面提升服务国家战略和经济社会发展能力，全面提升国际学术影响力和话语权。大力推进以国家重大需求为导向和新兴交叉研究领域的重点研究基地建设，推动社会科学实验室建设，着力加强部部共建、部省共建重点研究基地建设，以高水平学术平台建设引领和带动高等学校哲学社会科学的创新发展。

（三）加强哲学社会科学基础研究

充分发挥高等学校基础研究实力雄厚的优势，重点支持关系哲学社会科学发展全局和学科创新发展的基础研究；重点支持对经济社会发展和国家安全具有长远影响的基础研究；重点支持对人类社会发展共同面对的一系列重大问题的基础研究；重点支持对传承中华文化、弘扬民族精神有重大作用的基础研究，加强文献资料的整理研究，推出对理论创新和文化传承创新具有重大影响的标志性成果。充分发挥高等学校学科齐全的优势，着力推进跨学科研究，促进哲学社会科学不同学科之间，哲学社会科学与自然科学、工程技术之间的交叉融合，培育新的学术领域和学科增长点。

（四）加强哲学社会科学应用对策研究

着眼党和国家的战略需求，聚焦社会主义经济建设、政治建设、文化建设、社会建设以及生态文明建设和党的建设中的重大问题，重点扶持立足实践、对经济社会发展有重要影响的应用对策研究，开展全球问题、国际区域和国别问题的长期跟踪研究，推进高等学校与国家部委、地方政府等合作建设咨询型智库，推出系列发展报告和政策建议，以扎实有力的研究成果服务于党和政府的决策。

（五）加强哲学社会科学优秀成果推广普及

充分发挥高等学校高层次人才密集的优势，面向社会开设“高校名师大讲堂”，开展“高校理论名家社会行”活动，组织动员名家大家撰写高质量社科普及读物，积极宣传哲学社会科学优秀成果，弘扬优秀传统文化，传播科学理论，满足人民群众日益增长的精神文化需求，提高公众人文素质。

（六）推动哲学社会科学优秀成果和优秀人才走向世界

坚持以推进学术交流与合作为主线，坚持“走出去”与“请进来”相结合，提升国际学术交流质量和水平，推动高等学校哲学社会科学走向世界，增强中国学术的国际影响力和话语权。探索在国外和港澳地区合作建立海外中国学术研究中心。面向国外翻译、出版和推介高水平研究成果与精品著作。重点加强高等学校优秀外文学术网站和学术期刊建设。鼓励高等学校参与和设立国际性学术组织。积极推动海外中国学研究。

（七）加强哲学社会科学基础支撑和信息化建设

加强高等学校社会调查、统计分析、基础文献、案例集成等专题数据库建设，推进人文社会科学优秀学术网站建设，加强与现有信息服务机构的衔接，推动哲学社会科学研究信息资源的共建共享。加强中国高校人文社会科学文献中心建设，扩大外文图书期刊入藏数量，提高服务水平，为教学科研提供文献保障。继续实施高校哲学社会科学名刊工程，建设一批国际知名的学术刊物，推动学术期刊专业化和数字化发展。

（八）开展哲学社会科学优秀成果评奖和表彰

以质量和贡献为导向，进一步完善高等学校哲学社会科学研究优秀成果奖励制度，建立健全成果分类评价标准，探索建立政府、社会组织、公众等成果受益者参与的多元多方评价机制。加强对理论创新和社会服务做出突出贡献的哲学社会科学优秀成果、优秀人才的奖励和宣传，定期组织开展高等学校科学研究优秀成果奖（人文社会科学）评奖和表彰活动，充分发挥奖励的激励和导向作用，增强高等学校哲学社会科学工作者的使命感和荣誉感。

三、经费保障和组织实施

1. 保障经费投入。“繁荣计划”由中央财政专项支持。鼓励各地区、各部门、各高等学校在中央财政资金支持的基础上，结合自身特点，积极筹措经费支持“繁荣计划”的实施。

2. 加强经费管理。“繁荣计划”中各类建设项目和经费使用坚持公开透明、公平公正原则。财政部、教育部联合制定《高等学校哲学社会科学繁荣计划专项资金管理办法》。项目承担高校要严格执行财政部、教育部有关规定，进一步完善经费管理制度，提高经费使用效益。在经费安排和使用上注重与国家社科基金、自然科学基金、中央高校基本科研业务费、“985 工程”“211 工程”等的有机衔接，避免重复投入，形成合力，实现集成发展。

3. 完善管理体制。教育部、财政部共同成立繁荣计划管理委员会，负责审定“繁荣计划”管理规章制度，决定“繁荣计划”实施中的重大事项。管理委员会下设办公室，负责制定“繁荣计划”实施方案，编制年度工作计划和预算建议，组织实施和日常管理工作。

4. 坚持公平竞争、择优立项。繁荣计划管理委员会办公室根据繁荣计划建设目标和任务，制定年度项目指南，经繁荣计划管理委员会审议通过后，面向全国高等学校组织申报和评审，提出立项方案报繁荣计划管理委员会审批。各地区、各部门、各高校根据年度项目指南，发挥自身优势，组织项目申报和实施，并提供相应条件和经费支持。

5. 坚持项目建设与教育改革试点相结合。充分发挥“繁荣计划”建设项目的导向作用和示范效应，推动教育改革和体制机制创新。鼓励各地区、各高等学校将改革创新贯穿于项目实施的全过程，大胆探索，勇于实践，敢于突破。根据统筹规划、分步实施、试点先行、动态调整的原则，选择部分地区和高等学校开展推广应用、科研合作、学术评价、学科交叉等改革试点。

国务院办公厅关于推动国防科技工业军民融合深度发展的意见

国办发〔2017〕91号

各省、自治区、直辖市人民政府，国务院各部委、各直属机构：

国防科技工业是军民融合发展的重点领域，是实施军民融合发展战略的重要组成部分，对提升中国特色先进国防科技工业水平、支撑国防军队建设、推动科学技术进步、服务经济社会发展具有重要意义。当前和今后一个时期是军民融合发展的战略机遇期，也是军民融合由初步融合向深度融合过渡、进而实现跨越发展的关键期，国防科技工业领域军民融合潜力巨大。为推动国防科技工业军民融合深度发展，经国务院同意，现提出以下意见：

一、总体要求

（一）指导思想

全面贯彻落实党的十九大精神，坚持以习近平新时代中国特色社会主义思想为指导，认真落实党中央、国务院决策部署，统筹推进"五位一体"总体布局和协调推进"四个全面"战略布局，牢固树立和贯彻落实新发展理念，以军民融合发展战略为引领，突出问题导向，聚焦重点领域，完善政策法规，落实改革举措，推进军民结合、寓军于民的武器装备科研生产体系建设，实现军民资源互通共享和相互支撑、有效转化，推动国防科技工业军民融合深度发展，建设中国特色先进国防科技工业体系。

（二）基本原则

——国家主导，市场运作。在中央统一领导下，加强国防科技工业军民融合政策引导、制度创新，健全完善政策，打破行业壁垒，推动军民资源互通共享。充分发挥市场在资源配置中的作用，激发各类市场主体活力，推动公平竞争，实现优胜劣汰，促进技术进步和产业发展，加快形成全要素、多领域、高效益的军民融合深度发展格局。

——问题导向，务求实效。针对制约国防科技工业军民融合深度发展的障碍，围绕"军转民""民参军"、军民两用技术产业化、军民资源互通共享等重点领域，突出解决深层次和重点、难点问题，向更广范围、更高层次、更深程度推动军民融合发展。

——协同推进，成熟先行。充分发挥有关部门和地方政府作用，调动军工集团公司、军队科研单位和中科院、高等学校以及包括民营企业在内的其他民口单位等多方面积极性，形成各方密切合作、协同推进的强大合力。注重政策统筹协调，有序推进，成熟一项，落实一项。

二、进一步扩大军工开放

（三）推动军品科研生产能力结构调整

打破军工和民口界限，不分所有制性质，制定军品科研生产能力结构调整方案，对全社会军品科研生产能力进行分类管理，形成小核心、大协作、专业化、开放型武器装备科研生产体系。核心能力由国家主导；重要能力发挥国家主导和市场机制作用，促进竞争，择优扶强；一般能力完全放开，充分竞争。

（四）扩大军工单位外部协作

将军工集团公司军品外部配套率、民口配套率纳入国防科技工业统计。进一步完善军工企业考核指标体系，在保障国家战略、国防安全和完成重大专项任务的前提下，进一步推进民品开发和军工科技成果转化。规范军工集团公司对民口军品配套单位的收购行为，避免垄断和不公平竞争，维护市场良性竞争秩序。

（五）积极引入社会资本参与军工企业股份制改造

修订军二企业股份制改造分类指导目录，科学划分军工企业国有独资、国有绝对控股、国有相对控股、国有参股等控制类别，除战略武器等特殊领域外，在确保安全保密的前提下，支持符合要求的各类投资主体参与军工企业股份制改造。按照完善治理、强化激励、突出主业、提高效率的要求，积极稳妥推动军工企业混合所有制改革，鼓励符合条件的军工企业上市或将军工资产注入上市公司，建立军工独立董事制度，探索建立国家特殊管理股制度。充分发挥国有企业混合所有制改革试点示范带动作用，及时推广相关经验。

（六）完善武器装备科研生产准入退出机制

加大“放管服”改革力度，推进科学规范、安全高效的准入退出制度建设。健全武器装备科研生产准入退出动态调整机制，精简优化许可管理范围，减少许可项目数量，规范退出标准和流程。实行武器装备科研生产许可与武器装备承制单位资格两证联合审查，推进多证融合。规范武器装备科研生产定密和招投标工作，凡不属于国家秘密事项的，不再纳入保密资格认定等行政许可范围；凡不需要承制单位具有保密资格的武器装备科研生产项目，不得将保密资格作为招投标条件。

（七）推进武器装备科研生产竞争

适应竞争性装备采购要求，推动系统集成商、专业承包商、市场供应商体系建设，推进分系统及配套产品竞争，明确细化总体单位开展分系统和配套产品采购的规则要求。改进完善军品价格和税收政策，营造公平竞争环境，引导更多有优势、有意愿的民口单位参与武器装备科研生产竞争。

三、加强军民资源共享和协同创新

（八）推动科技创新基地和设备设施等资源双向开放共享

面向国防建设和经济建设两个需求，进一步推动国防科技重点实验室、国防重点学科实验室、国防科技工业创新中心优化布局与建设，并分类推进开放共享。加强民口科技创新基地建设统筹，促进国家实验室、国家重点实验室等科技创新资源共享，发布开放目录清单，制定开放共享管理办法。在确保国家秘密安全的前提下，逐步将国防科研设备设施纳入统一的国家科研仪器设施网络管理平台，提升开放共享水平。

（九）加强军工重大试验设施统筹使用

编制发布军工重大试验设施共享目录，推动具备条件的军工重大试验设施向民口开放，建立常态化开放共享和技术服务机制。对新建重大试验设施，加强军工内部、军工与民口统筹。

（十）完善军民协同创新机制

建立军工和民口科技规划、计划、项目安排、政策等会商机制。建立国防科技协同创新机制，积极吸纳民口力量参与国防科技创新，扩大国防科技创新主体范围。发挥好现有国防科技工业创新中心和国家技术创新中心作用，统筹研究在部分新技术领域择优建设创新中心。支持科研院所、高等学校等，围绕国家安全和国防科技重大战略需求，聚焦具有战略性、带动性、全局性的重大共性关键技术，组建国防关键技术创新联盟，开展产学研用合作。

（十一）推动技术基础资源军民共享

建立完善军民标准化协调机制，推动军民标准通用化。开展军工行业标准清查，提出立改废清单，鼓励军工单位参与国家相关专业标准制修订工作。推动军民计量资源互通共享，发挥国防计量技术机构专业优势服务国民经济建设，积极吸收其他计量技术机构服务国防科技工业发展。支持军工鉴定性试验能力向社会开放服务。鼓励依托国家产品质检中心、高等学校、科研院所建立武器装备科研生产第三方测试评估机构。

（十二）积极利用民口产能

鼓励支持军工单位采取入股、租赁等多种方式，将民口产能用于武器装备科研生产。加强军工单位之间科研生产能力统筹利用和协作，积极推动军工资产合理流动。择优利用军工、军队和民口单位科研生产能力，避免不合理的重复建设。

（十三）支持武器装备科研生产单位为大安全、大防务提供装备和服务

在搞好武器装备科研生产的同时，做好军事训练器材研制开发，鼓励武器装备科研生产单位积极参与边海防装备建设，大力发展反恐维稳、安保警戒、应急救援、网络和信息安全等方面的技术、产品和产业。

（十四）健全完善信息发布和共享制度

依托国家军民融合公共服务平台，通过地方科技管理部门和国防科技工业管理部门收集本地区民口前沿技术、先进技术和优质产品等资源信息，集中向军工单位公开发布；按行业收集武器装备科研生产需求，经保密审查后，向社会公开发布。

（十五）加强国防科技工业人才队伍建设

组织实施国防科技工业人才发展规划，利用全社会优势教育资源，围绕武器装备建设和国防科技工业发展需求，大力开展国防特色高校共建和国防特色学科建设，依托高等学校设立国防科技重点实验室和国防重点学科实验室，开展探索性、创新性基础研究和前沿技术研究，支持高等学校与军工单位加强产学研用合作和人才培养。鼓励设立国

防科技工业人才培养基金，加强国防科技创新团队建设，培养一批工程型号领军人才，做好国防科技领域青年拔尖人才选拔工作，开展国防科技工业杰出人才奖评选表彰，吸引优秀人才投身国防科技工业建设。依托军工单位及相关院校开展军队装备技术保障人才教育培训。

四、促进军民技术相互支撑、有效转化

（十六）推动完善国防科技工业科技成果管理制度

统筹建设国防科技工业科技成果转化平台，定期发布《国防科技工业知识产权转化目录》，推动知识产权转化运用。推动降密解密工作，完善国防科技工业知识产权归属和收益分配等政策，推动国防科技工业和民用领域科技成果双向转移转化。

（十七）加大军用技术推广支持力度

突出高技术方向，着力发展有利于推动产业结构优化升级、培育国民经济新增长点的高端产业。项目审批方式逐步由事前审批向事后审批转变，经费支持方式可由注入资本金等向投资补助、贷款贴息等转变。

（十八）发挥技术转化评价作用

在军工科研项目立项评估和国防科学技术进步奖评选中，加大成果转化、推广和应用的权重。探索开展相关技术成熟度评价，跟踪具有潜在军用前景的技术发展动态，鼓励军工单位优先利用民口成熟技术和产品。

五、支撑重点领域建设

（十九）加强太空领域统筹

面向军民需求，加快空间基础设施统筹建设。加快论证实施重型运载火箭、空间核动力装置、深空探测及空间飞行器在轨服务与维护系统等一批军民融合重大工程和重大项目。以遥感卫星为突破口，制定国家卫星遥感数据政策，促进军民卫星资源和卫星数据共享。探索研究开放共享的航天发射场和航天测控系统建设。

（二十）推进网络空间领域建设

促进通信卫星等通信基础设施统筹建设。大力发展网络安全、电磁频谱资源管理等技术、产品和装备。推动天地一体化信息网络工程实施。优化军工电子信息类试验场布局和建设，在服务武器装备科研生产的同时，更好地服务国民经济发展。

（二十一）支撑海洋领域建设

推进海洋领域军民试验需求和试验设施统筹，加快深远海试验场建设。大力发展水下探测、信息传输与安全等技术，提高海洋综合感知能力。推动深海空间站、核动力海上浮动平台和深海大洋监测装备建设，积极研发高等级专业破冰船、极地自破冰科学考察船、极地救助船、极地半潜运输船、极地资源勘探船及极地专用核心配套设备、材料等，支撑海洋领域重大工程。

六、推动军工服务国民经济发展

(二十二)发展典型军民融合产业

加强现有投资渠道统筹,优化投资方向。研发具有自主知识产权的先进核反应堆和先进核电技术,加快实施先进核能示范工程,提升核燃料循环产业规模和竞争力,推进核技术应用并实现产业化。积极引导支持卫星及其应用产业发展,促进应用服务创新和规模化应用。加强民用飞机关键技术攻关,加快产业化进程。调整优化民用船舶产业结构,发展高技术船舶和海洋工程。发展军民两用的信息安全与网络安全技术产业。

(二十三)培育发展军工高技术产业增长点

充分发挥军工单位在人才、技术、设备设施等方面优势,支持军工高技术产业化发展,不断提升动态保军能力。优选技术水平高、市场前景好、符合国家产业发展方向的产品和项目,编制发布《军用技术转民用推广目录》和《民参军技术与产品推荐目录》,对列入目录且应用效果好、实现工程化和产业化的项目给予重点支持。

(二十四)以军工能力自主化带动相关产业发展

加强政策统筹,做好与相关科技计划的衔接,制定并组织实施军工高端制造装备创新工程专项行动计划,组织国内优势单位开展专项攻关,提高军工能力建设所需的高端加工制造设备、测试仪器、科研生产软件等国产化率和自主可控水平。在军工生产能力建设中,进一步扩大支持采购国产首台(套)装备政策适用范围。

(二十五)促进军工经济和区域经济融合发展

围绕实施"一带一路"建设、京津冀协同发展、长江经济带发展"三大战略"和西部开发、东北振兴、中部崛起、东部率先"四大板块"布局以及河北雄安新区规划建设,鼓励军工集团公司与地方政府加强战略合作和规划政策对接,在军工单位后勤社会化改革以及参与所在地发展规划、优惠政策和激励措施实施等方面,创新合作方式,落实一批军民融合重大项目,发挥军工辐射带动作用。研究开展军工经济属地化分级统计,建立属地化军民融合产业统计体系。设立国防科技工业军民融合创新示范基地,支持重点省(区、市)开展国防科技工业军民融合综合改革试点,在体制机制创新、资源整合、成果转化和公共服务模式创新等方面取得突破。

(二十六)拓展军贸和国际合作

在确保国防安全和装备技术安全的前提下,着力优化军贸产品结构,提升高新技术装备出口比例,推进军贸转型升级。落实国家"一带一路"和"走出去"战略,推动核电站和核技术装备、宇航装备、航空装备、高技术高附加值船舶及其他高技术成套装备出口,推进"一带一路"空间信息走廊建设和金砖国家遥感卫星星座合作,鼓励参与海外石油矿产资源开发和国际工程承包。充分发挥国家原子能机构和国家航天局的对外合作平台作用,深化核和航天领域国际合作。

七、推进武器装备动员和核应急安全建设

(二十七)强化武器装备动员工作

充分利用武器装备科研生产能力和资源,积极参与武器装备维修保障和服务,推进

完善军民一体化维修保障体系。着眼战时部队高技术装备维修力量缺口，推进高新技术武器装备专业保障队伍建设，加强针对性实战化训练演练，形成支前保障能力。

（二十八）提升核应急和安全能力

按照国家核应急体系建设整体布局，加强国家核应急救援力量建设。推进核安全技术研究，军地联合加快国家核安全体系重大工程建设。加强核安全监管，增强核安保能力。加快军工核设施退役治理，提升军工核设施实物保护能力。

八、完善法规政策体系

（二十九）加强法律法规建设

加强国防科技工业法规建设，加快推动原子能法出台，积极推进航天立法。完善相关配套法规和政策制度，不断健全军民融合法律法规体系，进一步引导、规范、保障国防科技工业军民融合深度发展。

（三十）完善社会投资审核制度

修订《国防科技工业社会投资核准和备案管理暂行办法》和《国防科技工业社会投资领域指导目录》，减少和下放政府对国防科技工业领域社会投资的审核，除战略能力外，鼓励各类符合条件的投资主体进入国防科技工业领域。

（三十一）健全配套支持政策

对承担军品重点任务、符合政府投资政策的民营企业，在企业自愿和确保安全保密的前提下，采取投资入股、补助、贷款贴息、租赁、借用等多种方式给予支持。拓展军民融合发展投融资渠道，设立国家国防科技工业军民融合产业投资基金，鼓励支持地方政府、符合条件的机构根据自身发展实际设立相关产业投资基金，重点推动军工高技术产业发展。研究企事业单位参与军品科研生产任务的风险补偿和扶持机制。探索建立军工资产管理新模式，加强对民营企业军工能力的监管。

各地区、各部门要充分认识推动国防科技工业军民融合深度发展的重大意义，做好统筹衔接，加强沟通协调，形成工作合力。各地方人民政府要结合本地区实际，出台有针对性的配套措施。国务院国防科技工业管理部门要会同有关方面制定分工方案，及时研究解决工作中遇到的矛盾和问题，确保国防科技工业军民融合深度发展取得实效。

国务院办公厅
2017 年 11 月 23 日

中共中央　国务院
关于实施乡村振兴战略的意见

（2018 年 1 月 2 日）

实施乡村振兴战略，是党的十九大作出的重大决策部署，是决胜全面建成小康社会、全面建设社会主义现代化国家的重大历史任务，是新时代“三农”工作的总抓手。现就实施乡村振兴战略提出如下意见。

一、新时代实施乡村振兴战略的重大意义

党的十八大以来，在以习近平同志为核心的党中央坚强领导下，我们坚持把解决好“三农”问题作为全党工作重中之重，持续加大强农惠农富农政策力度，扎实推进农业现代化和新农村建设，全面深化农村改革，农业农村发展取得了历史性成就，为党和国家事业全面开创新局面提供了重要支撑。五年来，粮食生产能力跨上新台阶，农业供给侧结构性改革迈出新步伐，农民收入持续增长，农村民生全面改善，脱贫攻坚战取得决定性进展，农村生态文明建设显著加强，农民获得感显著提升，农村社会稳定和谐。农业农村发展取得的重大成就和“三农”工作积累的丰富经验，为实施乡村振兴战略奠定了良好基础。

农业农村农民问题是关系国计民生的根本性问题。没有农业农村的现代化，就没有国家的现代化。当前，我国发展不平衡不充分问题在乡村最为突出，主要表现在：农产品阶段性供过于求和供给不足并存，农业供给质量亟待提高；农民适应生产力发展和市场竞争的能力不足，新型职业农民队伍建设亟须加强；农村基础设施和民生领域欠账较多，农村环境和生态问题比较突出，乡村发展整体水平亟待提升；国家支农体系相对薄弱，农村金融改革任务繁重，城乡之间要素合理流动机制亟待健全；农村基层党建存在薄弱环节，乡村治理体系和治理能力亟待强化。实施乡村振兴战略，是解决人民日益增长的美好生活需要和不平衡不充分的发展之间矛盾的必然要求，是实现“两个一百年”奋斗目标的必然要求，是实现全体人民共同富裕的必然要求。

在中国特色社会主义新时代，乡村是一个可以大有作为的广阔天地，迎来了难得的发展机遇。我们有党的领导的政治优势，有社会主义的制度优势，有亿万农民的创造精神，有强大的经济实力支撑，有历史悠久的农耕文明，有旺盛的市场需求，完全有条件有

能力实施乡村振兴战略。必须立足国情农情，顺势而为，切实增强责任感使命感紧迫感，举全党全国全社会之力，以更大的决心、更明确的目标、更有力的举措，推动农业全面升级、农村全面进步、农民全面发展，谱写新时代乡村全面振兴新篇章。

二、实施乡村振兴战略的总体要求

（一）指导思想

全面贯彻党的十九大精神，以习近平新时代中国特色社会主义思想为指导，加强党对“三农”工作的领导，坚持稳中求进工作总基调，牢固树立新发展理念，落实高质量发展的要求，紧紧围绕统筹推进“五位一体”总体布局和协调推进“四个全面”战略布局，坚持把解决好“三农”问题作为全党工作重中之重，坚持农业农村优先发展，按照产业兴旺、生态宜居、乡风文明、治理有效、生活富裕的总要求，建立健全城乡融合发展体制机制和政策体系，统筹推进农村经济建设、政治建设、文化建设、社会建设、生态文明建设和党的建设，加快推进乡村治理体系和治理能力现代化，加快推进农业农村现代化，走中国特色社会主义乡村振兴道路，让农业成为有奔头的产业，让农民成为有吸引力的职业，让农村成为安居乐业的美丽家园。

（二）目标任务

按照党的十九大提出的决胜全面建成小康社会、分两个阶段实现第二个百年奋斗目标的战略安排，实施乡村振兴战略的目标任务是：

到2020年，乡村振兴取得重要进展，制度框架和政策体系基本形成。农业综合生产能力稳步提升，农业供给体系质量明显提高，农村一二三产业融合发展水平进一步提升；农民增收渠道进一步拓宽，城乡居民生活水平差距持续缩小；现行标准下农村贫困人口实现脱贫，贫困县全部摘帽，解决区域性整体贫困；农村基础设施建设深入推进，农村人居环境明显改善，美丽宜居乡村建设扎实推进；城乡基本公共服务均等化水平进一步提高，城乡融合发展体制机制初步建立；农村对人才吸引力逐步增强；农村生态环境明显好转，农业生态服务能力进一步提高；以党组织为核心的农村基层组织建设进一步加强，乡村治理体系进一步完善；党的农村工作领导体制机制进一步健全；各地区各部门推进乡村振兴的思路举措得以确立。

到2035年，乡村振兴取得决定性进展，农业农村现代化基本实现。农业结构得到根本性改善，农民就业质量显著提高，相对贫困进一步缓解，共同富裕迈出坚实步伐；城乡基本公共服务均等化基本实现，城乡融合发展体制机制更加完善；乡风文明达到新高度，乡村治理体系更加完善；农村生态环境根本好转，美丽宜居乡村基本实现。

到2050年，乡村全面振兴，农业强、农村美、农民富全面实现。

（三）基本原则

——坚持党管农村工作。毫不动摇地坚持和加强党对农村工作的领导，健全党管农村工作领导体制机制和党内法规，确保党在农村工作中始终总揽全局、协调各方，为乡村振兴提供坚强有力的政治保障。

——坚持农业农村优先发展。把实现乡村振兴作为全党的共同意志、共同行动，做到认识统一、步调一致，在干部配备上优先考虑，在要素配置上优先满足，在资金投入上优先保障，在公共服务上优先安排，加快补齐农业农村短板。

——坚持农民主体地位。充分尊重农民意愿，切实发挥农民在乡村振兴中的主体作用，调动亿万农民的积极性、主动性、创造性，把维护农民群众根本利益、促进农民共同富裕作为出发点和落脚点，促进农民持续增收，不断提升农民的获得感、幸福感、安全感。

——坚持乡村全面振兴。准确把握乡村振兴的科学内涵，挖掘乡村多种功能和价值，统筹谋划农村经济建设、政治建设、文化建设、社会建设、生态文明建设和党的建设，注重协同性、关联性，整体部署，协调推进。

——坚持城乡融合发展。坚决破除体制机制弊端，使市场在资源配置中起决定性作用，更好发挥政府作用，推动城乡要素自由流动、平等交换，推动新型工业化、信息化、城镇化、农业现代化同步发展，加快形成工农互促、城乡互补、全面融合、共同繁荣的新型工农城乡关系。

——坚持人与自然和谐共生。牢固树立和践行绿水青山就是金山银山的理念，落实节约优先、保护优先、自然恢复为主的方针，统筹山水林田湖草系统治理，严守生态保护红线，以绿色发展引领乡村振兴。

——坚持因地制宜、循序渐进。科学把握乡村的差异性和发展走势分化特征，做好顶层设计，注重规划先行、突出重点、分类施策、典型引路。既尽力而为，又量力而行，不搞层层加码，不搞一刀切，不搞形式主义，久久为功，扎实推进。

三、提升农业发展质量，培育乡村发展新动能

乡村振兴，产业兴旺是重点。必须坚持质量兴农、绿色兴农，以农业供给侧结构性改革为主线，加快构建现代农业产业体系、生产体系、经营体系，提高农业创新力、竞争力和全要素生产率，加快实现由农业大国向农业强国转变。

（一）夯实农业生产能力基础

深入实施藏粮于地、藏粮于技战略，严守耕地红线，确保国家粮食安全，把中国人的饭碗牢牢端在自己手中。全面落实永久基本农田特殊保护制度，加快划定和建设粮食生产功能区、重要农产品生产保护区，完善支持政策。大规模推进农村土地整治和高标准农田建设，稳步提升耕地质量，强化监督考核和地方政府责任。加强农田水利建设，提高抗旱防洪除涝能力。实施国家农业节水行动，加快灌区续建配套与现代化改造，推进小型农田水利设施达标提质，建设一批重大高效节水灌溉工程。加快建设国家农业科技创新体系，加强面向全行业的科技创新基地建设。深化农业科技成果转化和推广应用改革。加快发展现代农作物、畜禽、水产、林木种业，提升自主创新能力。高标准建设国家南繁育种基地。推进我国农机装备产业转型升级，加强科研机构、设备制造企业联合攻关，进一步提高大宗农作物机械国产化水平，加快研发经济作物、养殖业、丘陵山区农林机械，发展高端农机装备制造。优化农业从业者结构，加快建设知识型、技能型、创新型农业经营者队伍。大力发展数字农业，实施智慧农业林业水利工程，推进物联网试验示范和遥感技术应用。

（二）实施质量兴农战略

制定和实施国家质量兴农战略规划，建立健全质量兴农评价体系、政策体系、工作体

系和考核体系。深入推进农业绿色化、优质化、特色化、品牌化，调整优化农业生产力布局，推动农业由增产导向转向提质导向。推进特色农产品优势区创建，建设现代农业产业园、农业科技园。实施产业兴村强县行动，推行标准化生产，培育农产品品牌，保护地理标志农产品，打造一村一品、一县一业发展新格局。加快发展现代高效林业，实施兴林富民行动，推进森林生态标志产品建设工程。加强植物病虫害、动物疫病防控体系建设。优化养殖业空间布局，大力发展绿色生态健康养殖，做大做强民族奶业。统筹海洋渔业资源开发，科学布局近远海养殖和远洋渔业，建设现代化海洋牧场。建立产学研融合的农业科技创新联盟，加强农业绿色生态、提质增效技术研发应用。切实发挥农垦在质量兴农中的带动引领作用。实施食品安全战略，完善农产品质量和食品安全标准体系，加强农业投入品和农产品质量安全追溯体系建设，健全农产品质量和食品安全监管体制，重点提高基层监管能力。

（三）构建农村一二三产业融合发展体系

大力开发农业多种功能，延长产业链、提升价值链、完善利益链，通过保底分红、股份合作、利润返还等多种形式，让农民合理分享全产业链增值收益。实施农产品加工业提升行动，鼓励企业兼并重组，淘汰落后产能，支持主产区农产品就地加工转化增值。重点解决农产品销售中的突出问题，加强农产品产后分级、包装、营销，建设现代化农产品冷链仓储物流体系，打造农产品销售公共服务平台，支持供销、邮政及各类企业把服务网点延伸到乡村，健全农产品产销稳定衔接机制，大力建设具有广泛性的促进农村电子商务发展的基础设施，鼓励支持各类市场主体创新发展基于互联网的新型农业产业模式，深入实施电子商务进农村综合示范，加快推进农村流通现代化。实施休闲农业和乡村旅游精品工程，建设一批设施完备、功能多样的休闲观光园区、森林人家、康养基地、乡村民宿、特色小镇。对利用闲置农房发展民宿、养老等项目，研究出台消防、特种行业经营等领域便利市场准入、加强事中事后监管的管理办法。发展乡村共享经济、创意农业、特色文化产业。

（四）构建农业对外开放新格局

优化资源配置，着力节本增效，提高我国农产品国际竞争力。实施特色优势农产品出口提升行动，扩大高附加值农产品出口。建立健全我国农业贸易政策体系。深化与“一带一路”沿线国家和地区农产品贸易关系。积极支持农业走出去，培育具有国际竞争力的大粮商和农业企业集团。积极参与全球粮食安全治理和农业贸易规则制定，促进形成更加公平合理的农业国际贸易秩序。进一步加大农产品反走私综合治理力度。

（五）促进小农户和现代农业发展有机衔接

统筹兼顾培育新型农业经营主体和扶持小农户，采取有针对性的措施，把小农生产引入现代农业发展轨道。培育各类专业化市场化服务组织，推进农业生产全程社会化服务，帮助小农户节本增效。发展多样化的联合与合作，提升小农户组织化程度。注重发挥新型农业经营主体带动作用，打造区域公用品牌，开展农超对接、农社对接，帮助小农户对接市场。扶持小农户发展生态农业、设施农业、体验农业、定制农业，提高产品档次和附加值，拓展增收空间。改善小农户生产设施条件，提升小农户抗风险能力。研究制定扶持小农生产的政策意见。

四、推进乡村绿色发展，打造人与自然和谐共生发展新格局

乡村振兴，生态宜居是关键。良好生态环境是农村最大优势和宝贵财富。必须尊重自然、顺应自然、保护自然，推动乡村自然资本加快增值，实现百姓富、生态美的统一。

（一）统筹山水林田湖草系统治理

把山水林田湖草作为一个生命共同体，进行统一保护、统一修复。实施重要生态系统保护和修复工程。健全耕地草原森林河流湖泊休养生息制度，分类有序退出超载的边际产能。扩大耕地轮作休耕制度试点。科学划定江河湖海限捕、禁捕区域，健全水生生态保护修复制度。实行水资源消耗总量和强度双控行动。开展河湖水系连通和农村河塘清淤整治，全面推行河长制、湖长制。加大农业水价综合改革工作力度。开展国土绿化行动，推进荒漠化、石漠化、水土流失综合治理。强化湿地保护和恢复，继续开展退耕还湿。完善天然林保护制度，把所有天然林都纳入保护范围。扩大退耕还林还草、退牧还草，建立成果巩固长效机制。继续实施三北防护林体系建设等林业重点工程，实施森林质量精准提升工程。继续实施草原生态保护补助奖励政策。实施生物多样性保护重大工程，有效防范外来生物入侵。

（二）加强农村突出环境问题综合治理

加强农业面源污染防治，开展农业绿色发展行动，实现投入品减量化、生产清洁化、废弃物资源化、产业模式生态化。推进有机肥替代化肥、畜禽粪污处理、农作物秸秆综合利用、废弃农膜回收、病虫害绿色防控。加强农村水环境治理和农村饮用水水源保护，实施农村生态清洁小流域建设。扩大华北地下水超采区综合治理范围。推进重金属污染耕地防控和修复，开展土壤污染治理与修复技术应用试点，加大东北黑土地保护力度。实施流域环境和近岸海域综合治理。严禁工业和城镇污染向农业农村转移。加强农村环境监管能力建设，落实县乡两级农村环境保护主体责任。

（三）建立市场化多元化生态补偿机制

落实农业功能区制度，加大重点生态功能区转移支付力度，完善生态保护成效与资金分配挂钩的激励约束机制。鼓励地方在重点生态区位推行商品林赎买制度。健全地区间、流域上下游之间横向生态保护补偿机制，探索建立生态产品购买、森林碳汇等市场化补偿制度。建立长江流域重点水域禁捕补偿制度。推行生态建设和保护以工代赈做法，提供更多生态公益岗位。

（四）增加农业生态产品和服务供给

正确处理开发与保护的关系，运用现代科技和管理手段，将乡村生态优势转化为发展生态经济的优势，提供更多更好的绿色生态产品和服务，促进生态和经济良性循环。加快发展森林草原旅游、河湖湿地观光、冰雪海上运动、野生动物驯养观赏等产业，积极开发观光农业、游憩休闲、健康养生、生态教育等服务。创建一批特色生态旅游示范村镇和精品线路，打造绿色生态环保的乡村生态旅游产业链。

五、繁荣兴盛农村文化，焕发乡风文明新气象

乡村振兴，乡风文明是保障。必须坚持物质文明和精神文明一起抓，提升农民精神

风貌，培育文明乡风、良好家风、淳朴民风，不断提高乡村社会文明程度。

(一)加强农村思想道德建设

以社会主义核心价值观为引领，坚持教育引导、实践养成、制度保障三管齐下，采取符合农村特点的有效方式，深化中国特色社会主义和中国梦宣传教育，大力弘扬民族精神和时代精神。加强爱国主义、集体主义、社会主义教育，深化民族团结进步教育，加强农村思想文化阵地建设。深入实施公民道德建设工程，挖掘农村传统道德教育资源，推进社会公德、职业道德、家庭美德、个人品德建设。推进诚信建设，强化农民的社会责任意识、规则意识、集体意识、主人翁意识。

(二)传承发展提升农村优秀传统文化

立足乡村文明，吸取城市文明及外来文化优秀成果，在保护传承的基础上，创造性转化、创新性发展，不断赋予时代内涵、丰富表现形式。切实保护好优秀农耕文化遗产，推动优秀农耕文化遗产合理适度利用。深入挖掘农耕文化蕴含的优秀思想观念、人文精神、道德规范，充分发挥其在凝聚人心、教化群众、淳化民风中的重要作用。划定乡村建设的历史文化保护线，保护好文物古迹、传统村落、民族村寨、传统建筑、农业遗迹、灌溉工程遗产。支持农村地区优秀戏曲曲艺、少数民族文化、民间文化等传承发展。

(三)加强农村公共文化建设

按照有标准、有网络、有内容、有人才的要求，健全乡村公共文化服务体系。发挥县级公共文化机构辐射作用，推进基层综合性文化服务中心建设，实现乡村两级公共文化服务全覆盖，提升服务效能。深入推进文化惠民，公共文化资源要重点向乡村倾斜，提供更多更好的农村公共文化产品和服务。支持“三农”题材文艺创作生产，鼓励文艺工作者不断推出反映农民生产生活尤其是乡村振兴实践的优秀文艺作品，充分展示新时代农村农民的精神面貌。培育挖掘乡土文化本土人才，开展文化结对帮扶，引导社会各界人士投身乡村文化建设。活跃繁荣农村文化市场，丰富农村文化业态，加强农村文化市场监管。

(四)开展移风易俗行动

广泛开展文明村镇、星级文明户、文明家庭等群众性精神文明创建活动。遏制大操大办、厚葬薄养、人情攀比等陈规陋习。加强无神论宣传教育，丰富农民群众精神文化生活，抵制封建迷信活动。深化农村殡葬改革。加强农村科普工作，提高农民科学文化素养。

六、加强农村基层基础工作，构建乡村治理新体系

乡村振兴，治理有效是基础。必须把夯实基层基础作为固本之策，建立健全党委领导、政府负责、社会协同、公众参与、法治保障的现代乡村社会治理体制，坚持自治、法治、德治相结合，确保乡村社会充满活力、和谐有序。

(一)加强农村基层党组织建设

扎实推进抓党建促乡村振兴，突出政治功能，提升组织力，抓乡促村，把农村基层党组织建成坚强战斗堡垒。强化农村基层党组织领导核心地位，创新组织设置和活动方式，持续整顿软弱涣散村党组织，稳妥有序开展不合格党员处置工作，着力引导农村党员

发挥先锋模范作用。建立选派第一书记工作长效机制，全面向贫困村、软弱涣散村和集体经济薄弱村党组织派出第一书记。实施农村带头人队伍整体优化提升行动，注重吸引高校毕业生、农民工、机关企事业单位优秀党员干部到村任职，选优配强村党组织书记。健全从优秀村党组织书记中选拔乡镇领导干部、考录乡镇机关公务员、招聘乡镇事业编制人员制度。加大在优秀青年农民中发展党员力度。建立农村党员定期培训制度。全面落实村级组织运转经费保障政策。推行村级小微权力清单制度，加大基层小微权力腐败惩处力度。严厉整治惠农补贴、集体资产管理、土地征收等领域侵害农民利益的不正之风和腐败问题。

(二)深化村民自治实践

坚持自治为基，加强农村群众性自治组织建设，健全和创新村党组织领导的充满活力的村民自治机制。推动村党组织书记通过选举担任村委会主任。发挥自治章程、村规民约的积极作用。全面建立健全村务监督委员会，推行村级事务阳光工程。依托村民会议、村民代表会议、村民议事会、村民理事会、村民监事会等，形成民事民议、民事民办、民事民管的多层次基层协商格局。积极发挥新乡贤作用。推动乡村治理重心下移，尽可能把资源、服务、管理下放到基层。继续开展以村民小组或自然村为基本单元的村民自治试点工作。加强农村社区治理创新。创新基层管理体制机制，整合优化公共服务和行政审批职责，打造“一门式办理”“一站式服务”的综合服务平台。在村庄普遍建立网上服务站点，逐步形成完善的乡村便民服务体系。大力培育服务性、公益性、互助性农村社会组织，积极发展农村社会工作和志愿服务。集中清理上级对村级组织考核评比多、创建达标多、检查督查多等突出问题。维护村民委员会、农村集体经济组织、农村合作经济组织的特别法人地位和权利。

(三)建设法治乡村

坚持法治为本，树立依法治理理念，强化法律在维护农民权益、规范市场运行、农业支持保护、生态环境治理、化解农村社会矛盾等方面的权威地位。增强基层干部法治观念、法治为民意识，将政府涉农各项工作纳入法制化轨道。深入推进综合行政执法改革向基层延伸，创新监管方式，推动执法队伍整合、执法力量下沉，提高执法能力和水平。建立健全乡村调解、县市仲裁、司法保障的农村土地承包经营纠纷调处机制。加大农村普法力度，提高农民法治素养，引导广大农民增强尊法学法守法用法意识。健全农村公共法律服务体系，加强对农民的法律援助和司法救助。

(四)提升乡村德治水平

深入挖掘乡村熟人社会蕴含的道德规范，结合时代要求进行创新，强化道德教化作用，引导农民向上向善、孝老爱亲、重义守信、勤俭持家。建立道德激励约束机制，引导农民自我管理、自我教育、自我服务、自我提高，实现家庭和睦、邻里和谐、干群融洽。广泛开展好媳妇、好儿女、好公婆等评选表彰活动，开展寻找最美乡村教师、医生、村官、家庭等活动。深入宣传道德模范、身边好人的典型事迹，弘扬真善美，传播正能量。

(五)建设平安乡村

健全落实社会治安综合治理领导责任制，大力推进农村社会治安防控体系建设，推动社会治安防控力量下沉。深入开展扫黑除恶专项斗争，严厉打击农村黑恶势力、宗族恶势力，严厉打击黄赌毒盗拐骗等违法犯罪。依法加大对农村非法宗教活动和境外渗透活动打击力度，依法制止利用宗教干预农村公共事务，继续整治农村乱建庙宇、滥塑宗教造像。完善县乡村三级综治中心功能和运行机制。健全农村公共安全体系，持续开展农村安全隐患治理。加强农村警务、消防、安全生产工作，坚决遏制重特大安全事故。探索以网格化管理为抓手、以现代信息技术为支撑，实现基层服务和管理精细化精准化。推进农村“雪亮工程”建设。

七、提高农村民生保障水平，塑造美丽乡村新风貌

乡村振兴，生活富裕是根本。要坚持人人尽责、人人享有，按照抓重点、补短板、强弱项的要求，围绕农民群众最关心最直接最现实的利益问题，一件事情接着一件事情办，一年接着一年干，把乡村建设成为幸福美丽新家园。

（一）优先发展农村教育事业

高度重视发展农村义务教育，推动建立以城带乡、整体推进、城乡一体、均衡发展的义务教育发展机制。全面改善薄弱学校基本办学条件，加强寄宿制学校建设。实施农村义务教育学生营养改善计划。发展农村学前教育。推进农村普及高中阶段教育，支持教育基础薄弱县普通高中建设，加强职业教育，逐步分类推进中等职业教育免除学杂费。健全学生资助制度，使绝大多数农村新增劳动力接受高中阶段教育、更多接受高等教育。把农村需要的人群纳入特殊教育体系。以市县为单位，推动优质学校辐射农村薄弱学校常态化。统筹配置城乡师资，并向乡村倾斜，建好建强乡村教师队伍。

（二）促进农村劳动力转移就业和农民增收

健全覆盖城乡的公共就业服务体系，大规模开展职业技能培训，促进农民工多渠道转移就业，提高就业质量。深化户籍制度改革，促进有条件、有意愿、在城镇有稳定就业和住所的农业转移人口在城镇有序落户，依法平等享受城镇公共服务。加强扶持引导服务，实施乡村就业创业促进行动，大力发展文化、科技、旅游、生态等乡村特色产业，振兴传统工艺。培育一批家庭工场、手工作坊、乡村车间，鼓励在乡村地区兴办环境友好型企业，实现乡村经济多元化，提供更多就业岗位。拓宽农民增收渠道，鼓励农民勤劳守法致富，增加农村低收入者收入，扩大农村中等收入群体，保持农村居民收入增速快于城镇居民。

（三）推动农村基础设施提档升级

继续把基础设施建设重点放在农村，加快农村公路、供水、供气、环保、电网、物流、信息、广播电视等基础设施建设，推动城乡基础设施互联互通。以示范县为载体全面推进“四好农村路”建设，加快实施通村组硬化路建设。加大成品油消费税转移支付资金用于农村公路养护力度。推进节水供水重大水利工程，实施农村饮水安全巩固提升工程。加快新一轮农村电网改造升级，制定农村通动力电规划，推进农村可再生能源开发利用。实施数字乡村战略，做好整体规划设计，加快农村地区宽带网络和第四代移动通信网络覆盖步伐，开发适应“三农”特点的信息技术、产品、应用和服务，推动远程医疗、远程教育等应用普及，弥合城乡数字鸿沟。提升气象为农服务能力。加强农村防灾减灾救灾能力建设。抓紧研究提出深化农村公共基础设施管护体制改革指导意见。

(四)加强农村社会保障体系建设

完善统一的城乡居民基本医疗保险制度和大病保险制度,做好农民重特大疾病救助工作。巩固城乡居民医保全国异地就医联网直接结算。完善城乡居民基本养老保险制度,建立城乡居民基本养老保险待遇确定和基础养老金标准正常调整机制。统筹城乡社会救助体系,完善最低生活保障制度,做好农村社会救助兜底工作。将进城落户农业转移人口全部纳入城镇住房保障体系。构建多层次农村养老保障体系,创新多元化照料服务模式。健全农村留守儿童和妇女、老年人以及困境儿童关爱服务体系。加强和改善农村残疾人服务。

(五)推进健康乡村建设

强化农村公共卫生服务,加强慢性病综合防控,大力推进农村地区精神卫生、职业病和重大传染病防治。完善基本公共卫生服务项目补助政策,加强基层医疗卫生服务体系建设,支持乡镇卫生院和村卫生室改善条件。加强乡村中医药服务。开展和规范家庭医生签约服务,加强妇幼、老人、残疾人等重点人群健康服务。倡导优生优育。深入开展乡村爱国卫生运动。

(六)持续改善农村人居环境

实施农村人居环境整治三年行动计划,以农村垃圾、污水治理和村容村貌提升为主攻方向,整合各种资源,强化各种举措,稳步有序推进农村人居环境突出问题治理。坚持不懈推进农村"厕所革命",大力开展农村户用卫生厕所建设和改造,同步实施粪污治理,加快实现农村无害化卫生厕所全覆盖,努力补齐影响农民群众生活品质的短板。总结推广适用不同地区的农村污水治理模式,加强技术支撑和指导。深入推进农村环境综合整治。推进北方地区农村散煤替代,有条件的地方有序推进煤改气、煤改电和新能源利用。逐步建立农村低收入群体安全住房保障机制。强化新建农房规划管控,加强"空心村"服务管理和改造。保护保留乡村风貌,开展田园建筑示范,培养乡村传统建筑名匠。实施乡村绿化行动,全面保护古树名木。持续推进宜居宜业的美丽乡村建设。

八、打好精准脱贫攻坚战,增强贫困群众获得感

乡村振兴,摆脱贫困是前提。必须坚持精准扶贫、精准脱贫,把提高脱贫质量放在首位,既不降低扶贫标准,也不吊高胃口,采取更加有力的举措、更加集中的支持、更加精细的工作,坚决打好精准脱贫这场对全面建成小康社会具有决定性意义的攻坚战。

(一)瞄准贫困人口精准帮扶

对有劳动能力的贫困人口,强化产业和就业扶持,着力做好产销衔接、劳务对接,实现稳定脱贫。有序推进易地扶贫搬迁,让搬迁群众搬得出、稳得住、能致富。对完全或部分丧失劳动能力的特殊贫困人口,综合实施保障性扶贫政策,确保病有所医、残有所助、生活有兜底。做好农村最低生活保障工作的动态化精细化管理,把符合条件的贫困人口全部纳入保障范围。

(二)聚焦深度贫困地区集中发力

全面改善贫困地区生产生活条件,确保实现贫困地区基本公共服务主要指标接近全国平均水平。以解决突出制约问题为重点,以重大扶贫工程和到村到户帮扶为抓手,加

大政策倾斜和扶贫资金整合力度，着力改善深度贫困地区发展条件，增强贫困农户发展能力，重点攻克深度贫困地区脱贫任务。新增脱贫攻坚资金项目主要投向深度贫困地区，增加金融投入对深度贫困地区的支持，新增建设用地指标优先保障深度贫困地区发展用地需要。

（三）激发贫困人口内生动力

把扶贫同扶志、扶智结合起来，把救急纾困和内生脱贫结合起来，提升贫困群众发展生产和务工经商的基本技能，实现可持续稳固脱贫。引导贫困群众克服等靠要思想，逐步消除精神贫困。要打破贫困均衡，促进形成自强自立、争先脱贫的精神风貌。改进帮扶方式方法，更多采用生产奖补、劳务补助、以工代赈等机制，推动贫困群众通过自己的辛勤劳动脱贫致富。

（四）强化脱贫攻坚责任和监督

坚持中央统筹省负总责市县抓落实的工作机制，强化党政一把手负总责的责任制。强化县级党委作为全县脱贫攻坚总指挥部的关键作用，脱贫攻坚期内贫困县县级党政正职要保持稳定。开展扶贫领域腐败和作风问题专项治理，切实加强扶贫资金管理，对挪用和贪污扶贫款项的行为严惩不贷。将 2018 年作为脱贫攻坚作风建设年，集中力量解决突出作风问题。科学确定脱贫摘帽时间，对弄虚作假、搞数字脱贫的严肃查处。完善扶贫督查巡查、考核评估办法，除党中央、国务院统一部署外，各部门一律不准再组织其他检查考评。严格控制各地开展增加一线扶贫干部负担的各类检查考评，切实给基层减轻工作负担。关心爱护战斗在扶贫第一线的基层干部，制定激励政策，为他们工作生活排忧解难，保护和调动他们的工作积极性。做好实施乡村振兴战略与打好精准脱贫攻坚战的有机衔接。制定坚决打好精准脱贫攻坚战三年行动指导意见。研究提出持续减贫的意见。

九、推进体制机制创新，强化乡村振兴制度性供给

实施乡村振兴战略，必须把制度建设贯穿其中。要以完善产权制度和要素市场化配置为重点，激活主体、激活要素、激活市场，着力增强改革的系统性、整体性、协同性。

（一）巩固和完善农村基本经营制度

落实农村土地承包关系稳定并长久不变政策，衔接落实好第二轮土地承包到期后再延长 30 年的政策，让农民吃上长效“定心丸”。全面完成土地承包经营权确权登记颁证工作，实现承包土地信息联通共享。完善农村承包地“三权分置”制度，在依法保护集体土地所有权和农户承包权前提下，平等保护土地经营权。农村承包土地经营权可以依法向金融机构融资担保、入股从事农业产业化经营。实施新型农业经营主体培育工程，培育发展家庭农场、合作社、龙头企业、社会化服务组织和农业产业化联合体，发展多种形式适度规模经营。

（二）深化农村土地制度改革

系统总结农村土地征收、集体经营性建设用地入市、宅基地制度改革试点经验，逐步扩大试点，加快土地管理法修改，完善农村土地利用管理政策体系。扎实推进房地一体的农村集体建设用地和宅基地使用权确权登记颁证。完善农民闲置宅基地和闲置农房

政策，探索宅基地所有权、资格权、使用权“三权分置”，落实宅基地集体所有权，保障宅基地农户资格权和农民房屋财产权，适度放活宅基地和农民房屋使用权，不得违规违法买卖宅基地，严格实行土地用途管制，严格禁止下乡利用农村宅基地建设别墅大院和私人会馆。在符合土地利用总体规划前提下，允许县级政府通过村土地利用规划，调整优化村庄用地布局，有效利用农村零星分散的存量建设用地；预留部分规划建设用地指标用于单独选址的农业设施和休闲旅游设施等建设。对利用收储农村闲置建设用地发展农村新产业新业态的，给予新增建设用地指标奖励。进一步完善设施农用地政策。

（三）深入推进农村集体产权制度改革

全面开展农村集体资产清产核资、集体成员身份确认，加快推进集体经营性资产股份合作制改革。推动资源变资产、资金变股金、农民变股东，探索农村集体经济新的实现形式和运行机制。坚持农村集体产权制度改革正确方向，发挥村党组织对集体经济组织的领导核心作用，防止内部少数人控制和外部资本侵占集体资产。维护进城落户农民土地承包权、宅基地使用权、集体收益分配权，引导进城落户农民依法自愿有偿转让上述权益。研究制定农村集体经济组织法，充实农村集体产权权能。全面深化供销合作社综合改革，深入推进集体林权、水利设施产权等领域改革，做好农村综合改革、农村改革试验区等工作。

（四）完善农业支持保护制度

以提升农业质量效益和竞争力为目标，强化绿色生态导向，创新完善政策工具和手段，扩大“绿箱”政策的实施范围和规模，加快建立新型农业支持保护政策体系。深化农产品收储制度和价格形成机制改革，加快培育多元市场购销主体，改革完善中央储备粮管理体制。通过完善拍卖机制、定向销售、包干销售等，加快消化政策性粮食库存。落实和完善对农民直接补贴制度，提高补贴效能。健全粮食主产区利益补偿机制。探索开展稻谷、小麦、玉米三大粮食作物完全成本保险和收入保险试点，加快建立多层次农业保险体系。

十、汇聚全社会力量，强化乡村振兴人才支撑

实施乡村振兴战略，必须破解人才瓶颈制约。要把人力资本开发放在首要位置，畅通智力、技术、管理下乡通道，造就更多乡土人才，聚天下人才而用之。

（一）大力培育新型职业农民

全面建立职业农民制度，完善配套政策体系。实施新型职业农民培育工程。支持新型职业农民通过弹性学制参加中高等农业职业教育。创新培训机制，支持农民专业合作社、专业技术协会、龙头企业等主体承担培训。引导符合条件的新型职业农民参加城镇职工养老、医疗等社会保障制度。鼓励各地开展职业农民职称评定试点。

（二）加强农村专业人才队伍建设

建立县域专业人才统筹使用制度，提高农村专业人才服务保障能力。推动人才管理职能部门简政放权，保障和落实基层用人主体自主权。推行乡村教师“县管校聘”。实施好边远贫困地区、边疆民族地区和革命老区人才支持计划，继续实施“三支一扶”、特岗教师计划等，组织实施高校毕业生基层成长计划。支持地方高等学校、职业院校综合利用

教育培训资源，灵活设置专业（方向），创新人才培养模式，为乡村振兴培养专业化人才。扶持培养一批农业职业经理人、经纪人、乡村工匠、文化能人、非遗传承人等。

（三）发挥科技人才支撑作用

全面建立高等院校、科研院所等事业单位专业技术人员到乡村和企业挂职、兼职和离岗创新创业制度，保障其在职称评定、工资福利、社会保障等方面的权益。深入实施农业科研杰出人才计划和杰出青年农业科学家项目。健全种业等领域科研人员以知识产权明晰为基础、以知识价值为导向的分配政策。探索公益性和经营性农技推广融合发展机制，允许农技人员通过提供增值服务合理取酬。全面实施农技推广服务特聘计划。

（四）鼓励社会各界投身乡村建设

建立有效激励机制，以乡情乡愁为纽带，吸引支持企业家、党政干部、专家学者、医生教师、规划师、建筑师、律师、技能人才等，通过下乡担任志愿者、投资兴业、包村包项目、行医办学、捐资捐物、法律服务等方式服务乡村振兴事业。研究制定管理办法，允许符合要求的公职人员回乡任职。吸引更多人才投身现代农业，培养造就新农民。加快制定鼓励引导工商资本参与乡村振兴的指导意见，落实和完善融资贷款、配套设施建设补助、税费减免、用地等扶持政策，明确政策边界，保护好农民利益。发挥工会、共青团、妇联、科协、残联等群团组织的优势和力量，发挥各民主党派、工商联、无党派人士等积极作用，支持农村产业发展、生态环境保护、乡风文明建设、农村弱势群体关爱等。实施乡村振兴"巾帼行动"。加强对下乡组织和人员的管理服务，使之成为乡村振兴的建设性力量。

（五）创新乡村人才培育引进使用机制

建立自主培养与人才引进相结合，学历教育、技能培训、实践锻炼等多种方式并举的人力资源开发机制。建立城乡、区域、校地之间人才培养合作与交流机制。全面建立城市医生教师、科技文化人员等定期服务乡村机制。研究制定鼓励城市专业人才参与乡村振兴的政策。

十一、开拓投融资渠道，强化乡村振兴投入保障

实施乡村振兴战略，必须解决钱从哪里来的问题。要健全投入保障制度，创新投融资机制，加快形成财政优先保障、金融重点倾斜、社会积极参与的多元投入格局，确保投入力度不断增强、总量持续增加。

（一）确保财政投入持续增长

建立健全实施乡村振兴战略财政投入保障制度，公共财政更大力度向"三农"倾斜，确保财政投入与乡村振兴目标任务相适应。优化财政供给结构，推进行业内资金整合与行业间资金统筹相互衔接配合，增加地方自主统筹空间，加快建立涉农资金统筹整合长效机制。充分发挥财政资金的引导作用，撬动金融和社会资本更多投向乡村振兴。切实发挥全国农业信贷担保体系作用，通过财政担保费率补助和以奖代补等，加大对新型农业经营主体支持力度。加快设立国家融资担保基金，强化担保融资增信功能，引导更多金融资源支持乡村振兴。支持地方政府发行一般债券用于支持乡村振兴、脱贫攻坚领域的公益性项目。稳步推进地方政府专项债券管理改革，鼓励地方政府试点发行项目融资和收益自平衡的专项债券，支持符合条件、有一定收益的乡村公益性项目建设。规范地

方政府举债融资行为，不得借乡村振兴之名违法违规变相举债。

（二）拓宽资金筹集渠道

调整完善土地出让收入使用范围，进一步提高农业农村投入比例。严格控制未利用地开垦，集中力量推进高标准农田建设。改进耕地占补平衡管理办法，建立高标准农田建设等新增耕地指标和城乡建设用地增减挂钩节余指标跨省域调剂机制，将所得收益通过支出预算全部用于巩固脱贫攻坚成果和支持实施乡村振兴战略。推广一事一议、以奖代补等方式，鼓励农民对直接受益的乡村基础设施建设投工投劳，让农民更多参与建设管护。

（三）提高金融服务水平

坚持农村金融改革发展的正确方向，健全适合农业农村特点的农村金融体系，推动农村金融机构回归本源，把更多金融资源配置到农村经济社会发展的重点领域和薄弱环节，更好满足乡村振兴多样化金融需求。要强化金融服务方式创新，防止脱实向虚倾向，严格管控风险，提高金融服务乡村振兴能力和水平。抓紧出台金融服务乡村振兴的指导意见。加大中国农业银行、中国邮政储蓄银行“三农”金融事业部对乡村振兴支持力度。明确国家开发银行、中国农业发展银行在乡村振兴中的职责定位，强化金融服务方式创新，加大对乡村振兴中长期信贷支持。推动农村信用社省联社改革，保持农村信用社县域法人地位和数量总体稳定，完善村镇银行准入条件，地方法人金融机构要服务好乡村振兴。普惠金融重点要放在乡村。推动出台非存款类放贷组织条例。制定金融机构服务乡村振兴考核评估办法。支持符合条件的涉农企业发行上市、新三板挂牌和融资、并购重组，深入推进农产品期货期权市场建设，稳步扩大“保险＋期货”试点，探索“订单农业＋保险＋期货（权）”试点。改进农村金融差异化监管体系，强化地方政府金融风险防范处置责任。

十二、坚持和完善党对“三农”工作的领导

实施乡村振兴战略是党和国家的重大决策部署，各级党委和政府要提高对实施乡村振兴战略重大意义的认识，真正把实施乡村振兴战略摆在优先位置，把党管农村工作的要求落到实处。

（一）完善党的农村工作领导体制机制

各级党委和政府要坚持工业农业一起抓、城市农村一起抓，把农业农村优先发展原则体现到各个方面。健全党委统一领导、政府负责、党委农村工作部门统筹协调的农村工作领导体制。建立实施乡村振兴战略领导责任制，实行中央统筹省负总责市县抓落实的工作机制。党政一把手是第一责任人，五级书记抓乡村振兴。县委书记要下大气力抓好“三农”工作，当好乡村振兴“一线总指挥”。各部门要按照职责，加强工作指导，强化资源要素支持和制度供给，做好协同配合，形成乡村振兴工作合力。切实加强各级党委农村工作部门建设，按照《中国共产党工作机关条例（试行）》有关规定，做好党的农村工作机构设置和人员配置工作，充分发挥决策参谋、统筹协调、政策指导、推动落实、督导检查等职能。各省（自治区、直辖市）党委和政府每年要向党中央、国务院报告推进实施乡村振兴战略进展情况。建立市县党政领导班子和领导干部推进乡村振兴战略的实绩考核

制度，将考核结果作为选拔任用领导干部的重要依据。

（二）研究制定中国共产党农村工作条例

根据坚持党对一切工作的领导的要求和新时代“三农”工作新形势新任务新要求，研究制定中国共产党农村工作条例，把党领导农村工作的传统、要求、政策等以党内法规形式确定下来，明确加强对农村工作领导的指导思想、原则要求、工作范围和对象、主要任务、机构职责、队伍建设等，完善领导体制和工作机制，确保乡村振兴战略有效实施。

（三）加强“三农”工作队伍建设

把懂农业、爱农村、爱农民作为基本要求，加强“三农”工作干部队伍培养、配备、管理、使用。各级党委和政府主要领导干部要懂“三农”工作、会抓“三农”工作，分管领导要真正成为“三农”工作行家里手。制定并实施培训计划，全面提升“三农”干部队伍能力和水平。拓宽县级“三农”工作部门和乡镇干部来源渠道。把到农村一线工作锻炼作为培养干部的重要途径，注重提拔使用实绩优秀的干部，形成人才向农村基层一线流动的用人导向。

（四）强化乡村振兴规划引领

制定国家乡村振兴战略规划（2018～2022 年），分别明确至 2020 年全面建成小康社会和 2022 年召开党的二十大时的目标任务，细化实化工作重点和政策措施，部署若干重大工程、重大计划、重大行动。各地区各部门要编制乡村振兴地方规划和专项规划或方案。加强各类规划的统筹管理和系统衔接，形成城乡融合、区域一体、多规合一的规划体系。根据发展现状和需要分类有序推进乡村振兴，对具备条件的村庄，要加快推进城镇基础设施和公共服务向农村延伸；对自然历史文化资源丰富的村庄，要统筹兼顾保护与发展；对生存条件恶劣、生态环境脆弱的村庄，要加大力度实施生态移民搬迁。

（五）强化乡村振兴法治保障

抓紧研究制定乡村振兴法的有关工作，把行之有效的乡村振兴政策法定化，充分发挥立法在乡村振兴中的保障和推动作用。及时修改和废止不适应的法律法规。推进粮食安全保障立法。各地可以从本地乡村发展实际需要出发，制定促进乡村振兴的地方性法规、地方政府规章。加强乡村统计工作和数据开发应用。

（六）营造乡村振兴良好氛围

凝聚全党全国全社会振兴乡村强大合力，宣传党的乡村振兴方针政策和各地丰富实践，振奋基层干部群众精神。建立乡村振兴专家决策咨询制度，组织智库加强理论研究。促进乡村振兴国际交流合作，讲好乡村振兴中国故事，为世界贡献中国智慧和中国方案。

让我们更加紧密地团结在以习近平同志为核心的党中央周围，高举中国特色社会主义伟大旗帜，以习近平新时代中国特色社会主义思想为指导，迎难而上、埋头苦干、开拓进取，为决胜全面建成小康社会、夺取新时代中国特色社会主义伟大胜利做出新的贡献！

国务院关于优化科研管理提升科研绩效若干措施的通知

国发〔2018〕25号

各省、自治区、直辖市人民政府，国务院各部委、各直属机构：

为了贯彻落实党中央、国务院关于推进科技领域“放管服”改革的要求，建立完善以信任为前提的科研管理机制，按照能放尽放的要求赋予科研人员更大的人财物自主支配权，减轻科研人员负担，充分释放创新活力，调动科研人员积极性，激励科研人员敬业报国、潜心研究、攻坚克难，大力提升原始创新能力和关键领域核心技术攻关能力，多出高水平成果，壮大经济发展新动能，为实现经济高质量发展、建设世界科技强国做出更大贡献，现就有关事项通知如下：

一、优化科研项目和经费管理

（一）简化科研项目申报和过程管理

聚焦国家重大战略任务，优化中央财政科技计划项目形成机制，合理确定项目数量。加快完善国家科技管理信息系统，2018年底前要将中央财政科技计划（专项、基金等）项目全部纳入。逐步实行国家科技计划年度指南定期发布制度，并将指南提前在网上公示，加强项目查重、避免重复申报，增加科研人员申报准备时间；精简科研项目申报要求，减少不必要的申报材料。针对关键节点实行“里程碑”式管理，减少科研项目实施周期内的各类评估、检查、抽查、审计等活动；自由探索类基础研究项目和实施周期三年以下的项目以承担单位自我管理为主，一般不开展过程检查。

（二）合并财务验收和技术验收

由项目管理专业机构严格依据任务书在项目实施期末进行一次性综合绩效评价，不再分别开展单独的财务验收和技术验收，项目承担单位自主选择具有资质的第三方中介机构进行结题财务审计，利用好单位内外部审计结果。

（三）推行“材料一次报送”制度

整合科技管理各项工作和计划管理的材料报送相关环节，实现一表多用。国家科技管理信息系统按权限向项目承担单位、项目管理专业机构、行业主管部门等相关主体开放，加强数据共享，凡是国家科技管理信息系统已有的材料或已要求提供过的材料，不得要求重复提供。项目管理专业机构和承担单位要简化报表及流程，加快建立健全学术助理和财务助理制度，允许通过购买财会等专业服务，把科研人员从报表、报销等具体事务中解脱出来。

（四）赋予科研人员更大技术路线决策权

科研人员具有自主选择和调整技术路线的权利，科研项目申报期间，以科研人员提出的技术路线为主进行论证，科研项目实施期间，科研人员可以在研究方向不变、不降低申报指标的前提下自主调整研究方案和技术路线，报项目管理专业机构备案。科研项目负责人可以根据项目需要，按规定自主组建科研团队，并结合项目实施进展情况进行相应调整。

（五）赋予科研单位科研项目经费管理使用自主权

直接费用中除设备费外，其他科目费用调剂权全部下放给项目承担单位。项目承担单位应完善管理制度，及时为科研人员办理调剂手续。对于接受企业或其他社会组织委托取得的项目经费，纳入单位财务统一管理，由项目承担单位按照委托方要求或合同约定管理使用。高校和科研院所要简化科研仪器设备采购流程，对科研急需的设备和耗材，采用特事特办、随到随办的采购机制，可不进行招投标程序，缩短采购周期；对于独家代理或生产的仪器设备，按程序确定采取单一来源采购等方式增强采购灵活性和便利性。

（六）避免重复多头检查

科技部、财政部要会同相关部门加强科研项目监督检查工作统筹，制定统一的年度监督检查计划，在相对集中时间开展联合检查，避免在同一年度对同一项目重复检查、多头检查。探索实行“双随机、一公开”检查方式，充分利用大数据等信息技术提高监督检查效率，实行监督检查结果信息共享和互认，最大限度降低对科研活动的干扰。

二、完善有利于创新的评价激励制度

（七）切实精简人才“帽子”

在中央人才工作协调小组的领导下，对科技领域人才计划进行优化整合。西部地区因政策倾斜获得人才计划支持的科研人员，在支持周期内离开相关岗位的，取消对其相应支持。开展科技人才计划申报查重工作，一个人只能获得一项相同层次的人才计划支持。科技人才计划突出人才培养和使用导向，明确支持周期，人才计划项目结束后不得再使用有关人才称号。主管部门、用人单位要逐步取消入选人才计划与薪酬待遇和职称评定等直接挂钩的做法。科研项目申报书中不得设置填写人才“帽子”等称号的栏目。不得将科研项目（基地、平台）负责人、项目评审专家等作为荣誉称号加以使用、宣传。

（八）开展“唯论文、唯职称、唯学历”问题集中清理

由科技部会同教育部、人力资源社会保障部、中科院、工程院及相关行业主管部门在2018年底前对项目、人才、学科、基地等科技评价活动中涉及简单量化的做法进行清理，建立以创新质量和贡献为导向的绩效评价体系，准确评价科研成果的科学价值、技术价值、经济价值、社会价值、文化价值。减少评价频次，对于评价结果连续优秀的，实行一定期限免评的制度。

(九)加大对承担国家关键领域核心技术攻关任务科研人员的薪酬激励

对全时全职承担任务的团队负责人(领衔科学家/首席科学家、技术总师、型号总师、总指挥、总负责人等)以及引进的高端人才,实行一项一策、清单式管理和年薪制。项目承担单位应在项目立项时与项目管理专业机构协商确定人员名单和年薪标准,并报科技部、人力资源社会保障部、财政部备案。年薪所需经费在项目经费中单独核定,在本单位绩效工资总量中单列,相应增加单位当年绩效工资总量。项目范围、年薪制具体操作办法由科技部、财政部、人力资源社会保障部细化制定。单位从国家关键领域核心技术攻关任务项目间接费用中提取的绩效支出,应向承担任务的中青年科研骨干倾斜。完善以科技成果为纽带的产学研深度融合机制,建立科研机构和企业等各方参与的创新联盟,落实相关政策,支持高校、科研院所科研人员到国有企业或民营企业兼职开展研发和成果转化,加大高校、科研院所和国有企业科研人员科技成果转化股权激励力度,科研人员获得的职务科技成果转化现金奖励计入当年本单位绩效工资总量,但不受总量限制,不纳入总量基数。

三、强化科研项目绩效评价

(十)推动项目管理从重数量、重过程向重质量、重结果转变

明确设定科研项目绩效目标,项目指南要按照分类评价要求提出项目绩效目标。目标导向类项目申报书和任务书要有科学、合理、具体的项目绩效目标和适用于考核的结果指标,并按照关键节点设定明确、细化的阶段性目标,用于判断实质性进展;立项评审应审核绩效目标、结果指标与指南要求的相符性,以及创新性、可行性、可考核性,实现项目绩效目标的能力和条件等;要加强项目关键环节考核,项目实施进度严重滞后或难以达到预期绩效目标的,及时予以调整或取消后续支持。

(十一)实行科研项目绩效分类评价

基础研究与应用基础研究类项目重点评价新发现新原理新方法新规律的重大原创性和科学价值、解决经济社会发展和国家安全重大需求中关键科学问题的效能、支撑技术和产品开发的效果、代表性论文等科研成果的质量和水平,以国际国内同行评议为主。技术和产品开发类项目重点评价新技术、新方法、新产品、关键部件等的创新性、成熟度、稳定性、可靠性,突出成果转化应用情况及其在解决经济社会发展关键问题、支撑引领行业产业发展中发挥的作用。应用示范类项目绩效评价以规模化应用、行业内推广为导向,重点评价集成性、先进性、经济适用性、辐射带动作用及产生的经济社会效益,更多采取应用推广相关方评价和市场评价方式。

(十二)严格依据任务书开展综合绩效评价

强化契约精神,严格按照任务书的约定逐项考核结果指标完成情况,对绩效目标实现程度作出明确结论,不得“走过场”,无正当理由不得延迟验收,应用研究和工程技术研究要突出技术指标刚性要求,严禁成果充抵等弄虚作假行为。突出代表性成果和项目实施效果评价,对提交评价的论文、专利等作出数量限制规定。目标导向类项目可在结束后 2～3 年内进行绩效跟踪评价,重点关注项目成果转移转化、应用推广以及产生的经济社会效益。有关单位和企业要如实客观开具科研项目经济社会效益证明,对虚开造假者

严肃处理。

（十三）加强绩效评价结果的应用

绩效评价结果应作为项目调整、后续支持的重要依据，以及相关研发、管理人员和项目承担单位、项目管理专业机构业绩考核的参考依据。对绩效评价优秀的，在后续项目支持、表彰奖励等工作中给予倾斜。要区分因科研不确定性未能完成项目目标和因科研态度不端导致项目失败，鼓励大胆创新，严惩弄虚作假。项目承担单位在评定职称、制定收入分配制度等工作中，应更加注重科研项目绩效评价结果，不得简单计算获得科研项目的数量和经费规模。

四、完善分级责任担当机制

（十四）建立相关部门为高校和科研院所分担责任机制

项目管理部门应建立自由探索和颠覆性技术创新活动免责机制，对已履行勤勉尽责义务但因技术路线选择失误导致难以完成预定目标的单位和项目负责人予以免责，同时认真总结经验教训，为后续研究路径等提供借鉴。单位主管部门、项目管理部门和其他相关部门要支持高校和科研院所按照国家科技体制改革要求和科技创新规律进行改革创新，合理区分改革创新、探索性试验、推动发展的无意过失与明知故犯、失职渎职、谋取私利等违纪违法行为。对科研活动的审计和财务检查要尊重科研规律，减少频次，与工作对象对相关政策理解不一致时，要及时与政策制定部门沟通，调查澄清。

（十五）强化高校、科研院所和科研人员的主体责任

主管部门要在岗位设置、人员聘用、内部机构调整、绩效工资分配、评价考核、科研组织等方面充分尊重高校和科研院所管理权限。高校和科研院所要根据国家科技体制改革要求，制定完善本单位科研、人事、财务、成果转化、科研诚信等具体管理办法，强化服务意识，推行一站式服务，让科研人员少跑腿。强化科研人员主体地位，在充分信任基础上赋予更大的人财物支配权，强化责任和诚信意识，对严重违背科研诚信要求的，实行终身追究、联合惩戒。

（十六）完善鼓励法人担当负责的考核激励机制

以科研机构评估为统领，协调推进项目评审、人才评价、机构评估相关工作，形成合力，压实项目承担单位对科研项目和人才的管理责任。主管部门在对所属高校、科研院所开展考核时，应当将落实国家科技体制改革政策情况作为重要内容。对于落实国家科技体制改革政策到位、科技创新绩效突出的高校、科研院所，在申请国家科技计划和人才项目、核定绩效工资总量、布局建设国家科技创新基地、核定研究生招生指标等方面给予倾斜支持。

五、开展基于绩效、诚信和能力的科研管理改革试点

科技部、财政部会同教育部、中科院在教育部直属高校和中科院所属科研院所中选择部分创新能力和潜力突出、创新绩效显著、科研诚信状况良好的单位开展支持力度更大的“绿色通道”改革试点。

（十七）开展简化科研项目经费预算编制试点

项目直接费用中除设备费外，其他费用只提供基本测算说明，不提供明细。进一步精简合并其他直接费用科目。各项目管理专业机构要简化相关科研项目预算编制要求，精简说明和报表。

（十八）开展扩大科研经费使用自主权试点

允许试点单位从基本科研业务费、中科院战略性先导科技专项经费等稳定支持科研经费中提取不超过20%作为奖励经费，由单位探索完善科研项目资金的激励引导机制。奖励经费的使用范围和标准由试点单位在绩效工资总量内自主决定，在单位内部公示。对试验设备依赖程度低和实验材料耗费少的基础研究、软件开发、集成电路设计等智力密集型项目，提高间接经费比例，500万元以下的部分为不超过30%，500万元至1000万元的部分为不超过25%，1000万元以上的部分为不超过20%。对数学等纯理论基础研究项目，可进一步根据实际情况适当调整间接经费比例。间接经费的使用应向创新绩效突出的团队和个人倾斜。

（十九）开展科研机构分类支持试点

对从事基础前沿研究、公益性研究、应用技术研究开发等不同类型的科研机构实施差别化的经费保障机制，结合科研机构职责定位，完善稳定支持和竞争性经费支持相协调的保障机制。对基础前沿研究类机构，加大经常性经费等稳定支持力度，适当提高人员经费补助标准，保障合理的薪酬待遇，使科研人员潜心长期从事基础研究。

（二十）开展赋予科研人员职务科技成果所有权或长期使用权试点

对于接受企业、其他社会组织委托项目形成的职务科技成果，允许合同双方自主约定成果归属和使用、收益分配等事项；合同未约定的，职务科技成果由项目承担单位自主处置，允许赋予科研人员所有权或长期使用权。对利用财政资金形成的职务科技成果，由单位按照权利与责任对等、贡献与回报匹配的原则，在不影响国家安全、国家利益、社会公共利益的前提下，探索赋予科研人员所有权或长期使用权。

科技部、财政部、教育部、中科院等相关部门和单位要加快职能转变，优化管理与服务，加强事中事后监管，放出活力与效率，管好底线与秩序，为科研活动保驾护航。要开展对试点单位落实改革措施的跟踪指导和考核，对推进试点工作不力、无法达到预期目标的，及时取消试点资格、终止支持。对证明行之有效的经验和做法，及时总结提炼在全国推广。

国务院

2018年7月18日

权威解读

所有科研人员注意！国务院这个文件要给你扩自主权、提经费、减审批！

日前，国务院印发《关于优化科研管理提升科研绩效若干措施的通知》，今后科研怎么做、经费怎么花，科研人员有了更大的自主权。具体如何规定的，中国政府网(微信ID:zhengfu)、国务院客户端带你一起看——

扩自主“权”

一、科研人员有更大技术路线决策权

科研项目申报期间：以科研人员提出的技术路线为主进行论证。

科研项目实施期间：科研人员可以在研究方向不变、不降低申报指标的前提下自主调整研究方案和技术路线，报项目管理专业机构备案。

科研项目负责人可以根据项目需要，按规定自主组建科研团队，并结合项目实施进展情况进行相应调整。

二、科研单位有科研项目经费管理使用自主权

直接费用中除设备费外，其他科目费用调剂权全部下放给项目承担单位。

对于接受企业或其他社会组织委托取得的项目经费，纳入单位财务统一管理，由项目承担单位按照委托方要求或合同约定管理使用。

高校和科研院所要简化科研仪器设备采购流程，对科研急需的设备和耗材，采用特事特办、随到随办的采购机制，可不进行招投标程序，缩短采购周期；对于独家代理或生产的仪器设备，按程序确定采取单一来源采购等方式。

放“钱”

一、加大对承担国家关键领域核心技术攻关任务科研人员的薪酬激励

对全时全职承担任务的团队负责人(领衔科学家/首席科学家、技术总师、型号总师、总指挥、总负责人等)以及引进的高端人才，实行一项一策、清单式管理和年薪制。

单位从国家关键领域核心技术攻关任务项目间接费用中提取的绩效支出，应向承担任务的中青年科研骨干倾斜。

加大高校、科研院所和国有企业科研人员科技成果转化股权激励力度，科研人员获得的职务科技成果转化现金奖励计入当年本单位绩效工资总量，但不受总量限制，不纳入总量基数。

二、开展简化科研项目经费预算编制试点

项目直接费用中除设备费外，其他费用只提供基本测算说明，不提供明细。

进一步精简合并其他直接费用科目。

各项目管理专业机构要简化相关科研项目预算编制要求，精简说明和报表。

三、开展扩大科研经费使用自主权试点

允许试点单位从基本科研业务费、中科院战略性先导科技专项经费等稳定支持科研经费中提取不超过20%作为奖励经费。

奖励经费的使用范围和标准由试点单位在绩效工资总量内自主决定，在单位内部公示。

对试验设备依赖程度低和实验材料耗费少的基础研究、软件开发、集成电路设计等智力密集型项目，提高间接经费比例，500万元以下的部分为不超过30%，500万元至1000万元的部分为不超过25%，1000万元以上的部分为不超过20%。

对数学等纯理论基础研究项目，可进一步根据实际情况适当调整间接经费比例。

间接经费的使用应向创新绩效突出的团队和个人倾斜。

四、开展科研机构分类支持试点

对基础前沿研究类机构，加大经常性经费等稳定支持力度，适当提高人员经费补助标准，保障合理的薪酬待遇，使科研人员潜心长期从事基础研究。

“简”管理

一、简化科研项目申报和过程管理

逐步实行国家科技计划年度指南定期发布制度，并将指南提前在网上公示，加强项目查重、避免重复申报，增加科研人员申报准备时间。

精简科研项目申报要求，减少不必要的申报材料。

针对关键节点实行“里程碑”式管理，减少科研项目实施周期内的各类评估、检查、抽查、审计等活动。

自由探索类基础研究项目和实施周期三年以下的项目以承担单位自我管理为主，一般不开展过程检查。

二、合并财务验收和技术验收

由项目管理专业机构严格依据任务书在项目实施期末进行一次性综合绩效评价，不再分别开展单独的财务验收和技术验收。

三、推行“材料一次报送”

整合科技管理各项工作和计划管理的材料报送相关环节，实现一表多用。

凡是国家科技管理信息系统已有的材料或已要求提供过的材料，不得要求重复提供。

简化报表及流程，加快建立健全学术助理和财务助理制度，允许通过购买财会等专业服务，把科研人员从报表、报销等具体事务中解脱出来。

四、避免重复多头检查

制定统一的年度监督检查计划，在相对集中时间开展联合检查，避免在同一年度对同一项目重复检查、多头检查。

探索实行“双随机、一公开”检查方式，充分利用大数据等信息技术提高监督检查效率，实行监督检查结果信息共享和互认，最大限度降低对科研活动的干扰。

——引自：中国政府网 http://www.gov.cn/zhengce/2018-07/24/content_5308915.htm.

中共山东省委山东省人民政府关于深化科技体制改革加快创新发展的实施意见

鲁发〔2016〕28 号

为深入贯彻党中央、国务院关于深化科技体制改革、加快创新发展的系列决策部署，现结合我省实际，提出如下实施意见。

一、指导思想和主要目标

（一）指导思想。以党的十八大及十八届三中、四中、五中全会和习近平总书记系列重要讲话精神为指引，坚持创新、协调、绿色、开放、共享发展理念，以制度创新促进科技创新，进一步增强科技创新在供给侧结构性改革中的基础、关键和引领作用，健全知识创新、技术创新和管理创新体系，激发全社会创新潜能，为我省在全面建成小康社会进程中走在前列提供有力支撑。

（二）主要目标。到 2020 年，全社会研发投入占生产总值比重达到 2.6%左右，科技进步对经济增长的贡献率达到 60%左右，实现高新技术企业数量、产业产值翻一番，规模以上工业企业设立研发机构的比例达到 20%左右。科技创新体系更加完善，科技创新人才作用更好发挥，科技创新成果更多转化，科技与经济结合更加紧密，产业链、创新链、资金链、政策链有机衔接，创新环境更加优化，科技支撑创新发展能力显著增强，创新型省份建设走在前列。

二、构建支持创新的科技管理新机制

（三）转变政府科技管理职能。围绕使市场在资源配置中起决定性作用和更好发挥政府作用，进一步简政放权，编制科技管理责任清单、权力清单，完善监管机制，实现政府科技职能从研发管理向创新服务的根本转变。深化科技管理部门改革，健全完善组织机构，有效发挥科技管理部门在抓战略、抓规划、抓政策、抓服务方面的作用。建立“互联网＋科技服务”新模式，为各类创新主体提供方便快捷的公共服务。建设高水平科技智库，加强科技决策咨询系统，建立由技术专家、企业家、科研人员和政府部门等共同参与的科技决策及论证机制，提升重大科技决策的科学性。

（四）创新科研项目管理机制。政府科技部门不再直接管理具体项目，按照权责统一的原则，委托专业机构承担科研项目管理工作，实现决策、执行、监督、评估相互制约又相互协调。鼓励和指导科研机构、高等院校和科技型企业建立健全各自的科技项目管理制度。积极培育科技类社团组织，深化学会协会改革，不断提升其学术水平和专业能力，更好服务科技发展。优化从专业机构遴选、运行监管到绩效评估全过程的管理模式，促进项目管理专业机构健康发展。将省级科研项目全部纳入科技管理信息系统监管，避免重复申报和重复资助。

（五）发挥财政支持科技创新的重要作用。坚持近期与长远相结合、基础研究与应用研究相结合、公益性和营利性相结合，统筹兼顾，提高财政科技资金使用效益。省级财政科技资金按照自然科学基金、重点研发计划、基地和人才建设、产业引导基金分类执行，重点支持基础科学研究、公益类研究、创新平台建设和创新型企业奖补，大幅增加公共科技供给。充分发挥财政资金杠杆作用，综合运用股权投资、风险补偿、贷款贴息、政府和社会资本合作（PPP）等方式，支持市场导向明确的技术创新活动。

（六）完善激励与约束相结合的科研资金管理制度。简化省级财政科研项目预算编制，实施项目法人责任制，下放科研经费部分预算调剂权限。提高间接费用比重，加大绩效激励力度。项目承担单位在统筹安排间接费用时，要处理好合理分摊间接成本和对科研人员激励的关系，绩效支出安排应与科研人员在项目工作中的实际贡献挂钩。劳务费不设比例限制，将临时聘用人员的社会保险补助纳入劳务费科目中列支。项目年度剩余资金可结转下年使用，最终结余资金可按规定留归项目承担单位使用。建立高等院校、科研院所财政科研经费拨款与科研绩效挂钩机制，重点学科和优势技术领域，省财政给予稳定持续支持，鼓励通过自主选题，开展前瞻性、储备性研究。高等院校、科研单位接受委托、利用社会资金开展技术攻关、提供科技服务的科研项目，研发团队可按照合同自主支配经费，具体管理按照有关规定执行。提高财政科研经费使用透明度，项目承担单位应制定完善管理制度，及时公开资金使用情况，接受社会监督。推行符合创新规律的科研经费审计方式，建立分类审计制度。完善财政科研项目资金违规使用问责机制。

（七）改进和完善科技评价体系。以项目产出和实际贡献为导向，探索实行市场、社会和行业认可的第三方科技评价方式，逐步拓展社会化、专业化评价渠道。建立以科技创新质量、贡献、绩效为导向的分类评价体系，正确评价科技创新成果的科学价值、技术价值、经济价值、社会价值、文化价值。科技计划绩效评价结果，作为科技计划和财政预算调整的重要依据。项目绩效评价结果，作为后续滚动支持的重要依据。改进完善政府科技奖励制度，提升奖励的科学性、准确性和公信力、影响力。建立科技人员诚信系统，完善科研诚信档案，制定容错纠错和失信行为惩戒办法。

三、强化企业技术创新主体地位（略）

四、激发科研机构创新活力

（十四）建立现代科研院所治理结构。各类科研机构要进一步加强党的领导和党的建设，充分发挥党组织的政治、思想和组织领导作用，完善党组织会议制度，实行会议记录纪要和定期报告检查制度。开展理事会、学术委员会、管理层各负其责的法人治理结构改革试点。从自身实际出发，进一步加强内部管理，建立起包括院所章程、学术道德规范、经费使用、成果转化和收益分配、民主管理、法律和财务咨询、信息公开等内容在内的制度体系。推进科研事业单位取消行政级别改革。

（十五）赋予科研机构更大自主权。高等院校在人员控制总量内、科研院所在编制员额内，按规定自主制定岗位设置方案；自主安排、执行用人计划，并建立动态调整机制；自主公开招聘各类创新人才，可采取考察方式直接招聘紧缺的专业人才、高层次人才。岗位设置、公开招聘方案及招聘结果向相关部门报备。高等院校、科研院所可统筹使用中、初级专业技术岗位。全面推进高等院校、科研院所职称制度改革，由单位自主评价、按岗聘用。在职科研人员基本工资按国家规定执行，绩效工资在核定的总量内自主搞活内部分配。科技成果转化收益中用于人员激励的部分计入本单位当年工资总额，但不受本单位当年绩效工资总量限制，不作为本单位当年工资总额基数，有关情况要进行公示。

（十六）推动科教融合发展。系统梳理全省高等院校、科研院所科技创新资源，按照产业、专业、区域等不同维度，推动优化组合。支持具备条件的科研院所和高等院校实施整合发展，共同建立研究生院和专业学院，共建学位授权点，实施“双导师制”培养模式，建立教研相长、协同育人新机制。支持高等院校、科研院所科研人员交流从事“兼职”研发或教学，按照有关规定领取报酬。在规定期限内，兼职人员在职称评聘、岗位等级晋升和社会保险等方面与原单位同类人员享有同等待遇，交流期间工作量及取得成果双方互认。允许兼职人员按照有关规定及本人实际贡献参与兼职单位成果转化收益分配，具体比例由双方在规定范围内协商决定。支持共建创新平台和科研团队，共同承担重大科技项目。实施高等院校协同创新计划，建设研究型大学并带动重点学科发展。

（十七）完善科技成果转化机制。对受托承担省重大科技成果转化任务、进入示范性国家技术转移机构范围的技术转移机构，省财政一次性给予最高600万元奖励。在省内转化山东高等院校和科研院所科技成果，年技术合同登记到账经费达2000万元以上，且促成不低于5项重大科技成果转化的技术转移机构，省财政给予最高50万元的经费补助。鼓励高等院校和科研院所建立专业化技术转移机构，允许提取不低于10%的成果转化收益用于机构绩效奖励，中、高级专业技术岗位分配向技术转移机构倾斜。实行技术经理人市场化聘用制。加强科研中试基地建设，通过灵活机制，调动产学研各方积极性，实现研发、中试、转化和产业化一体贯通。建立促进创新成果向标准转化机制。奖励承担国际、国家标准化专业技术委员会秘书处工作的单位。科研人员转化职务科技成果获得的股权奖励，按照国家税收政策规定享受相关税收优惠。

五、发挥科技创新支撑引领作用

（十八）支持山东半岛国家自主创新示范区先行先试。（略）

（十九）高水平建设青岛海洋科学与技术试点国家实验室。按照开放、流动、合作、共享原则，整合海洋创新资源，构建符合科研规律、最大限度释放科研活力的非行政化科研治理结构和运行机制。加大省、市稳定支持力度，扩大科研自主权，允许通过自主选题、自主确定研发团队组织实施省级科技计划。支持实验室牵头或参与实施国家重大科技项目,增强国际影响力,尽快成为引领国家海洋科学发展的战略科技力量。积极创造条件,争取更多的国家级科研基地落地山东。

(二十)加快黄河三角洲国家农业高新技术产业示范区发展。支持示范区在盐碱地综合治理、土地经营管理机制创新、现代农业发展等方面走在前列。力争设立盐碱地控制及利用国家技术创新中心,加强黄河三角洲现代农业研究院和北京大学现代农业研究院建设,增强研发实力、创新资源凝聚力和科技成果转化力。着力发展涉农工业,推动一二三产业融合发展。加快"中以农业科技生态城"建设,争取成为政府间国际科技合作的范例。

(二十一)提升源头创新供给能力。扩大自然科学基金规模,加大基础研究支持力度。注重问题导向与自由探索有机结合,在重点领域和综合交叉学科领域部署一批重大基础研究项目。加强与国家自然科学基金合作,扩大共建联合基金规模,重点支持海洋和现代农业领域基础理论研究。引导企业支持和参与基础研究,增强企业持续创新能力。支持济南建设数据科学中心和医学科学中心。

(二十二)实施重大科技创新工程。通过定向委托和竞争性选择相结合方式,建立重大科技项目联合攻关机制,实现基础研究、应用开发、产业化应用示范的一体化部署。"十三五"期间,每年实施50项左右重大科技创新项目,突破一批制约产业发展的共性关键技术,掌握一批重点领域的核心技术知识产权,努力转化形成国家技术标准或国际标准。

(二十三)完善科技创新平台布局。瞄准科技创新前沿,力争在重点领域设立国家技术创新中心,探索建立支持技术创新中心发展的新机制。完善重点实验室、工程实验室、工程(技术)研究中心、企业技术中心及新型研发机构等创新平台建设布局,提升支持区域经济创新发展的能力。加快省创新公共服务平台建设,构建覆盖全省的创新服务平台网络,实现互联互通、资源共享。推进济南、青岛、烟台、济宁国家创新型城市试点,将济南、青岛建设成为具有重要影响力的区域科技创新中心,增强区域协同创新能力。

(二十四)加快高新区和经济技术开发区转型发展。(略)

(二十五)加强农业科技园区布局建设。(略)

(二十六)支持西部经济隆起带创新发展。(略)

(二十七)培育科技创新品牌。(略)

六、完善支持人才创新机制

(二十八)加大创新人才引进力度。抓好中央和省人才发展体制机制改革意见的落实。充分发挥泰山学者、泰山产业领军人才工程等引领作用,加大海内外人才引进力度,集聚一批在经济社会发展和产业转型升级中具有带动作用的首席科学家、学术带头人、产业领军人才、科技创新人才和高技能人才。支持引进国际国内一流或顶尖人才团队,实行"特事特办、一人一策",通过项目资助、创业扶持、贷款贴息等方式,给予每个人才团队3000～5000万元的综合资助。高层次领军人才创新项目,省级引导基金可给予单个项目最高6000万元的直接股权投资支持。完善科研人员在事业单位与企业之间流动社保关系转移接续政策。加强科技创新人才力量储备。建立科技人才工作机构，制定支持中青年科技人才创新创业的政策措施。建立省级重点人才工程、重大科技项目评审互通互认机制。

（二十九）支持科技领军人才发挥作用。赋予科技领军人才更大的技术路线决策权、人财物支配权和资源调动权。完善科技领军人才的股权、期权及分红激励机制。依法完善科技成果、知识产权归属和利益分享机制。允许科技领军人才自主聘用"柔性流动"人员和兼职科研人员，自主组建科研团队。试点组建科技领军人才研发工作室。落实党委联系专家制度，加强对领军人才联系服务。

（三十）建立科学的人才分类评价机制。基础研究人才以同行学术评价为主，注重研究成果质量及学术影响力，适当延长评价考核周期。应用研究和技术开发人才突出市场评价，注重创新能力、创新成果、标准制定、专利创造和运用等，不将论文作为限制性条件。科技成果转化人才强调效益评价，注重经济效益、社会效益和生态效益。

七、促进科技和金融紧密结合

（三十一）加大政府股权投资引导基金支持创新力度。（略）

（三十二）建立贷款风险补偿机制。（略）

（三十三）拓宽科技型企业融资渠道。（略）

（三十四）加大科技保险力度。（略）

（三十五）强化科技金融载体建设。（略）

八、构建现代科技服务体系

（三十六）大力发展科技相关社团机构。扶持发展技术转移、检验检测认证、创业孵化、知识产权等科技服务机构，培育一批有影响力的中介机构品牌。壮大技术经理人和专利代理人队伍。支持学会等科研学术团体开展学术活动，强化学会人才举荐和科技奖励功能。按照标准认定一批投资主体多元化、运行机制市场化、管理制度现代化、产学研紧密结合的独立法人制新型研发机构。

（三十七）完善科技服务业支持政策。将科技类公共服务项目纳入政府向社会力量购买服务指导目录，所需资金列入财政预算。发挥省服务业发展引导资金作用，将科技服务业支撑技术研发及应用示范、人才引进培育、平台建设等列入重点支持范围。落实科技服务业用水、用电、用气、用暖价格与工业同价政策和固定资产加速折旧等有关优惠政策。

（三十八）提升创新创业孵化服务能力。深化商事制度改革，实行五证合一、一址多照，为创新创业企业市场准入提供便利。实施孵化反哺行动，鼓励龙头企业围绕主导产业或企业自身技术需求，建设专业性科技企业孵化器，为上下游科技型小微企业提供孵化服务。鼓励各市每年安排一定比例的工业综合用地，作为科技企业孵化器建设用地。实行院士工作站、省级众创空间和科技企业孵化器备案制。积极稳妥发展众创、众筹、众包、众扶和虚拟创新创业社区等创新创业模式。到2020年，国家级科技企业孵化器和国家级众创空间分别达到100家以上。

（三十九）提高科技资源共享共用水平。建立科技成果信息系统，加强科技成果数据资源开发利用，完善科技报告共享服务机制，促进科技成果转化。财政投资建设的科研设施，最大限度地向企业、社会组织和科研人员开放。提高省大型科学仪器设备协作共用网入网仪器的数量和质量，凡由财政资金购置的科研仪器设备无条件入网；鼓励单位自行购置的科研仪器设备入网，享受政策扶持。纳入省大型科学仪器设备协作共用网、按有关进口税收政策免税进口的科学仪器设备，在符合政策规定的前提下，可为科学研究、技术研发以及教学活动提供有偿服务。事业单位通过入网仪器设备共享获得的服务收入，可根据有关规定管理使用。

（四十）增强“创新券”使用效益。（略）

（四十一）加快知识产权强省建设。到 2020 年，全省年发明专利授权量达到 3 万件。支持掌握一批关键核心技术知识产权（群），给予每项（群）最高 100 万元补助。年度专利合作条约（PCT）专利申请数量超过 5 件的企业，按照当年申请量给予阶梯奖励。建立重大经济科技活动知识产权分析评议工作机制，开展重点产业知识产权预警和专利导航。发挥重点产业知识产权运营引导基金作用。加快建设山东省知识产权“一站式”综合服务平台和山东省知识产权交易中心。推进青岛崂山区国家级知识产权服务业集聚试验区建设。落实企业知识产权管理规范，提高企业知识产权运用、管理和保护水平，形成一批知识产权强企。推进知识产权综合行政执法改革，加强行政执法和司法保护衔接，建立部门协作执法和跨区域执法协调机制。加大知识产权犯罪打击力度，将侵犯知识产权行为纳入企业和个人信用记录。强化知识产权维权援助。

九、扩大科技交流合作

（四十二）积极融入全球创新网络。落实国家“一带一路”战略，在国家科技合作协定框架下，加大省科技合作计划实施力度，加强科技合作基地建设，培育国际科技合作品牌。赋予外资研发机构和外籍专家“国民待遇”，符合条件的，允许承担省级科技计划项目，允许申报省科学技术奖。山东半岛国家自主创新示范区所在市外国专家局具备条件的，可办理外国专家短期来华手续，开展海外高层次人才办理永久居留证等便利化服务。鼓励企业建设海外研发机构、科技企业孵化器和海外人才离岸创新创业基地。以获取技术、人才、创新平台为目标的境外投资并购活动，省级产业基金给予支持。在海外研发机构取得技术成果并在省内转化的，相关项目列入省科技成果转化项目库，引导省级科技成果转化引导基金参股子基金加大支持力度。

（四十三）拓宽国内科技合作渠道。全面落实与中国科学院、中国工程院合作协议，深化与国内著名高等院校的多方位合作，促进高水平技术和成果来我省转化。加快推进中科院山东产业技术协同创新中心落户济南，构建辐射全省的中科院技术转移服务网络，助力济南科技创新中心建设。支持德州、聊城、滨州、东营面向京津开展以成果转移转化为重点的科技合作，积极融入京津冀协同发展。

（四十四）略。

十、加强党对科技创新工作的领导

（四十五）进一步提高认识。科学技术是第一生产力。实施创新驱动发展战略，对于引领经济发展新常态、加快转变经济发展方式、推进供给侧结构性改革具有重要意义。各级各部门要深刻领会和准确把握新发展理念的深刻内涵，充分认识创新是引领发展的第一动力，进一步解放思想，更新观念，切实把创新摆在发展全局核心位置。

（四十六）强化组织领导。各级党委、政府要切实肩负起领导和组织创新发展的责任，及时研究解决科技工作中遇到的重大问题。成立省深化科技体制改革领导小组，加强科技体制改革工作统筹协调，打破部门和地区条块分割，形成推动科技创新合力。加强领导班子建设，提高领导科技工作能力和水平。抓好科技干部的学习培训和知识储备。认真贯彻党的知识分子政策，真正做到尊重劳动、尊重知识、尊重人才、尊重创造。

（四十七）鼓励大胆探索。支持各地因地制宜，差异化发展。尊重基层首创精神，及时总结推广基层的好经验好做法。充分激发全社会创新活力，积极营造崇尚科学、无私奉献的社会氛围，倡导精益求精、追求卓越的工匠精神，弘扬鼓励创新、宽容失败的创新文化。

（四十八）健全科技法规体系。加强地方立法，加快修订《山东省科技成果转化条例》和《山东省专利条例》。建立创新政策协调审查机制，及时清理、更新有关法规、规章和政策文件。建立创新政策调查评价制度，加强政策落实情况跟踪分析，及时进行调整完善。

（四十九）抓好督导检查。建立深化科技体制改革任务落实督办制度，定期通报市、县（市、区）科技创新政策落实情况。将重点科技创新指标纳入17市经济社会发展综合考核体系，考核结果作为领导班子和领导干部评价的重要依据。

关于实行以增加知识价值为导向分配政策的若干意见

厅字〔2016〕35 号

为加快实施创新驱动发展战略，激发科研人员创新创业积极性，在全社会营造尊重劳动、尊重知识、尊重人才、尊重创造的氛围，现就实行以增加知识价值为导向的分配政策提出以下意见。

一、总体要求

（一）基本思路

全面贯彻党的十八大和十八届三中、四中、五中全会以及全国科技创新大会精神，深入学习贯彻习近平总书记系列重要讲话精神，加快实施创新驱动发展战略，实行以增加知识价值为导向的分配政策，充分发挥收入分配政策的激励导向作用，激发广大科研人员的积极性、主动性和创造性，鼓励多出成果、快出成果、出好成果，推动科技成果加快向现实生产力转化。统筹自然科学、哲学社会科学等不同科学门类，统筹基础研究、应用研究、技术开发、成果转化全创新链条，加强系统设计、分类管理。充分发挥市场机制作用，通过稳定提高基本工资、加大绩效工资分配激励力度、落实科技成果转化奖励等激励措施，使科研人员收入与岗位职责、工作业绩、实际贡献紧密联系，在全社会形成知识创造价值、价值创造者得到合理回报的良性循环，构建体现增加知识价值的收入分配机制。

（二）主要原则

——坚持价值导向。针对我国科研人员实际贡献与收入分配不完全匹配、股权激励等对创新具有长期激励作用的政策缺位、内部分配激励机制不健全等问题，明确分配导向，完善分配机制，使科研人员收入与其创造的科学价值、经济价值、社会价值紧密联系。

——实行分类施策。根据不同创新主体、不同创新领域和不同创新环节的智力劳动特点，实行有针对性的分配政策，统筹宏观调控和定向施策，探索知识价值实现的有效方式。

——激励约束并重。把人作为政策激励的出发点和落脚点，强化产权等长期激励，健全中长期考核评价机制，突出业绩贡献。合理调控不同地区、同一地区不同类型单位收入水平差距。

——精神物质激励结合。采用多种激励方式，在加大物质收入激励的同时，注重发挥精神激励的作用，大力表彰创新业绩突出的科研人员，营造鼓励探索、激励创新的社会氛围。

二、推动形成体现增加知识价值的收入分配机制

(一)逐步提高科研人员收入水平

在保障基本工资水平正常增长的基础上，逐步提高体现科研人员履行岗位职责、承担政府和社会委托任务等的基础性绩效工资水平，并建立绩效工资稳定增长机制。加大对作出突出贡献科研人员和创新团队的奖励力度，提高科研人员科技成果转化收益分享比例。强化绩效评价与考核，使收入分配与考核评价结果挂钩。

(二)发挥财政科研项目资金的激励引导作用

对不同功能和资金来源的科研项目实行分类管理，在绩效评价基础上，加大对科研人员的绩效激励力度。完善科研项目资金和成果管理制度，对目标明确的应用型科研项目逐步实行合同制管理。对社会科学研究机构和智库，推行政府购买服务制度。

(三)鼓励科研人员通过科技成果转化获得合理收入

积极探索通过市场配置资源加快科技成果转化、实现知识价值的有效方式。财政资助科研项目所产生的科技成果在实施转化时，应明确项目承担单位和完成人之间的收益分配比例。对于接受企业、其他社会组织委托的横向委托项目，允许项目承担单位和科研人员通过合同约定知识产权使用权和转化收益，探索赋予科研人员科技成果所有权或长期使用权。逐步提高稿费和版税等付酬标准，增加科研人员的成果性收入。

三、扩大科研机构、高校收入分配自主权

(一)引导科研机构、高校实行体现自身特点的分配办法

赋予科研机构、高校更大的收入分配自主权，科研机构、高校要履行法人责任，按照职能定位和发展方向，制定以实际贡献为评价标准的科技创新人才收入分配激励办法，突出业绩导向，建立与岗位职责目标相统一的收入分配激励机制，合理调节教学人员、科研人员、实验设计与开发人员、辅助人员和专门从事科技成果转化人员等的收入分配关系。对从事基础性研究、农业和社会公益研究等研发周期较长的人员，收入分配实行分类调节，通过优化工资结构，稳步提高基本工资收入，加大对重大科技创新成果的绩效奖励力度，建立健全后续科技成果转化收益反馈机制，使科研人员能够潜心研究。对从事应用研究和技术开发的人员，主要通过市场机制和科技成果转化业绩实现激励和奖励。对从事哲学社会科学研究的人员，以理论创新、决策咨询支撑和社会影响作为评价基本依据，形成合理的智力劳动补偿激励机制。完善相关管理制度，加大对科研辅助人员的激励力度。科学设置考核周期，合理确定评价时限，避免短期频繁考核，形成长期激励导向。

(二)完善适应高校教学岗位特点的内部激励机制

把教学业绩和成果作为教师职称晋升、收入分配的重要依据。对专职从事教学的人员，适当提高基础性绩效工资在绩效工资中的比重，加大对教学型名师的岗位激励力度。

对高校教师开展的教学理论研究、教学方法探索、优质教学资源开发、教学手段创新等，在绩效工资分配中给予倾斜。

（三）落实科研机构、高校在岗位设置、人员聘用、绩效工资分配、项目经费管理等方面自主权

对科研人员实行岗位管理，用人单位根据国家有关规定，结合实际需要，合理确定岗位等级的结构比例，建立各级专业技术岗位动态调整机制。健全绩效工资管理，科研机构、高校自主决定绩效考核和绩效分配办法。赋予财政科研项目承担单位对间接经费的统筹使用权。合理调节单位内部各类岗位收入差距，除科技成果转化收入外，单位内部收入差距要保持在合理范围。积极解决部分岗位青年科研人员和教师收入待遇低等问题，加强学术梯队建设。

（四）重视科研机构、高校中长期目标考核

结合科研机构、高校分类改革和职责定位，加强对科研机构、高校中长期目标考核，建立与考核评价结果挂钩的经费拨款制度和员工收入调整机制，对评价优秀的加大绩效激励力度。对有条件的科研机构，探索实行合同管理制度，按合同约定的目标完成情况确定拨款、绩效工资水平和分配办法。完善科研机构、高校财政拨款支出、科研项目收入与支出、科研成果转化及收入情况等内部公开公示制度。

四、进一步发挥科研项目资金的激励引导作用

（一）发挥财政科研项目资金在知识价值分配中的激励作用

根据科研项目特点完善财政资金管理，加大对科研人员的激励力度。对实验设备依赖程度低和实验材料耗费少的基础研究、软件开发和软科学研究等智力密集型项目，项目承担单位应在国家政策框架内，建立健全符合自身特点的劳务费、间接经费管理方式。项目承担单位可结合科研人员工作实绩，合理安排间接经费中绩效支出。建立符合科技创新规律的财政科技经费监管制度，探索在有条件的科研项目中实行经费支出负面清单管理。个人收入不与承担项目多少、获得经费高低直接挂钩。

（二）完善科研机构、高校横向委托项目经费管理制度

对于接受企业、其他社会组织委托的横向委托项目，人员经费使用按照合同约定进行管理。技术开发、技术咨询、技术服务等活动的奖酬金提取，按照《中华人民共和国促进科技成果转化法》及《实施〈中华人民共和国促进科技成果转化法〉若干规定》执行；项目合同没有约定人员经费的，由单位自主决定。科研机构、高校应优先保证科研人员履行科研、教学等公益职能；科研人员承担横向委托项目，不得影响其履行岗位职责、完成本职工作。

（三）完善哲学社会科学研究领域项目经费管理制度

对符合条件的智库项目，探索采用政府购买服务制度，项目资金由项目承担单位按照服务合同约定管理使用。修订国家社会科学基金、教育部高校哲学社会科学繁荣计划的项目资金管理办法，取消劳务费比例限制，明确劳务费开支范围，加大对项目承担单位间接成本补偿和科研人员绩效激励力度。

五、加强科技成果产权对科研人员的长期激励

(一)强化科研机构、高校履行科技成果转化长期激励的法人责任

坚持长期产权激励与现金奖励并举,探索对科研人员实施股权、期权和分红激励,加大在专利权、著作权、植物新品种权、集成电路布图设计专有权等知识产权及科技成果转化形成的股权、岗位分红权等方面的激励力度。科研机构、高校应建立健全科技成果转化内部管理与奖励制度,自主决定科技成果转化收益分配和奖励方案,单位负责人和相关责任人按照《中华人民共和国促进科技成果转化法》及《实施〈中华人民共和国促进科技成果转化法〉若干规定》予以免责,构建对科技人员的股权激励等中长期激励机制。以科技成果作价入股作为对科技人员的奖励涉及股权注册登记及变更的,无需报科研机构、高校的主管部门审批。加快出台科研机构、高校以科技成果作价入股方式投资未上市中小企业形成的国有股,在企业上市时豁免向全国社会保障基金转持的政策。

(二)完善科研机构、高校领导人员科技成果转化股权奖励管理制度

科研机构、高校的正职领导和领导班子成员中属中央管理的干部,所属单位中担任法人代表的正职领导,在担任现职前因科技成果转化获得的股权,任职后应及时予以转让,逾期未转让的,任期内限制交易。限制股权交易的,在本人不担任上述职务一年后解除限制。相关部门、单位要加快制定具体落实办法。

(三)完善国有企业对科研人员的中长期激励机制

尊重企业作为市场经济主体在收入分配上的自主权,完善国有企业科研人员收入与科技成果、创新绩效挂钩的奖励制度。国有企业科研人员按照合同约定薪酬,探索对聘用的国际高端科技人才、高端技能人才实行协议工资、项目工资等市场化薪酬制度。符合条件的国有科技型企业,可采取股权出售、股权奖励、股权期权等股权方式,或项目收益分红、岗位分红等分红方式进行激励。

(四)完善股权激励等相关税收政策

对符合条件的股票期权、股权期权、限制性股票、股权奖励以及科技成果投资入股等实施递延纳税优惠政策,鼓励科研人员创新创业,进一步促进科技成果转化。

六、允许科研人员和教师依法依规适度兼职兼薪

(一)允许科研人员从事兼职工作获得合法收入

科研人员在履行好岗位职责、完成本职工作的前提下,经所在单位同意,可以到企业和其他科研机构、高校、社会组织等兼职并取得合法报酬。鼓励科研人员公益性兼职,积极参与决策咨询、扶贫济困、科学普及、法律援助和学术组织等活动。科研机构、高校应当规定或与科研人员约定兼职的权利和义务,实行科研人员兼职公示制度,兼职行为不得泄露本单位技术秘密,损害或侵占本单位合法权益,违反承担的社会责任。兼职取得的报酬原则上归个人,建立兼职获得股权及红利等收入的报告制度。担任领导职务的科研人员兼职及取酬,按中央有关规定执行。经所在单位批准,科研人员可以离岗从事科技成果转化等创新创业活动。兼职或离岗创业收入不受本单位绩效工资总量限制,个人须如实将兼职收入报单位备案,按有关规定缴纳个人所得税。

(二)允许高校教师从事多点教学获得合法收入

高校教师经所在单位批准,可开展多点教学并获得报酬。鼓励利用网络平台等多种媒介,推动精品教材和课程等优质教学资源的社会共享,授课教师按照市场机制取得报酬。

七、加强组织实施

(一)强化联动

各地区各部门要加强组织领导,健全工作机制,强化部门协同和上下联动,制定实施细则和配套政策措施,加强督促检查,确保各项任务落到实处。加强权威解读和宣传,加强干部学习培训,激发广大科研人员的创新创业热情。

(二)先行先试

选择一些地方和单位结合实际情况先期开展试点,鼓励大胆探索、率先突破,及时推广成功经验。对基层因地制宜的改革探索建立容错机制。

(三)加强考核

各地区各部门要抓紧制定以增加知识价值为导向的激励、考核和评价管理办法,建立第三方评估评价机制,规范相关激励措施,在全社会形成既充满活力又规范有序的正向激励。

本意见适用于国家设立的科研机构、高校和国有独资企业(公司)。其他单位对知识型、技术型、创新型劳动者可参照本意见精神,结合各自实际,制定具体收入分配办法。国防和军队系统的科研机构、高校、企业收入分配政策另行制定。

关于加快实行以增加知识价值为导向分配政策的实施意见

鲁厅字〔2018〕12号

为深入学习贯彻习近平新时代中国特色社会主义思想和党的十九大精神，全面落实《中共中央办公厅、国务院办公厅印发〈关于实行以增加知识价值为导向分配政策的若干意见〉的通知》（厅字〔2016〕35号）要求，充分调动全省广大科研人员创新创业积极性，现结合实际，提出如下实施意见。

一、营造崇尚知识价值的良好氛围

（一）建立健全以增加知识价值为导向分配政策体系。认真贯彻落实中央决策部署，进一步完善以增加知识价值为导向的收入分配机制，构建符合科技创新规律的激励考核评价体系，形成既充满活力又规范有序的以增加知识价值为导向的分配政策体系，营造尊重劳动、尊重知识、尊重人才、尊重创造的良好氛围。（责任部门：各市、省直有关部门）

（二）统筹推动工作责任落实。建立省市联动、高校和科研院所以及国有企业参与的工作机制，各级各部门按照职责分工制定工作措施，强化责任落实，进一步加大对以增加知识价值为导向分配政策落实力度。（责任部门：省委组织部、省编办、省教育厅、省科技厅、省财政厅、省人力资源社会保障厅、省国税局、省地税局、省国资委等）

二、建立体现知识价值的收入分配机制

（三）发挥工资性收入的激励作用。完善高校、科研院所工资性收入分配机制，保持科研人员工资水平总体稳定、持续增长态势。依法依规赋予高校、科研院所应有的选人、用人以及分配自主权，调整优化人员工资结构；逐步提高体现科研人员履行岗位职责、承担政府和社会委托任务等基础性绩效工资水平；支持高校、科研院所加大奖励性绩效工资的激励力度，自主合理确定绩效工资分配方案。（责任部门：省编办、省人力资源社会保障厅、省教育厅、省科技厅、省财政厅等）

（四）支持科研人员通过科技成果转化获得合理收入。支持科研人员通过技术开发、技术转让、技术咨询、技术服务等活动获得合理报酬，实现收入增长。对科技成果完成人和为科技成果转移转化做出重要贡献人员的奖励，可直接发放给个人。科技成果转移转化收入用于人员奖励的部分，计入单位当年工资总额，不受单位当年工资总额限制，不纳入单位工资总额基数。（责任部门：省人力资源社会保障厅、省教育厅、省科技厅、省财政厅、省国税局、省地税局等）

鼓励高校、科研院所建立有利于促进科技成果转化的激励分配机制，可与转化机构、研发团队、完成人以契约方式约定科技成果转化奖励及转化收入分配方式、数额和时限。高校、科研院所与转化机构、研发团队、完成人未签署约定的，按照下列标准对完成和转化科技成果做出重要贡献的人员给予奖励和支持：

1. 将职务科技成果转让、许可给他人实施的，可按不低于转让、许可所获净收入70%比例提取奖励资金，其中对研发和成果转化做出主要贡献人员的奖励比例不低于奖励资金总额的50%；

2. 利用职务科技成果作价投资的，可将不低于成果作价70%比例作为股权奖励，其中对研发和成果转化做出主要贡献人员的奖励比例不低于股权奖励总额的50%；

3. 将职务科技成果自行实施或者与他人合作实施的，应在转化成功投产后3～5年内，每年从转化产生的营业利润中按不低于10%比例提取奖励资金。（责任部门：省人力资源社会保障厅、省教育厅、省科技厅、省财政厅、省国税局、省地税局等）

（五）支持科研人员依法依规适度兼职兼薪和离岗创新创业取得收入。完善兼职兼薪、离岗创业和返岗任职制度，在确保科研人员履行好岗位职责、完成本职工作的前提下，支持科研人员从事公益性兼职和成果转化，参与决策咨询、扶贫济困、科学普及、法律援助和学术组织等活动。科研人员按规定经所在单位同意，可以到企业和高校、科研院所、社会组织等兼职开展科研活动或教学，同时实行科研人员兼职公示制度。设立“产业教授”和“技术特派员”岗位，推动高校、科研院所与企业密切结合。允许科研人员依法获得兼职收入，参与兼职单位成果转化收益分配，比例由双方协商确定。（责任部门：省人力资源社会保障厅、省教育厅、省科技厅、省财政厅等）

科研人员离岗创新创业，3年内保留原单位人事关系和国家规定的基本工资；期满后，经原单位批准可再延长3年。科研人员须与所在单位通过签订协议约定离岗创业期限、技术保密、基本待遇、收入分配、成果及知识产权归属等权利和义务，并在单位内部进行公示。离岗创业取得收入原则上归个人，不受本单位绩效工资总量限制，建立获得股权及红利等收入的报告制度。规定期限内，离岗创业科研人员在职称评审、项目申报、岗位竞聘、考核奖惩、社会保险等方面与原单位同等条件人员享有同等待遇，期间工作业绩及取得成果双方互认。（责任部门：省人力资源社会保障厅、省教育厅、省科技厅、省财政厅等）

（六）建立差别化的科研人员收入分配制度。鼓励高校、科研院所加大对重大科技创新成果绩效奖励力度，建立健全后续科技成果转化收益反馈机制。鼓励单位以成果转化收益增加基础性研究和社会公益研究等研发周期较长的人员收入。对从事应用研究和技术开发的人员，通过科技成果转化收入实现激励和奖励。对从事软科学、哲学社会科学研究的人员，以理论创新、决策咨询支撑和社会影响作为评价基本依据，加大对项目承担单位间接成本补偿和科研人员绩效激励力度，形成合理的智力劳动补偿激励机制。完善科研辅助人员激励机制，用人单位要统筹考虑人才团队的分配方案。（责任部门：省人

力资源社会保障厅、省教育厅、省科技厅、省财政厅等）

三、建立有利于增加知识价值的稳定扶持机制

（七）完善科研项目及经费管理制度。鼓励高校、科研院所建立符合科研规律、突出知识创造的科研项目资金管理制度，按规定探索以合同制落实科研人员研发自主权、收益分配权和知识产权归属权。对符合条件的智库项目、重大调研课题，由承担单位按照合同约定管理使用项目资金。高校、科研院所接受企业、社会组织委托，开展技术攻关、提供科技服务所获资金，纳入单位财务统一管理，由高校、科研院所按与委托方签署的协议履行职责、管理使用相关资金。（责任部门：省财政厅、省科技厅、省教育厅等）

（八）建立有利于持续创新的科研支持机制。加大源头创新支持力度，保持基础研发投入持续增长态势，鼓励科研人员潜心开展公益性、基础性科学研究。对领军人才开展前瞻性、颠覆性的跨学科、跨领域的科研活动，采取定向委托或公开竞争方式加大支持力度。改进基础研究项目资金管理，适当提高间接费用比重，给科研人员更大的科研经费使用自主权。（责任部门：省财政厅、省科技厅、省教育厅等）

（九）完善促进科技成果转移转化的政策措施。鼓励高校、科研院所设立专门的科技成果转化岗位，允许科技成果转移转化机构按不低于10%的比例从科技成果转让净收入中提取绩效奖励资金。高校、科研院所可通过协议定价、技术市场挂牌交易、拍卖等方式确定科技成果交易、作价入股的价格。由财政资金支持形成的科技成果，除涉及国防、国家安全、国家利益、重大社会公共利益的外，高校、科研院所可自主采取转让、许可、作价入股等方式开展转化活动，不再实行审批或备案，所获收入不上缴国库，全部留归本单位，人员奖励外的部分应用于科研、知识产权管理、人才引进建设、科技成果转化、单位条件建设等。（责任部门：省财政厅、省科技厅、省教育厅、省人力资源社会保障厅等）

（十）落实股权激励等相关税收支持政策。落实国家税收优惠政策，科研人员获得符合条件的非上市公司股票期权、股权期权、限制性股票和股权奖励实行递延纳税，对符合条件的上市公司股票期权、限制性股票和股权奖励适当延长纳税期限，对技术成果投资入股实施选择性税收优惠政策，进一步激励科研人员创新创业积极性。（责任部门：省国税局、省地税局、省财政厅等）

（十一）发挥知识产权分享在促进成果转化中的激励作用。鼓励高校、科研院所依法建立健全职务发明管理制度，支持有条件的单位在法律授权前提下探索职务发明知识产权归属和权益分享制度改革，由单位与科技成果完成人（团队）就专利权的归属和申请专利的权利签订协议，规定或约定专利权共享比例，以知识产权分享促进科技成果转化。（责任部门：省科技厅、省财政厅、省教育厅等）

四、建立与知识价值相匹配的内部分配机制

（十二）赋予高校、科研院所收入分配自主权。支持高校、科研院所在法律法规和政策框架内自主制定以创新贡献为评价标准的科研人员收入分配激励办法，合理调节单位内部各类岗位收入差距，除科技成果转化收入外，单位内部收入差距要保持在合理范围。重视青年科研人员和教师培养，着力解决部分岗位青年科研人员和教师收入待遇低等问

题。高校、科研院所聘用的高层次人才，经批准可实行协议工资制、项目工资制和目标年薪制，逐步建立与岗位职责、工作业绩、实际贡献紧密联系的分配激励机制和动态调整机制。（责任部门：省人力资源社会保障厅、省教育厅、省科技厅、省财政厅等）

（十三）强化高校、科研院所履行科技成果转化长期激励的法人责任。高校、科研院所要建立健全科技成果转化内部管理和奖励制度，自主制定科技成果转化收益分配和奖励方案，集体研究决定并组织实施。要完善单位内部科技成果转化中对科研人员进行现金和股权、期权的奖励办法，加大对知识产权及科技成果转化形成的股权、岗位分红权等方面的激励力度。以科技成果作价入股作为对科研人员的奖励涉及股权注册登记及变更的，无需报高校、科研院所的主管部门审批。建立高校、科研院所单位负责人和相关责任人按照规定履行勤勉义务免责机制。（责任部门：各高校和科研院所、省财政厅、省人力资源社会保障厅、省教育厅、省科技厅等）

（十四）规范高校、科研院所领导人员从事科技成果转化的管理。高校、科研院所的正职领导以及领导班子成员中属中央管理的干部，所属单位中担任法定代表人的正职领导，在担任现职前因科技成果转化获得的股权，任职后应及时予以转让，逾期未转让的，任期内限制交易。限制股权交易的，在本人不担任上述职务一年后解除限制。高校、科研院所具有独立法人资格的事业单位领导班子成员，是科技成果的重要完成人或者对科技成果转化做出重要贡献的，正职领导以及领导班子成员中属中央管理的干部可以按照有关规定获得现金奖励，原则上不得获取股权激励，副职领导可以获得一定的现金奖励或股权激励。（责任部门：省委组织部、省教育厅、省科技厅、省财政厅、省人力资源社会保障厅等）

（十五）规范担任领导职务的科研人员兼职及取酬。高校、科研院所领导班子成员按照干部管理权限审批后，可兼任与本单位或本人教学科研领域相关的社会团体和基金会等职务，一般不超过三个；高校、科研院所正职外的其他领导班子成员经批准可在本单位出资的企业或参与合作举办的民办非企业单位兼职，一般不超过1个；个人不得在兼职单位领取薪酬。高校、科研院所所属的院系所及内设机构领导人员，兼职数量按干部管理权限由党委（党组）审批；个人按照有关规定在兼职单位获得的报酬，应当全额上缴单位，由单位给予适当奖励。担任国有企业负责人职务的科研人员兼职及取酬，按照中央和我省有关规定执行。（责任部门：省委组织部、省教育厅、省科技厅、省财政厅、省人力资源社会保障厅等）

（十六）建立符合高校教学岗位特点的激励措施。把教学业绩和成果作为教师岗位聘用、收入分配的重要依据。对专职从事教学的人员，适当提高基础性绩效工资在绩效工资中的比重，加大对教学型名师的岗位激励力度。对教师开展的教学理论研究、教学方法探索、优质教学资源开发、教学手段创新等，在绩效工资分配中给予倾斜。鼓励利用网络平台推动精品教材和课程等优质教学资源的社会共享，授课教师按照市场机制取得报酬。（责任部门：省人力资源社会保障厅、省教育厅等）

（十七）完善国有企业科研人员中长期激励机制。尊重企业作为市场经济主体在收入分配上的自主权，不断完善内部工资收入分配机制，逐步提高科研人员收入水平。完善国有企业科研人员收入与科技成果、创新绩效挂钩的奖励制度。国有企业科研人员按照合同约定取酬，探索对聘用的国际高端科技人才、科技领军人才、高端技能人才实行协议工资、项目工资等薪酬制度。符合条件的国有科技型企业，可采取股权出售、股权奖励、股权期权等股权方式，或项目收益分红、岗位分红等分红方式进行激励。（责任部门：省国资委、省委组织部、省人力资源社会保障厅等）

五、建立健全激励知识创造的奖励制度

（十八）加大科学技术奖励支持力度。落实国家和省科学技术奖励政策法规，充分发挥科学技术奖励的激励引导作用，提升省级科学技术奖励质量，加大对科学技术进步活动中作出突出贡献的个人、单位的奖励强度。（责任部门：省科技厅、省财政厅、省人力资源社会保障厅等）

（十九）建立鼓励创新的奖励机制。建立健全科研人员奖励制度，对创新创业业绩突出、体现知识价值分配政策有突出贡献的单位和个人，由科技、人力资源社会保障等部门按照有关规定联合给予表彰，让知识创造者和贡献者享有应有的荣誉。（责任部门：省科技厅、省人力资源社会保障厅等）

（二十）探索建立科技领军人才（团队）制度。设立科技领军人才创新工作室，支持学术水平高、创新能力突出、创新成果转化成效显著的科技领军人才（团队）潜心开展科学研究，加强顶尖科技人才储备。（责任部门：省科技厅、省财政厅、省人力资源社会保障厅等）

六、建立完善科学公正的绩效评价机制

（二十一）完善创新绩效评价体系。高校、科研院所要建立以科技创新质量、贡献、绩效为导向的科研人员分类评价体系，科学确定考核评价指标，正确评价科技创新成果的价值，使科研人员的收入分配与考核评价结果挂钩。建立科研人员诚信系统，制定容错纠错和失信行为惩戒办法。（责任部门：各高校、科研院所）

（二十二）建立创新绩效考核机制。教育、科技等部门委托第三方专业机构对高校、科研院所落实以增加知识价值为导向的分配政策、推进科技创新工作情况开展考核评价。科学设置考核周期，合理确定评价时限，避免短期频繁考核，引导形成长期激励机制。（责任部门：省教育厅、省科技厅、省财政厅、省人力资源社会保障厅等）

（二十三）充分运用考核评价结果。建立与考核评价结果挂钩的经费拨款制度和员工收入调整机制；对评价优秀的，加大绩效激励力度。探索实行合同管理制度，按合同约定的目标完成情况确定拨款、绩效工资水平和分配办法。完善高校、科研院所财政拨款支出、科研项目收入与支出、科技成果转化及收入情况等内部公开公示制度。（责任部门：省教育厅、省科技厅、省财政厅、省人力资源社会保障厅等）

七、推动各项政策落实落地

（二十四）鼓励先行先试。支持各地在保障科研人员收入稳定的基础上，因地制宜、差异化制定相关分配政策，选择一些地方和单位开展分配政策先行先试。尊重基层首创精神，对基层因地制宜改革探索建立容错机制，在全社会形成既充满活力又规范有序的

正向激励。(责任部门:各市、省直各部门)

(二十五)强化督导检查。研究制定以增加知识价值为导向的激励、考核和评价细则,建立第三方评估评价机制。建立督办制度,定期通报各地各部门以增加知识价值为导向的分配政策落实情况。(责任部门:省委办公厅、省政府办公厅、省委组织部、省人力资源社会保障厅、省科技厅、省教育厅等)

(二十六)加强组织推动。强化组织领导,健全工作责任机制,加强权威解读和宣传,及时总结推广实行以增加知识价值为导向分配政策的经验做法,宣传创新创业先进典型,营造鼓励探索、激励创新的社会氛围。(责任部门:各市、省直各部门)

本实施意见适用于省属高校、科研院所、国有独资企业(公司),其他单位对知识型、技术型、创新型劳动者可参照本意见精神,结合各自实际,制定具体收入分配办法。

本实施意见自 2018 年 3 月 14 日起施行。此前发布的有关文件规定,凡与本实施意见不一致的,按照本实施意见执行。

Ⅱ 科研项目类

关于深化中央财政科技计划(专项、基金等)管理改革方案

国发〔2014〕64 号

科技计划(专项、基金等)是政府支持科技创新活动的重要方式。改革开放以来,我国先后设立了一批科技计划(专项、基金等),为增强国家科技实力、提高综合竞争力、支撑引领经济社会发展发挥了重要作用。但是,由于顶层设计、统筹协调、分类资助方式不够完善,现有各类科技计划(专项、基金等)存在着重复、分散、封闭、低效等现象,多头申报项目、资源配置“碎片化”等问题突出,不能完全适应实施创新驱动发展战略的要求。当前,全球科技革命和产业变革日益兴起,世界各主要国家都在调整完善科技创新战略和政策,我们必须立足国情,借鉴发达国家经验,通过深化改革着力解决存在的突出问题,推动以科技创新为核心的全面创新,尽快缩小我国与发达国家之间的差距。

为深入贯彻党的十八大和十八届二中、三中、四中全会精神,落实党中央、国务院决策部署,加快实施创新驱动发展战略,按照深化科技体制改革、财税体制改革的总体要求和《中共中央　国务院关于深化科技体制改革加快国家创新体系建设的意见》《国务院关于改进加强中央财政科研项目和资金管理的若干意见》(国发〔2014〕11 号)精神,制定本方案。

一、总体目标和基本原则

(一)总体目标

强化顶层设计,打破条块分割,改革管理体制,统筹科技资源,加强部门功能性分工,建立公开统一的国家科技管理平台,构建总体布局合理、功能定位清晰、具有中国特色的科技计划(专项、基金等)体系,建立目标明确和绩效导向的管理制度,形成职责规范、科学高效、公开透明的组织管理机制,更加聚焦国家目标,更加符合科技创新规律,更加高效配置科技资源,更加强化科技与经济紧密结合,最大限度激发科研人员创新热情,充分发挥科技计划(专项、基金等)在提高社会生产力、增强综合国力、提升国际竞争力和保障国家安全中的战略支撑作用。

(二)基本原则

转变政府科技管理职能。政府各部门要简政放权,主要负责科技发展战略、规划、政

策、布局、评估、监管，对中央财政各类科技计划（专项、基金等）实行统一管理，建立统一的评估监管体系，加强事中、事后的监督检查和责任倒查。政府各部门不再直接管理具体项目，充分发挥专家和专业机构在科技计划（专项、基金等）具体项目管理中的作用。

聚焦国家重大战略任务。面向世界科技前沿、面向国家重大需求、面向国民经济主战场，科学布局中央财政科技计划（专项、基金等），完善项目形成机制，优化资源配置，需求导向，分类指导，超前部署，瞄准突破口和主攻方向，加大财政投入，建立围绕重大任务推动科技创新的新机制。

促进科技与经济深度融合。加强科技与经济在规划、政策等方面的相互衔接。科技计划（专项、基金等）要围绕产业链部署创新链，围绕创新链完善资金链，统筹衔接基础研究、应用开发、成果转化、产业发展等各环节工作，更加主动有效地服务于经济结构调整和提质增效升级，建设具有核心竞争力的创新型经济。

明晰政府与市场的关系。政府重点支持市场不能有效配置资源的基础前沿、社会公益、重大共性关键技术研究等公共科技活动，积极营造激励创新的环境，解决好"越位"和"缺位"问题。发挥好市场配置技术创新资源的决定性作用和企业技术创新主体作用，突出成果导向，以税收优惠、政府采购等普惠性政策和引导性为主的方式支持企业技术创新和科技成果转化活动。

坚持公开透明和社会监督。科技计划（专项、基金等）项目全部纳入统一的国家科技管理信息系统和国家科技报告系统，加强项目实施全过程的信息公开和痕迹管理。除涉密项目外，所有信息向社会公开，接受社会监督。营造遵循科学规律、鼓励探索、宽容失败的氛围。

二、建立公开统一的国家科技管理平台

（一）建立部际联席会议制度

建立由科技部牵头，财政部、发展改革委等相关部门参加的科技计划（专项、基金等）管理部际联席会议（以下简称"联席会议"）制度，制定议事规则，负责审议科技发展战略规划、科技计划（专项、基金等）的布局与设置、重点任务和指南、战略咨询与综合评审委员会的组成、专业机构的遴选择优等事项。在此基础上，财政部按照预算管理的有关规定统筹配置科技计划（专项、基金等）预算。各相关部门做好产业和行业政策、规划、标准与科研工作的衔接，充分发挥在提出基础前沿、社会公益、重大共性关键技术需求，以及任务组织实施和科技成果转化推广应用中的积极作用。科技发展战略规划、科技计划（专项、基金等）布局和重点专项设置等重大事项，经国家科技体制改革和创新体系建设领导小组审议后，按程序报国务院，特别重大事项报党中央。

（二）依托专业机构管理项目

将现有具备条件的科研管理类事业单位等改造成规范化的项目管理专业机构，由专业机构通过统一的国家科技管理信息系统受理各方面提出的项目申请，组织项目评审、立项、过程管理和结题验收等，对实现任务目标负责。加快制定专业机构管理制度和标准，明确规定专业机构应当具备相关科技领域的项目管理能力，建立完善的法人治理结构，设立理事会、监事会，制定章程，按照联席会议确定的任务，接受委托，开展工作。加

强对专业机构的监督、评价和动态调整，确保其按照委托协议的要求和相关制度的规定进行项目管理工作。项目评审专家应当从国家科技项目评审专家库中选取。鼓励具备条件的社会化科技服务机构参与竞争，推进专业机构的市场化和社会化。

（三）发挥战略咨询与综合评审委员会的作用

战略咨询与综合评审委员会由科技界、产业界和经济界的高层次专家组成，对科技发展战略规划、科技计划（专项、基金等）布局、重点专项设置和任务分解等提出咨询意见，为联席会议提供决策参考；对制定统一的项目评审规则、建设国家科技项目评审专家库、规范专业机构的项目评审等工作，提出意见和建议；接受联席会议委托，对特别重大的科技项目组织开展评审。战略咨询与综合评审委员会要与学术咨询机构、协会、学会等开展有效合作，不断提高咨询意见的质量。

（四）建立统一的评估和监管机制

科技部、财政部要对科技计划（专项、基金等）的实施绩效、战略咨询与综合评审委员会和专业机构的履职尽责情况等统一组织评估评价和监督检查，进一步完善科研信用体系建设，实行“黑名单”制度和责任倒查机制。对科技计划（专项、基金等）的绩效评估通过公开竞争等方式择优委托第三方机构开展，评估结果作为中央财政予以支持的重要依据。各有关部门要加强对所属单位承担科技计划（专项、基金等）任务和资金使用情况的日常管理和监督。建立科研成果评价监督制度，强化责任；加强对财政科技资金管理使用的审计监督，对发现的违法违规行为要坚决予以查处，查处结果向社会公开，发挥警示教育作用。

（五）建立动态调整机制

科技部、财政部要根据绩效评估和监督检查结果以及相关部门的建议，提出科技计划（专项、基金等）动态调整意见。完成预期目标或达到设定时限的，应当自动终止；确有必要延续实施的，或新设立科技计划（专项、基金等）以及重点专项的，由科技部、财政部会同有关部门组织论证，提出建议。上述意见和建议经联席会议审议后，按程序报批。

（六）完善国家科技管理信息系统

要通过统一的信息系统，对科技计划（专项、基金等）的需求征集、指南发布、项目申报、立项和预算安排、监督检查、结题验收等全过程进行信息管理，并主动向社会公开非涉密信息，接受公众监督。分散在各相关部门、尚未纳入国家科技管理信息系统的项目信息要尽快纳入，已结题的项目要及时纳入统一的国家科技报告系统。未按规定提交并纳入的，不得申请中央财政资助的科技计划（专项、基金等）项目。

三、优化科技计划（专项、基金等）布局

根据国家战略需求、政府科技管理职能和科技创新规律，将中央各部门管理的科技计划（专项、基金等）整合形成五类科技计划（专项、基金等）。

（一）国家自然科学基金

资助基础研究和科学前沿探索，支持人才和团队建设，增强源头创新能力。

（二）国家科技重大专项

聚焦国家重大战略产品和重大产业化目标，发挥举国体制的优势，在设定时限内进

行集成式协同攻关。

（三）国家重点研发计划

针对事关国计民生的农业、能源资源、生态环境、健康等领域中需要长期演进的重大社会公益性研究，以及事关产业核心竞争力、整体自主创新能力和国家安全的战略性、基础性、前瞻性重大科学问题、重大共性关键技术和产品、重大国际科技合作，按照重点专项组织实施，加强跨部门、跨行业、跨区域研发布局和协同创新，为国民经济和社会发展主要领域提供持续性的支撑和引领。

（四）技术创新引导专项（基金）

通过风险补偿、后补助、创投引导等方式发挥财政资金的杠杆作用，运用市场机制引导和支持技术创新活动，促进科技成果转移转化和资本化、产业化。

（五）基地和人才专项

优化布局，支持科技创新基地建设和能力提升，促进科技资源开放共享，支持创新人才和优秀团队的科研工作，提高我国科技创新的条件保障能力。

上述五类科技计划（专项、基金等）要全部纳入统一的国家科技管理平台管理，加强项目查重，避免重复申报和重复资助。中央财政要加大对科技计划（专项、基金等）的支持力度，加强对中央级科研机构和高校自主开展科研活动的稳定支持。

四、整合现有科技计划(专项、基金等)

次优化整合工作针对所有实行公开竞争方式的科技计划（专项、基金等），不包括对中央级科研机构和高校实行稳定支持的专项资金。通过撤、并、转等方式按照新的五个类别对现有科技计划（专项、基金等）进行整合，大幅减少科技计划（专项、基金等）数量。

（一）整合形成国家重点研发计划

聚焦国家重大战略任务，遵循研发和创新活动的规律和特点，将科技部管理的国家重点基础研究发展计划、国家高技术研究发展计划、国家科技支撑计划、国际科技合作与交流专项，发展改革委、工业和信息化部管理的产业技术研究与开发资金，有关部门管理的公益性行业科研专项等，进行整合归并，形成一个国家重点研发计划。该计划根据国民经济和社会发展重大需求及科技发展优先领域，凝练形成若干目标明确、边界清晰的重点专项，从基础前沿、重大共性关键技术到应用示范进行全链条创新设计，一体化组织实施。

（二）分类整合技术创新引导专项（基金）

按照企业技术创新活动不同阶段的需求，对发展改革委、财政部管理的新兴产业创投基金，科技部管理的政策引导类计划、科技成果转化引导基金，财政部、科技部、工业和信息化部、商务部共同管理的中小企业发展专项资金中支持科技创新的部分，以及其他引导支持企业技术创新的专项资金（基金），进一步明确功能定位并进行分类整合，避免交叉重复，并切实发挥杠杆作用，通过市场机制引导社会资金和金融资本进入技术创新领域，形成天使投资、创业投资、风险补偿等政府引导的支持方式。政府要通过间接措施加大支持力度，落实和完善税收优惠、政府采购等支持科技创新的普惠性政策，激励企业加大自身的科技投入，真正发展成为技术创新的主体。

（三）调整优化基地和人才专项

对科技部管理的国家（重点）实验室、国家工程技术研究中心、科技基础条件平台，发展改革委管理的国家工程实验室、国家工程研究中心等合理归并，进一步优化布局，按功能定位分类整合，完善评价机制，加强与国家重大科技基础设施的相互衔接。提高高校、科研院所科研设施开放共享程度，盘活存量资源，鼓励国家科技基础条件平台对外开放共享和提供技术服务，促进国家重大科研基础设施和大型科研仪器向社会开放，实现跨机构、跨地区的开放运行和共享。相关人才计划要加强顶层设计和相互之间的衔接。在此基础上调整相关财政专项资金。

（四）国家科技重大专项

要坚持有所为有所不为，加大聚焦调整力度，准确把握技术路线和方向，更加聚焦产品目标和产业化目标，进一步改进和强化组织推进机制，控制专项数量，集中力量办大事。更加注重与其他科技计划（专项、基金等）的分工与衔接，避免重复部署、重复投入。

（五）国家自然科学基金

聚焦基础研究和科学前沿，注重交叉学科，培育优秀科研人才和团队，加大资助力度，向国家重点研究领域输送创新知识和人才团队。

（六）支持某一产业或领域发展的专项资金

要进一步聚焦产业和领域发展，其中有关支持技术研发的内容，要纳入优化整合后的国家科技计划（专项、基金等）体系，根据产业和领域发展需求，由中央财政科技预算统筹支持。

通过国有资本经营预算、政府性基金预算安排的支持科技创新的资金，要逐步纳入中央公共财政预算统筹安排，支持科技创新。

五、方案实施进度和工作要求

（一）明确时间节点，积极稳妥推进实施

优化整合工作按照整体设计、试点先行、逐步推进的原则开展。

2014 年，启动国家科技管理平台建设，初步建成中央财政科研项目数据库，基本建成国家科技报告系统，在完善跨部门查重机制的基础上，选择若干具备条件的科技计划（专项、基金等）按照新的五个类别进行优化整合，并在关系国计民生和未来发展的重点领域先行组织 5～10 个重点专项进行试点，在 2015 年财政预算中体现。

2015～2016 年，按照创新驱动发展战略顶层设计的要求和“十三五”科技发展的重点任务，推进各类科技计划（专项、基金等）的优化整合，对原由国务院批准设立的科技计划（专项、资金等），报经国务院批准后实施，基本完成科技计划（专项、基金等）按照新的五个类别进行优化整合的工作，改革形成新的管理机制和组织实施方式；基本建成公开统一的国家科技管理平台，实现科技计划（专项、基金等）安排和预算配置的统筹协调，建成统一的国家科技管理信息系统，向社会开放。

2017 年，经过三年的改革过渡期，全面按照优化整合后的五类科技计划（专项、基金等）运行，不再保留优化整合之前的科技计划（专项、基金等）经费渠道，并在实践中不断深化改革，修订或制定科技计划（专项、基金等）和资金管理制度，营造良好的创新环境。

各项目承担单位和专业机构建立健全内控制度，依法合规开展科研活动和管理业务。

（二）统一思想，狠抓落实，确保改革取得实效

科技计划（专项、基金等）管理改革工作是实施创新驱动发展战略、深化科技体制改革的突破口，任务重，难度大。科技部、财政部要发挥好统筹协调作用，率先改革，作出表率，加强与有关部门的沟通协商。各有关部门要统一思想，强化大局意识、责任意识，积极配合，主动改革，以"钉钉子"的精神共同做好本方案的落实工作。

（三）协同推进相关工作

加快事业单位科技成果使用、处置和收益管理改革，推进促进科技成果转化法修订，完善科技成果转化激励机制；加强科技政策与财税、金融、经济、政府采购、考核等政策的相互衔接，落实好研发费用加计扣除等激励创新的普惠性税收政策；加快推进科研事业单位分类改革和收入分配制度改革，完善科研人员评价制度，创造鼓励潜心科研的环境条件；促进科技和金融结合，推动符合科技创新特点的金融产品创新；将技术标准纳入产业和经济政策中，对产业结构调整和经济转型升级形成创新的倒逼机制；将科技创新活动政府采购纳入科技计划，积极利用首购、订购等政府采购政策扶持科技创新产品的推广应用；积极推动军工和民口科技资源的互动共享，促进军民融合式发展。

各省（区、市）要按照本方案精神，统筹考虑国家科技发展战略和本地实际，深化地方科技计划（专项、基金等）管理改革，优化整合资源，提高资金使用效益，为地方经济和社会发展提供强大的科技支撑。

权威解读

两部门解读中央财政科技计划新政

解决科技资源"碎片化"更加聚焦国家目标

张晓原：改革开放30多年来，我国科技计划做出过重要贡献。但这些年，科技计划的产出与国家发展的要求相比还远远不够，很多重要领域亟须真正具有标志性、带动性，能够解决制约发展"卡脖子"问题的重大科学技术突破。科技计划在体系布局、管理体制、运行机制、总体绩效等方面存在诸多问题，突出表现在政府各部门多头管理，重复投入，科技计划"碎片化"和科技项目取向聚焦不够两个方面。这些问题反映出科技宏观管理体制和政府部门的职能定位与科技创新和产业变革的趋势不相适应。

此项改革的总体目标是，强化顶层设计，打破条块分割，加强部门功能性分工，建立具有中国特色的以目标和绩效为导向的科技计划（专项、基金等）管理体制。更加聚焦国家目标，更加符合科技创新规律，更加高效配置科技资源，更加强化科技与经济的紧密结合，最大限度激发科研人员创新热情。

为创新驱动发展打破科技计划方面的体制机制障碍

赵路：深化中央财政科技计划管理体系的改革，是贯彻落实党的十八届三中全会决

定,深化科技体制改革的重要内容。这项改革对科技,对财政,对国家意义重大。

科技计划涉及科技活动当中最核心最重要的活动——研究与发展部分,也就是说科技计划的钱是用于创新的钱。在人口红利减少,环境、资源压力增加的双重压力下,我们没有别的出路,必须依靠创新驱动,才能闯过中等收入陷阱,走出一条新型的创新驱动发展道路。

张晓原:中央把优化整合科技计划(专项、基金等)列为当前着力推进的改革任务,就是要以科技计划改革为突破口,带动科技其他方面的改革向纵深推进,从体制机制上为创新驱动发展战略的实施建立一个好的生态系统。

政府职能嬗变:往后退一步 往高站一层

赵路:《方案》有五大核心要点。重构计划体系,明确各类科技计划功能、定位和边界。解决重复交叉、科技资源配置“碎片化”的问题。

转变政府职能,科技计划的管理上,政府往后退一步,不再直接管项目;往高站一层,管宏观,管规划,管政策,管布局,管监督。

聚焦国家目标,国家科技计划要解决国家重大科技问题,包括基础、前沿、共性关键技术,“卡脖子”的瓶颈问题,把有限的科技资源利用好。

创新实施方式,围绕科学、公平、有效,在科技计划实施层面,要创新方式。

提高资金效益,通过整合现有科技计划,实际是盘活了中央财政科技经费存量,更有利于集中财力办大事。

如何防止专业机构成为“二政府”,滋生新的权力寻租?

赵路:政府不再直接管项目,而是将在公开统一的国家科技管理平台上,依托专业机构管理科研项目。这是转变政府职能、简政放权的改革方向决定的。

我国本来就有像国家自然科学基金委这样的专业项目管理机构,运转得不错。方案中提到还要组建若干专业机构。新组建的专业机构第一要有标准,有准入门槛,有资质。第二要建立法人治理结构,内外都要有好的治理方式监管方式。

张晓原:专业机构必须具备项目管理能力。目前先从改造政府部门下面有项目管理经验的事业单位入手。大的方向是未来专业机构不是政府一手包办,而是促进市场化、社会化的发育。

政府从项目的具体管理和资金的具体分配中解脱出来后,将重点管宏观,管规划,管政策,管布局,管监督。此外,政府还有一个重要职责就是监管专业机构的履职尽责情况。

现存近100项科技计划将优化整合

张晓原:《方案》出台后大家会看到很多亮点。比如,在五类计划中设立国家重点研发计划,就是《方案》提出的重大改革举措。

当前,新科技革命的一个重要特征是从“科学”到“技术”到“市场”的演进周期大为缩短。为此,将整合科技部管理的国家重点基础研究发展计划、国家高技术研究发展计划、国家科技支撑计划、国际科技合作与交流专项，发展改革委、工业和信息化部管理的产业技术研究与开发资金等，形成国家重点研发计划。

新设立的国家重点研发计划，将瞄准国民经济和社会发展各主要领域的重大、核心、关键科技问题，以重点专项的方式，从基础前沿、重大共性关键技术到应用示范进行全链条设计，一体化组织实施，使其中的基础前沿研发活动具有更明确的需求导向和产业化方向，加速基础前沿最新成果对创新下游的渗透和引领。

——引自：财政部 http://jkw.mof.gov.cn/zhengwuxⅠnxⅠ/gongzuodongtaⅠ/201411/t20141102_1155605.html.

《关于深化中央财政科技计划(专项、基金等)管理改革的方案》政策解读

一、深化中央财政科技计划(专项、基金等)管理改革的背景

科技计划(专项、基金等)是政府在科技创新领域发挥引领和指导作用的重要载体，对全社会的科技创新具有风向标的作用；同时，对于体现国家在有中国特色自主创新道路上的政策取向、战略布局、发展重点以及科技创新规律特点等方面也具有重要作用。科技计划(专项、基金等)的实施成效，直接关系到创新驱动发展战略能否真正落实好，推进好。新中国成立后，“六五”时期我国就设立了第一个国家科技计划——“六五”科技攻关计划。改革开放以来，相继设立了星火计划、国家自然科学基金、“863”计划、火炬计划、“973”计划、行业科研专项等，这些计划的设立和实施凝聚了几代领导人的远见卓识以及各个时期科技工作者的智慧和心血。这些科技计划取得了一批举世瞩目的重大科研成果，培养和凝聚了一批高水平创新人才和团队，解决了一批制约经济和社会发展的技术瓶颈问题，提升了我国科技创新整体实力，有力地支撑了我国改革与发展的进程。

但同时也要清醒地看到，由于各科技计划(专项、基金等)在不同时期分别设立，且越设越多，缺乏顶层设计和统筹考虑，其产出与国家发展的要求相比还远远不够，很多重要领域都亟须真正具有标志性、带动性，能够解决制约发展“卡脖子”问题的重大科学技术突破。产生这种差距的根源之一是管理体制，现行的科技计划体系庞杂、相互交叉、不断扩张，管理部门众多，各管一块，各管一段，项目安排追求“大而全”“小而全”，造成科技资源配置分散、计划目标发散、创新链条脱节，概括起来就是科技计划碎片化，科研项目取向聚焦不够。解决这些问题对当前实施好创新驱动发展战略，发挥好科技对经济社会发展支撑引领作用十分重要。

因此，深化中央财政科技计划(专项、基金等)管理改革是当前一项重大而紧迫的任务。今年年初，国务院印发了《关于改进加强中央财政科研项目和资金管理的若干意见》(国发〔2014〕11号)，提出对中央各部门管理的科技计划(专项、基金等)进行优化整合。根据十八届三中全会的要求，为落实国发11号文，科技部、财政部建立了联合工作机制，

密切配合，全面梳理分析当前我国科技计划布局和管理现状，总结成功的经验，分析面临的问题，学习借鉴发达国家有关调整科技创新战略和加强科研资源集成的政策，研究提出了改革思路和举措。

在上述工作的基础上，两部门组织召开了多次座谈会，并书面征求了50个部门（单位）的意见，经反复协商，各有关部门对改革方向、目标任务、实施路径和具体措施达成共识。《改革方案》起草过程中，中央领导同志高度重视，多次召集科技部、财政部等部门专题研究，做出指示，进行工作部署。《改革方案》经过国家科技体制改革和创新体系建设领导小组会议、国务院常务会议、中央全面深化改革领导小组会议和中央政治局常委会议审议通过后，以国务院文件形式正式印发。

二、深化中央财政科技计划（专项、基金等）管理改革的目标和基本原则

改革的总体目标是，强化顶层设计，打破条块分割，加强部门功能性分工，建立具有中国特色的目标明确和绩效导向的科技计划（专项、基金等）管理体制，更加聚焦国家目标，更加符合科技创新规律，更加高效配置科技资源，更加强化科技与经济的紧密结合，最大限度激发科研人员创新热情。

基本原则包括：一是转变政府科技管理职能。政府各部门不再直接管理具体项目，建立统一的宏观管理和监督评估机制，破除条块分割，解决科技资源配置“碎片化”问题。二是聚焦国家重大战略任务。面向世界科技前沿、面向国家重大需求、面向国民经济主战场，优化科技计划（专项、基金等）布局，确定主攻方向，解决目标分散问题。三是促进科技与经济深度融合。围绕产业链部署创新链，围绕创新链完善资金链，使科技创新更加主动地服务于经济发展方式转变和经济结构调整。四是明晰政府与市场的关系。政府重点支持市场不能有效配置资源的公共科技活动，并以普惠性政策和引导性为主的方式支持企业技术创新活动和成果转化。五是坚持公开透明和社会监督。加强科技计划（专项、基金等）全过程的信息公开和痕迹管理，接受社会监督。

三、《改革方案》中提出建立公开统一的国家科技管理平台的具体内容

建立公开统一的国家科技管理平台，是本次科技计划管理改革的亮点。各政府部门通过统一的科技管理平台，构建决策、咨询、执行、评价、监管等各环节职责清晰、协调衔接的新管理体系。具体内容包括：联席会议制度（一个决策平台），专业机构、战略咨询与综合评审委员会、统一的评估和监管机制（三大运行支柱），国家科技管理信息系统（一套管理系统）。

联席会议制度由科技行政主管部门牵头，财政、发展改革等相关部门参加，充分发挥各部门的作用，形成统筹协调与决策机制。联席会议是实现对科技计划（专项、基金等）统一管理的关键。其主要作用体现在：首先是形成相关各方的合力，科技行政主管部门与相关行业主管部门和地方加强沟通协调，围绕国家科技发展重大战略任务、行业和区域发展需要，研究凝练形成科研任务需求，经联席会议充分讨论后按程序确定，相关各方在科研任务组织实施过程中及时跟进，产生的科技成果在行业和区域内应用示范。其次是建立共同参与、共同决策的议事机制，联席会议由各相关部门共同组成，共同审议科技

发展战略规划、科技计划（专项、基金等）的布局与设置、重点任务和指南、战略咨询与综合评审委员会的组成、专业机构的遴选择优等事项。第三是形成统一的决策程序，一般事项经联席会议议定后即可实施；重大事项需经国家科技体制改革与创新体系建设领导小组审议，按程序报国务院，特别重大事项报党中央，确保科技计划（专项、基金等）的实施符合国家重大战略需求。

政府部门不再管理项目，将依托专业机构具体管理项目。对专业机构的遴选，主要是对现有具备条件的科研管理类事业单位进行改造，形成若干符合要求的规范化的项目管理专业机构，并鼓励具备条件的社会化科技服务机构参与竞争，推进专业机构的市场化和社会化。专业机构的任务是：通过统一的国家科技管理信息系统受理各方面提出的项目申请，组织项目评审、立项、过程管理和结题验收等，对实现任务目标负责。

《改革方案》首次提出在国家层面设立战略咨询与综合评审委员会，充分体现了科学决策、民主决策的原则。委员会的组成具有代表性，不仅有科技界的专家，也有产业界和经济界的专家，反映各方面对科技创新的需求。委员会要有战略高度，跟踪国际科技发展和产业变革趋势，对科技发展战略、规划、重大任务和重大科技创新方向的选择等方面提出咨询意见，为联席会议提供决策参考。另外，委员会对制定统一的项目评审规则、建设国家科技项目评审专家库、规范专业机构的项目评审等工作也要提出意见和建议，还可以接受联席会议委托，对特别重大的科技项目组织开展评审。

政府部门在简政放权的同时，将进一步加强对科技计划（专项、基金等）的实施绩效等组织评估评价和监督检查。具体举措包括：科技行政主管部门和财政部门对科技计划（专项、基金等）的实施绩效、战略咨询与综合评审委员会和专业机构的履职尽责情况等统一组织评估评价和监督检查，并根据结果提出动态调整意见，经联席会议审议后按程序报批；完善科研信用体系建设和“黑名单”制度，建立对主管部门和专业机构工作人员的责任倒查机制，开展“一案双查”，即在查处追究有关承担单位和个人责任的同时，倒查主管部门和专业机构是否存在管理漏洞，是否有工作人员在项目管理中存在渎职或以权谋私等行为；各有关主管部门要负起责任，对所属单位承担科技计划（专项、基金等）任务的执行情况和资金使用情况加强日常监管；加强对科技计划（专项、基金等）财政资金管理使用的审计监督，对发现的违规违法行为严肃查处，并将查处结果向社会公开。

《改革方案》明确要求，要通过统一的国家科技管理信息系统，对中央财政科技计划（专项、基金等）的需求征集、指南发布、项目申报、立项和预算安排、监督检查、结题验收等全过程进行信息管理，并按相关规定主动向社会公开信息，接受公众监督，让资金在阳光下运行。分散在各相关部门、尚未纳入国家科技管理信息系统的项目信息要尽快纳入，已结题的项目要及时纳入统一的国家科技报告系统。不纳入国家科技管理信息系统和国家科技报告系统并向社会公开的，中央财政将不予以资助。

四、要依托专业机构具体管理项目，也要规范专业机构的行为

专业机构管理项目体现了政府简政放权的要求，是国际通行的做法。各主要国家对专业机构的设置有多种模式，有的独立于政府部门之外，有的隶属于政府部门，还有的委托社会化的非营利机构管理。结合我国的实际情况，选择专业机构要兼顾现实可操作和

未来长远发展。因此《改革方案》中,一是明确了专业机构的确定程序,联席会议根据重点任务的需要统一确定专业机构,专业机构对联席会议负责,由科技行政主管部门与专业机构签订委托合同,专业机构根据委托开展工作。二是对专业机构的资质作出了规定,科技行政主管部门等应当制定统一的专业机构管理制度和标准,经联席会议同意后实施。专业机构应当具备相关科技领域的项目管理能力,建立完善的法人治理结构,设立理事会、监事会,制定章程等。三是对规范专业机构的运行提出了要求。专业机构应按照统一的规范组织项目评审、立项、过程管理和结题验收等,对实现任务目标负责;专业机构的项目评审专家应当从国家科技项目评审专家库中选取。

五、新的科技计划(专项、基金等)体系

在对我国现有科技计划(专项、基金等)的实施和管理情况进行深入调研的基础上,根据新科技革命发展趋势、国家战略需求、政府科技管理职能和科技创新规律,《改革方案》提出优化中央财政科技计划(专项、基金等)布局,整合形成五类科技计划(专项、基金等)。

一是国家自然科学基金。资助基础研究和科学前沿探索,支持人才和团队建设,增强源头创新能力。进一步完善管理,加大资助力度,向国家重点研究领域输送创新知识和人才团队;加强基金与其他类科技计划的有效对接。

二是国家科技重大专项。聚焦国家重大战略产品和产业化目标,解决"卡脖子"问题。进一步改革创新组织推进机制和管理模式,突出重大战略产品和产业化目标,控制专项数量,与其他科技计划(专项、基金等)加强分工与衔接,避免重复投入。

三是国家重点研发计划。针对事关国计民生的重大社会公益性研究,以及事关产业核心竞争力、整体自主创新能力和国家安全的重大科学技术问题,突破国民经济和社会发展主要领域的技术瓶颈。将科技部管理的国家重点基础研究发展计划、国家高技术研究发展计划、国家科技支撑计划、国际科技合作与交流专项,发改委、工信部共同管理的产业技术研究与开发资金,农业部、卫计委等 13 个部门管理的公益性行业科研专项等,整合形成一个国家重点研发计划。

当前,从"科学"到"技术"到"市场"演进周期大为缩短、各研发阶段边界模糊,技术更新和成果转化更加快捷。为适应这一新技术革命和产业变革的特征,新设立的国家重点研发计划,着力改变现有科技计划按不同研发阶段设置和部署的做法,按照基础前沿、重大共性关键技术到应用示范进行全链条设计,一体化组织实施。该计划下,将根据国民经济与社会发展的重大需求和科技发展优先领域,凝练设立一批重点专项,瞄准国民经济和社会发展各主要领域的重大、核心、关键科技问题,组织产学研优势力量协同攻关,提出整体解决方案。

四是技术创新引导专项(基金)。按照企业技术创新活动不同阶段的需求,对发改委、财政部管理的新兴产业创投基金,科技部管理的政策引导类计划、科技成果转化引导基金,财政部、科技部等四部委共同管理的中小企业发展专项资金中支持科技创新的部分,以及其他引导支持企业技术创新的专项资金(基金)进行分类整合。

现阶段,我国企业的创新能力依然薄弱,尚未真正成为创新决策、研发投入、科研组织和成果应用的主体,应当充分发挥市场配置技术创新资源的决定性作用,政府通过技

术创新引导专项(基金),采用天使投资、创业投资、风险补偿、后补助等引导性支持方式,激励企业加大自身科技投入,促进科技成果转移转化,不断提高企业技术创新能力。

五是基地和人才专项。对科技部管理的国家(重点)实验室、国家工程技术研究中心、科技基础条件平台、创新人才推进计划,发改委管理的国家工程实验室、国家工程研究中心、国家认定企业技术中心等合理归并,进一步优化布局,按功能定位分类整合。加强相关人才计划的顶层设计和相互衔接。在此基础上调整相关财政专项资金。基地和人才是科研活动的重要保障,相关专项要支持科研基地建设和创新人才、优秀团队的科研活动,促进科技资源开放共享。

整合形成的新五类科技计划(专项、基金等)既有各自的支持重点和各具特色的管理方式;又彼此互为补充,通过统一的国家科技管理平台,建立跨计划协调机制和评估监管机制,确保五类科技计划(专项、基金等)形成整体,既聚焦重点,又避免交叉重复。

将按照上述五类新科技计划体系对所有实行公开竞争方式的中央财政科技计划(专项、基金等)进行优化整合,不包括哲学社会科学和对中央级科研机构、高等院校等实行稳定支持的专项。

六、优化整合工作的具体实施进度

本次科技计划(专项、基金等)优化整合工作将按照整体设计、试点先行、逐步推进的原则开展,具体进度安排为:

2014年,启动国家科技管理平台建设,对部分具备条件的科技计划(专项、基金等)进行优化整合;启动重点专项试点,按照新的管理体制和运行机制选择5～10个重点专项进行试点;同时,开展有关制度建设和基础性工作,着手组建战略咨询与综合评审委员会,开展科研信用体系建设和评审专家库建设,初步建成中央财政科研项目数据库和科技报告系统。

2015～2016年,基本建成公开统一的国家科技管理平台,基本完成各类科技计划(专项、基金等)的优化整合,实现科技计划(专项、基金等)安排和预算配置的统筹协调。初步完成国家重点研发计划下设重点专项的布局,并据此编制发布2016年项目指南,按新机制组织2016年新立项目实施;同时,为确保管理改革与现有工作的有序衔接,在研项目(课题)可继续按照现有科技计划(专项、基金等)的经费渠道和管理方式组织实施。初步完成相关制度建设和基础性工作,发布联席会议议事规则、战略咨询与综合评审委员会工作规则、专业机构遴选办法、专业机构资质能力评价标准、科技计划评估和监管机制工作方案、科技计划重点专项设立规则和动态调整工作规则、有关科技计划和资金管理办法等,完善中央财政科研项目数据库和科技报告系统。

2017年,经过三年的改革过渡期,全面按照优化整合后的五类科技计划(专项、基金等)运行,现有各类科技计划(专项、基金等)经费渠道将不再保留。同时,进一步完善国家科技管理平台建设,完善科技计划(专项、基金等)和资金管理制度等各项科技管理制度,营造良好的创新环境。

——引自:财政部 http://jkw.mof.gov.cn/zhengwux I nx I /zhengcej I edu/201501/t20150112_1178911.html.

国家重点研发计划管理暂行办法

国科发资〔2017〕152号

第一章 总 则

第一条 为保证国家重点研发计划的顺利实施，实现科学、规范、高效和公正的管理，按照《国务院关于改进加强中央财政科研项目和资金管理的若干意见》（国发〔2014〕11号）、《国务院印发关于深化中央财政科技计划（专项、基金等）管理改革方案的通知》（国发〔2014〕64号）等的要求，制定本办法。

第二条 国家重点研发计划由中央财政资金设立，面向世界科技前沿、面向经济主战场、面向国家重大需求，重点资助事关国计民生的农业、能源资源、生态环境、健康等领域中需要长期演进的重大社会公益性研究，事关产业核心竞争力、整体自主创新能力和国家安全的战略性、基础性、前瞻性重大科学问题、重大共性关键技术和产品研发，以及重大国际科技合作等，加强跨部门、跨行业、跨区域研发布局和协同创新，为国民经济和社会发展主要领域提供持续性的支撑和引领。

第三条 国家重点研发计划按照重点专项、项目分层次管理。重点专项是国家重点研发计划组织实施的载体，聚焦国家重大战略任务、以目标为导向，从基础前沿、重大共性关键技术到应用示范进行全链条创新设计、一体化组织实施。

项目是国家重点研发计划组织实施的基本单元。项目可根据需要下设一定数量的课题。课题是项目的组成部分，按照项目总体部署和要求完成相对独立的研究开发任务，服务于项目目标。

第四条 国家重点研发计划的组织实施遵循以下原则：

（一）战略导向，聚焦重大。瞄准国家目标，聚焦重大需求，优化配置科技资源，着力解决当前及未来发展面临的科技瓶颈和突出问题，发挥全局性、综合性带动作用。

（二）统筹布局，协同推进。充分发挥部门、行业、地方、各类创新主体在总体任务布局、重点专项设置、实施与监督评估等方面的作用，强化需求牵引、目标导向和协同联动，促进产学研结合，普及科学技术知识，支持社会力量积极参与。

（三）简政放权，竞争择优。建立决策、咨询和具体项目管理工作既相对分开又相互衔接的管理制度，主要通过公开竞争方式遴选资助优秀创新团队，发挥市场配置技术创新资源的决定性作用和企业技术创新主体作用，尊重科研规律，赋予科研人员充分的研发创新自主权。

（四）加强监督，突出绩效。建立全过程嵌入式的监督评估体系和动态调整机制，加强信息公开，注重关键节点目标考核和组织实施效果评估，着力提升科技创新绩效。

第五条 国家重点研发计划纳入公开统一的国家科技管理平台，充分发挥国家科技计划（专项、基金等）管理部际联席会议、战略咨询与综合评审委员会、项目管理专业机构、评估监管与动态调整机制、国家科技管理信息系统的作用，与国家自然科学基金、国家科技重大专项、技术创新引导专项（基金）、基地和人才专项等加强统筹衔接。

第二章 组织管理与职责

第六条 国家科技计划（专项、基金等）管理部际联席会议（以下简称“联席会议”）负责审议国家重点研发计划的总体任务布局、重点专项设置、专业机构遴选择优等重大事项。

第七条 战略咨询与综合评审委员会（以下简称“咨评委”）负责对国家重点研发计划的总体任务布局、重点专项设置及其任务分解等提出咨询意见，为联席会议提供决策参考。

第八条 科技部是国家重点研发计划的牵头组织部门，主要职责是会同相关部门和地方开展以下工作：

（一）研究制定国家重点研发计划管理制度；

（二）研究提出重大研发需求、总体任务布局及重点专项设置建议；

（三）编制重点专项实施方案，编制发布年度项目申报指南；

（四）提出承接重点专项具体项目管理工作的专业机构建议，代表联席会议与专业机构签署任务委托协议，并对其履职尽责情况进行监督检查；

（五）开展重点专项年度与中期管理、监督检查和绩效评估，提出重点专项优化调整建议；

（六）建立重点专项组织实施的协调保障机制，推动重点专项项目成果的转化应用和信息共享；

（七）组建各重点专项专家委员会，支撑重点专项的组织实施与管理工作；

（八）开展科技发展趋势的战略研究和政策研究，优化国家重点研发计划总体任务布局。

第九条 相关部门和地方通过联席会议机制推动国家重点研发计划的组织实施，主要职责是：

（一）凝练形成相关领域重大研发需求，提出重点专项设置的相关建议；

（二）参与重点专项实施方案和年度项目申报指南编制；

（三）参与重点专项年度与中期管理、监督检查和绩效评估等；

（四）为相关重点专项组织实施提供协调保障支撑，加强对所属单位承担国家重点研发计划任务和资金使用情况的日常管理与监督；

（五）做好产业政策、规划、标准等与重点专项组织实施工作的衔接，协调推动重点专项项目成果在行业和地方的转移转化与应用示范。

第十条 重点专项专家委员会由重点专项实施方案编制参与部门(含地方,以下简称“专项参与部门”)推荐的专家组成,主要职责是:

(一)开展重点专项的发展战略研究和政策研究;

(二)为重点专项实施方案和年度项目申报指南编制工作提供专业咨询;

(三)在项目立项的合规性审核环节提出咨询意见;

(四)参与重点专项年度和中期管理、监督检查、项目验收、绩效评估等,对重点专项的优化调整提出咨询意见。

第十一条 项目管理专业机构(以下简称“专业机构”)根据国家重点研发计划相关管理规定和任务委托协议,开展具体项目管理工作,对实现任务目标负责,主要职责是:

(一)组织编报重点专项概算;

(二)参与编制重点专项年度项目申报指南;

(三)负责项目申报受理、形式审查、评审、公示、发布立项通知、与项目牵头单位签订项目任务书等立项工作;

(四)负责项目资金拨付、年度和中期检查、验收、按程序对项目进行动态调整等管理和服务工作;

(五)加强重点专项下设项目间的统筹协调,整体推进重点专项的组织实施;

(六)按要求报告重点专项及其项目实施情况和重大事项,接受监督;

(七)负责项目验收后的后续管理工作,对项目相关资料进行归档保存,促进项目成果的转化应用和信息共享;

(八)按照公开、公平、公正和利益回避的原则,充分发挥专家作用,支撑具体项目管理工作。

第十二条 项目牵头单位负责项目的具体组织实施工作,强化法人责任。主要职责是:

(一)按照签订的项目任务书组织实施项目,履行任务书各项条款,落实配套条件,完成项目研发任务和目标;

(二)严格执行国家重点研发计划各项管理规定,建立健全科研、财务、诚信等内部管理制度,落实国家激励科研人员的政策措施;

(三)按要求及时编报项目执行情况报告、信息报表、科技报告等;

(四)及时报告项目执行中出现的重大事项,按程序报批需要调整的事项;

(五)接受指导、检查并配合做好监督、评估和验收等工作;

(六)履行保密、知识产权保护等责任和义务,推动项目成果转化应用。

第十三条 项目下设课题的,课题承担单位应强化法人责任,按照项目实施的总体要求完成课题任务目标;课题任务须接受项目牵头单位的指导、协调和监督,对项目牵头单位负责。

第三章 重点专项与项目申报指南

第十四条 科技部围绕国家重大战略和相关规划的贯彻落实,牵头组织征集部门和地方的重大研发需求，根据“自下而上”和“自上而下”相结合的原则，会同相关部门和地方研究提出国家重点研发计划的总体任务布局，经咨评委咨询评议后，提交联席会议全体会议审议。

第十五条 根据联席会议审议通过的总体任务布局，科技部会同相关部门和地方凝练形成目标明确的重点专项，并组织编制重点专项实施方案，作为重点专项任务分解、概算编制、项目申报指南编制、项目安排、组织实施、监督检查、绩效评估的基本依据。

实施方案要围绕国家重大战略需求和规划部署，聚焦本专项要解决的重大科学问题或要突破的共性关键技术，全链条创新设计，合理部署基础研究、重大共性关键技术、应用示范等研发阶段的主要任务，并明确任务部署的进度安排。

第十六条 重点专项实施方案由咨评委咨询评议，并按照突出重点、区分轻重缓急的原则提出启动建议后，提交联席会议专题会议审议，并将审议结果向联席会议全体会议报告。联席会议审议通过的重点专项应按程序报批。

第十七条 重点专项实行目标管理，执行期一般为五年，执行期间可根据需要优化调整。重点专项完成预期目标或达到设定时限的，应当自动终止；确有必要的，可延续实施。

需要优化调整或延续实施的重点专项，由科技部、财政部商相关部门提出建议，经咨评委咨询评议后报联席会议专题会议审议，按程序报批。

第十八条 拟启动实施的重点专项，应按规定明确承接具体项目管理工作的专业机构并签订任务委托协议，由专业机构组织编报重点专项概算，并与财政预算管理要求相衔接。

第十九条 重点专项的年度项目申报指南，由科技部会同专项参与部门及专业机构编制。重点专项专家委员会为指南编制提供专业支撑。指南编制工作应充分遵循实施方案提出的总体目标和任务设置，细化分解形成重点专项年度项目安排。

项目应相对独立完整，体量适度，设立可考核可评估的具体指标。指南不得直接或变相限定项目的技术路线和研究方案。对于同一指南方向下不同技术路线的申报项目，可以择优同时支持。

第二十条 项目申报指南应明确项目遴选方式，主要通过公开竞争择优确定项目承担单位。对于组织强度要求较高、行业内优势单位较为集中或典型应用示范区域特征明显的指南方向，也可采取定向择优等方式遴选项目承担单位，但须对申报单位的资质、与项目相关的研究基础以及配套资金等提出明确要求。

第二十一条 经公开征求意见与审核评估后，项目申报指南通过国家科技管理信息系统（以下简称“信息系统”）公开发布。发布指南时可公布重点专项年度拟立项项目数及相应的总概算。指南编制专家名单、形式审查条件要求等应与指南一并公布。保密项目采取非公开方式发布指南。自指南发布日到项目申报受理截止日，原则上不少于50天。

第二十二条 建立多元化的投入体系，鼓励地方、行业、企业与中央财政共同出资，组织实施重点专项，建立由出资各方共同管理、协同推进的组织实施模式，支持重点专项项目成果在地方、行业和企业推广应用、转化落地。

第四章 项目立项

第二十三条 具有较强科研能力和条件、运行管理规范、在中国大陆境内注册、具有独立法人资格的科研机构、高等学校、企业等，可根据项目申报指南要求申报项目。多个单位组成申报团队联合申报的，应签订联合申报协议，并明确一家单位作为项目牵头单位。项目下设课题的，也应同时明确课题承担单位。

第二十四条 申报项目应明确项目（课题）负责人。项目（课题）负责人应具有领导和组织开展创新性研究的能力，科研信用记录良好，年龄、工作时间等符合指南要求。项目（课题）负责人及研发骨干人员按相关规定实行限项管理。

第二十五条 国家重点研发计划实行对外开放与合作。境外科研机构、高等学校、企业等在中国大陆境内注册的独立法人机构，可根据指南要求牵头或参与项目申报；受聘于在中国大陆境内注册的独立法人机构的外籍科学家及港、澳、台地区科研人员，符合指南要求的可作为项目（课题）负责人申报。

第二十六条 项目申报一般包括预申报和正式申报两个环节，并相应开展首轮评审和答辩评审。项目评审专家应从国家科技专家库中选取，按照相关规定向社会公布，并实行回避制度和轮换机制。鼓励邀请外籍专家参与国家重点研发计划的项目评审工作。

第二十七条 项目牵头单位应按照项目申报指南的要求，通过信息系统提交简要的预申报书。专业机构受理项目预申报并进行形式审查后，采取网络评审、通讯评审或会议评审等方式组织开展首轮评审，不要求项目申报团队答辩。

第二十八条 专业机构通过首轮评审择优遴选出3～4倍于拟立项数量的申报项目，通知项目牵头单位通过信息系统填报正式申报书，经形式审查后，以视频会议等方式组织开展答辩评审。

第二十九条 预申报项目数低于拟立项数量3～4倍的，专业机构可不组织首轮评审，直接通知项目牵头单位填报正式申报书，经形式审查后进入答辩评审环节。

第三十条 组织答辩评审时，专业机构应要求评审专家提前审阅评审材料，并在评审前就指南内容、评审规则等向评审专家进行说明。

第三十一条 专业机构根据指南要求和答辩评审结果，按照择优支持原则提出年度项目安排方案，报科技部进行合规性审核。

第三十二条 科技部对项目立项程序的规范性、拟立项项目与指南的相符性等进行审核，形成审核意见反馈专业机构。审核工作应以适当方式听取重点专项专家委员会专家的咨询意见。

第三十三条 专业机构对通过合规性审核的拟立项项目通过信息系统进行公示，并依据公示结果发布立项通知，与项目牵头单位签订项目任务书。项目下设课题的，项目牵头单位也应与课题承担单位签订课题任务书。

项目（课题）任务书应以项目申报书和专家评审意见为依据，突出绩效管理，明确考核目标、考核指标、考核方式方法，以及普及科学技术知识的要求。对于保密项目，专业机构应与项目牵头单位签订保密协议。

第三十四条 专业机构完成立项工作后，应将立项情况报告专项参与部门。

第三十五条 对于突发、紧急的国家重大科技需求，科技部可根据党中央、国务院要求，组织相关部门或地方对已设立的重点专项研发任务进行调整，研究提出快速反应项目，采取定向择优等方式组织实施。涉及重点专项中央财政资金总概算调整的，按程序报批。

第三十六条 专业机构应将形式审查和评审结果通过信息系统及时反馈项目牵头单位，并建立项目申诉处理机制，按规定受理项目相关申诉意见和建议，开展申诉调查，及时向申诉者反馈处理意见。

第五章　项目实施

第三十七条 项目承担单位（包括项目牵头单位、课题承担单位和参与单位等）应根据项目（课题）任务书确定的目标任务和分工安排，履行各自的责任和义务，按进度高质量完成相关研发任务。应按照一体化组织实施的要求，加强不同任务间的沟通、互动、衔接与集成，共同完成项目总体目标。

第三十八条 项目牵头单位和项目负责人应切实履行牵头责任，制定本项目一体化组织实施的工作方案，明确定期调度、节点控制、协同推进的具体方式，在项目实施中严格执行，全面掌握项目进展情况，并为各研究任务的顺利推进提供支持。对可能影响项目实施的重大事项和重大问题，应及时报告专业机构并研究提出对策建议。

第三十九条 课题承担单位和参与单位应积极配合项目牵头单位组织开展的督导、协调和调度工作，按要求参加集中交流、专题研讨、信息共享等沟通衔接安排，及时报告研究进展和重大事项，支持项目牵头单位加强研究成果的集成。

第四十条 项目实施中，专业机构应安排专人负责项目管理、服务和协调保障工作，通过全程跟进、集中汇报、专题调研等方式全面了解项目进展和组织实施情况，及时研究处理项目牵头单位提出的有关重大事项和重大问题，及时判断项目执行情况、承担单位和人员的履约能力等。在项目实施的关键节点，及时向项目牵头单位提出有关意见和建议。

第四十一条 对于具有创新链上下游关系或关联性较强的相关项目，专业机构应当建立专门的统筹管理机制，督导相关项目牵头单位在项目实施中加强协调和联动，按照重点专项实施方案的部署和进度安排，共同完成研发任务。

第四十二条 实行项目年度报告制度。项目牵头单位应按照科技报告制度要求，于每年11月底前，通过信息系统向专业机构报送项目年度执行情况报告。项目执行不足3个月的，可在下一年度一并上报。

第四十三条 实行项目中期检查制度。执行周期在3年及以上的项目，在项目实施中期，专业机构应对项目执行情况进行中期检查，对项目能否完成预定任务目标做出判断，并形成中期执行情况报告。具有明确应用示范目标的项目，专业机构应邀请有关部门和地方共同开展中期检查工作。

第四十四条 项目实施中须对以下事项作出必要调整的，应按程序通过信息系统报批：

（一）变更项目牵头单位、课题承担单位、项目（含课题）负责人、项目实施周期、项目主要研究目标和考核指标等重大调整事项，由项目牵头单位提出书面申请，专业机构研究形成意见，或由专业机构直接提出意见，报科技部审核后，由专业机构批复调整；

（二）变更课题参与单位、研发骨干人员、课题实施周期、课题主要研究目标和考核指标等重要调整事项，由项目牵头单位提出书面申请，专业机构研究审核批复，并报科技部备案；

（三）其他一般性调整事项，专业机构可委托项目牵头单位负责，并做好指导和管理工作。

第四十五条 项目实施中遇到下列情况之一的，项目任务书签署方均可提出撤销或终止项目的建议。专业机构应对撤销或终止建议研究提出意见，报科技部审核后，批复执行。

（一）经实践证明，项目技术路线不合理、不可行，或项目无法实现任务书规定的进度且无改进办法；

（二）项目执行中出现严重的知识产权纠纷；

（三）完成项目任务所需的资金、原材料、人员、支撑条件等未落实或发生改变导致研究无法正常进行；

（四）组织管理不力或者发生重大问题导致项目无法进行；

（五）项目实施过程中出现严重违规违纪行为，严重科研不端行为，不按规定进行整改或拒绝整改；

（六）项目任务书规定其他可以撤销或终止的情况。

第四十六条 撤销或终止项目的，项目牵头单位应对已开展工作、经费使用、已购置设备仪器、阶段性成果、知识产权等情况作出书面报告，经专业机构核查批准后，依规完成后续相关工作。对于因非正当理由致使项目撤销或终止的，专业机构应通过调查核实或后评估明确责任人和责任单位，并纳入科研诚信记录。

第四十七条 专业机构应对受托管理重点专项下设项目的总体执行情况定期梳理汇总，形成重点专项执行情况报告，以及进一步完善重点专项组织实施工作的意见和建议，通过书面或会议方式向专项参与部门报告，为重点专项管理工作提供支撑。

执行满 6 个月以上的重点专项，专业机构在每年 12 月份向科技部提交当年度执行情况报告；执行期 5 年及以上的重点专项，专业机构在第 3 年提交中期执行情况报告。

第四十八条 专项参与部门应当加强重点专项的年度及中期管理工作，定期听取重点专项执行情况报告，每年不少于一次，及时研究解决重点专项实施中的重大问题，加强协调保障和组织推动，对专业机构进一步完善具体项目管理工作提出意见和建议。

第四十九条 事关重点专项总体实施效果的重大项目取得超过预期的重大突破或实施进度严重滞后，或外部环境发生重大变化时，科技部、财政部应会同其他专项参与部门及时研究提出优化调整或终止执行重点专项的建议，按程序报批。

第六章 项目验收与成果管理

第五十条 项目执行期满后，专业机构应立即启动项目验收工作，要求项目牵头单位在 3 个月内完成验收准备并通过信息系统提交验收材料，在此基础上于 6 个月内完成项目验收，不得无故逾期。项目下设课题的，项目牵头单位应在项目验收前组织完成课题验收。

第五十一条　项目因故不能按期完成须申请延期的，项目牵头单位应于项目执行期结束前6个月提出延期申请，经专业机构提出意见报科技部审核后，由专业机构批复执行。项目延期原则上只能申请1次，延期时间原则上不超过1年。

未按要求提出延期申请的，专业机构应按照正常进度组织验收工作。

第五十二条　专业机构应根据不同项目类型，组织项目验收专家组，采用同行评议、第三方评估和测试、用户评价等方式，依据项目任务书所确定的任务目标和考核指标开展验收。

对于具有创新链上下游关系或关联性较强的相关项目，验收时应有整体设计，强化对一体化实施绩效的考核。

第五十三条　项目验收专家组一般由技术专家、管理专家和产业专家等共同组成。验收专家组构成应充分听取专项参与部门意见。验收专家执行回避制度。

第五十四条　项目验收专家组在审阅资料、听取汇报、实地考核、观看演示、提问质询的基础上，按照通过验收、不通过验收或结题三种情况形成验收结论。

(一)按期保质完成项目任务书确定的目标和任务，为通过验收；

(二)因非不可抗拒因素未完成项目任务书确定的主要目标和任务，按不通过验收处理；

(三)因不可抗拒因素未完成项目任务书确定的主要目标和任务的，按照结题处理。

第五十五条　提供的验收文件、资料、数据存在弄虚作假，或未按相关要求报批重大调整事项，或不配合验收工作的，按不通过验收处理。

第五十六条　专业机构应统筹做好项目验收和财务验收工作。验收工作结束后3个月内，专业机构应将项目验收结论与财务验收意见一并通知项目牵头单位，并报科技部备案；项目承担单位应按相关规定填写科技报告和成果信息，纳入国家科技报告系统和科技成果转化项目库。项目验收结论及成果除有保密要求外，应及时向社会公示。

第五十七条　项目形成的研究成果，包括论文、专著、样机、样品等，应标注“国家重点研发计划资助”字样及项目编号，英文标注“National Key R&D Program of China”。第一标注的成果作为验收或评估的确认依据。

第五十八条　项目形成的知识产权的归属、使用和转移，按照国家有关法律、法规和政策执行。相关单位应事先签署正式协议，约定成果和知识产权的归属及权益分配。为了国家安全、国家利益和重大社会公共利益的需要，国家可以许可他人有偿实施或者无偿实施项目形成的知识产权。

第五十九条　依法取得知识产权的单位应当积极应用和有序扩散项目成果，传播和普及科学知识，促进技术交易和成果转化，并落实支持成果转化的科研人员激励政策。专项参与部门应在协调推动项目成果转移转化和应用示范方面给予支持。

第六十条　对涉及国家秘密的项目及取得的成果，按有关规定进行密级评定、确认和保密管理。

第七章　监督与评估

第六十一条　国家重点研发计划建立全过程嵌入式的监督评估机制，对重点专项及其项目管理和实施中指南编制、立项、专家选用、项目实施与验收等工作中相关主体的行为规范、工作纪律、履职尽责情况等进行监督，并对重点专项总体实施和资金使用情况及效果进行评估评价，创造公平公开公正的科研环境，提高创新绩效。

第六十二条　监督评估工作应以国家重点研发计划的相关制度规定、重点专项实施方案、项目申报指南、任务书、协议、诚信承诺书等为依据，按照责权一致的原则和放管服要求确定监督评估对象和重点。接受监督评估的单位应当建立健全内控制度和常态化的自查自纠机制，加强风险防控，强化管理人员、科研人员的责任意识、绩效意识、自律意识和科研诚信，积极配合监督评估工作。

第六十三条　监督评估工作由科技部、财政部会同其他专项参与部门组织开展，一般应先行制定年度工作方案，明确当年监督评估的范围、重点、时间、方式等，避免交叉重复，并注重发挥重点专项专家委员会专家的作用。涉及项目监督评估的，应主要针对事关重点专项总体实施效果的重大项目。

第六十四条　监督工作应当深入科研和管理一线，加强事中、事后和关键环节的监督，但不得干涉正常的具体项目管理工作，不得额外增加专业机构和项目承担单位的负担。监督的主要内容包括但不限于以下方面：

（一）科技计划相关管理部门管理科技计划的科学性、规范性，科技计划的实施绩效；

（二）专业机构管理工作的科学性、规范性，及其在项目管理过程中的履职尽责和绩效情况；

（三）项目承担单位法人责任制落实情况、项目执行情况及资金的管理使用情况；

（四）参与科技计划、项目咨询评审和监督工作的专家，以及支撑机构的履职尽责情况；

（五）科研人员在项目申报、实施和资金管理使用中的科研诚信和履职尽责情况。

第六十五条　建立公众参与监督的工作机制。按照公开为常态，不公开为例外的原则，加大项目立项、验收、资金安排和专家选用等信息公开力度，主动接受公众和舆论监督，听取意见，推动和改进相关工作。收到投诉举报的，应当按有关规定登记、分类处理和反馈；投诉举报事项不在权限范围内的，应按有关规定移交相关部门和地方处理。

项目承担单位应当在单位内部公开项目立项、主要研究人员、科研资金使用、项目合作单位、大型仪器设备购置以及研究成果情况等信息，加强内部监督。

第六十六条　建立监督工作应急响应机制。发现重大项目执行风险、接到重大违规违纪线索、出现项目管理重大争议事件时，相关部门应立即启动应急响应机制，进行调查核实，或责成专业机构调查核实，提出意见和建议。

第六十七条　监督工作应当形成监督结论和意见，及时向相关部门或专业机构反馈。对于需进一步改进完善项目管理或组织实施工作的，应提出明确建议或要求，责成相关专业机构及时核查具体情况，采取相应措施进行整改。

第六十八条　因发生重大变化须对重点专项进行优化调整的，应根据需要委托第三方机构，对重点专项实施情况进行定性与定量相结合的评估，与专家咨询意见一起作为决策参考。

第六十九条 重点专项即将达到或已经达到执行期限时，应责成专业机构对重点专项实施情况进行总结评估，在此基础上委托第三方机构开展总体绩效评估，对重点专项的目标实现程度、任务布局合理性、组织管理水平、效果与影响等作出全面评价。

第七十条 及时严肃处理违规行为，并实行逐级问责和责任倒查。对有违规行为的咨询评审专家，予以警告、责令限期改正、通报批评、阶段性或永久性取消咨询评审和申报参与项目资格等处理；对有违规行为的项目承担单位和科研人员，予以约谈、通报批评、暂停项目拨款、追回已拨项目资金、终止项目执行、阶段性或永久性取消申报参与项目资格等处理；对有违规行为的专业机构，予以约谈、通报批评、解除委托协议、阶段性或永久性取消项目管理资格等处理。

处理结果应以适当方式向社会公布，并纳入科研诚信记录。违法、违纪的，应及时移交司法机关和纪检部门。

第七十一条 建立统一的信息系统，为重点专项及其项目管理和监督评估提供支撑。重点专项的形成、年度与中期管理、动态调整、监督评估，以及项目的立项、资金安排、过程管理、验收与跟踪管理等信息，统一纳入信息系统，全程留痕，可查询、可申诉、可追溯。

第八章　附　则

第七十二条 涉及资金使用、管理等事项，执行国家重点研发计划资金管理办法及相关规定。管理要求另有规定的重点专项，按有关规定执行。

第七十三条 本办法自发布之日起施行。科技部依据本办法制定相应的实施管理细则。2015 年 12 月 6 日科技部、财政部颁布的《关于改革过渡期国家重点研发计划组织管理有关事项的通知》(国科发资〔2015〕423 号)同时废止。

国家自然科学基金重大项目管理办法

国科金发计〔2015〕60 号

（2015 年 7 月 7 日委务会议审议通过）

第一章　总　则

第一条　为了规范和加强国家自然科学基金重大项目（以下简称“重大项目”）管理，根据《国家自然科学基金条例》，制定本办法。

第二条　重大项目面向科学前沿和国家经济、社会、科技发展及国家安全的重大需求中的重大科学问题，超前部署，开展多学科交叉研究和综合性研究，充分发挥支撑与引领作用，提升我国基础研究源头创新能力。

第三条　国家自然科学基金委员会（以下简称“自然科学基金委”）在重大项目管理过程中履行下列职责：

（一）确立项目领域；

（二）制定并发布项目指南；

（三）受理项目申请；

（四）组织专家进行评审；

（五）批准资助项目；

（六）管理和监督资助项目实施。

第四条　重大项目实行成本补偿的资助方式，资金的使用与管理按照《国家自然科学基金资助项目资金管理办法》执行。

第二章　立项与指南制定

第五条　自然科学基金委应当按照本办法第二条规定的原则公开征集重大项目领域建议，在广泛征求意见的基础上，组织专家进行论证，提出拟立项的重大项目领域。

科学部专家咨询委员会应当对拟立项的重大项目领域差额遴选，按照记名投票的方式表决，以出席会议成员的过半数通过。

第六条　自然科学基金委应当根据基金发展规划、优先发展领域、基金资助工作评估报告和科学部专家咨询委员会意见确立重大项目立项领域并制定年度重大项目指南。

第七条 年度重大项目指南应当明确受理重大项目申请的研究领域、科学目标、研究期限和受理申请的注意事项等内容。

第八条 自然科学基金委应当在接收项目申请起始之日 30 日前公布年度重大项目指南。

第九条 每个重大项目应当围绕科学目标设置不多于 5 个重大项目课题，课题之间应当有机联系并体现学科交叉。

自然科学基金委只接收重大项目申请人组织课题，申请人联合提出的重大项目申请，重大项目的申请人应当是其中 1 个课题的申请人。

第十条 除了相关条款做出特别规定外，本办法中的申请人包括重大项目申请人和重大项目课题申请人；项目负责人包括重大项目主持人和重大项目课题负责人；参与者是指除了重大项目主持人和重大项目课题负责人之外的参与人员。

第三章　申请与受理

第十一条 依托单位的科学技术人员具备下列条件的，可以申请重大项目或者重大项目课题：

（一）具有承担基础研究课题的经历；

（二）具有高级专业技术职务（职称）。

正在博士后流动站或者工作站内从事研究、正在攻读研究生学位以及无工作单位或者所在单位不是依托单位的科学技术人员均不得申请。

重大项目的申请人还应当具有较高的学术造诣，在本领域具有较高的影响力和较强的凝聚研究队伍能力。

第十二条 申请重大项目或者重大项目课题的数量应当符合年度项目指南中对申请和承担项目数量的限制。

第十三条 申请人应当是申请重大项目或者重大项目课题的实际负责人，各限为 1 人。

重大项目课题申请人与参与者不是同一单位的，参与者所在单位视为合作研究单位。每个课题的合作研究单位的数量不得超过 2 个。每个重大项目依托单位和合作研究单位数量合计不得超过 5 个。

重大项目研究期限一般为 5 年。

第十四条 申请人应当按照重大项目指南要求，通过依托单位提出书面申请。申请人应当对所提交的申请材料的真实性负责。

依托单位应当对申请材料的真实性和完整性进行审核，并提交自然科学基金委。

重大项目申请人可以向自然科学基金委提供 3 名以内不适宜评审项目申请的通讯评审专家名单。

第十五条 申请人或者具有高级专业技术职务（职称）的参与者的单位有下列情况之一的，应当在申请时注明：

（一）同年申请或者参与申请各类项目的单位不一致的；

（二）与正在承担的各类项目的单位不一致的。

第十六条 自然科学基金委应当自重大项目申请截止之日起 45 日内完成对申请材

料的初步审查。符合本办法规定的，予以受理并公布申请人基本情况和依托单位名称、申请项目及课题名称。有下列情形之一的，不予受理，通过依托单位书面通知申请人，并说明理由：

（一）申请人不符合本办法规定条件的；

（二）申请材料不符合重大项目指南要求的；

（三）未在规定期限内提交申请的；

（四）申请人、参与者在不得申请或者参与申请国家自然科学基金资助的处罚期内的；

（五）依托单位在不得作为依托单位的处罚期内的。

第四章　评审与批准

第十七条　自然科学基金委负责组织评审专家对受理的重大项目申请进行评审。评审程序包括通讯评审和会议评审。

第十八条　评审专家对重大项目申请应当从科学价值、创新性、社会影响以及研究方案的可行性等方面进行独立判断和评价，提出评审意见。

评审专家提出评审意见时还应当按照本办法第二条的要求考虑以下几个方面：

（一）科学问题凝练和科学目标明确情况；

（二）围绕总体科学目标，课题之间的有机联系；

（三）申请人和参与者的研究经历；

（四）研究队伍构成、研究基础和相关的研究条件；

（五）申请人完成基金资助项目的情况；

（六）研究内容获得其他资助的情况；

（七）资金预算编制的合理性。

第十九条　对于已受理的重大项目申请，自然科学基金委根据申请书内容和有关评审要求，随机选取5名以上同行专家进行通讯评审。对交叉领域项目应当注意专家的学科覆盖面。

对于重大项目申请人提供的不适宜评审重大项目申请的评审专家名单，自然科学基金委在选择评审专家时应当根据实际情况予以考虑。

每个重大项目申请的有效评审意见不得少于5份。

第二十条　自然科学基金委根据通讯评审意见确定参加会议评审的项目申请。

到会评审专家应当9人以上。自然科学基金委应当向会议评审专家提供年度资助计划、项目及课题申请书和通讯评审意见等评审材料。

第二十一条　被确定参加会议评审的项目申请，其申请人应当到会答辩，不到会答辩的，视为放弃申请。确因不可抗力不能到会答辩的，申请人经自然科学基金委批准可以委托参与者到会答辩。

会议评审专家应当在充分考虑申请人答辩情况、通讯评审意见和年度资助计划的基础上，对会议评审项目以记名投票的方式表决，建议予以资助的项目应当以出席会议评审专家的过半数通过。

自然科学基金委组织专家对建议予以资助的项目进行资金预算专项评审，并根据项目实际需求确定预算。

第二十二条 自然科学基金委根据本办法的规定和专家会议表决结果，决定予以资助的项目。

第二十三条 自然科学基金委决定予以资助的，应当根据专家评审意见以及资助额度等及时制作资助通知书，书面通知依托单位和申请人，并公布申请人基本情况以及依托单位名称、申请项目及课题名称、资助额度等；决定不予资助的，应当及时通知申请人和依托单位，并说明理由。

自然科学基金委应当整理专家评审意见，并向申请人和依托单位提供。

第二十四条 申请人对不予受理或者不予资助的决定不服的，可以自收到通知之日起 15 日内，向自然科学基金委提出书面复审申请。对评审专家的学术判断有不同意见，不得作为提出复审申请的理由。

自然科学基金委应当按照有关规定对复审申请进行审查和处理。

第五章 实施与管理

第二十五条 自然科学基金委应当公告予以资助重大项目及课题的名称以及依托单位名称，公告期为 5 日。公告期满视为依托单位和项目负责人收到资助通知。

重大项目主持人应当按照资助通知书的要求组织重大项目课题负责人填写项目计划书（一式两份）。各依托单位应当在收到资助通知之日起 20 日内完成审核，提交自然科学基金委。

自然科学基金委应当自收到项目计划书之日起 30 日内审核项目计划书，并在核准后将其中 1 份返还依托单位。核准后的项目计划书作为项目实施、资金拨付、中期评估和结题审查的依据。

项目负责人除根据资助通知书要求对申请书内容进行调整外，不得对其他内容进行变更。

逾期未提交项目计划书且在规定期限内未说明理由的，视为放弃接受资助。

第二十六条 重大项目应当成立项目实施学术领导小组。组长为重大项目主持人，成员包括重大项目课题负责人以及若干相关专家。

重大项目学术领导小组应当通过以下方式促进项目实施：

（一）发挥学术指导作用，推进项目研究计划的实施；

（二）定期召集学术交流和工作协调会议；

（三）推动课题协作、促进学科交叉；

（四）加强国内外合作与交流。

第二十七条 项目负责人应当按照项目计划书组织开展研究工作，做好资助项目实施情况的原始记录，填写项目年度进展报告。

依托单位应当审核项目年度进展报告并于次年 1 月 15 日前提交自然科学基金委。

第二十八条 自然科学基金委应当审查提交的项目年度进展报告。对未按时提交的，责令其在 10 日内提交，并视情节按有关规定处理。

第二十九条 自然科学基金委应当在重大项目实施中期，组织专家对项目进展及资金使用和管理等进行评估。

中期评估采取会议评审方式进行。中期评估专家应当为9人以上，其中应当包括科学部专家咨询委员会相关成员和参加过该项目评审的专家。

评估专家应当就重大项目的进展情况、项目后期的实施方案等方面提出评估意见。自然科学基金委应当根据中期评估意见，作出是否继续资助的决定并向依托单位和项目负责人提供。

第三十条 重大项目实施过程中，一般不得变更依托单位，依托单位不得擅自变更项目负责人。

项目负责人有下列情形之一的，依托单位应当及时提出变更项目负责人或者终止项目（课题）实施的申请，报自然科学基金委批准；自然科学基金委也可以直接作出终止项目实施的决定：

（一）不再是依托单位科学技术人员的；

（二）不能继续开展研究工作的；

（三）有剽窃他人科学研究成果或者在科学研究中有弄虚作假等行为的。

重大项目课题负责人的变更还应当经重大项目主持人同意。

第三十一条 依托单位和项目负责人应当保证参与者的稳定。

参与者不得擅自增加或者退出。由于客观原因确实需要增加或者退出的，由重大项目课题负责人提出申请，重大项目主持人同意，经依托单位审核后报自然科学基金委批准。

新增加的参与者应当符合本办法第十二条的要求。退出的参与者1年内不得申请重大项目、重大项目课题和自然科学基金委规定的其他相关类型项目。

第三十二条 参与者变更单位以及增加参与者的，依托单位和合作研究单位的数量应当符合本办法第十三条要求。

第三十三条 项目实施过程中，根据中期评估专家的建议，项目的研究内容或者研究计划需要作出重大调整的，重大项目主持人应当及时提出申请，经依托单位审核后报自然科学基金委批准。

第三十四条 由于客观原因不能按期完成研究计划的，重大项目主持人可以申请延期1次，申请延长的期限不得超过2年。

重大项目主持人应当于项目资助期限届满60日前提出延期申请，经依托单位审核后报自然科学基金委批准。

批准延期的项目在结题前应当按时提交项目年度进展报告。

第三十五条 发生本办法第三十条、第三十一条、第三十三条、第三十四条情形，自然科学基金委作出批准、不予批准和终止决定的，应当及时通知依托单位和项目负责人。

第三十六条 重大项目实施过程中应当积极开展国际合作与交流活动，并将其纳入项目研究计划。项目学术领导小组应当定期检查国际合作与交流计划的执行情况。

第三十七条 重大项目实施过程中应当制定研究资源共享办法。项目负责人以及参与者应当共同遵守，保证课题之间的研究资源共享。

第六章　结题审查

第三十八条　自项目资助期满之日起60日内，项目负责人应当撰写结题报告、编制资金决算；取得研究成果的，应当同时提交研究成果报告。重大项目主持人应当对结题材料的真实性负责。

依托单位应当对结题材料的真实性和完整性进行审核，并提交自然科学基金委。

第三十九条　有下列情况之一的，自然科学基金委应当责令依托单位和项目负责人10日内提交或者改正；逾期不提交或者改正的，视情节按有关规定处理：

(一)未按时提交结题报告的；

(二)未按时提交资金决算的；

(三)提交的结题报告材料不齐全或者手续不完备的；

(四)提交的资金决算手续不全或者不符合填报要求的；

(五)其他不符合自然科学基金委要求的情况。

第四十条　自然科学基金委应当自收到结题材料之日起90日内，组织专家对重大项目完成情况进行结题审查及财务验收。

结题审查采取会议评审方式。会议评审专家不少于9人，其中应当包括参加过该项目评审或者中期评估的专家。

第四十一条　评审专家应当主要从以下几个方面审查重大项目完成情况，并向自然科学基金委提供评价意见：

(一)重大项目的预期目标实现情况；

(二)研究内容的完成情况；

(三)取得的研究成果情况；

(四)人才培养情况；

(五)国际合作与交流情况；

(六)项目组织管理和资金使用情况。

第四十二条　自然科学基金委根据结题材料提交的情况和评审专家的意见，作出予以结题的决定并书面通知依托单位和项目负责人。

第四十三条　自然科学基金委应当公布准予结题的重大项目和重大项目课题的结题报告、研究成果报告和申请摘要。

第四十四条　重大项目取得的研究成果，应当按照自然科学基金委成果管理的有关规定注明得到国家自然科学基金资助。

第四十五条　重大项目研究形成的知识产权的归属、使用和转移，按照国家有关法律、法规执行。

第七章　附　则

第四十六条　重大项目评审、中期评估和结题审查，执行自然科学基金项目评审回避与保密的有关规定。

第四十七条　本办法自2015年9月1日起施行。2002年12月13日公布的《国家自然科学基金重大项目管理办法》同时废止。

国家自然科学基金重点项目管理办法

国科金发计〔2009〕48 号

（2009 年 9 月 27 日国家自然科学基金委员会委务会议通过；2011 年 4 月 12 日国家自然科学基金委员会委务会议修订通过；2015 年 12 月 4 日国家自然科学基金委员会委务会议修订通过）

第一章　总　则

第一条　为了规范和加强国家自然科学基金重点项目（以下简称“重点项目”）管理，根据《国家自然科学基金条例》（以下简称《条例》），制定本办法。

第二条　重点项目支持科学技术人员针对已有较好基础的研究方向或者学科生长点开展深入、系统的创新性研究，促进学科发展，推动若干重要领域或者科学前沿取得突破。

重点项目应当体现有限目标、有限规模、重点突出的原则，重视学科交叉与渗透，有效利用国家和部门科学研究基地的条件，积极开展实质性的国际合作与交流。

第三条　国家自然科学基金委员会（以下简称“自然科学基金委”）在重点项目管理过程中履行下列职责：

（一）制定并发布年度项目指南；

（二）受理项目申请；

（三）组织专家进行评审；

（四）批准资助项目；

（五）管理和监督资助项目实施。

第四条　重点项目的经费使用与管理，按照国家自然科学基金资助项目经费管理的有关规定执行。

第二章　项目指南制定

第五条　自然科学基金委应当根据基金发展规划和基金资助工作评估报告制定年度项目指南。

年度项目指南应当体现优先发展领域、学科发展战略，明确受理重点项目申请的研究领域或者研究方向。

第六条 自然科学基金委制定年度项目指南应当广泛听取意见、组织专家评审组会议进行论证。

专家评审组对拟列入年度项目指南的研究领域或者研究方向，应当以无记名投票的方式表决，以出席会议评审专家的过半数通过。

第七条 自然科学基金委根据专家评审组论证意见制定年度项目指南，并在接收项目申请起始之日30日前公布。

第八条 因国家经济、社会发展特殊需要或者其他特殊情况临时制定的重点项目指南，应当经过专家论证，并在接收项目申请起始之日30日前公布。

第三章 申请与受理

第九条 依托单位的科学技术人员具备下列条件的，可以申请重点项目：

（一）具有承担基础研究课题的经历；

（二）具有高级专业技术职务（职称）。

正在博士后流动站或工作站内从事研究、正在攻读研究生学位以及《条例》第十条第二款所列的科学技术人员不得申请。

第十条 申请重点项目的数量应当符合下列要求：

（一）具有高级专业技术职务（职称）的人员，同年申请重点项目不得超过1项；

（二）年度项目指南中对申请数量的限制。

第十一条 申请人应当是申请重点项目的实际负责人，限为1人。

参与者与申请人不是同一单位的，参与者所在单位视为合作研究单位，合作研究单位的数量不得超过2个。

重点项目研究期限为5年。

第十二条 申请人应当按照年度项目指南要求，通过依托单位提出书面申请。申请人应当对所提交的申请材料的真实性负责。

依托单位应当对申请材料的真实性和完整性进行审核，统一提交自然科学基金委。

申请人可以向自然科学基金委提供3名以内不适宜评审其项目申请的通讯评审专家名单。

第十三条 申请人或者具有高级专业技术职务（职称）的参与者的单位有下列情况之一的，应当在申请时注明：

（一）同年申请或者参与申请各类项目的单位不一致的；

（二）与正在承担的各类项目的单位不一致的。

第十四条 自然科学基金委应当自项目申请截止之日起45日内完成对申请材料的初步审查。符合本办法规定的，予以受理并公布申请人基本情况和依托单位名称、申请项目名称。有下列情形之一的，不予受理，通过依托单位书面通知申请人，并说明理由：

（一）申请人不符合本办法规定条件的；

（二）申请材料不符合年度项目指南要求的；

（三）未在规定期限内提交申请的；

（四）申请人、参与者在不得申请或者参与申请国家自然科学基金资助的处罚期内的；

（五）依托单位在不得作为依托单位的处罚期内的。

第四章 评审与批准

第十五条 自然科学基金委负责组织同行专家对受理的项目申请进行评审。

第十六条 评审专家对项目申请应当从科学价值、创新性、社会影响以及研究方案的可行性等方面进行独立判断和评价，提出评审意见。

评审专家提出评审意见时还应当按照本办法第二条的要求考虑以下几个方面：

（一）申请人和参与者的研究经历；

（二）研究队伍构成、研究基础和相关的研究条件；

（三）申请人完成基金资助项目的情况；

（四）研究内容获得其他资助的情况；

（五）项目申请经费使用计划的合理性。

第十七条 对于已受理的项目申请，自然科学基金委应当根据申请书内容和有关评审要求从同行专家库中随机选择5名以上专家进行通讯评审。对同一研究领域或者研究方向的项目申请应当选择同一组专家评审。

对于申请人提供的不适宜评审其项目申请的评审专家名单，自然科学基金委在选择评审专家时应当根据实际情况予以考虑。

每份项目申请的有效评审意见不得少于5份。

第十八条 自然科学基金委应当根据通讯评审情况对项目申请进行排序和分类，确定参加会议评审的项目申请。

第十九条 会议评审专家应当来自专家评审组，根据需要可以特邀其他专家参加会议评审。到会评审专家应当为9人以上。

自然科学基金委应当向会议评审专家提供年度资助计划、项目申请书和通讯评审意见等评审材料。

被确定参加会议评审的项目，其申请人应当到会答辩，不到会答辩的，视为放弃申请。确因不可抗力不能到会答辩的，申请人经自然科学基金委批准可以委托项目参与者到会答辩。

会议评审专家应当在充分考虑申请人答辩情况、通讯评审意见和资助计划的基础上，对会议评审项目以无记名投票的方式表决，建议予以资助的项目应当以出席会议评审专家的过半数通过。

第二十条 自然科学基金委根据本办法的规定和专家会议表决结果，决定予以资助的项目。

第二十一条 自然科学基金委决定予以资助的，应当根据专家评审意见以及资助额度等及时制作资助通知书，书面通知依托单位和申请人，并公布申请人基本情况以及依托单位名称、申请项目名称、资助额度等；决定不予资助的，应当及时书面通知申请人和依托单位，并说明理由。

自然科学基金委应当整理专家评审意见，并向申请人和依托单位提供。

第二十二条　申请人对不予受理或者不予资助的决定不服的，可以自收到通知之日起15日内，向自然科学基金委提出书面复审申请。对评审专家的学术判断有不同意见，不得作为提出复审申请的理由。

自然科学基金委应当按照有关规定对复审申请进行审查和处理。

第五章　实施与管理

第二十三条　自然科学基金委应当公告予以资助项目的名称以及依托单位名称，公告期为5日。公告期满视为依托单位和项目负责人收到资助通知。

依托单位应当组织项目负责人按照资助通知书的要求填写项目计划书（一式两份），并在收到资助通知之日起20日内完成审核，提交自然科学基金委。

自然科学基金委应当自收到项目计划书之日起30日内审核项目计划书，并在核准后将其中1份返还依托单位。核准后的项目计划书作为项目实施、经费拨付、检查和结题的依据。

项目负责人除根据资助通知书要求对申请书内容进行调整外，不得对其他内容进行变更。

逾期未提交项目计划书且在规定期限内未说明理由的，视为放弃接受资助。

第二十四条　项目负责人应当按照项目计划书组织开展研究工作，做好资助项目实施情况的原始记录，填写项目年度进展报告。

依托单位应当审核项目年度进展报告并于次年1月15日前提交自然科学基金委。

第二十五条　自然科学基金委应当审查提交的项目年度进展报告。对未按时提交的，责令其在10日内提交，并视情节按有关规定处理。

第二十六条　自然科学基金委应当在重点项目实施中期，组织同行专家对项目进展和经费使用情况等进行检查。

中期检查采取会议或者通讯评审方式进行。相近领域项目应当集中进行交流与评审。中期检查专家应当为5人以上，其中应当包括参加过该项目评审的专家。

自然科学基金委应当整理中期检查意见，作出是否继续资助的决定并向依托单位和项目负责人提供。

第二十七条　重点项目实施过程中，一般不得变更依托单位，依托单位不得擅自变更项目负责人。

项目负责人有下列情形之一的，依托单位应当及时提出变更项目负责人或者终止项目实施的申请，报自然科学基金委批准；自然科学基金委也可以直接作出终止项目实施的决定：

（一）不再是依托单位科学技术人员的；

（二）不能继续开展研究工作的；

（三）有剽窃他人科学研究成果或者在科学研究中有弄虚作假等行为的。

第二十八条　依托单位和项目负责人应当保证参与者的稳定。

参与者不得擅自增加或者退出。由于客观原因确实需要增加或者退出的，由项目负责人提出申请，经依托单位审核后报自然科学基金委批准。

新增加的参与者应当符合本办法第十条的要求。退出的参与者 1 年内不得申请重点项目和自然科学基金委规定的其他相关类型项目。

第二十九条 参与者变更单位以及增加参与者的，合作研究单位的数量应当符合本办法第十一条第二款的要求。

第三十条 项目实施过程中，研究内容或者研究计划需要作出重大调整的，项目负责人应当及时提出申请，经依托单位审核后报自然科学基金委批准。

第三十一条 由于客观原因不能按期完成研究计划的，项目负责人可以申请延期 1 次，申请延长的期限不得超过 2 年。

项目负责人应当于项目资助期限届满 60 日前提出延期申请，经依托单位审核后报自然科学基金委批准。

批准延期的项目在结题前应当按时提交项目年度进展报告。

第三十二条 发生本办法第二十七条、第二十八条、第三十条、第三十一条情形，自然科学基金委作出批准、不予批准和终止决定的，应当及时通知依托单位和项目负责人。

第六章　结　题

第三十三条 自项目资助期满之日起 60 日内，项目负责人应当撰写结题报告、编制项目资助经费决算；取得研究成果的，应当同时提交研究成果报告。项目负责人应当对结题材料的真实性负责。

依托单位应当对结题材料的真实性和完整性进行审核，统一提交自然科学基金委。

第三十四条 有下列情况之一的，自然科学基金委应当责令依托单位和项目负责人 10 日内提交或者改正；逾期不提交或者改正的，视情节按有关规定处理：

（一）未按时提交结题报告的；

（二）未按时提交资助经费决算的；

（三）提交的结题报告材料不齐全或者手续不完备的；

（四）提交的资助经费决算手续不全或者不符合填报要求的；

（五）其他不符合自然科学基金委要求的情况。

第三十五条 自然科学基金委自收到结题材料之日起 90 日内，应组织同行专家对重点项目完成情况通过通讯评审或会议评审方式进行结题审查。

第三十六条 评审专家应当从以下方面审查重点项目的完成情况，并向自然科学基金委提供评价意见：

（一）项目计划执行情况；

（二）研究成果情况；

（三）人才培养情况；

（四）国际合作与交流情况；

（五）资助经费的使用情况。

第三十七条 自然科学基金委根据结题材料提交的情况和评审专家的意见，作出予以结题的决定并书面通知依托单位和项目负责人。

第三十八条 自然科学基金委应当公布准予结题项目的结题报告、研究成果报告和项目申请摘要。

第三十九条 发表重点项目取得的研究成果，应当按照自然科学基金委成果管理的有关规定注明得到国家自然科学基金资助。

第四十条 重点项目研究形成的知识产权的归属、使用和转移，按照国家有关法律、法规执行。

第七章 附 则

第四十一条 重点项目评审、中期检查和结题审查，执行自然科学基金委项目评审回避与保密的有关规定。

第四十二条 本办法自公布之日起施行。

国家自然科学基金面上项目管理办法

国科金发计〔2009〕45 号

（2009 年 9 月 27 日国家自然科学基金委员会委务会议通过，2011 年 4 月 12 日国家自然科学基金委员会委务会议修订通过）

第一章　总　则

第一条　为了规范和加强国家自然科学基金面上项目（以下简称“面上项目”）管理，根据《国家自然科学基金条例》（以下简称《条例》），制定本办法。

第二条　面上项目支持科学技术人员在国家自然科学基金资助范围内自主选题，开展创新性的科学研究，促进各学科均衡、协调和可持续发展。

第三条　国家自然科学基金委员会（以下简称“自然科学基金委”）在面上项目管理过程中履行以下职责：

（一）制定并发布年度项目指南；

（二）受理项目申请；

（三）组织专家进行评审；

（四）批准资助项目；

（五）管理和监督资助项目实施。

第四条　面上项目的经费使用与管理，按照国家自然科学基金资助项目经费管理的有关规定执行。

第二章　申请与评审

第五条　自然科学基金委根据基金发展规划、学科发展战略和基金资助工作评估报告，在广泛听取意见和专家评审组论证的基础上制定年度项目指南。年度项目指南应当在接收项目申请起始之日 30 日前公布。

第六条　依托单位的科学技术人员具备下列条件的，可以申请面上项目：

（一）具有承担基础研究课题或者其他从事基础研究的经历；

（二）具有高级专业技术职务（职称）或者具有博士学位，或者有 2 名与其研究领域相同、具有高级专业技术职务（职称）的科学技术人员推荐。

从事基础研究的科学技术人员具备前款规定的条件、无工作单位或者所在单位不是依托单位的，经与依托单位协商，并取得该依托单位的同意可以申请。依托单位应当将其视为本单位科学技术人员实施有效管理。

正在攻读研究生学位的人员不得申请面上项目，但在职人员经过导师同意可以通过其受聘依托单位申请。

第七条 申请面上项目的数量应当符合下列要求：

（一）作为申请人同年申请面上项目限为1项；

（二）不具有高级专业技术职务（职称）的人员，作为项目负责人正在承担面上项目的，不得申请；

（三）年度项目指南中对申请数量的限制。

第八条 申请人应当是申请面上项目的实际负责人，限为1人。

参与者与申请人不是同一单位的，参与者所在单位视为合作研究单位，合作研究单位的数量不得超过2个。

面上项目研究期限一般为4年。

第九条 申请人应当按照年度项目指南要求，通过依托单位提出书面申请。申请人应当对所提交的申请材料的真实性负责。

依托单位应当对申请材料的真实性和完整性进行审核，统一提交自然科学基金委。

申请人可以向自然科学基金委提供3名以内不适宜评审其项目申请的通讯评审专家名单。

第十条 具有高级专业技术职务（职称）的申请人或者参与者的单位有下列情况之一的，应当在申请时注明：

（一）同年申请或者参与申请各类项目的单位不一致的；

（二）与正在承担的各类项目的单位不一致的。

第十一条 自然科学基金委应当自项目申请截止之日起45日内完成对申请材料的初步审查。符合本办法规定的，予以受理并公布申请人基本情况和依托单位名称、申请项目名称。有下列情形之一的，不予受理，通过依托单位书面通知申请人，并说明理由：

（一）申请人不符合本办法规定条件的；

（二）申请材料不符合年度项目指南要求的；

（三）未在规定期限内提交申请的；

（四）申请人、参与者在不得申请或者参与申请国家自然科学基金资助的处罚期内的；

（五）依托单位在不得作为依托单位的处罚期内的。

第十二条 自然科学基金委负责组织同行专家对受理的项目申请进行评审。项目评审程序包括通讯评审和会议评审。

第十三条 评审专家对项目申请应当从科学价值、创新性、社会影响以及研究方案的可行性等方面进行独立判断和评价，提出评审意见。

评审专家提出评审意见时还应当考虑以下几个方面：

（一）申请人和参与者的研究经历；

(二)研究队伍构成、研究基础和相关的研究条件;

(三)项目申请经费使用计划的合理性。

第十四条 对于已受理的项目申请,自然科学基金委应当根据申请书内容和有关评审要求从同行专家库中随机选择 3 名以上专家进行通讯评审。对内容相近的项目申请应当选择同一组专家评审。

对于申请人提供的不适宜评审其项目申请的评审专家名单,自然科学基金委在选择评审专家时应当根据实际情况予以考虑。

每份项目申请的有效评审意见不得少于 3 份。

第十五条 通讯评审完成后,自然科学基金委应当组织专家对项目申请进行会议评审。会议评审专家应当来自专家评审组,必要时可以特邀其他专家参加会议评审。

自然科学基金委应当根据通讯评审情况对项目申请排序和分类,供会议评审专家评审时参考,同时还应当向会议评审专家提供年度资助计划、项目申请书和通讯评审意见等评审材料。

会议评审专家应当充分考虑通讯评审意见和资助计划,结合学科布局和发展对会议评审项目以无记名投票的方式表决,建议予以资助的项目应当以出席会议评审专家的过半数通过。

第十六条 多数通讯评审专家认为不应当予以资助的项目,2 名以上会议评审专家认为创新性强可以署名推荐。会议评审专家在充分听取推荐意见的基础上,应当以无记名投票的方式表决,建议予以资助的项目应当以出席会议评审专家的 2/3 以上的多数通过。

第十七条 自然科学基金委根据本办法的规定和专家会议表决结果,决定予以资助的项目。

第十八条 自然科学基金委决定予以资助的,应当根据专家评审意见以及资助额度等及时制作资助通知书,书面通知依托单位和申请人,并公布申请人基本情况以及依托单位名称、申请项目名称、资助额度等;决定不予资助的,应当及时书面通知申请人和依托单位,并说明理由。

自然科学基金委应当整理专家评审意见,并向申请人和依托单位提供。

第十九条 申请人对不予受理或者不予资助的决定不服的,可以自收到通知之日起 15 日内,向自然科学基金委提出书面复审申请。对评审专家的学术判断有不同意见,不得作为提出复审申请的理由。

自然科学基金委应当按照有关规定对复审申请进行审查和处理。

第二十条 面上项目评审执行自然科学基金委项目评审回避与保密的有关规定。

第三章 实施与管理

第二十一条 自然科学基金委应当公告予以资助项目的名称以及依托单位名称,公告期为 5 日。公告期满视为依托单位和项目负责人收到资助通知。

依托单位应当组织项目负责人按照资助通知书的要求填写项目计划书(一式两份),并在收到资助通知之日起 20 日内完成审核,提交自然科学基金委。

自然科学基金委应当自收到项目计划书之日起30日内审核项目计划书，并在核准后将其中1份返还依托单位。核准后的项目计划书作为项目实施、经费拨付、检查和结题的依据。

项目负责人除根据资助通知书要求对申请书内容进行调整外，不得对其他内容进行变更。

逾期未提交项目计划书且在规定期限内未说明理由的，视为放弃接受资助。

第二十二条 项目负责人应当按照项目计划书组织开展研究工作，做好资助项目实施情况的原始记录，填写项目年度进展报告。

依托单位应当审核项目年度进展报告并于次年1月15日前提交自然科学基金委。

第二十三条 自然科学基金委应当审查提交的项目年度进展报告。对未按时提交的，责令其在10日内提交，并视情节按有关规定处理。

第二十四条 自然科学基金委应当对面上项目的实施情况进行抽查。

第二十五条 面上项目实施过程中，依托单位不得擅自变更项目负责人。

项目负责人有下列情形之一的，依托单位应当及时提出变更项目负责人或者终止项目实施的申请，报自然科学基金委批准；自然科学基金委也可以直接作出终止项目实施的决定：

（一）不再是依托单位科学技术人员的；

（二）不能继续开展研究工作的；

（三）有剽窃他人科学研究成果或者在科学研究中有弄虚作假等行为的。

项目负责人调入另一依托单位工作的，经所在依托单位与原依托单位协商一致，由原依托单位提出变更依托单位的申请，报自然科学基金委批准。协商不一致的，自然科学基金委作出终止该项目负责人所负责的项目实施的决定。

第二十六条 依托单位和项目负责人应当保证参与者的稳定。

参与者不得擅自增加或者退出。由于客观原因确实需要增加或者退出的，由项目负责人提出申请，经依托单位审核后报自然科学基金委批准。新增加的参与者应当符合本办法第七条的要求。

第二十七条 项目负责人或者参与者变更单位以及增加参与者的，合作研究单位的数量应当符合本办法第八条第二款的要求。

第二十八条 项目实施过程中，研究内容或者研究计划需要作出重大调整的，项目负责人应当及时提出申请，经依托单位审核后报自然科学基金委批准。

第二十九条 由于客观原因不能按期完成研究计划的，项目负责人可以申请延期1次，申请延长的期限不得超过2年。

项目负责人应当于项目资助期限届满60日前提出延期申请，经依托单位审核后报自然科学基金委批准。

批准延期的项目在结题前应当按时提交项目年度进展报告。

第三十条 发生本办法第二十五条、第二十六条、第二十八条、第二十九条情形，自然科学基金委作出批准、不予批准和终止决定的，应当及时通知依托单位和项目负责人。

第三十一条 自项目资助期满之日起60日内，项目负责人应当撰写结题报告、编制项目资助经费决算;取得研究成果的,应当同时提交研究成果报告。项目负责人应当对结题材料的真实性负责。

依托单位应当对结题材料的真实性和完整性进行审核,统一提交自然科学基金委。

对未按时提交结题报告和经费决算表的,自然科学基金委责令其在10日内提交,并视情节按有关规定处理。

第三十二条 自然科学基金委应当自收到结题材料之日起90日内进行审查。对符合结题要求的,准予结题并书面通知依托单位和项目负责人。

有下列情况之一的,责令改正并视情节按有关规定处理:

(一)提交的结题报告材料不齐全或者手续不完备的;

(二)提交的资助经费决算手续不全或者不符合填报要求的;

(三)其他不符合自然科学基金委要求的情况。

第三十三条 自然科学基金委应当公布准予结题项目的结题报告、研究成果报告和项目申请摘要。

第三十四条 发表面上项目取得的研究成果,应当按照自然科学基金委成果管理的有关规定注明得到国家自然科学基金资助。

第三十五条 面上项目研究形成的知识产权的归属、使用和转移,按照国家有关法律、法规执行。

第四章 附 则

第三十六条 本办法自公布之日起施行。

国家自然科学基金青年科学基金项目管理办法

国科金发计〔2009〕46 号

（2009 年 9 月 27 日国家自然科学基金委员会委务会议通过；2011 年 4 月 12 日国家自然科学基金委员会委务会议修订通过）

第一章　总　则

第一条　为了规范和加强国家自然科学基金青年科学基金项目（以下简称“青年基金项目”）管理，根据《国家自然科学基金条例》（以下简称《条例》），制定本办法。

第二条　青年基金项目支持青年科学技术人员在国家自然科学基金资助范围内自主选题，开展基础研究工作，培养青年科学技术人员独立主持科研项目、进行创新研究的能力。

第三条　国家自然科学基金委员会（以下简称“自然科学基金委”）在青年基金项目管理过程中履行以下职责：

（一）制定并发布年度项目指南；

（二）受理项目申请；

（三）组织专家进行评审；

（四）批准资助项目；

（五）管理和监督资助项目实施。

第四条　青年基金项目的经费使用与管理，按照国家自然科学基金资助项目经费管理的有关规定执行。

第二章　申请与评审

第五条　自然科学基金委根据基金发展规划、学科发展战略和基金资助工作评估报告，在广泛听取意见和专家评审组论证的基础上制定年度项目指南。年度项目指南应当在接收项目申请起始之日 30 日前公布。

第六条　依托单位的科学技术人员具备下列条件的，可以申请青年基金项目：

（一）具有从事基础研究的经历；

（二）具有高级专业技术职务（职称）或者具有博士学位，或者有 2 名与其研究领域相

同、具有高级专业技术职务(职称)的科学技术人员推荐;

(三)申请当年1月1日男性未满35周岁,女性未满40周岁。

从事基础研究的科学技术人员具备前款规定的条件、无工作单位或者所在单位不是依托单位的,经与依托单位协商,并取得该依托单位的同意可以申请。依托单位应当将其视为本单位科学技术人员实施有效管理。

第七条 下列科学技术人员不得申请青年基金项目:

(一)作为负责人正在承担青年基金项目的;

(二)作为负责人承担过青年基金项目的;

(三)正在攻读研究生学位的。

前款第(三)项中在职攻读博士研究生学位且符合第六条规定条件的,经过导师同意可以通过其受聘依托单位申请。

第八条 申请青年基金项目的数量应当符合下列要求:

(一)作为申请人同年申请青年基金项目限为1项;

(二)年度项目指南中对申请数量的限制。

第九条 申请人应当是申请青年基金项目的实际负责人,限为1人。

参与者应当以青年为主体。参与者与申请人不是同一单位的,参与者所在单位视为合作研究单位,合作研究单位的数目不得超过2个。

青年基金项目研究期限一般为3年。

第十条 申请人应当按照年度项目指南要求,通过依托单位提出书面申请。申请人应当对所提交的申请材料的真实性负责。

依托单位应当对申请材料的真实性和完整性进行审核,统一提交自然科学基金委。

申请人可以向自然科学基金委提供3名以内不适宜评审其项目申请的通讯评审专家名单。

第十一条 具有高级专业技术职务(职称)的申请人或者参与者的单位有下列情况之一的,应当在申请时注明:

(一)同年申请或者参与申请各类项目的单位不一致的;

(二)与正在承担的各类项目的单位不一致的。

第十二条 自然科学基金委应当自项目申请截止之日起45日内完成对申请材料的初步审查。符合本办法规定的,予以受理并公布申请人基本情况和依托单位名称、申请项目名称。有下列情形之一的,不予受理,通过依托单位书面通知申请人,并说明理由:

(一)申请人不符合本办法规定条件的;

(二)申请材料不符合年度项目指南要求的;

(三)未在规定期限内提交申请的;

(四)申请人、参与者在不得申请或者参与申请国家自然科学基金资助的处罚期内的;

(五)依托单位在不得作为依托单位的处罚期内的。

第十三条 自然科学基金委负责组织同行专家对受理的项目申请进行评审。项目评审程序包括通讯评审和会议评审。

第十四条 评审专家对项目申请应当从科学价值、创新性、社会影响以及研究方案的可行性等方面进行独立判断和评价，提出评审意见。

评审专家提出评审意见时还应当考虑申请人的创新潜力。

第十五条 对于已受理的项目申请，自然科学基金委应当根据申请书内容和有关评审要求从同行专家库中随机选择 3 名以上专家进行通讯评审。对内容相近的项目申请应当选择同一组专家评审。

对于申请人提供的不适宜评审其项目申请的评审专家名单，自然科学基金委在选择评审专家时应当根据实际情况予以考虑。

每份项目申请的有效评审意见不得少于 3 份。

第十六条 通讯评审完成后，自然科学基金委应当组织专家对项目申请进行会议评审。会议评审专家应当来自专家评审组，必要时可以特邀其他专家参加会议评审。

自然科学基金委应当根据通讯评审情况对项目申请排序和分类，供会议评审专家评审时参考，同时还应当向会议评审专家提供年度资助计划、项目申请书和通讯评审意见等评审材料。

会议评审专家应当在充分考虑通讯评审意见和资助计划的基础上，对会议评审项目以无记名投票的方式表决，建议予以资助的项目应当以出席会议评审专家的过半数通过。

第十七条 多数通讯评审专家认为不应当予以资助的项目，2 名以上会议评审专家认为创新性强可以署名推荐。会议评审专家在充分听取推荐意见的基础上，应当以无记名投票的方式表决，建议予以资助的项目应当以出席会议评审专家的 2/3 以上的多数通过。

第十八条 自然科学基金委根据本办法的规定和专家会议表决结果，决定予以资助的项目。

第十九条 自然科学基金委决定予以资助的，应当根据专家评审意见以及资助额度等及时制作资助通知书，书面通知依托单位和申请人，并公布申请人基本情况以及依托单位名称、申请项目名称、资助额度等；决定不予资助的，应当及时书面通知申请人和依托单位，并说明理由。

自然科学基金委应当整理专家评审意见，并向申请人和依托单位提供。

第二十条 申请人对不予受理或者不予资助的决定不服的，可以自收到通知之日起 15 日内，向自然科学基金委提出书面复审申请。对评审专家的学术判断有不同意见，不得作为提出复审申请的理由。

自然科学基金委应当按照有关规定对复审申请进行审查和处理。

第二十一条 青年基金项目评审执行自然科学基金委项目评审回避与保密的有关规定。

第三章 实施与管理

第二十二条 自然科学基金委应当公告予以资助项目的名称以及依托单位名称，公告期为 5 日。公告期满视为依托单位和项目负责人收到资助通知。

依托单位应当组织项目负责人按照资助通知书的要求填写项目计划书(一式两份),并在收到资助通知之日起20日内完成审核,提交自然科学基金委。

自然科学基金委应当自收到项目计划书之日起30日内审核项目计划书,并在核准后将其中1份返还依托单位。核准后的项目计划书作为项目实施、经费拨付、检查和结题的依据。

项目负责人除根据资助通知书要求对申请书内容进行调整外,不得对其他内容进行变更。

逾期未提交项目计划书且在规定期限内未说明理由的,视为放弃接受资助。

第二十三条 项目负责人应当按照项目计划书组织开展研究工作,做好资助项目实施情况的原始记录,填写项目年度进展报告。

依托单位应当审核项目年度进展报告并于次年1月15日前提交自然科学基金委。

第二十四条 自然科学基金委应当审查提交的项目年度进展报告。对未按时提交的,责令其在10日内提交,并视情节按有关规定处理。

第二十五条 自然科学基金委应当对青年基金项目的实施情况进行抽查。

第二十六条 青年基金项目实施过程中,项目负责人不得变更。

项目负责人有下列情形之一的,依托单位应当及时提出终止项目实施的申请,报自然科学基金委批准;自然科学基金委也可以直接作出终止项目实施的决定:

(一)不再是依托单位科学技术人员的;

(二)不能继续开展研究工作的;

(三)连续一年以上出国的;

(四)有剽窃他人科学研究成果或者在科学研究中有弄虚作假等行为的。

项目负责人调入另一依托单位工作的,经所在依托单位与原依托单位协商一致,由原依托单位提出变更依托单位的申请,报自然科学基金委批准。协商不一致的,自然科学基金委作出终止该项目负责人所负责的项目实施的决定。

第二十七条 依托单位和项目负责人应当保证参与者的稳定。

参与者不得擅自增加或者退出。由于客观原因确实需要增加或者退出的,由项目负责人提出申请,经依托单位审核后报自然科学基金委批准。新增加的参与者应当符合本办法第八条的要求。

第二十八条 项目负责人或者参与者变更单位以及增加参与者的,合作研究单位的数量应当符合本办法第九条第二款的要求。

第二十九条 项目实施过程中,研究内容或者研究计划需要作出重大调整的,项目负责人应当及时提出申请,经依托单位审核后报自然科学基金委批准。

第三十条 由于客观原因不能按期完成研究计划的,项目负责人可以申请延期1次,申请延长的期限不得超过2年。

项目负责人应当于项目资助期限届满60日前提出延期申请,经依托单位审核后报自然科学基金委批准。

批准延期的项目在结题前应当按时提交项目年度进展报告。

第三十一条 发生本办法第二十六条、第二十七条、第二十八条、第二十九条、第三十条情形，自然科学基金委作出批准、不予批准和终止决定的，应当及时通知依托单位和项目负责人。

第三十二条 自项目资助期满之日起60日内，项目负责人应当撰写结题报告、编制项目资助经费决算；取得研究成果的，应当同时提交研究成果报告。项目负责人应当对结题材料的真实性负责。

依托单位应当对结题材料的真实性和完整性进行审核，统一提交自然科学基金委。

对未按时提交结题报告和经费决算表的，自然科学基金委责令其在10日内提交，并视情节按有关规定处理。

第三十三条 自然科学基金委应当自收到结题材料之日起90日内进行审查。对符合结题要求的，准予结题并书面通知依托单位和项目负责人。

有下列情况之一的，责令改正并视情节按有关规定处理：

(一)提交的结题报告材料不齐全或者手续不完备的；

(二)提交的资助经费决算手续不全或者不符合填报要求的；

(三)其他不符合自然科学基金委要求的情况。

第三十四条 自然科学基金委应当公布准予结题项目的结题报告、研究成果报告和项目申请摘要。

第三十五条 发表青年基金项目取得的研究成果，应当按照自然科学基金委成果管理的有关规定注明得到国家自然科学基金资助。

第三十六条 青年基金项目研究形成的知识产权的归属、使用和转移，按照国家有关法律、法规执行。

第四章 附 则

第三十七条 本办法自公布之日起施行。

国家杰出青年科学基金项目管理办法

国科金发计〔2014〕38号

（2009年9月27日国家自然科学基金委员会委务会议通过；2015年12月4日国家自然科学基金委员会委务会议修订通过）

第一章　总　则

第一条　为了规范和加强国家杰出青年科学基金项目管理，根据《国家自然科学基金条例》（以下简称《条例》），制定本办法。

第二条　国家杰出青年科学基金是国家设立的专项基金，由国家自然科学基金委员会（以下简称"自然科学基金委"）负责管理。

第三条　国家杰出青年科学基金项目支持在基础研究方面已取得突出成绩的青年学者自主选择研究方向开展创新研究，促进青年科学技术人才的成长，吸引海外人才，培养造就一批进入世界科技前沿的优秀学术带头人。

第四条　自然科学基金委在国家杰出青年科学基金项目管理过程中履行下列职责：

（一）制定并发布年度项目指南；

（二）组建国家杰出青年科学基金评审委员会（以下简称"评审委员会"）；

（三）受理项目申请；

（四）组织专家进行评审；

（五）批准资助项目；

（六）管理和监督资助项目实施。

第五条　国家杰出青年科学基金项目的经费使用与管理，按照国家杰出青年科学基金资助项目经费管理的有关规定执行。

第二章　申　请

第六条　自然科学基金委根据国家人才培养战略规划、基金发展规划和基金资助工作评估报告制定年度项目指南。年度项目指南应当在接收项目申请起始之日30日前公布。

第七条　依托单位的科学技术人员申请国家杰出青年科学基金项目应当具备以下

条件：

(一)具有中华人民共和国国籍；

(二)申请当年1月1日未满45周岁；

(三)具有良好的科学道德；

(四)具有高级专业技术职务(职称)或者具有博士学位；

(五)具有承担基础研究课题或者其他从事基础研究的经历；

(六)与境外单位没有正式聘用关系；

(七)保证资助期内每年在依托单位从事研究工作的时间在9个月以上。

不具有中华人民共和国国籍的华人青年学者，符合前款(二)至(七)条件的，可以申请。

正在博士后工作站内从事研究、正在攻读研究生学位以及获得过国家杰出青年科学基金项目资助的不得申请。

第八条 申请人应当是申请国家杰出青年科学基金项目的实际负责人，限为1人。

国家杰出青年科学基金项目研究期限为5年。

第九条 申请人应当按照年度项目指南要求，通过依托单位提出书面申请。申请人应当对所提交的申请材料的真实性负责。

申请人可以向自然科学基金委提供3名以内不适宜评审其项目申请的通讯评审专家名单。

第十条 申请人的单位有下列情况之一的，应当在申请时注明：

(一)同年申请或者参与申请各类项目的单位不一致的；

(二)与正在承担的各类项目的单位不一致的。

第十一条 依托单位应当组织学术委员会或者专家组对申请人提出推荐意见；依托单位应当对申请材料的真实性和完整性进行审核，统一提交自然科学基金委。

第十二条 自然科学基金委应当自项目申请截止之日起45日内完成对申请材料的初步审查。符合本办法规定的，予以受理并公布申请人基本情况、研究领域及依托单位名称。有下列情形之一的，不予受理，通过依托单位书面通知申请人，并说明理由：

(一)申请人不符合本办法规定的；

(二)申请材料不符合年度项目指南要求的；

(三)申请人在不得申请国家自然科学基金资助的处罚期内的；

(四)依托单位在不得作为依托单位的处罚期内的。

第三章 评审与批准

第十三条 自然科学基金委负责组织同行专家对受理的项目申请进行评审。项目评审程序为通讯评审、会议评审、评审委员会评定。

第十四条 评审委员会由科学家、工程技术专家以及国家有关部委的管理专家组成。评审委员会的职责是：

(一)评定国家杰出青年科学基金资助人选；

(二)研究国家杰出青年科学基金资助工作中的重大问题。

第十五条 国家杰出青年科学基金项目的评审应当重点考虑以下几个方面：

(一)研究成果的创新性和科学价值；

(二)对本学科领域或者相关学科领域发展的推动作用；

(三)对国民经济与社会发展的影响；

(四)拟开展的研究工作的创新性构思、研究方向、研究内容和研究方案等。

第十六条 对于已受理的项目申请，自然科学基金委应当根据申请书内容和有关评审要求从同行专家库中随机选择 5 名以上专家进行通讯评审。

对于申请人提供的不适宜评审其项目申请的评审专家名单，自然科学基金委在选择评审专家时应当根据实际情况予以考虑。

每份项目申请的有效评审意见不得少于 5 份。

第十七条 自然科学基金委应当根据通讯评审情况对项目申请进行排序和分类，确定参加会议评审的项目申请。

会议评审专家应当来自专家评审组和评审委员会，根据需要可以特邀其他专家参加会议评审。到会评审专家应当为 15 人以上。

被确定参加会议评审的项目，其申请人应当到会答辩，不到会答辩的，视为放弃申请。

会议评审专家应当在充分考虑申请人答辩情况、通讯评审意见和资助计划的基础上，对到会答辩的申请人以无记名投票的方式表决，建议予以资助的应当以出席会议评审专家的过半数通过。

第十八条 自然科学基金委应当公布建议资助项目申请人名单。建议资助项目申请人有违反本办法规定的，任何单位和个人均可在 15 日内提出书面异议。

自然科学基金委负责异议的受理与调查，调查结果提交评审委员会。

第十九条 自然科学基金委组织评审委员会会议。评审委员会会议必须有二分之一以上的评审委员会委员出席方可召开。

根据需要可以特邀其他专家参加评审委员会会议。

评审委员会对建议资助项目申请人进行评定，以无记名投票的方式表决，通过人选获得的赞同票数应当超过到会专家人数的 2/3。

第二十条 自然科学基金委根据本办法的规定和评审委员会评定结果，决定予以资助的项目。

第二十一条 自然科学基金委决定予以资助的，应当根据专家评审意见以及资助额度等及时制作资助通知书，书面通知依托单位和申请人，并公布申请人基本情况以及依托单位名称、研究领域、资助额度等；决定不予资助的，应当及时书面通知申请人和依托单位，并说明理由。

自然科学基金委应当整理专家评审意见，并向申请人和依托单位提供。

第二十二条 申请人对不予受理或者不予资助的决定不服的，可以自收到通知之日起 15 日内，向自然科学基金委提出书面复审申请。对评审专家的学术判断有不同意见，不得作为提出复审申请的理由。

自然科学基金委应当按照有关规定对复审申请进行审查和处理。

第四章　实施与管理

第二十三条　自然科学基金委应当公告予以资助项目负责人名单以及依托单位名称，公告期为5日。公告期满视为依托单位和项目负责人收到资助通知。

依托单位应当组织项目负责人按照资助通知书的要求填写项目计划书（一式两份），并在收到资助通知之日起20日内完成审核，提交自然科学基金委。

自然科学基金委应当自收到项目计划书之日起30日内审核项目计划书，并在核准后将其中1份返还依托单位。核准后的项目计划书作为项目实施、经费拨付、检查和结题的依据。

项目负责人除根据资助通知书要求对申请书内容进行调整外，不得对其他内容进行变更。

逾期未提交项目计划书且在规定期限内未说明理由的，视为放弃接受资助。

第二十四条　项目负责人应当按照项目计划书开展研究工作，做好资助项目实施情况的原始记录，填写项目年度进展报告。

依托单位应当审核项目年度进展报告并于次年1月15日前提交自然科学基金委。

第二十五条　自然科学基金委应当审查提交的项目年度进展报告。对未按时提交的，责令其在10日内提交，并视情节按有关规定处理。

第二十六条　自然科学基金委应当在项目实施中期，组织同行专家以学术会议方式对项目进展和经费使用情况等进行检查。中期检查专家应当包括参加过该项目评审的专家。

自然科学基金委应当整理中期检查意见，作出是否继续资助的决定并向依托单位和项目负责人提供。

第二十七条　国家杰出青年科学基金项目负责人不得变更。项目负责人有下列情形之一的，依托单位应当及时提出终止项目实施的申请，报自然科学基金委批准；自然科学基金委也可以直接作出终止项目实施的决定：

（一）不再是依托单位科学技术人员的；

（二）不能继续开展研究工作的；

（三）连续一年以上出国的；

（四）有剽窃他人科学研究成果或者在科学研究中有弄虚作假等行为的。

项目负责人调入另一依托单位工作的，经所在依托单位与原依托单位协商一致，由原依托单位提出变更依托单位的申请，报自然科学基金委批准。协商不一致的，自然科学基金委作出终止该项目负责人所负责的项目实施的决定。

发生第一、二款情形，自然科学基金委作出批准、不予批准和终止决定的，应当及时通知依托单位和项目负责人。

第二十八条　自项目资助期满之日起60日内，项目负责人应当撰写结题报告、编制项目资助经费决算；取得研究成果的，应当同时提交研究成果报告。项目负责人应当对结题材料的真实性负责。

依托单位应当对结题材料的真实性和完整性进行审核，统一提交自然科学基金委。

第二十九条 有下列情况之一的，自然科学基金委应当责令依托单位和项目负责人10日内提交或者改正；逾期不提交或者改正的，视情节按有关规定处理：

（一）未按时提交结题报告的；

（二）未按时提交资助经费决算的；

（三）提交的结题报告材料不齐全或者手续不完备的；

（四）提交的资助经费决算手续不全或不符合填报要求的；

（五）其他不符合自然科学基金委要求的情况。

第三十条 自然科学基金委应当组织同行专家对项目完成情况进行审查。

审查采取会议评审方式进行。会议评审专家应当为15人以上，其中应当包括参加过项目评审或者中期检查的专家。

第三十一条 评审专家应当从以下方面审查项目的完成情况，并向自然科学基金委提供评价意见：

（一）项目计划执行情况；

（二）研究成果情况；

（三）人才培养情况；

（四）国际合作与交流情况；

（五）资助经费的使用情况。

第三十二条 自然科学基金委根据结题材料提交的情况和评审专家的意见，作出予以结题的决定并书面通知依托单位和项目负责人。

第三十三条 自然科学基金委应当公布准予结题项目的结题报告、研究成果报告和项目申请摘要。

第三十四条 发表国家杰出青年科学基金项目取得的研究成果，应当按照自然科学基金委成果管理的有关规定注明得到国家自然科学基金资助。

第三十五条 国家杰出青年科学基金项目研究形成的知识产权的归属、使用和转移，按照国家有关法律、法规执行。

第五章　附　则

第三十六条 国家杰出青年科学基金项目评审、中期检查和结题审查，执行自然科学基金委项目评审回避与保密的有关规定。

第三十七条 本办法自2010年1月1日起施行。2002年11月21日公布的《国家杰出青年科学基金实施管理办法》、2005年8月18日公布的《国家杰出青年科学基金（外籍）实施管理暂行办法》和2001年6月12日公布的《国家杰出青年科学基金异议期试行办法》同时废止。

国家自然科学基金优秀青年科学基金项目管理办法

国科金发计〔2014〕38 号

第一章　总　则

第一条　为了规范和加强国家自然科学基金优秀青年科学基金项目管理，根据《国家自然科学基金条例》(以下简称《条例》)，制定本办法。

第二条　优秀青年科学基金项目支持在基础研究方面已取得较好成绩的青年学者自主选择研究方向开展创新研究，促进青年科学技术人才的快速成长，培养一批有望进入世界科技前沿的优秀学术骨干。

第三条　国家自然科学基金委员会(以下简称“自然科学基金委”)在优秀青年科学基金项目管理过程中履行以下职责：

(一)制定并发布年度项目指南；

(二)受理项目申请；

(三)组织专家进行评审；

(四)批准资助项目；

(五)管理和监督资助项目实施。

第四条　优秀青年科学基金项目的经费使用与管理，按照国家自然科学基金资助项目经费管理的有关规定执行。

第二章　申　请

第五条　自然科学基金委根据国家中长期人才发展规划、基金发展规划和基金资助工作评估报告制定项目指南。年度项目指南应当在接收项目申请起始之日 30 日前公布。

第六条　依托单位的科学技术人员申请优秀青年科学基金项目应当具备以下条件：

(一)具有中华人民共和国国籍；

(二)申请当年 1 月 1 日男性未满 38 周岁，女性未满 40 周岁；

(三)具有良好的科学道德；

(四)具有高级专业技术职务(职称)或者博士学位;

(五)具有承担基础研究课题或者其他从事基础研究的经历;

(六)与境外单位没有正式聘用关系;

(七)保证资助期内每年在依托单位从事研究工作的时间在9个月以上。

不具有中华人民共和国国籍的华人青年学者,符合前款(二)至(七)条件的,可以申请。

第七条 以下科学技术人员不得申请优秀青年科学基金项目:

(一)《条例》第十条第二款所列的无工作单位或者所在单位不是依托单位的;

(二)获得过国家杰出青年科学基金或者优秀青年科学基金项目资助的;

(三)当年申请国家杰出青年科学基金项目的;

(四)正在博士后流动站或者工作站内从事研究以及正在攻读研究生学位的。

第八条 申请人申请和承担基金项目的数量应当符合年度项目指南中的限项申请规定。

第九条 申请人应当是优秀青年科学基金项目的实际负责人,限为1人。

优秀青年科学基金项目研究期限为3年。

第十条 申请人应当按照年度项目指南要求,通过依托单位提出书面申请。申请人应当对所提交的申请材料的真实性负责。

申请人可以向自然科学基金委提供3名以内不适宜评审其项目申请的通讯评审专家名单。

第十一条 申请人的单位有下列情况之一的,应当在申请时注明:

(一)同年申请或者参与申请各类项目的单位不一致的;

(二)与正在承担的各类项目的单位不一致的。

第十二条 依托单位应当对申请材料的真实性和完整性进行审核,统一提交自然科学基金委。

第十三条 自然科学基金委应当自项目申请截止之日起45日内完成对申请材料的初步审查。符合本办法规定的,予以受理并公布申请人基本情况、研究领域及依托单位名称。有下列情形之一的,不予受理,通过依托单位书面通知申请人,并说明理由:

(一)申请人不符合本办法规定的;

(二)申请材料不符合年度项目指南要求的;

(三)申请人在不得申请国家自然科学基金资助的处罚期内的;

(四)依托单位在不得作为依托单位的处罚期内的。

第三章 评审与批准

第十四条 自然科学基金委负责组织同行专家对受理的项目申请进行评审。项目评审程序包括通讯评审和会议评审。

第十五条 优秀青年科学基金项目的评审应当重点考虑申请人以下几个方面:

(一)近5年取得的科研成就;

(二)提出创新思路和开展创新研究的潜力;

（三）拟开展的研究工作的科学意义和创新性；

（四）研究方案的可行性。

第十六条 对于已受理的项目申请，自然科学基金委应当根据申请书内容和有关评审要求从同行专家库中随机选择5名以上专家进行通讯评审。

对于申请人提供的不适宜评审其项目申请的评审专家名单，自然科学基金委在选择评审专家时应当根据实际情况予以考虑。

每份项目申请的有效评审意见不得少于5份。

第十七条 自然科学基金委应当根据通讯评审情况对项目申请进行排序和分类，确定参加会议评审的项目申请。

会议评审专家应当来自专家评审组，根据需要可以邀请其他专家参加会议评审。到会评审专家应当为15人以上。

被确定参加会议评审的项目，其申请人应当到会答辩；不到会答辩的，视为放弃申请。

会议评审专家在充分考虑申请人答辩情况、通讯评审意见和资助计划的基础上，对到会答辩的申请人以无记名投票的方式表决，建议予以资助的应当以出席会议评审专家的过半数通过。

第十八条 自然科学基金委根据本办法的规定和专家会议表决结果，决定予以资助的项目。

第十九条 自然科学基金委决定予以资助的，应当根据专家评审意见以及资助额度等及时制作资助通知书，书面通知依托单位和申请人，并公布申请人基本情况以及依托单位名称、研究领域、资助额度等；决定不予资助的，应当及时书面通知申请人和依托单位，并说明理由。

自然科学基金委应当整理专家评审意见，并向申请人和依托单位提供。

第二十条 申请人对不予受理或者不予资助的决定不服的，可以自收到通知之日起15日内，向自然科学基金委提出书面复审申请。对评审专家的学术判断有不同意见，不得作为提出复审申请的理由。

自然科学基金委应当按照有关规定对复审申请进行审查和处理。

第四章 实施与管理

第二十一条 自然科学基金委应当公告予以资助项目负责人名单以及依托单位名称，公告期为5日。公告期满视为依托单位和项目负责人收到资助通知。

依托单位应当组织项目负责人按照资助通知书的要求填写项目计划书（一式两份），并在收到资助通知之日起20日内完成审核，提交自然科学基金委。

自然科学基金委应当自收到项目计划书之日起30日内审核项目计划书，并在核准后将其中1份返还依托单位。核准后的项目计划书作为项目实施、经费拨付、检查和结题的依据。

项目负责人除根据资助通知书要求对申请书内容进行调整外，不得对其他内容进行变更。

逾期未提交项目计划书且在规定期限内未说明理由的，视为放弃接受资助。

第二十二条 项目负责人应当按照项目计划书开展研究工作，做好资助项目实施情况的原始记录，填写项目年度进展报告。

依托单位应当审核项目年度进展报告并于次年1月15日前提交自然科学基金委。

第二十三条 自然科学基金委应当审查提交的项目年度进展报告。对未按时提交的，责令其在10日内提交，并视情节按有关规定处理。

第二十四条 优秀青年科学基金项目实施过程中，项目负责人不得变更。项目负责人有下列情形之一的，依托单位应当及时提出终止项目实施的申请，报自然科学基金委批准；自然科学基金委也可以直接作出终止项目实施的决定：

（一）不再是依托单位科学技术人员的；

（二）不能继续开展研究工作的；

（三）连续一年以上出国的；

（四）有剽窃他人科学研究成果或者在科学研究中有弄虚作假等行为的。

项目负责人调入另一依托单位工作的，经所在依托单位与原依托单位协商一致，由原依托单位提出变更依托单位的申请，报自然科学基金委批准。协商不一致的，自然科学基金委作出终止该项目负责人所负责的项目实施的决定。

发生第一、二款情形，自然科学基金委作出批准、不予批准和终止决定的，应当及时通知依托单位和项目负责人。

第二十五条 项目实施过程中，研究内容或者研究计划需要作出重大调整的，项目负责人应当及时提出申请，经依托单位审核后报自然科学基金委批准。

第二十六条 自项目资助期满之日起60日内，项目负责人应当撰写结题报告、编制项目资助经费决算；取得研究成果的，应当同时提交研究成果报告。项目负责人应当对结题材料的真实性负责。

第二十七条 有下列情况之一的，自然科学基金委应当责令依托单位和项目负责人10日内提交或者改正；逾期不提交或者改正的，视情节按有关规定处理：

（一）未按时提交结题报告的；

（二）未按时提交资助经费决算的；

（三）提交的结题报告材料不齐全或者手续不完备的；

（四）提交的资助经费决算手续不全或者不符合填报要求的；

（五）其他不符合自然科学基金委要求的情况。

第二十八条 自然科学基金委应当对结题材料进行审查，必要时组织同行专家以通讯评审或者会议评审方式对项目完成情况进行审查。

第二十九条 自然科学基金委根据结题材料提交情况和审查情况，作出予以结题的决定并书面通知依托单位和项目负责人。

第三十条 自然科学基金委应当公布准予结题项目的结题报告、研究成果报告和项目申请摘要。

第三十一条 发表优秀青年科学基金项目取得的研究成果，应当按照自然科学基金委成果管理的有关规定注明得到国家自然科学基金资助。

第三十二条 优秀青年科学基金项目研究形成的知识产权的归属、使用和转移，按照国家有关法律、法规执行。

第五章 附 则

第三十三条 优秀青年科学基金项目评审和结题审查，执行自然科学基金委项目评审回避与保密的有关规定。

第三十四条 本办法自2014年7月1日起施行。

山东省重点研发计划管理办法

第一章 总 则

第一条 为深入贯彻落实《中共山东省委山东省人民政府关于深化科技体制改革加快创新发展的实施意见》(鲁发〔2016〕28号)精神,进一步加强山东省重点研发计划(以下简称"省重点研发计划")管理,助力新旧动能转换,参照《国家重点研发计划管理暂行办法》,制定本办法。

第二条 省重点研发计划是省级科技计划的重要组成部分,面向全省经济社会发展及新旧动能转换的重大科技需求,按照"技术引领、公益优先、培养人才、服务创新"的原则,重点支持基础性、公益性的科学研究,推动重点领域关键核心技术实现新突破,培育科技人才队伍后备力量,支持科技领军人才开展深度研究,推进创新创业深入开展,培育发展新动能,为建设现代化经济体系提供科技创新支撑。

第三条 省重点研发计划以项目为载体组织实施,按支持领域分为重大科技创新类项目、公益性科技攻关类项目、创新创业扶持类项目、科技合作类项目和科技人才(团队)创新类项目等。根据实际需要,省科技厅可对项目类别进行适当调整。

第四条 省重点研发计划项目(以下简称"项目")采取竞争择优和定向委托的方式立项,综合运用无偿资助、验收后补助、奖励性后补助等方式给予支持。采用股权投资、风险补偿、贷款贴息等形式,支持开展市场导向明确的技术创新活动。鼓励地方、行业、企业共同出资,采取定向择优方式组织实施重大科技创新类项目。

第二章 组织管理与职责

第五条 省科技厅是省重点研发计划管理及组织实施的主体,主要职责是:

(一)制定省重点研发计划管理办法;

(二)制定、发布年度计划指南并组织实施;

(三)负责项目的立项、调整、终止和撤销;

(四)确定第三方专业机构,实施项目过程监管,签署委托协议,监督协议执行;

(五)负责项目实施情况年度和中期检查调度、绩效评估和期末验收;

(六)推动项目取得成果转化应用和信息共享科技报告;

(七)完善省重点研发计划内容,优化任务布局。

第六条 省直有关部门(单位)、各市科技局、国家级高新区管委会以及中央驻鲁单位可作为项目主管部门,主要职责是:

(一)择优推荐本系统、本区域符合条件的项目申请立项;

(二)签署项目执行任务书并落实约定责任事项;

(三)监督项目执行,协调解决项目实施过程中出现的问题,视情况提出项目调整、终止及撤销建议;

(四)按约定报送项目执行情况及相关材料;

(五)受省科技厅委托,协助做好与项目有关的其他工作。

第七条 项目承担单位是项目实施的责任主体,主要职责是:

(一)按照签订的项目任务书实施项目,实现既定目标;

(二)实行项目法人制,建立新型科研项目实施机制;

(三)严格执行省重点研发计划各项管理规定,建立健全科研、财务、诚信等内部管理制度,落实激励科研人员的政策措施;

(四)按要求提报项目执行情况报告、信息报表、科技报告等;

(五)配合做好项目监督、评估和验收等工作;

(六)履行保密、知识产权保护等责任和义务,推动项目成果转化应用。

第八条 项目管理专业机构是指由省科技厅根据《山东省人民政府办公厅关于印发政府向社会力量购买服务办法的通知》(鲁政办发〔2013〕35 号)、《关于印发山东省政府购买服务管理实施办法的通知》(鲁财购〔2015〕11 号)等文件规定,采取定向委托或公开购买服务方式确定的第三方专业机构,主要职责是:

(一)接受委托并严格履行委托协议事项;

(二)提供项目申报受理、形式审查、评审组织、签订项目任务书等服务;

(三)提供年度和中期检查、期末验收、绩效评估服务;

(四)项目验收后的后续服务,包括项目资料归档,促进项目成果的转化应用和信息共享等;

(五)履行保密、知识产权保护等责任和义务。

第九条 省科技厅建立科技计划管理信息系统(以下简称“信息系统”),实现项目全过程网络信息化管理。完善科技智库和项目专家库。积极推进项目信息公开。

第三章 项目指南

第十条 重大科技创新类项目须依据五年科技创新规划编制并发布年度项目指南。省科技厅根据需要组织科技智库专家,按照项目指南征集和发现机制要求,邀请相关方面参与项目指南论证,广泛征求政府管理部门、高等学校、科研院所、企业、行业协会等意见,达成一致后,形成年度项目指南。

第十一条 省科技厅根据各分类项目的重点任务,发布年度项目申报通知和项目指南,明确项目申报要求、重点支持领域、研究方向和考核目标等内容。

第四章 申报条件和程序

第十二条 凡在山东境内注册、具有独立法人资格的高等学校、科研院所、企业、事业单位及新型研发机构均可申报。

第十三条 申报项目须明确项目负责人。项目负责人应具有领导和组织开展创新性研究的能力,科研信用记录良好,年龄、工作时间等符合要求。

第十四条 项目负责人承担项目且未完成验收的,原则上不得再作为项目负责人申报新项目。

第十五条 项目主管部门指导本部门或本地区项目申请单位和项目申请者填报申报材料,审核后推荐提交省科技厅。省科技厅按照项目管理渠道分别受理申请材料。

第五章 评审与立项

第十六条 省科技厅自主组织或委托项目管理专业机构组织专家对形式审查合格的项目采取网络评审、会议评审、专家论证、综合评审等方式进行评审。

第十七条 项目评审专家从科技项目专家库中随机确定,实行回避制度和轮换机制。所有参评项目的评审结果按照相关规定向社会公布。

第十八条 根据专家评审结果,按照择优支持原则提出年度项目安排及经费配置意见,经厅长办公会议审议通过后,对拟立项项目在省科技厅官方网站上公示。

第十九条 公示期间有异议的项目,省科技厅邀请有关专家、行业代表等进行复议,复议程序及结论按照相关规定及时公开反馈项目主管部门、项目承担单位和异议提出人。根据公示和复议结果,确定立项结论并下达立项文件。

第二十条 项目承担单位在接到立项通知之日起 30 个工作日内与项目主管部门、省科技厅签订三方项目任务书,逾期不签订项目任务书的,视为放弃承担项目资格。

第二十一条 项目任务书以项目申报书为依据,任务书指标原则上不得变更和调整。

第二十二条 对于突发、紧急或省重大战略部署的重大科技项目,省科技厅可采取定向委托等方式组织实施。

第二十三条 建立项目申诉处理机制,按规定受理形式审查、评审结果和项目立项过程中的异议并及时反馈异议处理意见。

第六章 项目实施

第二十四条 项目承担单位和项目负责人根据项目任务书确定的目标任务,按进度高质量完成相关研发任务。项目实施期限一般不超过三年。

第二十五条 项目执行期间实行年度报告制度。项目承担单位通过信息系统于每年 11 月底前向项目主管部门报送项目年度执行情况。项目主管部门汇总本部门、本区域项目年度执行情况报送省科技厅。省科技厅不定期委托项目管理专业机构对项目执行情况进行检查。

第二十六条 项目实施期内变更项目承担单位、项目负责人、项目参与单位、项目实施周期、项目主要研究目标和考核指标等重大事项的,由项目承担单位提出书面申请,项目主管部门研究形成意见,报省科技厅审核批复。

第二十七条 项目实施期内遇到下列情况之一的,项目任务书签署各方均可提出撤销或终止项目的建议，报省科技厅审核批准。

（一）经实践证明，项目技术路线不合理、不可行，或项目无法实现任务书规定的进度且无改进办法；

（二）项目执行中出现严重的知识产权纠纷；

（三）完成项目任务所需的资金、原材料、人员、支撑条件等未落实或发生改变导致研究无法正常进行；

（四）组织管理不力或者发生重大问题导致项目无法进行；

（五）项目实施过程中出现严重违规违纪行为，严重科研不端行为，不按规定进行整改或拒绝整改；

（六）其他规定的可以撤销或终止的情况。

第二十八条 撤销或终止项目，由项目主管部门指导项目承担单位对已开展工作、经费使用、已购置设备仪器、阶段性成果、知识产权等情况形成书面报告，提交省科技厅核查，做出处理决定并依法依规完成后续相关工作。项目经费按照《山东省重点研发计划资金管理办法》规定处理。

第七章 验收与成果管理

第二十九条 项目执行期满后，项目承担单位需提交科技报告，并在 3 个月内完成验收。奖励性后补助项目不再验收。

第三十条 项目因故不能按期完成须申请延期的，项目承担单位应于项目执行期结束前 1 个月提出延期申请，由项目主管部门提出意见报省科技厅审核批准。项目延期原则上只能申请 1 次，延期时间原则上不超过 1 年。

第三十一条 项目验收由省科技厅直接组织或委托项目主管部门、项目管理专业机构进行，其中，公益性科技攻关类项目委托项目主管部门组织，报省科技厅备案。各类项目可根据需要分别制定验收工作细则。

第三十二条 根据项目验收需要，组成验收专家组，采取会议验收、函审验收、实地考核评价等方式，依据项目任务书确定的任务目标和考核指标进行。验收专家组由技术、管理、产业和财务等方面的专家共同组成，成员实行回避制度。

第三十三条 项目验收结束后，由省科技厅审核并形成验收结论，分为通过验收、结题、不予通过三种结论。

（一）按期保质完成项目任务书确定的目标和任务，或个别指标经整改达到要求的，为通过验收；

（二）因不可抗拒因素已完成项目任务书确定的主要目标和任务，部分其他规定指标未能完成的，按照结题处理；

（三）因非不可抗拒因素未完成项目任务书确定的主要目标和任务，按不通过验收处理。

第三十四条 提供的验收文件、资料、数据存在弄虚作假，或未按要求报批重大调整事项，或不配合验收工作的，按不通过验收处理。

第三十五条 验收工作结束 10 个工作日内，项目承担单位应将项目验收材料送省科技厅备案，并按相关规定填写科技报告、科技成果转化年度报告和成果登记信息，纳入科技报告系统。

第三十六条 项目形成的知识产权的归属、使用和转移，按照国家、省有关法律、法规和政策执行。

第三十七条 依法取得知识产权的项目承担单位应当积极应用和有序扩散项目成果，传播和普及科学知识，促进技术交易和成果转化，并落实支持成果转化的科研人员激励政策。

第三十八条 建立绩效评价和跟踪调查制度，对项目执行情况和实施结果开展绩效评价，根据需要对项目验收进行跟踪调查。

第八章 监督管理

第三十九条 建立省重点研发计划监督机制，由省科技厅、财政厅会同有关部门对项目指南编制、立项、专家选用、项目实施与验收等工作中相关主体的行为规范、工作纪律、履职尽责情况等进行监督，并作出相应处理决定。

第四十条 接受监督的对象应认真履行相关责任，建立健全内控制度和常态化的自查自纠机制，加强风险防控，强化管理人员、科研人员的责任意识、绩效意识、自律意识和科研诚信，积极配合监督工作。

第四十一条 对在项目管理过程中存在行政管理缺位、监督检查不力、不如实报告重大事项以及有违规行为的项目主管部门，视情节作出限期整改、通报批评、阶段性取消推荐项目资格等处理。

第四十二条 项目承担单位和项目负责人有下列情形之一的视情节作出通报批评、取消项目立项、暂停项目拨款、责成项目主管部门追回已拨项目资金、终止项目执行、3年内取消项目承担单位和项目负责人申报项目资格等处理。

（一）项目材料弄虚作假，有违规套取、骗取财政经费行为；

（二）在项目评审、实施和验收等环节，存在弄虚作假、徇私舞弊等科研不端行为，或存在操纵专家、项目管理专业机构等行为；

（三）项目财政科技经费使用不符合规定要求，存在截留、挪用、挤占、私分等行为；

（四）不按要求接受监督检查，或对检查反馈意见整改不及时、不到位；

（五）对于因非正当理由致使项目撤销或终止的；

（六）未按要求提出延期申请又不按照正常进度组织验收，或再次验收仍未通过的；

（七）不按要求进行提交年度执行情况、科技报告的；

（八）其他应予追究的行为。

第四十三条 对存在违规现象的项目管理专业机构，视情节作出通报批评、解除委托协议、阶段性或永久性取消参与项目管理资格等处理。

第四十四条 对存在违规行为的咨询评审专家，视情节作出警告、责令限期改正、通报批评、阶段性或永久性取消咨询评审和申报参与项目资格等处理。

第四十五条 建立信用管理制度，对项目管理和实施中的相关主体在项目申报、评审、立项、实施、验收与监督等全过程进行信用记录和信用评价，建立“黑名单”制度，相关信息作为省科技计划管理的重要决策依据。

第九章　附　则

第四十六条　本办法由省科技厅、省财政厅负责解释。

第四十七条　本办法自 2018 年 1 月 1 日起施行，有效期至 2023 年 12 月 31 日。

权威解读

解读《山东省重点研发计划管理办法》

本《办法》共 9 章 47 条，对省重点研发计划的全流程作了规范。

一、明确了省重点研发计划的定位、组成、实施原则以及支持方式

一是省重点研发计划是省级科技计划的重要组成部分，面向全省经济社会发展及新旧动能转换的重大科技需求，按照“技术引领、公益优先、培养人才、服务创新”的原则，重点支持基础性、公益性的科学研究，推动重点领域关键核心技术实现新突破，培育科技人才队伍后备力量，支持科技领军人才开展深度研究，推进创新创业深入开展，培育发展新动能，为建设现代化经济体系提供科技创新支撑。二是省重点研发计划按支持领域分为重大科技创新类项目、公益性科技攻关类项目、创新创业扶持类项目、科技合作类项目和科技人才（团队）创新类项目等。根据实际需要，项目类别可由省级科技管理部门进行适当调整。三是省重点研发计划项目采取竞争择优和定向委托的方式立项，综合运用无偿资助、验收后补助、奖励性后补助等方式给予支持。采用股权投资、风险补偿、贷款贴息等形式，支持开展市场导向明确的技术创新活动。鼓励地方、行业、企业共同出资，采取定向择优方式组织实施重大科技创新类项目。

二、提出了省重点研发计划和项目组织管理的主体，明确了各自的职责

一是省科技厅是省重点研发计划管理及组织实施的主体，负责制定管理办法、编制发布年度项目申报指南，开展项目年度与中期管理、监督检查、绩效评估和验收等。二是省直有关部门（单位）、各市科技局、国家级高新区管委会以及中央驻鲁单位可作为项目主管部门，负责组织、审查和推荐项目，签署项目执行任务书并落实约定责任事项，对项目检查和监督，协调解决项目实施中的有关问题等。三是项目承担单位是项目实施的责任主体，负责组织实施项目，实现既定目标，建立内部管理制度，及时报告有关事项，配合做好监督、评估和验收等。四是项目管理专业机构指由省科技厅根据《山东省人民政府办公厅关于印发政府向社会力量购买服务办法的通知》（鲁政办发〔2013〕35 号）、《关于印发山东省政府购买服务管理实施办法的通知》（鲁财购〔2015〕11 号）等文件规定，采取定向委托或公开购买服务方式确定的第三方专业机构，接受委托并严格履行委托协议事项，提供项目申报受理、形式审查、评审组织、签订项目任务书、年度和中期检查、期末验收、绩效评估服务及项目验收后的后续服务等。

三、对省重点研发计划的各个环节都做了详尽的规定

一是阐述了项目申报指南形成过程，建立由各方参与的项目申报指南论证机制，重大科技创新类项目依据五年科技创新规划编制并发布项目申报指南。二是明确了项目申报单位、项目负责人申报条件及申报程序。三是提出了项目的评审方式及立项程序，明确项目任务书签订时间和要求，建立项目申诉处理机制。四是对项目实施提出要求，项目承担单位和项目负责人履行项目实施的责任和义务，按时提交年度报告，按程序报批变更调整。同时，提出了撤销或终止项目情况及处置方式。五是对项目验收程序进行了规范，将公益性科技攻关类项目验收工作全部下放主管部门组织。加强项目形成的知识产权的归属、使用和转移管理，促进技术交易和成果转化。建立绩效评价和跟踪调查制度，对项目执行情况和实施结果进行绩效评价。六是建立监督评估机制、信用管理制度和责任追究机制。对在项目过程中存在问题的项目主管部门、项目单位和项目负责人、项目专业机构以及项目评审专家，提出了处理措施。

——引自：山东省科技厅 http://www.sdstc.gov.cn/page/subpage/detaIl.html?Id=2e7e7f9cb0b5462ba0a485ebee2c5aa5.

山东省高等学校科学技术计划项目管理办法

鲁教科发〔2017〕1号

第一章　总　则

第一条　为进一步规范山东省高等学校科学技术计划项目(以下简称“高校科技计划项目”)的管理,提高中青年教师的科研水平,提升我省高等学校科学技术水平和服务经济社会的能力,特制定本办法。

第二条　高校科技计划项目是我省创新体系的重要组成部分,旨在支持我省高等学校中青年教师和科技人员从事科学技术基础研究和应用研究。

第三条　高校科技计划项目实行省教育厅和高校两级管理,坚持科学、公正、公开、高效的原则。专家评审,择优立项;多次公示,接受异议;采用现代信息技术手段,提高工作效率。

第二章　项目推荐

第四条　高校科技计划项目每年推荐一次,实行限额推荐,由省教育厅根据各高校的实际情况和以往年度计划项目完成情况核定推荐限额。

第五条　高校科技计划项目分为重点项目和一般项目。其中,重点项目是指围绕可能产生重大性突破的焦点方向和科学前沿热点问题,开展多学科综合研究和交叉研究,预期社会经济效益好、投资见效快的项目,主要面向人工智能、生命科学、空间海洋、量子技术、纳米科技、核心电子器件、系统软件、生物基因、新药创制、智能制造、先进材料、信息安全、节能减排降碳、雾霾治理等领域。一般项目分为A类项目和B类项目。

第六条　省财政对省属高校的重点项目和一般项目中的A类项目予以经费资助,一般项目中的B类项目经费由项目负责人从校内外有关部门和企事业单位筹集。

第七条　推荐项目应当具备以下条件:

(一)选题学术思想新颖,符合我省科技和经济、社会发展需要,具有较强的创新性或较广的应用前景。

(二)项目内容必须真实可信。国家法律、法规限制的领域不得作为研究内容,涉密项目申请不予受理。

(三)项目组具有一定的研究基础,主要成员有足够的时间和精力从事项目的研究,所在单位能提供相应的研究条件。

(四)项目申请经费额度实事求是,预算合理。

(五)推荐自筹经费项目时,须提供出资证明。

(六)研究周期一般不超过 2 年,项目可望取得预期成果。

(七)同等条件下,优先支持跨学科、跨院校、跨部门联合推荐的项目,鼓励各高校发挥群体优势,联合攻关,解决经济和社会发展中的重大科技问题。

(八)教学研究项目和已列入省部级及以上科研计划的项目或其中的子课题不得推荐。

第八条 项目负责人应具备以下条件:

(一)具有良好的政治思想素质和学术道德。

(二)我省高校的在岗教学、科研人员,年龄一般不超过 45 周岁,重点支持 40 周岁以下的中青年教师,须具有中级及以上专业技术职务或具有硕士及以上学位。

(三)项目负责人是项目实施全过程的组织者和指导者,应具有较高的学术造诣和较强的组织管理能力,担负实质性的研究工作。

(四)同一年度限报 1 项,参与项目不限。

第九条 高校科技计划项目以学校为单位统一推荐,不受理个人申报或其他形式的推荐。

第十条 项目推荐应当遵循以下程序:

(一)省教育厅每年第一季度下发本年度高校科技计划项目推荐通知,确定各高校项目推荐限额、条件、程序和有关要求等。

(二)各高校根据省教育厅推荐通知确定的限额及要求,按照公开、公正、公平的原则,组织校内推荐,并对推荐项目进行初审,对初审结果校内公示不少于 5 个工作日且无异议后,确定推荐的项目。

(三)项目负责人应如实填报《山东省高等学校科学技术计划项目推荐书》(以下简称《推荐书》),项目组成员均应在《推荐书》上签字,不得代签。

(四)项目负责人所在高校科研管理部门应对本校推荐的《推荐书》内容的真实性、研究方案的可行性、经费预算的合理性、基本科研条件能否保证和预期目标能否实现等签署意见并加盖公章;项目负责人所在高校学术委员会应对推荐项目的研究意义、研究内容、技术路线和方法等进行全面审查,择优推荐。

(五)推荐项目的内容应真实,无知识产权纠纷。有合作单位的,应在《推荐书》上签署合作意见并加盖公章。

第三章 项目立项

第十一条 省教育厅依据本办法第四条、第五条、第六条、第七条、第八条、第九条、第十条之规定对推荐项目进行形式审查。

第十二条 形式审查合格的项目按所属学科领域进行分组并组织专家评审,形式审查不合格的项目不予评审。

评审采取网络评审和会议评审相结合的方式。学科评审组由高等学校、科研院所、行业企业等相关领域的专家、学者组成，组成人员每年选聘1次。实行回避制度，与高校科技计划项目、项目负责人或组织有近亲属关系或利害关系的专家不参与评审。

第十三条 省教育厅根据专家评审结果确定立项项目，根据财政支持情况确定重点项目、一般项目中A类项目的资助额度，经公示5个工作日且无异议后，发文公布。

第四章 项目管理

第十四条 项目合同是进行项目管理的依据，有关各方应严格履行合同规定。项目立项1个月之内，签订《山东省高等学校科学技术计划项目合同书》(以下简称《合同书》)。重点项目和一般项目中的A类项目《合同书》由项目负责人及所在高校与省教育厅签订；自筹经费项目《合同书》委托学校与项目负责人签订，报省教育厅备案，逾期不报，视为自动放弃，项目予以撤销。

第十五条 项目实施中不得擅自更改项目负责人或研究内容、延长研究期限、终止研究计划。确因不可抗力原因需要变动的，学校应及时提交更改、延期或撤项申请，并附项目实施小结，报省教育厅批准。其中，申请延长研究期限一般不得超过1年。

第十六条 因严重失职等主观原因造成项目失败的项目负责人，3年内不得主持高校科技计划项目，所在学校要有处理意见。对不认真履行项目组织和管理职能、项目结题验收通过率低的高校，省教育厅将视情况减少其项目推荐限额，直至暂停受理其项目推荐；对项目管理规范，结题验收通过率高的高校，将适当增加其项目推荐限额。

第十七条 省教育厅将根据项目实施情况适时进行抽查。

第五章 经费管理

第十八条 省财政资助经费在确定高校科技计划项目时一次核定，分年度拨付。高校科技计划项目研究经费要严格执行《省委办公厅省政府办公厅印发〈关于完善财政科研项目资金管理政策的实施意见〉的通知》(鲁办发〔2016〕71号)等文件规定。

第十九条 项目因故撤销或中止的，将撤销对项目的资助，已拨经费的全部或剩余部分，按规定留归项目承担单位继续使用，在2年内由项目承担单位统筹安排用于科研活动直接支出；2年内仍未使用完的，按规定退回。

第六章 结题验收

第二十条 项目结题验收以《合同书》为基本依据，对技术经济指标的完成情况、经费使用的合理性等进行审查，提出结题验收意见。

第二十一条 高校科技计划项目应在合同结束后6个月内申请结题验收。项目结题验收应由本单位外且非同一单位的相关领域高级职称专家出具结题验收意见。

采用结题报告结题时，需填报《山东省高等学校科学技术计划项目结题报告书》，并附带相关项目成果的证明材料。结题专家不少于3人。

采用验收方式结题时，应提交《山东省高等学校科学技术计划项目验收报告书》，附带相关项目成果的证明材料。验收分为会议验收或通讯验收，会议验收专家一般不少于5人，通讯验收专家一般不少于3人。需要进行成果鉴定时，可与验收工作同时进行，但需提交成果鉴定材料。

重点项目结题验收一般采取会议验收方式，验收专家不少于7人。

第二十二条 项目成果包括论文、著作、软件、数据库、模型、专利等。项目成果均应标注"山东省高等学校科学技术计划项目(项目编号)"(A Project of Shandong Province Higher Educational Science and Technology Program)，未标注的不作为项目结题验收材料。

第二十三条 存在下列情况之一者，不得通过结题验收：

(一)未完成《合同书》的主要目标任务。

(二)提供的结题验收材料不真实、不完整。

(三)擅自修改《合同书》规定的研究目标、内容。

(四)超过《合同书》规定期限6个月以上，且未报告省教育厅的。

(五)经费使用不符合有关规定。

(六)实施过程中出现重大问题，但未能解决或做出说明，或研究过程及结果等存在纠纷尚未解决的。

未通过结题验收的项目要进行整改完善，并在6个月内再次提出结题验收申请。

第二十四条 为促进科技知识的积累、传播交流和转化应用，项目结题验收前，应根据国家和山东省关于开展科技计划科技报告的有关要求提交科技报告。

第二十五条 项目组和学校科研管理部门应积极做好成果的推广应用工作。

第七章 附 则

第二十六条 本办法由山东省教育厅负责解释。

第二十七条 本办法自2017年9月14日起施行，有效期至2022年9月13日。

山东省高等学校人文社会科学计划项目管理办法

鲁教科发〔2017〕1号

第一章 总 则

第一条 为深入贯彻《中共中央关于进一步繁荣发展哲学社会科学的意见》（中发〔2004〕3号），进一步推动我省高等学校人文社会科学研究，促进我省高等学校人文社会科学计划项目（以下简称“高校社科计划项目”）管理科学化、规范化，提高研究质量，参照《教育部人文社会科学研究项目管理办法》（教社科〔2006〕2号），制定本办法。

第二条 高校社科计划项目的管理，坚持以马克思列宁主义、毛泽东思想、邓小平理论、“三个代表”重要思想和科学发展观为指导，深入贯彻落实习近平总书记系列重要讲话精神，坚持“百花齐放，百家争鸣”的方针。

第三条 高校社科计划项目以建设有中国特色社会主义的重大理论问题和实践问题为主攻方向，加强基础研究，强化应用研究和对策研究，支持新兴边缘交叉学科研究和跨学科综合研究，注重成果转化，努力提高科研水平和质量，为建设经济文化强省做贡献。

第四条 高校社科计划项目实行省教育厅和高校两级管理，坚持科学、公正、公开、高效的原则。专家评审，择优立项；多次公示，接受异议；采用现代信息技术手段，提高工作效率。

第二章 项目推荐

第五条 高校社科计划项目每年推荐1次，实行限额推荐，由省教育厅根据各高校的实际情况和以往年度计划项目完成情况核定推荐限额。

第六条 高校社科计划项目分为重点项目和一般项目。其中，重点项目是指以项目组为依托，以解决国家和地方经济建设与社会发展过程中具有前瞻性、战略性、全局性的重大理论和实践问题，以及人文社会科学基础学科领域重大问题为研究内容的项目。一般项目分为A类项目和B类项目。

第七条 省财政对省属高校的重点项目和一般项目中的A类项目予以经费资助，一般项目中的B类项目经费由项目负责人从校内外有关部门和企事业单位筹集。

第八条 推荐项目应具备以下条件：

(一)项目具有重要学术价值、理论意义或现实意义。

(二)项目研究方向正确，内容充实，论证充分，研究思路清晰，研究方法科学、可行。

(三)项目组具有一定的研究基础，主要成员有足够的时间和精力从事项目研究，所在单位能提供相应的研究条件。

(四)项目申请经费额度实事求是，预算合理。

(五)推荐自筹经费项目时，须提供出资证明。

(六)研究周期一般不超过 2 年，项目可望取得预期成果。

(七)同等条件下，优先支持跨学科、跨院校、跨部门联合推荐的项目，鼓励各高校发挥群体优势，联合攻关，解决经济和社会发展中的重大理论和实践问题。

(八)教学研究项目和已列入省部级及以上科研计划的项目或其中的子课题不得推荐。

第九条 项目负责人应具备以下条件：

(一)具有良好的政治思想素质和学术道德。

(二)我省高校的在岗教学、科研人员，年龄一般不超过 55 周岁，须具有高级专业技术职务或具有硕士及以上学位。

(三)项目负责人是项目实施全过程的组织者和指导者，应具有较高的学术造诣和较强的组织管理能力，担负实质性的研究工作。

(四)同一年度限报 1 项，参与项目不限。

第十条 高校社科计划项目以学校为单位统一推荐，不受理个人申报或其他形式的推荐。

第十一条 项目推荐应当遵循以下程序：

(一)省教育厅每年第一季度下发本年度高校社科计划项目推荐通知，确定各高校项目推荐限额、条件、程序和有关要求等。

(二)各高校根据省教育厅推荐通知确定的限额及要求，按照公正、公开的原则，组织校内推荐，并对推荐项目进行初审，对初审结果校内公示不少于 5 个工作日且无异议后，确定推荐的项目。

(三)项目负责人应如实填报《山东省高等学校人文社会科学计划项目推荐书》(以下简称《推荐书》)，项目组成员均应在《推荐书》上签字，不得代签。

(四)项目负责人所在高校科研管理部门应对本校推荐的《推荐书》内容的真实性、研究方案的可行性、经费预算的合理性、基本科研条件能否保证和预期目标能否实现等签署意见并加盖公章；项目负责人所在高校学术委员会应对推荐项目的研究意义、研究内容和研究方法等进行全面审查，择优推荐。

(五)推荐项目的内容应真实，无知识产权纠纷。有合作单位的，应在《推荐书》上签署合作意见并加盖公章。

第三章 项目立项

第十二条 省教育厅依据本办法第五条、第六条、第七条、第八条、第九条、第十条、

第十一条之规定对推荐项目进行形式审查。

第十三条 形式审查合格的项目按所属学科领域进行分组并组织专家评审，形式审查不合格的项目不予评审。

评审采取网络评审和会议评审相结合的方式。学科评审组由高等学校、科研院所、行业企业等相关领域的专家、学者组成，组成人员每年选聘一次。实行回避制度，与高校社科计划项目、项目负责人或组织有近亲属关系或利害关系的专家不参与评审。

第十四条 省教育厅根据专家评审结果确定立项项目，根据财政支持情况确定重点项目、一般项目中 A 类项目的资助额度，经公示 5 个工作日且无异议后，发文公布。

第四章 项目管理

第十五条 项目合同是进行项目管理的依据，有关各方应严格履行合同规定。重点项目立项 1 个月内，由项目负责人及所在高校与省教育厅签订《山东省高等学校人文社会科学计划项目合同书》。一般项目的推荐书即为双方的项目合同。

第十六条 项目实施中不得擅自更改项目负责人或研究内容、延长研究期限、终止研究计划。确因不可抗力原因需要变动的，学校应及时提交更改、延期或撤项申请，并附项目实施小结，报省教育厅批准。其中，申请延长研究期限一般不得超过 1 年。

第十七条 因严重失职等主观原因造成项目失败的项目负责人，3 年内不得主持高校社科计划项目，所在学校要有处理意见。对不认真履行项目组织和管理职能、项目结题率低的高校，省教育厅将视情况减少其项目推荐限额，直至暂停受理其项目推荐；对项目管理规范，结题率高的高校，将适当增加其项目推荐限额。

第十八条 省教育厅将根据项目实施情况适时进行抽查。

第五章 经费管理

第十九条 省财政资助经费在确定高校社科计划项目时一次核定，分年度拨付。高校社科计划项目研究经费要严格执行《省委办公厅省政府办公厅印发〈关于完善财政科研项目资金管理政策的实施意见〉的通知》（鲁办发〔2016〕71 号）和《山东省哲学社会科学类项目资金管理办法》（鲁财教〔2016〕82 号）等文件规定。

第二十条 项目因故撤销或中止的，将撤销对项目的资助，已拨经费的全部或剩余部分，按规定留归项目承担单位继续使用，在 2 年内由项目承担单位统筹安排用于科研活动直接支出；2 年内仍未使用完的，按规定退回。

第六章 项目结题

第二十一条 高校社科计划项目完成后，由项目负责人及时填写《山东省高等学校人文社会科学计划项目结题报告书》，连同项目成果证明材料，经学校科研管理部门审查后，以学校为单位统一报省教育厅办理结题。

（一）一般项目的结题标准

以论文形式结题的，公办普通本科高校承担的项目至少有 2 篇发表的论文（不含增刊、专辑等，下同），其中项目负责人至少在核心期刊发表 1 篇论文；民办本科、独立学院、高职高专等承担的项目须有1篇项目负责人发表的论文。

以著作方式结题的，著作名称应与立项项目名称保持基本一致。以尚未正式出版的成果（书稿）结题的，原则上须有1篇项目负责人发表的论文，并由所在学校组织同行专家鉴定。同行专家鉴定可采取会议鉴定或通讯鉴定的方式，鉴定专家一般应具有高级职称，人数不少于5人，其中校外专家不少于2/3，本校专家不得担任专家组组长。

以研究报告等应用性成果结题的，原则上须有1篇项目负责人发表的论文，并由学校组织同行专家鉴定或提供采纳单位的证明材料。同行专家鉴定的要求同以尚未正式出版的成果（书稿）结题；采纳单位的证明材料，须详细注明采纳内容和实际价值。

资助项目的成果需省教育厅组织专家进行鉴定的，应由项目所在学校提出申请。

（二）重点项目的结题标准

重点项目结题，在满足一般项目结题标准的基础上，还应满足下列条件之一：

项目负责人应至少在CSSCI来源期刊发表1篇论文。

研究报告等应用性成果，被地市级及以上党委政府、部门采纳，或者被地市级及以上领导肯定性批示。

第二十二条 项目成果不存在署名及知识产权等方面的争议，经费开支合理规范。项目成果均应标注“山东省高等学校人文社会科学计划项目（项目编号）”，未标注的不作为项目结题材料。

第二十三条 项目组和学校科研管理部门应积极做好成果的推广应用工作。

第七章 附 则

第二十四条 本办法由山东省教育厅负责解释。

第二十五条 本办法自2017年9月14日起施行，有效期至2022年9月13日。

国家社会科学基金管理办法

（2013 年 5 月修订）

第一章　总　则

第一条　为了规范国家社会科学基金（以下简称“国家社科基金”）管理，提高国家社科基金使用效益，促进多出优秀成果、多出优秀人才，更好地发挥国家社科基金的示范引导作用，推动我国哲学社会科学繁荣发展，充分发挥认识世界、传承文明、创新理论、咨政育人、服务社会的重要功能，制定本办法。

第二条　国家社科基金用于资助哲学社会科学研究和培养哲学社会科学人才，重点支持关系经济社会发展全局的重大理论和现实问题研究，支持有利于推进哲学社会科学创新体系建设的重大基础理论问题研究，支持新兴学科、交叉学科和跨学科综合研究，支持具有重大价值的历史文化遗产抢救和整理，支持对哲学社会科学长远发展具有重要作用的基础建设等。

第三条　国家社科基金来源于中央财政拨款。

中央财政将国家社科基金的经费列入预算，并随着财政经常性收入增长逐年增加投入。

国家社科基金的预算、财务依法接受国务院财政部门的管理和监督。国家社科基金的使用和管理依法接受审计机关的审计和监督。

第四条　国家社科基金管理工作必须坚持正确导向、突出国家水准、注重科学管理、服务专家学者，倡导和弘扬理论联系实际的学风。

第五条　组织实施国家社科基金项目，应当遵循公开、公平、公正的原则，充分发挥哲学社会科学界专家学者的作用，采取宏观引导、自主申请、平等竞争、同行评审、择优支持的机制。

第六条　国家社科基金设立专项资金，用于培养哲学社会科学青年人才和扶持民族地区、边疆地区哲学社会科学研究队伍。

第二章　组织与职责

第七条　全国哲学社会科学规划领导小组（以下简称“全国社科规划领导小组”）领导国家社科基金管理工作。其主要职责是：

（一）研究提出贯彻落实中央繁荣发展哲学社会科学方针原则的政策措施，对国家社科基金管理中的重大问题作出决定；

（二）制定国家哲学社会科学研究中长期规划和年度实施计划，明确国家社科基金资助方向和资助重点；

（三）审批国家社科基金年度经费预算和项目选题规划，审批国家社科基金项目；

（四）制定国家社科基金管理办法，会同国务院财政部门制定国家社科基金项目经费管理办法；

（五）领导国家社科基金项目优秀成果评奖工作；

（六）指导国家哲学社会科学研究专家咨询委员会和国家社科基金学科规划评审组工作，聘任、调整专家咨询委员会委员和学科规划评审组专家；

（七）决定其他重大事项。

第八条 全国哲学社会科学规划办公室（以下简称"全国社科规划办"）作为全国社科规划领导小组的办事机构，负责国家社科基金日常管理工作。其主要职责是：

（一）落实全国社科规划领导小组的决定，向全国社科规划领导小组报告国家社科基金管理年度工作；

（二）执行和落实国家哲学社会科学研究规划，制定和实施国家社科基金年度经费预算和项目选题规划；

（三）受理国家社科基金项目申请，组织专家评审；

（四）监督国家社科基金项目实施和资助经费使用；

（五）组织国家社科基金项目研究成果的鉴定、审核、验收以及宣传推介；

（六）承办全国社科规划领导小组交办的其他事项。

第九条 各省、自治区、直辖市和新疆生产建设兵团哲学社会科学规划办公室及全军哲学社会科学规划办公室（以下简称"省区市社科规划办"），以及中央党校科研部、中国社会科学院科研局、教育部社会科学司（以下简称"在京委托管理机构"），受全国社科规划办委托，协助做好本地区本系统国家社科基金项目申请和管理工作。其主要职责是：

（一）组织本地区本系统哲学社会科学研究人员申请国家社科基金项目；

（二）审核本地区本系统申请人或者项目负责人所提交材料的真实性和有效性；

（三）督促落实国家社科基金项目实施的保障条件；

（四）配合全国社科规划办对国家社科基金项目的实施和资助经费的使用进行监督、检查，对国家社科基金项目的研究成果进行鉴定审核和宣传推介。

全国社科规划办对省区市社科规划办和在京委托管理机构的相关工作进行指导、监督。

第十条 中华人民共和国境内的高等学校、党校、社会科学院等科研院（所），党政机关研究部门，军队系统研究部门，以及其他具有独立法人资格的公益性社会科学研究机构，作为国家社科基金项目申请和管理的责任单位，履行下列职责：

（一）组织本单位哲学社会科学研究人员申请国家社科基金项目；

（二）审核本单位申请人或者项目负责人所提交材料的真实性和有效性；

(三)提供国家社科基金项目实施的条件;

(四)跟踪管理国家社科基金项目的实施和资助经费的使用;

(五)配合全国社科规划办、省区市社科规划办和在京委托管理机构对国家社科基金项目的实施和资助经费的使用进行监督、检查。

全国社科规划办、省区市社科规划办和在京委托管理机构对责任单位的相关工作进行指导、监督。

第十一条 设立国家哲学社会科学研究专家咨询委员会,由在学术上有突出贡献、在哲学社会科学界有较高威望的资深专家组成。专家咨询委员会委员由全国社科规划领导小组聘任,设召集人若干名。其主要职责是为全国社科规划领导小组决策提供咨询建议。

第十二条 国家社科基金分学科设立学科规划评审组,由政治素质高、学术造诣深、社会责任感强的专家组成。学科规划评审组成员由全国社科规划领导小组聘任,实行任期制,每届任期五年,连任不超过两届,连任届满后再次聘任的时间间隔不少于五年。

学科规划评审组的职责是:

(一)定期开展哲学社会科学学科发展状况调查,对制定国家哲学社会科学研究规划和国家社科基金项目选题规划提出建议;

(二)评审国家社科基金项目申请,提出国家社科基金项目资助建议;

(三)协助全国社科规划办对国家社科基金项目的实施进行监督、检查,提出评估意见和改进建议;

(四)对重要课题的研究成果进行鉴定、审核和评介;

(五)推荐哲学社会科学研究优秀成果和优秀人才。

全国社科规划领导小组根据国家社科基金管理工作实际需要和学科规划评审组专家履行职责情况,对学科规划评审组进行动态调整。

第三章 项目与规划

第十三条 国家社科基金设立重大项目、年度项目、青年项目、后期资助项目、中华学术外译项目、西部项目、特别委托项目等项目类型。

国家社科基金项目类型根据经济社会发展变化和哲学社会科学发展需要,进行适时调整和不断完善。不同类型项目的资助领域和范围各有侧重。

第十四条 重大项目资助中国特色社会主义经济、政治、文化、社会和生态文明建设及军队、外交、党的建设的重大理论和现实问题研究,资助对哲学社会科学发展起关键性作用的重大基础理论问题研究。

第十五条 年度项目包括重点项目、一般项目,主要资助对推进理论创新和学术创新具有支撑作用的一般性基础研究,以及对推动经济社会发展实践具有指导意义的专题性应用研究。

第十六条 青年项目资助培养哲学社会科学青年人才。

第十七条 后期资助项目资助哲学社会科学基础研究领域先期没有获得相关资助、研究任务基本完成、尚未公开出版、理论意义和学术价值较高的研究成果。

第十八条 中华学术外译项目资助翻译出版体现中国哲学社会科学研究较高水平、有利于扩大中华文化和中国学术国际影响力的成果。

第十九条 西部项目资助涉及推进西部地区经济持续健康发展、社会和谐稳定,促进民族团结、维护祖国统一,弘扬民族优秀文化、保护民间文化遗产等方面的重要课题研究。

第二十条 特别委托项目资助因经济社会发展急需或者其他特殊情况临时提出的重大课题研究。

第二十一条 国家社科基金应当通过项目选题规划明确优先支持的研究领域和范围。项目选题规划主要以课题指南或申报公告的形式发布。

制定国家社科基金项目选题规划,应当广泛征求意见,组织专家进行科学、充分的论证。

第二十二条 国家社科基金根据党和国家的中心工作和战略需求,依托学科优势突出、专业特色鲜明、研究实力雄厚的哲学社会科学研究机构,设立并资助若干国家重点思想库、重点实验室和重点数据库,组织富有开拓创新精神、注重理论联系实际、协作攻关能力强的科研团队,在相关领域开展长期、持续、深入的专项研究,为党和政府决策提供有价值、有深度的咨询服务。

第二十三条 国家社科基金根据需要,资助办刊导向正确、学术水准高、社会影响大的哲学社会科学重点学术期刊,发挥其引导学风建设、促进哲学社会科学研究健康发展的作用。

第二十四条 国家社科基金根据需要,设立中外合作研究项目。项目申请、资助和管理的具体办法另行制定。

第四章 申请与评审

第二十五条 申请国家社科基金项目的申请人,应当具备下列条件:

(一)遵守中华人民共和国宪法和法律;

(二)具有独立开展研究和组织开展研究的能力,能够承担实质性研究工作;

(三)具有副高级以上专业技术职称(职务),或者具有博士学位。

不具有副高级以上专业技术职称(职务)或者博士学位的,可以申请青年项目,但必须有两名具有正高级专业技术职称(职务)的专家进行书面推荐。申请青年项目的申请人年龄不超过 35 周岁。申请西部项目的申请人必须是西部地区科研单位的在编人员。

第二十六条 申请人可以根据研究的实际需要,吸收境外研究人员作为课题组成员参与申请国家社科基金项目。

第二十七条 申请人申请国家社科基金项目,应当根据课题指南或申报公告的要求确定研究课题,也可以根据自己的研究优势和学术积累自主确定研究课题。

申请人申请应用研究课题,应当紧贴经济社会发展实际,突出研究的现实针对性;申请基础研究课题,应当瞄准国内国际学术发展前沿,突出研究的原创性。

第二十八条 申请人申请国家社科基金项目,必须在规定期限内按照规定程序提出书面申请。

申请人申请的研究课题已获得其他资助的，或者与博士学位论文、博士后出站报告密切相关的，必须在申请材料中予以说明。

课题指南或申报公告有其他特殊要求的，申请人应当提交符合该要求的证明材料。

第二十九条 全国社科规划办在申请截止30日内完成对申请材料的初步审查。对于符合本办法规定条件的，予以受理；对于不符合本办法规定条件的，或者不符合课题指南或申报公告要求的，不予受理。

第三十条 全国社科规划办对已经受理的国家社科基金项目申请，先组织同行专家进行通讯评审，再组织学科规划评审组专家进行会议评审。

第三十一条 评审专家评审国家社科基金项目申请，应当从政治方向、学术创新、实践价值以及研究方案的可行性等方面进行独立判断和评价，同时综合考虑申请人和参与者的研究经历、前期相关研究成果、资助经费使用计划的合理性、研究内容获得其他资助的情况等因素，提出客观、公正的评审意见。

会议评审提出的评审意见必须通过投票表决。

第三十二条 全国社科规划办根据本办法的规定和专家提出的评审意见，对会议评审结果进行复核，提出拟资助项目。

全国社科规划办应当将拟资助项目进行公示，公示期一般为7天。在公示期内，凡对拟资助项目有异议的，可以向全国社科规划办提出实名书面意见。全国社科规划办经调查核实予以回复。

第三十三条 全国社科规划领导小组对拟资助项目及资助经费数额行使最终审批决定权。决定予以资助的，全国社科规划办及时予以公布，并书面通知申请人及责任单位；决定不予资助的，全国社科规划办应当通过一定方式通知申请人及责任单位。

第三十四条 申请人对不予资助的决定持异议的，可以自资助项目公布之日起15日内，向全国社科规划办提出书面复审请求。对评审专家的学术判断有不同意见，不得作为提出复审请求的理由。

申请人只能提出一次复审请求。

第三十五条 国家社科基金项目评审工作中，评审专家、学科规划评审组秘书、工作人员有下列情形之一的，应当主动申请回避：

（一）评审专家、学科规划评审组秘书、工作人员是申请人、参与者的近亲属，或者与申请人、参与者存在可能影响公正评审的其他关系；

（二）评审专家、学科规划评审组秘书申请本年度国家社科基金项目。

全国社科规划办根据申请，经审查作出是否回避的决定；也可以根据掌握的情况直接作出回避决定。

申请人可以向全国社科规划办提出3名以内不适宜评审其申请的评审专家名单，全国社科规划办在选择评审专家时根据实际情况予以考虑。

第三十六条 全国社科规划办、省区市社科规划办和在京委托管理机构工作人员不得申请或者参与申请国家社科基金项目，不得干预评审专家的评审工作。

第五章 资助与实施

第三十七条 项目负责人自收到全国社科规划办资助通知之日起30日内，应当按照批准的资助经费数额编制经费支出预算，报全国社科规划办批准。无特殊情况，逾期不报视为自动放弃资助。

项目负责人必须严格按照批准的经费支出预算使用资助经费。项目负责人、责任单位不得以任何方式侵占、挪用资助经费。资助经费使用与管理的具体办法另行制定。

第三十八条 项目负责人必须按照国家社科基金项目申请书的承诺组织开展研究工作，做好国家社科基金项目实施情况的原始记录，并向责任单位提交项目年度进展报告。

责任单位应当审核项目年度进展报告，查看项目实施情况的原始记录，并向省区市社科规划办或在京委托管理机构提交本单位项目年度实施情况报告。

省区市社科规划办和在京委托管理机构应当对本地区本系统各单位项目年度实施情况报告进行审查，并向全国社科规划办提交汇总报告。

全国社科规划办应当对各地区各部门项目实施情况进行实地抽查，并作出国家社科基金项目年度实施整体情况报告，向全国社科规划领导小组汇报。

第三十九条 自项目资助期满 30 日内，项目负责人应当提交最终研究成果和项目结项申请。最终研究成果通过同行专家鉴定和全国社科规划办审核、验收后，方可正式结项、公开出版。

最终研究成果的鉴定一般采取双向匿名通讯鉴定的方式，分类组织实施。其中，重大项目、后期资助项目、中华学术外译项目、特别委托项目的最终研究成果鉴定，由全国社科规划办负责组织；年度项目、青年项目和西部项目的最终研究成果鉴定，由全国社科规划办委托省区市社科规划办或在京委托管理机构负责组织。

第四十条 国家社科基金项目实施中，因正当理由可以申请项目延期。应用研究项目延期时间不得超过 1 年，基础研究项目延期时间不得超过 2 年。

申请项目延期，项目负责人必须在资助期满 2 个月前提交书面申请，经责任单位报省区市社科规划办或在京委托管理机构审批；省区市社科规划办或在京委托管理机构定期将延期审批情况报全国社科规划办备案。如有特殊情况，延期超过规定时限的，必须报全国社科规划办审批。

第四十一条 国家社科基金项目实施中，有下列情形之一的，责任单位应当及时提出变更项目负责人或者终止项目实施的申请，经省区市社科规划办或在京委托管理机构审核，报全国社科规划办批准；全国社科规划办也可以直接作出终止项目实施的决定：

(一)项目负责人无力继续开展研究工作的；

(二)项目负责人在其他学术研究活动中有剽窃他人科研成果或者弄虚作假等学术不端行为的；

(三)临近资助期满未取得实质性研究进展的；

(四)最终研究成果质量低劣的，或者最终研究成果未经批准结项擅自公开出版的；

(五)严重违反资助经费使用和管理制度的；

(六)存在其他严重情况的。

第四十二条 国家社科基金项目实施中，有下列情形之一的，全国社科规划办作出撤销项目的决定：

(一)研究成果(包括最终研究成果和阶段性研究成果)有严重政治问题的;

(二)项目研究中有剽窃他人科研成果或者弄虚作假等学术不端行为的;

(三)逾期不提交延期申请或最终研究成果的;

(四)存在其他严重问题的。

第四十三条 国家社科基金项目实施中,有下列情形之一的,项目负责人必须及时提交书面申请,经责任单位同意、省区市社科规划办或在京委托管理机构审核,报全国社科规划办批准:

(一)改变项目名称的;

(二)改变最终研究成果形式的;

(三)研究内容或者研究计划有重大调整的;

(四)涉及国家秘密或者重要敏感问题的阶段性研究成果准备出版、发表的;

(五)终止研究协议的;

(六)其他重要事项的变更。

第四十四条 全国社科规划办、省区市社科规划办和在京委托管理机构、责任单位应当充分利用报刊、广播电视、互联网等媒体,积极宣传推介国家社科基金项目优秀成果及项目研究中涌现出的优秀人才,并建立稳定的宣传推介载体和渠道。

全国社科规划办应当将具有重要实践指导意义和决策参考价值的项目研究成果及时摘报有关领导和部门。

省区市社科规划办、在京委托管理机构和责任单位如果向有关领导和部门提交有决策参考价值的项目研究成果,必须同时报送全国社科规划办。

第四十五条 国家社科基金项目研究成果在公开出版和发表,或者向有关领导和部门报送时,应当注明受到国家社科基金资助。

第四十六条 设立国家哲学社会科学成果文库,对哲学社会科学研究优秀成果进行表彰奖励并资助出版,推动哲学社会科学界以优良学风打造更多精品力作。国家哲学社会科学成果文库每年评选一次。

第六章　监督与处罚

第四十七条 申请人、参与者伪造或者变造申请材料的,由全国社科规划办给予警告;其申请项目已获得资助的,全国社科规划办作出撤销项目决定,追回已拨付的资助经费;情节严重的,五年内不得申请或者参与申请国家社科基金项目。

第四十八条 项目负责人、参与者违反本办法规定,有下列行为之一的,由全国社科规划办给予警告,暂缓拨付资助经费,并责令限期改正;逾期不改正的,全国社科规划办作出撤销项目决定,追回已拨付的资助经费;情节严重的,5 年内不得申请或者参与申请国家社科基金项目:

(一)不按照国家社科基金项目申请书的承诺开展研究的;

(二)擅自变更研究内容或者研究计划的;

(三)不依照本办法规定提交项目年度进展报告的;

(四)提交虚假的原始记录或者相关材料的;

(五)违规使用、侵占、挪用资助经费的。

第四十九条 根据本办法第四十一条和第四十二条规定,项目被终止实施或者撤销的,追回已拨付的资助经费,项目负责人五年内不得申请或者参与申请国家社科基金项目。

第五十条 全国社科规划办建立项目申请人、负责人的信誉档案,并将其作为批准国家社科基金项目申请的重要依据。

第五十一条 责任单位有下列情形之一的,由全国社科规划办给予警告,责令限期改正;情节严重的,通报批评:

(一)未对申请人或者项目负责人提交材料的真实性、有效性进行审查的;

(二)未履行保障项目研究条件的职责的;

(三)未依照本办法规定提交本单位项目年度实施情况报告的;

(四)纵容、包庇项目申请人、负责人弄虚作假的;

(五)擅自变更项目负责人的;

(六)不配合全国社科规划办、省区市社科规划办和在京委托管理机构监督、检查项目实施的;

(七)截留、挪用资助经费的。

第五十二条 评审专家有下列行为之一的,由全国社科规划办给予警告,责令改正;情节严重的,通报批评,不再聘请:

(一)未履行本办法规定的职责的;

(二)未依照本办法规定申请回避的;

(三)披露未公开的与评审有关的信息的;

(四)未公正评审项目申请的;

(五)利用评审工作便利谋取不正当利益的;

(六)有剽窃他人科研成果或者弄虚作假等学术不端行为的。

第五十三条 全国社科规划办对评审鉴定专家履行职责情况进行评估;根据评估结果,建立评审鉴定专家信誉档案。

第五十四条 国家社科基金项目评审中,工作人员有下列行为之一的,由全国社科规划领导小组给予处分:

(一)未依照本办法规定申请回避的;

(二)披露未公开的与评审有关的信息的;

(三)干预评审专家评审工作的;

(四)利用评审工作中的便利谋取不正当利益的。

第五十五条 全国社科规划办应当在每个会计年度结束时,总结分析本年度国家社科基金发展情况,并面向社会公布相关报告。

全国社科规划办依照本办法规定对外公开有关信息,应当遵守国家有关保密规定。

第七章 附 则

第五十六条 国家社科基金教育学、艺术学、军事学的管理工作,分别委托教育部、文化部、军事科学院负责组织实施。具体管理办法依照本办法另行制定。

第五十七条 本办法由全国社科规划领导小组负责解释。

第五十八条 本办法自发布之日起开始施行。本办法施行前的有关规定，凡与本办法不符的，均以本办法为准。

全国艺术科学规划项目管理办法

第一章　总　则

第一条　为规范全国艺术科学规划项目管理，更好地发挥全国艺术科学规划项目的示范引导作用，推动艺术科学繁荣发展，根据《国家社会科学基金管理办法》的有关规定及全国艺术科学规划管理工作的实际情况，制定本办法。

第二条　全国艺术科学规划项目用于资助文化艺术科学研究和培养文化艺术科学人才，重点支持关系我国文化艺术建设实践重大理论和现实问题研究，支持有利于推进、完善中国特色社会主义艺术科学体系建设研究，支持新兴学科、交叉学科和跨学科综合研究，支持对艺术科学长远发展具有重要作用的基础建设等。

第三条　全国艺术科学规划项目遵循公开、公平、公正的原则，充分发挥文化艺术科学界专家学者的作用，采取宏观引导、自主申请、平等竞争、同行评审、择优支持的机制。

第二章　组织与职责

第四条　文化部组织成立全国艺术科学规划领导小组，负责全国艺术科学规划项目的领导与协调工作。其主要职责是：

1. 制定全国艺术科学研究中长期规划和年度实施计划，明确全国艺术科学规划项目资助方向和资助重点；

2. 审批全国艺术科学规划项目年度经费预算和项目选题规划，审批全国艺术科学规划项目；

3. 审定全国艺术科学规划项目管理办法及有关管理规章；

4. 管理、监督全国艺术科学规划项目经费的使用，筹措全国艺术科学规划项目经费；

5. 评选和奖励全国艺术科学研究优秀成果；

6. 决定其他重大事项。

第五条　全国艺术科学规划领导小组办公室（以下简称“全国艺术科学规划办”）是全国艺术科学规划领导小组的职能部门和办事机构，设在文化部文化科技司；全国艺术科学规划办主任由文化科技司司长或主管文化艺术科研工作的副司长兼任，日常工作由文化科技司社会科学处承担。其主要职责是：

1. 执行和落实全国艺术科学研究规划，组织制定和实施全国艺术科学规划项目年度经费预算和项目选题规划；

2. 受理全国艺术科学规划项目申请，组织专家评审；

3. 监督全国艺术科学规划项目实施和资助经费使用；

4. 组织全国艺术科学规划项目研究成果的鉴定、审核、验收以及宣传推介；

5. 组织建立全国艺术科学规划管理专家库；

6. 制定全国艺术科学规划有关管理规章；

7. 组织全国艺术科学研究优秀成果评选和奖励工作；

8. 承办全国艺术科学规划领导小组交办的其他事项。

第六条 各省、自治区、直辖市文化厅(局)组织成立省级艺术科学规划管理机构(以下简称“中级管理机构”)，受全国艺术科学规划办委托，协助做好本地区全国艺术科学规划项目申请和管理工作。其主要职责是：

1. 组织本地区文化艺术科学研究人员申请全国艺术科学规划项目；

2. 审核本地区申请人或者项目负责人所提交材料的真实性和有效性；

3. 督促落实全国艺术科学规划项目实施的保障条件；

4. 配合全国艺术科学规划办对全国艺术科学规划项目的实施和资助经费的使用进行监督、检查，对全国艺术科学规划项目的研究成果进行鉴定审核和宣传推介。

5. 积极创造条件，组织开展省级艺术科学规划项目评审立项工作。

全国艺术科学规划办对中级管理机构的相关工作进行指导、监督。

第七条 中华人民共和国境内的高等学校，艺术研究院(所)，党政机关研究部门，以及其他具有独立法人资格的文化艺术机构，作为全国艺术科学规划项目申请和管理的责任单位，履行下列职责：

1. 组织本单位文化艺术科学研究人员申请全国艺术科学规划项目；

2. 审核本单位申请人或者项目负责人所提交材料的真实性和有效性；

3. 提供全国艺术科学规划项目实施的条件；

4. 跟踪管理全国艺术科学规划项目的实施和资助经费的使用；

5. 配合全国艺术科学规划办、各省(区、市)中级管理机构对全国艺术科学规划项目的实施和资助经费的使用进行监督、检查。

全国艺术科学规划办、各省(区、市)中级管理机构对责任单位的相关工作进行指导、监督。

第八条 全国艺术科学规划项目分学科设立规划评审小组，作为学术评议机构和咨询机构。学科规划评审小组成员由全国艺术科学规划办在全国艺术科学规划管理专家库中遴选，报全国艺术科学规划领导小组批准后聘任。

学科规划评审小组的职责是：

1. 定期开展本学科发展状况调查，对制定全国艺术科学研究规划和全国艺术科学规划项目选题规划提出建议；

2. 评审全国艺术科学规划项目申请，提出全国艺术科学规划项目资助建议；

3. 协助全国艺术科学规划办对全国艺术科学规划项目的实施进行监督、检查，提出评估意见和改进建议；

4. 对重要课题的研究成果进行鉴定、审核和评介；

5. 推荐文化艺术科学研究优秀成果和优秀人才。

全国艺术科学规划办根据管理工作实际需要和学科规划评审小组专家履行职责情况，对学科规划评审小组进行动态调整。

第三章　项目类别

第九条　全国艺术科学规划项目包括国家社科基金艺术学项目和文化部文化艺术研究项目。

第十条　国家社科基金艺术学项目设有重大项目、年度项目、西部项目、委托项目等项目类别。

重大项目资助我国文化艺术建设重大理论和现实问题研究，资助对艺术科学发展起关键性作用的重大基础理论问题研究。

年度项目包括重点项目、一般项目、青年项目，主要资助对推进艺术科学理论创新和学术创新具有支撑作用的一般性基础研究，以及对推动文化艺术发展实践具有指导意义的专题性应用研究。

西部项目资助涉及推进西部地区文化艺术建设、弘扬民族优秀文化、保护民间文化遗产等方面的重要课题研究。

委托项目资助因文化艺术发展急需或者其他特殊情况临时提出的重大课题研究。

文化部文化艺术研究项目设有年度项目、委托项目等项目类别。资助研究内容紧密围绕国家和地方文化艺术建设实际、亟须开展的研究课题。

全国艺术科学规划项目类别根据经济社会发展情况和艺术科学发展需要，进行适时调整和不断完善。

第十三条　全国艺术科学规划项目通过项目选题规划明确优先支持的研究领域和范围。

第四章　申请与评审

第十四条　申请全国艺术科学规划项目的申请人，应当具备下列条件：

1. 遵守中华人民共和国宪法和法律；

2. 具有独立开展研究和组织开展研究的能力，能够承担实质性研究工作；

3. 具有副高级及以上专业技术职称（职务），或者具有博士学位。

不具有副高级及以上专业技术职称（职务）或者博士学位的，可以申请青年项目，但必须有两名具有正高级专业技术职称（职务）的同行专家进行推荐；申请青年项目的申请人年龄不超过35周岁。

4. 课题指南或申报公告有其他特殊要求的，申请人应当遵循课题指南或申报公告要求。

第十五条　申请人可以根据研究的实际需要，吸收境外研究人员作为课题组成员参与申请全国艺术科学规划项目。

第十六条　申请人申请全国艺术科学规划项目，应当根据课题指南或申报公告的要求确定研究课题，也可以根据自己的研究优势和学术积累自主确定研究课题。

申请人申请基础研究课题，应当瞄准国内国际学术发展前沿，突出研究的原创性；申请应用研究课题，应当紧贴文化艺术发展实际，突出研究的现实针对性。

第十七条 申请人申请全国艺术科学规划项目，必须在规定期限内按照规定程序进行。

第十八条 全国艺术科学规划办对已受理的项目申请，先组织同行专家进行通讯评审，再组织学科规划评审小组专家进行会议评审。

评审专家根据评审项目类别和评审项目内容，按照 1∶5 的比例从全国艺术科学规划管理专家库中遴选，再进行随机抽签的方式确定。

第十九条 评审专家评审全国艺术科学规划项目申请，应当从政治方向、学术创新、实践价值以及研究方案的可行性等方面进行独立判断和评价，同时综合考虑申请人和课题组成员的研究经历、前期相关研究成果、资助经费使用计划的合理性、研究内容获得其他资助的情况等因素，提出客观、公正的评审意见。

会议评审提出的评审意见必须通过投票表决。

第二十条 全国艺术科学规划办对会议评审结果进行复核，提出拟资助项目。

全国艺术科学规划办应当将拟资助项目进行公示，公示期一般为 7 天。在公示期内，凡对拟资助项目有异议的，可以向全国艺术科学规划办实名提出书面意见。

第二十一条 全国艺术科学规划领导小组对拟资助项目及资助经费数额行使最终审批决定权。决定予以资助的，全国艺术科学规划办及时予以公布，并书面通知申请人及责任单位。

第二十二条 全国艺术科学规划项目评审工作中，评审专家、学科规划评审小组秘书、工作人员是申请人、课题组成员的近亲属，或者与申请人、课题组成员存在可能影响公正评审的其他关系的，应当主动申请回避。全国艺术科学规划办也可根据掌握的情况直接做出回避决定。

第二十三条 文化部机关工作人员不得申请或者参与申请全国艺术科学规划项目；全国艺术科学规划办工作人员离职后 3 年内不得申请或者参与申请全国艺术科学规划项目。

第五章　资助与实施

第二十四条 项目负责人自收到全国艺术科学规划办资助通知之日起 30 日内，应当按照批准的资助经费数额编制经费支出预算，报全国艺术科学规划办批准。无特殊情况，逾期不报视为自动放弃资助。

项目负责人必须严格按照批准的经费支出预算使用资助经费。项目负责人、责任单位、省（区、市）中级管理机构不得以任何方式侵占、挪用资助经费。

第二十五条 资助经费开支范围和比例参照《国家社会科学基金项目资金管理办法》相关规定。具体要求以当年《立项通知书》所附预算编制说明为准。

第二十六条 项目负责人必须严格按照全国艺术科学规划项目申请书的承诺组织开展研究工作，做好全国艺术科学规划项目实施情况的原始记录，并向责任单位提交项目年度进展报告。

责任单位应当审核项目年度进展报告，查看项目实施情况的原始记录，并向省（区、市）中级管理机构提交本单位项目年度实施情况报告。

省（区、市）中级管理机构应当对本地区各单位项目年度实施情况报告进行审查，并向全国艺术科学规划办提交汇总报告。

全国艺术科学规划办对各地区项目实施情况进行实地抽查，并作出全国艺术科学规划项目年度实施整体情况报告，向全国艺术科学规划领导小组汇报。

第二十七条 全国艺术科学规划项目实施中，因正当理由可以申请项目延期。应用研究项目延期时间不得超过 1 年，基础研究项目延期时间不得超过 2 年。

第二十八条 凡有下列情况之一者，须由项目负责人提出申请，经责任单位同意后，由省（区、市）中级管理机构审核并签署意见，报全国艺术科学规划办审批：

1. 变更项目负责人；
2. 变更项目名称；
3. 变更最终研究成果形式；
4. 研究内容或者研究计划有重大调整；
5. 变更项目管理单位；
6. 延期 1 年以上；
7. 涉及国家秘密或者重要敏感问题的阶段性研究成果准备出版、发表；
8. 中止研究协议；
9. 其他重要事项的变更。

第二十九条 凡有下列情形之一者，须由项目负责人提出申请，经责任单位同意后，报省（区、市）中级管理机构审批并报全国艺术科学规划办备案：

1. 变更或增补课题组成员；
2. 延期不超过 1 年；
3. 其他非重要事项的变更。

第三十条 为科学评估全国艺术科学规划项目研究成果的质量，项目最终研究成果通过同行专家鉴定和全国艺术科学规划办审核、验收后，方可正式结项、公开出版。

第三十一条 项目最终研究成果的鉴定一般采取双向匿名通讯鉴定的方式，分类组织实施。必要时，全国艺术科学规划办可单独组织对有关项目成果进行会议鉴定。

重大项目、重点项目、委托项目最终研究成果鉴定，由全国艺术科学规划办负责组织。

一般项目、青年项目、西部项目等最终研究成果鉴定，由全国艺术科学规划办委托省（区、市）中级管理机构负责组织，鉴定结果须报全国艺术科学规划办审核。

第三十二条 选定通讯鉴定专家时必须遵守下列规定：

1. 鉴定组织单位在专家库中随机抽选专家；
2. 每个项目的鉴定专家不得少于 5 人；
3. 项目负责人、课题组成员及其所在单位人员不能担任本项目的鉴定专家；
4. 地域性研究项目必须有本地区专家参与鉴定；

5. 课题组不能参与选择本项目的鉴定专家，也不能参与鉴定的具体事务；

6. 鉴定组织者须对鉴定专家的人选、鉴定过程中的具体内容严格保密。

第三十三条 凡有下列情形之一者，由全国艺术科学规划办撤销项目：

1. 研究成果有严重政治问题；

2. 研究成果学术质量低劣；

3. 第一次鉴定未能通过，经修改后重新鉴定，仍未能通过；

4. 剽窃他人研究成果或者弄虚作假等学术不端行为；

5. 与批准的项目设计严重不符；

6. 严重违反财务制度。

第三十四条 具备下列条件之一的项目最终研究成果可申请免于鉴定：

1. 获得省部级评奖三等奖(含)以上奖励；

2. 提出的理论观点、政策建议等被省部级以上党政领导机关完整采纳吸收；

3. 涉及党和国家机密不宜公开的，而研究成果质量已得到有关部门认可。

第三十五条 验收合格的全国艺术科学规划项目最终成果，在正式出版或向有关领导、决策部门报送时，应当注明受到国家社科基金艺术学项目或文化部文化艺术研究项目资助。

第三十六条 各级管理机构应当充分利用互联网、报刊、广播电视等媒体，积极宣传推介全国艺术科学规划项目优秀成果及项目研究中涌现出的优秀人才，并建立稳定的宣传推介载体和渠道。

第六章 监督与处罚

第三十七条 申请人及课题组成员伪造或者变造申请材料的，由全国艺术科学规划办给予警告；其申请项目已获得资助的，全国艺术科学规划办作出撤销项目决定。

第三十八条 项目负责人及课题组成员违反本办法规定，有下列行为之一的，由全国艺术科学规划办给予警告，并责令限期改正；逾期不改正的，全国艺术科学规划办可作出撤销项目决定：

1. 不按照项目申请书的承诺开展研究的；

2. 擅自变更研究内容或者研究计划的；

3. 不依照本办法规定提交项目年度进展报告的；

4. 逾期不提交延期申请，或在延期时限内仍不能完成的；

5. 提交虚假的原始记录或者相关材料的；

6. 违规使用、侵占、挪用资助经费的。

第三十九条 根据本办法第三十三条、三十七条、三十八条规定，项目被撤销的，追回已拨付的资助经费，项目负责人 5 年内不得申请或者参与申请全国艺术科学规划项目。

第四十条 全国艺术科学规划办建立项目申请人、负责人的信誉档案，并将其作为批准全国艺术科学规划项目申请的重要依据。

第四十一条 责任单位有下列情形之一的，由全国艺术科学规划办给予警告，责令

限期改正;情节严重的,通报批评:

1. 未对申请人或者项目负责人提交材料的真实性、有效性进行审查的;
2. 未履行保障项目研究条件的职责的;
3. 未依照本办法规定提交本单位项目年度实施情况报告的;
4. 纵容、包庇项目申请人、负责人弄虚作假的;
5. 擅自变更项目负责人的;
6. 不配合全国艺术科学规划办、省(区、市)中级管理机构监督、检查项目实施的;
7. 截留、挪用资助经费的。

第四十二条 评审专家有下列行为之一的,由全国艺术规划办给予警告,责令改正;情节严重的,通报批评,不再聘请:

1. 未履行本办法规定的职责的;
2. 未依照本办法规定申请回避的;
3. 披露未公开的与评审有关的信息的;
4. 未公正评审项目申请的;
5. 利用评审工作便利谋取不正当利益的;
6. 有剽窃他人科研成果或者弄虚作假等学术不端行为的。

第四十三条 全国艺术科学规划项目评审中,工作人员有下列行为之一的,由全国艺术科学规划办给予处分:

1. 未依照本办法规定申请回避的;
2. 披露未公开的与评审有关的信息的;
3. 干预评审专家评审工作的;
4. 利用评审工作便利谋取不正当利益的。

第七章 附 则

第四十四条 全国艺术科学规划办研发和完善“全国艺术科学规划项目申报管理系统”,全国艺术科学规划项目申报、立项、重要事项变更、年度检查、鉴定结项、成果管理等工作逐步纳入管理系统。

第四十五条 本办法由全国艺术科学规划办负责解释。

第四十六条 本办法于2015年12月3日开始施行。本办法施行前的有关规定,凡与本办法不符的,均以本办法为准。

教育部人文社会科学研究项目管理办法

教社科〔2006〕2号

第一章 总 则

第一条 为深入贯彻《中共中央关于进一步繁荣发展哲学社会科学的意见》，推进高等学校人文社会科学事业的发展，加强和改进教育部人文社会科学研究项目（简称“教育部社科项目”）管理，提高项目研究质量，制定本办法。

第二条 教育部社科项目管理坚持以马列主义、毛泽东思想、邓小平理论和“三个代表”重要思想为指导，坚持科学发展观，加强基础研究，强化应用研究，鼓励对策研究，支持传统学科、新兴学科和交叉学科，注重成果转化，大力提高科研质量和创新能力。

第三条 教育部社科项目管理贯彻“科学、公正、高效”的原则。规范管理，择优立项；集中征集选题，集中申报，集中评审，集中公布结果；采用现代信息技术手段，提高工作效率；扶持青年社科研究工作者和边远、民族地区高等学校有特色的社科研究。

第四条 教育部社科项目实行分级管理。教育部负责制订社科研究中长期规划和课题指南；制订项目管理办法及实施细则；组织项目申报和评审立项；布置项目中期检查及验收结项；负责重大项目的成果鉴定等工作。各地教育行政部门、国务院有关部门（单位）负责组织所属高等学校的项目申报、中期检查、成果验收推广等工作。各高等学校负责制订本校项目管理细则并进行日常管理；组织项目申报、跟踪检查和成果验收；负责项目成果的宣传、推广和应用等工作。

第二章 项目类别与项目申报

第五条 教育部社科项目是教育部面向全国普通高等学校设立的各类人文社会科学研究项目的总称。主要包括：

1. 重大课题攻关项目。指以课题组为依托，以解决国家经济建设与社会发展过程中具有前瞻性、战略性、全局性的重大理论和实际问题，以及人文社会科学基础学科领域重大问题为研究内容的项目。选题由教育部向全国高等学校、科研院所及实际应用部门征集，面向全国高等学校招标。

2. 基地重大项目。指为普通高等学校人文社会科学重点研究基地设立的、围绕基地学术发展方向进行研究的重大项目。选题由重点研究基地根据基地中长期规划确定，并经基地学术委员会审议通过后，报教育部统一组织招投标。

3. 一般项目。①规划项目，含规划基金项目、博士点基金项目、青年基金项目，经费由教育部资助；②专项任务项目，经费由申请者从校外有关部门和企事业单位自筹。选题由申请人根据教育部社科研究中长期规划和个人前期研究积累自行设计。鼓励申请人从实际应用部门征得选题并获得经费资助。

第六条 设立教育部社科研究后期资助项目。后期资助项目指面向基础理论研究设立的，已完成大部分研究工作并有阶段性研究成果，预期能产生重要学术价值和社会影响的项目。后期资助项目实施办法另行制定。

第七条 教育部社科项目申报工作由教育部统一布置。一般在每年第一季度征集并确定重大课题攻关项目、基地重大项目（合称重大项目）选题；第二季度发布各类项目的申报通知或招标公告，集中受理申报材料。

第八条 各高等学校根据统筹规划、分层设计、有利于调动各方面积极性的原则，有针对性地组织申报。

1. 申请人必须是高等学校的在编在岗教师，具有良好的政治思想素质和独立开展及组织科研工作的能力，身体健康，能作为项目实际主持者并担负实质性研究工作。

2. 申请人每次只能申报一个项目。重大项目、规划基金项目和博士点基金项目申请者须具有正高级专业技术职务；青年基金项目申请者应具有博士学位或中级以上专业技术职务，年龄不超过 35 周岁；专项任务项目申请者须获得校外实际应用部门的经费资助，并提供相关证明材料。

3. 原则上应组成课题组申报。应用对策性研究课题，提倡吸收实际工作部门人员参加课题组。鼓励根据实际需要吸纳境外专家学者加入课题组开展合作研究。对于跨学科、跨学校、跨地区、跨系统组织优势科研力量开展实质性合作研究的课题组予以优先资助。

4. 申请人所在学校积极支持，承诺提供良好的研究条件。

5. 已承担国家级或省部级重大重点项目尚未结项者，不得申报教育部各类项目；已承担国家级或教育部一般项目尚未结项者，不得申报教育部一般项目；已获得立项的课题或其中的子课题，不得重复申报。

第三章 项目评审与立项

第九条 教育部对申报材料进行资格审查，视不同情况分别组织通讯评审或会议评审。

1. 通讯评审实行匿名评审。评审专家对申报课题进行独立评审，提出是否立项建议并简要说明理由。

2. 会议评审公开进行。专家评审组在经过充分评议后，进行无记名差额投票，获三分之二以上多数票通过的申报课题方能立项。

对于涉及国家机密或需要紧急决策的国家特殊目标的课题，由教育部另行规定评审立项程序。

第十条 项目评审贯彻公平竞争、择优资助的原则。项目评审的基本标准是：

1. 课题具有重要的学术价值、理论意义或现实意义。鼓励面向国家经济社会发展、具有重要理论和现实意义的课题，鼓励理论联系实际、研究新情况、总结新经验、回答新问题的理论探索课题。

2. 课题具有学术前沿性，预期能产生具有创新性和社会影响的研究成果。鼓励深入的基础理论研究和有针对性的应用研究课题，鼓励新兴边缘学科研究和跨学科的交叉综合研究课题。

3. 课题研究方向正确，内容充实，论证充分，拟突破的重点难点明确，研究思路清晰，研究方法科学、可行。

4. 课题申请人及课题组成员对申报课题有一定的研究基础；有相关研究成果和资料准备；有完成研究工作所必须具备的时间和条件。

5. 申请经费及经费预算安排比较合理。

第十一条 建立和完善各项评审制度，严格评审纪律。

1. 实行同行评审制度。不断更新项目评审专家库，通讯评审专家从专家库随机抽取；评审专家必须具有正高级专业技术职务，熟悉被评项目所在学科专业领域。

2. 实行评审回避制度。评审专家组由 5 人以上的单数组成，应分别来自不同的单位(不含申报者所在学校)，且不得是被评课题的课题组成员。

3. 建立专家信誉保证制度。评审专家必须廉洁自律，评审期间不与课题申请人私下接触，不接受申请人任何宴请或礼物，不泄露与评审有关的情况。项目评审结束后，教育部对评审情况进行评估，建立专家信誉度档案。

第十二条 教育部在正式下达立项通知的同时，公布项目立项情况。在有关网站设立专栏，为批准立项者提供专家评审意见的查询服务；对竞标落选的重大课题攻关项目投标人反馈未获立项的信息。

第四章 项目过程管理

第十三条 教育部社科项目实行项目合同制管理和项目责任人负责制。

1. 重大课题攻关项目在正式批准前，教育部与中标人和依托学校签订项目合同和研究任务书，明确各方的责任、权利和义务。基地重大项目、一般项目经批准立项后，申请人填报的项目申请评审书即为双方的项目合同。项目合同是进行项目管理的依据，有关各方应严格履行合同规定。

2. 项目申请人即项目责任人，一个项目只能确立一个项目责任人。项目责任人依照合同规定，在批准的计划任务和预算范围内享有充分的自主权；负责项目总体研究计划的实施，推动课题组成员间的协作研究。

第十四条 为保证研究质量，教育部社科项目实行中期检查制度。

1. 中期检查由教育部统一布置。一般在每年第二季度下发项目中期检查通知；中期检查的结果，作为后续拨款的依据。

2. 中期检查内容主要包括：项目是否按计划开展；研究进度是否符合要求；是否有阶段性研究成果等。原则上至少须有 1 篇项目责任人作为第一署名人正式发表的论文，并标明“教育部社科研究基金××项目”字样，否则中检不予通过。

3. 教育部在每年第四季度公布中期检查结果。对于没有进行实质性研究的项目、无故不接受中期检查或中期检查不合格的项目，进行通报批评并停拨后续经费。

第十五条 教育部社科项目经批准后不得随意更改研究计划，确需变更时要履行报批手续，项目依托学校在审查变更申请时应严格把关。

1. 项目自批准之日起，研究周期一般为 3 年，特殊情况可申请延期 1～2 年，但须经依托学校同意并报教育部批准备案。

2. 变更项目责任人或依托学校，须经原项目责任人和依托学校提出申请，报教育部批准。

第十六条 有下列情况之一者，做撤项处理：

1. 项目实施情况表明，责任人不具备按原计划完成研究任务的条件和能力；

2. 未经批准擅自变更责任人或研究课题；

3. 在规定的项目周期内未能如期完成研究任务者。

凡被撤销的项目，由依托学校追回已拨经费或其剩余部分，用于本校自选课题立项；项目责任人 3 年内不得申报项目。

第十七条 教育部社科项目应严格遵守下列各项保密规定：

1. 涉及保密内容的项目，要严格按照国家有关法律法规执行。

2. 项目研究活动中所使用的未公布数据、内部文件资料仅限于课题内部使用，不得公开。

3. 项目研究活动中有关涉密和敏感问题的专项调查、学术会议和其他学术活动必须经主管部门审批。

4. 涉及保密内容的研究成果要注意保管，使用去向要登记备案；报送有关部门要通过机要渠道。涉密信息不得上网，不得通过互联网传送。

第五章 项目经费与使用

第十八条 教育部社科研究项目根据经费来源分为教育部资助项目和自筹经费项目。教育部资助项目包括重大课题攻关项目、基地重大项目、博士点基金项目、青年基金项目和规划基金项目；自筹经费项目主要指从校外有关部门获得经费资助的专项任务项目。鼓励项目依托学校或其他部门提供项目配套经费。

第十九条 项目经费实行“一次核定，分期拨款”的办法。由教育部资助的项目经费分期下拨项目依托学校，第一次拨款与立项通知同时下达，后续拨款视项目研究的进展情况确定。未通过中期检查的项目，不予拨付二期经费；未通过验收结项的项目，不予拨付剩余经费。

第二十条 项目经费专款专用，不得用于与项目研究无关的开支。项目责任人按项目合同所列的各项经费支出范围，在依托学校财务部门的具体指导下支配和使用项目经费；依托学校和个人不得以任何理由和方式截留、挤占和挪用。经费开支范围包括：

1. 图书资料费：指购买图书、翻拍、翻译资料以及打印、复印、誊录、制图等费用。

2. 数据采集费：指围绕项目研究而开展数据跟踪采集、案例分析等所需的费用。

3. 调研差旅费：指为完成项目研究而进行的国内调研活动、参加相关学术会议的交通费、食宿费、通信费及其他费用。确需赴国外境外调研者，须经依托学校审核同意并报教育部备案。

4. 设备购置和使用费：指购买和使用收集资料、采集分析数据所需器材的费用。设备使用费包括资料录入费、资料查询费、上网费和软件费等。

5. 会议费：指围绕项目研究举行的项目开题、专题研讨、成果鉴定等小型会议费用。

6. 咨询费：指为开展项目研究而进行的问卷调查、统计分析、专家咨询等支出的费用。

7. 劳务费：指直接参与项目研究的研究生助研津贴，以及非课题组成员、科研辅助人员的劳务支出等。

8. 印刷费：指打印、誊写调查问卷材料、调研报告和研究成果的费用。

9. 管理费：指项目依托学校提取的用于管理项目的费用。一般项目的管理费每项不超过 2000 元，重大重点项目每项不超过 3000 元。严禁超额提取和重复提取。

10. 其他：与项目研究直接相关的其他支出。

第二十一条 教育部资助的项目经费一律纳入依托学校财务部门统一管理；学校科研管理部门参与项目经费的日常管理。

1. 项目责任人要合理编制项目经费预算，严格执行项目合同的经费预算方案，保证将项目经费用于科研本身。项目结题后要及时办理结账手续。

2. 依托学校对项目经费开支行使监督权，做到手续完备、账目清楚、内容真实、核算准确、监督措施有力，确保项目经费的合理、有效使用。年终由依托学校财务部门按年度编制项目经费决算报告，上报教育部。

3. 用项目经费购置的图书、设备等属于国有资产，其使用权和经营权一般归项目依托学校，其中固定资产必须纳入依托学校的固定资产账户进行核算与管理。资产处置按国家有关规定执行，防止国有资产流失。

第六章 项目验收与成果转化

第二十二条 教育部社科项目完成后，均需进行验收和结项，履行必要的结项手续。

1. 一般项目最终成果鉴定工作由依托学校组织，鉴定专家主要由校外同行专家组成；成果鉴定合格者方可申请结项，并提交由鉴定专家签名的鉴定证明材料报教育部备案。

2. 重大项目最终成果鉴定工作由教育部组织，项目责任人可选择通讯鉴定或会议鉴定方式进行。通过鉴定后，须按教育部提供的带统一标识的封面和规格出版。

3. 申请结项须填写《教育部人文社会科学研究××项目终结报告书》，提供最终成果鉴定证明及成果原件、成果摘要报告（含电子版），经依托学校和申报单位审核同意后，在每年第二季度由申报单位汇总后集中向教育部报送。

4. 教育部对通过验收、确认可以结项者，颁发结项证明或鉴定证明，拨付项目经费的其余部分，并将验收结项情况予以公布。

第二十三条 建立科学合理的项目成果评价体系，注重成果质量，注重实际价值。

1. 最终成果形式可以是论文、专著、咨询报告、软件、数据库、专利等;除学术成果本身外,项目责任人及课题组成员结合项目研究进行的课程建设、教材编写、学术报告、咨询服务及其实际效果和社会影响等,一并纳入验收范围综合考虑。

2. 项目验收的主要内容是:项目责任人按项目合同和任务计划书完成了研究任务;最终成果与立项时批准的"最终成果形式"相符,不存在署名及知识产权等方面的争议;经费开支合理合法。最终成果须在显著位置标明"教育部社科研究××基金项目"字样,否则验收时不予承认。咨询报告类成果须有采纳单位的证明材料,并详细注明采纳内容和实际价值。

3. 项目验收分优秀、合格、不合格三个等级。一般项目中的优秀项目由依托学校推荐报送,教育部对学校推荐的优秀成果进行复审。教育部每年对一般项目组织抽查。重大项目由鉴定专家在打分和投票基础上确定成果等级。

第二十四条 建立项目成果奖惩制度。对成果验收为优秀的项目,予以通报表扬并作为项目责任人下次申请项目的重要参考;对成果验收不合格的项目,一律做撤项处理,项目责任人 3 年内不得申报教育部社科项目。

第二十五条 强化成果转化意识,拓展成果转化渠道,充分发挥教育部社科项目成果的社会效益。

1. 各类项目结项时,须同时报送 3～5 千字的成果摘要报告,简述本课题学术价值、创新内容、社会影响等情况,经依托学校审核后报教育部。教育部除择优选报有关部门外,还可向有关媒体推荐刊登,或结集出版。

2. 鼓励项目成果向课程、教材、教学转化,为培养优秀人才服务;向决策咨询转化,为政府和企业科学决策服务;向社会转化,为提高全民族人文素质服务;向文化产品转化,为社会主义先进文化建设服务。

3. 项目责任人应注意收集本课题的引用、转载、采用、获奖或进入教材、产生效益的情况,由依托学校择优上报教育部。对那些通过一个项目形成一个创新领域、一支创新团队、产生重大影响的项目,要认真总结和推广其成功经验。

4. 建立教育部社科项目成果库和学术精品库。所有验收合格并正式出版、发表的项目成果转入成果库集中保存、展阅。对其中优秀的作品以"学术精品"的形式统一出版和展示。成果库分设实物展示库和电子文本库,面向高等学校和社会开放。

5. 申报单位和各高等学校应采取积极措施,支持和资助项目优秀成果的出版,积极做好项目成果的宣传、推广和应用工作。有重要应用价值的研究报告、咨询报告、调研报告,在提交有关部门的同时须报送教育部。

第七章 附 则

第二十六条 本办法是教育部人文社会科学研究项目管理的一般性规则,各类项目可根据需要据此制订相应的实施细则,并构成本办法的有机组成部分。

第二十七条 本办法自发布之日起实施。原 1996 年印发的《国家教育委员会人文社会科学研究项目管理办法》同时废止。

Ⅲ 科研经费类

关于进一步完善中央财政科研项目资金管理等政策的若干意见

中办发〔2016〕50 号

《中共中央、国务院关于深化体制机制改革加快实施创新驱动发展战略的若干意见》和《国务院关于改进加强中央财政科研项目和资金管理的若干意见》印发以来，有力激发了创新创造活力，促进了科技事业发展，但也存在一些改革措施落实不到位、科研项目资金管理不够完善等问题。为贯彻落实中央关于深化改革创新、形成充满活力的科技管理和运行机制的要求，进一步完善中央财政科研项目资金管理等政策，现提出以下意见。

一、总体要求

全面贯彻落实党的十八大和十八届三中、四中、五中全会及全国科技创新大会精神，以邓小平理论、“三个代表”重要思想、科学发展观为指导，深入学习贯彻习近平总书记系列重要讲话精神，按照党中央、国务院决策部署，牢固树立和贯彻落实创新、协调、绿色、开放、共享的发展理念，深入实施创新驱动发展战略，促进大众创业、万众创新，进一步推进简政放权、放管结合、优化服务，改革和创新科研经费使用和管理方式，促进形成充满活力的科技管理和运行机制，以深化改革更好激发广大科研人员积极性。

——坚持以人为本。以调动科研人员积极性和创造性为出发点和落脚点，强化激励机制，加大激励力度，激发创新创造活力。

——坚持遵循规律。按照科研活动规律和财政预算管理要求，完善管理政策，优化管理流程，改进管理方式，适应科研活动实际需要。

——坚持“放管服”结合。进一步简政放权、放管结合、优化服务，扩大高校、科研院所在科研项目资金、差旅会议、基本建设、科研仪器设备采购等方面的管理权限，为科研人员潜心研究营造良好环境。同时，加强事中事后监管，严肃查处违法违纪问题。

——坚持政策落实落地。细化实化政策规定，加强督查，狠抓落实，打通政策执行中的“堵点”，增强科研人员改革的成就感和获得感。

二、改进中央财政科研项目资金管理

(一)简化预算编制,下放预算调剂权限

根据科研活动规律和特点,改进预算编制方法,实行部门预算批复前项目资金预拨制度,保证科研人员及时使用项目资金。下放预算调剂权限,在项目总预算不变的情况下,将直接费用中的材料费、测试化验加工费、燃料动力费、出版/文献/信息传播/知识产权事务费及其他支出预算调剂权下放给项目承担单位。简化预算编制科目,合并会议费、差旅费、国际合作与交流费科目,由科研人员结合科研活动实际需要编制预算并按规定统筹安排使用,其中不超过直接费用10%的,不需要提供预算测算依据。

(二)提高间接费用比重,加大绩效激励力度

中央财政科技计划(专项、基金等)中实行公开竞争方式的研发类项目,均要设立间接费用,核定比例可以提高到不超过直接费用扣除设备购置费的一定比例:500万元以下的部分为20%,500万元至1000万元的部分为15%,1000万元以上的部分为13%。加大对科研人员的激励力度,取消绩效支出比例限制。项目承担单位在统筹安排间接费用时,要处理好合理分摊间接成本和对科研人员激励的关系,绩效支出安排与科研人员在项目工作中的实际贡献挂钩。

(三)明确劳务费开支范围,不设比例限制

参与项目研究的研究生、博士后、访问学者以及项目聘用的研究人员、科研辅助人员等,均可开支劳务费。项目聘用人员的劳务费开支标准,参照当地科学研究和技术服务业从业人员平均工资水平,根据其在项目研究中承担的工作任务确定,其社会保险补助纳入劳务费科目列支。劳务费预算不设比例限制,由项目承担单位和科研人员据实编制。

(四)改进结转结余资金留用处理方式

项目实施期间,年度剩余资金可结转下一年度继续使用。项目完成任务目标并通过验收后,结余资金按规定留归项目承担单位使用,在2年内由项目承担单位统筹安排用于科研活动的直接支出;2年后未使用完的,按规定收回。

(五)自主规范管理横向经费

项目承担单位以市场委托方式取得的横向经费,纳入单位财务统一管理,由项目承担单位按照委托方要求或合同约定管理使用。

三、完善中央高校、科研院所差旅会议管理

(一)改进中央高校、科研院所教学科研人员差旅费管理

中央高校、科研院所可根据教学、科研、管理工作实际需要,按照精简高效、厉行节约的原则,研究制定差旅费管理办法,合理确定教学科研人员乘坐交通工具等级和住宿费标准。对于难以取得住宿费发票的,中央高校、科研院所在确保真实性的前提下,据实报销城市间交通费,并按规定标准发放伙食补助费和市内交通费。

(二)完善中央高校、科研院所会议管理

中央高校、科研院所因教学、科研需要举办的业务性会议(如学术会议、研讨会、评审

会、座谈会、答辩会等),会议次数、天数、人数以及会议费开支范围、标准等,由中央高校、科研院所按照实事求是、精简高效、厉行节约的原则确定。会议代表参加会议所发生的城市间交通费,原则上按差旅费管理规定由所在单位报销;因工作需要,邀请国内外专家、学者和有关人员参加会议,对确需负担的城市间交通费、国际旅费,可由主办单位在会议费等费用中报销。

四、完善中央高校、科研院所科研仪器设备采购管理

(一)改进中央高校、科研院所政府采购管理

中央高校、科研院所可自行采购科研仪器设备,自行选择科研仪器设备评审专家。财政部要简化政府采购项目预算调剂和变更政府采购方式审批流程。中央高校、科研院所要切实做好设备采购的监督管理,做到全程公开、透明、可追溯。

(二)优化进口仪器设备采购服务

对中央高校、科研院所采购进口仪器设备实行备案制管理。继续落实进口科研教学用品免税政策。

五、完善中央高校、科研院所基本建设项目管理

(一)扩大中央高校、科研院所基本建设项目管理权限

对中央高校、科研院所利用自有资金、不申请政府投资建设的项目,由中央高校、科研院所自主决策,报主管部门备案,不再进行审批。国家发展改革委和中央高校、科研院所主管部门要加强对中央高校、科研院所基本建设项目的指导和监督检查。

(二)简化中央高校、科研院所基本建设项目审批程序

中央高校、科研院所主管部门要指导中央高校、科研院所编制五年建设规划,对列入规划的基本建设项目不再审批项目建议书。简化中央高校、科研院所基本建设项目城乡规划、用地以及环评、能评等审批手续,缩短审批周期。

六、规范管理,改进服务

(一)强化法人责任,规范资金管理

项目承担单位要认真落实国家有关政策规定,按照权责一致的要求,强化自我约束和自我规范,确保接得住、管得好。制定内部管理办法,落实项目预算调剂、间接费用统筹使用、劳务费分配管理、结余资金使用等管理权限;加强预算审核把关,规范财务支出行为,完善内部风险防控机制,强化资金使用绩效评价,保障资金使用安全规范有效;实行内部公开制度,主动公开项目预算、预算调剂、资金使用(重点是间接费用、外拨资金、结余资金使用)、研究成果等情况。

(二)加强统筹协调,精简检查评审

科技部、项目主管部门、财政部要加强对科研项目资金监督的制度规范、年度计划、结果运用等的统筹协调,建立职责明确、分工负责的协同工作机制。科技部、项目主管部门要加快清理规范委托中介机构对科研项目开展的各种检查评审,加强对前期已经开展相关检查结果的使用,推进检查结果共享,减少检查数量,改进检查方式,避免重复检查、

多头检查、过度检查。

（三）创新服务方式，让科研人员潜心从事科学研究

项目承担单位要建立健全科研财务助理制度，为科研人员在项目预算编制和调剂、经费支出、财务决算和验收等方面提供专业化服务，科研财务助理所需费用可由项目承担单位根据情况通过科研项目资金等渠道解决。充分利用信息化手段，建立健全单位内部科研、财务部门和项目负责人共享的信息平台，提高科研管理效率和便利化程度。制定符合科研实际需要的内部报销规定，切实解决野外考察、心理测试等科研活动中无法取得发票或财政性票据，以及邀请外国专家来华参加学术交流发生费用等的报销问题。

七、加强制度建设和工作督查，确保政策措施落地见效

（一）尽快出台操作性强的实施细则

项目主管部门要完善预算编制指南，指导项目承担单位和科研人员科学合理编制项目预算；制定预算评估评审工作细则，优化评估程序和方法，规范评估行为，建立健全与项目申请者及时沟通反馈机制；制定财务验收工作细则，规范委托中介机构开展的财务检查。2016 年 9 月 1 日前，中央高校、科研院所要制定出台差旅费、会议费内部管理办法，其主管部门要加强工作指导和统筹；2016 年年底前，项目主管部门要制定出台相关实施细则，项目承担单位要制定或修订科研项目资金内部管理办法和报销规定。以后年度承担科研项目的单位要于当年制定出台相关管理办法和规定。

（二）加强对政策措施落实情况的督查指导

财政部、科技部要适时组织开展对项目承担单位科研项目资金等管理权限落实、内部管理办法制定、创新服务方式、内控机制建设、相关事项内部公开等情况的督查，对督查情况以适当方式进行通报，并将督查结果纳入信用管理，与间接费用核定、结余资金留用等挂钩。审计机关要依法开展对政策措施落实情况和财政资金的审计监督。项目主管部门要督促指导所属单位完善内部管理，确保国家政策规定落到实处。

财政部、中央级社科类科研项目主管部门要结合社会科学研究的规律和特点，参照本意见尽快修订中央级社科类科研项目资金管理办法。

各地区要参照本意见精神，结合实际，加快推进科研项目资金管理改革等各项工作。

权威解读

让科研经费真正成为创新的“助推器”

——详解中央财政科研项目资金改革六大亮点

近日，中办、国办印发《关于进一步完善中央财政科研项目资金管理等政策的若干意见》，从经费比重、开支范围、科目设置等方面提出了一系列“松绑＋激励”的措施，激发科研人员创新创造活力。记者采访财政部、科技部、教育部、发展改革委四部门负责人，详

解意见的六大亮点。

【亮点一】科研项目资金“打酱油的钱可以买醋”

科研项目资金管理“过细过死”是困扰科研人员的一大难题。合肥工业大学数学系教授檀结庆说，预算编制要求提前几年就把科研项目的各项开支列出来，在实际运行中发生了变化，再调整就很困难。

意见的一大亮点是简化预算编制科目，下放调剂权限，对一些科目合并“同类项”。意见指出，将直接费用中会议费、差旅费、国际合作与交流费合并为一个科目。

四部门有关负责人指出，如果合并后的总费用不超过直接费用的10%，就不用提供预算测算依据，科研人员在编制这部分预算时不用再具体到开会与出差次数。同时，下放科研项目预算调剂权，在项目总预算不变的情况下，直接费用中的多数科目预算都可以由项目承担单位自主调剂，“打酱油的钱可以买醋”。

【亮点二】加大对科研人员激励力度

科研项目资金分为直接费用和间接费用，直接费用一般包括设备费、差旅费、会议费、国际合作与交流费、劳务费等10类左右的支出科目；间接费用主要用于项目承担单位的成本耗费和对科研人员的绩效激励。

为进一步完善间接成本补偿机制，意见提高了间接费用比重，核定比例可以提高到不超过直接费用扣除设备购置费的一定比例：500万元以下的部分为20%，500万～1000万元的部分为15%，1000万元以上的部分为13%。

四部门透露，为加大对科研人员的激励力度，意见取消绩效支出比例限制，明确项目承担单位可以在核定的间接费用比例范围内统筹安排绩效支出，并与科研人员在项目工作中的实际贡献挂钩。

【亮点三】打破“玻璃门”劳务费不设比例限制

一些科研人员反映，相对我国而言，美国等国家科研项目中“人员费”比例较高。

苏州系统医学研究所的吴爱平研究员认为，目前我国科研经费使用中，劳务费比例过低，对于人员费的使用还存在很多限制。北京语言大学副教授陈默说，在实施科研项目时最发愁的是人力费难报销问题。项目找很多学生做实验需要支付劳务费，但都不好报销。

意见明确劳务费开支范围和标准，重申劳务费不设比例限制。参与项目研究的研究生、博士后、访问学者以及项目聘用的研究人员、科研辅助人员等，都可以开支劳务费。

四部门有关负责人表示，目前在制度层面，劳务费没有比例限制。但科研人员反映在项目实际申报过程中，劳务费仍存在“隐性”的比例限制。对此已会同有关部门，加大宣传培训力度，并要求相关评审机构进一步规范评审工作。

【亮点四】年度剩余资金可结转下年使用

项目资金下半年才拿到，年底就必须花完，否则就要被收回——不少科研人员吐槽的科研项目结余经费收回制度此次有了重大改革。

意见指出，科研项目实施期间，年度剩余资金可以结转下一年度继续使用，当年的钱花不完不用收回。项目完成任务目标并通过验收后，结余资金按规定留归项目承担单位使用，在2年内可以统筹安排用于科研活动的直接支出；2年后未使用完的，按规定收回。

【亮点五】下放差旅会议费管理权限

高校、科研院所的科研项目经费中，一块重要支出就是差旅和会议费。此次意见一大亮点就是明确下放差旅会议费管理权限，给高校和科研院所更大自主权。

四部门介绍，在差旅费方面，合理确定教学科研人员乘坐交通工具等级和住宿费标准；对于难以取得住宿费发票的，中央高校、科研院所在确保真实性的前提下，据实报销城市间交通费，并按规定标准发放伙食补助费和市内交通费，解决无法取得发票但需要报销城市间交通费和住宿费等问题。

在会议费方面，业务性会议的次数、天数、人数以及会议费开支范围、标准等，由单位自主确定。因工作需要，邀请国内外专家、学者和有关人员参加会议，对确需负担的城市间交通费、国际旅费，可由主办单位在会议费等费用中报销。

意见要求中央高校、科研院所要在 2016 年 9 月 1 日前制定出台差旅费、会议费内部管理办法。

【亮点六】设“科研财务助理”解放科研人员

科研经费报销手续繁杂、程序较多、时间过长，很多大学教授、科学家等科研人员在获得项目经费的同时，也因报销环节的诸多问题被逼成了“会计”，不能专心从事科研活动。

意见要求，项目承担单位要建立健全科研财务助理制度，为科研人员在项目预算编制和调剂、经费支出、财务决算和验收等方面提供专业化服务。这一要求意在“让专业的人做专业的事”，把科研人员从繁琐的事务中解放出来。

四部门介绍，根据意见要求，有关部门和单位要改进服务，为科研人员简除烦苛、松绑减负，着力让经费为人的创造性活动服务。一方面在检查评审上“做减法”，减轻单位和科研人员负担；另一方面，在服务方式上“做加法”，为科研人员潜心从事科研营造良好环境。

——引自：新华社 http://www.gov.cn/xinwen/2016-07/31/content_5096432.htm.

关于进一步完善中央财政科研项目资金管理等政策的若干意见问答（节选）

二、这次进一步完善中央财政科研项目资金管理等政策，坚持什么原则？

《意见》聚焦高校、科研院所和科研人员关心的突出问题，遵循“四个坚持”的原则，着力激发创新创造活力。一是坚持以人为本。二是坚持遵循规律。三是坚持“放管服”结合。进一步简政放权，扩大高校、科研院所科研项目资金、差旅会议、基本建设、科研仪器设备采购等方面的管理权限，同时强调放管结合、优化服务，加强事中事后监管，寓管理于服务之中，为科研人员潜心研究营造良好环境。四是坚持政策落实落地。

三、《意见》在扩大高校和科研院所管理权限方面有哪些“亮点”？

《意见》主要有四大亮点：一是扩大科研项目资金管理权限。主要包括：项目预算调剂自主权，劳务费分配管理自主权，间接费使用管理自主权，结转结余资金按规定使用自主权等。二是下放差旅会议管理权限，不简单套用行政预算和财务管理方法。三是完善中央高校、科研院所科研仪器设备采购管理。四是完善中央高校、科研院所基本建设项目管理。

四、《意见》在改进科研项目资金管理、激发科研人员创新创造活力方面提出了哪些措施？

科研项目资金分为直接费用和间接费用，直接费用一般包括设备费、差旅费、会议费、国际合作与交流费、劳务费等10类左右的支出科目；间接费用主要用于项目承担单位的成本耗费和对科研人员的绩效激励。这次《意见》提出的各项措施，从经费比重、开支范围、科目设置等方面提出了一系列“松绑＋激励”的措施，有利于激发科研人员创新创造活力。

一是简化预算编制科目，下放调剂权限。合并“同类项”，将直接费用中会议费、差旅费、国际合作与交流费合并为一个科目，合并后的总费用如果不超过直接费用的10%，就不用提供预算测算依据，科研人员在编制这部分预算时不用再具体说明开几次会、出几次差了。下放科研项目预算调剂权，在项目总预算不变的情况下，直接费用中的多数科目预算都可以由项目承担单位自主调剂，“打酱油的钱可以买醋”。

二是提高间接费用比重，加大绩效激励力度。间接费用占直接费用扣除设备购置费的比例上限，从20%/13%/10%提高到20%/15%/13%（上述比例分别对应500万元以下、500万～1000万元、1000万元以上部分）。项目承担单位可以在核定的间接费用比例范围内统筹安排绩效支出。

三是明确劳务费开支范围和标准。重申劳务费不设比例限制。参与项目研究的研究生、博士后、访问学者以及项目聘用的研究人员、科研辅助人员等，都可以开支劳务费。项目聘用人员的劳务费开支标准，参照当地科学研究和技术服务业从业人员平均工资水平，根据其在项目研究中承担的工作任务确定。

四是改进结转结余资金留用处理方式。科研项目实施期间，年度剩余资金可以结转下年继续使用，当年的钱花不完不用收回。项目完成任务目标并通过验收后，结余资金按规定留归单位使用，在2年内可以统筹安排用于科研活动的直接支出；2年后未使用完的，按规定收回。

五是自主规范管理横向经费。以市场委托方式取得的横向经费，由单位按照委托方要求或合同约定管理使用，有效解决一些科研人员反映的横向经费“纵向化”管理问题。同时，为了防止设“账外账”，强调横向经费要纳入单位财务统一管理。

五、我国科研项目间接费用与美国等国家相比比例偏低，是何原因？《意见》对此提出了哪些改进措施？中央财政科研项目中的哪些项目可以设立间接费用？间接费用如何核定？

我国中央财政专门安排了中央高校、科研院所的基本运转经费，还设立了改善教学科研条件的专项资金等，很大程度上可以弥补单位开展科研活动的成本耗费。综上考虑，我国在核定科研项目间接费用的比例时，没有像美国等国家那样高。

《意见》结合我国实际，提高了间接费用核定比例。《意见》规定，中央财政科技计划（专项、基金等）中实行公开竞争方式的研发类项目，均要设立间接费用。间接费用占直接费用扣除设备购置费的比例上限，从20%/13%/10%提高到20%/15%/13%（上述比例分别对应500万元以下、500万～1000万元、1000万元以上部分）。需要说明的是，对于稳定支持的科研项目，相关费用已通过部门预算渠道安排，不存在对其进行额外补偿的问题，不需要列支间接费用。

六、一些科研人员反映，相对我国而言，美国等国家科研项目中“人员费”比例较高，《意见》在这方面提出了哪些改进措施？

我国高校、院所对在编在职科研人员每年发放12个月工资，在基本支出中列支，给予稳定保障，而不是只拨付9个月的工资。

这次《意见》结合我国实际，进一步加大了科研项目资金对科研人员的激励力度。一是对于研究生、博士后、访问学者以及项目聘用的研究人员、科研辅助人员等，进一步明确劳务费开支范围和标准。二是对于在职在编的科研人员，取消绩效支出比例限制（原来为直接费用扣除设备购置费后的5%），项目承担单位可以在核定的间接费用比例范围内统筹安排，并与科研人员在项目工作中的实际贡献挂钩，科研项目资金的激励引导作用进一步增强。需要说明的是，从国外有关情况和我国薪酬制度看，要从根本上解决科研人员反映的收入待遇偏低问题，关键在于完善收入分配制度，加快推进中央级事业单位绩效工资改革。

七、有的科研人员反映目前我国科研项目预算编制过细，《意见》在预算编制方面简化了哪些科目？

科研项目编制预算是国际通行做法。科研活动具有灵感瞬间性、方式随意性、路径不确定性等特点，但主要技术路线、大体的工作量应事先心中有数，否则就成了“无的放矢”。鉴于科研活动自身规律及其不确定性，目前我国科研项目预算编制遵循适中原则，不像工程预算那样的“事无巨细”。

科研人员反映的预算编制过细问题，既有进一步完善预算编制方法的问题，也有执行不到位的问题。比如，如何帮助科研人员更好地编制预算；如何完善预算评审方式，防止评审环节随意设门槛，倒逼科研人员把预算往细里“编”等。

针对上述问题，《意见》在原有基础上，进一步简化预算编制。将直接费用中会议费、差旅费、国际合作与交流费合并为一个科目，由科研人员根据科研活动实际需要编制预算、统筹安排使用。同时，参考“十二五”国家科技计划上述三项费用开支情况，规定了该科目如不超过直接费用的10%，就无需提供预算测算依据，科研人员在编制这部分预算时不用再具体说明开几次会、出几次差等。

八、劳务费预算如何编制？开支范围是什么？

目前，在制度层面，劳务费没有比例限制。但科研人员反映在项目实际申报过程中，劳务费仍存在“隐性”的比例限制。对此，我们已会同有关部门，加大宣传培训力度，并要求相关评审机构进一步规范评审工作。

针对这一问题,《意见》进一步提出了完善劳务费管理的措施。一是重申劳务费不设比例限制。二是在制度层面进一步细化规定。明确了劳务费开支范围,参与项目研究的研究生、博士后、访问学者以及项目聘用人员,均可开支劳务费;明确项目聘用人员的劳务费开支标准,参照当地科学研究和技术服务业人员平均工资水平以及在项目研究中承担的工作任务确定(比如,北京地区可达12万元/年),项目聘用人员的社会保险补助纳入劳务费科目列支。三是要求项目主管部门尽快出台实施细则,为预算编制、评审、财务验收等提供操作规范,让科研人员在编制预算时"心中有数",也防止评审、验收环节设定劳务费比例,确保政策在执行中"不走样""不变形"。

九、项目预算是否可以调剂?是否需要报批?按什么程序报批?

在项目总预算不变的情况下,直接费用中的材料费、测试化验加工费、燃料动力费、出版/文献/信息传播/知识产权事务费、其他支出的预算,可由项目承担单位自行调剂;会议费/差旅费/国际合作与交流费、劳务费、专家咨询费和设备费支出预算可以调减,不得调增。

项目预算总额变化、项目承担单位变更等应当按规定程序报项目主管部门(单位)审批。

十、科研人员反映科研课题项目资金拨付存在时间滞后问题,《意见》在这方面提出了哪些措施?

从申请项目到经费下达涉及多个环节,包括项目立项申请和评审、项目预算评审、批复项目及预算、部门申请和国库拨付经费等,项目前期立项评审等工作进度直接影响资金拨付时间。

针对项目立项滞后影响资金拨付时间这一问题,科技部等相关部门结合科研工作的特点,已调整了工作机制,提前一年组织项目申报和评审,年初即可确定项目预算,为预算按时拨付奠定基础。

自2009年起,经全国人大常委会同意,在人大正式批复预算前可以预拨一部分项目资金,并据此建立了科研项目经费年初预拨机制,规定第一季度可按"二上"预算数的1/4拨付资金。《意见》根据科研活动规律和特点,继续实行部门预算批复前项目资金预拨制度,保证科研人员及时使用项目资金。

十一、科研项目结转结余如何使用?

《意见》改进了结转结余资金留用处理方式。科研项目实施期间,年度剩余资金可以结转下年继续使用。项目完成任务目标并通过验收后,结余资金按规定留归项目承担单位使用,在2年内可统筹安排用于科研活动的直接支出;2年后未使用完的,按规定收回。

十二、各单位横向经费如何管理?

项目承担单位以市场委托方式取得的横向经费,按照委托方要求或合同约定管理使用,纳入单位财务统一管理。横向经费管理,既要防止"纵向化",避免"纵横不分",又要防止"账外账",确保规范、安全、有效。

十三、为适应教学科研活动规律,《意见》在完善差旅会议管理方面提出了哪些改进措施?

相关制度规定,中央级非参公管理事业单位参照中央和国家机关差旅费管理办法执行,中央事业单位参照会议费管理办法执行,同时要求相关单位结合本单位实际情况制定具体操作规定。但实际操作中,一些单位存在没有制定具体操作规定,变"参照"为"依照"的问题。

针对上述情况,《意见》遵循教学科研活动规律,完善中央高校、科研院所差旅会议管理。中央高校、科研院所根据教学、科研和管理工作实际需要,按照实事求是、精简高效、厉行节约的原则,自行制定具体管理规定。一是差旅费方面,合理确定教学科研人员乘坐交通工具等级和住宿费标准;对于难以取得住宿费发票的,中央高校、科研院所在确保真实性的前提下,据实报销城市间交通费,并按规定标准发放伙食补助费和市内交通费,解决无法取得发票但需要报销城市间交通费和住宿费等问题。二是会议费方面,业务性会议(如学术会议、研讨会、评审会、座谈会、答辩会等)的次数、天数、人数以及会议费开支范围、标准等,由单位自主确定。因工作需要,邀请国内外专家、学者和有关人员参加会议,对确需负担的城市间交通费、国际旅费,可在会议费等费用中列支。

十四、会议地点可以由单位自主确定吗?

按照中共中央、国务院印发的《党政机关厉行节约反对浪费条例》等规定,会议召开场所实行政府采购定点管理。未纳入定点范围,价格低于会议综合定额标准的单位内部会议室、礼堂、宾馆、招待所、培训中心,可优先作为本单位或本系统会议场所。

十五、科研项目经费是否使用公务卡结算?

推行科研项目经费使用公务卡结算,是规范科研活动支付业务、减少现金结算、强化资金安全、增强透明度、提高资金使用效益的重要举措。科研项目经费应按照《财政部科技部关于中央财政科研项目使用公务卡结算的通知》(财库〔2015〕245 号)规定执行。

十六、是否仍按现行采购方式购买机票?

《意见》出台后,仍要根据《财政部　外交部关于印发〈因公临时出国经费管理办法〉的通知》(财行〔2013〕516 号)、《财政部　中国民用航空局关于加强公务机票购买管理有关事项的通知》(财库〔2014〕33 号)、《财政部　中国民用航空局关于加强公务机票购买管理有关事项的补充通知》(财库〔2014〕180 号)及政府采购相关制度规定,国内出差、因公临时出国购买机票时,应按上述规定执行。

十七、如何改进政府采购管理?

《意见》完善了中央高校、科研院所科研仪器设备采购管理。中央高校、科研院所可自行采购科研仪器设备,自行选择仪器设备评审专家,同时要切实做好设备采购的监督管理。财政部要简化政府采购项目预算调剂和变更政府采购方式审批流程。对进口仪器设备实行备案制管理，并继续落实进口科研教学用品免税政策。

十八、《意见》出台了一系列简政放权的措施，为确保项目承担单位“接得住，管得好”，《意见》提出了哪些加强科研项目资金监督管理的措施？

《意见》在完善政策、释放活力的同时，强调要依法理财、规范管理。一方面，强化项目承担单位的法人责任，规范资金管理。项目承担单位要认真落实国家有关政策规定，按照权责一致的要求，强化自我约束和自我规范，制定内部管理办法，落实项目预算调剂、间接费用统筹使用、劳务费分配管理、结余资金使用等管理权限。同时要加强预算审核把关，规范财务支出行为，完善内部风险防控机制，强化资金使用绩效评价；实行内部公开制度，主动公开项目预算、预算调剂、资金使用（重点是间接费用、外拨资金、结余资金使用）、研究成果等情况。另一方面，加强工作督查指导。财政部、科技部将适时组织开展对项目承担单位科研项目资金管理自主权限落实、内部管理办法制定、创新服务方式、内控机制建设、相关事项内部公开等情况的督查，对督查情况以适当方式进行通报，并将督查结果纳入信用管理，与间接费用核定、结余资金留用等挂钩。审计机关将依法开展对政策措施落实情况和财政资金的审计监督。项目主管部门要督促指导所属单位完善内部管理，确保国家政策规定落到实处。

十九、针对当前单位和科研人员反映的检查评审过多问题，《意见》有哪些改进措施？

当前，各部门按照自身管理职责，分别组织科研项目和资金的监督检查，对规范科研经费使用起到了积极作用，但也出现了检查过多过频、检查结果共享不够等现象，不利于科研工作的高效有序推进。

针对上述问题，《意见》提出了精简检查评审的政策措施。一是要求科技部、项目主管部门、财政部要加强对科研项目资金监督的制度规范、年度计划、结果运用等的统筹协调，建立职责明确、分工负责的协同工作机制。二是要求科技部、项目主管部门加快清理规范委托中介机构对科研项目开展的各种检查评审，加强对前期已经开展相关检查结果的使用，推进检查结果共享，减少检查数量，改进检查方式，避免重复检查、多头检查、过度检查。

二十、针对科研人员反映的报销手续繁、程序多、时间长、难度大等问题，《意见》提出了哪些解决措施？

《意见》提出：一是项目承担单位要建立健全科研财务助理制度，“让专业的人做专业的事”，把科研人员从繁琐的事务中解放出来，着力破解一些科研人员反映的“把科研人员逼成会计”的问题。二是项目承担单位要充分运用信息化手段，提高科研管理效率和便利化程度。三是项目承担单位要制定符合科研实际需要的内部报销规定，切实解决野外考察、心理测试等科研活动中无法取得发票或财政性票据，以及邀请外国专家来华参加学术交流发生费用等的报销问题，更好地服务于科研人员。

二十一、为什么设立科研财务助理？所需经费如何解决？

为解决科研人员反映的科研经费报销手续繁杂、程序较多、时间过长、“把科研人员逼成会计”等问题，《意见》要求项目承担单位建立健全科研财务助理制度，为科研人员在项目预算编制和调剂、经费支出、财务决算和验收等方面提供专业化服务，“让专业的人做专业的事”，把科研人员从繁琐的事务中解放出来。聘请科研财务助理所需费用可由单位根据情况通过科研项目资金等渠道解决。对于项目层面聘用的财务助理，所需费用可通过劳务费安排解决；对于单位统一聘用的财务助理，所需费用可通过科研项目间接费用、单位日常运转经费等渠道安排解决。

二十二、在研项目能否执行新的规定？

为做好政策衔接，对于国家科技计划（专项、基金等）在研项目适用新政策的问题，区分以下两种情况：一是文件发布时，项目执行期已结束、进入结题验收环节的项目，按照原政策执行，不作调整。二是尚在执行期内的项目，由项目承担单位统筹考虑本单位实际情况，并与科研人员充分协商后，在项目预算总额不变的前提下，自主选择在研项目间接费用和绩效支出安排、预算科目调剂等是否执行有关新规定。如执行新规定，需履行单位内部有关调整审批程序，并符合预算调剂的有关规定。特别是对于原未设立间接费用的在研项目，如要新增间接费用，承担单位要在逐一征求项目负责人意见的基础上，按照有关管理规定将项目资金分解为直接费用和间接费用。

二十三、为做好《意见》的落实，相关部门还将出台哪些相关的管理办法？

一是财政部正在会同相关部门抓紧制（修）订中央财政科技计划（专项、基金等）资金相关管理办法，将于 2016 年年底前出台。

二是项目主管部门将于 2016 年年底前出台实施细则，为预算编制、评审、财务验收等提供操作规范，防止政策在执行中走样变形。

三是为发挥政策协同效应，财政部、中央级社科类科研项目主管部门将加快修订国家社科基金项目资金、高等学校哲学社会科学繁荣计划等中央级社科类科研项目资金管理办法，做到 2016 年新立项项目按新规定执行。

二十四、高校、科研院所需要制定哪些相关的管理办法？

中央高校、科研院所要在 9 月 1 日前，出台差旅费、会议费内部管理办法，其主管部门要加强工作指导和统筹。

项目承担单位要在 2016 年年底前完成以下相关制度规定的制（修）订工作，其中重点包括：

一是制（修）订科研项目资金内部管理办法，对科研项目预算调剂、科研项目间接费用管理、科研项目劳务费使用和发放、科研项目结余资金管理等做出细化规定，其中要专门就项目预算、预算调剂、资金使用（重点是间接费用、外拨资金、结余资金使用）、研究成果等的内部公开程序、方式等进行规定；二是制定完善内部报销管理规定，解决野外考察、心理测试等科研活动中无法取得发票或财政性票据，以及邀请外国专家来华参加学术交流发生费用等的报销问题。

二十五、地方如何推进科研项目资金管理改革等工作?

各地区要参照《意见》精神,结合实际,加快推进科研项目资金管理改革等各项工作,同时在改革的具体工作中,要注意协同推进科技计划(专项、基金等)与科研项目资金管理改革,形成上下联动、全国一盘棋的工作局面。

——引自:财政部 http://www.mof.gov.cn/zhengwuxⅠnxⅠ/caⅠzhengxⅠnwen/201608/t20160810_2383761.htm.

山东高校典型经验

山东建筑大学纵向科研经费管理办法(试行)(节选)

(山建大校发〔2017〕18号)

第三章 经费使用管理

第九条 学校和项目组分别从项目间接费中提取科研管理费、项目组绩效奖励。项目主管部门和合同对间接费使用有明确规定的,按照规定执行。无明确规定的,科研管理费按间接费的25%计提,项目组绩效奖励按间接费的75%计提。科研管理费,用于学校、学院(含重点科研创新平台)开展科研活动和科研管理工作,除按科研项目直接费用支出外,还可用于支持预研项目科研立项、科研奖励、科研管理等支出。项目组绩效奖励发放管理办法另行规定。

第四章 结余经费管理

第十八条 项目实施期间年度剩余资金可结转下一年度继续使用。

……

第二十一条 结余经费处理方式。

(一)根据项目经费管理规定,要求项目结余经费按原渠道收回的,在会计师事务所出具科研经费审计报告后,由科技处通知财务处冻结相应科研项目结余经费(审计报告中确认的后续支出除外),并按规定退回。

《山东理工大学关于科研项目资金差旅费报销的补充规定》

(鲁理工大政发〔2017〕145号)

一、差旅费报销范围

差旅费是指学校教职工及相关人员到张店城区以外地区公务出差所发生的城市间

交通费、住宿费、伙食补助费和市内交通费。

相关人员包括学校非事业编人员、校外专家、项目合作人员、在校学生等。

二、出差请假及报销审批

对使用科研项目资金的公务外出实行请假备案制度，各单位要制定具体管理办法，做好备案登记工作。教职工及学生使用科研经费从事科学研究、考察、参加学术会议的差旅费报销，由项目负责人审批，项目负责人出差报销由单位负责人审批。

三、其他报销事项

（一）有效票据问题

师生开展野外调研、社会调查等不能取得住宿费正式发票的，可依据有关证明（凭据）并提供特殊事项说明表，据实报销住宿费、城市间交通费，按规定标准发放伙食补助费和交通补助费。

（二）出差票据不完整问题

对只发生住宿或乘坐交通工具某个环节费用，取得相关票据形不成完整的出差票据链，在确保真实性的前提下，须提供《特殊事项说明表》，按规定标准据实报销相关费用，并发放相关补助。

（三）校外人员差旅费报销问题确因工作需要邀请学者、专家或有关校外人员来校开会、交流、访问或赴外地参加调研，须提供邀请函。

（四）在校学生出差补助问题在校学生参加教学科研活动、社会调研、学术会议、长期在外地协助科学研究等工作，伙食补助费及交通补助费标准由项目负责人在限额内核定，并在报销单上注明。

《山东理工大学科研项目资金会议费管理暂行办法》（节选）

（鲁理工大政发〔2017〕145 号）

第二条　会议费开支实行综合定额控制，在综合定额标准之内据实报销，各项费用之间可以调剂使用。会议费的综合定额标准如下（单位：元/人·天）：

会议类别	住宿费	伙食费	其他费用	合计
国内业务会议	300	150	100	550
重要学术会议	400	150	110	660
在华举办国际会议	600	200	200	1000

《山东理工大学关于科研项目资金差旅费报销的补充规定》

（鲁理工大政发〔2017〕145号）

一、差旅费报销范围

差旅费是指学校教职工及相关人员到张店城区以外地区公务出差所发生的城市间交通费、住宿费、伙食补助费和市内交通费。

相关人员包括学校非事业编人员、校外专家、项目合作人员、在校学生等。

二、出差请假及报销审批

对使用科研项目资金的公务外出实行请假备案制度，各单位要制定具体管理办法，做好备案登记工作。教职工及学生使用科研经费从事科学研究、考察、参加学术会议的差旅费报销，由项目负责人审批，项目负责人出差报销由单位负责人审批。

三、其他报销事项

（一）有效票据问题

师生开展野外调研、社会调查等不能取得住宿费正式发票的，可依据有关证明（凭据）并提供《特殊事项说明表》，据实报销住宿费、城市间交通费，按规定标准发放伙食补助费和交通补助费。

（二）出差票据不完整问题

对只发生住宿或乘坐交通工具某个环节费用，取得相关票据形不成完整的出差票据链，在确保真实性的前提下，须提供《特殊事项说明表》，按规定标准据实报销相关费用，并发放相关补助。

（三）校外人员差旅费报销问题确因工作需要邀请学者、专家或有关校外人员来校开会、交流、访问或赴外地参加调研，须提供邀请函。

（四）在校学生出差补助问题在校学生参加教学科研活动、社会调研、学术会议、长期在外地协助科学研究等工作，伙食补助费及交通补助费标准由项目负责人在限额内核定，并在报销单上注明。

《曲阜师范大学科学与技术纵向项目资金管理办法》（节选）

（曲师大校字〔2017〕25号）

第四条　学校按照“统一领导、分级管理、责任到人”的原则，实行纵向项目资金管理校长责任制。在校长的统一领导下，有关分管校领导和职能部门对纵向项目资金的管理和使用分工负责。

1. 科技处是学校科技工作的主管职能部门，协助、指导项目负责人合理编制资金预算。负责科技项目管理，做好科技项目资金使用的审核、监督工作，承担相应的科技管理责任。

2. 财务处负责指导项目负责人编制项目资金预算，负责项目资金的财务管理和审查项目决算，指导、监督项目负责人按照项目立项通知书（任务书）或合同约定，在其权限范围内合理、规范使用项目资金，承担相应的财务管理责任。

3. 审计处负责项目资金的审计，按项目管理要求定期对项目资金使用和管理进行不定期审计或专项审计，出具资金审计报告，承担相应的审计责任。

4. 各学院、独立科研机构是科研活动的二级管理单位，应积极为项目实施提供条件保障，监督项目负责人对项目资金的使用，承担资金预算执行监管及督促项目进度责任。

5. 项目负责人是项目资金使用的直接责任人，对资金使用的合规性、合理性、真实性和相关性承担法律责任。项目负责人应定期对项目资金预算、收支结余等情况进行公开，并自觉接受有关部门的管理和监督。

《山东建筑大学差旅费管理办法》补充规定（试行）（节选）

（山建大校办字〔2017〕8号）

第三条 项目研究人员出差须填写“山东建筑大学教学科研人员出差审批表”（见附件）。项目课题组成员出差，由项目负责人审批，项目负责人出差，由部门分管教学科研负责人审批。

第四条 项目研究人员出差乘坐交通工具以及住宿费等级标准执行如下：

1. 一、二级教授，全国知名专家，55周岁以上具有正高级职称人员，可按照院士及相当职务人员限额标准执行。

2. 三级及以下教授、研究员等正高级职称人员，55周岁以上具有副高级职称人员，可按照校级领导、正高级职称人员限额标准执行。

3. 其余人员标准按《山东建筑大学差旅费管理办法》执行。

以上限额标准根据学校或山东省最新发布的限额标准执行。

第五条 项目研究聘用（含临时聘用）的在读学生、外单位人员，出差的伙食补贴和市内交通费补贴标准上限为100元/天·人，具体发放金额标准由项目负责人根据实际情况确定。

第六条 出差人员出差及返回，往返于驻地与机场、火（汽）车站、码头的交通费若超过市内交通补助标准，凭票据实报销，不再发放当日市内交通补贴。

第七条 住宿费、火车票、机票等支出，按学校公务卡管理规定执行。

第八条 因教学科研工作需要，邀请国内外专家、学者和有关人员来校参加学术活动，确需负担城市间交通费、住宿费、国际旅费等，参照第四条执行。

国家重点研发计划资金管理办法

财科教〔2016〕113号

第一章　总　则

第一条　为规范国家重点研发计划资金管理和使用，提高资金使用效益，根据《国务院关于改进加强中央财政科研项目和资金管理的若干意见》（国发〔2014〕11号）、《国务院印发关于深化中央财政科技计划（专项、基金等）管理改革方案的通知》（国发〔2014〕64号）和《中共中央办公厅　国务院办公厅印发〈关于进一步完善中央财政科研项目资金管理等政策的若干意见〉的通知》，以及国家有关财经法规和财务管理制度，结合国家重点研发计划管理特点，制定本办法。

第二条　国家重点研发计划由若干目标明确、边界清晰的重点专项组成，重点专项采取从基础前沿、重大共性关键技术到应用示范全链条一体化组织实施方式。重点专项下设项目，项目可根据自身特点和需要下设课题。重点专项实行概预算管理，重点专项项目实行预算管理。

第三条　国家重点研发计划实行多元化投入方式，资金来源包括中央财政资金、地方财政资金、单位自筹资金和从其他渠道获得的资金。中央财政资金支持方式包括前补助和后补助，具体支持方式在编制重点专项实施方案和年度项目申报指南时予以明确。

第四条　本办法主要规范中央财政安排的采用前补助支持方式的国家重点研发计划资金（以下简称"重点研发计划资金"），中央财政后补助支持方式具体规定另行制定。其他来源的资金应当按照国家有关财务会计制度和相关资金提供方的具体使用管理要求，统筹安排和使用。

第五条　重点专项项目牵头承担单位、课题承担单位和课题参与单位（以下简称"承担单位"）应当是在中国大陆境内注册、具有独立法人资格的科研院所、高等院校、企业等。

第六条　重点研发计划资金的管理和使用遵循以下原则：

（一）集中财力，突出重点。重点研发计划资金聚焦重点专项研发任务，重点支持市场机制不能有效配置资源的公共科技活动。注重加强统筹规划，避免资金安排分散重复。

（二）明晰权责，放管结合。政府部门不再直接管理具体项目，委托项目管理专业机构（以下简称“专业机构”）开展重点专项项目资金管理。充分发挥承担单位资金管理的法人责任，完善内控机制建设，提高管理服务水平。

（三）遵循规律，注重绩效。重点研发计划资金的管理和使用，应当体现重点专项组织实施的特点，遵循科研活动规律和依法理财的要求。强化事中和事后监管，完善信息公开公示制度，建立面向结果的绩效评价机制，提高资金使用效益。

第七条 重点研发计划资金实行分级管理、分级负责。财政部、科技部负责研究制定重点研发计划资金管理制度，组织重点专项概算编制和评估，组织开展对重点专项资金的监督检查；财政部按照资金管理制度，核定批复重点专项概预算；专业机构是重点专项资金管理和监督的责任主体，负责组织重点专项项目预算申报、评估、下达和项目财务验收，组织开展对项目资金的监督检查；承担单位是项目资金管理使用的责任主体，负责项目资金的日常管理和监督。

第二章 重点专项概预算管理

第八条 重点专项概算是指对专项实施周期内，专项任务实施所需总费用的事前估算，是重点专项预算安排的重要依据。重点专项概算包括总概算和年度概算。

第九条 专业机构根据重点专项的目标和任务，编报重点专项概算，报财政部、科技部。

第九条 重点专项概算应当同时编制收入概算和支出概算，确保收支平衡。

重点专项收入概算包括中央财政资金概算和其他来源的资金概算。

重点专项支出概算包括支出总概算和年度支出概算。专业机构应当在充分论证、科学合理分解重点专项任务基础上，根据任务相关性、配置适当性和经济合理性的原则，按照任务级次和不同研发阶段编列支出概算。

第十条 财政部、科技部委托相关机构对重点专项概算进行评估。根据评估结果，结合财力可能，财政部核定并批复重点专项中央财政资金总概算和年度概算。

第十一条 中央财政资金总概算一般不予调整。重点专项任务目标发生重大变化等导致中央财政资金总概算确需调整的，专业机构在履行相关任务调整审批程序后，提出调整申请，经科技部审核后，按程序报财政部审批。总概算不变，重点专项年度间重大任务调整等导致年度概算需要调整的，由专业机构提出申请，经科技部审核后，按程序报财政部审批。

第十二条 专业机构根据核定的概算组织项目预算申报和评估，提出项目安排建议和重点专项中央财政资金预算安排建议，项目安排建议按程序报科技部，预算安排建议按照预算申报程序报财政部。无部门预算申报渠道的专业机构，通过科技部报送。

第十三条 科技部对项目安排建议进行合规性审核。财政部结合科技部意见，按照预算管理要求向专业机构下达重点专项中央财政资金预算（不含具体项目预算），并抄送科技部。

第十四条 重点专项中央财政资金预算一般不予调剂，因概算变化等确需调剂的，由专业机构提出申请，按程序报财政部批准。

第十五条 在重点专项实施周期内，由于年度任务调整等导致专业机构当年未下达给项目牵头承担单位的资金，可以结转下一年度继续使用。由于重点专项因故中止等原因，专业机构尚未下达给项目牵头承担单位的资金，按规定上缴中央财政。

第三章 项目资金开支范围

第十六条 重点专项项目资金由直接费用和间接费用组成。

第十七条 直接费用是指在项目实施过程中发生的与之直接相关的费用。主要包括：

（一）设备费：是指在项目实施过程中购置或试制专用仪器设备，对现有仪器设备进行升级改造，以及租赁外单位仪器设备而发生的费用。应当严格控制设备购置，鼓励开放共享、自主研制、租赁专用仪器设备以及对现有仪器设备进行升级改造，避免重复购置。

（二）材料费：是指在项目实施过程中消耗的各种原材料、辅助材料等低值易耗品的采购及运输、装卸、整理等费用。

（三）测试化验加工费：是指在项目实施过程中支付给外单位（包括承担单位内部独立经济核算单位）的检验、测试、化验及加工等费用。

（四）燃料动力费：是指在项目实施过程中直接使用的相关仪器设备、科学装置等运行发生的水、电、气、燃料消耗费用等。

（五）出版/文献/信息传播/知识产权事务费：是指在项目实施过程中，需要支付的出版费、资料费、专用软件购买费、文献检索费、专业通信费、专利申请及其他知识产权事务等费用。

（六）会议/差旅/国际合作交流费：是指在项目实施过程中发生的会议费、差旅费和国际合作交流费。在编制预算时，本科目支出预算不超过直接费用预算10%的，不需要编制测算依据。承担单位和科研人员应当按照实事求是、精简高效、厉行节约的原则，严格执行国家和单位的有关规定，统筹安排使用。

（七）劳务费：是指在项目实施过程中支付给参与项目的研究生、博士后、访问学者以及项目聘用的研究人员、科研辅助人员等的劳务性费用。

项目聘用人员的劳务费开支标准，参照当地科学研究和技术服务业从业人员平均工资水平，根据其在项目研究中承担的工作任务确定，其社会保险补助纳入劳务费科目开支。劳务费预算应据实编制，不设比例限制。

（八）专家咨询费：是指在项目实施过程中支付给临时聘请的咨询专家的费用。专家咨询费不得支付给参与本项目及所属课题研究和管理的相关工作人员。专家咨询费的管理按照国家有关规定执行。

（九）其他支出：是指在项目实施过程中除上述支出范围之外的其他相关支出。其他支出应当在申请预算时详细说明。

第十八条 间接费用是指承担单位在组织实施项目过程中发生的无法在直接费用中列支的相关费用。主要包括：承担单位为项目研究提供的房屋占用，日常水、电、气、暖消耗，有关管理费用的补助支出，以及激励科研人员的绩效支出等。

第十九条 结合承担单位信用情况，间接费用实行总额控制，按照不超过课题直接费用扣除设备购置费后的一定比例核定。具体比例如下：

（一）500万元及以下部分为20%；

（二）超过500万元至1000万元的部分为15%；

（三）超过1000万元以上的部分为13%。

第二十条 间接费用由承担单位统筹安排使用。承担单位应当建立健全间接费用的内部管理办法，公开透明、合规合理使用间接费用，处理好分摊间接成本和对科研人员激励的关系。绩效支出安排应当与科研人员在项目工作中的实际贡献挂钩。

课题中有多个单位的，间接费用在总额范围内由课题承担单位与参与单位协商分配。承担单位不得在核定的间接费用以外，再以任何名义在项目资金中重复提取、列支相关费用。

第四章 项目预算编制与审批

第二十一条 重点专项项目预算由收入预算与支出预算构成。项目预算由课题预算汇总形成。

（一）收入预算包括中央财政资金和其他来源资金。对于其他来源资金，应充分考虑各渠道的情况，并提供资金提供方的出资承诺，不得使用货币资金之外的资产或其他中央财政资金作为资金来源。

（二）支出预算应当按照资金开支范围确定的支出科目和不同资金来源分别编列，并对各项支出的主要用途和测算理由等进行详细说明。

第二十二条 重点专项项目不得在预算申报前先行设置控制额度，可在重点专项年度申报指南中公布重点专项概算。

项目实行两轮申报的，预申报环节时，项目申报单位提出所需专项资金预算总额；正式申报环节时，专业机构综合考虑重点专项概算、项目任务设置、预申报情况以及专家建议等，组织项目申报单位编报预算。

项目实行一轮申报的，按照正式申报环节要求组织编报预算。

第二十三条 项目申报单位应当按照政策相符性、目标相关性和经济合理性原则，科学、合理、真实地编制预算，对仪器设备购置、参与单位资质及拟外拨资金进行重点说明，并申明现有的实施条件和从单位外部可能获得的共享服务。项目申报单位对直接费用各项支出不得简单按比例编列。

第二十四条 专业机构委托相关机构开展项目预算评估。预算评估机构应当具有丰富的国家科技计划预算评估工作经验、熟悉国家科技计划和资金管理政策、建立了相关领域的科技专家队伍支撑、拥有专业的预算评估人才队伍等。

第二十五条 预算评估应当按照规范的程序和要求，坚持独立、客观、公正、科学的原则，对项目以及课题申报预算的政策相符性、目标相关性和经济合理性进行评估。

预算评估过程中不得简单按比例核减直接费用预算，同时应当建立健全与项目申报单位的沟通反馈机制。

第二十六条 专业机构根据预算评估结果，提出重点专项项目预算安排建议，并予以公示。

第二十七条 专业机构根据财政部下达的重点专项预算和科技部对项目安排建议的审核意见，向项目牵头承担单位下达重点专项项目预算，并与项目牵头承担单位签订项目任务书（含预算）。

项目任务书（含预算）是项目和课题预算执行、财务验收和监督检查的依据。项目任务书（含预算）应以项目预算申报书为基础，突出绩效管理，明确项目考核目标、考核指标及考核方法，明晰各方责权，明确课题承担单位和参与单位的资金额度，包括其他来源资金和其他配套条件等。

第五章 项目预算执行与调剂

第二十八条 专业机构应当按照国库集中支付制度规定，及时办理向项目牵头承担单位支付年度项目资金的有关手续。实行部门预算批复前项目资金预拨制度。

项目牵头承担单位应当根据课题研究进度和资金使用情况，及时向课题承担单位拨付资金。课题承担单位应当按照研究进度，及时向课题参与单位拨付资金。课题参与单位不得再向外转拨资金。

逐级转拨资金时，项目牵头承担单位或课题承担单位不得无故拖延资金拨付，对于出现上述情况的单位，专业机构将采取约谈、暂停项目后续拨款等措施。

第二十九条 承担单位应当严格执行国家有关财经法规和财务制度，切实履行法人责任，建立健全项目资金内部管理制度和报销规定，明确内部管理权限和审批程序，完善内控机制建设，强化资金使用绩效评价，确保资金使用安全规范有效。

第三十条 承担单位应当建立健全科研财务助理制度，为科研人员在项目预算编制和调剂、资金支出、财务决算和验收方面提供专业化服务。

第三十一条 承担单位应当将项目资金纳入单位财务统一管理，对中央财政资金和其他来源的资金分别单独核算，确保专款专用。按照承诺保证其他来源的资金及时足额到位。

第三十二条 承担单位应当建立信息公开制度，在单位内部公开项目立项、主要研究人员、资金使用（重点是间接费用、外拨资金、结余资金使用等）、大型仪器设备购置以及项目研究成果等情况，接受内部监督。

第三十三条 承担单位应当严格执行国家有关支出管理制度。对应当实行“公务卡”结算的支出，按照中央财政科研项目使用公务卡结算的有关规定执行。对于设备费、大宗材料费和测试化验加工费、劳务费、专家咨询费等，原则上应当通过银行转账方式结算。对野外考察、心理测试等科研活动中无法取得发票或者财政性票据的，在确保真实性的前提下，可按实际发生额予以报销。

第三十四条 承担单位应当严格按照资金开支范围和标准办理支出，不得擅自调整外拨资金，不得利用虚假票据套取资金，不得通过编造虚假劳务合同、虚构人员名单等方式虚报冒领劳务费和专家咨询费，不得通过虚构测试化验内容、提高测试化验支出标准等方式违规开支测试化验加工费，不得随意调账变动支出、随意修改记账凭证，严禁以任何方式使用项目资金列支应当由个人负担的有关费用和支付各种罚款、捐款、赞助、投资等。

第三十五条 承担单位应当按照下达的预算执行。项目在研期间，年度剩余资金结转下一年度继续使用。预算确有必要调剂时，应当按照以下调剂范围和权限，履行相关程序：

（一）项目预算总额调剂，项目预算总额不变、课题间预算调剂，课题预算总额不变、课题参与单位之间预算调剂以及增减参与单位的，由项目牵头承担单位或课题承担单位逐级向专业机构提出申请，专业机构审核评估后，按有关规定批准。

（二）课题预算总额不变，课题直接费用中材料费、测试化验加工费、燃料动力费、出版/文献/信息传播/知识产权事务费、其他支出预算如需调剂，课题负责人根据实施过程中科研活动的实际需要提出申请，由课题承担单位批准，报项目牵头承担单位备案。设备费、差旅/会议/国际合作交流费、劳务费、专家咨询费的预算一般不予调增，需调减用于课题其他直接支出的，可按上述程序办理调剂审批手续；如有特殊情况确需调增的，由项目（课题）负责人提出申请，经项目牵头承担单位同意后，报专业机构批准。

（三）课题间接费用预算总额不得调增，经课题承担单位与课题负责人协商一致后，可以调减用于直接费用。

第三十六条 项目牵头承担单位应当在每年的 4 月 20 日前，审核课题上年度收支情况，汇总形成项目年度财务决算报告，并报送专业机构。决算报告应当真实、完整，账表一致。

项目资金下达之日起至年度终了不满三个月的项目，当年可以不编报年度财务决算，其资金使用情况在下一年度的年度决算报告中编制反映。

第三十七条 项目实施过程中，行政事业单位使用中央财政资金形成的固定资产属于国有资产，应当按照国家有关国有资产管理的规定执行。企业使用中央财政资金形成的固定资产，按照《企业财务通则》等相关规章制度执行。

承担单位使用中央财政资金形成的知识产权等无形资产的管理，按照国家有关规定执行。

使用中央财政资金形成的大型科学仪器设备、科学数据、自然科技资源等，按照规定开放共享。

第三十八条 项目或课题因故撤销或终止，项目牵头承担单位或课题承担单位财务部门应当及时清理账目与资产，编制财务报告及资产清单，报送专业机构。专业机构组织清查处理，确认并回收结余资金（含处理已购物资、材料及仪器设备的变价收入），统筹用于重点专项后续支出。

第六章 项目财务验收

第三十九条 项目执行期满后，项目牵头承担单位应当及时组织课题承担单位清理账目与资产，如实编制课题资金决算。项目牵头承担单位审核汇总后向专业机构提出财务验收申请。

财务验收申请应当在项目执行期满后的三个月内提出。

第四十条 专业机构按照有关规定组织财务验收。财务验收前，应当选择符合要求的会计师事务所进行财务审计，财务审计报告是财务验收的重要依据。

财务验收工作应当在项目牵头承担单位提出财务验收申请后的六个月内完成。

在财务验收前，专业机构应按照项目任务书的规定检查承担单位的科技报告呈交情况，未按规定呈交的，应责令其补交科技报告。

第四十一条 财务验收应当按项目组织，以项目下设的课题为单元开展和出具财务验收结论，综合形成项目财务验收意见，并告知项目牵头承担单位。

第四十二条 存在下列行为之一的，不得通过财务验收：

(一)编报虚假预算，套取国家财政资金；

(二)未对重点研发计划资金进行单独核算；

(三)截留、挤占、挪用重点研发计划资金；

(四)违反规定转拨、转移重点研发计划资金；

(五)提供虚假财务会计资料；

(六)未按规定执行和调剂预算；

(七)虚假承诺其他来源的资金；

(八)资金管理使用存在违规问题拒不整改；

(九)其他违反国家财经纪律的行为。

第四十二条 课题承担单位应当在财务验收完成后一个月之内及时办理财务结账手续。

完成课题任务目标并通过财务验收，且承担单位信用评价好的，结余资金在财务验收完成起两年内由承担单位统筹安排用于科研活动的直接支出；两年后结余资金未使用完的，上缴专业机构，统筹用于重点专项后续支出。

未通过财务验收或整改后通过财务验收的课题，或承担单位信用评价差的，结余资金由专业机构收回，统筹用于重点专项后续支出。

第四十三条 专业机构应当在财务验收完成后一个月内，将财务验收相关材料整理归档，并将验收结论报科技部备案。验收结论应当按规定向社会公开。

第四十四条 科技部对财务审计和财务验收进行随机抽查。对财务审计，重点抽查审计依据充分性、结论可靠性、审计工作质量及对重大违规问题的披露情况；对财务验收，重点抽查验收程序规范性、依据充分性、结论可靠性和项目结余资金管理情况。

第七章 监督检查

第四十五条 财政部、科技部、相关主管部门、专业机构和承担单位应当根据职责和分工，建立覆盖资金管理使用全过程的资金监督检查机制。监督检查应当加强统筹协调，加强信息共享，避免交叉重复。

第四十六条 科技部、财政部应当根据重点研发计划资金监督检查年度计划和实施方案，通过专项检查、专项审计、年度报告分析、举报核查、绩效评价等方式，对专业机构内部管理、重点专项资金管理使用规范性和有效性进行监督检查，对承担单位法人责任和内部控制、项目资金拨付的及时性、项目资金管理使用规范性、安全性和有效性等进行抽查。

第四十七条 相关主管部门应当督促所属承担单位加强内控制度和监督制约机制建设、落实重点专项项目资金管理责任，配合财政部、科技部开展监督检查和整改工作。

第四十八条 专业机构应当组织开展对重点专项资金的管理和监督，并配合有关部门开展监督检查；对监督检查中发现问题较多的承担单位，采取警示、指导和培训等方式，加强对承担单位的事前风险预警和防控。

专业机构应当在每年末总结当年的重点专项资金管理和监督情况，并报科技部备案。

第四十九条 承担单位应当按照本办法和国家相关财经法规及财务管理规定，完善内部控制和监督制约机制，加强支撑服务条件建设，提高对科研人员的服务水平，建立常态化的自查自纠机制，保证项目资金安全。

项目牵头承担单位应当加强对课题承担单位的指导和监督，积极配合有关部门和机构的监督检查工作。

第五十条 承担单位在预算编报、资金拨付、资金管理和使用、财务验收、监督检查等环节存在违规行为的，应当严肃处理。科技部、财政部、专业机构视情况轻重采取约谈、通报批评、暂停项目拨款、终止项目执行、追回已拨资金、阶段性或永久取消项目承担者项目申报资格等措施，并将有关结果向社会公开。涉嫌犯罪的，移送司法机关处理。

监督检查和验收过程中发现重要疑点和线索需要深入核查的，科技部、财政部可以移交相关单位的主管部门。主管部门应当按照有关规定和要求及时进行核查，并将核查结果及处理意见反馈科技部、财政部。

第五十一条 经本办法第五十二条规定作出正式处理，存在违规违纪和违法且造成严重后果或恶劣影响的责任主体，纳入科研严重失信行为记录，加强与其他社会信用体系衔接，实施联合惩戒。

第五十二条 重点研发计划资金管理实行责任倒查和追究制度。财政部、科技部及其相关工作人员在重点专项概预算审核下达，专业机构及其相关工作人员在重点专项项目资金分配等环节，存在违反规定安排资金或其他滥用职权、玩忽职守、徇私舞弊等违法违纪行为的，按照《预算法》《公务员法》《行政监察法》《财政违法行为处罚处分条例》等有关规定追究相关单位和人员的责任，涉嫌犯罪的，移送司法机关处理。

第五十三条 科技部、财政部按照信用管理相关规定，对专业机构、承担单位、项目（课题）负责人、评估机构、会计师事务所、咨询评审专家等参与资金管理使用的行为进行记录和信用评价。

相关信用记录是重点研发计划项目预算核定、结余资金管理、监督检查、专业机构遴选和调整等的重要依据。信用记录与资金监督频次挂钩，对于信用好的机构和人员，可减少或在一定时期内免除监督检查；对于信用差的，应当作为监督检查的重点，加大监督检查频次。

第八章　附　则

第五十四条 管理要求另有规定的重点专项按有关规定执行。

第五十五条 本办法自发布之日起施行。2015 年 7 月 7 日财政部、科技部颁布的

《关于中央财政科技计划管理改革过渡期资金管理有关问题的通知》(财教〔2015〕154号)和2016年4月18日财政部办公厅、科技部办公厅颁布的《关于国家重点研发计划重点专项预算管理有关规定(试行)的通知》(财办教〔2016〕25号)同时废止。

权威解读

《国家重点研发计划资金管理办法》解读(节选)

为了更好地贯彻和执行《办法》,财政部科教司、科技部资源配置与管理司对《办法》进行了解读。

二、关于制定《办法》的总体思路和原则

制定《办法》的总体思路是:以支持解决重大科技问题为目标,以"优化资源配置、完善管理机制、提高资金效益"为重点,全面贯彻落实中央财政科技计划和项目资金管理改革精神,力求适应科研活动规律、激发广大科研人员创新创造活力,让经费为人的创造性活动服务,构建充满活力的科技管理和运行机制,营造良好的科研环境。

遵循这一思路,在制定《办法》过程中注意把握以下原则:一是坚持聚焦国家重大战略科技任务。集中财力,突出重点,支持事关国计民生的重大社会公益性研究,以及事关产业核心竞争力、整体自主创新能力和国家安全的战略性、基础性、前瞻性重大科学问题研究、重大共性关键技术和产品研发、重大国际科技合作。二是坚持遵循科研活动规律。按照科研活动规律和财政预算管理要求,明晰各方职责,优化管理流程,改进管理方式,建立科学的、有利于促进创新链与资金链相互融合的资金管理模式,满足重点研发计划全链条一体化组织实施需要。三是坚持"放、管、服"结合。进一步简政放权,扩大承担单位资金使用自主权。强化承担单位法人责任,加强事中事后监管和服务,寓管理于服务之中,营造良好科研环境。四是坚持以人为本。以调动科研人员积极性和创造性为出发点和落脚点,加大对科研工作的绩效激励力度,调动科研人员积极性。

三、关于《办法》的适用范围和主要内容

按照中央财政科技计划管理改革的精神,国家重点研发计划实行多元化的投入机制,资金来源包括中央财政资金、地方财政资金、单位自筹资金等。其中,中央财政资金的支持方式包括前补助和后补助。《办法》适用于中央财政安排的采用前补助支持方式的重点研发计划资金。对于后补助支持方式,财政部、科技部已于2013年印发了《国家科技计划及专项资金后补助管理规定》。下一步,两部门将根据中央财政科技计划管理改革进展和实际需要,适时研究完善后补助支持机制。

《办法》共8章57条,根据国家重点研发计划特点,从预算编制到执行、结题验收到监督检查,全过程、全方位地提出了资金管理的要求,明确了《办法》制定的目的和依据、重点研发计划资金支持方向、管理使用原则和适用范围,就重点专项概预算管理、项目资

金开支范围、预算编制与审批、预算执行与调剂、财务验收、监督检查等具体内容和流程、职责做了明确规定。

四、关于《办法》的主要变化内容

与原科技计划资金管理办法相比,《办法》主要有以下变化:

一是建立了适应重点研发计划管理特点的概预算管理模式。国家重点研发计划由若干目标明确、边界清晰的重点专项组成。重点专项下设项目,项目可根据自身特点和需要下设课题。在重点专项层面,实行概预算管理;在项目层面和课题层面,实行预算管理。按照政府部门不再直接管理具体项目的要求,项目管理专业机构负责具体项目预算管理,政府部门只核定批复重点专项概预算,不再核定批复具体项目预算。

二是遵循科研活动规律,落实"放、管、服"改革。将会议、差旅、国际合作交流费合并为一个科目,该科目支出预算不超过直接费用预算10%的,不用提供编制测算依据。完善了燃料动力费管理要求,取消了单独计量的限定条件。大部分直接费用科目调剂,由课题承担单位受理批准。完成课题任务目标并通过财务验收,且承担单位信用评价好的,结余资金在财务验收完成后两年内由承担单位统筹安排用于科研活动的直接支出。同时,坚持放管结合、优化服务,明确了相关主体的管理责任,并要求承担单位应当建立健全科研财务助理制度,为科研人员在项目预算编制和调剂、资金支出、财务决算和验收方面提供专业化服务。

三是突出以人为本,注重调动广大科研人员积极性。更加注重发挥科研项目资金的激励引导作用,加大对科研人员的激励力度。健全间接成本补偿机制,提高了间接费用的比例,直接费用扣除设备购置费后的比例上限,由原来的20%、13%、10%提高到20%、15%、13%。取消了间接费用中的绩效支出比例限制。明确参与项目研究的研究生、博士后、访问学者以及项目聘用的研究人员、科研辅助人员,如项目层面聘用的财务助理等,均可开支劳务费。劳务费预算据实编制,并不设比例限制。

——引自:科技部 http://www.most.gov.cn/mostinfo/xinxifenlei/fgzc/gfxwj/gfxwj2017/201703/t20170302_131601.htm

《国家重点研发计划资金管理办法》配套实施细则

国科发资〔2017〕261 号

第一节 项目(课题)预算的概述

国家重点研发计划由若干目标明确、边界清晰的重点专项组成,重点专项下设项目,项目可根据自身特点和需要下设课题。

重点专项项目实行预算管理。经过批复的项目预算,将作为任务书签订、资金拨付、预算执行、财务验收和监督检查的重要依据。

重点专项项目预算由课题预算汇总形成。负责项目预算申报工作的项目牵头单位、课题承担单位和课题参与单位(以下统称"承担单位")按照分级管理、分级负责的原则,由项目牵头单位负责协调各课题承担单位编报课题预算,课题承担单位负责组织课题参与单位以课题为单元编报课题预算,在此基础上,由项目牵头单位审核、汇总提交项目预算。

重点专项项目预算由收入预算与支出预算构成。收入预算包括中央财政资金和其他来源资金(包括地方财政资金、单位自筹资金和从其他渠道获得的资金)。对于其他来源资金,应充分考虑各渠道的情况,不得使用货币资金之外的资产或其他中央财政资金作为资金来源。支出预算应当按照《国家重点研发计划资金管理办法》确定的支出科目和不同来源分别编列,并与项目研究开发任务密切相关。本指南主要规范中央财政安排的重点研发计划资金,其他来源资金应当按照国家有关会计制度和相关资金提供方的具体要求编列。

第二节 项目(课题)预算的政策依据和编报原则、总体要求

一、政策依据和编报原则

1. 项目(课题)预算的政策依据

中央办公厅、国务院办公厅《关于进一步完善中央财政科研项目资金管理等政策的若干意见》《国务院关于改进加强中央财政科研项目和资金管理的若干意见》(国发〔2014〕11 号)、《国务院印发关于深化中央财政科技计划(专项、基金等)管理改革方案的通知》(国发〔2014〕64 号)、《国家重点研发计划资金管理办法》(以下简称《资金管理办

法》，财科教〔2016〕113号）、《关于落实〈关于进一步完善中央财政科研项目资金管理等政策的若干意见〉的通知》（财科教〔2017〕6号）等相关制度。

2. 项目（课题）预算的编报原则

(1)项目（课题）收入预算由中央财政资金预算和其他来源资金预算构成，其他来源资金预算包括地方财政资金、单位自筹资金和其他资金。因资金来源各有不同，在编报预算时要结合项目（课题）任务实际需要以及资金来源方的要求编制预算，做到全面、完整、真实、准确填报，不得虚假承诺配套。

(2)项目（课题）支出预算的开支范围和开支标准，应符合《资金管理办法》及国家财经法规的规定。

政策相符性：项目（课题）预算科目的开支范围和开支标准，应符合国家财经法规和《资金管理办法》的相关规定。

目标相关性：项目（课题）预算应以其任务目标为依据，预算支出应与项目（课题）研究开发任务密切相关，预算的总量、结构等应与设定的项目（课题）任务目标、工作内容、工作量及技术路线相符。

经济合理性：项目（课题）预算应综合考虑国内外同类研究开发活动的状况以及我国相关产业行业特点等，与同类科研活动支出水平相匹配，并结合项目（课题）研究开发的现有基础、前期投入和支撑条件，在考虑技术创新风险和不影响项目（课题）任务的前提下进行安排，并提高资金的使用效益。

二、编报总体要求

承担单位应当按照政策相符性、目标相关性和经济合理性原则，科学、合理、真实地编制预算，在明确项目（课题）研究目标、任务、实施周期和资金安排（包括间接费用分配）等内容的基础上，对仪器设备购置、承担单位资质及拟外拨资金进行重点说明，并申明现有的实施条件和从单位外部可能获得的共享服务。

承担单位对直接费用各项支出不得简单按比例编列。承担单位已形成的工作基础及科研条件等前期投入不得列入项目（课题）资金预算。在同一支出科目中需要同时编列中央财政资金和其他来源资金的，应在预算说明中分别就中央财政资金、其他来源资金在本科目中的具体用途予以说明。

承担单位对项目（课题）资金管理使用负有法人责任，按照“谁申报项目（课题）、谁承担研究任务、谁管理使用资金”的要求，如法人单位实际承担研究任务且管理使用资金，不应以上级单位的名义申报；如以法人单位名义申报的，应由本单位组织任务实施并管理使用资金，不得将资金转拨给其下级法人单位；如大学的附属医院、集团公司或母公司的全资或控制子公司、科研院及下属的研究所等。

若项目牵头单位、课题承担单位、课题参与单位之间存在关联关系，或项目负责人、课题负责人与课题参与单位之间存在关联关系的，应予以披露。项目牵头单位在预算编报、资金过程管理以及财务验收等工作中应重点予以审核、把关。

承担单位应采用支出预算和收入预算同时编制的方法编制项目（课题）预算，平衡公式为：资金支出预算合计＝资金收入预算合计。项目（课题）预算期间应与项目（课题）实施周期一致。

课题预算应以课题为单元编报，无需再将课题预算拆分成参与单位或子任务进行编报。

第三节　课题预算说明的主要内容

一、对承担单位前期已形成的工作基础及科研条件，以及相关部门承诺为本课题研发提供的支撑条件等情况进行详细说明

重点按以下内容进行说明：一是说明项目牵头单位、课题承担单位、课题参与单位以及相关部门，在课题研发方面的前期投入情况和已经形成的相关科研条件，如为课题研究开发提供的场地(实验示范基地、实验室等)，提供的仪器设备、装置、软件、数据库，具备的测试化验加工条件，以及研究团队等情况。二是上述相关科研条件对课题研发活动起到的支撑保障作用。

二、对本课题各科目支出主要用途、与课题研发的相关性、必要性及测算方法、测算依据进行详细说明

本部分是预算说明的重点，若在同一科目既有中央财政资金预算又有其他来源资金预算，应对中央财政资金和其他来源资金分别说明。课题资金由直接费用和间接费用组成，各科目具体如下：

(一)设备费

设备费：是指在项目(课题)实施过程中购置或试制专用仪器设备，对现有仪器设备进行升级改造，以及租赁外单位仪器设备而发生的费用。

编制设备费预算应注意：

1. 应当严格控制设备购置，鼓励开放共享、自主研制、租赁专用仪器设备以及对现有仪器设备进行升级改造，避免重复购置。

2. 应对购置仪器设备重点予以说明，包括设备的主要性能指标、主要技术参数和用途，对项目(课题)研究的作用，购置单台套 50 万元(含)以上的仪器设备，还需重点说明购买的必要性和数量的合理性等。购置仪器设备的选型应在能够完成项目(课题)任务的前提下，选择性价比好的仪器设备。

购置单台套 10 万元(含)以上的设备，需提供 3 家以上报价单。如果是独家代理或生产，可提供 1 家报价单，但应予以说明。

3. 试制设备费是现有仪器设备无法满足项目(课题)检测、实验、验证或示范等研究任务需要而试制专用仪器设备发生的费用，一般由零部件、材料等成本，以及零部件加工、设备安装调试、燃料动力等费用构成。

当试制设备为过程产品时(即为完成项目[课题]任务而研制的零部件或工具性产品)，试制设备发生的相关成本(含直接相关的小型仪器设备费、材料费、测试加工费、燃料动力费等)应列入试制设备费科目，试制 10 万元(含)以上仪器设备需提供相应成本清单；当试制设备为目标产品(即项目[课题]主要任务就是研制该设备)时，应当分别在设备费、材料费、测试化验加工费、燃料动力费、劳务费等科目编列测算。

4. 应区分设备购置费和设备试制费，不得为提高间接费用水平将设备购置费列入试制设备费。

5. 设备改造费是指因项目（课题）任务目标需要，对现有设备进行局部改造以改善提升性能而发生的费用，及项目（课题）实施过程中相关设备发生损坏需维修而发生的费用，一般由零部件、材料等成本和安装调试等费用构成。

因安装使用新增设备而对实验室进行小规模维修改造的费用，可在设备改造费中编列，应提供测算依据和说明。

6. 设备租赁费是指项目（课题）研究过程中需要租用承担单位以外其他单位的设备而发生的费用。租赁费主要包括设备的租金、安装调试费、维修保养费及其他相关费用等。

与项目（课题）研究任务相关的科学考察、野外实验勘探等车、船、航空器等交通工具的租赁费可在设备租赁费中编列，并提供测算依据和说明。

不得编列承担单位自有仪器设备的租赁费用。

7. 原则上，中央财政资金中不应编列生产性设备的购置费、基建设施的建造费、实验室的常规维修改造费以及属于承担单位支撑条件的专用仪器设备购置费，并严格控制常规或通用仪器设备的购置。

（二）材料费

材料费：是指在项目（课题）实施过程中消耗的各种原材料、辅助材料、低值易耗品等的采购及运输、装卸、整理等费用。

编制材料费预算应注意：

1. 项目（课题）实施过程中消耗的主要材料，如某一品种材料预算合计达到 10 万元（含）以上的大宗原辅材料、贵重材料等，应详细说明其与项目（课题）任务的相关性、购买的必要性、数量的合理性等。其余辅助材料、低值易耗品可按类别简要说明。

2. 材料的运输、装卸、整理费用主要是指采购材料时必须发生的物流运输、材料装卸、整理等费用。编报材料费预算应将材料运输、装卸、整理等费用与材料出厂（供应）价格统一合并测算，无需单独编列测算。

3. 应避免与试制设备费中的材料重复编列。

4. 中央财政资金中不应编列用于生产经营和基本建设的材料。

5. 与专用设备同时购置的备品、备件等可纳入设备费预算，单独购置备品、备件等可纳入材料费预算。

（三）测试化验加工费

测试化验加工费：是指在项目（课题）实施过程中支付给外单位（包括承担单位内部独立经济核算单位）的检验、测试、化验及加工等费用。

编制测试化验加工费预算应注意：

1. 单次或累计费用在 10 万元（含）以上的测试化验加工项目，应详细说明其与项目（课题）研究任务的相关性、必要性，以及次数、价格等测算依据，并详细说明承接测试化验加工业务的外单位（包括承担单位内部独立经济核算单位）所具备的资质或相应能力。

如承接方与承担单位存在利益关联关系，应披露双方利益关联情况。

2. 单次或累计费用在10万元以下的测试化验加工项目，可结合项目（课题）研究任务分类说明。

3. 内部独立经济核算单位是指在单位统一会计制度控制下，单位内部实行独立经济核算的机构或部门，其承担的测试化验加工任务应按照测试、化验、加工内容发生的实际成本或内部结算价格进行测算。

4. 与项目（课题）研究任务相关的软件测试、数据加工整理、大型计算机机时等费用可在本科目编列。

5. 按照研究任务分工，需由承担单位独立完成的测试化验加工任务，相关费用不在本科目中核算，应在材料费、燃料动力费和劳务费等预算科目编列。

6. 应由承担单位完成的研究任务，不得以测试化验加工费的名义分包。

（四）燃料动力费

燃料动力费：是指在项目（课题）实施过程中直接使用的相关仪器设备、科学装置等运行发生的水、电、气、燃料消耗费用等。

编制燃料动力费预算应注意：

1. 详细说明直接使用的相关仪器设备、科学装置等在项目（课题）研究任务中的作用。

2. 应按照相关仪器、科学装置等预计运行时间和所消耗的水、电、气、燃料等即期（预算编报时）价格测算，在测算过程中还应提供各参数来源或分摊依据、测算方法等。

3. 承担单位的日常水、电、气、暖消耗等费用不应在此科目编列，应在间接费用中解决。

4. 与项目（课题）研究任务相关的科学考察、野外实验勘探等发生的车、船、航空器的燃油费用可在燃料动力费中编列。

（五）出版/文献/信息传播/知识产权事务费

出版/文献/信息传播/知识产权事务费：是指在项目（课题）实施过程中，需要支付的出版费、资料费、专用软件购买费、文献检索费、查新费、专业通信费、专利申请及其他知识产权事务等费用。

编制出版/文献/信息传播/知识产权事务费预算应注意：

1. 出版费：主要包括项目（课题）研究任务产生的论文、专著、标准、图集等出版费用。

2. 资料费：主要包括项目（课题）研究任务必需的图书、学术资料、数据资源等购买费用，以及与项目（课题）任务相关的资料翻译、打印、复印、装订等费用。对于单价10万元（含）以上的资料购买费用，应说明其购买的必要性和数量的合理性等。

3. 购买单价在10万元（含）以上的专用软件，应说明专用软件的主要技术指标和用途，购买的必要性和数量的合理性等，并需提供3家以上报价单。如果专用软件为独家代理或生产，可提供1家报价单，但应予以说明。

中央财政资金中不应编列通用性操作系统、办公软件等非专用软件的购置费。

4. 委托外单位开发的单价在10万元（含）以上的定制软件，应说明定制软件的用途，定制的必要性、数量的合理性等。

如项目（课题）主要任务目标为软件开发，不应将课题研究的主要任务通过定制软件的方式外包，其研发软件发生的费用应计入相应科目中，不计入本科目。

1. 中央财政资金中不应编列日常手机和办公固定电话的通信费、日常办公网络费和电话充值卡费用等。

2. 专利申请及其他知识产权事务费用：为完成本项目（课题）研究目标而申请专利的费用，以及该专利在项目（课题）实施周期内发生的维护费用，和办理其他知识产权事务发生的费用，如计算机软件著作权、集成电路布图设计权、临床批件、新药证书等。

（一）会议/差旅/国际合作交流费

会议/差旅/国际合作交流费：是指在项目（课题）实施过程中发生的差旅费、会议费和国际合作交流费。承担单位和科研人员应当按照实事求是、精简高效、厉行节约的原则，严格执行国家和单位的有关规定，统筹安排使用。

编制会议/差旅/国际合作交流费预算应注意：

1. 本科目预算不超过直接费用预算10%的，不需要对预算内容和资金安排进行说明，更不需要提供测算依据。

2. 本科目预算超过直接费用10%的，应对会议费、差旅费、国际合作交流费分类分别进行测算。

（1）会议费：是指在项目（课题）实施过程中承担单位为组织开展学术研讨、咨询以及协调项目（课题）等活动而发生的会议费用。

会议费可按照会议类别（如学术交流研讨、咨询座谈、验收等）对会议次数、规模、开支标准等进行说明，无需对每次会议做单独的测算和说明。

会议次数、天数、人数以及会议费开支范围、标准等，中央高校、科研院所应按照其内部制定的管理办法测算，并提供管理办法作为附件。除中央高校、科研院所外，其他单位应参照国家关于会议费的相关开支标准进行测算。

（2）差旅费：是指在项目（课题）实施过程中开展科学实验（试验）、科学考察、业务调研、学术交流等所发生的外埠差旅费、市内交通费用等。

差旅费可按照差旅类别（如科学实验/试验、科学考察、业务调研、学术交流等）对出差次数、人数、人均出差费用等进行分类说明，无需对每一次出差事项做单独的测算和说明。

预算中若涉及乘坐交通工具等级和住宿费标准等，中央高校、科研院所应按照其内部制定的管理办法测算，并提供管理办法作为附件。除中央高校、科研院所外，其他单位应参照国家关于差旅费的相关开支标准进行测算。

（3）国际合作交流费：是指项目（课题）实施过程中课题研究人员出国（境）及外国专家来华的费用。

国际合作交流费应根据国际合作交流的类型，如项目（课题）研究人员出国（境）进行的学术交流、考察调研等，海外专家来华进行的技术培训、业务指导等，分别说明相关活动与项目（课题）研究任务的相关性、必要性。

课题研究人员出国（境）和外国专家来华应与项目（课题）研究任务相关，在编报预算时应合理考虑出国（境）目的地、外国专家主要工作内容、出国（境）或来华的天数、出国（境）批次数和出国（境）团组人数等。

出国(境)费用应按照国家的相关规定测算。外国专家来华工作发生的住宿费、差旅费,应参考国内同行专家的标准编报。

3. 参加与项目(课题)研究任务相关的国内和国际学术交流会议的注册费,以及因项目(课题)研究任务需要,邀请国内外专家、学者和有关人员参加会议,对确需负担的城市间交通费、国际旅费、签证费等可列入会议/差旅/国际合作交流费科目编列。

(七)劳务费

劳务费:是指在项目(课题)实施过程中支付给参与项目(课题)的研究生、博士后、访问学者以及项目(课题)聘用的研究人员、科研辅助人员等的劳务性费用。

编制劳务费预算应注意:

1. 劳务费预算不设比例限制,应根据科研人员以及相关人员参与项目(课题)的全时工作时间、承担的任务等因素据实编制并进行说明。

2. 承担单位应有健全的劳务费管理办法,对访问学者、项目(课题)聘用研究人员应有细化的管理要求。在单位的相关管理规定中应明确访问学者的资格认定、审批或备案程序、归口管理部门及公开公示等内容,并制定岗位设立、工作协议、日常管理、发放标准等方面的具体规定。

3. 编列研究生、博士后等人员的劳务费,应综合考虑参与项目(课题)研究的人月数、本单位研究生、博士后的科研劳务费发放管理制度规定,并结合本地区和本领域科研单位的研究生、博士后平均发放水平据实测算。

4. 编列访问学者劳务费用时,应对其承担研究任务的必要性、投入工作时间的合理性以及费用标准予以重点说明。访问学者的资格应符合承担单位制订的相关管理规定,并经承担单位审批或备案程序确认。

课题组成员不得以访问学者名义在项目下各课题中编列劳务费。

5. 编列项目(课题)聘用研究人员劳务费时,应对其承担研究任务的必要性、投入工作时间的合理性等予以重点说明。项目(课题)聘用研究人员应当为承担单位通过劳务派遣方式或者签订劳动合同、聘用协议等方式为项目(课题)聘用的研究人员。

6. 编列项目(课题)聘用的科研辅助人员劳务费时,应对参与相关工作的必要性、投入的工作时间、工作量等进行测算说明。项目(课题)聘用的科研辅助人员包括:与项目(课题)科研工作相关的操作员、实验员等辅助工作人员;项目(课题)组因研究任务需要临时聘用人员,如科学考察、野外实验勘探等临时用工、农业季节性用工等,以及为项目(课题)组提供服务的科研助理、科研财务助理等。

7. 承担单位为事业单位的,在编人员不得编列劳务费;承担单位为企业的,除为项目(课题)实施专门聘用的人员外,其他人员不得编列劳务费。上述人员可在项目(课题)间接费用的绩效支出中列支。

8. 项目(课题)聘用的研究人员及科研辅助人员劳务费开支标准,可结合其在项目(课题)研究中的工作情况,参照当地科学研究和技术服务业从业人员平均工资水平以及当地相应的社会保险补助编列,从业人员平均工资水平具体可参考国家统计局上一年度发布的《中国统计年鉴》中关于从事“科学研究和技术服务业”相关地区城镇单位人员平均工资统计数据,社会保险补助包括养老保险、医疗保险、失业保险、工伤保险、生育保险。

9. 劳务费的发放应符合本单位统一的薪酬体系规定，不得重复发放。

(八)专家咨询费

专家咨询费：是指在项目(课题)实施过程中支付给临时聘请的咨询专家的费用。

1. 咨询专家是指承担单位在项目(课题)实施过程中，临时聘请为项目(课题)研发活动提供咨询意见的专业人员，包括高级专业技术职称人员和其他专业人员。

2. 专家咨询费应按照财政部关于中央财政科研项目专家咨询费管理的有关规定编列。

3. 专家咨询费的发放应当按照国家有关规定由单位代扣代缴个人所得税。编列专家咨询费预算时，可将代扣代缴的个人所得税编列在内。

4. 访问学者和项目(课题)聘用的研究人员应在劳务费中编列，不应在本科目中编列。

5. 专家咨询费不得支付给参与项目(课题)研究及其管理的相关人员。

(九)其他支出

其他支出：是指在项目(课题)实施过程中除上述支出范围之外的其他相关支出。其他支出应当在申请预算时详细说明并单独列示，单独核定。

编制其他支出预算时应该注意：

对项目(课题)研究过程中必须发生但不包含在上述科目中的支出，如财务验收审计费用、在农业、林业等领域发生的土地租赁费及青苗补偿费、在人口与健康领域发生的临床试验费等，可在其他支出中编列，应详细说明该支出与项目(课题)研究任务的相关性和必要性，并详细列示测算依据。

对于列支的财务验收审计费用，应本着经济合理的原则进行编制，不得列支财务咨询业务发生的费用。

(十)间接费用

间接费用：是指承担单位在组织实施项目(课题)过程中发生的无法在直接费用中列支的相关费用。主要包括：承担单位为项目研究提供的房屋占用，日常水、电、气、暖消耗，有关管理费用的补助支出，以及激励科研人员的绩效支出等。单位在申报间接费用预算时，应统筹安排，处理好分摊间接成本和对科研人员激励的关系。绩效支出安排应当与科研人员在项目工作中的实际贡献挂钩，绩效支出在间接费用中无比例限制。

1. 课题间接费用实行总额控制，一般按照不超过直接费用扣除设备购置费后的一定比例核定。具体比例如下：

500万元及以下部分为20%，超过500万元至1000万元的部分为15%，超过1000万元以上的部分为13%。

2. 课题间接费用无需编制预算说明。

3. 项目间接费用由课题间接费用汇总形成。

三、相关利益关联关系情况，需对项目牵头单位、课题承担单位和课题参与单位之间，以及项目负责人或课题负责人与课题参与单位是否存在利益关联关系进行说明

相关利益关联关系是指导致单位利益转移的各种关系。如不存在，填写无。如存在，需对利益关联关系情况进行披露。如：承担单位之间为母公司与子公司，或同一母公司下两个子公司关系的；两家承担单位受同一自然人控制的，或项目（课题）负责人或其直系亲属直接或间接持有承担单位股权等。

第四节　项目预算申报材料上报要求

《国家重点研发计划项目预算申报书》须经国家科技管理信息系统填报，纸件申报书须通过信息系统打印，各方签章齐全后才行上报。上报的纸件应与系统最终提交版本一致。

国家自然科学基金资助项目资金管理办法

财教〔2015〕15号

第一章　总　则

第一条　为了规范国家自然科学基金资助项目(以下简称“项目”)资金的使用和管理,提高资金使用效益,根据《国家自然科学基金条例》《国务院关于改进加强中央财政科研项目和资金管理的若干意见》(国发〔2014〕11号)、《国务院印发关于深化中央财政科技计划(专项、基金等)管理改革方案的通知》(国发〔2014〕64号)和国家财政财务有关法律法规制定本办法。

第二条　本办法所称项目资金,是指国家自然科学基金按照《国家自然科学基金条例》规定,用于资助科学技术人员开展基础研究和科学前沿探索,支持人才和团队建设的专项资金。

第三条　财政部根据国家科技发展规划,结合国家自然科学基金资金需求和国家财力可能,将项目资金列入中央财政预算,并负责宏观管理和监督。

第四条　国家自然科学基金委员会(以下简称“自然科学基金委”)依法负责项目的立项和审批,并对项目资金进行具体管理和监督。

第五条　依托单位是项目资金管理的责任主体,应当建立健全“统一领导、分级管理、责任到人”的项目资金管理体制和制度,完善内部控制和监督约束机制,合理确定科研、财务、人事、资产、审计、监察等部门的责任和权限,加强对项目资金的管理和监督。

依托单位应当落实项目承诺的自筹资金及其他配套条件,对项目组织实施提供条件保障。

第六条　项目负责人是项目资金使用的直接责任人,对资金使用的合规性、合理性、真实性和相关性承担法律责任。

项目负责人应当依法据实编制项目预算和决算,并按照项目批复预算、计划书和相关管理制度使用资金,接受上级和本级相关部门的监督检查。

第七条　自然科学基金项目一般实行定额补助资助方式。对于重大项目、国家重大科研仪器研制项目等研究目标明确,资金需求量较大,资金应当按项目实际需要予以保障的项目,实行成本补偿资助方式。

第二章　项目资金开支范围

第八条　项目资金支出是指在项目组织实施过程中与研究活动相关的、由项目资金支付的各项费用支出。项目资金分为直接费用和间接费用。

第九条　直接费用是指在项目研究过程中发生的与之直接相关的费用，具体包括：

（一）设备费：是指在项目研究过程中购置或试制专用仪器设备，对现有仪器设备进行升级改造，以及租赁外单位仪器设备而发生的费用。

（二）材料费：是指在项目研究过程中消耗的各种原材料、辅助材料、低值易耗品等的采购及运输、装卸、整理等费用。

（三）测试化验加工费：是指在项目研究过程中支付给外单位（包括依托单位内部独立经济核算单位）的检验、测试、化验及加工等费用。

（四）燃料动力费：是指在项目研究过程中相关大型仪器设备、专用科学装置等运行发生的可以单独计量的水、电、气、燃料消耗费用等。

（五）差旅费：是指在项目研究过程中开展科学实验（试验）、科学考察、业务调研、学术交流等所发生的外埠差旅费、市内交通费用等。差旅费的开支标准应当按照国家有关规定执行。

（六）会议费：是指在项目研究过程中为了组织开展学术研讨、咨询以及协调项目研究工作等活动而发生的会议费用。

会议费支出应当按照国家有关规定执行，并严格控制会议规模、会议数量和会期。

（七）国际合作与交流费：是指在项目研究过程中项目研究人员出国及赴港澳台、外国专家来华及港澳台专家来内地工作的费用。国际合作与交流费应当严格执行国家外事资金管理的有关规定。

（八）出版/文献/信息传播/知识产权事务费：是指在项目研究过程中，需要支付的出版费、资料费、专用软件购买费、文献检索费、专业通信费、专利申请及其他知识产权事务等费用。

（九）劳务费：是指在项目研究过程中支付给项目组成员中没有工资性收入的在校研究生、博士后和临时聘用人员的劳务费用，以及临时聘用人员的社会保险补助费用。

劳务费应当结合当地实际以及相关人员参与项目的全时工作时间等因素，合理确定。

（十）专家咨询费：是指在项目研究过程中支付给临时聘请的咨询专家的费用。专家咨询费标准按国家有关规定执行。

（十一）其他支出：项目研究过程中发生的除上述费用之外的其他支出，应当在申请预算时单独列示，单独核定。

直接费用应当纳入依托单位财务统一管理，单独核算，专款专用。

第十条　间接费用是指依托单位在组织实施项目过程中发生的无法在直接费用中列支的相关费用，主要用于补偿依托单位为了项目研究提供的现有仪器设备及房屋，水、电、气、暖消耗，有关管理费用，以及绩效支出等。绩效支出是指依托单位为了提高科研工作的绩效安排的相关支出。

第十一条 结合不同学科特点，间接费用一般按照不超过项目直接费用扣除设备购置费后的一定比例核定，并实行总额控制，具体比例如下：

（一）500 万元及以下部分为 20%；

（二）超过 500 万元至 1000 万元的部分为 13%；

（三）超过 1000 万元的部分为 10%。

绩效支出不超过直接费用扣除设备购置费后的 5%。

间接费用核定应当与依托单位信用等级挂钩，具体管理规定另行制定。

第十二条 间接费用由依托单位统一管理使用。依托单位应当制定间接费用的管理办法，合规合理使用间接费用，结合一线科研人员的实绩，公开、公正安排绩效支出，体现科研人员价值，充分发挥绩效支出的激励作用。依托单位不得在核定的间接费用以外再以任何名义在项目资金中重复提取、列支相关费用。

第三章　预算的编制与审批

第十三条 项目负责人（或申请人）应当根据目标相关性、政策相符性和经济合理性原则，编制项目收入预算和支出预算。

收入预算应当按照从各种不同渠道获得的资金总额填列。包括国家自然科学基金资助的资金以及从依托单位和其他渠道获得的资金。

支出预算应当根据项目需求，按照资金开支范围编列，并对直接费用支出的主要用途和测算理由等作出说明。对仪器设备鼓励共享、试制、租赁以及对现有仪器设备进行升级改造，原则上不得购置，确有必要购置的，应当对拟购置设备的必要性、现有同样设备的利用情况以及购置设备的开放共享方案等进行单独说明。合作研究经费应当对合作研究单位资质及拟外拨资金进行重点说明。

第十四条 依托单位应当组织其科研和财务管理部门对项目预算进行审核。

有多个单位共同承担一个项目的，依托单位的项目负责人（或申请人）和合作研究单位参与者应当根据各自承担的研究任务分别编报资金预算，经所在单位科研、财务部门审核并签署意见后，由项目负责人（或申请人）汇总编制。

第十五条 申请人申请国家自然科学基金项目，应当按照本办法第八、九、十、十一条的规定编制项目资金预算，经依托单位审核后提交自然科学基金委。

第十六条 对于实行定额补助方式资助的项目，自然科学基金委组织专家对项目和资金预算进行评审，根据专家评审意见并参考同类项目平均资助强度确定项目资助额度。

对于实行成本补偿方式资助的项目，自然科学基金委组织专家或择优遴选第三方对项目资金预算进行专项评审，根据项目实际需求确定预算。

第十七条 依托单位应当组织项目负责人根据批准的项目资助额度，按规定调整项目预算，并在收到资助通知之日起 20 日内完成审核，报自然科学基金委核准。

第四章　预算执行与决算

第十八条 项目资金按照国库集中支付管理有关规定支付给依托单位。

有多个单位共同承担一个项目的,依托单位应当及时按预算和合同转拨合作研究单位资金,并加强对转拨资金的监督管理。

第十九条 项目负责人应当严格执行自然科学基金委核准的项目预算。项目预算一般不予调整,确有必要调整的,应当按照规定报批。

实行定额补助方式资助的项目,预算调整情况应当在项目年度进展报告和结题报告中予以说明。实行成本补偿方式资助的项目,预算调整情况应当在中期财务检查或财务验收时予以确认。

第二十条 项目预算有以下情况确需调整的,应当经依托单位报自然科学基金委审批。

(一)项目实施过程中,由于研究内容或者研究计划做出重大调整等原因需要对预算总额进行调整的;

(二)同一项目课题之间资金需要调整的。

第二十一条 项目直接费用预算确需调整的,按以下规定予以调整:

(一)项目预算总额不变的情况下,材料费、测试化验加工费、燃料动力费、出版/文献/信息传播/知识产权事务费、其他支出预算如需调整,由项目负责人根据科研活动的实际需要提出申请,报依托单位审批。

(二)会议费、差旅费、国际合作与交流费在不突破三项支出预算总额的前提下可调剂使用。

(三)设备费、专家咨询费、劳务费预算一般不予调增,如需调减的,由项目负责人提出申请,报依托单位审批后,用于项目其他方面支出。

项目间接费用预算不得调整。

第二十二条 依托单位应当严格执行国家有关科研资金支出管理制度。会议费、差旅费、小额材料费和测试化验加工费等,应当按规定实行“公务卡”结算。设备费、大宗材料费和测试化验加工费、劳务费、专家咨询费等,原则上应当通过银行转账方式结算。

第二十三条 项目负责人应当严格按照资金开支范围和标准办理支出,不得擅自调整外拨资金,不得利用虚假票据套取资金,不得通过编造虚假劳务合同、虚构人员名单等方式虚报冒领劳务费和专家咨询费,不得通过虚构测试化验内容、提高测试化验支出标准等方式违规开支测试化验加工费,严禁使用项目资金支付各种罚款、捐款、赞助、投资等。

第二十四条 对于实行成本补偿方式资助的项目,项目中期评估时,由自然科学基金委组织专家对项目资金的使用和管理进行财务检查或评估。财务检查或评估的结果作为调整项目预算安排的依据。

第二十五条 项目研究结束后,项目负责人应当会同科研、财务、资产等管理部门及时清理账目与资产,如实编制项目资金决算,不得随意调账变动支出、随意修改记账凭证。

有多个单位共同承担一个项目的,依托单位的项目负责人和合作研究单位的参与者应当分别编报项目资金决算,经所在单位科研、财务管理部门审核并签署意见后,由依托单位项目负责人汇总编制。

依托单位应当组织其科研、财务管理部门审核项目资金决算，并签署意见后报自然科学基金委。

第二十六条 对于实行成本补偿方式资助的项目，依托单位应当在委托第三方对项目资金决算进行审计认证后，提出财务验收申请，自然科学基金委负责组织专家对项目进行财务验收。

第二十七条 依托单位应当按年度编制本单位项目资金年度收支报告，全面反映项目资金年度收支情况、资金管理情况及取得的绩效等。年度收支报告于下一年度3月1日前报送自然科学基金委。

第二十八条 项目通过结题验收并且依托单位信用评价好的，项目结余资金在2年内由依托单位统筹安排，专门用于基础研究的直接支出。若2年后结余资金仍有剩余的，应当按原渠道退回自然科学基金委。

未通过结题验收和整改后通过结题验收的项目，或依托单位信用评价差的，结余资金应当在验收结论下达后30日内按原渠道退回自然科学基金委。

项目负责人在项目结题验收后如需继续使用结余资金，可以向依托单位提出申请。

第二十九条 项目实施过程中，因故终止执行的项目，其结余资金应当退回自然科学基金委。

因故被依法撤销的项目，已拨付的资金应当全部退回自然科学基金委。因特殊情况退回资金确有困难的，应当由依托单位提出申请报自然科学基金委核准。

第三十条 依托单位应当严格执行国家有关政府采购、招投标、资产管理等规定。行政事业单位使用项目资金形成的固定资产属于国有资产，一般由依托单位进行使用和管理，国家有权进行调配。企业使用项目资金形成的固定资产，按照《企业财务通则》等相关规章制度执行。

项目资金形成的知识产权等无形资产的管理，按照国家有关规定执行。

第五章 监督检查

第三十一条 依托单位项目资金管理和使用情况应当接受国家财政部门、审计部门和自然科学基金委的检查与监督。依托单位和项目负责人应当积极配合并提供有关资料。

依托单位应当对项目资金的管理使用情况进行不定期审计或专项审计。发现问题的，应当及时向自然科学基金委报告。

第三十二条 自然科学基金委、依托单位应当建立项目资金的绩效管理制度，结合财务审计和财务验收，对项目资金管理使用效益进行绩效评价。

第三十三条 项目资金管理建立承诺机制。依托单位应当承诺依法履行项目资金管理的职责。项目负责人应当承诺提供真实的项目信息，并认真遵守项目资金管理的有关规定。依托单位和项目负责人对信息虚假导致的后果承担责任。

第三十四条 项目资金管理建立信用管理机制。自然科学基金委对依托单位和项目负责人在项目资金管理方面的信誉度进行评价和记录，作为对依托单位信用评级、绩效考评和对项目负责人绩效考评以及连续资助的依据。

第三十五条 项目资金管理建立信息公开机制。自然科学基金委应当及时公开非涉密项目预算安排情况，接受社会监督。

依托单位应当在单位内部公开项目资金预算、预算调整、决算、项目组人员构成、设备购置、外拨资金、劳务费发放以及结余资金和间接费用使用等情况。

第三十六条 任何单位和个人发现项目资金在使用和管理过程中有违规行为的，有权检举或者控告。

第三十七条 对于预算执行过程中，不按规定管理和使用项目资金、不按时报送年度收支报告、不按时编报项目决算、不按规定进行会计核算，截留、挪用、侵占项目资金的依托单位和项目负责人，按照《预算法》《国家自然科学基金条例》和《财政违法行为处罚处分条例》等法律法规处理。涉嫌犯罪的，移送司法机关处理。

第六章　附　则

第三十八条 本办法由财政部、自然科学基金委负责解释。

第三十九条 本办法自2015年4月15日起施行。国家杰出青年科学基金项目资金管理依照本办法执行。2002年6月颁布的《国家自然科学基金项目资助经费管理办法》(财教〔2002〕65号)和《国家杰出青年科学基金项目资助经费管理办法》(财教〔2002〕64号)同时废止。

权威解读

《国家自然科学基金资助项目资金管理办法》修订情况答记者问

财政部教科文司、国家自然科学基金委财务局有关负责同志就修订情况回答了记者提问。

问：修订《资金管理办法》的原则是什么？

答：《资金管理办法》的修订遵循了以下三条重要原则：

第一，遵循基础研究活动规律，保障科学家探索自由。《资金管理办法》首先要符合基础研究的活动规律。

第二，遵循财政预算管理总体要求，提高财政资金的使用绩效。自然科学基金经费主要来源于中央财政，管理上要体现财政资金预算管理的要求。

第三，遵循自然科学基金管理特点。自然科学基金项目申请量大面广，评审时间有限，评审工作需要统筹考虑；资助项目数量多，多数体量小；项目类型多，资助强度差异大，因此，《资金管理办法》应具有普适性。自然科学基金委与项目依托单位没有隶属关系；依托单位因性质、规模和地域不同，管理方式存在差异，所以《资金管理办法》有些规定应比较原则，将结合依托单位情况进行细化。

问：《资金管理办法》修订的内容主要有哪些？

答：新修订的《资金管理办法》分为总则、项目资金开支范围、预算的编制与审批、预算执行与决算、监督检查及附则共六章三十九条，修订的内容主要包括以下几个方面：

第一，将《国家杰出青年科学基金项目资助经费管理办法》（财教〔2002〕64号）、《国家自然科学基金项目资助经费管理办法》（财教〔2002〕65号）合并修订为《资金管理办法》，适用于自然科学基金资助的所有项目。目前，自然科学基金资助的基础科学人才培养项目（除延续项目外）已经取消，剩下的青年项目、面上项目、重点项目、重大项目、重大研究计划等项目都适用于《资金管理办法》。

第二，进一步完善了项目资助方式。现阶段，对于占基金资助体量较大的面上项目和青年基金等多数项目类型，由于申请量大，自由探索性强，继续采取定额补助的资助方式以便于管理；对于重大项目和重大科研仪器研制专项两类项目，由于研究目标明确，资金需求量较大，采取成本补偿的资助方式，更能够据实反映不同学科、类型科研项目的实际需求。

第三，建立了项目间接成本补偿机制。《资金管理办法》引入了间接成本补偿机制，将项目资金按照直接费用、间接费用进行了划分。这一做法符合科研活动规律，体现了科学化管理的要求。通过提取一定比例的间接费用，补偿依托单位的管理成本，有利于促进科研机构的良性发展。《资金管理办法》强调依托单位不得在核定的间接费用以外再以任何名义在项目资金中重复提取、列支相关费用。

第四，扩大了劳务费的开支范围，并取消了比例限制。根据国务院11号文有关规定，《资金管理办法》扩大了劳务费的开支范围，一是在研究生、博士后等人员基础上，增加了没有工资性收入的临时聘用人员；二是将临时聘用人员的社会保险补助费用纳入劳务费开支范围。同时，《资金管理办法》取消了劳务费比例限制。

第五，进一步完善了结余资金的管理。项目通过结题验收且依托单位信用评价好的，项目结余资金在2年内由依托单位统筹安排，专门用于基础研究的直接支出。若2年后结余资金仍有剩余的，应按原渠道退回自然科学基金委。对于未通过验收和整改后通过结题验收的项目，或单位信用评价差的，结余资金应当在验收结论下达后30日内按原渠道退回自然科学基金委。此外，项目负责人在项目结题验收后如需继续使用结余资金，可以向依托单位提出申请。

第六，进一步下放了预算调整权限。由于基础研究的探索性和不确定性，《资金管理办法》进一步下放了部分预算调整权限。将原全部预算调整事项均需报自然科学基金委批准，调整为：项目预算总额不变的情况下，直接费用中材料费、测试化验加工费、燃料动力费、出版/文献/信息传播/知识产权事务费、其他支出预算如需调整，由项目负责人根据科研活动的实际需要提出申请，报依托单位审批。会议费、差旅费、国际合作与交流费在不突破三项支出预算总额的前提下可调剂使用。设备费、专家咨询费、劳务费预算一般不予调增，如需调减由依托单位审批。

第七，进一步加强了经费监管。主要包括：一是明确了财政部门、自然科学基金委、项目依托单位和项目负责人在项目资金管理和使用中的职责，强调了依托单位是项目资金管理的责任主体；二是对于部分资金支出提出了实行“公务卡”结算的要求，减少现金支出，实现“痕迹”管理；三是进一步明确规定了资金使用中不得开支的内容；四是对于成本补偿方式资助的项目，增加财务中期检查和验收的环节。

问:实施项目间接成本补偿机制有什么考虑?

答:《资金管理办法》将项目资金分为间接费用和直接费用。间接费用是指依托单位在组织实施项目过程中发生的无法在直接费用中列支的相关费用,包括依托单位为提高科研工作的绩效安排的相关支出。新修订的《资金管理办法》开始实施间接成本补偿机制,主要有以下几点考虑:

第一,落实国家政策要求。国务院11号文、434号文等文件,对科研支出实行间接费用政策进行了明确规定,修订《资金管理办法》遵循了以上文件对间接费用的相关要求。

第二,与国际惯例接轨。美国国家科学基金会(NSF)很早就实行了间接费用政策。一般来说,NSF会通过与各个高校进行谈判,来确定间接经费在整个资助经费中所占的比例。通常,谈判学校科研水平越高,所在地区经济发展水平越高,间接经费所占比例就会相对较高。结合我国科研管理实际,我们对间接费用制定了统一的上限比例,同时要求间接费用的核定要和依托单位的管理状况、信用等级挂钩,以促进依托单位履职尽责,加强项目和资金管理,为科学基金项目的组织实施提供有效的保障。

第三,满足科研的实际需要。原办法中对依托单位的管理成本补助只占项目经费总额的5%,与实际需求相差较大。广大科研工作者难以从项目中获得创新激励。新办法以间接费用形式提高了对依托单位的管理成本补偿,以绩效支出形式提供了对科研工作者的激励。

问:《资金管理办法》对合作研究有什么规定?

答:项目组成员中有除依托单位以外的人员,该人员所在单位视为项目的合作研究单位。其中,如需要向合作研究单位转拨经费的,依托单位应与该合作研究单位签订书面合作协议,并在以下方面遵循相关规定:

第一,有多个单位共同承担一个项目的,依托单位的项目负责人(或申请人)和合作研究单位参与者应当根据各自承担的研究任务分别编报资金预算,经所在单位科研、财务部门审核并签署意见后,由项目负责人(或申请人)汇总编制。

第二,有多个单位共同承担一个项目的,依托单位应及时按预算和合同转拨合作研究单位资金,并加强对转拨资金的监督管理。

第三,有多个单位共同承担一个项目的,依托单位的项目负责人和合作研究单位的参与者应当分别编报项目资金决算,经所在单位科研、财务管理部门审核并签署意见后,由依托单位项目负责人汇总编制。

问:《资金管理办法》还有哪些新的管理举措?

答:一方面,《资金管理办法》适度放开了项目资金使用的条件限制;另一方面,《资金管理办法》也加强了对项目资金使用的监督管理,包括:

第一,要求建立符合自然科学基金特点的绩效管理制度和评价机制,提高资金使用效率。

第二,要求建立项目资金管理承诺机制。依托单位应当承诺依法履行项目资金管理的职责。项目负责人应当承诺提供真实的项目信息,并认真遵守项目资金管理的有关规定。依托单位和项目负责人对信息虚假导致的后果承担责任。

第三,要求建立项目资金管理信用机制。自然科学基金委对依托单位和项目负责人在项目资金管理方面的信誉度进行评价和记录，作为对依托单位信用评级、绩效考评和对项目负责人绩效考评以及连续资助的依据。

第四，要求建立项目资金信息公开机制。自然科学基金委应当及时公开非涉密项目预算安排情况，接受社会监督。依托单位应当在单位内部公开项目资金预算、预算调整、决算，项目组人员构成、设备购置、外拨资金、劳务费发放以及结余资金和间接费用使用等情况。

第五，要求依托单位应当按年度编制本单位项目资金年度收支报告，全面反映项目资金年度收支情况、资金管理情况及取得的绩效等，并于下一年度 3 月 1 日前报送自然科学基金委。

——引自：财政部 http://jkw.mof.gov.cn/zhengwuxinxi/zhengcejiedu/201505/t20150505_1226852.html

山东高校典型经验

《青岛大学纵向科研经费间接费用管理办法》(节选)

(青大科字〔2016〕25 号)

第五条 间接费用支出管理办法：

1. 间接费用纳入学校财务统一管理，由学校、二级单位、项目负责人统筹安排使用。

2. 间接费用支出应遵循合理性、合法性、相关性、真实性原则，据实列支。

3. 严禁虚构经济业务、使用虚假票据报销，严禁在间接费用中报销个人家庭消费支出。

4. 项目负责人须严格区分直接费用和间接费用支出范围，如在项目结题验收审计中发现有不得在项目直接费用中列支或直接费用超预算的，需按要求调入间接费用中列支。

5. 项目统筹支出：学校财务处为项目负责人设立唯一支出经费卡。开支范围包括：(1)项目结题审计费；(2)科研工作通信费(项目组成员办公固定电话费、办公网络费用、实名制移动通信费用)；(3)科研活动中用于人才培养的论文答辩费、打印费；(4)通用设备购置费(如打印机、投影仪等)、办公用品购置费、专利维护费；(5)房屋租赁、维修及物业管理费；(6)科研活动中发生的业务接待费用、汽车通行费、临时停车费等；(7)学校为项目研究提供的现有仪器设备及房屋，水、电、气、暖消耗及有关管理费用的支出；(8)直接费用超预算部分。

《烟台大学科研经费管理办法(试行)》(节选)

(烟大校发〔2018〕19 号)

第六条 科研经费包括直接费用、间接费用和管理费等。科研经费的开支范围、内容和使用要严格按照项目经费的预算、课题下达部门的项目经费管理办法和国家、省市有关规定执行。

第七条 直接费用是指纵向科研项目在研究开发过程中发生的与之直接相关的费用，主要包括设备费、材料费、测试化验加工费、燃料动力费、差旅费、会议费、国际合作与交流费、出版/文献/信息传播/知识产权事务费、劳务费、专家咨询费和其他支出等。

纵向科研项目直接经费的使用情况严格按照项目经费预算和课题下达部门的项目经费管理办法执行；如课题下达部门无项目经费管理办法的参照本办法执行。具体使用情况如下：

(1)科研业务费：测试费，差旅费，会议费，论著出版费，资料费，入网费，数据采集费等。(2)实验材料费：试剂购置费，实验动植物购置、种植费，标本采集、包装和运输费等。(3)仪器设备费：必需的仪器设备购置、安装费，自制仪器设备的配件购置和加工费等。(4)科研合作、协作费：申请书中申明的外单位承担本课题费用(仅限合同上列出的合作、协作单位)。(5)劳务费：项目研究过程中支付给项目组成员中没有工资性收入的在校学生、博士后和临时聘用人员的劳务费用，以及临时聘用人员的社会保险补助等费用。(6)其他费用：项目结束时为评议、验收、鉴定等支出的经费(房费、餐费、杂费)，用工费等。课题下达部门项目经费管理办法所规定的其他列支项目。

第八条 间接费用是指学校在组织实施纵向科研项目过程中发生的无法在直接费用中列支的相关费用，主要包括学校为项目研究提供的现有仪器设备及房屋、水、电、气、暖消耗等间接成本，有关管理费用的支出，以及激励科研人员的绩效支出等。

第九条 管理费是指科研项目经费到校后，根据上级有关规定和我校具体情况，适当提取学校管理费、学院(部)科研发展基金等。

关于国家自然科学基金资助项目资金管理有关问题的补充通知

财科教〔2016〕19 号

有关单位：

为了贯彻落实《中共中央办公厅　国务院办公厅印发〈关于进一步完善中央财政科研项目资金管理等政策的若干意见〉的通知》精神，现就《国家自然科学基金资助项目资金管理办法》（财教〔2015〕15 号）有关问题补充通知如下：

一、合并差旅费、会议费、国际合作与交流费三个科目为差旅/会议/国际合作与交流费一个科目，由科研人员结合科研活动实际需要编制预算并按规定统筹安排使用，其中不超过直接费用 10%的，不需要提供预算测算依据。

二、参与项目研究的研究生、博士后、访问学者以及项目聘用的研究人员、科研辅助人员等，均可开支劳务费。项目聘用人员的劳务费开支标准，参照当地科学研究和技术服务业从业人员平均工资水平，根据其在项目研究中承担的工作任务确定，其社会保险补助纳入劳务费科目列支。

三、间接费用核定比例上限调整为：500 万元以下的部分为 20%，500 万元至 1000 万元的部分为 15%，1000 万元以上的部分为 13%。加大对科研人员的激励力度，取消绩效支出比例限制。依托单位在统筹安排间接费用时，要处理好合理分摊间接成本和对科研人员激励的关系，绩效支出安排与科研人员在项目工作中的实际贡献挂钩。

四、依托单位要创新服务方式，让科研人员潜心从事科学研究。要建立健全科研财务助理制度，为科研人员在项目预算编制和调剂、经费支出、财务决算和验收等方面提供专业化服务。要充分利用信息化手段，建立健全单位内部科研、财务部门和项目负责人共享的信息平台，提高科研管理效率和便利化程度。要制定符合科研实际需要的内部报销规定，切实解决野外考察、心理测试等科研活动中无法取得发票或财政性票据，以及邀请外国专家来华参加学术交流发生费用等的报销问题。

五、依托单位要切实强化法人责任，规范项目资金管理。要制定内部管理办法，落实项目预算调剂、间接费用统筹使用、劳务费分配管理、结余资金使用等管理权限。要加强预算审核把关，规范财务支出行为，完善内部风险防控机制，强化资金使用绩效评价，保障资金使用安全规范有效。

六、财政部、项目主管部门及其相关工作人员在国家自然科学基金预算审核环节，项目主管部门及其相关工作人员在项目立项及其资金分配等环节，存在违反规定安排资金以及其他滥用职权、玩忽职守、徇私舞弊等违法违纪行为的，按照《中华人民共和国预算法》《中华人民共和国公务员法》《中华人民共和国行政监察法》《财政违法行为处罚处分条例》等国家有关规定追究相应责任；涉嫌犯罪的，移送司法机关处理。

财政部　国家自然科学基金委员会

2016 年 12 月 5 日

中央财政科研项目专家咨询费管理办法

财科教〔2017〕128 号

第一条 为加强和规范专家咨询费的管理，根据《预算法》以及中央本级项目支出定额标准等国家有关预算管理制度规定，制定本办法。

第二条 专家咨询费是指科研项目（课题）承担单位（以下简称“单位”）在项目（课题）实施过程中支付给临时聘请的咨询专家的费用。

第三条 本办法适用于由中央财政科研项目资金列支的专家咨询费。

第四条 本办法的专家是指精通某一领域业务，或对相关科技业务的某一方面有独到见解，已取得高级专业技术职称的人员或被科研项目（课题）承担单位认可的其他专业人员。

第五条 单位应当结合实际制定统一、合理、规范的咨询专家遴选办法，并在单位内部公开。具备条件的单位应当建立多领域、多学科的咨询专家库。

第六条 高级专业技术职称人员的专家咨询费标准为 1500～2400 元/人天（税后）；其他专业人员的专家咨询费标准为 900～1500 元/人天（税后）。

第七条 院士、全国知名专家，可按照高级专业技术职称人员的专家咨询费标准上浮 50％执行。

第八条 本办法所指专家咨询活动的组织形式主要有会议、现场访谈或者勘察、通讯三种形式。

（1）以会议形式组织的咨询，是指通过召开专家参加的会议，征询专家的意见和建议。

（2）以现场访谈或者勘察形式组织的咨询，是指通过组织现场谈话，或者查看实地、实物、原始业务资料等方式征询专家的意见和建议。

（3）以通讯形式组织的咨询，是指通过信函、邮件等方式征询专家的意见和建议。

第九条 不同形式组织的专家咨询活动适用专家咨询费标准如下：

组织形式＼会期	半天	不超过两天（含两天）	超过两天
会议	按照本办法第六条所规定标准的 60%执行。	按照本办法第六条所规定的标准执行。	第一天、第二天：按照本办法第六条所规定的标准执行； 第三天及以后：按照本办法第六条所规定标准的 50%执行。
现场访谈或者勘察	按照上述以会议形式组织的专家咨询费相关标准执行。		
通讯	按次计算，每次按照本办法第六条所规定标准的 20%～50%执行。		

第十条 不同领域、相同专业技术职称的专家咨询费标准应当保持一致。

第十一条 根据国家经济社会发展水平和物价变动等情况，财政部适时对专家咨询费标准进行调整。

第十二条 专家咨询费不得支付给参与项目（课题）研究及其管理的相关人员。

第十三条 专家咨询费的发放应当按照国家有关规定由单位代扣代缴个人所得税。

第十四条 单位发放专家咨询费原则上采用银行转账方式。

第十五条 单位应当建立专家咨询费的支付审核机制，负责核实专家咨询行为及专家咨询费发放的真实性、合规性，并及时向代理银行办理支付手续。对专家信息不真实、存在虚假咨询行为，以及其他违反本办法或单位有关规定的，单位应当拒绝办理支付手续。

第十六条 单位应当对专家咨询费的开支做好财务记录，并及时归档，定期对专家咨询费支付情况进行检查。

第十七条 地方财政科研项目开支的专家咨询费可参照本办法，结合本地实际予以执行。

第十八条 单位可根据本办法有关规定，结合单位实际制定实施细则。

第十九条 本办法自印发之日起施行。

关于完善财政科研项目资金管理政策的实施意见

鲁办发〔2016〕71 号

为认真贯彻落实《中共中央办公厅、国务院办公厅印发〈关于进一步完善中央财政科研项目资金管理等政策的若干意见〉的通知》精神，完善财政科研项目资金管理政策，现结合我省实际，提出如下实施意见。

一、总体要求和基本原则

（一）总体要求

全面贯彻党的十八大和十八届三中、四中、五中、六中全会及全国科技创新大会精神，深入贯彻习近平总书记系列重要讲话精神，认真落实省委、省政府关于深化科技体制改革加快创新发展的战略部署，进一步推进简政放权、放管结合、优化服务，改革和创新科研项目资金使用和管理方式，充分激发广大科研人员的积极性、创造性，加快形成充满活力的科技管理和运行机制，为我省加快实施创新驱动发展战略提供有力保障。

（二）基本原则

坚持以人为本。以调动科研人员积极性和创造性为出发点和落脚点，强化激励机制，加大激励力度，激发创新创造活力。

坚持遵循规律。按照科研活动规律和财政预算管理要求，完善管理政策，优化管理流程，改进管理方式，适应科研活动实际需要。

坚持“放管服”结合。进一步简政放权、放管结合、优化服务，赋予高等院校、科研院所更大自主权，为科研人员潜心研究营造良好环境。同时，加强事中事后监管，严肃查处违纪违法问题。

坚持政策落实落地。细化实化政策规定，加强督查，狠抓落实，打通政策执行中的“堵点”，增强科研人员改革的成就感和获得感。

二、改进科研项目资金管理

（一）简化项目预算编制。根据科研活动规律和特点，改进预算编制方法，对符合条件的科研项目，可实行部门预算批复前资金预拨。简化预算编制科目，合并会议费、差旅费、国际合作与交流费科目，由科研人员结合科研活动实际需要编制预算并按规定统筹安排使用，其中不超过直接费用10%的，不需提供预算测算依据。

（二）下放预算调剂权限。在项目总预算不变的情况下，直接费用中的材料费、测试化验加工费、燃料动力费、出版/文献/信息传播/知识产权事务费及其他支出的预算调剂由项目承担单位负责。

（三）改变项目资金支付方式。科技部门要做好项目立项和预算执行的衔接，会同财政部门及时批复项目和预算。取消科研项目资金财政直接支付管理方式，实行财政授权支付。项目主管部门和单位结合项目实施和资金使用进度，及时办理资金支付。

（四）改进项目结转结余资金留用处理方式。项目实施期间，年度剩余资金可结转下一年度继续使用。项目完成任务目标并通过验收后，结余资金按规定留归项目承担单位继续使用，在2年内由项目承担单位统筹安排用于科研活动的直接支出；2年后仍未使用完的，按规定收回。

（五）扩大劳务费开支范围。劳务费预算不设比例限制，由项目承担单位和科研人员据实编制。参与项目研究的研究生、博士后、访问学者以及项目聘用的研究人员、科研辅助人员等的劳务费，均可在项目经费中开支。项目聘用人员劳务费开支标准，可根据当地科学研究、技术服务业从业人员平均工资水平和其在项目研究中承担的工作任务确定，其社会保险补助纳入劳务费科目列支。

（六）提高间接费用比重。间接费用核定比例可以提高到不超过直接费用扣除设备购置费的一定比例：500万元以下的部分为20%，500万元至1000万元的部分为15%，1000万元以上的部分为13%。

（七）取消绩效支出比例限制。加大对科研人员的激励力度，取消绩效支出占间接费用比例限制。项目承担单位在统筹安排间接费用时，应处理好合理分摊间接成本和对科研人员激励的关系，绩效支出安排与科研人员在项目工作中的实际贡献挂钩。

（八）自主规范管理横向经费。项目承担单位以接受委托、利用社会资金开展技术攻关、提供科技服务等市场委托方式取得的横向经费，签订委托合同，纳入单位财务统一管理，由项目承担单位按照委托方要求或合同约定管理使用。

三、赋予高等院校、科研院所更大自主权

（一）下放差旅费、会议费、咨询费管理权限。高等院校、科研院所可根据教学、科研等活动实际需要，按照精简高效、厉行节约的原则，研究制定差旅费、会议费、咨询费管理办法，合理确定教学科研人员乘坐交通工具等级和住宿费标准，会议次数、天数、人数和会议费开支范围、标准，以及咨询费开支标准。对于难以取得住宿费发票的，在确保真实性的前提下，据实报销城市间交通费，并按规定标准发放伙食补助费和市内交通费。对于因工作需要，邀请国内外专家、学者和有关人员参加会议，确需负担的城市间交通费、国际旅费，可由主办单位在会议费等费用中报销。

（二）对教学科研人员因公临时出国实行区别管理。高等院校、科研院所教学科研人员因公临时出国开展教育教学活动、科学研究、学术访问、出席重要国际学术会议以及执行国际学术组织履职任务等学术交流合作任务，单位与个人的出国批次数、团组人数、在

外停留天数根据实际需要安排。教学科研人员出国开展学术交流合作年度计划由各高等院校、科研院所负责管理，并按外事审批权限报备，不列入国家工作人员因公临时出国批次限量管理范围。对科研经费中列支的国际学术交流费用管理区别于一般出国经费，可根据预算据实安排。

（三）简化科研仪器设备政府采购管理。高等院校、科研院所可自行采购科研仪器设备，自行选择科研仪器设备评审专家。在政府采购预算内，高等院校、科研院所可根据需要自主调整采购项目。采购进口仪器设备由审批制改为备案制管理，落实进口科研教学用品免税政策。项目承担单位应制定科研仪器设备采购管理规范，切实做到公开透明、便捷高效、可追溯。

（四）扩大基本建设项目自主权。对于利用自有资金、不申请政府投资的科研基本建设项目，由高等院校、科研院所自主决策，报投资主管部门备案，不再进行审批。高等院校、科研院所主管部门应指导高等院校、科研院所编制五年建设规划，对列入规划的基本建设项目不再审批项目建议书。简化基本建设项目城乡规划、用地以及环评、能评等审批手续，缩短审批周期。

（五）鼓励科技成果转移转化。落实高等院校、科研院所科技成果转化收益自主处置有关政策。对高等院校、科研院所建立的科技成果转移转化机构，各级政府应给予政策和资金支持。鼓励高等院校、科研院所对科研仪器设备购置、科技成果转移转化开展社会融资。

四、提升科研项目资金管理服务水平

（一）健全政府科技决策工作机制。完善科技工作重大问题沟通机制，科技部门要加强科技发展优先领域、重点任务、重大项目等方面的统筹协调。建设高水平科技智库，健全由技术专家、企业家、科研人员和政府部门共同参与的科技决策及论证机制，提升重大科技决策的科学性。

（二）拓展财政科研经费投入渠道。发挥财政政策的杠杆效应和导向作用，引导民间资本开展科技创新创业。积极推广政府和社会资本合作（PPP）、科技贷款风险补偿等模式在科技领域的应用。加大政府股权引导基金支持科技创新力度，推动更多具有重大价值的科技成果转化应用。创新自然科学基金管理机制，通过接受社会捐赠、与社会机构共同设立联合基金等方式，拓宽基础研究投入渠道。

（三）优化财政科技资金投入结构与方式。对需要长期投入的基础研究、原始创新和公益性科技事业以及共性关键技术研究，注重定向委托和竞争性选择相结合，以无偿资助方式给予持续稳定支持。对市场导向明确的技术创新项目，注重发挥市场配置技术创新资源的导向作用，综合运用股权投资、风险补偿、贷款贴息等资助方式予以支持。对符合条件的科研项目，鼓励通过自主选题，开展前瞻性、储备性研究。

（四）创新财务服务方式。建立健全科研财务助理制度，为科研人员在项目预算编制和调剂、经费支出、财务决算和验收等方面提供专业化服务。聘请科研财务助理所需费用，可由项目承担单位根据情况通过科研项目资金等渠道解决。充分利用信息化手段，建立单位内部科研、财务部门和项目负责人共享的信息平台，提高科研管理效率。制定符合科研实际需要的内部报销规定，切实解决野外考察、心理测试等科研活动中无法取得发票或财政性票据，以及邀请外国专家来华参加学术交流发生费用等报销问题。

（五）强化项目法人责任。项目承担单位是科研项目实施和科研经费管理使用的责任主体，应切实履行在项目申请、组织实施、验收和资金使用等方面的管理职责，强化自我约束和自我规范，确保接得住、管得好。加强预算审核把关，规范财务支出行为，完善内部风险防控机制，强化项目绩效目标管理和资金使用绩效评价，保障资金使用安全规范有效。落实科技报告制度，按规定及时向项目主管部门提交科技报告。实行内部公开制度，主动公开项目预算、预算调剂、资金使用（重点是间接费用、外拨资金、结余资金使用）、研究成果等情况，让项目单位和科研人员取得放心、用得安心。

（六）加强督查指导。财政部门、科技部门要对本意见贯彻落实情况适时组织督促检查，并将督查结果纳入信用管理，与间接费用核定、结余资金留用等挂钩。科技部门、项目主管部门要加快清理规范与科研项目有关的各种检查评审，推进检查结果共享，减少检查数量，避免重复检查、多头检查、过度检查。审计机关要依法开展对政策措施落实情况和科研项目资金的审计监督。对发现的违规违纪违法问题，有关部门要按照有关规定严肃查处。

本意见发布之日起3个月内，项目主管部门应制定出台相关实施方案，并督促指导所属单位完善内部管理。高等院校、科研院所应制定出台差旅费、会议费、咨询费等相关内部管理制度，项目承担单位应制定或修订科研项目资金内部管理制度。

省财政厅、省社科类科研项目主管部门要根据中央级社科类科研项目资金管理办法规定，结合社会科学研究的规律和特点，参照本意见另行制定我省社科类科研项目资金管理办法。

各地要结合实际，加快推进科研项目资金管理改革等各项工作。

此前有关文件规定与本意见不一致的，以本意见为准。

权威解读

《关于完善财政科研项目资金管理政策的实施意见》（鲁办发〔2016〕71号）政策解读

《实施意见》主要包括总体要求和基本原则、改进科研项目资金管理、赋予高等院校和科研院所更大自主权、提升科研项目资金管理服务水平四部分内容。

（一）制定《实施意见》的总体考虑

在制定《实施意见》时，主要把握放权、减负、激励、服务“四位一体”的总体改革精神，突出简政放权、放管结合、优化服务，改革完善财政科研项目资金使用管理方式。

《实施意见》遵循“四个坚持”原则，着力激发创新创造活力。一是坚持以人为本。二是坚持遵循规律。三是坚持“放管服”结合。四是坚持政策落实落地。

（二）改进科研项目资金管理的具体措施

《实施意见》围绕改进科研项目资金管理出台了一系列"松绑+激励"的政策措施。政策措施主要有8项：

一是简化项目预算编制。改进预算编制方法，对符合条件的科研项目，可实行部门预算批复前资金预拨。合并会议费、差旅费、国际合作与交流费科目，由科研人员结合科研活动实际需要编制预算并按规定统筹安排使用，如果三者合并后的总费用不超过直接费用的10%，就不需要提供预算测算依据。

二是下放预算调剂权限。在项目总预算不变的情况下，直接费用中的材料费、测试化验加工费、燃料动力费等多数科目预算，可由项目承担单位自主调剂，也就是平时所说的"打酱油的钱可以买醋了"。

三是改变项目资金支付方式。取消科研项目资金财政直接支付方式，实行财政授权支付；项目主管部门和单位结合项目实施和资金使用进度，及时办理资金支付，努力打通科研经费支付和使用的绿色通道，更好地服务科研人员开展科研活动。

四是改进项目结转结余资金留用处理方式。充分尊重科研规律，明确项目实施期间，年度剩余资金可结转下一年度继续使用。项目完成任务目标并通过验收后，结余资金按规定留归项目承担单位继续使用，在2年内由项目承担单位统筹安排用于科研活动的直接支出；2年后仍未使用完的，按规定收回。

五是扩大劳务费开支范围。针对科研投入中重物轻人、人力费难报销的问题，明确劳务费预算不设比例限制，参与项目研究的研究生、博士后、访问学者以及项目聘用的研究人员、科研辅助人员等，都可以开支劳务费。项目聘用人员的劳务费开支标准，可根据当地科学研究、技术服务业从业人员平均工资水平和其在项目研究中承担的工作任务确定，既有效解决科研人员反映的评审中预设比例的问题，又突出科研项目资金对"人"的重视和支持。

六是提高间接费用比重。对于主要用于项目承担单位成本耗费和科研人员绩效激励的间接费用，进一步完善间接成本补偿机制，规定间接费用核定比例可以提高到不超过直接费用扣除设备购置费的一定比例：500万元以下的部分为20%，500万～1000万元的部分为15%，1000万元以上的部分为13%。

七是取消绩效支出比例限制。尊重科研人员智力价值，加大对科研人员的激励力度，取消绩效支出占间接费用比例限制，切实增强科研人员的获得感。项目承担单位可以在核定的间接费用比例范围内，统筹安排绩效支出，并与科研人员在项目工作中的实际贡献挂钩。

八是自主规范管理横向经费。项目承担单位以市场委托方式取得的横向经费，纳入单位财务统一管理，由项目承担单位按照委托方要求或合同约定管理使用。横向经费管理，既要防止"纵向化"，避免"纵横不分"，又要防止"账外账"，确保规范安全有效。

（三）赋予高等院校、科研院所更大自主权的具体措施

《实施意见》从五个方面赋予了高等院校、科研院所更多管理权限，让其自主独立决策、科学有效管理。

一是下放差旅费、会议费、咨询费管理权限。不简单套用行政预算和财务管理方法，明确高等院校、科研院所可根据教学、科研等活动实际需要，按照精简高效、厉行节约的

原则，研究制定差旅费、会议费、咨询费管理办法，合理确定教学科研人员乘坐交通工具等级和住宿费标准，会议次数、天数、人数和会议费开支范围、标准，以及咨询费开支标准。对于难以取得住宿费发票的，在确保真实性的前提下，据实报销城市间交通费，并按规定标准发放伙食补助费和市内交通费。对于因工作需要，邀请国内外专家、学者和有关人员参加会议，确需负担的城市间交通费、国际旅费，可由主办单位在会议费等费用中报销。

二是对教学科研人员因公临时出国实行区别管理。高等院校、科研院所教学科研人员因公临时出国开展教育教学活动、科学研究、学术访问、出席重要国际学术会议以及执行国际学术组织履职任务等学术交流合作任务，单位与个人的出国批次数、团组人数、在外停留天数根据实际需要安排。教学科研人员出国开展学术交流合作年度计划由各高等院校、科研院所负责管理，并按外事审批权限报备，不列入国家工作人员因公临时出国批次限量管理范围。对科研经费中列支的国际学术交流费用管理区别于一般出国经费，可根据预算据实安排。

三是简化科研仪器设备政府采购管理。高等院校、科研院所可自行采购科研仪器设备，自行选择科研仪器设备评审专家。采购进口仪器设备由审批制改为备案制管理，落实进口科研教学用品免税政策。项目承担单位应制定科研仪器设备采购管理规范，切实做到公开透明、便捷高效、可追溯。与中办发〔2016〕50号文件相比，我省《实施意见》还规定在政府采购预算内，高等院校、科研院所可根据需要自主调整采购项目。

四是扩大基本建设项目自主权。对于利用自有资金、不申请政府投资的科研基本建设项目，由高等院校、科研院所自主决策，报投资主管部门备案，不再进行审批。同时，要求高等院校、科研院所主管部门应指导高等院校、科研院所编制五年建设规划，对列入规划的基本建设项目不再审批项目建议书。简化基本建设项目城乡规划、用地以及环评、能评等审批手续，缩短审批周期。

五是鼓励科技成果转移转化。围绕推动科技成果有效转移转化，充分调动科研人员创新的积极性，提出要认真落实高等院校、科研院所科技成果转化收益自主处置有关政策；对高等院校、科研院所建立的科技成果转移转化机构，各级政府应给予政策和资金支持；鼓励高等院校、科研院所对科研仪器设备购置、科技成果转移转化开展社会融资。

（四）提升科研项目资金管理服务水平的具体措施

一是健全政府科技决策工作机制。完善科技工作重大问题沟通机制，科技部门要加强科技发展优先领域、重点任务、重大项目等方面的统筹协调。建设高水平科技智库，健全由技术专家、企业家、科研人员和政府部门共同参与的科技决策及论证机制，提升重大科技决策的科学性。

二是拓展财政科研经费投入渠道。发挥财政政策的杠杆效应和导向作用，引导民间资本开展科技创新创业。积极推广政府和社会资本合作（PPP）、科技贷款风险补偿等模式在科技领域的应用。加大政府股权引导基金支持科技创新力度，推动更多具有重大价值的科技成果转化应用。创新自然科学基金管理机制，通过接受社会捐赠、与社会机构共同设立联合基金等方式，拓宽基础研究投入渠道。

三是优化财政科技资金投入结构与方式。对需要长期投入的基础研究、原始创新和公益性科技事业以及共性关键技术研究，注重定向委托和竞争性选择相结合，以无偿资助方式给予持续稳定支持。对市场导向明确的技术创新项目，注重发挥市场配置技术创新资源的导向作用，综合运用股权投资、风险补偿、贷款贴息等资助方式予以支持。对符合条件的科研项目，鼓励通过自主选题，开展前瞻性、储备性研究。

四是创新财务服务方式。针对科研人员反映的报销手续繁、程序多、时间长、难度大等问题，寓管理于服务之中，“让专业的人干专业的事”，提出项目承担单位应建立健全科研财务助理制度，所需费用可由项目承担单位根据情况通过科研项目资金等渠道解决，尽可能使科研人员少一些束缚和干扰，多一些时间去自由探索创新；应充分利用信息化手段，建立单位内部科研、财务部门和项目负责人共享的信息平台，更优质、更便捷地为科研人员服务；应制定符合科研实际需要的内部报销规定，切实解决野外考察、心理测试等科研活动中无法取得发票或财政性票据，以及邀请外国专家来华参加学术交流发生费用等报销问题，让科研人员可以专心从事科研活动。

五是强化项目法人责任。在放权、松绑的同时，强调要依法理财、规范管理。项目承担单位作为科研项目实施和科研经费管理使用的责任主体，应切实履行在项目申请、组织实施、验收和资金使用等方面的管理职责，加强预算审核把关，规范财务支出行为，完善内部风险防控机制，强化项目绩效目标管理和资金使用绩效评价，保障资金使用安全规范有效。要落实科技报告制度和实行内部公开制度。

六是加强督查指导。要求科技部门、项目主管部门精简检查评审，加快清理规范与科研项目有关的各种检查评审，推进检查结果共享，减少检查数量，避免重复检查、多头检查、过度检查。强化工作督查指导，财政部门、科技部门要对贯彻落实情况适时组织督促检查，并将督查结果纳入信用管理，与间接费用核定、结余资金留用等挂钩；审计机关要依法开展对政策措施落实情况和科研项目资金的审计监督。同时，对发现的违规违纪违法问题，有关部门要按照有关规定严肃查处。

（五）高等院校、科研院所及项目承担单位应制定的管理制度

高等院校、科研院所应制定出台差旅费、会议费、咨询费等相关内部管理制度。项目承担单位应制定和完善项目预算调剂、间接费用统筹使用、劳务费分配管理、结余资金使用、横向经费自主管理、科研财务助理岗位设立、内部信息公开公示、内部报销等内部管理制度，搭建科研、财务部门和项目负责人共享的信息平台，完善内部风险防控机制，确保下放的管理权限“接得住、管得好”，各项制度权责明确、流程清晰、操作性强、务实管用。在研究制定内部管理制度时，应严格按照单位内部决策程序进行，以单位正式文件形式印发，并在单位内部以适当方式公开。高等院校、科研院所制定出台的差旅费、会议费、咨询费等内部管理办法，以及项目承担单位按规定制定的各项内部管理制度，应当作为预算编制、评估评审、经费管理、审计检查、财务验收等工作依据。

（六）在研项目的政策衔接

为做好政策衔接，对于在研项目适用新政策的问题，区分以下两种情况：一是《实施意见》发布时，项目执行期已结束、进入结题验收环节的项目，按照原政策执行，不作调整。二是尚在执行期内的项目，由项目承担单位统筹考虑本单位实际情况，并与科研人员充分协商后，在项目预算总额不变的前提下，自主选择在研项目间接费用和绩效支出

安排、预算科目调剂等是否执行有关新规定。如执行新规定，需履行单位内部有关调整审批程序，并符合预算调剂的有关规定。特别是对于原未设立间接费用的在研项目，如要新增间接费用，项目承担单位要在逐一征求项目负责人意见的基础上，按照有关管理规定将项目资金分解为直接费用和间接费用。

——引自：山东省财政厅 http://www.sdcz.gov.cn/Article/Showinfo.jsp?aid=20095

国家社会科学基金项目资金管理办法

财教〔2016〕304 号

第一章　总　则

第一条　为了规范国家社会科学基金（以下简称“国家社科基金”）项目资金的使用和管理，提高资金使用效益，更好推动哲学社会科学繁荣发展，根据国家财政财务管理有关法律法规和中共中央办公厅、国务院办公厅《关于进一步完善中央财政科研项目资金管理等政策的若干意见》，结合《国家社会科学基金管理办法》有关规定，制定本办法。

第二条　国家社科基金项目资金来源于中央财政拨款，是用于资助哲学社会科学研究，促进哲学社会科学学科发展、人才培养和队伍建设的专项资金。

第三条　国家社科基金项目资金管理，应当以出成果、出人才为目标，坚持以人为本、遵循规律、依法规范、公正合理和安全高效的原则。

第四条　项目责任单位是项目资金管理的责任主体，负责项目资金的日常管理和监督。

第五条　项目负责人是项目资金使用的直接责任人，对资金使用的合规性、合理性、真实性和相关性承担法律责任。

第二章　项目资金开支范围

第六条　项目资金支出是指在项目组织实施过程中与研究活动相关的、由项目资金支付的各项费用支出。项目资金分为直接费用和间接费用。

第七条　直接费用是指在项目研究过程中发生的与之直接相关的费用，具体包括：

（一）资料费：指在项目研究过程中需要支付的图书（包括外文图书）购置费，资料收集、整理、复印、翻拍、翻译费，专用软件购买费，文献检索费等。

（二）数据采集费：指在项目研究过程中发生的调查、访谈、数据购买、数据分析及相应技术服务购买等支出的费用。

（三）会议费/差旅费/国际合作与交流费：指在项目研究过程中开展学术研讨、咨询交流、考察调研等活动而发生的会议、交通、食宿等费用，以及项目研究人员出国及赴港澳台、外国专家来华及港澳台专家来内地开展学术合作与交流的费用。其中，不超过直接费用20%的,不需要提供预算测算依据。

(四)设备费:指在项目研究过程中购置设备和设备耗材、升级维护现有设备以及租用外单位设备而发生的费用。

应当严格控制设备购置,鼓励共享、租赁以及对现有设备进行升级。

(五)专家咨询费:指在项目研究过程中支付给临时聘请的咨询专家的费用。

专家咨询费预算由项目负责人按照项目研究实际需要编制,支出标准按照国家有关规定执行。

(六)劳务费:指在项目研究过程中支付给参与项目研究的研究生、博士后、访问学者以及项目聘用的研究人员、科研辅助人员等的劳务费用。

项目聘用人员的劳务费开支标准,参照当地科学研究和技术服务业人员平均工资水平以及在项目研究中承担的工作任务确定,其社会保险补助费用纳入劳务费列支。劳务费预算应根据项目研究实际需要编制。

(七)印刷出版费:指在项目研究过程中支付的打印费、印刷费及阶段性成果出版费等。

(八)其他支出:项目研究过程中发生的除上述费用之外的其他支出,应当在编制预算时单独列示,单独核定。

第八条 间接费用是指责任单位在组织实施项目过程中发生的无法在直接费用中列支的相关费用,主要用于补偿责任单位为项目研究提供的现有仪器设备及房屋、水、电、气、暖消耗等间接成本,有关管理费用,以及激励科研人员的绩效支出等。

间接费用一般按照不超过项目资助总额的一定比例核定。具体比例如下:50万元及以下部分为30%;超过50万元至500万元的部分为20%;超过500万元的部分为13%。

间接费用核定应当与责任单位信用等级挂钩,具体管理规定另行制定。

第九条 间接费用由责任单位统筹管理使用。责任单位应当处理好合理分摊间接成本和对科研人员激励的关系,根据科研人员在项目工作中的实际贡献,结合项目研究进度和完成质量,在核定的间接费用范围内,公开公正安排绩效支出,充分发挥绩效支出的激励作用。

责任单位不得在核定的间接费用以外再以任何名义在项目资金中重复提取、列支相关费用。

第三章 预算的编制与审核

第十条 项目负责人应当按照目标相关性、政策相符性和经济合理性原则,根据项目研究需要和资金开支范围,科学合理、实事求是地编制项目预算,并对直接费用支出的主要用途和测算理由等作出说明。

项目负责人应当在收到立项通知之日起30日内完成预算编制。无特殊情况,逾期不提交的,视为自动放弃资助。

第十一条 项目预算经责任单位、所在省区市社科规划办或在京委托管理机构审核并签署意见后,提交全国哲学社会科学规划办公室(以下简称“全国社科规划办”)审核。未通过审核的,应当按要求调整后重新上报。

第十二条 跨单位合作的项目，确需外拨资金的，应当在项目预算中单独列示，并附外拨资金直接费用支出预算。间接费用外拨金额，由责任单位和合作研究单位协商确定。

责任单位应当及时按照合作研究协议和审核通过的项目预算转拨合作研究单位资金。

第四章 预算执行与决算

第十三条 项目负责人应当严格执行批准后的项目预算。确需调剂的，应当按规定报批。

第十四条 项目预算有以下情况需要调剂的，由项目负责人提出申请，经责任单位、所在省区市社科规划办或在京委托管理机构审核同意后，报全国社科规划办审批。

（一）由于研究内容或者研究计划作出重大调整等原因，需要增加或减少项目预算总额。

（二）原项目预算未列示外拨资金，需要增列。

第十五条 项目直接费用预算确需调剂的，按以下规定予以调整：

（一）资料费、数据采集费、设备费、印刷出版费和其他支出预算需要调剂，由项目负责人提出申请，报责任单位审批。

（二）会议费/差旅费/国际合作与交流费、专家咨询费、劳务费预算一般不予调增，需要调减用于项目其他方面支出，由项目负责人提出申请，报责任单位审批；如有特殊情况确需调增的，由项目负责人提出申请，经责任单位、所在省区市社科规划办或在京委托管理机构审核同意后，报全国社科规划办审批。

项目间接费用预算不得调剂。

责任单位应当按规定及时审批项目预算调剂事项申请。

第十六条 国家社科基金项目资金的支付执行国库集中支付制度。项目资金实行预留资金制度，预留部分资金在项目成果通过审核验收后支付。未通过审核验收的项目，预留资金不予支付。

项目资金属于政府采购范围的，应当按照政府采购有关规定执行。

第十七条 责任单位应当严格执行国家有关科研资金支出管理制度。对应当实行“公务卡”结算的支出，按照中央财政科研项目使用公务卡结算的有关规定执行。专家咨询费、劳务费等支出，原则上应当通过银行转账方式结算，从严控制现金支出事项。

对于野外考察、数据采集等科研活动中无法取得发票或财政性票据的支出，在确保真实性的前提下，责任单位可按实际发生额予以报销。

第十八条 项目研究完成后，项目负责人应当会同科研、财务、审计、资产等管理部门及时清理账目与资产，如实编制国家社会科学基金项目结项审批书中的项目决算表，不得随意调账变动支出、随意修改记账凭证。

有外拨资金的项目，外拨资金决算经合作研究单位财务、审计部门审核并签署意见后，由项目负责人汇总编制项目资金决算。

第十九条 项目研究成果首次鉴定的费用由全国社科规划办另行支付。首次鉴定未通过并组织第二次鉴定的，鉴定费从项目预留资金中扣除。

第二十条 项目在研期间，年度剩余资金可以结转下一年度继续使用。项目研究成果完成并通过审核验收后，结余资金可用于项目最终成果出版及后续研究的直接支出。若项目研究成果通过审核验收 2 年后结余资金仍有剩余的，应当按原渠道退回国家社科基金，结转下年统筹用于资助项目研究。

项目成果未通过审核验收的项目，或责任单位信用评价差的，结余资金应当在接到有关通知后 30 日内按原渠道退回国家社科基金。

第二十一条 对于因故被终止执行的项目的结余资金，以及因故被撤销的项目的已拨资金，责任单位应当在接到有关通知后 30 日内按原渠道退回国家社科基金。

第二十二条 项目实施过程中，使用项目资金形成的固定资产、无形资产等属于国有资产，应当按照国有资产管理的有关规定执行。

第五章 管理与监督

第二十三条 项目负责人应当依法依规使用项目资金，不得擅自调整外拨资金，不得利用虚假票据套取资金，不得通过编造虚假劳务合同、虚构人员名单等方式虚报领劳务费和专家咨询费，不得使用项目资金支付各种罚款、捐款、赞助、投资等。

项目负责人使用项目资金情况应当自觉接受有关部门的监督检查。

第二十四条 责任单位应当制定项目资金内部管理办法，明确审批程序、管理要求和报销规定，落实项目预算调剂、间接费用统筹使用、劳务费分配管理、结余资金使用等管理权限。

责任单位应当加强项目预算审核把关，规范财务支出行为，完善内部风险防控机制，强化资金使用绩效评价，保障资金使用安全规范有效。责任单位项目资金管理和使用情况，要自觉接受国家财政、审计、监察部门和全国社科规划办的监督检查。责任单位应当积极配合，如实反映情况，提供有关资料。

责任单位应当建立健全科研财务助理制度，为科研人员在项目预算编制和调剂、经费支出、项目资金决算和验收等方面提供专业化服务。

责任单位应当充分利用信息化手段，建立健全单位内部科研、财务、项目负责人共享的信息平台，提高科研管理效率和便利化程度。

第二十五条 各省区市社科规划办和在京委托管理机构应当根据各自实际，对本地区本系统责任单位和项目负责人的资金使用和管理情况进行不定期检查或专项审计。发现问题的，应当及时督促整改，并向全国社科规划办报告。

第二十六条 全国社科规划办应当建立项目资金使用和管理情况的检查、审计、监督长效机制，建立项目资金绩效评价和结果应用制度，加强项目资金使用效益评估。

第二十七条 建立项目资金使用和管理的承诺机制，责任单位应当承诺依法依规履行项目资金管理的职责，项目负责人应当承诺提供真实的项目信息并认真遵守项目资金管理的有关规定。

第二十八条 建立项目资金使用和管理的信用机制，全国社科规划办对责任单位和项目负责人在项目资金使用和管理方面的信誉度进行评价和记录，作为对责任单位信用评级和对项目负责人绩效考评以及今后资助的重要依据。

第二十九条 建立项目资金使用和管理的信息公开机制，责任单位和项目负责人应当在单位内部公开项目预算、预算调剂、决算、项目组人员构成、设备购置、外拨资金、劳务费发放以及间接费用和结余资金使用等情况，自觉接受监督。

第三十条 违反本办法规定的，依照《预算法》《财政违法行为处罚处分条例》等国家有关规定追究法律责任。涉嫌犯罪的，依法移送司法机关处理。

第六章 附 则

第三十一条 本办法适用于国家社科基金各项目类型，以及教育学、艺术学、军事学三个单列学科。国家社科基金其他资助，未制定有关办法的，适用本办法。

第三十二条 本办法由财政部、全国哲学社会科学规划领导小组负责解释。

第三十三条 本办法自发布之日起施行。2007 年 4 月 10 日财政部、全国哲学社会科学规划领导小组印发的《国家社会科学基金项目经费管理办法》（财教〔2007〕30 号）同时废止。

权威解读

政部教科文司、全国哲学社会科学规划办公室有关负责人就《国家社会科学基金项目资金管理办法》有关问题答记者问

一、修订《资金管理办法》的思路和原则是什么？

答：《资金管理办法》修订的总体思路是：适应我国哲学社会科学事业新发展对国家社科基金管理工作提出的新要求，遵循哲学社会科学研究特点，依法规范项目资金的使用和管理，提高资金使用效益，支持哲学社会科学出成果、出人才。

在修订中坚持把握以下几点原则：一是遵循哲学社会科学特点和规律。二是符合国家财政科研资金管理的总体要求。三是坚持以人为本。四是坚持“放管服”结合。

二、《资金管理办法》对于哲学社会科学研究规律和特点是如何体现的？

答：哲学社会科学研究是一种特殊的精神劳动，在研究对象、方法手段、组织方式、评价标准等方面，与自然科学研究有着明显不同。《资金管理办法》主要体现在以下几个方面：

一是建立健全间接成本补偿机制和科研激励机制。把项目资金分为直接费用和间接费用，明确间接费用按照不超过项目资助总额的一定比例核定。在间接费用使用和管理上，规定间接费用核定要与责任单位信用等级挂钩，由责任单位统筹管理使用；要求责任单位根据科研人员在项目工作中的实际贡献，结合项目研究进度和完成质量，在核定

的间接费用范围内，公开公正安排绩效支出，充分发挥绩效支出的激励作用；强调责任单位不得在核定的间接费用以外再以任何名义在项目资金中重复提取、列支相关费用。

二是明确劳务费开支范围和标准。扩大劳务费开支范围，在在校研究生等人员的基础上，增加博士后、访问学者、项目聘用研究人员和科研辅助人员，并将项目聘用人员的社会保险补助费用纳入劳务费开支范围；明确劳务费开支标准参照当地科学研究和技术服务业人员平均工资水平以及在项目研究中承担的工作任务确定。取消劳务费、专家咨询费等人员性费用的开支比例限制。

三是简化预算编制科目，下放预算调剂权限。将会议费、差旅费、国际合作与交流费合并为一个科目，这三项费用合计不超过直接费用20%的，不需要提供预算测算依据；规定在项目预算总额不变的情况下，除增列外拨资金以外的所有预算调剂权限全部下放到责任单位，但会议费/差旅费/国际合作与交流费、专家咨询费、劳务费预算一般不予调增。

四是完善结转结余资金管理。规定项目在研期间，年度剩余资金可以结转下一年度继续使用；项目研究成果完成并通过审核验收后，结余资金可用于项目最终成果出版及后续研究的直接支出。同时规定，项目研究成果通过审核验收2年后结余资金仍有剩余的，应当按原渠道退回国家社科基金，结转下年统筹用于资助项目研究。

三、《资金管理办法》在加强项目资金监管方面有哪些举措？

答：国家社科基金项目资金来源于中央财政拨款，必须体现依法理财的要求：一是明确项目责任单位是项目资金管理的责任主体，项目负责人是项目资金使用的直接责任人。要求责任单位加强项目预算审核把关，规范财务支出行为，完善内部风险防控机制，强化资金使用绩效评价，保障资金使用安全规范有效。二是加强项目预决算审核，规定项目预算需经责任单位、所在省区市社科规划办或在京委托管理机构审核并签署意见后，提交全国社科规划办审核；项目研究完成后，项目负责人应当会同科研、财务、审计、资产等管理部门及时清理账目与资产，如实编制《国家社会科学基金项目结项审批书》中的项目决算表，不得随意调账变动支出、随意修改记账凭证。三是建立项目资金使用和管理情况的检查、审计、监督长效机制。四是建立项目资金使用和管理的承诺机制、信用机制和信息公开机制。要求责任单位和项目负责人在单位内部公开项目预算、预算调剂、决算、项目组人员构成、设备购置、外拨资金、劳务费发放以及间接费用和结余资金使用等情况，自觉接受各方面监督。

四、《资金管理办法》在强化项目资金保障和服务方面有哪些举措？

答：《资金管理办法》通过三项举措促进资金使用便利化：一是明确跨单位合作、确需外拨资金的项目，可以外拨资金。二是明确对于野外考察、数据采集等科研活动中无法取得发票或财政性票据的支出，在确保真实性的前提下，责任单位可按实际发生额予以报销。三是要求责任单位建立健全科研财务助理制度，为科研人员在项目预算编制和调剂、经费支出、项目资金决算和验收等方面提供专业化服务。

六、《资金管理办法》关于外拨资金使用和管理有什么具体规定?

答:《资金管理办法》中涉及外拨资金使用和管理的规定有五个方面内容:第一,跨单位合作的项目,确需外拨资金的,应当在项目预算中单独列示,并附外拨资金直接费用支出预算。第二,间接费用外拨金额,由责任单位和合作研究单位协商确定。第三,责任单位应当及时按照合作研究协议和审核通过的项目预算转拨合作研究单位资金。第四,在项目实施过程中,原项目预算未列示外拨资金而需要增列的,需由项目负责人提出申请,经责任单位、所在省区市社科规划办或在京委托管理机构审核同意后,报全国社科规划办审批。第五,有外拨资金的项目,外拨资金决算经合作研究单位财务、审计部门审核并签署意见后,由项目负责人汇总编制项目资金决算。

——引自:财政部教科文司、全国哲学社会科学规划办公室 http://www.npopss-cn.gov.cn/n1/2016/0927/c219469-28744139.html

《国家社会科学基金项目资金管理办法》具体执行有关事项问答

一、把项目资金分为直接费用和间接费用的主要考虑是什么?

《资金管理办法》的最大变化之一是把项目资金分为直接费用和间接费用。《资金管理办法》以间接费用形式完善了对责任单位间接成本和管理费用的补偿,以绩效支出形式提供了对科研人员的激励。

二、直接费用包括哪些开支科目,如何管理和使用?

直接费用是指在项目研究过程中发生的与之直接相关的费用,根据资金用途不同,具体分为8个开支科目:资料费、数据采集费、会议费/差旅费/国际合作交流费、设备费、专家咨询费、劳务费、印刷出版费和其他支出。直接费用所有开支科目均不设比例限制,由项目负责人按照项目研究实际需要编制,并按照国家有关规定开支。直接费用纳入责任单位财务统一管理,单独核算,专款专用。

三、哪些费用可以列支资料费?

项目研究过程中需要支付的图书(包括外文图书)购置费,资料收集、整理、复印、翻拍、翻译费,专用软件购买费,文献检索费等,均可列支资料费。相比原《经费管理办法》,资料费开支范围增加了文献检索费,并明确纳入外文图书购置费。

四、数据采集费开支范围有哪些?

数据采集费指在项目研究过程中发生的调查、访谈、数据购买、数据分析及相应技术服务购买等支出的费用。一般而言,社会科学各学科研究需要进行数据采集,既包括直接收集一手数据，也包括购买二手数据及相应的数据分析服务。相比原《经费管理办法》，数据采集费开支范围增加了数据购买、数据分析及相应技术服务购买支出。

五、会议费/差旅费/国际合作与交流费如何使用？

1. 把原《经费管理办法》会议费、差旅费、国际合作与交流费合并为一个科目，项目研究过程中开展学术研讨、咨询交流、考察调研等活动而发生的会议、交通、食宿等费用，以及项目研究人员出国及赴港澳台、外国专家来华及港澳台专家来内地开展学术合作与交流的费用，均可列支。

2. 会议费/差旅费/国际合作与交流费由项目负责人按照项目研究实际需要编制预算。这三项费用合计不超过直接费用20%的，不需要提供预算测算依据；超过直接费用20%的，需要对计划开展的会议、调研、国际合作与交流等所需经费情况作出具体说明。

3. 会议费/差旅费/国际合作与交流费应当按照国家对于高校和科研院所差旅、会议、出国管理有关规定和标准开支。为了准确编制预算，该科目可大体分为会议费、差旅费、国际合作与交流费三个子项，但在经费使用过程中，完全由项目负责人自主统筹使用。

六、开支设备费应当注意什么？

1. 项目研究过程中购置设备和设备耗材、升级维护现有设备以及租用外单位设备而发生的费用，可列支设备费。

2. 设备费开支应当与项目研究密切相关，严格控制设备购置，严禁重复购置、过度购置，鼓励共享、租赁以及对现有设备进行升级。

3. 设备要和办公用品区别开来，一般来说，电脑、打印机、复印机、数码相机及其耗材等属于设备，笔墨纸张、文件夹等属于办公用品。

4. 使用项目资金购置的设备属于国有资产，按照国有资产管理有关规定统一管理。

七、什么是专家咨询费，对支付对象有何要求？

专家咨询费是指在项目研究过程中支付给临时聘请的咨询专家的费用，支出标准应当按照国家有关规定执行。一般来说，支出咨询费需满足两个条件：一是支付对象确实属于项目研究领域的专家；二是支付对象切实发挥了咨询作用，推动了项目研究的顺利开展。需要注意的是，专家咨询费不得支付给本课题组成员以及履行项目管理职务行为的相关工作人员。

八、劳务费开支范围有何变化，标准如何确定？

《资金管理办法》扩大了劳务费开支范围，在参与项目研究的在校研究生等人员的基础上，增加了博士后、访问学者、项目聘用研究人员和科研辅助人员，并将临时聘用人员的社会保险补助费用纳入劳务费开支范围。同时规定，劳务费预算不设比例限制，按照项目研究实际需要编制。项目聘用人员的劳务费开支标准参照当地科学研究和技术服务业人员平均工资水平以及在项目研究中承担的工作任务确定。

对以上规定应当全面准确理解：第一，劳务费支付对象必须直接参与项目研究或者参与调查访谈、考古发掘、科学实验等科研辅助活动。第二，劳务费支付对象包括研究生、博士后、访问学者以及项目聘用的研究人员、科研辅助人员等。第三，项目负责人应当综合考虑项目研究实际需要，科学合理编制劳务费预算。

九、支出印刷出版费有什么要求？

在项目研究过程中支付的打印费、印刷费及阶段性成果出版费，可列支印刷出版费。需要注意的是，国家社科基金项目资金不得支出论文发表版面费，此类支出不得列支印刷出版费。另外，除后期资助项目、中华学术外译项目外，国家社科基金其他类别项目的最终成果出版费也不得列支印刷出版费。

十、其他支出如何列支？

其他支出属于项目预算的"兜底科目"，项目研究过程中发生的除上述7个科目之外的其他支出均可列支。需注意两个问题：一是其他支出中的各项具体支出应当在填报项目预算时单独列示，单独核定。二是其他支出一般包括笔墨纸张等办公用品费、通信费、互联网服务费等支出。

十一、间接费用如何核定和使用？

1. 间接费用使用包括三个方面，即补偿责任单位为项目研究提供的现有仪器设备及房屋、水、电、气、暖消耗等间接成本，管理费用，以及为提高科研工作绩效而安排的绩效支出。间接费用由责任单位结合实际情况，在综合考虑单位与个人、当前与长远、激励与约束等关系的基础上，统筹管理使用。

2. 间接费用采用分段超额累退比例法计算，按照不超过项目资助总额的一定比例核定。具体比例如下：50万元及以下部分为30%；超过50万元至500万元的部分为20%；超过500万元的部分为13%。比如，2016年年度项目、青年项目和西部项目资助总额均为20万元，间接费用为20×30%＝6（万元）；重大项目资助总额为80万元，间接费用为50×30%＋(80－50)×20%＝21（万元）。

3. 间接费用核定与责任单位信用等级挂钩，具体管理规定在《资金管理办法》实施一段时间以后，根据工作需要另行制定。

4. 责任单位不得在核定的间接费用以外再以任何名义在项目资金中重复提取、列支相关费用。

十二、绩效支出如何核定？

绩效支出由责任单位在核定的间接费用范围内安排。责任单位在核定绩效支出时需注意以下几点：第一，要处理好间接成本和绩效支出的关系，在制定本单位间接费用使用和管理相关制度时，应充分听取科研人员的意见，防止片面化、简单化。第二，坚持公平公正，绩效奖励应当与科研人员在项目工作中的实际贡献相一致。第三，坚持分期安排，要结合项目研究进度和完成质量来安排绩效支出，发挥好绩效支出的奖优惩怠作用。

十三、项目资金预算编制和审核程序是怎样的?

1. 国家社科基金项目批准立项后,全国社科规划办将发出立项通知和项目资金预算表。项目负责人应当在收到立项通知之日起 30 日内完成预算编制。无特殊情况,逾期不提交的,视为自动放弃资助。

2. 项目负责人应当按照目标相关性、政策相符性和经济合理性原则,根据项目研究需要和资金开支范围,科学合理、实事求是地编制项目预算,并按要求在项目预算表相应栏目说明主要用途和测算理由。编制预算时,不考虑不可预见因素、前期投入、预留资金及配套经费。

3. 责任单位科研和财务管理部门对项目预算进行审核,按要求填写相关内容,报所在省区市社科规划办或在京委托管理机构审核后,提交全国社科规划办审核。

4. 项目资金预算通过审核后,即成为有约束力的项目资金使用和管理依据,项目负责人应当严格执行,不能随意变更。项目资金预算未通过审核的,应当按要求调整后重新上报。

十四、项目资金如何支付?

国家社科基金项目资金的资金支付执行国库集中支付制度。属于政府采购范围的,应当按照政府采购有关规定执行。项目资金按照项目类别和完成期限分期分批支付。项目资金实行预留资金制度,预留部分资金在项目成果通过审核验收后支付,2016 年项目资金预留比例为 5%。未通过审核验收的项目,预留资金不予支付。

十五、项目资金能否外拨,如何外拨?

1. 跨单位合作的项目,确需外拨资金的,应当在项目预算中单独列示,并附外拨资金直接费用支出预算。外拨多个单位的,需分别编制预算。

2. 间接费用外拨金额,由责任单位和合作研究单位协商确定,但责任单位间接费用和外拨间接费用之和不得超过该项目核定的间接费用。

3. 责任单位应当及时按照合作研究协议和审核通过的项目预算转拨合作研究单位资金。接受外拨资金的合作研究单位是外拨资金管理的责任主体,应当依据《资金管理办法》对资金使用予以管理和监督。

十六、项目预算如何调剂?

项目负责人应当严格执行批准后的项目预算。确需调剂的,应当按规定报批。考虑到科学研究的探索性和不确定性,《资金管理办法》规定,在项目预算总额不变的情况下,除增列外拨资金以外的所有预算调剂审批事项全部下放到项目责任单位,但会议费/差旅费/国际合作与交流费、专家咨询费、劳务费预算一般不予调增,如有特殊情况确需调增的,应报全国社科规划办审批。责任单位应当按规定及时审批或上报项目预算调剂申请。

十七、项目资金如何支出和报销?

责任单位和项目负责人要严格执行《关于中央财政科研项目使用公务卡结算有关事项的通知》(财库〔2015〕245号)对应当实行"公务卡"结算的支出,按照中央财政科研项目使用公务卡结算的有关规定执行。专家咨询费、劳务费等支出,原则上应当通过银行转账方式结算,从严控制现金支出事项。

对于野外考察、数据采集等科研活动中无法取得发票或财政性票据的支出,在确保真实性的前提下,责任单位可按实际发生额予以报销。报销此类费用,应当提供具有收款人签名或手印的凭证以及项目负责人对相关情况的书面说明。

十八、项目决算应当注意什么?

1. 项目研究完成后,项目负责人应当会同科研、财务、审计、资产等管理部门及时清理账目与资产,如实编制《国家社会科学基金项目结项审批书》中的项目决算表,并附上财务部门提供的项目资金开支明细账。项目负责人和责任单位不得随意调账变动支出、随意修改记账凭证。

2. 有外拨资金的项目,由项目负责人汇总编制项目资金决算,并附上合作研究单位财务、审计部门审核签章后的开支明细账。

3. 项目负责人提交项目资金决算时,应当附上项目预算表及有关项目预算调剂情况的说明。

十九、项目结余资金如何处理?

项目研究成果完成并通过审核验收后,剩余的项目资金为结余资金。结余资金留在责任单位,可用于项目最终成果出版及后续研究的直接支出。若项目研究成果通过审核验收2年后结余资金仍有剩余的,应当按原渠道退回。项目成果未通过审核验收的项目,或责任单位信用评价差的,结余资金不得留用。

二十、项目被终止或撤销后,项目资金如何处理?

对于因故被终止执行的项目的结余资金,以及因故被撤销的项目的已拨资金,责任单位应当在接到有关通知后30日内按原渠道退回国家社科基金。

二十一、使用项目资金形成的资产如何管理?

项目实施过程中,使用项目资金形成的固定资产、无形资产等属于国有资产,应当按照国有资产管理的有关规定执行。

二十二、项目负责人使用项目资金有何禁止性规定?

项目负责人应当依法依规使用项目资金,严格遵守"四不得"原则:

1. 不得擅自调整外拨资金;

2. 不得利用虚假票据套取资金;

3. 不得通过编造虚假劳务合同、虚构人员名单等方式虚报冒领劳务费和专家咨询费；

4. 不得使用项目资金支付各种罚款、捐款、赞助、投资等。

二十三、责任单位应当承担哪些管理和服务职责？

责任单位要认真落实国家有关政策规定，按照权责一致的要求，强化自我约束和自我规范，在服务中加强管理、在管理中做好服务，确保"接得住、管得好"。

1. 责任单位应当制定项目资金内部管理办法，明确审批程序、管理要求和报销规定，落实项目预算调剂、间接费用统筹使用、劳务费分配管理、结余资金使用等管理权限，切实做到有规可依、有序可循，事有人管、责有人负。

2. 责任单位应当加强项目预算审核把关，规范财务支出行为，完善内部风险防控机制，强化资金使用绩效评价，保障资金使用安全规范有效。

3. 责任单位应当建立健全科研财务助理制度，为科研人员在项目预算编制和调剂、经费支出、项目资金决算和验收等方面提供专业化服务。

4. 责任单位应当充分利用信息化手段，建立健全单位内部科研、财务、项目负责人共享的信息平台，提高科研管理效率和便利化程度。

5. 责任单位项目资金管理和使用情况，要自觉接受国家财政、审计、监察部门和全国社科规划办的监督检查。责任单位应当积极配合，如实反映情况，提供有关资料。

二十四、各省区市社科规划办和在京委托管理机构应当承担哪些管理职责？

在国家社科基金项目三级管理体制中，各省区市社科规划办和在京委托管理机构对本地区本系统项目资金依法合规使用，担负着重要的管理职责。

1. 加强项目预算审核，按照科学、合理、真实的原则，严格审核每年新立项目的资金预算，对审核不合格的项目预算，指出存在的问题，及时退回重新编制；审核合格的，按时报送全国社科规划办。

2. 严格审核项目决算，对照项目预算仔细核对决算，对存在未附财务明细账、决算与预算严重不符、资金使用违规等问题的，及时退回并要求整改。

3. 注重资金日常管理，根据各自实际，对本地区本系统责任单位和项目负责人的资金使用和管理情况进行不定期检查或专项审计。发现问题的，应当及时督促整改，并向全国社科规划办报告。

二十五、《资金管理办法》在建立健全监管机制方面有哪些新的举措？

1. 建立项目资金使用和管理情况的检查、审计、监督长效机制，建立项目资金绩效评价和结果应用制度，加强项目资金使用效益评估。

2. 建立项目资金使用和管理的承诺机制，责任单位应当承诺依法依规履行项目资金管理的职责，项目负责人应当承诺提供真实的项目信息并认真遵守项目资金管理的有关规定。

3. 建立项目资金使用和管理的信用机制，全国社科规划办对责任单位和项目负责人在项目资金使用和管理方面的信誉度进行评价和记录，作为对责任单位信用评级和对项目负责人绩效考评以及今后资助的重要依据。

4. 建立项目资金使用和管理的信息公开机制，责任单位和项目负责人应当在单位内部公开项目预算、预算调剂、决算、项目组人员构成、设备购置、外拨资金、劳务费发放以及间接费用和结余资金使用等情况，自觉接受监督。

二十六、对违规行为如何处理？

《资金管理办法》规定，违反本办法规定的，依照《预算法》《财政违法行为处罚处分条例》等国家有关规定追究法律责任。涉嫌犯罪的，依法移送司法机关处理。

为了规范和加强国家社科基金项目资金管理，全国社科规划办从2011年开始连续5年组织第三方机构对项目资金预算执行、使用审批、财务审核报销、固定资产管理和结余资金使用等情况进行全面独立审计，发现了一些突出问题，包括以虚假发票报销、支出与项目研究无关费用、课题组成员违规领取劳务费和专家咨询费、支付立项前费用、未经审批对外转拨资金、超预算支出等。各被审计单位按照全国社科规划办要求进行严格整改，对相关责任人员采取了追回违规支出、诫勉谈话、通报批评、撤销行政职务等处理措施，对涉嫌违纪或违法犯罪的，移交纪委或司法机关处理。今后，全国社科规划办将依据《资金管理办法》，继续对项目资金使用和管理情况开展审计。

二十七、《资金管理办法》适用范围是什么？

1.《资金管理办法》自2016年9月7日起施行，适用于2016年(含)以后批准立项的国家社科基金各项目类型，以及教育学、艺术学、军事学三个单列学科。国家社科基金其他资助，未制定相关办法的，适用本办法。

2. 2015年(含)以前立项的在研项目，区分以下两种情况：一是《资金管理办法》发布时，项目执行期已结束、进入审核验收环节的项目，按照原《经费管理办法》执行，不作调整。二是尚在执行期内的项目，由责任单位统筹考虑本单位实际情况，并与项目负责人充分协商后，在项目预算总额不变的前提下，自主选择间接费用和绩效支出安排、预算科目调剂等事项是否执行《资金管理办法》。如执行新规定，需履行单位内部有关调整审批程序，并符合预算调剂的有关规定。特别是新增间接费用的，责任单位应当逐一征求项目负责人的意见，按照有关管理规定将项目资金自行分解为直接费用和间接费用。

3. 2015年(含)以前立项的在研项目，确需增列外拨资金的，应当按程序报全国社科规划办审批。在研项目的外拨资金，不包含间接费用或管理费。

——引自：全国哲学社会科学规划办公室 http://www.npopss－cn.gov.cn/n1/2016/0927/c219469－28744143.html

高等学校哲学社会科学繁荣计划专项资金管理办法

财教〔2016〕317 号

第一章　总　则

第一条　为促进高校哲学社会科学事业持续健康协调发展，加强和规范高等学校哲学社会科学繁荣计划专项资金（以下简称"繁荣计划专项资金"）管理，提高资金使用效益，根据党中央、国务院关于深入推进高等学校哲学社会科学繁荣发展的有关精神、《中共中央办公厅　国务院办公厅关于进一步完善中央财政科研项目资金管理等政策的若干意见》以及国家财政财务管理有关法律法规，制定本办法。

第二条　繁荣计划专项资金由中央财政安排，是用于支持"高等学校哲学社会科学繁荣计划"（以下简称"繁荣计划"）社会科学研究、学科发展、人才培养和队伍建设的专项资金。

第三条　繁荣计划专项资金以促进出成果、出人才为目标，坚持以人为本、遵循规律、"放管服"结合，坚持统筹规划、分类实施、专款专用、规范高效的管理原则。繁荣计划专项资金管理充分体现质量创新和实际贡献，赋予依托学校和项目负责人更大的管理权限。在简政放权的同时，注重规范管理、改进服务，为科研人员潜心研究创造良好条件和宽松环境，充分调动科研人员积极性创造性。

第四条　财政部、教育部负责制定繁荣计划专项资金管理制度，研究制定预算安排的总体方案。教育部负责编制繁荣计划专项资金年度预算、组织实施和管理监督工作，建立健全项目绩效考评机制。

第五条　项目依托学校是繁荣计划项目实施和资金管理使用的责任主体，应当制定和完善本单位项目和资金管理办法，按要求具体负责项目组织、实施、评价等全过程管理；将项目资金纳入学校预算，指导和审核项目预算编制，承担项目资金的财务管理和会计核算，监督项目资金使用，审核项目决算。

项目依托学校的财务和科研管理等相关部门，要根据学科特点和实际需要，加强对项目预算执行和资金使用的指导；注重科学管理、改进服务，为项目实施提供条件保障。

第六条　项目负责人是项目管理和资金使用的直接责任人，应当按照本办法规定，科学编制项目预算和决算，合理合规使用资金。

项目负责人应当严格遵守国家预算和财务管理规定，对资金使用和项目实施的合规性、合理性、真实性和相关性负责，并承担相应的经济与法律责任。

第二章　支出范围

第七条　繁荣计划专项资金分为研究项目资金、非研究项目资金和管理资金。

第八条　本办法第七条所称研究项目是指围绕繁荣计划建设任务设立的各类高校哲学社会科学研究项目的总称。研究项目资金包括在项目研究过程中发生的直接费用和间接费用。

第九条　直接费用包括图书资料费、数据采集费、会议费/差旅费/国际合作与交流费、设备费、专家咨询费、劳务费、印刷费/宣传费等。其中：

图书资料费：指在项目研究过程中购买必要的图书(包括外文图书)、专业软件，资料收集、整理、录入、复印、翻拍、翻译，文献检索等费用。

数据采集费：指在项目研究过程中开展问卷调查、田野调查、数据购买、数据分析及相应技术服务购买等费用。

会议费/差旅费/国际合作与交流费：指围绕项目研究组织开展学术研讨、咨询交流、考察调研等活动而发生的会议、交通、食宿费用，以及项目研究人员出国及赴港澳台地区、外国专家来华及港澳台地区专家来内地开展学术合作与交流的费用。其中，不超过直接费用 20%的，不需要提供预算测算依据。

设备费：指在项目研究过程中购置设备和设备耗材、升级维护现有设备以及租用外单位设备而发生的费用。应当严格控制设备购置，鼓励共享、租赁以及对现有设备进行升级改造。

专家咨询费：指在项目研究过程中支付给临时聘请的咨询专家的费用。专家咨询费由项目负责人按照项目研究实际需要编制，支出标准按照国家有关规定执行。

劳务费：指在项目研究过程中支付给参与项目研究的研究生、博士后、访问学者和项目聘用的研究人员、科研辅助人员等的劳务费用。项目聘用人员的劳务费开支标准，参照当地科学研究和技术服务业人员平均工资水平以及在项目研究中承担的工作任务确定，其社会保险补助费用纳入劳务费列支。劳务费预算由项目负责人按照项目研究实际需要编制。

印刷费/宣传费：指在项目研究过程中支付的打印、印刷和出版、成果推介等费用。

其他：指与项目研究直接相关的除上述费用之外的其他支出。其他支出应当在项目预算中单独列示，单独核定。

第十条　间接费用是指项目依托学校在组织实施项目过程中发生的无法在直接费用中列支的相关费用，主要包括补偿学校为项目研究提供的现有仪器设备及房屋、水、电、气、暖消耗等间接成本，有关管理工作费用，以及激励科研人员的绩效支出等。

间接费用一般按照不超过项目支出总额的一定比例核定。具体比例如下：50 万元及以下部分为 30%；超过 50 万元至 500 万元的部分为 20%；超过 500 万元的部分为 13%。严禁超额提取、变相提取和重复提取。

间接费用应当纳入项目依托学校预算统筹安排，合规合理使用。项目依托学校统筹安排间接费用时，应当处理好合理分摊间接成本和对科研人员激励的关系，绩效支出安排应当结合项目研究进度和完成质量，与科研人员在项目工作中的实际贡献挂钩。

第十一条 非研究项目资金指支撑高校哲学社会科学科研机构、团队以及智库运行、优秀成果奖励等繁荣计划建设项目的资金。

非研究项目资金按照“绩效导向、稳定支持、协议管理、动态调整”的原则进行资助和管理，可以通过第三方评估将相关优秀的研究机构（或者智库、团队）纳入资助范围。

在财政部、教育部核定的资金总额内，依托高校和相关研究机构（或者智库、团队）根据绩效目标，围绕实现培养拔尖人才、服务国家重大战略、推出学术精品力作、扩大对外学术交流等任务，按规定自主编制资金预算，自主决定使用方向。同时，应当完善资金管理办法，提高资金使用效益，注重发挥绩效激励作用，尊重科研工作者的创造性劳动，体现知识创造价值。

教育部与依托学校、受资助研究机构（或者智库、团队）约定建设周期内的目标任务，委托第三方进行评价考核，根据实际绩效实行有差别的稳定支持，并采取优胜劣汰、动态调整的管理方式。

财政部、教育部按规定对获得教育部科学研究优秀成果奖（人文社会科学）的成果进行奖励，对被采用和向有关部门报送的有价值、高水平的咨政成果实行后期资助和事后奖励。学校不得对奖励资金提取间接费用。

第十二条 管理资金是指教育部在实施繁荣计划过程中组织、协调、评审、鉴定等管理性工作所需费用。

在繁荣计划实施过程中，应按照“管、办、评”分离原则，推进政府购买服务，规范向社会力量购买服务的程序和方式，切实转变政府职能。

第十三条 繁荣计划专项资金项目中的相关开支标准，按照国家以及项目依托学校的有关规定执行。

第十四条 繁荣计划专项资金应当专款专用，不得用于偿还贷款、支付罚款、捐赠、赞助、对外投资等支出，不得用于本单位编制内人员的工资支出，不得用于繁荣计划建设项目之外的支出，不得用于其他不符合国家规定的支出。

项目负责人应当按照批准的项目预算，在依托学校财务、科研管理部门的指导下使用项目资金；依托学校和个人不得以任何理由和方式截留、挤占和挪用。繁荣计划专项资金项目中涉及仪器设备采购的，按国家关于政府采购的有关规定执行。

第三章 预算管理

第十五条 项目申请人在申报繁荣计划项目资金时，应当根据项目类别和要求，按照项目实际需要和资金开支范围规定，科学合理、实事求是地按年度编制项目预算、设定项目绩效目标，并对直接费用支出的主要用途和测算理由等作出说明。

项目资金需要转拨协作单位的，应在预算中单独列示，并对外协单位资质、承担的研究任务、外拨资金额度等进行详细说明。项目负责人应对合作（外协）业务的真实性、相关性负责。间接费用外拨金额，由项目依托学校和合作研究单位协商确定。

第十六条 教育部根据繁荣计划建设目标和建设内容，重点对项目预算的目标相关性、政策相符性、经济合理性进行评审。应建立评审专家库，建立和完善评审专家的遴选、回避、信用和问责制度。

第十七条 教育部根据部门预算编制要求，在部门预算"一上"时，将繁荣计划专项资金三年支出规划和年度预算建议数报送财政部，财政部按部门预算程序审核后批复年度预算。

第十八条 教育部根据繁荣计划项目类别和完成期限向项目依托学校下达项目预算。其中，研究项目预算一次核定、按年度分期分批下达。未通过年度或中期检查的，停止下达下一年度后续项目预算；非研究项目资金采取一次核定、按年度一次性下达。

繁荣计划专项资金支付按照国库集中支付制度有关规定执行。

第十九条 项目依托学校应当将资金纳入学校财务部门统一管理。

学校应当严格按照国家有关规定和本办法规定，制定内部管理办法，明确审批程序、管理要求和报销规定，落实项目预算调剂、间接费用统筹使用、劳务费分配管理、结转结余资金使用等管理权限，建立健全内控制度，加强对项目资金的监督和管理。

学校应当指导项目负责人科学合理编制预算，规范预算调剂程序，完善项目资金支出、报销审核监督制度，加强对专家咨询费、劳务费、外拨资金、间接费用、结转结余资金等的审核和管理。

学校应当强化对合作项目真实性、可行性和合规性的审核，严格防止虚假资源匹配和虚假合作，坚决杜绝假借合作名义骗取资金。

学校应当建立健全科研财务助理制度，为科研人员在项目预算编制和调剂、资金支出、项目资金决算和验收等方面提供专业化服务。充分利用信息化手段，建立健全单位内部科研、财务、项目负责人共享的信息平台，提高科研管理效率和便利化程度。

第二十条 项目预算一经批复，必须严格执行。确需调剂的，应当按规定报批。

由于研究内容或者研究计划作出重大调整等原因，确需增加或减少预算总额的，由依托学校审核同意后报教育部审批。

在项目预算总额不变的情况下，支出科目和金额确需调剂的，由项目负责人根据实际需要提出调剂申请，报依托学校审批。会议费/差旅费/国际合作与交流费、劳务费、专家咨询费预算一般不予调增，可以调减用于项目其他方面支出。如有特殊情况确需调增的，由项目负责人提出申请，经学校审核同意后，报教育部审批。间接费用原则上不得调剂。原项目预算未列示外拨资金，需要增列的，或者已列示的外拨资金确需调整的，由项目负责人提出申请，报依托学校审批。

第二十一条 项目依托学校应当严格执行国家有关资金支出管理制度。对应当实行"公务卡"结算的支出，按照公务卡结算的有关规定执行。专家咨询费、劳务费等支出，原则上应当通过银行转账方式结算，从严控制现金支出事项。

对于野外考察、数据采集等科研活动中无法取得发票或财政性票据的支出，在确保真实性的前提下，依托学校可按实际发生额予以报销。

第四章 决算管理

第二十二条 项目负责人应当按照规定编制项目资金年度决算。项目依托学校应将繁荣计划专项资金收支情况纳入单位年度决算统一编报。

第二十三条 项目完成后，项目负责人应当会同学校财务部门清理账目，据实编报项目决算，并附财务部门审核确认的项目资金收支明细账，与项目结项材料一并报送教育部。项目负责人和依托学校不得随意调账变动支出、随意修改记账凭证。

第二十四条 对于研究项目资金，项目在研期间，年度结转资金可以在下一年度继续使用。项目完成目标任务并通过验收后，结余资金可以用于项目最终成果出版及后续研究的直接支出，或由项目依托学校统筹安排用于科研活动的直接支出。若项目审核验收 2 年后结余资金仍有剩余的，应当按原渠道退回教育部。对于非研究项目资金和管理资金，按照财政部关于结转结余资金管理有关规定执行。

第二十五条 项目因故终止或被撤销，依托学校应当及时清理账目与资产，编制财务决算及资产清单，审核汇总后报送教育部。已拨资金或其剩余部分按原渠道退回教育部。

第二十六条 凡使用繁荣计划专项资金形成的固定资产、无形资产等均属国有资产，应当按照国有资产管理的有关规定执行。

第五章　监督检查与绩效管理

第二十七条 项目依托学校应当自觉接受审计、纪检监察等有关部门对繁荣计划建设项目预算执行、资金使用效益和财务管理等情况的监督检查。对于截留、挤占、挪用繁荣计划专项资金的行为，以及因管理不善导致资金浪费、资产毁损的，视情节轻重，分别采取通报批评、停止拨款、撤销项目、追回已拨资金、取消项目承担者一定期限内项目申报资格等处理措施，涉嫌违法的移交司法机关处理。

第二十八条 项目依托学校应当制定内部管理办法，明确审批程序和管理要求，落实项目预算调剂、间接费用统筹使用、劳务费分配管理、结转结余资金使用等自主权。

项目依托学校应当完善内部风险防控机制，加强预算审核把关，规范财务支出行为，强化资金使用绩效评价，保障资金使用安全规范有效。

项目依托学校应当实行内部公开制度，主动公开项目预算、预算调剂、决算、外拨资金、劳务费发放、间接费用、结余资金使用和研究成果等情况。

项目依托学校和项目负责人应当严格遵守国家财经纪律，依法依规使用项目资金，不得擅自调整外拨资金，不得利用虚假票据套取资金，不得通过编造虚假合同、虚构人员名单等方式虚报冒领劳务费和专家咨询费，不得随意调账变动支出、随意修改记账凭证、以表代账应付财务审计和检查。

第二十九条 加强繁荣计划专项资金项目绩效管理，建立健全全过程预算绩效管理机制。教育部在开展项目预算评审时，应对项目申请人设定的绩效目标进行审核，并将审核结果作为核定项目预算的重要参考因素。实施绩效目标执行监控，及时纠正绩效目标执行中的偏差，确保绩效目标如期实现。开展绩效评价，将评价结果作为今后资助的重要依据，建立项目资金使用和管理的信用机制、信息公开机制和责任追究机制，提高项目资金使用效益。

第三十条 违反本办法规定的，依照《中华人民共和国预算法》《财政违法行为处罚处分条例》等国家有关法律制度规定处理。

第六章 附 则

第三十一条 本办法由财政部、教育部负责解释。

第三十二条 本办法自2016年12月1日起施行。

权威解读

财政部教科文司、教育部社会科学司有关负责人就《高等学校哲学社会科学繁荣计划专项资金管理办法》答记者问

一、《专项资金管理办法》在尊重高校哲学社会科学特点和规律方面有哪些“亮点”？

答:《专项资金管理办法》修订过程中,力求充分体现高校哲学社会科学的特点和规律,在以下几个方面呈现出鲜明的“亮点”。

一是实行资金分类管理。将繁荣计划专项资金支出分为研究项目资金、非研究项目资金、管理资金,对三类资金的涵义、范围、使用方向及支出范围进行了清晰界定。其中,非研究项目资金指支撑高校哲学社会科学科研机构、团队以及智库运行、优秀成果奖励等繁荣计划建设项目的资金。非研究项目资金由依托学校、受资助机构(或者智库、团队)根据与教育部约定的目标合同,自主编制资金预算,自主决定使用方向,大大增强了科研机构和智库团队负责人在资金管理使用上的自主权。

二是建立间接成本补偿机制和绩效奖励制度。把研究项目资金分为直接费用和间接费用,其中直接费用包括图书资料费、数据采集费、会议费/差旅费/国际合作与交流费、设备费、专家咨询费、劳务费、印刷费/宣传费等;首次在哲学社会科学研究资金中设立间接费用,主要用于补偿学校的间接成本耗费和激励科研人员的绩效支出。考虑到社科的特点主要是一种精神劳动,间接费用按照项目资助总额的一定比例核定,提取比例最高达到30%。学校要处理好合理分摊间接成本和对科研人员激励的关系,绩效支出与科研人员在项目工作中的实际贡献挂钩,更好地发挥绩效支出的激励作用。

三是明确专家咨询费、劳务费开支范围和标准。专家咨询费是支付给咨询专家的费用,支出标准按照国家有关规定执行。扩大劳务费开支范围,凡参与项目研究的研究生、博士后、访问学者和项目聘用的研究人员、科研辅助人员等,均可支付劳务费,并将项目聘用人员的社会保险补助费用纳入劳务费开支范围。劳务费开支标准参照当地科学研究和技术服务业人员平均工资水平以及参与承担的工作任务确定。

四是下放预算编制和调剂权限。简化预算编制科目,将会议费、差旅费、国际合作与交流费合并为一个科目,这三项费用合计不超过直接费用20%的,不需要提供预算测算依据。在项目预算总额不变的前提下,将大部分预算调剂权限按规定下放到学校,支出

科目和金额确需调剂的，由项目负责人根据实际需要提出调剂申请，报依托学校批准即可。但是，会议费/差旅费/国际合作与交流费、专家咨询费、劳务费预算一般不予调增，间接费用原则上不得调剂。

五是结转结余资金继续留用。对于研究项目资金，项目在研期间，年度结转资金可以在下一年度继续使用。项目完成目标任务并通过验收后，结余资金可以用于项目最终成果出版及后续研究的直接支出，或由项目学校统筹安排用于科研活动的直接支出。结余资金可以用于成果的出版和宣传转化支出，是充分考虑到学术成果出版难、推广难的现实作出的慎重选择，这也是《专项资金管理办法》的一个重大突破。同时也规定，若项目审核验收2年后结余资金仍有剩余的，应当按原渠道退回教育部。对于非研究项目资金和管理资金，按照财政部关于结转结余资金管理有关规定执行。

六是强化项目资金保障服务。《专项资金管理办法》为方便学者，推出多项便利举措，促进资金使用便利化。(1)实行年度预算和下达制度，项目负责人按实际需要分年度编制预算，经评审立项后，采取一次核定、按年度分期分批办法下达。(2)鼓励跨单位合作，确需外拨资金的项目可以外拨资金。间接费用外拨金额，由学校和合作研究单位协商确定。(3)对野外考察、数据采集等科研活动的支出，如无法取得发票或财政性票据，在确保真实性的前提下，学校可按实际发生额予以报销。(4)要求学校建立健全科研财务助理制度，为科研人员在项目预算编制和调剂、资金支出、项目资金决算和验收等方面提供专业化服务。充分利用信息化手段，建立健全单位内部科研、财务、项目负责人共享的信息平台，提高科研管理效率和便利化程度。

二、《专项资金管理办法》在加强项目资金监管方面有哪些举措？

答：繁荣计划专项资金来源于中央财政预算，是用于资助高校哲学社会科学研究、学科发展、人才培养和队伍建设的专项资金。必须把配置好资金、使用好资金，提高资金使用效益放在首位。为此，要健全项目和资金管理体制机制，严格遵守国家财经纪律，依法依规使用项目资金，切实保障资金使用安全、规范、有效。

一是健全分级管理体制，明确各方管理职责。构建中央、地方、高校三级联动、简洁高效的管理体系。财政部、教育部负责制定繁荣计划专项资金管理制度，编制三年支出规划和年度预算、组织实施和管理监督等工作。项目依托学校是项目实施和资金管理使用的责任主体，具体负责项目组织、实施、评价等全过程管理；指导项目资金的预算编制和调剂，承担项目资金的财务管理和会计核算，监督审核资金使用。项目负责人是直接责任人，应当合理合规编制和使用项目资金，对资金使用和项目实施的合规性、合理性、真实性和相关性负责并承担相应的经济与法律责任。

二是加强项目预决算审核把关。项目负责人应当科学合理、实事求是地按年度编制项目预算，在学校财务、科研管理部门的指导下使用项目资金。项目资金采取一次核定、按年度分期分批办法下达，未通过年度或中期检查的，停拨后续资金。学校应当将资金纳入学校财务部门统一管理，明确审批程序、管理要求和报销规定，建立健全内控制度。项目完成后，应当清理账目，据实编报项目决算，不得随意调账变动支出、随意修改记账凭证。

三是强化外拨资金使用和管理。针对外拨资金监管中的难题,《专项资金管理办法》明确规定,项目资金需要转拨协作单位的,应在预算中单独列示,并对外协单位资质、承担的研究任务、外拨资金额度等进行详细说明。项目负责人应对合作(外协)业务的真实性、相关性负责。不得擅自调整外拨资金,原项目预算未列示外拨资金,需要增列的,或者已列示的外拨资金确需调整的,由项目负责人提出申请,报依托学校审批。

四是建立资金监管长效机制。学校要制定内部管理办法,明确审批程序和管理要求,落实项目预算调剂、间接费用统筹使用、劳务费分配管理、结转结余资金使用等自主权。建立信息公开机制,主动公开项目立项、资金使用、研究成果等情况,自觉接受群众监督。实行绩效考评制度,考评结果作为继续资助的重要依据。实行责任追究机制,对于截留、挤占、挪用专项资金的行为,以及因管理不善导致资金浪费、资产毁损的,视情节轻重严肃处理。

——引自:教育部 http://www.moe.gov.cn/jyb_xwfb/s271/201611/t20161124_289889.html

山东高校典型经验

《中国石油大学(华东)科研项目经费内部管理实施办法》(节选)

(中石大东发〔2016〕58号)

第七条 纵向经费预算:

1. 劳务费预算不设比例限制。参与项目研究的研究生、博士后、访问学者以及项目聘用的研究人员、科研辅助人员等,均可开支劳务费。项目聘用人员的劳务费开支标准,参照当地科学研究和技术服务业从业人员平均工资水平,根据其在项目研究中承担的工作任务确定,其社会保险补助纳入劳务费科目列支。

3. 预算调整。科研项目实施后,一般须按照预算进行支出。确因研究工作需要进行预算调整的,可由项目组按以下原则进行调整:

(1)在项目总预算不变的情况下,直接费用中的材料费、测试加工费、燃料动力费、出版/文献/信息传播/知识产权事务费及其他支出预算可以调增或调减。

(2)会议费/差旅费/国际合作与交流费、劳务费、专家咨询费和设备费支出预算可以调减,不得调增。其中会议费、差旅费、国际合作与交流费预算经费可合并使用。

预算调整由项目承担单位审批后交财务处调整后执行。

4. 对于上级部门规定实行间接费用管理的科研项目,必须严格按照上级部门要求执行,以相应项目经费管理办法规定为准,按照比例上限足额编制间接费用预算。如果上级部门无具体比例要求的,科技类项目,按照扣除设备购置费后500万元及以下部分为20%;超过500万元至1000万元的部分为15%;超过1000万元的部分为13%的间接费用比例编制;社科类项目,按照50万元及以下部分为30%;超过50万～500万元的部分为 20%;超过 500 万元的部分为 13%的间接费用比例编制。严禁超额提取、变相提取和重复提取。

其中绩效支出可参照有关项目办法上限标准编制。

……

第十七条 间接费用在经费到账时提取,由学校统筹管理和分配,分为管理费和绩效支出两部分。未实行间接费用管理的科研项目只提取管理费。

第十九条 间接经费在办理科研经费本时,回归到项目经费中,按一个项目管理。间接经费主要用于管理费、绩效支出。绩效支出比例不设限。

第二十九条 科研项目验收结束 6 个月内,项目负责人应全面清理经费,办理财务结题结账手续,无故拖延不结的,将冻结该课题的一切支出。

1. 纵向科研项目的结余经费在项目结题后两年内可以继续用于基础研究的直接支出,但不得用于发放绩效奖励支出。两年后结余经费仍有剩余的,将按规定退回项目主管部门或收缴学校。项目主管部门对项目结余经费有明确规定的,按其规定执行。

2. 横向科研项目的结余经费可根据需要全部转入项目负责人的“科研发展基金”。结余经费也可参照科技成果转移、转化有关管理办法执行。

《济南大学科研项目经费管理办法》(节选)

(济大校字〔2017〕172 号)

第七条 科研经费实行专项管理。

纵向项目合同或任务书中有明确的子项目(课题)名称、负责人及经费预算的,可以按照合同或任务书中的金额申请分账管理。项目主管部门有明确要求或无明确子项目(课题)的纵向项目,不得进行分账管理。

对于需要团队协作完成、经费在 50 万元及以上的横向项目,可以申请分账管理,团队成员应在横向合同中加以明确。每个项目最多可申请 5 个子项目分账管理,且单个子项目金额不低于 20 万元。项目分账须在经费第一次到账前申请,项目进行中不得变更。子项目在遵守相关财务、考核、奖励等制度上按照一般横向项目独立管理。

第八条 纵向科研经费到账后,成批的项目由科技处或社科处统一办理入账手续,单独的项目由课题负责人办理入账手续。

第九条 横向科研经费到账后,由计划财务处填写科研经费到账通知单,科技处或社科处根据科研合同及到账通知单开具科研项目经费分配表,并通知项目负责人。项目负责人凭科研项目经费分配表、到账通知单和技术合同登记证明、技术合同复印件办理项目财务立项手续。

第十条 科研项目经费使用实行预算管理,纵向科研项目经费的使用和管理应遵守相关项目管理办法规定,严格按照批复的预算执行。横向科研项目负责人应遵循目标相关性、政策相符性和经济合理性原则,按照合同约定执行。

第十一条 科研项目经费预算一经批复或核准,应严格执行,原则上不予调整;如制度允许并确需调整的,须由项目负责人通过所在二级单位提交预算调整申请表,经科研管理部门、财务部门按照相关程序审批后方可执行。

第十三条 按照直接费用和间接费用预算支出的项目，间接费用按照合同书中预算提取，纳入学校财务统一管理，由学校、二级单位、课题负责人统筹安排使用，项目编报预算时必须做足管理费提取比例。其他类项目，按照项目管理办法或合同对管理费提取有明确规定的，按照规定执行；无明确规定的，由学校确定相应的比例提取。（详见下表）

经费种类		学校管理费	二级单位科研基金	项目绩效支出
科技类纵向科研经费	直接间接费用用时拨付项目	总经费的2.5%	总经费的2.5%	间接费用剩余部分
	直接间接费用分别拨付项目	间接经费的12.5%	间接经费的12.5%	间接费用剩余部分
	其他类项目	总经费的2.5%	总经费的2.5%	—
科技类横向科研经费		到账经费的3%	到账经费的3%	—
社科类纵向科研经费		到账经费的1.5%	总经费的1.5%	间接费用剩余部分
社科类横向科研经费		到账经费的2.5%	到账经费的2.5%	—

（一）二级单位科研基金：用于支持二级单位科研发展，直接下拨二级单位，单独设立账户，由学院支配使用，主要用于各类纵向项目的申报、咨询、指导等费用支出。

（二）绩效支出用于奖励项目组成员，与科研人员在项目工作中的实际贡献挂钩。间接经费到账后，通过年度检查的项目可每年提取绩效，也可结题后一次性提取。不按期结题的项目，绩效不再发放。二级单位在科研经费管理中承担监管责任，课题组可根据绩效考核情况发放。绩效支出中涉及的个人所得税由个人承担。

项目执行期间存在以下情况之一的，不得对其发放绩效支出：

1. 未按要求及时报送项目相关材料，包括计划任务书（合同书）、预算书、年度进展报告、中期总结报告、验收材料及其他相关文件等；

2. 在项目执行过程中，对项目负责人、参加人员、经费预算、研究目标、研究内容等重要事项的调整未按要求提前报批；

3. 无正当理由，项目未按合同进度执行，或未按期落实上级主管部门提出的整改要求等；

4. 存在违反国家法律法规、学校规章制度等以及其他影响学校声誉的行为。

对于以上各项情形，绩效支出如已发放的，学校有权追回。

第十四条 横向科研项目经费的使用和管理应遵守有关财务规章制度，严格按科研项目合同执行，合同对经费使用无明确要求的，报销范围除可列支第十二条所列范围外，可根据实际需要列支与项目相关的招待费、燃油费、路桥费等，不得列支与科研活动无关的消费性开支。

第十八条 科研人员在开展科研活动过程中发生的支出，应与科研任务具有相关性，严禁将无关的支出在科研经费中列支，如支付罚款、违约金、滞纳金、赔偿费、捐款、赞助、投资等；必须取得真实、合法票据进行财务报销，不得使用假发票；不得重复使用电子发票；必须按照实际开展的科研活动据实支出，不得虚构经济业务或通过非法手段取得票据套取科研经费。对弄虚作假、截留、挪用、挤占经费等违反财经纪律的行为或其他违反项目管理办法规定的行为，按照国家有关规定对相关责任人进行严肃处理。

第二十二条 对于准备结题的科研项目，项目负责人应全面清理项目经费收支和应收应付等往来款项。应收及暂付款项应在结题验收前完成报销或归还借款等结算手续。项目如有应付未付款项的，应留足金额以备后续支付。后续支付的资金必须有合理的用途说明和测算依据。

第二十三条 项目负责人应当按照项目结题的要求，对照预算批复数，会同计划财务处清理账目，如实编报经费决算表，并根据有关要求报送和接受验收，完成结题。横向项目完成后，项目负责人应及时填写横向科研项目结题证明，经委托单位认可盖章或依托二级单位审核盖章后交至科研管理部门办理项目结题手续。项目负责人提供科研成果转化收入提取申请单，由财务管理部门办理项目结账手续。分账项目的结题验收，完成总的技术合同要求后一并办理。

第二十四条 对纵向科研项目结余经费，有关项目管理办法或项目下达部门有明确规定的，按照规定执行。无明确规定的，项目通过结题验收后，结余资金在两年内可继续由项目负责人用于基础研究的直接支出。若两年后结余资金仍有剩余的，则由学校收回，统筹安排用于科研活动的直接支出。

第二十五条 对横向科研项目结余经费，根据相关政策，视为科技成果转化收入，项目组可按最高95%的比例提取科技成果转化收入，按照贡献大小分配给项目组成员。剩余部分，一次性转入项目负责人横向科研发展基金。横向科研发展基金按照横向科研项目开支范围用于项目组改善科研条件、开展科技成果转化使用。

《山东工商学院科研经费管理补充规定》(节选)

(院发〔2017〕101 号)

第十一条 项目负责人必须严格按照科研经费预算的用途、范围和开支标准使用项目经费，遵守国家的财经纪律、规定和学校财务管理的规章制度。

第十二条 学校将科研经费纳入统一的财务规章制度管理体系，严格按照国家有关规定和学校的有关办法办理科研经费支出等业务。

第十三条 各级各类项目立项津贴，每年集中划拨一次，次年上半年兑现上一年度的项目立项津贴。项目立项津贴在项目执行期内按月发放。

第十四条 外拨经费(合作费、协作费)、代购设备器材费以科研经费预算、项目任务书或合同为依据，按照约定的合作或合同单位、合作或合同金额、开户银行和账号办理。

项目所在单位应严格审核有关证明材料和合同；科研处负责对合作费、协作费、代购设备器材费等转拨预算和划转的审核工作；财务处应严格按照外拨经费审批程序和科研经费预算办理经费划拨或支付手续。

第十五条 按照科研经费预算和有关规定给个人发放劳务性费用，须填写劳务费(酬金、奖金、实物)发放明细表，领款人姓名、单位、身份证号码、领款人签字等信息要真实、完整。劳务费发放一律通过银行卡发放至本人的银行账户。发放劳务费，必须是实际参加项目研究工作的学生，不得以其他人员名义冒领套取劳务费。发放项目评审费等，需同时提供会议通知或通讯评审函、会议签到表（或会议纪要）等相关证明材料。

第十六条 因项目研究需要，科研经费预算中有出国（境）经费预算，且按学校规定办理出国（境）审批手续的项目组成员或项目研究相关人员，凭学校国际合作与交流处开具的核销单和有关差旅费票据办理出国费用的借款和报销等。

第十七条 按照科研经费预算和学校有关规定使用和报销科研管理费、资料费、调研差旅费、小型会议费、会务费、设备费、计算机使用费、印刷费、合作费、协作费、办公用品费、邮电费、各类耗材费用、复印打印费等费用。以上费用的发生要与项目研究有关。

第十八条 科研经费使用比例

（一）学校取得的纵向科研经费，除国家有专项资金管理办法外，学校按5%提取管理费。以学校名义取得的横向科研项目经费，学校提取6%的管理费，其中包括各二级学院（部）提取的管理费：各二级学院（部）横向项目年度进账经费低于50万元的，按1%提取管理费，超过50万元的部分，按2%提取管理费。

（二）科技创收活动取得的收入，按毛收入上缴学校10%、院（部、所）20%、项目组70%。

（三）合作费按照合同中约定转拨，协作费一般不超过总经费的40%。转拨部分原则上在提取学校科研管理费后转拨。也可视情况不提取科研管理费，但转拨经费不享受科研工作量计算和有关待遇。

（四）科研绩效津贴在按时完成并通过结项验收前，发放总额不能超过学校核定绩效额度的80%，剩余部分在通过结项考核后一次性发放。

（五）凡有专项管理办法的科研经费，其提成和列支按专项财务管理办法的规定执行。

（六）校内资助科研项目经费，只能用于研究经费支出，不能列支管理费、接待费和劳务性费用。

第十九条 项目研究发生的公务消费要严格执行《山东工商学院公务卡管理暂行办法》的有关规定，实行公务卡结算。

第二十条 严禁以任何方式挪用、侵占、骗取科研经费。严禁编造虚假合同、编制虚假预算；严禁违规将科研经费转拨、转移到利益相关的单位或个人；严禁购买与科研项目无关的设备、材料；严禁虚构经济业务、使用虚假票据套取科研经费；严禁在科研经费中报销个人家庭消费支出；严禁虚列、伪造人员名单；严禁借科研协作之名，将科研经费挪作他用；严禁设立“小金库”。

第二十一条 教学、科研、教辅单位的各类科研经费在规定开支范围内由课题负责人和课题负责人所在单位负责人审批。课题负责人本人为单位负责人的，在规定开支范围内由课题负责人和科研处负责人审批。党政机关各部门的各类科研经费在规定开支范围内由课题负责人和科研处负责人审批。

山东省哲学社会科学类项目资金管理办法

鲁财教〔2016〕82号

第一章 总 则

第一条 为规范我省哲学社会科学类项目资金使用管理，提高财政资金使用效益，更好地推动哲学社会科学繁荣发展，参照《国家社会科学基金项目资金管理办法》(财教〔2016〕304号)和《高等学校哲学社会科学繁荣计划专项资金管理办法》(财教〔2016〕317号)相关规定，根据《关于深化科技体制改革加快创新发展的实施意见》(鲁发〔2016〕28号)、《关于完善财政科研项目资金管理政策的实施意见》(鲁办发〔2016〕71号)精神，结合我省实际，制定本办法。

第二条 本办法适用于财政拨款的哲学社会科学类研究项目资金、非研究项目资金(以下统称"项目资金")以及管理资金的使用管理。其中，研究项目资金是指围绕我省哲学社会科学繁荣发展设立的各类科研项目资金的总称；非研究项目资金是指支持我省哲学社会科学科研机构(或者团队、智库)建设、优秀成果奖励等项目资金的总称；管理资金是指省委宣传部、省科学技术厅等项目主管部门在项目实施过程中因管理性工作所需的费用。

第三条 项目资金的使用管理，以出成果、出人才为目标，坚持以人为本、遵循规律、"放管服"结合、公开公正、厉行节约的原则，突出理论创新和实际贡献，在简政放权的同时，注重规范管理、改进服务，为科研人员潜心研究创造良好条件和宽松环境，充分激发科研人员的积极性、创造性。

第四条 项目承担单位是项目资金管理的责任主体，负责项目资金的日常管理和监督。

第五条 项目负责人是项目资金使用的直接责任人，对资金使用的合规性、合理性、真实性和相关性承担相应经济与法律责任。

第六条 项目资金应当纳入项目承担单位财务统一管理，单独核算，专款专用。使用管理中涉及政府采购、政府购买服务、国有资产管理、国库集中支付的，严格按照相关规定执行。

第二章　开支范围

第七条　研究项目资金包括在项目研究过程中发生的直接费用和间接费用。

第八条　直接费用是指在项目研究过程中发生的与之直接相关的费用，具体包括：

（一）资料费：指在项目研究过程中需要支付的图书（包括外文图书）购置费，资料收集、整理、复印、翻拍、翻译费，专用软件购买费，文献检索费等。

（二）数据采集费：指在项目研究过程中发生的调查、访谈、数据购买、数据分析及相应技术服务购买等费用。

（三）会议费/差旅费/国际合作与交流费：指在项目研究过程中开展学术研讨、咨询交流、考察调研等活动而发生的会议、交通、食宿等费用，以及项目研究人员出国及赴港澳台、外国专家来华及港澳台专家来内地开展学术合作与交流的费用。其中，不超过直接费用20％的，不需要提供预算测算依据。

（四）设备费：指在项目研究过程中购置设备和设备耗材、升级维护现有设备以及租用外单位设备而发生的费用。

设备购置应当严格控制，鼓励共享、租赁以及对现有设备进行升级。

（五）专家咨询费：指在项目研究过程中支付给临时聘请咨询专家的费用。

专家咨询费预算由项目负责人按照项目研究实际需要编制，支出标准可参照国家有关规定执行。

（六）劳务费：指在项目研究过程中支付给参与项目研究的研究生、博士后、访问学者以及项目聘用的研究人员、科研辅助人员等的劳务费用。

项目聘用人员的劳务费开支标准，参照当地科学研究和技术服务业人员平均工资水平以及在项目研究中承担的工作任务确定，其社会保险补助费用纳入劳务费列支。劳务费预算应根据项目研究实际需要编制。

（七）印刷费/宣传费：指在项目研究过程中支付的打印、印刷和出版、成果推介等费用。

（八）其他支出：除上述费用之外，与项目研究任务有相关性和必要性，且应当在编制预算时单独列示、单独核定的其他费用。

第九条　间接费用是指项目承担单位在组织实施项目过程中发生的无法在直接费用中列支的相关费用，主要用于补偿项目承担单位为项目研究提供的现有仪器设备及房屋、水、电、气、暖消耗等间接成本，有关管理费用，以及激励项目科研人员的绩效支出等。

间接费用一般按照不超过项目资助总额的一定比例核定。具体比例如下：20万元及以下部分为50％，超过20万～50万元的部分为40％；超过50万～500万元的部分为20％；超过500万元的部分为13％。

对于科研规模较小的项目（经费不超过2万元），原则上可采取后补助方式，主管部门验收合格后拨付项目资金，全部作为间接费用使用。

第十条　间接费用由项目承担单位统筹管理使用。加大对项目科研人员的激励力度，取消绩效支出比例限制。项目承担单位应当处理好合理分摊间接成本和对科研人员激励的关系，根据科研人员在项目工作中的实际贡献，结合项目研究进度和完成质量，在核定的间接费用范围内，公开公正安排绩效支出，充分发挥绩效支出的激励作用。

项目承担单位不得在核定的间接费用以外再以任何名义在项目资金中重复提取、列支相关费用。

第十一条 非研究项目资金按照“绩效导向、稳定支持、目标管理、动态调整”的原则进行资助和管理。

对优秀研究机构(或者团队、智库)的资助，可以通过委托第三方评估的方式予以确定。研究机构(或者团队、智库)在核定的非研究项目资金总额内，根据绩效目标，按规定自主编制资金预算，自主决定使用方向。同时，应当完善资金管理办法，提高资金使用效益，注重发挥绩效激励作用，尊重科研工作者的创造性劳动，体现知识创造价值。主管部门与受资助研究机构(或者团队、智库)约定建设周期内的目标任务，委托第三方进行评价考核，根据实际绩效实行有差别的稳定支持，并采取动态调整的管理方式。

对获得政府社会科学优秀成果奖的成果，包括被采用和向有关部门报送的有价值、高水平的咨政成果，按规定实行后期资助和事后奖励。

第十二条 管理资金用于项目组织、协调、评审、鉴定等管理性工作，专款专用、单独列示，不得用于与项目管理无关的支出。在项目管理过程中，应按照“管、办、评”分离原则，推进政府购买服务，委托专业机构开展项目管理工作，切实转变政府职能。

第三章 预算编制与审核

第十三条 项目预算应当按照目标相关性、政策相符性和经济合理性原则，根据项目研究需要和资金开支范围，科学合理、实事求是编制。对研究项目直接费用支出的主要用途和测算理由应作出说明。

第十四条 跨单位合作的项目，应当根据合作协议分别编制单项预算，并由项目牵头承担单位汇总编制项目总预算。确需外拨资金的，应当在项目预算中单独列示，并附外拨资金直接费用支出预算。间接费用外拨金额，由项目承担单位和合作单位协商确定。

项目承担单位应当按照合作协议和审核通过的项目预算，及时转拨合作单位资金。

第十五条 主管部门应根据预算编制和中期财政规划要求，按照项目中期财政规划与年度预算相结合的原则，向财政部门报送项目资金三年支出规划和年度预算建议数。财政部门按程序审核后批复年度预算。

第十六条 研究项目预算由主管部门一次核定，并按年度分期分批下达。对于未通过年度或中期检查的，暂缓下达下一年度后续项目预算。根据绩效考核情况，下达间接费用中的绩效支出。

非研究项目资金采取一次核定、按年度一次性下达的方式。

第四章 预算执行与决算

第十七条 研究项目采取“压茬”管理，项目预算随主管部门预算一并提交，上年第四季度组织申报、评审，次年第一季度完成立项并下达项目经费，逐步建立先评审立项后预算的管理体制。

第十八条 研究项目预算批准后应严格执行，有以下情况确需调整的，提请项目承担单位审核同意后，报主管部门审批：

（一）由于项目内容或者项目计划作出重大调整等原因，需要增加或减少项目预算总额。

（二）原项目预算未列示外拨资金，需要增列。

第十九条 研究项目直接费用预算确需调剂的，按以下规定予以调整：

（一）资料费、数据采集费、设备费、印刷费/宣传费和其他支出预算需要调剂的，由项目负责人提出申请，报项目承担单位审批。

（二）会议费/差旅费/国际合作与交流费、专家咨询费、劳务费预算一般不予调增，需要调减用于项目其他方面支出的，由项目负责人提出申请，报项目承担单位审批；如有特殊情况确需调增的，由项目负责人提出申请，经项目承担单位审核同意后，报主管部门审批。

研究项目间接费用预算不得调剂。

第二十条 项目承担单位应当严格执行有关科研资金支出管理制度。对应当实行公务卡结算的支出，按照公务卡结算有关规定执行。专家咨询费、劳务费等支出，原则上应当通过银行转账方式结算，从严控制现金支出事项。

对于野外考察、数据采集等科研活动中无法取得发票或财政性票据的支出，在确保真实性的前提下，项目承担单位可按实际发生额予以报销。

第二十一条 项目完成后，项目负责人应当会同科研、财务、审计、资产等管理部门及时清理账目与资产，如实编制项目决算表，不得随意调账变动支出、随意修改记账凭证。

有外拨资金的项目，外拨资金决算经合作单位财务、审计部门审核并签署意见后，按规定汇总编制项目资金决算。

第二十二条 对于研究项目资金，项目在研期间年度剩余资金可以结转下一年度继续使用。项目研究成果完成并通过审核验收后，结余资金可用于项目最终成果出版及后续研究的直接支出。若项目研究成果通过审核验收 2 年后结余资金仍有剩余的，应当按原渠道退回，结转下年统筹用于资助项目研究。研究成果未通过审核验收的项目，结余资金按原渠道退回。

对于非研究项目资金和管理资金，按照财政部门关于结转结余资金管理有关规定执行。

第二十三条 对于因故被终止执行项目的结余资金，以及因故被撤销项目的已拨资金，项目承担单位应当按原渠道退回。

第五章　管理与监督

第二十四条 主管部门应履行以下管理职责：

（一）健全完善归口科研项目管理制度，分类制定具体的项目资金管理办法，加强项目资金预决算管理。

（二）建立项目资金绩效评价和结果应用制度，加强项目资金使用绩效评估，强化项目结果应用。

（三）建立项目资金使用管理的信用机制，对项目承担单位和项目负责人在项目资金使用管理方面的信誉度进行评价和记录，并作为对项目承担单位信用评级和对项目负责人绩效考评及今后资助的重要依据。

（四）对项目承担单位和项目负责人资金使用管理情况进行不定期检查或专项审计。

第二十五条 项目承担单位应履行以下职责：

（一）制定项目资金内部管理办法，明确审批程序、管理要求和报销规定，落实项目预算调剂、间接费用统筹使用、劳务费分配管理、结余资金使用等管理权限。

（二）加强项目预算审核把关，规范财务支出行为，完善内部风险防控机制，强化资金使用绩效评价，保障资金使用安全规范有效。

（三）建立健全单位内部科研、财务、项目负责人共享的信息平台，提高科研管理效率和便利化程度。

（四）建立健全科研财务助理制度，为科研人员在项目预算编制和调剂、经费支出、项目资金决算和验收等方面提供专业化服务。

（五）建立项目资金使用管理的信息公开机制，在单位内部公开项目预算、预算调剂、决算、项目组人员构成、设备购置、外拨资金、劳务费发放以及间接费用和结余资金使用等情况，自觉接受监督。

（六）自觉接受财政、审计、监察部门和主管部门的监督检查，如实反映情况，提供有关资料。

第二十六条 项目责任人应履行以下职责：

（一）依法依规使用项目资金，不得擅自调整外拨资金，不得利用虚假票据套取资金，不得通过编造虚假劳务合同、虚构人员名单等方式虚报、冒领劳务费和专家咨询费，不得使用项目资金支付各种罚款、捐款、赞助、投资等。

（二）承诺提供真实项目信息并认真遵守项目资金管理有关规定，自觉接受有关部门的监督检查。

第二十七条 违反本办法规定的，依照《中华人民共和国预算法》《财政违法行为处罚处分条例》等有关规定追究法律责任。涉嫌犯罪的，依法移送司法机关处理。

第六章 附 则

第二十八条 以市场委托方式取得的横向经费，按照委托方要求或者合同约定管理使用。

第二十九条 本办法由省财政厅负责解释。

第三十条 本办法自 2017 年 2 月 1 日起施行，有效期至 2020 年 12 月 31 日。

权威解读

解读《山东省哲学社会科学类项目资金管理办法》

《办法》共六章30条，主要包括以下内容：

（一）关于总则。一是规定《办法》适用于财政拨款的哲学社会科学类研究项目资金、非研究项目资金以及管理资金的使用管理。二是明确项目资金使用管理，应以出成果、出人才为目标，坚持以人为本、遵循规律、“放管服”结合、公开公正、厉行节约的原则。三是明确项目承担单位、项目负责人的责任，以及项目资金使用管理应执行有关财政财务管理规定。

（二）关于开支范围。一是针对研究项目资金，明确直接费用、间接费用的定义、具体内容以及使用管理问题。二是针对非研究项目，研究机构（或者团队、智库）在核定的非研究项目资金总额内，根据绩效目标，按规定自主编制资金预算，自主决定使用方向；对获得政府社会科学优秀成果奖的成果，按规定实行后期资助和事后奖励。三是针对管理资金，明确支出范围，并按照“管、办、评”分离原则，推进政府购买服务。

（三）关于预算编制与审核。要求项目预算按照目标相关性、政策相符性和经济合理性原则，根据项目研究需要和资金开支范围，科学合理、实事求是编制。跨单位合作的项目根据合作协议分别编制单项预算，并由项目牵头承担单位汇总编制项目总预算。主管部门根据预算编制要求，向财政部门报送项目资金总预算和年度预算建议数，财政部门按程序审核后批复年度预算。研究项目预算由主管部门一次核定，并按年度分期分批下达；非研究项目资金采取一次核定、按年度一次性下达。

（四）关于预算执行与决算。一是完善项目管理方式，通过“压茬”管理，进一步提高预算编制的精准和预算执行的快捷。二是规定研究项目预算批准后应严格执行，确需调整的，应按规定报批。三是对研究项目直接费用、间接费用的预算调剂，分别进行明确。四是要求项目承担单位严格执行“公务卡”结算、从严控制现金支出等有关科研资金支出管理制度。五是规定项目完成后，项目负责人应会同有关管理部门，如实编制项目决算表。六是对研究项目资金、非研究项目资金和管理资金的结转结余资金问题，分别予以明确。

（五）关于管理与监督。规定主管部门、项目承担单位、项目负责人的职责，以及违反本《办法》的法律责任追究问题。

（六）关于附则。主要规定横向经费的管理、《办法》解释权和施行期限问题。

——引自：山东省财政厅 http://www.sdcz.gov.cn/Article/Showinfo.jsp?aid=18069

山东高校典型经验

《青岛大学纵向科研经费间接费用管理办法》(节选)

(青大科字〔2016〕25号)

第五条 间接费用支出管理办法:

1. 间接费用纳入学校财务统一管理,由学校、二级单位、项目负责人统筹安排使用。

2. 间接费用支出应遵循合理性、合法性、相关性、真实性原则,据实列支。

3. 严禁虚构经济业务、使用虚假票据报销,严禁在间接费用中报销个人家庭消费支出。

4. 项目负责人须严格区分直接费用和间接费用支出范围,如在项目结题验收审计中发现有不得在项目直接费用中列支或直接费用超预算的,需按要求调入间接费用中列支。

5. 项目统筹支出:学校财务处为项目负责人设立唯一支出经费卡。开支范围包括:(1)项目结题审计费;(2)科研工作通信费(项目组成员办公固定电话费、办公网络费用、实名制移动通信费用);(3)科研活动中用于人才培养的论文答辩费、打印费;(4)通用设备购置费(如打印机、投影仪等)、办公用品购置费、专利维护费;(5)房屋租赁、维修及物业管理费;(6)科研活动中发生的业务接待费用、汽车通行费、临时停车费等;(7)学校为项目研究提供的现有仪器设备及房屋,水、电、气、暖消耗及有关管理费用的支出;(8)直接费用超预算部分。

Ⅳ 科研成果奖励类

关于深化科技奖励制度改革的方案

国办函〔2017〕55号

科技奖励制度是我国长期坚持的一项重要制度，是党和国家激励自主创新、激发人才活力、营造良好创新环境的一项重要举措，对于促进科技支撑引领经济社会发展、加快建设创新型国家和世界科技强国具有重要意义。为全面贯彻落实全国科技创新大会精神和《国家创新驱动发展战略纲要》，进一步完善科技奖励制度，调动广大科技工作者的积极性、创造性，深入推进实施创新驱动发展战略，制定本方案。

一、指导思想和基本原则

（一）指导思想

高举中国特色社会主义伟大旗帜，全面贯彻党的十八大和十八届三中、四中、五中、六中全会精神，以邓小平理论、“三个代表”重要思想、科学发展观为指导，深入学习贯彻习近平总书记系列重要讲话精神和治国理政新理念新思想新战略，认真落实党中央、国务院决策部署，按照建立健全党和国家功勋荣誉表彰制度的总体要求，围绕实施创新驱动发展战略，改革完善科技奖励制度，建立公开公平公正的评奖机制，构建既符合科技发展规律又适应我国国情的中国特色科技奖励体系，大力弘扬求真务实、勇于创新的科学精神，营造促进大众创业、万众创新的良好氛围，充分调动全社会支持科技创新的积极性，为推动科技进步和经济社会发展、建成创新型国家和世界科技强国注入更大动力。

（二）基本原则

——服务国家发展。围绕国家战略全局，改进完善科技奖励工作，调动科技人员积极性、创造性，形成推动科技发展的强劲动力，为提升科技水平、促进创新体系建设、实现创新驱动发展、建设创新型国家服务。

——激励自主创新。以激励自主创新为出发点和落脚点，奖励具有重大国际影响力的科学发现、具有重大原创性的技术发明、具有重大经济社会价值的科技创新成果，奖励高水平科技创新人才，增强科技人员的荣誉感、责任感和使命感，激发创新内生动力。

——突出价值导向。积极培育和践行社会主义核心价值观，鼓励科技人员追求真理、潜心研究、学有所长、研有所专、敢于超越、勇攀高峰。加强科研道德和学风建设，健全科技奖励信用制度，鼓励科技人员争做践行社会诚信、严守学术道德的模范和表率。

——公开公平公正。坚持把公开公平公正作为科技奖励工作的核心，增强提名、评审的学术性，明晰政府部门和评审专家的职责分工，评奖过程公开透明，鼓励学术共同体发挥监督作用，进一步提高科技奖励的公信力和权威性。

二、重点任务

(一)改革完善国家科技奖励制度

坚持公开提名、科学评议、公正透明、诚实守信、质量优先、突出功绩、宁缺毋滥，改革完善国家科技奖励制度，进一步增强学术性、突出导向性、提升权威性、提高公信力、彰显荣誉性。

1. 实行提名制

改革现行由行政部门下达推荐指标、科技人员申请报奖、推荐单位筛选推荐的方式，实行由专家学者、组织机构、相关部门提名的制度，进一步简化提名程序。

提名者承担推荐、答辩、异议答复等责任，并对相关材料的真实性和准确性负责。

提名者应具备相应的资格条件，遵守提名规则和程序。建立对提名专家、提名机构的信用管理和动态调整机制。

2. 建立定标定额的评审制度

定标。自然科学奖围绕原创性、公认度和科学价值，技术发明奖围绕首创性、先进性和技术价值，科技进步奖围绕创新性、应用效益和经济社会价值，分类制定以科技创新质量、贡献为导向的评价指标体系。自然科学奖、技术发明奖、科技进步奖(以下统称“三大奖”)一、二等奖项目实行按等级标准提名、独立评审表决的机制。提名者严格依据标准条件提名，说明被提名者的贡献程度及奖项、等级建议。评审专家严格遵照评价标准评审，分别对一等奖、二等奖独立投票表决，一等奖评审落选项目不再降格参评二等奖。

定额。大幅减少奖励数量，三大奖总数由不超过400项减少到不超过300项，鼓励科技人员潜心研究。改变现行各奖种及其各领域奖励指标与受理数量按既定比例挂钩的做法，根据我国科研投入产出、科技发展水平等实际状况分别限定三大奖一、二等奖的授奖数量，进一步优化奖励结构。

3. 调整奖励对象要求

三大奖奖励对象由“公民”改为“个人”，同时调整每项获奖成果的授奖人数和单位数要求。

分类确定被提名科技成果的实践检验年限要求，杜绝中间成果评奖，同一成果不得重复报奖。

4. 明晰专家评审委员会和政府部门的职责

各级专家评审委员会履行对候选成果(人)的科技评审职责，对评审结果负责，充分发挥同行专家独立评审的作用。

政府部门负责制定规则、标准和程序，履行对评审活动的组织、服务和监督职能。

5. 增强奖励活动的公开透明度

以公开为常态、不公开为例外，向全社会公开奖励政策、评审制度、评审流程和指标数量，对三大奖候选项目及其提名者实行全程公示，接受社会各界特别是科技界监督。

建立科技奖励工作后评估制度，每年国家科学技术奖励大会后，委托第三方机构对年度奖励工作进行评估，促进科技奖励工作不断完善。

6. 健全科技奖励诚信制度

充分发挥科学技术奖励监督委员会作用，全程监督科技奖励活动。完善异议处理制度，公开异议举报渠道，规范异议处理流程。健全评审行为准则与督查办法，明确提名者、被提名者、评审专家、组织者等各奖励活动主体应遵守的评审纪律。建立评价责任和信誉制度，实行诚信承诺机制，为各奖励活动主体建立科技奖励诚信档案，纳入科研信用体系。

严惩学术不端。对重复报奖、拼凑“包装”、请托游说评委、跑奖要奖等行为实行一票否决；对造假、剽窃、侵占他人成果等行为“零容忍”，已授奖的撤销奖励；对违反学术道德、评审不公、行为失信的专家，取消评委资格。对违规的责任人和单位，要记入科技奖励诚信档案，视情节轻重予以公开通报、阶段性或永久取消参与国家科技奖励活动资格等处理；对违纪违法行为，严格依纪依法处理。

7. 强化奖励的荣誉性

禁止以营利为目的使用国家科学技术奖名义进行各类营销、宣传等活动。对违规广告行为，一经发现，依法依规予以处理。

合理运用奖励结果。有关部门和评价机构要树立正确的价值导向，坚持“物质利益和精神激励相结合、突出精神激励”的原则，适当提高国家科学技术奖奖金标准，增强获奖科技人员的荣誉感和使命感。

按照党和国家功勋荣誉表彰制度的有关规定，对生活确有困难的获奖科技人员，通过专项基金及时予以救助。

强化宣传引导。坚持正确的舆论导向，大力宣传科技拔尖人才、优秀成果、杰出团队，弘扬崇尚科学、实事求是、鼓励创新、开放协作的良好社会风尚，激发广大科技工作者的创新热情。

（二）引导省部级科学技术奖高质量发展

省、自治区、直辖市人民政府可设立一项省级科学技术奖（计划单列市人民政府可单独设立一项），国务院有关部门根据国防、国家安全的特殊情况可设立部级科学技术奖。除此之外，国务院其他部门、省级人民政府所属部门、省级以下各级人民政府及其所属部门，其他列入公务员法实施范围的机关，以及参照公务员法管理的机关（单位），不得设立由财政出资的科学技术奖。

省部级科学技术奖要充分发挥地方和部门优势，进一步研究完善推荐提名制度和评审规则，控制奖励数量，提高奖励质量。设奖地方和部门要根据国家科学技术奖励改革方向，抓紧制定具体改革方案，明确路线图和时间表。

（三）鼓励社会力量设立的科学技术奖健康发展

坚持公益化、非营利性原则，引导社会力量设立目标定位准确、专业特色鲜明、遵守国家法规、维护国家安全、严格自律管理的科技奖项，在奖励活动中不得收取任何费用。对于具备一定资金实力和组织保障的奖励，鼓励向国际化方向发展，逐步培育若干在国际上具有较大影响力的知名奖项。

研究制定扶持政策，鼓励学术团体、行业协会、企业、基金会及个人等各种社会力量设立科学技术奖，鼓励民间资金支持科技奖励活动。加强事中事后监管，逐步构建信息公开、行业自律、政府指导、第三方评价、社会监督的有效模式，提升社会力量科技奖励的整体实力和社会美誉度。

三、工作实施

（一）由科技部、国务院法制办负责修订《国家科学技术奖励条例》并按程序报请国务院审批，由科技部负责修改完善《国家科学技术奖励条例实施细则》，从法规制度层面贯彻落实科技奖励制度改革精神。

（二）关于国家科技奖励具体实施工作中的提名规则和程序、分类评价指标体系、奖励数量和类型结构、评审监督、异议处理等问题，由国家科学技术奖励委员会分别制定相关办法予以落实。

（三）关于鼓励社会力量科技奖励健康发展问题，由科技部研究制定指导性意见，会同有关方面建立安全审查工作机制。

（四）由科技部会同中央宣传部等部门，进一步加强国家科技奖励宣传报道和舆论引导工作。

国家科学技术奖提名制实施办法(试行)

国科奖字〔2017〕43号

第一章　总　则

第一条　为规范国家科学技术奖提名工作，根据《关于深化科技奖励制度改革的方案》(国办函〔2017〕55号)的精神，依据《国家科学技术奖励条例》及其实施细则的有关规定，制定本办法。

第二条　本办法适用于专家学者、组织机构和相关部门(以下统称“提名者”)提名国家科学技术奖的活动。

第三条　国家科学技术奖励工作办公室(以下简称“奖励办公室”)负责相关组织工作。

第二章　提名资格

第四条　本办法所称专家学者(以下简称“专家”)是指：

(一)国家最高科学技术奖获奖人；

(二)中国科学院院士，中国工程院院士(以下简称“院士”，不含外籍院士)；

(三)2000年(含)以后的国家自然科学奖二等奖及以上，技术发明奖、科学技术进步奖一等奖(含创新团队)及以上的第一完成人。

提名专家年龄不超过70岁，院士年龄不超过75岁，国家最高科学技术奖获奖人年龄不受限制。

第五条　本办法所称组织机构(以下简称“机构”)是指经科技部认定的具有提名资格的全国学会、行业协会(联合会)以及其他组织机构。

机构应符合以下基本条件：

1. 社会科技奖励的设奖者或承办机构；

所设社会科技奖励符合《科技部关于进一步鼓励和规范社会力量设立科学技术奖的指导意见》(国科发奖〔2017〕196号)的要求；

所设社会科技奖励已连续开展5个周期(含)以上的奖励活动，近5年内无违法违规记录和不良社会影响。

经科技部认定的其他机构。

第六条 本办法所称相关部门(以下简称“部门”)是指:

(一)省、自治区、直辖市和计划单列市人民政府,新疆生产建设兵团,香港特别行政区政府,澳门特别行政区政府。

(二)国务院有关组成部门和直属机构。

(三)中央军委科学技术委员会。

(四)中华人民共和国驻外使馆、领馆。

(五)经科技部认定的其他部门。

第三章 提名条件

第七条 提名专家每人每年度可以独立或与他人联合提名 1 项国家科学技术奖,联合提名时列第一位的为责任专家。

(一)国家最高科学技术奖获奖人可以独立提名,且奖种不限。

(二)院士可以 3 人联合提名 1 项国家最高科学技术奖或中华人民共和国国际科学技术合作奖。

(三)院士或国家自然科学奖获奖项目第一完成人,可以 3 人联合提名 1 项国家自然科学奖。

(四)院士或国家技术发明奖、科学技术进步奖获奖项目第一完成人,可以 3 人联合提名通用项目类的 1 项国家技术发明奖或国家科学技术进步奖,不得提名专用项目。

(五)院士可以独立提名 1 项完成人仅为 1 人或第一完成人 40 岁(含)以下的国家自然科学奖或通用项目类的技术发明奖,不得提名专用项目。

第八条 提名专家应在本人熟悉学科领域范围内进行提名,责任专家应在本人从事学科专业(二级学科)内提名。

第九条 提名专家不能作为同年度提名项目完成人(含专用项目),并应回避本人提名项目所在奖种评审委员会、评审组(含网评组)的评审活动。

第十条 3 名专家联合提名时,与提名项目任一完成人同一单位的专家不应超过 1 人。

第十一条 提名机构和部门应在本学科、本行业、本地区、本部门范围内进行提名,原则上提名奖种和数量不限(驻外使馆、领馆仅可以提名中华人民共和国国际科学技术合作奖)。

第十二条 提名专用项目的部门应具备相应的保密资格,机构不得提名专用项目。

第四章 提名程序

第十三条 奖励办公室每年度公开发布提名工作通知。

第十四条 具备提名资格的专家、机构、部门,根据提名工作通知的要求开展提名工作。

第五章 责任与监督

第十五条 提名者应承担提名、答辩、异议答复等责任,并对相关材料的真实性和准确性负责。提名机构和部门应建立规范的提名遴选机制，择优提名。3 名专家联合提名时，责任专家牵头负责相关事项。

第十六条 提名者应填写奖励办公室制定的统一格式的提名书，并根据国家科学技术奖的标准和条件，对提名等级严格把关。

第十七条 提名者向奖励办公室正式提名前，应征得项目主要完成人及其工作单位和完成单位的同意，并协调完成单位组织提名相关材料并公示，提名机构和部门还应在本机构、本地区、本部门范围内再次公示。

第十八条 当年度项目或完成人不得被重复提名或被多个组织、部门联合提名。

第十九条 提名者应严格遵守《中华人民共和国保密法》和《科学技术保密规定》等有关保密规定。

第二十条 提名者应严格遵守《国家科学技术奖评审行为准则与督查暂行规定》和《国家科学技术奖励评审工作纪律》的有关规定。

第六章　动态调整和信用管理

第二十一条 连续两次出现形式审查不合格项目的提名专家或机构，提名资格暂停一年。

第二十二条 除边远地区及特别行政区的部门外，连续三次提名均未获奖的提名者，提名资格暂停一年。（边远地区是指西藏、新疆、新疆生产建设兵团、内蒙古、宁夏、广西、甘肃、青海、贵州、云南、海南，特别行政区是指香港特别行政区及澳门特别行政区。）

第二十三条 违反本办法第十五条、第十九条、第二十条的规定或列入国家科技计划（专项、基金等）严重失信行为记录的提名者，暂停或取消提名资格。

第二十四条 提名者恢复提名资格时，需向奖励办公室提出申请，经审核同意后方可提名。

第七章　附　则

第二十五条 本办法自发布之日起施行，2015 年 12 月 8 日发布的《专家推荐国家科学技术奖试行办法》同时废止。

高等学校科学研究优秀成果奖（科学技术）奖励办法

教技发〔2015〕1号

第一章　总　则

第一条　为了调动高等学校广大教师和科技工作者、科研组织进行科技创新、自主创新和推动科技进步的积极性，促进高等学校科技创新与人才培养，加速我国教育和科学技术事业的发展，根据《国家科学技术奖励条例》，结合高等学校实际情况，制定本办法。

第二条　高等学校科学研究优秀成果奖（科学技术）用以鼓励在推动科学技术进步中做出突出贡献的高等学校的教师、科技工作者和科研组织，授予我国公民和组织，并对同一项目授奖的公民、组织按照贡献大小排序。高等学校科学研究优秀成果奖（科学技术）包括下列奖项：

（一）高等学校科学研究优秀成果奖自然科学奖；

（二）高等学校科学研究优秀成果奖技术发明奖；

（三）高等学校科学研究优秀成果奖科学技术进步奖；

（四）高等学校科学研究优秀成果奖青年科学奖。

第三条　高等学校科学研究优秀成果奖（科学技术）贯彻尊重知识、尊重人才的方针，鼓励自主创新，鼓励攀登科学技术高峰，促进科学研究、教学和人才培养密切结合，激励青年学者，加速科教兴国、人才强国、可持续发展和创新驱动发展战略的实施。其推荐、评审和授奖实行公开、公平、公正原则，不受任何组织或者个人的非法干预。

第四条　高等学校科学研究优秀成果奖（科学技术）设一等奖、二等奖，对于特别优秀的成果可授予特等奖，高等学校科学研究优秀成果奖青年科学奖不分等级。高等学校科学研究优秀成果奖（科学技术）每年奖励总数不超过320项。

第五条　教育部设立高等学校科学研究优秀成果奖（科学技术）奖励委员会（简称“奖励委员会”）。奖励委员会设委员20～30人，由经遴选的知名专家学者和有关主管部门领导组成，由教育部聘任。奖励委员会委员实行聘任制，每届任期3年，任期届满进行换届，每次换届人数不低于1/3。

奖励委员会主要职责：审定高等学校科学研究优秀成果奖（科学技术）评审委员会（简称“评审委员会”）提名推荐的特等奖候选项目和评审出的青年科学奖候选人，审定评审委员会提交的一等奖、二等奖候选项目，对奖励工作提供政策性意见和建议。奖励委员会的审定结果报教育部批准。

第六条 奖励委员会下设奖励工作办公室，负责奖励的日常工作。奖励工作办公室设在教育部科技发展中心，教育部科技发展中心为奖励工作的组织管理部门。

第七条 评审委员会根据当年推荐项目的学科分布等具体情况，由相关学科领域学术造诣高、学风端正的专家、学者组成。评审委员会委员实行聘任制，并根据当年申报项目情况，每年对评审委员会进行调整，调整比例不低于1/3，每届任期3年。

评审委员会主要职责：评审高等学校科学研究优秀成果奖（科学技术）一等奖、二等奖候选项目和青年科学奖候选人，提名推荐特等奖候选项目，对评审工作中出现的有关问题进行处理。

第二章 申报与提名推荐条件

第八条 高等学校科学研究优秀成果奖自然科学奖（以下简称“自然科学奖”）授予在基础研究和应用基础研究中做出重要科学发现的个人和单位。

重要科学发现应具备下列条件：

（一）前人尚未发现或者尚未阐明。指该项自然科学发现为国内外首次提出，或者其科学理论在国内外首次阐明，且主要论著为国内外首次发表。

（二）具有重大科学价值。指在学术上处于国际同类研究的领先或者先进水平，并在科学理论、学说上有创见，在研究方法、手段上有创新，以及在基础数据的收集和综合分析上有创造性和系统性的贡献；并对科学技术的发展有重要意义，或者对经济建设和社会发展具有重要影响。

（三）得到国内外自然科学界公认。指主要论著已公开发行或出版2年以上，其重要科学结论已为国内外同行引用或已应用。

第九条 自然科学奖的主要完成人必须是该项自然科学发现代表论著的作者，并具备下列条件之一：

（一）提出总体学术思想、研究方案；

（二）发现与阐明重要科学现象、特性和规律，并创立科学理论和学说，或者提出研究方法和手段，以及对重要基础数据进行收集和综合分析等；

（三）解决关键性学术疑难问题或者实验技术难点。

自然科学奖的主要完成单位应是在成果的研究过程中，主持或参与研究计划或方案的制订及组织实施，并提供技术、经费或设备等条件，对该项成果的研究起到重要作用的单位。获奖单位必须是主要完成人所在的单位。

第十条 由中外学者合作完成的论著，中国学者应为主要作者，且不存在知识产权权属的争议，并由国外学术机构或人员提供书面证明材料。

第十一条 高等学校科学研究优秀成果奖技术发明奖（其中含专利类）（以下简称“技术发明奖”），授予在运用科学技术知识做出产品、工艺、材料及其系统等重要技术发明的个人和单位。

重要技术发明应具备下列条件：

(一)前人尚未发明或尚未公开。指该项技术发明为国内外首创，或者虽然国内外已有但主要技术内容尚未在国内外公开出版物、媒体及各种公众信息渠道上发表或者公开，也未曾公开使用。

(二)具有先进性和创造性。指该项技术发明与国内外已有同类技术相比较，其技术构思有实质性的特点和显著的进步，主要性能(性状)、技术经济指标、科学技术水平及其促进科学技术进步的作用和意义等方面综合优于同类技术。

(三)经实施，创造了显著经济效益或社会效益，或具有明显的应用前景。指该项技术发明成熟，并实施应用2年以上，取得良好的效果。直接关系到人身和社会安全的技术发明成果，如动植物新品种、药品、食品、基因工程技术等，在未获得行政机关审批之前，不得推荐。

技术发明奖(专利类)应为具备已被授权发明专利的或已被授权实用新型专利的科研成果(不含国防专利和保密专利)；专利实施后取得了明显的经济效益或社会效益。

第十二条 技术发明奖的主要完成人应当具备下列条件之一：

(一)在该项技术发明过程中做出重要贡献，是全部或部分创造性技术内容的独立完成人；

(二)在实施该项技术发明中做出重要贡献。

技术发明奖的主要完成单位是指发明成果的主要完成人所在单位，并对该项发明的完成起重要作用或实施该发明技术的单位。

第十三条 技术发明奖(专利类)的主要完成人应当是该项专利的发明人及在实施该专利技术中做出突出贡献的有关人员；主要完成单位是指该项专利的专利权人及实施该专利技术的单位。

第十四条 高等学校科学研究优秀成果奖科学技术进步奖(其中含推广类和科普类)(以下简称“科技进步奖”)授予在应用推广先进科学技术成果、完成重要科学技术工程、计划、项目等方面做出创造性贡献，或在科学普及中做出重要贡献的个人和单位。科技进步奖的成果应当具备下列条件：

(一)技术创新性突出。在技术上有创新，特别是在高新技术领域进行自主创新，形成了产业的主导技术和名牌产品，或者应用高新技术对传统产业进行装备和改造，通过技术创新，提升传统产业，增加行业的技术含量；技术难度较大，解决了行业发展中的热点、难点和关键问题；总体技术水平和主要技术经济指标达到了行业的领先水平。

(二)经济效益或者社会效益显著。所开发的成果经过2年以上的实施应用，产生了明显的经济效益或者社会效益，实现了技术创新的市场价值或者社会价值，为经济建设、社会发展和国家安全做出了很大贡献。

(三)推动行业科技进步作用明显。成果的转化程度高，具有较强的示范、带动和扩散能力，提高了行业的技术水平、竞争能力和系统创新能力，促进了产业结构的调整、优化、升级及产品的更新换代，对行业的发展具有很大作用。

第十五条 科技进步奖(推广类)的成果应具备：推广、应用先进科学技术成果或在科技成果商品化、产业化过程中做出突出贡献，已取得较大的经济效益或社会效益，形成产业规模或达到一定的应用覆盖面。

第十六条 科技进步奖(科普类)的成果应具备:选题内容或者表现形式、创造手法有重要创新，创作难度较大，成品质量达到同类产品中的优秀水平；社会效益显著，普及面在国内同类科普作品中处于领先水平；对科普作品创造具有明显的示范带动作用。

第十七条 科技进步奖的主要完成人应当具备下列条件之一：

(一)在提出和确定项目的总体技术方案中做出重要贡献；

(二)在关键技术和疑难问题的解决中做出重要贡献；

(三)在成果转化和应用推广过程中做出重要贡献；

(四)在高新技术产业化的技术实施过程中做出创造性贡献；

(五)在提高国民科学文化素养、普及科技知识等方面做出重要贡献。

科技进步奖的主要完成单位是指科技成果的主要完成人所在单位，在项目研制、开发、投产应用和推广过程中提供技术、设备和人员等条件，对成果的完成起到重要作用的单位。行政管理部门一般不得作为主要完成单位。

第十八条 青年科学奖授予长期从事基础性科学研究并取得了有一定影响的原创性成果的在校青年教师，年龄不超过 40 周岁。候选人应具备勇于创新的科学精神、良好的科学道德、扎实的学术素养和高尚的师德风尚，潜心科学研究，积极开展人才培养，具有独立开展科学研究的能力与较强的科研发展潜力。

第三章　推荐办法

第十九条 高等学校科学研究优秀成果奖(科学技术)每年推荐、评审一次。

第二十条 高等学校科学研究优秀成果奖(科学技术)中的自然科学奖、技术发明奖、科技进步奖的一等奖、二等奖由下列单位和个人推荐：

(一)中央部委所属高等学校的各类研究成果，经学校批准，由学校直接向奖励工作组织管理部门推荐；

(二)地方高等学校的各类研究成果，需经学校批准后，由省、自治区、直辖市教育厅(教委)向奖励工作组织管理部门推荐；

(三)3 名以上中国科学院院士、中国工程院院士可联署向奖励工作组织管理部门推荐 1 项所熟悉专业的研究成果。

第二十一条 2 个以上单位合作完成的项目，应当协商后，由第一完成单位组织推荐，但第一完成单位应当是高等学校。

第二十二条 涉及国防、国家安全方面的成果，应遵守国家相关保密规定。

第二十三条 自然科学奖、技术发明奖、科技进步奖的特等奖，由专家评审委员会对当年一等奖拟授奖项目中特别突出的成果提名推荐为特等奖。

第二十四条 青年科学奖实行提名推荐制。候选人须由提名人以书面方式推荐。提名人主要包括：

(一)中国科协管辖的有关学会；

(二)有关高校校长；

(三)国家科学技术奖、教育部奖有关获奖人;

(四)在高校工作的两院院士(3名以上联名)。

第二十五条 推荐单位、推荐人认为有关专家参加评审可能影响评审公正性的,可以要求回避,并书面提出理由。每项推荐所提出的回避专家人数不得超过3人。

第二十六条 有下列情形之一的成果,不得推荐高等学校科学研究优秀成果奖(科学技术):

(一)已获得过国家级、省(部)级科学技术奖的;

(二)在知识产权以及完成单位、完成人署名等方面存在争议,尚未解决的;

(三)依照有关法律、法规规定必须取得有关许可证,且直接关系到人身和社会安全、公共利益的项目,尚未获得行政主管部门批准的。

第二十七条 申报高等学校科学研究优秀成果奖的完成人同一年度只能申报一项。

第二十八条 经评审未授奖的项目,如无实质性进展,原则上须间隔一年推荐。

第二十九条 推荐高等学校科学研究优秀成果奖(科学技术)的项目需按有关规定填写《推荐书》,提供相关材料。推荐书及相关材料应当完整、真实。

第四章 评审标准

第三十条 自然科学奖的评审标准为:

(一)在科学上取得突破性进展,并为国内外学术界所公认和广泛引用,推动了本学科或其分支学科或相关学科的发展,或者对经济建设、社会发展有很大影响的,可评为一等奖。

(二)在科学上取得重要进展,并为国内外学术界所公认和引用,推动了本学科或者其分支学科的发展,或者对经济建设、社会发展有较大影响的,可评为二等奖。

(三)对于原始性创新特别突出、具有特别重大科学价值、在国际相关学术领域中具有引领作用、在国内外具有重大影响的科学发现,可评为特等奖。

第三十一条 技术发明奖的评审标准为:

(一)属国内外首创的重要技术发明,技术思路独特,技术上有很大的创新,技术经济指标达到了国际同类技术的领先水平,推动了相关领域的技术进步,已产生显著的经济效益或者社会效益或具有显著的应用前景,可评为一等奖。

(二)属国内外首创,或者国内外已有但尚未公开的主要技术发明,技术思路新颖,技术上有较大的创新,技术经济指标达到了国际同类技术的先进水平,对本领域的技术进步有推动作用,并产生了明显的经济效益、社会效益或具有明显的应用前景,可评为二等奖。

(三)对原始性创新特别突出、主要技术经济指标显著优于国内外同类技术或者产品,并取得重大经济或者社会效益的特别重大的技术发明,可评为特等奖。

第三十二条 技术发明奖(专利类)的评审标准为:

(一)发明专利类:发明原创性强,技术经济指标达到国际同类技术的领先水平,对促进本领域的技术进步与创新有突出的作用,专利实施后取得了显著的经济效益或社会效益的,可评为一等奖;技术思路新颖,技术上有较大的创新,技术经济指标达到国际同类技术的先进水平，对本领域的技术进步与创新有促进作用，专利实施后取得了明显的经济效益或社会效益的，可评为二等奖。

（二）实用新型专利类：技术方案构思独特、新颖，技术上有很大的创新，对本领域的技术进步有推动作用，专利实施后取得了很大的经济效益或社会效益的，可评为一等奖；技术方案构思巧妙、新颖，技术上有较大的创新，对本领域的技术进步有推动作用，专利实施后取得了较大的经济效益或社会效益的，可评为二等奖。

第三十三条 科技进步奖从技术开发、社会公益、国家安全三个方面制定评审标准，分别为：

（一）技术开发：在关键技术和系统集成上有重要创新，技术难度大，总体技术水平和主要技术经济指标达到了国际同类技术的先进水平，市场竞争力强，成果转化程度高，取得了显著的经济效益，对行业的技术进步和产业结构优化升级有很大作用的，可评为一等奖；在关键技术和系统集成上有较大创新，技术难度较大，总体技术水平和主要技术经济指标达到了国内同类技术的领先水平，并接近国际同类技术的先进水平，市场竞争力较强，成果转化程度较高，取得了明显的经济效益，对行业的技术进步和产业结构调整有较大意义的，可评为二等奖。

（二）社会公益：在关键技术和系统集成上有重要创新，技术难度大，总体技术水平和主要技术指标达到了国际同类技术的先进水平，并在行业得到广泛应用，取得了显著的社会效益，对科技发展和社会进步有很大意义的，可评为一等奖；在关键技术和系统集成上有较大创新，技术难度较大，总体技术水平和主要技术指标达到了国内同类技术的领先水平，并接近国际同类技术的先进水平，在行业较大范围应用，取得了明显的社会效益，对科技发展和社会进步有较大意义的，可评为二等奖。

（三）国家安全：在关键技术和系统集成上有重要创新，技术难度大，总体技术达到国际同类技术的先进水平，应用效果突出，对国防建设和保障国家安全具有很大作用的，可评为一等奖；在关键技术和系统集成上有较大创新，技术难度较大，总体技术达到国内同类技术的领先水平，并接近国际同类技术的先进水平，应用效果突出，对国防建设和保障国家安全有较大作用的，可评为二等奖。

（四）对于技术创新性特别突出、经济效益或者社会效益特别显著、推动行业科技进步特别明显的项目，可评为特等奖。

第三十四条 科技进步奖（推广类）的评审标准为：总体技术达到国际同类技术的先进水平，推广机制、方法、措施有效，已获得了显著的经济效益或社会效益，成果转化具有重要的示范、带动和扩散作用，对推动行业技术进步效果显著，可评为一等奖；总体技术达到国内同类技术的先进水平，推广机制、方法、措施有效，已获得明显的经济效益或社会效益，成果转化具有重要的示范、带动和扩散作用，对推动行业技术进步效果明显，可评为二等奖。

第三十五条 科技进步奖（科普类）的评审标准为：作品在表达科学技术知识的视角和方法方面具有重大创新，能够准确进行科学描述，内容通俗易懂且为大众所广泛欢迎，对于提高国民科学文化素养、普及科技知识、弘扬科学精神发挥重要作用的，可评为一等奖；在表达科学技术知识的视角和方法方面具有较大创新，能够准确进行科学描述，内容通俗易懂且为大众欢迎，对于提高国民科学文化素养、普及科技知识、弘扬科学精神发挥较大作用的，可评为二等奖。

第三十六条　青年科学奖的评审标准为：致力于科学前沿，独立开展基础性学术研究的能力强；在科学研究中取得原创性成果，产生了一定的国际学术影响；积极开展人才培养，并取得有效成绩；学术思想活跃，具有很好的学术发展前景。

第三十七条　坚持科技贡献为科技成果评价的主要依据，同时充分考虑科技成果在人才培养和提高教学质量，以及科学普及、师德风尚等方面所发挥的作用。在科技成果水平基本一致的情况下，对同时在教书育人或科学普及方面也做出贡献的科研人员取得的成果给予优先奖励。

第五章　评审和授予

第三十八条　奖励工作办公室负责组织对《推荐书》及相关材料进行形式审查，审查的主要内容为推荐奖励范围、推荐时间、推荐书等是否符合要求。推荐技术发明奖、科技进步奖的，还需审查经济效益、社会效益、推广应用情况等。

第三十九条　形式审查合格的候选项目和候选人按以下程序进行评审：

（一）送同行专家进行通信评审。

（二）在通信评审的基础上，召开高等学校科学研究优秀成果奖（科学技术）专家评审委员会会议，提出建议奖励种类、奖励等级、奖励人员和单位。

（三）对特等奖候选项目推荐和青年科学奖候选人评审，应由出席评审委员会会议委员的2/3多数表决通过；提名推荐的一等奖项目，应由出席评审委员会会议委员的2/3多数表决通过；二等奖项目应由出席评审委员会会议委员多于1/2的多数表决通过。

（四）对于特等奖候选项目和青年科学奖候选人，进行现场考察。

（五）召开高等学校科学研究优秀成果奖（科学技术）奖励委员会会议，对评审委员会提交的评审结果进行审定。

第四十条　为使评审结果公平、公正，高等学校科学研究优秀成果奖（科学技术）实行回避制度。推荐项目的主要完成人不能作为当年的评审专家，项目完成单位的专家不参与本单位项目的评审工作。

第四十一条　推荐单位推荐前在本单位公示所推荐项目，教育部科技发展中心在其官方网站公布形式审查合格项目、奖励委员会审核审定通过的候选项目和候选人。涉及国防、国家安全的保密项目，按照国家有关规定在适当范围内公示。

第四十二条　高等学校科学研究优秀成果奖（科学技术）的获奖项目和获奖人由教育部授奖，并颁发证书。

第六章　异议及处理

第四十三条　高等学校科学研究优秀成果奖（科学技术）接受社会监督，实行异议处理制度。任何单位或个人对公示的候选项目和候选人如有异议，在规定的公示期内可向异议受理部门提出。逾期提出的异议，除属弄虚作假和剽窃成果或成果有原则性错误的异议外，不予受理。

第四十四条 异议应当以书面形式提出，并提供相关证据，单位提出异议的须加盖单位公章，个人提出异议的应署真实姓名、工作单位、联系方式。

第四十五条 异议分为实质性异议和非实质性异议。凡对涉及候选项目的创新性、先进性、实用性和《推荐书》填写不实以及主要完成人、候选人学风师德存在重大问题所提的异议为实质性异议；对主要完成人、主要完成单位及其排序的异议，为非实质性异议。推荐单位、推荐专家、完成人和完成单位对评审等级的意见，不属于异议范围。

第四十六条 推荐前公示期提出的异议由推荐单位处理，并在推荐材料中附上推荐项目公示报告。

第四十七条 项目受理之后出现的实质性异议由奖励工作办公室会同有关推荐单位或者推荐专家协助处理。涉及异议的任何一方应当积极配合，不得推诿或延误。有关单位或推荐专家接到异议处理通知后，应当在规定的时间内核实异议材料，并如期做出答复。必要时，奖励工作办公室可以组织有关专家进行调查、复议，提出处理意见，并根据需要报请下一年度高等学校科学研究优秀成果奖（科学技术）专家评审委员会决定。

非实质性异议由推荐单位或者推荐专家负责调查、核实、协调，提出初步处理意见报奖励工作办公室审核。

推荐单位或者推荐专家在规定的时间内未提出调查、核实报告，视为弃权。

涉及国家安全成果的异议，由有关部门处理，并将处理结果报评审组织管理部门。

第四十八条 参加处理异议问题的单位和人员，应当尊重科学精神，依法依规、客观公正，并严守秘密。

第七章 罚 则

第四十九条 剽窃、侵夺他人的发现、发明或者其他科学技术成果的，或者以其他不正当手段骗取高等学校科学研究优秀成果奖（科学技术）的，由评审组织管理部门报教育部，由教育部撤销其奖励，追回证书等。

第五十条 推荐单位或推荐专家提供虚假数据、材料，协助他人骗取高等学校科学研究优秀成果奖（科学技术）的，由评审组织管理部门报教育部，教育部予以通报批评或者取消其推荐资格。

第五十一条 参与高等学校科学研究优秀成果奖（科学技术）活动的有关人员在评审活动中弄虚作假、徇私舞弊、泄露秘密，依据有关规定给予处分。

第八章 附 则

第五十二条 本办法自公布之日起施行。

高等学校科学研究优秀成果奖（人文社会科学）奖励办法

教社科〔2009〕1号

第一章　总　则

第一条　为奖励高等学校在人文社会科学研究领域做出突出贡献的研究人员，鼓励积极探索，勇于创新，推动高校人文社会科学事业繁荣发展，更好地为建设中国特色社会主义服务，教育部设立高等学校科学研究优秀成果奖（人文社会科学），特制定本办法。

第二条　高等学校科学研究优秀成果奖（人文社会科学）评奖工作，坚持以马克思列宁主义、毛泽东思想、邓小平理论和“三个代表”重要思想为指导，深入贯彻落实科学发展观，坚持为人民服务、为社会主义服务的方向和百花齐放、百家争鸣的方针，坚持解放思想、实事求是、与时俱进。

第三条　高等学校科学研究优秀成果奖（人文社会科学）每三年评选一次，包括下列奖项：

高等学校科学研究优秀成果著作奖（人文社会科学）；

高等学校科学研究优秀成果论文奖（人文社会科学）；

高等学校科学研究优秀成果研究报告奖（人文社会科学）。

为推进马克思主义大众化和人文社会科学知识传播普及，设立高等学校科学研究优秀成果普及奖（人文社会科学）。

所有奖项分设特等奖、一等奖、二等奖、三等奖。

第四条　教育部设立高等学校科学研究优秀成果奖（人文社会科学）奖励委员会（以下简称“奖励委员会”），由教育部社会科学委员会主任、副主任、各学部召集人和教育部有关司局、有关单位负责人组成。奖励委员会负责审定评奖方案、聘请评审委员会专家、拟定获奖名单和奖励等级等。

第五条　评审委员会依照本办法的规定，负责评审工作。评审委员会专家应根据申报项目的学科分布等具体情况，从全国范围内遴选在相关研究领域内学术造诣高、学风优良的专家学者组成。

第六条　奖励委员会办公室设在教育部社会科学司，由奖励委员会授权负责评奖组织等具体工作。

第二章　申报条件与组织

第七条　普通高等学校均可按要求推荐申报。申报者资格为：成果公开出版、发表或向实际工作部门提交研究咨询报告期间，正式人事关系在高等学校的教师和研究人员（包括离退休人员）。

第八条　推荐申报成果包括著作（含专著、工具书、古籍整理、译著）、论文、研究报告（含调研报告、咨询报告等）以及普及类成果（教材、教辅和文学艺术类作品除外）。

第九条　申报人应按规定填写申请表，向所在学校提出申请。申报材料须真实可靠，符合国家知识产权保护的有关规定。

第十条　地方院校和其他部委院校以所在省、自治区、直辖市教育厅（教委）为单位，教育部直属高校以学校为单位（以下简称"申报单位"）限额推荐申报。申报单位对申报材料进行汇总、审核后，在规定日期内集中向奖励委员会办公室提交。奖励委员会办公室不受理个人申报材料。

第十一条　奖励委员会办公室对推荐申报材料进行形式审查，审查的主要内容为推荐奖励范围、成果形式、申请书等是否符合要求。所有推荐材料在"中国高校人文社会科学网"进行公示。

第三章　评审标准

第十二条　获奖成果必须坚持以马克思主义为指导，观点鲜明，论据充分，资料翔实，数据准确，逻辑严密，方法科学，具有创新性和前沿性，符合学术道德和学术规范，体现政治标准与学术标准的统一。

第十三条　基础研究类获奖成果应在理论上有所建树，在学术上有所创新，填补了本研究领域的某些空白，推动了学科建设和理论发展，得到学术界的重视和好评。

第十四条　应用研究类获奖成果应在解决国家和区域经济社会发展中的重大现实问题上有所突破，为党和各级政府有关部门、企事业单位提供了具有重要参考价值的决策咨询意见和建议，产生显著的经济效益和社会效益。

第十五条　普及类获奖成果应具有较强的科学性、知识性和可读性，在宣传党的创新理论、阐释解答人民群众关心的热点难点问题以及人文社会科学知识传播普及方面产生良好社会效果。

第四章　评审原则与程序

第十六条　评审工作坚持质量第一、宁缺毋滥和公开、公平、公正的原则。评审工作实行回避制度，申报者不参加奖励委员会和评审委员会。

第十七条　评审采取集中独立评审的方式进行。评审委员会专家依据本办法规定的评审标准，独立对申请材料进行定性评价和定量评价，提出获奖人选和奖励等级的建议。奖励委员会办公室对评审委员会作出的获奖人选和奖励等级的建议进行复核。

第十八条　奖励委员会召开全体会议听取奖励委员会办公室关于评奖工作情况汇

报，审定获奖成果名单和奖励等级。

第十九条 拟获奖成果名单自公布之日起在“中国高校人文社会科学网”进行为期1个月的公示。

第二十条 奖励委员会向教育部报告评奖结果，由教育部批准、公布评奖结果并授奖。

第五章 异议与处理

第二十一条 公示期间，任何单位或个人如有异议，均可向奖励委员会办公室提出。异议应以书面形式(包括必要的证明材料)提出。单位提出的异议，须在异议材料上加盖本单位公章，并写明联系人姓名、通讯地址和电话；个人提出的异议，须在异议材料上签署真实姓名，并写明本人的工作单位、通讯地址和电话。不符合本款规定和要求的异议，不予受理。

奖励委员会办公室对有异议的材料组织专家调查，提出处理意见并报奖励委员会审议裁定。奖励委员会办公室对提出异议的单位和个人给予保密。

第二十二条 推荐单位或个人提供虚假数据、材料，协助他人骗取奖励的，经奖励委员会办公室核实，通报批评或取消其参评资格。

第二十三条 剽窃他人科研成果，或者以其他不正当手段骗取奖励的，经奖励委员会核实并报教育部批准后，撤销其奖励，追回奖励证书和奖金。

第二十四条 参与评奖活动的有关人员在评审活动中弄虚作假、徇私舞弊、泄露秘密，依据有关规定给予处分。

第六章 附 则

第二十五条 本办法自公布之日起施行，由奖励委员会办公室负责解释。原《中国高校人文社会科学研究成果奖励暂行办法》同时废止。

山东省高等学校科学技术奖励办法

鲁教科发〔2016〕1 号

第一章　总　则

第一条　为了表彰奖励在科学研究方面做出突出贡献的我省高等学校教师、科技工作者，充分调动广大教师和科技工作者的积极性、创造性，提升我省高等学校科技创新能力，更好服务山东经济社会发展，根据教育部《高等学校科学研究优秀成果奖（科学技术）奖励办法》（教技发〔2015〕1 号），结合我省实际，制定本办法。

第二条　山东省高等学校科学技术奖设一等奖、二等奖、三等奖，每年评审、奖励一次。

第三条　山东省高等学校科学技术奖，鼓励自主创新和产学研协同创新，其推荐、评审、授奖全过程坚持依靠专家和公开、公平、公正原则。

第四条　设立由专家学者组成的山东省高等学校科学技术奖评审委员会（以下简称评审委员会），依照本办法的规定，负责审定各学科评审组的评审结果。省教育厅对评审委员会的组成和奖励工作提出政策性意见和建议。

第五条　学科评审组由高等学校、科研院所、行业企业等相关领域的专家、学者组成，组成人员每年选聘一次。实行回避制度，与参评成果、完成人或组织有近亲属关系或利害关系的专家不参与评审。

第六条　山东省高等学校科学技术奖奖励工作由省教育厅负责组织实施。

第二章　申报条件

第七条　驻鲁高等学校教师和科技工作者独立或主持完成的科技成果均可申报山东省高等学校科学技术奖。

第八条　申报山东省高等学校科学技术奖的项目完成人须是对成果做出实质性贡献的人员，完成单位应是完成人所在的单位，并均按贡献大小排序。

第九条　基础研究、应用基础研究成果应当具备下列条件：

（一）具有较高科学价值。在阐明自然现象、特性或规律方面有新发现，在科学理论、学说上有创见，或在研究方法、手段上有创新，在学术上处于国内同类研究的领先或先进水平，对推动学科发展有重要意义，或对经济建设和社会发展做出贡献。

(二)得到国内外自然科学界认可。主要论著已公开发行或者出版二年以上(含二年),其科学结论已被国内外同行引用或者应用。

第十条 技术研发、技术发明、技术推广成果应当具备下列条件:

(一)技术创新性突出。在技术上有创新,取得拥有自主知识产权的发明创造,或形成相关产业的主导技术和产品,或对相关传统产业的技术改造发挥关键作用,增加行业产业技术含量;主要技术经济指标达到行业领先水平。

(二)经济效益或社会效益明显。所研发成果经过二年以上(含二年)的实施应用,产生明显经济效益或社会效益,对相关行业的科技进步产生推动作用。

第三章　推荐办法

第十一条 山东省高等学校科学技术奖由驻鲁高等学校推荐。推荐学校应当按照本办法规定及申报通知要求,组织好本校科技成果的申报、遴选、材料审核等工作,经公示无异议后,向省教育厅推荐。

第十二条 两个以上(含两个)单位合作完成的项目,由第一完成单位推荐,第一完成单位须为驻鲁高等学校。

第十三条 由中外学者合作完成的论著,中国学者应为主要作者,且不存在知识产权权属争议,并由国外学术机构或人员提供书面证明材料。

第十四条 推荐单位、项目完成人认为有关专家、学者参加评审可能影响评审公正性的,可以要求回避,并书面提出理由。

第十五条 有下列情形之一的成果,不得推荐:

(一)已获得国家级、省(部)级或厅局(市)级科学技术奖的;

(二)在知识产权以及完成单位、完成人署名等方面存在争议,尚未解决的;

(三)依照有关法律、法规规定必须取得有关许可证,且直接关系到人身和社会安全、公共利益的项目,尚未获得行政主管部门批准的;

(四)涉及国家秘密的。

第十六条 作为第一完成人申报山东省高等学校科学技术奖同一年度限报一项。

第十七条 连续两年参加评审未获奖的项目,如无实质性进展,不得继续推荐。

第十八条 推荐的项目需按有关规定填写《山东省高等学校科学技术奖推荐书》,提供相关材料。推荐书及相关材料应当完整、真实。

第四章　评审标准

第十九条 基础研究、应用基础研究成果的评审标准是:

(一)一等奖:在科学上取得重要进展,并为国内外学术界认可和引用,推动本学科或者其分支学科或相关学科发展,或对经济社会发展有重要贡献。

(二)二等奖:在科学上取得一定进展,并为国内外学术界认可和引用,对本学科或其分支学科发展有促进作用,或对经济社会发展有贡献。

(三)三等奖:在科学上有进展,对本学科或者其分支学科发展有积极影响,或对经济社会发展有价值。

第二十条 技术研发、技术发明、技术推广成果的评审标准是：

(一)一等奖：在技术上有重要创新，在同类技术中居领先水平，有推广应用价值，取得明显经济效益或社会效益，对相关领域或行业技术进步有重要推动作用。

(二)二等奖：在技术上有创新，在同类技术中居先进水平，有应用前景，有经济效益或社会效益预期，对相关行业技术进步有推动作用。

(三)三等奖：在技术上有创新，在同类技术中有先进性、应用性，对相关行业技术进步有促进作用。

第五章 评审与授奖

第二十一条 省教育厅负责组织对《山东省高等学校科学技术奖推荐书》及相关材料进行形式审查，并按学科分组。

第二十二条 各学科评审组对形式审查合格的项目进行评审，评出本组一等奖、二等奖、三等奖候选项目。

评审委员会对各学科评审组评审结果进行审定，确定授一等奖、二等奖、三等奖项目名单。

第二十三条 评审采取网络评审和会议评审相结合的方式。

第二十四条 对评审委员会审定通过的授奖项目进行公示，公示期为七个工作日。

第二十五条 山东省高等学校科学技术奖获奖项目由省教育厅授奖，并颁发证书、发放奖金。

第六章 异议及处理

第二十六条 山东省高等学校科学技术奖实行异议制度。拟授奖项目在省教育厅网站公示，接受社会监督。公示期间，任何单位和个人对拟授奖项目有异议，可向省教育厅提出。异议应当以书面形式提出，并提供相关证据，单位提出异议的须加盖单位公章，个人提出异议的应署真实姓名、工作单位及联系方式。

省教育厅收到异议材料后，会同推荐单位进行处理、答复。

第七章 罚 则

第二十七条 剽窃、侵夺他人科学技术成果或者以其他不正当手段骗取山东省高等学校科学技术奖的，由省教育厅撤销其奖励、追回证书和奖金。

第二十八条 推荐单位提供虚假材料的，由省教育厅予以通报批评或者取消其推荐资格。

第八章 附 则

第二十九条 本办法自2016年8月15日起施行，有效期至2021年8月14日。

第三十条 本办法由省教育厅负责解释。

山东省高等学校人文社会科学优秀成果奖奖励办法

鲁教科发〔2016〕1号

第一章 总 则

第一条 为了表彰奖励在人文社会科学研究领域做出突出贡献的我省高等学校教师、研究人员，鼓励探索，激励创新，提升我省高等学校人文社会科学创新能力，推动人文社会科学事业繁荣发展，更好服务山东经济社会发展，根据教育部《高等学校科学研究优秀成果奖（人文社会科学）奖励办法》（教社科〔2009〕1号），结合我省实际，制定本办法。

第二条 山东省高等学校人文社会科学优秀成果奖设一等奖、二等奖、三等奖，每年评审、奖励一次。

第三条 山东省高等学校人文社会科学优秀成果奖的推荐、评审、授奖全过程坚持依靠专家和公开、公平、公正原则。

第四条 设立由专家学者组成的山东省高等学校人文社会科学优秀成果奖评审委员会（以下简称评审委员会），依照本办法的规定，负责审定各学科评审组的评审结果。省教育厅对评审委员会的组成和奖励工作提出政策性意见和建议。

第五条 学科评审组由高等学校、科研院所、行业企业等相关领域的专家、学者组成，组成人员每年选聘一次。实行回避制度，与参评成果、完成人或组织有近亲属关系或利害关系的专家不参与评审。

第六条 山东省高等学校人文社会科学优秀成果奖奖励工作由省教育厅负责组织实施。

第二章 申报条件

第七条 驻鲁高等学校教师和科研工作者独立或主持完成的人文社科类研究成果均可申报山东省高等学校人文社会科学优秀成果奖。

第八条 申报山东省高等学校人文社会科学优秀成果奖的成果完成人须是对成果做出实质性贡献的人员，完成单位应是完成人所在的单位，并均按贡献大小排序。

第九条 申报成果须为上一年度发表出版的论文、著作（编、译除外）和鉴定的科研成果。

第十条 山东省高等学校人文社会科学优秀成果分为基础研究成果、应用研究成果。

申报成果必须坚持以邓小平理论、“三个代表”重要思想、科学发展观为指导，贯彻习近平总书记系列重要讲话精神，坚持为社会主义服务、为人民服务的方向和“百花齐放、百家争鸣”的方针，运用马克思主义的立场、观点和方法，观点鲜明，论据充分，资料翔实，数据准确，逻辑严密，方法科学，符合学术道德和学术规范，坚持政治标准与学术标准的统一。

基础研究成果应具有较大的学术价值。在科学理论、学说上有所创建，或在研究方法、手段上有所创新，推动了学科建设和理论发展，得到学术界的重视和好评。

应用研究成果应具有较大的社会效益和经济效益。针对国家和区域经济社会发展面临的重大现实问题进行分析研究，提出解决方案。研究内容时效性强，成果应用价值较大，为党和各级政府有关部门、企事业单位提供了具有重要参考价值的决策咨询意见和建议。

第三章　推荐办法

第十一条　山东省高等学校人文社会科学优秀成果奖由驻鲁高等学校推荐。推荐学校应当按照本办法规定及申报通知要求，组织好本校成果的申报、遴选、材料审核等工作，经公示无异议后，向省教育厅推荐。

第十二条　两个以上（含两个）单位合作完成的项目，由第一完成单位推荐，第一完成单位须为驻鲁高等学校。

第十三条　由中外学者合作完成的论著，中国学者应为主要作者，且不存在知识产权权属争议，并由国外学术机构或者人员提供书面证明材料。

第十四条　推荐单位、成果完成人认为有关专家、学者参加评审可能影响评审公正性的，可以要求回避，并书面提出理由。

第十五条　有下列情形之一的成果，不得推荐：

（一）已获得国家级、省（部）级或厅局（市）级人文社会科学优秀成果奖的；

（二）在知识产权以及完成单位、完成人署名等方面存在争议，尚未解决的；

（三）涉及国家秘密的。

第十六条　作为第一完成人申报山东省高等学校人文社会科学优秀成果奖同一年度限报一项。

第十七条　推荐的成果需按有关规定填写山东省高等学校人文社会科学优秀成果奖推荐书，提供相关材料。推荐书及相关材料应当完整、真实。

第四章　评审标准

第十八条　基础研究成果的评审标准是：

（一）一等奖：选题立意新颖，对学科领域重要问题作出系统描述、分析和概括，提出创新性较强的理论观点，对学科体系创新有重大贡献。代表性论文发表于本学科领域权威刊物，或者专著影响大，对经济社会发展做出重大贡献。

（二）二等奖：选题立意比较新颖，对学科领域有关问题作出系统描述、分析和概括，提出有一定创新性的理论观点，对学科体系创新有较大贡献。代表性论文发表于本学科领域较高层次刊物，或者专著影响较大，对经济社会发展做出重要贡献。

（三）三等奖：选题有新意，对学科领域相关问题进行了较为深入的探讨。代表性论文发表于本学科领域一般刊物，或者专著有一定影响，对解决重要理论和现实问题有推动作用，对学科发展、学术研究有促进，对地方经济社会发展做出一定贡献。

第十九条 应用研究成果的评审标准是：

（一）一等奖：对与经济社会发展紧密相关的现实问题进行了深入研究，形成系统的研究报告或者发表了高水平论文，为党和政府有关部门、企事业单位的决策提供了具有重大参考价值的意见、建议和方案，产生了重大的社会和经济效益，得到较高的社会评价。

（二）二等奖：对与经济社会发展密切相关的现实问题进行了较为深入的研究，形成较系统的研究报告或者发表了相关论文，为党和政府有关部门、企事业单位的决策提供了具有重要参考价值的意见、建议和方案，产生了较好的社会和经济效益，得到较好的社会评价。

（三）三等奖：对经济社会发展中的现实问题进行了研究，形成有一定价值的研究报告或者发表了相关论文，为党和政府有关部门、企事业单位的决策提供了具有参考价值的意见、建议和方案，产生了一定的社会和经济效益。

第五章 评审与授奖

第二十条 省教育厅负责组织对山东省高等学校人文社会科学优秀成果奖推荐书及相关材料进行形式审查，并按学科分组。

第二十一条 各学科评审组对形式审查合格的成果进行评审，评出本组一等奖、二等奖、三等奖成果。

评审委员会对各学科评审组评审结果进行审定，确定授一等奖、二等奖、三等奖成果名单。

第二十二条 评审采取网络评审和会议评审相结合的方式。

第二十三条 对评审委员会审定通过的授奖成果进行公示，公示期为七个工作日。

第二十四条 山东省高等学校人文社会科学优秀成果奖由省教育厅授奖，并颁发证书、发放奖金。

第六章 异议及处理

第二十五条 山东省高等学校人文社会科学优秀成果奖实行异议制度，拟授奖成果在省教育厅网站公示，接受社会监督。公示期间，任何单位和个人对拟授奖成果有异议，可向省教育厅提出。异议应当以书面形式提出，并提供相关证据，单位提出异议的须加盖单位公章，个人提出异议的应署真实姓名、工作单位及联系方式。

省教育厅收到异议材料后，会同推荐单位进行处理、答复。

第七章 罚 则

第二十六条 剽窃、侵夺他人科研成果或者以其他不正当手段骗取山东省高等学校人文社会科学优秀成果奖的，由省教育厅撤销其成果奖励、追回证书和奖金。

山东高校典型经验

《中国石油大学(华东)科技成果奖励办法(修订)》(节选)

(中石大东发〔2015〕23 号)

第四条 省部级科学技术奖的奖励标准:1. 对我校作为第一完成单位或我校科研人员为第一完成人获得政府类省部级二等奖以上科学技术奖的成果,给予一定的现金奖励。奖励标准如下:自然科学奖、技术发明奖和科技进步奖一等奖分别奖励 15 万元,二等奖分别奖励 5 万元。

《山东师范大学科研成果、项目及获奖等级认定办法(试行)》(节选)

(山东师大党办字〔2018〕6 号)

第十三条 科研获奖分类

科研获奖是指以各级政府名义颁发的优秀科研成果奖,包括国家科学技术奖,教育部高等学校科学研究优秀成果奖,山东省人民政府颁发的优秀成果奖,中央和国家机关其他部委、山东省其他厅局级单位、济南市人民政府颁发的优秀成果奖。

第十四条 科研获奖等级认定

根据获奖授予或主办单位级别和获奖等级,将科研获奖分为 6 个等级。

(一)人文社会科学

A 级:教育部高等学校科学研究优秀成果奖(人文社会科学)特等奖、一等奖。

B 级:国家哲学社会科学成果文库,教育部高等学校科学研究优秀成果奖(人文社会科学)二等奖,全国教育科学研究优秀成果奖一等奖,山东省社会科学优秀成果奖特等奖。

C 级:教育部高等学校科学研究优秀成果奖(人文社会科学)三等奖,全国教育科学研究优秀成果奖二等奖,山东省社会科学优秀成果奖一等奖。

D 级:全国教育科学研究优秀成果奖三等奖,山东省社会科学优秀成果奖二等奖,山东省文化创新奖,山东省泰山文艺奖(艺术理论和评论类)。

E 级:山东省社会科学优秀成果奖三等奖,山东省高等学校人文社会科学优秀成果奖一等奖。

F 级:山东省高等学校人文社会科学优秀成果奖二等奖、三等奖,济南市社会科学优秀成果奖,其他厅局级单位评选的学术成果奖。

(二)自然科学

A 级:

AⅠ:国家科学技术奖(国家自然科学奖、国家技术发明奖、国家科技进步奖)特等奖、一等奖。

AⅡ：国家科学技术奖（国家自然科学奖、国家技术发明奖、国家科技进步奖）二等奖。

B级：

BⅠ：教育部高等学校科学研究优秀成果奖（科学技术）一等奖，中国专利奖金奖。

BⅡ：山东省科学技术奖（自然科学奖、技术发明奖、科技进步奖）一等奖，山东省专利奖特别奖。

C级：

CⅠ：教育部高等学校科学研究优秀成果奖（科学技术）二等奖，中国专利奖优秀奖。

CⅡ：山东省科学技术奖（自然科学奖、技术发明奖、科技进步奖）二等奖，山东省专利奖一等奖。

D级：山东省科学技术奖（自然科学奖、技术发明奖、科技进步奖）三等奖，山东省专利奖二等奖。

E级：山东省专利奖三等奖，山东省高等学校科学技术奖一等奖，济南市科学技术奖一等奖。

F级：山东省高等学校科学技术奖二等奖、三等奖，济南市科学技术二等奖、三等奖，其他厅级单位评选的学术成果奖。

《济南大学科研工作奖励办法》（节选）

（济大校字〔2018〕6号）

第二条 济南大学获得的国家及省、部级科研成果奖，除上级奖励外，学校给予匹配奖励。奖励额度的计算，以省级以上人民政府或国务院有关部委发布的奖励条例为依据。

获国家级科研成果奖的成果，我校为第一单位的，给予1∶10匹配奖励；为第二单位的，给予1∶5匹配奖励；为第三单位的，给予1∶2匹配奖励；第四单位及其以下的，给予1∶1匹配奖励。

获省部级科研奖重大成果奖和一等奖的成果，我校为第一单位的，给予1∶5匹配奖励（最高奖励不超过75万元）；为第二单位的，给予1∶2匹配奖励（最高奖励不超过30万元）；为第三单位的，给予1∶1匹配奖励（最高奖励不超过15万元）；为第四单位及其以下的，给予1∶0.5匹配奖励（最高奖励不超过7.5万元）。获省部级科研奖二等奖的成果，我校为第一单位的，给予1:2匹配奖励（最高奖励不超过20万元）；为第二单位的，给予1∶1匹配奖励（最高奖励不超过10万元）；为第三单位及其以下的，给予1∶0.5匹配奖励（最高奖励不超过5万元）。获省部级科研奖三等奖的成果，我校为第一单位的，给予1∶1匹配奖励（最高奖励不超过5万元），为第二单位的，给予1∶0.5匹配奖励（最高奖励不超过2.5万元）。

对于经科技部审查登记的社会力量设奖，按省部级科技奖认定表彰。对获得国家科学技术奖的社会力量设奖科技成果，按照山东省科学技术奖一等奖进行匹配奖励。

获教育部、中国社会科学院认定的优秀学术成果奖的人文社科成果，每项奖励3万元。

《潍坊医学院科研工作奖励办法》(节选)

(潍医科字〔2017〕5号)

第六条 国家级、省部级科研成果奖按颁奖单位奖励标准给予匹配奖励。获国家级科研成果奖者,给予1∶10匹配奖励;获省部级科学技术最高奖、一等奖和社会科学优秀成果特等奖、一等奖者,给予1∶5匹配奖励;获省部级科研成果二等奖者,给予1∶2匹配奖励;获省部级科研成果三等奖者,给予1∶1匹配奖励。在国家科学技术部奖励办公室登记备案的“社会力量设立科学技术奖”名录中,成果获得可推荐国家科学技术奖的社会科技奖励一等奖以上,学校给予5万元奖励。

学校鼓励联合申报国家及省部级科研成果奖。国家级科研成果奖,我校为第二、三、四、五位及以下完成单位者,按照第一位奖励标准的60%、40%、30%、20%奖励;省部级科研成果奖,我校为第二、三、四、五位完成单位者,按第一位奖励标准的50%、30%、20%、10%奖励。

获厅局级科研成果奖一等奖、二等奖、三等奖者,学校分别给予0.3万元、0.2万元、0.1万元奖励。

V 科研平台类

国家科技创新基地优化整合方案

国科发基〔2017〕250 号

为落实《关于深化中央财政科技计划(专项、基金等)管理改革的方案》中国家科研基地优化整合的任务要求,解决现有基地之间交叉重复、定位不够清晰的问题,进一步推进国家科技创新基地建设,制定本方案。

一、总体目标和基本原则

(一)总体目标

落实实施创新驱动发展战略要求,以提升国家自主创新能力为目标,着眼长远和全局,以国家实验室为引领统筹布局国家科技创新基地建设。国家科技创新基地按照科学与工程研究、技术创新与成果转化、基础支撑与条件保障三类布局建设。围绕国家战略和创新链布局需求,大力推动基础研究、技术开发、成果转化协同创新,夯实自主创新的物质技术基础。到 2020 年初步形成布局合理、定位清晰、管理科学、开放共享、多元投入、动态调整的国家科技创新基地建设发展体系。

(二)基本原则

1. 坚持顶层设计原则。以国家目标和战略需求为导向,根据国家科技创新基地功能定位,加强整体设计,统筹布局,加强各类基地之间的相互衔接,避免低水平、交叉和重复建设。

2. 坚持机制创新原则。加强管理机制创新,完善评估评价机制,建立人才培养和团队建设评价机制。强化目标考核和动态调整,实现能进能出。加强协同创新,推进开放共享。

3. 坚持分类管理原则。根据国家科技创新基地功能定位,强化分类管理、分类支持,制定符合不同基地特点的建设方案和管理办法。

4. 坚持能力提升原则。加强重大科技基础设施和科研条件保障能力建设,发挥国家科技创新基地的引领和带动作用,提升原始创新能力。

二、优化国家科技创新基地布局

国家科技创新基地是围绕国家目标,根据科学前沿发展、国家战略需求以及产业创新发展需要，开展基础研究、行业产业共性关键技术研发、科技成果转化及产业化、科技资源共享服务等科技创新活动的重要载体，是国家创新体系的重要组成部分。按照党中央、国务院关于国家科技创新基地建设发展改革有关部署要求，根据国家战略需求和不同类型科研基地功能定位，对现有国家级基地平台进行分类梳理，归并整合为科学与工程研究、技术创新与成果转化和基础支撑与条件保障三类进行布局建设。

（一）科学与工程研究类国家科技创新基地

科学与工程研究类国家科技创新基地定位于瞄准国际前沿，聚焦国家战略目标，围绕重大科学前沿、重大科技任务和大科学工程，开展战略性、前沿性、前瞻性、基础性、综合性科技创新活动。主要包括国家实验室、国家重点实验室。

1. 国家实验室。体现国家意志、实现国家使命、代表国家水平的战略科技力量，是面向国际科技竞争的创新基础平台，是保障国家安全的核心支撑，是突破型、引领型、平台型一体化的大型综合性研究基地。

2. 国家重点实验室。面向前沿科学、基础科学、工程科学等，开展基础研究、应用基础研究等，推动学科发展，促进技术进步，发挥原始创新能力的引领带动作用。

（二）技术创新与成果转化类国家科技创新基地

技术创新与成果转化类国家科技创新基地定位于面向经济社会发展和创新社会治理、建设平安中国等国家需求，开展共性关键技术和工程化技术研究，推动应用示范、成果转化及产业化，提升国家自主创新能力和科技进步水平。主要包括国家工程研究中心、国家技术创新中心和国家临床医学研究中心。

1. 国家工程研究中心。面向国家重大战略任务和重点工程建设需求，开展关键技术攻关和试验研究、重大装备研制、重大科技成果的工程化实验验证，突破关键技术和核心装备制约。

2. 国家技术创新中心。面向影响国家长远发展稳定的行业和产业需求，开展重大共性关键技术和产品研发、成果转化及应用示范。

3. 国家临床医学研究中心。面向重大临床需求和产业化需要，开展大样本临床循证、转化医学和战略防控策略研究，推动医学科技成果转化推广和普及普惠，为提高我国整体医疗水平提供科技支撑。

（三）基础支撑与条件保障类国家科技创新基地

基础支撑与条件保障类国家科技创新基地定位于为发现自然规律、获取长期野外定位观测研究数据等科学研究工作，提供公益性、共享性、开放性基础支撑和科技资源共享服务。主要包括国家科技资源共享服务平台、国家野外科学观测研究站。

1. 国家科技资源共享服务平台。面向科技创新、经济社会发展和创新社会治理、建设平安中国等需求，加强优质科技资源有机集成，提升科技资源使用效率，为科学研究、技术进步和社会发展提供网络化、社会化的科技资源共享服务。

2. 国家野外科学观测研究站。服务于生态学、地学、农学、环境科学、材料科学等领域，获取长期野外定位观测数据并开展研究工作。

三、优化调整现有国家级基地

根据整合重构后各类国家科技创新基地功能定位和建设运行标准，对现有试点国家实验室、国家重点实验室、国家工程技术研究中心、国家科技基础条件平台、国家工程实验室、国家工程研究中心等国家级基地和平台进行考核评估，通过撤、并、转等方式，进行优化整合，符合条件的纳入相关基地序列管理。同时，按照国家科技创新基地布局要求，遵循“少而精”的原则，择优择需部署新建一批高水平国家级基地，严格遴选标准，严控新建规模。加强与国家重大科技基础设施相互衔接，推动设施建设与国家实验室等国家科技创新基地发展的紧密结合，强化绩效评估，促进开放共享。

（一）科学与工程研究类国家科技创新基地

1. 组建国家实验室。按照中央关于在重大创新领域组建一批国家实验室的要求，突出国家意志和目标导向，采取统筹规划、自上而下为主的决策方式，统筹全国优势科技资源整合组建，坚持高标准、高水平，体现引领性、唯一性和不可替代性，成熟一个，启动一个。（各部门工作任务将按照党中央、国务院部署和决策，另行发文明确）

2. 优化调整国家重点实验室。在现有试点国家实验室和已形成优势学科群基础上，组建（地名加学科名）国家研究中心，纳入国家重点实验室序列管理。对现有国家重点实验室进行优化调整和统筹布局，对依托高校和科研院所建设的学科国家重点实验室结合评估进行优化调整，对处于国际上领跑、并跑的国家重点实验室加大稳定支持力度，对处于长期跟跑的国家重点实验室要重新确定研究方向和任务，对多年来无重大创新成果、老化僵化的国家重点实验室予以调整。在科学前沿、新兴、交叉、边缘等学科以及布局薄弱与空白学科，依托高校、科研院所和骨干企业，部署建设一批国家重点实验室。统筹推进学科、省部共建、企业、军民共建和港澳伙伴国家重点实验室等建设发展。（牵头单位：科技部、财政部，参与单位：相关部门和地方）

（二）技术创新与成果转化类国家科技创新基地

对现有国家工程技术研究中心、国家工程研究中心、国家工程实验室等存量进行评估梳理，逐步按照新的功能定位要求合理归并，优化整合。国家发展改革委不再批复新建国家工程实验室，科技部不再批复新建国家工程技术研究中心。

1. 整合组建国家工程研究中心。对现由国家发展改革委管理的国家工程研究中心和国家工程实验室，按整合重构后的国家工程研究中心功能定位，合理归并，符合条件的纳入国家工程研究中心序列进行管理。结合国家重大工程布局和发展需要，依托企业、高校和科研院所，择优建设一批国家工程研究中心。（牵头单位：国家发展改革委，参与单位：相关部门与地方）

2. 布局建设国家技术创新中心。面向国家长远发展和全球竞争，依托高校、科研院所、企业部署一批战略定位高端、组织运行开放、创新资源集聚的综合性和专业性国家技术创新中心。对现由科技部管理的国家工程技术研究中心加强评估考核和多渠道优化整合，符合条件的纳入国家技术创新中心等管理。（牵头单位：科技部，参与单位：相关部门与地方）

3. 布局建设国家临床医学研究中心。依据疾病领域和区域的布局要求，依托相关医疗机构建设一批国家临床医学研究中心，大规模整合临床医学资源，构建大数据、样本库等专业化的临床医学公共服务平台。（牵头单位：科技部、卫生计生委、中央军委后勤保障部、食品药品监管总局，参与单位：相关部门与地方）

（三）基础支撑与条件保障类国家科技创新基地

1. 优化调整国家科技资源共享服务平台。对现有国家科技基础条件平台进行优化调整，通过绩效考评，符合条件的纳入国家科技资源共享服务平台序列进行管理。围绕科研仪器、科研设施、科学数据、科技文献和实验材料等领域，根据功能定位和建设运行标准，依托科研院所、高校建设一批国家科技资源共享服务平台。完善各类国家科技资源数据库、生物种质、人类遗传等资源库建设，加强科技基础资源调查。（牵头单位：科技部、财政部，参与单位：相关部门与地方）

2. 优化调整国家野外科学观测研究站。制定国家野外科学观测研究站数据获取、研究分析和共享服务能力的认定标准，对现有台站进行评估考核，符合条件的纳入国家野外科学观测研究站序列进行管理。在具有研究功能的部门台站基础上，根据功能定位和建设运行标准，依托科研院所、高校择优遴选建设一批国家野外科学观测研究站。（牵头单位：科技部、财政部，参与单位：相关部门与地方）

四、管理运行机制

（一）完善运行管理机制

各类国家科技创新基地需按照定位、目标和任务，制定相应的建设发展方案。创新管理模式，加强制度建设，明确建设规模，建立与基地特点相适应的管理办法、评价标准和遴选机制。建立注重成果和贡献的人才评价制度，提升国家科技创新基地创新能力和活力。

（二）完善评估考核机制

充分发挥评估的政策导向作用，建立与国家科技创新基地发展目标相一致的评估考核指标体系，加大动态调整力度，做到有进有出，实现基地建设的良性循环。

（三）完善资源配置机制

进一步完善分类支持方式和稳定支持机制，加大绩效考核和财政支持的衔接，科学与工程研究类、基础支撑与条件保障类国家科技创新基地要突出财政稳定支持，中央财政稳定支持学科国家重点实验室运行和能力建设。技术创新与成果转化类国家科技创新基地建设要充分发挥市场配置资源的决定性作用，加强政府引导和第三方考核评估，根据考核评估情况，采用后补助等方式支持基地能力建设。

五、实施进度和工作要求

2017年，各类国家科技创新基地牵头单位要会同有关部门，根据不同科技创新基地的功能定位和任务要求，按照分类管理和规范运行的原则，完成细化的建设发展方案和相应的管理办法制定，明确建设运行标准和建设规模，根据国发〔2014〕64号文件和本方案要求开展优化整合和建设工作。

2018年，全面按照优化整合后的“基地和人才专项”运行，不再保留优化整合之前国家科技创新基地经费渠道。各类国家科技创新基地牵头单位要创新管理机制，完善组织实施方式，完成基地优化整合工作，有序推动各类国家科技创新基地建设发展。

科技部　财政部关于加强国家重点实验室建设发展的若干意见

国科发基〔2018〕64号

各省、自治区、直辖市、计划单列市科技厅（委、局）、财政厅（局），新疆生产建设兵团科技局、财务局，国务院各有关部门、直属机构，中央军委科学技术委员会，各有关单位：

国家重点实验室是国家组织开展基础研究和应用基础研究、聚集和培养优秀科技人才、开展高水平学术交流、具备先进科研装备的重要科技创新基地，是国家创新体系的重要组成部分。经过30多年的建设发展，已成为孕育重大原始创新、推动学科发展和解决国家战略重大科学技术问题的重要力量。但与全面加强基础科学研究建设世界科技强国的要求相比，还存在重大原创性成果缺乏、世界一流领军科学家不足、管理体制机制亟待深化等问题。为进一步加强国家重点实验室建设发展，依据《关于深化中央财政科技计划（专项、基金等）管理改革的方案》（国发〔2014〕64号）、《国务院关于全面加强基础科学研究的若干意见》（国发〔2018〕4号）和《国家科技创新基地优化整合方案》（国科发基〔2017〕250号），现提出以下意见。

一、总体要求

（一）指导思想

全面贯彻党的十九大精神，以习近平新时代中国特色社会主义思想为指导，以加快建设创新型国家为目标，面向世界科技前沿、面向国家重大需求、面向国民经济主战场，加强顶层设计和系统布局，加大建设力度和体制机制创新，强化基础研究和应用基础研究，凝聚和培养一流优秀人才，引领未来科学技术发展方向，产出重大原创成果，大幅提升国家重点实验室的原始创新能力、国际学术影响力、学科发展带动力、国家需求和社会发展支撑力，打造国家重点实验室“升级版”，保持国家重点实验室的创新性、先进性和引领性，构筑国际竞争新优势，促进基础研究与应用研究融通发展，为建设世界科技强国提供有力支撑。

（二）基本原则

——坚持系统布局。按照建设高水平科学与工程研究类国家科技创新基地的要求，加强顶层设计，构建国家重点实验室发展体系，明确各类国家重点实验室功能定位、目标任务。

——坚持能力提升。加强创新能力建设，注重原始创新，聚集领军人才，增强国家重点实验室持续创新活力，促进重大原创成果产出，提升国际影响力。

——坚持开放合作。深化“开放、流动、联合、竞争”机制建设，强化开放合作，加强协同创新，推动军民融合，激发创新活力，提升服务能力。

——坚持科学管理。加强制度建设，强化分类管理，完善评估机制。加强统筹协调，发挥部门地方作用。建立多元投入机制，强化财政稳定支持。

（三）发展目标

到 2020 年，基本形成定位准确、目标清晰、布局合理、引领发展的国家重点实验室体系。管理体制、运行机制和评价激励制度基本完善。实验室整体水平、开放力度、科研条件和国际影响力显著提升，凝聚和培养一批顶尖科研领军人才和团队，在部分重要学科方向取得一批重大原创性科学成果，支撑引领创新驱动发展的源头供给能力显著增强。实验室经优化调整和新建，数量稳中有增，总量保持在 700 个左右。其中，学科国家重点实验室保持在 300 个左右，企业国家重点实验室保持在 270 个左右，省部共建国家重点实验室保持在 70 个左右。

到 2025 年，国家重点实验室体系全面建成，科研水平和国际影响力大幅跃升。若干实验室成为世界最重要的科学中心和高水平创新高地，引领基础科学研究发展，持续产出对世界科技发展有重大影响的原创成果，集聚一批具有国际水平的战略科技人才和团队，在相关领域成为解决世界重大科学技术问题的核心创新力量，引领带动经济社会发展的作用不断增强，为建成社会主义现代化国家提供有力支撑。

二、完善国家重点实验室发展体系

（四）优化国家重点实验室总体布局

明确各类国家重点实验室功能定位，系统布局、重点建设、均衡发展，强化分类管理，加强体系建设和优化布局。推进现有国家重点实验室优化调整，以学科国家重点实验室为重点，积极推进学科交叉国家研究中心建设，统筹企业、省部共建、军民共建和港澳等国家重点实验室建设发展，实现国家重点实验室布局的结构优化、领域优化和区域优化。重点围绕世界科技前沿和国家长远发展，围绕区域创新和行业发展，选择优势单位和团队布局建设，适当向布局较少或尚未布局的地方、行业部门倾斜，加强与国家相关科教计划重点任务布局的衔接，推动实验室聚焦重大科学前沿问题，超前布局可能引发重大变革的基础研究和应用基础研究，聚集一批世界一流领军科学家，产出更多原创理论，做出更多原创发现，开创更多前沿学科，在引领基础研究前沿方向中发挥主导作用。

（五）重点推进学科国家重点实验室建设发展

瞄准世界科技前沿，服务国家重大战略需求，以提升原始创新能力为目标，重点开展基础研究，产出具有国际影响力的重大原创成果。关注国际学科领域发展新动态，遵循科学规律，适时调整实验室研究方向和任务，促进更多优势学科领域实现领跑并跑。对在国际上领跑并跑的实验室加大稳定支持力度，对长期跟跑、多年无重大创新成果的实验室予以优化调整。围绕数学、物理、化学、地学、生物、医学、农学、信息、材料、工程和智能制造等相关领域，在干细胞、合成生物学、园艺生物学、脑科学与类脑、深海深空深地探测、物联网、纳米科技、人工智能、极端制造、森林生态系统、生物安全、全球变化等前沿方向布局建设。

（六）大力推动企业国家重点实验室建设发展

面向战略性新兴产业和行业发展需求，以提升企业自主创新能力和核心竞争力为目标，围绕产业发展共性关键问题，主要开展应用基础研究等。突出需求导向，在高新技术、现代农业、生态环境、社会民生等重点领域布局建设。加强与学科国家重点实验室的交流合作，促进产学研深度融合。强化企业对基础研究的投入，引导部门地方加大对实验室建设发展的支持，落实研究开发费用税前加计扣除、高新技术企业所得税优惠等政策。明确实验室建设标准，加强评估考核，引导企业建立实验室科研成果质量和效益评价机制，为企业创新发展提供动力。

（七）加大省部共建国家重点实验室建设力度

以提升区域创新能力和地方基础研究能力为目标，主要开展具有区域特色的应用基础研究，依托地方所属高等学校和科研院所加快布局建设。创新运行管理机制，坚持省部共建、以省为主的管理模式，加强过程管理与评估考核，按照实验室目标任务执行情况进行动态调整。不断提升实验室科研能力和水平，推动与学科国家重点实验室建立伙伴关系。推动地方政府设立专项经费，在项目、人才团队建设等方面加大对实验室的支持力度。统筹中央与地方相关专项资金等措施支持实验室建设发展。

（八）组建学科交叉国家研究中心

适应大科学时代基础研究特点，加强自然科学与社会科学的融合，聚焦符合科学发展趋势且对未来长远发展产生巨大推动作用的前沿科学问题，聚焦可能形成重大科学技术突破且对经济发展方式产生重大影响的基础科学问题，聚焦学科交叉前沿研究方向，开展前瞻性、战略性、前沿性基础研究。根据世界科技前沿和国家长远发展重大需求，在优势学科群基础上，成熟一个，启动一个。推动体制机制创新，实行主任负责制，强化组建单位法人主体责任，加大中央财政稳定支持力度。

（九）推动国家重点实验室组建联盟

加强引导，推动实验室围绕学科领域、行业发展和区域创新组建实验室联盟，开展共性重大科学问题和战略方向的联合研究，促进协同创新。推动固体地球科学、药学、水科学等领域国家重点实验室联盟发展。围绕京津冀、长江经济带、粤港澳大湾区等区域发展需求，推动实验室联盟建设。鼓励和引导联盟大力支持雄安新区建设发展，支撑北京、上海科技创新中心建设。

三、提升国家重点实验室创新能力

（十）培养和聚集高水平人才队伍

以提高科技创新活力为核心，推动国家重点实验室建立开放、流动、竞争、协同的用人机制，吸引顶尖人才、培养青年人才、用好现有人才，促进人员合理的双向流动，助推重大成果产出和国际影响力提升。强化对国家重点实验室人才队伍建设的评价，引导出成果、出人才并重，造就一大批具有国际水平的战略科技人才、科技领军人才、青年科技人才，稳定支持优秀创新团队。推动实验室建立完善人才评价与成果、贡献相挂钩的制度，评价考核注重研究成果创新质量、学术贡献和学术影响力。

（十一）提升国家重点实验室基础设施和装备水平

应对基础研究和应用基础研究不断深化和学科交叉的大趋势，推动实验室围绕研究方向，科学合理地进行原有实验研究硬件资源整合和配置，积极开拓仪器设施的功能和推动极限研究手段突破，搭建具有世界一流水平的公共实验研究平台。加强实验室公共实验研究平台能力建设和管理水平提升，为突破科学前沿、实现技术变革提供充分的物质基础保障。

（十二）扩大国家重点实验室开放力度

深化实验室"物"与"人"等资源开放共享的广度和深度，提升实验室认可度。按照《国家科技资源共享服务平台管理办法》的要求，推动实验室仪器设备、重大科研数据等科技资源开放共享，探索开展基础研究众包众筹众创，将开放服务满意度和普及度作为实验室年度考核和定期评估的重要指标。加强实验室技术人员培养，为科研活动提供规范化、专业化公共技术服务。推动实验室建立固定与流动相结合的聘用制度，设置一定数量流动岗位，吸引本学科领域国际顶尖人才共同开展联合研究。调动青年人才创新积极性，为他们提供由骨干研究人员辅导开展阶段性研究的便利条件。

（十三）加强国家重点实验室国际合作与交流

健全国际科技合作机制，深化与国际一流科研机构的交流与合作。根据国家发展战略需求，支持实验室开展目标导向的国际科技合作，积极参与或主导国际大科学计划和工程，牵头承担国际科技创新合作专项项目。落实"一带一路"科技创新合作倡议，推动有条件的实验室共建"一带一路"联合实验室，开展合作研究、人才培养和科技人文交流等工作。

（十四）提升国家重点实验室影响力

充分发挥实验室品牌效应，鼓励实验室在加强自身建设、提高核心竞争力的同时，进一步发挥引领带动作用，不断增强在学科、领域和行业产业中的美誉度与影响力。鼓励实验室与学会、协会保持密切联系和沟通。积极支持实验室开展科普工作，按有关规定向社会开放。鼓励实验室创办国际知名期刊。大力倡导和支持实验室参与国际学术交流活动，支持和推荐更多人员到有影响力的国际科技组织和国际重要期刊应聘任职，推进任职高端化。将实验室打造成为具有国际影响力的学术创新中心、人才培育中心、学科引领中心、科学知识传播普及和成果转移中心。

四、加强国家重点实验室管理创新

（十五）加强统筹协调和组织实施

按照国家重点实验室建设总体布局，推动部门地方将实验室建设作为一项重要工作纳入本部门本地区科技创新体系，进一步提升创新保障能力，把经费、人员、条件保障等方面的支持落到实处。建立国家和部门地方联动机制，形成多层次推动实验室建设发展的工作格局，国家将加强对部门地方实验室建设工作的指导和支持，实现国家重点实验室与部门地方实验室的协同发展，促进资源开放共享和信息互联互通。

（十六）强化依托单位法人主体责任

国家重点实验室依托单位应将实验室作为本单位的“政策高地”，在物理空间、科研仪器和实验设施平台搭建、人员聘用、研究生指标、经费使用等方面给予必要的条件保障和倾斜。实行实验室主任负责制，赋予实验室选人用人、科研课题设定自主权。创造科学家、研究团队和青年人才拎包入驻的环境和条件。建立一流的科研专业服务团队，为科学家开展研究提供全方位支撑。

（十七）加强多元投入，完善资源配置

进一步完善分类支持方式和稳定支持机制，加大绩效考核和财政支持的衔接。本着“保重点，补短板、分类支持、注重绩效”的原则，中央财政稳定支持国家研究中心和学科等国家重点实验室的运行和能力建设。积极鼓励国家研究中心和学科国家重点实验室牵头承担国家重大研发任务。坚持多元化投入，推动实验室依托单位、主管部门和地方政府加大对实验室建设发展投入力度。通过政府引导、税收杠杆方式，激励企业和社会力量加大基础研究投入。

（十八）加强国家重点实验室制度建设和分类管理

按照各类国家重点实验室的定位、目标和任务，制定建设运行实施方案。按照科技计划管理改革要求，创新管理模式，加强分类管理和分类评估考核，制定修订适合各类国家重点实验室管理特点的办法。加强省部共建等实验室共建共管的制度探索，明晰管理职责，调动实验室相关主管部门和地方政府的积极性。

（十九）建立完善符合基础研究特点和规律的评价机制

坚持定期评估考核制度，建立与实验室发展目标相一致的评估考核指标体系和以创新质量和学术贡献为核心的评价机制。完善第三方评估，探索国际同行专业化评价，强化实验室学术竞争力的国际比对和实验室任务完成情况定性与定量相结合的综合评价，引导实验室在学科目标上更加聚焦原始创新，促使更多实验室不断成为领跑者和并跑者，增强国际影响力，实现国家重点实验室的优化调整、良性循环。

（二十）营造国家重点实验室创新文化

弘扬科学家和研究团队为国奉献精神，提升国家重点实验室的荣誉感和使命感。引导实验室做科研诚信的表率，避免急功近利、急于求成。推动实验室建立容错机制，形成潜心研究、挑战未知的创新文化和宽容失败、鼓励争鸣的学术氛围。保障科研人员围绕实验室确定的科学目标和任务，心无旁骛、长期稳定深耕基础理论、基础方法，产出重大原创性成果，引领国际科技前沿方向。充分发挥学术委员会对实验室发展目标、学科方向、人才队伍等的学术指导作用，保持实验室创新活力。

科技部　财政部

2018 年 6 月 22 日

权威解读

科技部联合财政部打造国家重点实验室“升级版”

科技部和财政部近日联合发布关于加强国家重点实验室建设发展的若干意见，要大幅提升国家重点实验室的原始创新能力、国际学术影响力、学科发展带动力、国家需求和社会发展支撑力，打造国家重点实验室“升级版”。

意见提出目标，到2020年，我国要基本形成定位准确、目标清晰、布局合理、引领发展的国家重点实验室体系，管理体制、运行机制和评价激励制度基本完善，要凝聚和培养一批顶尖科研领军人才和团队，在部分重要学科方向要取得一批重大原创性科学成果。实验室经优化调整和新建，数量稳中有增，总量保持在700个左右。其中，学科国家重点实验室保持在300个左右，企业国家重点实验室保持在270个左右，省部共建国家重点实验室保持在70个左右。到2025年，国家重点实验室体系要全面建成，科研水平和国际影响力大幅跃升。若干实验室要成为世界最重要的科学中心和高水平创新高地，引领基础科学研究发展，持续产出对世界科技发展有重大影响的原创成果，在相关领域成为解决世界重大科学技术问题的核心创新力量。

意见指出，要推进现有国家重点实验室优化调整，以学科国家重点实验室为重点，积极推进学科交叉国家研究中心建设，统筹企业、省部共建、军民共建和港澳等国家重点实验室建设发展，实现国家重点实验室布局的结构优化、领域优化和区域优化。要重点围绕世界科技前沿和国家长远发展，围绕区域创新和行业发展，选择优势单位和团队布局建设，适当向布局较少或尚未布局的地方、行业部门倾斜，加强与国家相关科教计划重点任务布局的衔接，推动实验室聚焦重大科学前沿问题，超前布局可能引发重大变革的基础研究和应用基础研究。

意见还指出，要关注国际学科领域发展新动态，遵循科学规律，适时调整实验室研究方向和任务，促进更多优势学科领域实现领跑并跑。对在国际上领跑并跑的实验室加大稳定支持力度，对长期跟跑、多年无重大创新成果的实验室予以优化调整。围绕数学、物理、化学、地学、生物、医学、农学、信息、材料、工程和智能制造等相关领域，在干细胞、合成生物学、园艺生物学、脑科学与类脑、深海深空深地探测、物联网、纳米科技、人工智能、极端制造、森林生态系统、生物安全、全球变化等前沿方向布局建设。

意见强调，要突出需求导向，在高新技术、现代农业、生态环境、社会民生等重点领域布局建设。加强与学科国家重点实验室的交流合作，促进产学研深度融合。强化企业对基础研究的投入，引导部门地方加大对实验室建设发展的支持，落实研究开发费用税前加计扣除、高新技术企业所得税优惠等政策。明确实验室建设标准，加强评估考核，引导企业建立实验室科研成果质量和效益评价机制，为企业创新发展提供动力。

意见还强调，要适应大科学时代基础研究特点，加强自然科学与社会科学的融合，聚焦符合科学发展趋势且对未来长远发展产生巨大推动作用的前沿科学问题，聚焦可能形成重大科学技术突破且对经济发展方式产生重大影响的基础科学问题，聚焦学科交叉前沿研究方向，开展前瞻性、战略性、前沿性基础研究。根据世界科技前沿和国家长远发展重大需求，在优势学科群基础上，成熟一个，启动一个。推动体制机制创新，实行主任负责制，强化组建单位法人主体责任，加大中央财政稳定支持力度。

意见明确，要扩大国家重点实验室开放力度，深化实验室“物”与“人”等资源开放共享的广度和深度，提升实验室认可度，推动实验室仪器设备、重大科研数据等科技资源开放共享，探索开展基础研究众包众筹众创，将开放服务满意度和普及度作为实验室年度考核和定期评估的重要指标。推动实验室建立固定与流动相结合的聘用制度，设置一定数量流动岗位，吸引本学科领域国际顶尖人才共同开展联合研究。

——引自：人民网 http://scitech.people.com.cn/n1/2018/0626/c1007-30086076.html

促进国家重点实验室与国防科技重点实验室、军工和军队重大试验设施与国家重大科技基础设施的资源共享管理办法

国科发基〔2018〕63 号

第一章　总　则

第一条　为落实中共中央、国务院、中央军委关于经济建设和国防建设融合发展的工作任务，加强军民融合，统筹推进国家重点实验室与国防科技重点实验室、军工和军队重大试验设施与国家重大科技基础设施的资源共享，提高资源利用效率，释放服务潜能，提升协同创新能力，规范相关管理工作，制定本办法。

第二条　本办法所指的国家重点实验室与国防科技重点实验室、军工和军队重大试验设施与国家重大科技基础设施（以下简称“实验室及设施”）的资源主要包括科研设施与仪器设备、科学数据、实验材料等。

科研设施与仪器设备是指用于科学研究和技术开发活动的实验（试验）设施和科学仪器设备。

科学数据是指通过基础研究、应用研究、试验开发产生的数据以及通过观测监测、考察调查、检验检测等方式取得并可用于科学研究活动的原始数据及其衍生数据。

实验材料是指用于科学研究和技术开发活动的实验样本（样品）、实验用试剂、标准物质、实验动物、微生物菌种资源等。

第三条　本办法所称的实验室是军民开展科技创新的基地，国家重点实验室与国防科技重点实验室通过资源共享，共同组织基础研究和应用基础研究，整体提升军民协同创新能力。本办法所称的设施是军民开展科学研究和技术开发的科研基础条件平台，军工和军队重大试验设施与国家重大科技基础设施通过优质资源的有效集成，形成服务于协同创新活动的支撑能力。

第四条　实验室及设施的资源原则上应对外开放共享，并为科技创新活动提供支撑服务。法律法规、相关管理办法和保密制度另有特殊规定的按其规定执行。

第二章　管理职责

第五条　科技部、国家发展改革委、国防科工局、军委装备发展部、军委科技委等部

门是推进实验室及设施资源共享的宏观管理部门(以下简称“宏观管理部门”),主要职责是:

1. 建立军民会商协调机制,设立管理办公室,统筹推进实验室及设施资源共享;

2. 强化问题导向,制定完善促进实验室及设施资源共享的政策措施;

3. 组织开展实验室及设施资源共享执行情况的评价考核;

4. 指导部门和地方政府相关管理部门开展实验室及设施资源共享工作。

第六条 有关部门和地方政府相关管理部门是开展实验室及设施资源共享工作的主管部门(以下简称“主管部门”),主要职责是:

1. 组织开展本部门实验室及设施资源共享工作,建立健全组织管理体系、规章制度和保密条例;

2. 定期开展本部门实验室及设施资源共享工作检查,跟踪掌握工作进展情况;

3. 盘活本部门实验室及设施资源存量,统筹增量,按照分级分类原则,核准并发布相关资源的共享目录;

4. 参与跨部门、跨区域实验室及设施资源共享工作。

第七条 依托单位是实验室及设施资源共享工作的责任主体,主要职责是:

1. 落实推进实验室及设施资源共享的各类规章制度,创新管理运行机制,完善相关配套条件;

2. 负责实验室及设施运行管理和资源共享服务中的知识产权保护。负责签署资源共享服务合同,约定服务内容、相关保密要求等事项。组织编制实验室及设施资源共享目录;

3. 开展实验室及设施资源共享的人才队伍建设,在人员编制、薪酬待遇、职称晋升和业务培训等方面给予倾斜;

4. 开展实验室及设施资源共享时,可依据相关规定,采取有偿或无偿的方式进行。军队所属单位要按照中央军委“全面停止有偿服务活动”相关政策执行。

第三章 信息互通

第八条 宏观管理部门将会同主管部门建立实验室及设施资源共享的信息互通机制和渠道。推动重大科研基础设施和大型科研仪器国家网络管理平台、国家军民融合公共服务平台、国家军民技术成果公共服务平台、全军武器装备采购信息网等网络信息平台互联互通,实现信息共享。

第九条 依托单位应按照分级分类原则,负责组织编制实验室及设施资源共享目录,经主管部门保密审查核准通过后,依据相关规定,由主管部门采取适当方式发布。

第十条 依托单位在相关网络信息平台上,依据相关规定,发布实验室及设施资源共享的服务内容、服务方式、服务流程等相关信息,并提供线上线下服务。

第四章 双向开放

第十一条 实验室应按照资源共享要求,加强国家重点实验室和国防科技重点实验室双向开放、相互融合和有效集成,开展协同创新能力建设。

第十二条 设施应按照资源共享要求，通过设置开放共享服务公开区域和涉密区域方式，开展国防科技重点实验室、军工和军队重大试验设施的降解密工作，有效盘活资源存量，实现军工和军队重大试验设施与国家重大科技基础设施的融通衔接和协同共用。

第十三条 实验室及设施应加强资源共享的供需对接，集中优质资源，为科技创新提供有针对性的规范化、专业化资源共享服务。

第十四条 实验室及设施可通过互聘兼职教授（研究员）、互派客座研究人员、联合培养人才等方式促进专业技术人才的双向交流和资源共享。

第五章 协同创新

第十五条 国家重点实验室开展前瞻性、前沿性、颠覆性基础研究和军民共用技术研究，引领带动学科领域发展。国防科技重点实验室开展创新性的应用基础和关键技术研究。实验室及设施应聚焦经济建设和国防建设融合发展需求，围绕基础研究和应用基础研究，联合提出重大科学技术问题，共同申报并承担国家、国防各类科技计划和军队科研计划项目。

第十六条 实验室及设施可通过建立联盟等多种合作形式，促进交叉学科、相近领域、相同地域实验室及设施资源共享，提升协同创新能力。

第十七条 实验室及设施应参与军民科技协同创新平台、国家军民融合创新示范区建设的相关工作，面向区域科技创新需求提供资源共享服务，发挥辐射带动作用。

第六章 评价考核

第十八条 宏观管理部门将会同主管部门组织开展实验室及设施资源共享执行情况评价考核，并通过适当方式公布评价考核结果。

第十九条 评价考核要根据实验室及设施在资源开放共享中不同的定位和作用，分别制定相应的考核指标，实行分类评价考核。

第二十条 评价考核结果将作为实验室及设施新建、调整和经费支持的重要依据。对于评价考核结果较差的实验室及设施将给予警告、公开通报并责令其限期整改。

第二十一条 实验室及设施资源共享执行情况评价考核工作应与国家重点实验室、国防科技重点实验室、军工和军队重大试验设施、国家重大科技基础设施的评价考核相结合，在相应的评价考核指标体系中增设实验室及设施资源共享情况评价指标。

第二十二条 主管部门和依托单位要加强对本部门本单位实验室及设施资源共享工作的监督管理，重点检查实验室及设施开展资源共享工作的进展情况、服务质量和服务水平。

第七章 附 则

第二十三条 本办法由科技部会同相关部门负责解释。

第二十四条 本办法自发布之日起实施。

教育部重点实验室建设与运行管理办法

教技〔2015〕3号

第一章 总 则

第一条 为加快实施国家创新驱动发展战略，深化科技体制改革，推动高等教育事业发展，规范和加强教育部重点实验室(以下简称“实验室”)建设与运行管理，制定本办法。

第二条 实验室是高等学校组织高水平科学研究、培养和集聚创新人才、开展学术合作交流的重要基地，是国家科技创新体系的重要组成部分。其主要任务是面向科学前沿，聚焦国家战略需求和行业、区域发展需求，开展创新性研究，提升高等学校创新能力，推动学科建设发展，以高水平科学研究支撑高质量高等教育。

第三条 实验室实行“开放、流动、联合、竞争”的运行机制；坚持科教融合，创新引领，定期评估，动态调整。

第四条 实验室是由高等学校建设的具有相对独立性的科研实体，实行人、财、物相应独立的管理机制。

第二章 管理职责

第五条 教育部是实验室的宏观管理部门，主要职责是：

(一)制定实验室发展方针和政策，编制发展规划，发布建设指南。

(二)制定实验室建设与运行管理办法，指导实验室的建设和运行。

(三)负责实验室的立项建设、调整和撤销。

(四)组织实验室的验收、评估和检查。

第六条 高等学校主管部门对实验室建设与运行管理的主要职责是：

(一)将实验室的建设发展纳入行业和地方的发展重点。

(二)推进、落实实验室建设和运行经费，以及相应人事配套政策。

(三)依据本办法，指导和监督实验室的运行和管理。

(四)协助教育部做好实验室的验收、评估和检查工作。

第七条 高等学校是实验室建设和运行管理的主体，其主要职责是：

(一)将实验室建设和基本运行经费纳入学校年度预算；在重点学科建设、人才引进和队伍建设、研究生培养指标、自主选题研究等的年度计划中对实验室给予重点支持；提供人力资源、科研场所和仪器设备等条件保障。

（二）组织实验室的申报、论证，制定运行管理的实施细则，解决实验室建设运行中的有关问题。

（三）聘任实验室主任和学术委员会主任，组建实验室学术委员会。

（四）组织实验室年度考核，负责日常监督管理，配合做好定期评估。

（五）根据学术委员会建议，提出实验室名称、发展目标、组织结构等重大事项的调整，经主管部门审核报教育部认定。

第三章　立项与建设

第八条　教育部根据科学研究、学科发展和人才培养的需要，结合实验室总体规划和布局，会同高等学校主管部门，不定期发布建设指南，组织开展实验室的立项建设，主要包括立项申请、评审、论证、验收。

第九条　实验室立项申请的基本条件为：

（一）研究方向和目标明确，特色鲜明，在本领域有重要影响；有承担国家和地方重大科研任务的能力；具备培养高层次人才的条件，能够广泛开展国内外学术交流与合作；具有良好的学术氛围。

（二）拥有知名学术带头人和年龄与知识结构合理、富于创新、团结协作的优秀研究团队；具有一支稳定、高水平的研究、实验技术和管理人员队伍。

（三）具有良好实验条件和充足的研究场所、经费保障。人员与用房相对集中，原则上实验室面积不低于3000平方米，仪器设备总价值不低于2000万元。

（四）依托学科应为高等学校的优势和特色学科，或是新兴交叉学科，并符合实验室建设规划和指南。

（五）实验室申请立项时，一般应是已良好运行2年以上的行业、地方、校级重点研究机构，具有较完善的管理制度。

第十条　根据教育部发布的实验室建设指南和要求，符合立项申请基本条件的高等学校按规定格式填写《教育部重点实验室建设申请书》。高等学校应确保申请书内容的真实性，并签署配套经费及条件保障等意见，经主管部门审核后报教育部。

第十一条　教育部组织专家对《教育部重点实验室建设申请书》进行评审，择优立项，向高等学校批复立项结果，并抄送其主管部门。

根据立项批复，高等学校组织编制《教育部重点实验室建设计划任务书》，并组织专家组对实验室建设计划进行可行性论证。论证后的建设计划任务书和论证报告报主管部门和教育部备案。

第十二条　实验室建设坚持“边建设、边运行”的原则。鼓励部门、地方、企业参与共建。建设应严格按照《教育部重点实验室建设计划任务书》的内容实施，建设期一般不超过3年。逾期未通过验收的实验室，取消立项建设资格。

第十三条　建设任务完成后，高等学校经自查后向主管部门和教育部报送《教育部重点实验室建设验收报告》，并提出验收计划安排。

实验室建设验收由教育部组织或委托相关部门进行。验收专家组一般由学术专家和管理专家组成。验收专家组依据建设计划任务书及验收报告，进行综合评议，形成验收意见。通过验收的实验室，经教育部认定后正式开放运行。

第十四条 地方、行业的重点研究机构建设发展成为开放运行的教育部重点实验室后，可以同时保留其原有的地方、行业重点研究机构名称，地方政府和行业部门可继续按照原有渠道和方式给予支持。

第四章 运行与管理

第十五条 高等学校应当重视实验室的建设与发展，成立由主要负责人牵头，科技、人事、学科、财务、资产等部门参加的实验室建设和运行管理委员会，负责落实条件保障、日常监督管理和年度考核工作，协调解决实验室发展中的重大问题，并保障实验室基本运行经费每年不低于 100 万元。

第十六条 实验室实行高等学校领导下的主任负责制。实验室主任负责实验室的全面工作，并设立专职副主任和专职秘书。

实验室主任由高等学校公开招聘和聘任，报主管部门和教育部备案。实验室主任应是本领域高水平的学术带头人，具有较强的组织管理能力，首次聘任时一般不超过 55 岁。实验室主任应是高等学校聘任的全职教学科研人员，每届任期 5 年，一般连任不超过 2 届。

第十七条 学术委员会是实验室的学术指导机构，职责是审议实验室的发展目标、研究方向、重大学术活动、年度报告、开放课题。学术委员会会议每年至少召开 1 次，每次实到人数不少于总人数 2/3。

学术委员会主任一般应由非实验室所在高等学校的人员担任。实验室学术委员会主任由高等学校聘任，报主管部门和教育部备案。委员由高等学校聘任。

学术委员会由不少于 9 位国内外优秀专家组成，其中实验室所在高等学校人员不超过 1/3。鼓励聘请外籍专家。1 位专家至多同时担任 3 个实验室的学术委员。委员每届任期 5 年，一般连任不超过 2 届，每次换届应更换 1/3 以上委员，原则上 2 次不出席学术委员会会议的应予以更换。

第十八条 实验室人员由固定人员和流动人员组成。固定人员应是高等学校聘用的聘期 2 年以上的全职人员，除承担高等学校教学任务外，原则上应全职在实验室工作。固定人员包括研究人员、技术人员和管理人员，一般规模不少于 30 人。流动人员包括访问学者、博士后研究人员等。实验室要加大流动人员规模，注重吸引国内外优秀博士后研究人员等青年人才，并通过聘用合同明确工作职责和任务、聘期及在岗工作时间等。

第十九条 实验室应围绕主要研究方向和重点任务，组织团队系统开展持续深入的科学研究，联合国内外优秀团队开展协同创新，承担国家、区域和行业的重大科技任务；充分发挥高等学校多学科优势，设立自主研究选题，加强跨学科研究；开展仪器设备的自主研发和更新改造，开展实验技术方法的创新研究。

第二十条 实验室应注重人才培养，吸引优秀本科生进入实验室参与科研活动，支持研究生参与课题研究和学术交流，注重研究成果向教学内容及时转化，积极与国内外科研机构和行业企业联合培养创新人才，开展学生跨校交流和联合培养。

第二十一条 实验室应充分开放运行，建立访问学者制度，设立开放课题，吸引优秀人才开展合作研究；广泛开展学术交流，与国内外高水平研究机构和团队开展稳定的实质性合作；积极参与重大国际科技合作计划，争取在国际学术组织中任职。

第二十二条 实验室的科研设施和仪器设备、数据库和样本库等科技资源，在满足科研教学需求的同时，应建立开放共享机制，面向社会开放运行。实验室应设立公众开放日，面向社会开展科学知识传播。

第二十三条 实验室应加强知识产权的规范管理。在实验室完成的专著、论文、软件、数据库等研究成果均应标注实验室名称；专利申请、成果转让、奖励申报等按国家有关规定执行；加强数据、标本等科技资源的采集、整理、加工、保存，建设各类资源库。

第二十四条 实验室应建立健全各项规章制度，严格遵守国家有关保密规定。加强实验室信息化建设，建立内部管理信息系统和实验室网站，纳入学校信息化工作统筹管理，并保持安全运行。

第二十五条 实验室要营造宽松民主、团结协作、积极进取的工作环境，形成潜心研究、勇于创新和宽容失败的学术氛围。实验室要高度重视学术道德和学风建设，加强自我监督。

第五章　考核评估与调整

第二十六条 实验室必须编制年度报告，并在实验室网站公布。

第二十七条 高等学校以年度报告为基础，每年组织对实验室进行年度考核，并将考核结果与年度报告一并报主管部门和教育部备案。

第二十八条 根据年度考核情况，教育部可会同高等学校主管部门，抽取部分实验室进行现场检查，发现、研究和解决实验室存在的问题。

第二十九条 教育部对实验室进行定期评估。定期评估周期为5年，每年评估1—2个领域。开放运行满3年的实验室应当参加定期评估。

第三十条 教育部负责实验室定期评估的组织实施，制定评估规则，委托和指导第三方机构开展具体评估工作，确定和发布评估结果，受理并处理异议。

第三十一条 定期评估主要对实验室5年的整体运行状况进行综合评估，评估程序分为初评、现场考察和综合评议三个阶段。定期评估工作按照《教育部重点实验室评估规则》进行。

第三十二条 教育部根据定期评估结果，对实验室进行动态调整。未通过评估的实验室不再列入实验室序列；评估结果为优秀的实验室优先推荐申报国家重点实验室。

第六章　附　则

第三十三条 实验室通过验收后，统一命名为“××教育部重点实验室”(××大学)，英文名称为Key Laboratory of××(×× University)，Ministry of Education。如：神经科学教育部重点实验室(北京大学)，Key Laboratory of Neuroscience(Peking University)，Ministry of Education。

第三十四条 在实验室建设与运行管理中，凡是属于国家科学技术涉密范围的相关情形和内容，应按照《国家科学技术保密规定》等相关法规执行。

第三十五条 《教育部重点实验室评估规则》另行发布。

第三十六条 本办法自公布之日起施行，原《高等学校重点实验室建设与管理暂行办法》(教技〔2003〕2 号)同时废止。

教育部重点实验室评估规则

（2015 年修订）

教技〔2015〕3 号

第一章 总 则

第一条 为规范教育部重点实验室（以下简称“实验室”）的定期评估（以下简称评估）工作，根据《教育部重点实验室建设与运行管理办法》，特制定本规则。

第二条 评估的目的是全面了解和检查实验室 5 年的运行状况，总结经验，发现问题，促进发展。评估重点是实验室的研究水平与贡献、研究团队建设、学科发展与人才培养、开放与运行管理。

第三条 评估工作坚持“公开、公平、公正”，按照依靠专家，注重实效，动态调整，以评促建的原则，采取定性评估与定量评估相结合的方式（评估指标体系见附件）。

第四条 评估是实验室管理的重要环节，在年度考核的基础上进行。评估周期为 5 年，每年评估 1～2 个领域的实验室。教育部可根据情况对实验室进行不定期抽查。

第五条 所有通过验收并且正式开放运行期满 3 年的实验室均应参加评估，未满 3 年的实验室可自主决定是否参加评估。依托中央部门所属高等学校和依托地方高等学校建设的实验室按照统一规定和程序参加评估。

第六条 教育部科技司负责评估的组织实施，包括：制订实验室评估规则，确定参评实验室名单，建立评估专家库，选择和委托第三方评估机构（以下简称评估机构）开展评估工作，确定和发布评估结果，受理对评估机构和评估工作的实名异议，对评估机构的履职尽责情况进行监督和评价。

第七条 评估机构应具备组织实施评估工作的条件，能够按照本规则客观公正地开展工作，并对评估中的有关过程和情况严格保密。评估机构的主要职责是：拟定评估实施方案和经费预算，受理评估申请，组织专家评估，提交评估报告，建立评估工作档案并按期向教育部移交。

第八条 中央部门、地方政府教育行政部门负责指导和组织本部门实验室和依托高等学校做好接受评估的准备工作。

第九条 实验室依托高等学校负责为实验室评估提供支持和保障；审核评估申请材

料的真实性和准确性，并承担材料失实的连带责任。

第十条 教育部建立实验室评估专家库。评估专家一般由本领域学术水平高、公道正派、熟悉实验室工作的一线科学家和少数科研管理专家担任。应用基础研究比重大的领域应当聘请部分来自产业界的专家。

第二章 评估材料

第十一条 评估材料是实验室评估的依据，必须反映评估期限内的真实情况，包括实验室年度考核报告和5年工作总结。评估材料存在弄虚作假情形的实验室，当年评估结果定为整改。评估材料中属于国家科学技术涉密范围的内容应按照《国家科学技术保密规定》执行。

第十二条 实验室根据评估期内提交的年度报告编写5年工作总结，并在依托高等学校内进行公示。5年工作总结中列举的所有成果必须是评估期内获得，并且各项数据应与年度考核报告的内容相符。

第十三条 评估材料经实验室依托高等学校和主管部门审核后，按照规定程序和日期提交评估机构。评估机构应组织人员对评估材料进行审核。

第三章 评估程序

第十四条 教育部于每年7月1日前确定委托承担次年评估工作的评估机构，并下达当年参评的实验室清单。

第十五条 评估机构制定详细的评估实施方案和经费预算，报教育部批准。评估实施方案包括实验室分组、材料提交、评估日程安排等。评估经费预算包括专家评审费、会场租用费、交通费、食宿费等。教育部在收到评估方案后的15个工作日内批复。

第十六条 评估机构发布评估通知，按初评、现场考察和综合评议三个阶段分别组织专家评估，于下半年完成评估工作。

第十七条 参评实验室的依托高等学校负责审核评估材料并签署意见，在规定时间期限内，向评估机构正式提交。

第四章 初 评

第十八条 初评采取专家集中开会听取工作报告的形式对所有参评实验室进行评议。按照学科领域相近的原则，分组进行。

第十九条 评估机构在会前组织召开初评预备会，向初评专家说明评估规则和指标体系，明确评估任务和要求。

第二十条 各参评实验室主任到会作工作报告，并对专家提问进行答辩。报告时间30分钟，答辩10分钟，其他参评实验室可以旁听。

第二十一条 初评专家在会议期间应审阅评估材料，听取实验室主任工作报告并交流讨论后，根据评估指标体系对实验室进行记名打分。

第二十二条 根据专家打分结果从高到低排序，排名前20%和后20%的实验室进入现场考察，同时教育部还将从其余参评实验室中抽取不少于10%的实验室列入现场考察名单。

名单在教育部科技司网站上发布,但不公开具体排名。未进入现场考察名单的其他参评实验室可在名单公布后的10个工作日内向教育部提出现场考察申请,经批准后接受现场考察。

第五章　现场考察

第二十三条　现场考察按照初评的分组进行。评估机构组织成立现场考察专家组,确定专家组组长。每个现场考察专家组由5～7位专家组成,其中包含初评专家2～3名,管理专家1～2名。专家组名单需报教育部审核同意。

第二十四条　评估机构安排确定各实验室现场考察时间(每实验室评估半天)和路线,于考察前10个工作日通知相关参评实验室,并将考察安排向有关中央部门、地方政府教育行政部门通报。

评估机构负责制订现场考察工作手册,主要内容包括现场考察的基本程序、详细日程安排以及评估工作的有关文件和工作人员职责。

评估机构组织召开现场考察预备会,向专家组成员明确现场考察的任务和要求。

第二十五条　现场考察过程由专家组组长主持。主要考察实验室的工作状态、创新氛围和内部运行管理;核实科研成果和经费使用情况,以及仪器设备运行管理和开放共享情况;检查依托高等学校对实验室的支持和条件保障的落实情况,以及对实验室的日常监督管理。专家组采取听取实验室主任和依托高等学校工作报告、审查证明材料、召开座谈会或进行个别访谈等方式进行考察了解。

第二十六条　专家组审阅评估材料和证明材料,听取实验室主任和依托高等学校的工作报告,并提问质询。其中:

实验室主任工作报告主要介绍评估期限内实验室取得的代表性成果(不超过5项),并对实验室的运行状况和管理机制进行全面、系统总结。报告不超过40分钟,答辩20分钟。

由校领导或科研管理部门负责人代表依托高等学校,报告评估期限内依托高等学校对实验室的资源投入、条件保障、政策支持、日常监督管理等情况。报告不超过20分钟,答辩10分钟。

第二十七条　实验室应提供以下材料备专家组查阅:基本运行经费、开放课题经费等有关经费的财务证明(包括到账和使用情况);各类有关项目合同书、项目批准书、获奖证书;完成的各类研究成果(论文、专利等);公共服务证明;学术交流和会议相关文(信、函)件;内部管理规章制度等。

第二十八条　专家组经交流讨论后,以口头方式向实验室和依托高等学校简要反馈,在肯定成绩的同时,更要明确指出实验室的不足。

第二十九条　专家组在现场考察结束后,根据评估指标体系对本组考察的实验室记名打分,并研究提出书面评估意见。评估意见应明确指出实验室存在的问题和改进建议。

第六章 综合评议

第三十条 评估机构按照初评打分占60%，现场考察打分占40%的方式，计算出参加现场考察的各实验室成绩并从高到低排序，成绩靠前的实验室评估结果为优秀；成绩靠后的实验室将参加综合评议，比例不少于参评实验室总数的20%。参加综合评议的实验室名单在教育部科技司网站上发布并提前至少10个工作日通知依托高等学校。

第三十一条 同领域的综合评议不再按相近学科分组。每个领域由7—11位专家组成综合评议专家组。

第三十二条 评估机构向综合评议专家组提供参评实验室的初评成绩、现场考察成绩、现场考察意见、评估材料和评估指标体系。

第三十三条 参加综合评议的实验室主任到会作工作报告，并对专家提问进行答辩。主要介绍实验室代表性成果和优势特色、存在的问题和不足、发展规划和设想等。报告时间30分钟，答辩10分钟。

第三十四条 专家经评议讨论，对参加综合评议的实验室记名打分和排序，并当场公布排序结果。

第七章 公布结果

第三十五条 综合评议结束后的15个工作日内，评估机构向教育部提交当年评估工作档案，包括：各阶段专家组人员名单、会议初评专家打分表、初评打分排序统计结果、各实验室现场考察意见、现场考察打分和排序结果、综合评议专家打分表及排序结果。

第三十六条 评估机构应在综合评议结束后的15个工作日内，向教育部提交评估报告，报告应对评估过程中产生的材料进行分析，对评估工作进行系统总结，并提出意见和建议。

第三十七条 教育部根据评估成绩和评估报告，确定并发布评估结果及处理意见。评估结果分为优秀、良好、整改、未通过评估四类。其中评估结果为优秀的实验室不超过15%，评估结果为整改和未通过评估的实验室不少于10%，其他实验室评估结果为良好。

第三十八条 评估结果为整改的实验室整改期为2年，期满后由教育部组织专家现场检查整改结果，检查通过后评估结果定为良好，检查未通过的实验室不再列入教育部重点实验室序列。

第三十九条 未通过评估的实验室、不参加评估或中途退出评估的实验室，不再列入教育部重点实验室序列，可以再次参加立项申请。

第四十条 评估结果在教育部科技司网站公示一周。公示期内接受实名提出异议。最后以书面形式向参评实验室和依托高等学校反馈评估结果。

第八章 附 则

第四十一条 实验室评估费用由教育部承担。

第四十二条 评估机构、工作人员和评估专家应严格遵守国家法律法规和相关保密规定，科学公正、严肃认真地履行职责，不得对外发布相关过程信息，不得收取评估对象的评审费用、礼品、礼金。

第四十三条 评估实行回避制度，与实验室有直接利害关系者，包括实验室正、副主任、固定人员，学术委员会成员，实验室主管部门及其他直接相关者不得作为评估专家。实验室可提出希望回避的专家名单并说明理由，与评估材料一并上报。

第四十四条 本规则自发布之日起施行。《教育部重点实验室评估规则》（教技〔2007〕3 号）同时废止。

附件：教育部重点实验室评估指标体系（略）

权威解读

对接创新驱动发展战略 提升高校原始创新能力

——教育部科技司负责人就《教育部重点实验室建设与运行管理办法》和《教育部重点实验室评估规则（2015 年修订）》答记者问

教育部科技司负责人就有关问题回答了记者的提问。

问：请您简要介绍一下《管理办法》和《评估规则》修订的背景和过程是什么？

答：教育部重点实验室（以下简称“实验室”）从 1998 年开始启动建设，经历了试点建设期、快速发展期、平稳建设期三个发展阶段。目前，正在建设和运行的实验室共有 636 个，涉及 264 所高校，覆盖了 90%以上的自然科学和工程技术科学的二级学科，已成为国家创新体系的重要组成部分。2003 年颁布的《高等学校重点实验室建设与管理暂行办法》和《教育部重点实验室评估规则》为教育部重点实验室的建设发展起到了重要作用。

进入新的发展阶段，实验室的建设与运行管理也面临新的挑战：一方面是全面落实创新驱动发展战略，对高校提升创新能力，服务国家、区域和行业重大需求提出了更高的要求；另一方面是应对全面提升高等教育质量的要求，需要以实验室建设为载体汇聚资源，推动优势和特色学科发展，通过高水平科研活动来支撑高质量人才培养；再次是科技体制改革和政府职能转变对实验室建设管理提出的新要求。

《管理办法》的起草过程历时超过两年，分为课题研究、意见征集、调研讨论三个阶段，形成战略攻课题研究报告 3 份、收到《管理办法》（征求意见稿）反馈意见 47 份、参加分片区调研座谈会的有 37 所高校的 113 位专家。

问：《管理办法》修订的基本思路是什么？

答：首先，《管理办法》把提升实验室创新能力作为高校落实创新驱动发展战略的重要手段。引导实验室发挥高校多学科优势，开展跨学科研究，大力推进国际化战略，提升原始创新能力；承担国家、区域和行业的重大科技任务，并加强开放运行和协同创新，发挥对国家经济社会发展的科技支撑作用。

其次，充分发挥实验室科学研究、学科建设、人才培养相互融合的特点，以高水平科学研究推动高等教育质量全面提升。引导学校汇聚资源，以实验室为载体，建设优势和特色学科，并加强科教融合，加强实验室资源的开放共享力度，通过高水平科学研究活动培养创新人才。

第三，坚持稳定规模、提升质量的发展思路。在目前已有规模基础上，下一阶段实验室需要以"稳定规模，提升质量"为基本思路，新增实验室的布局主要考虑学科前沿发展和国家重大战略的新需求，新兴与交叉学科的发展，以及落实有关中央政策的要求。通过《管理办法》的政策引导，推动实验室以提升质量为核心发展建设，一方面要与国家重点实验室的培育建设要求相衔接，另一方面又要形成自身的科研特色，突出对学科建设和人才培养的重要作用。

第四，落实政府职能转变的要求，简政放权，明晰权责。根据《管理办法》，教育部关于实验室的建设与运行管理主要着力于通过制定政策、明确要求、监督检查，推动实验室条件保障和资源配置落实到位，引导实验室按照要求规范运行管理。实验室评估工作的具体实施委托第三方机构执行。实验室主任聘任、学术委员会组建、年度考核等日常管理工作下放至依托高校负责。

问:《评估规则》修订的基本思路是什么？

答:《管理办法》规定了实验室的考核评估包括三个层次，分别是由依托高校组织开展的年度考核评估、由教育部会同其他主管部门根据情况开展的不定期抽查和五年为一个周期的定期评估。而《评估规则》主要是针对定期评估制定的程序、标准和操作规范，基本思路主要有四个方面的考虑：

首先，以评促建，通过评估推动实验室创新能力和水平的提升，引导实验室建设发展。评估坚持定性与定量相结合并且以定性为主的原则，其中研究水平与贡献作为实验室评估的最核心指标，占到40%。同时，为了突显高水平科学研究对高质量高等教育的支撑作用，新增了"学科发展与人才培养"作为考核指标之一，引导依托高校以实验室建设为载体，加强优势学科和特色学科建设，充分发挥科学研究在人才培养中的重要作用。

其次，发挥评估导向作用，引导形成良好的创新氛围，把实验室"做强做实"。我们把代表性成果的范围扩展到包括高水平论文、标准规范、政策建议、方法创新、基础性工作等多方面，引导改变单纯"数文章、重数量"的评估导向。《评估规则》重新界定了实验室人员和成果的统计边界，避免实验室以"拼盘"式的人员和成果拼凑应对评估。《管理办法》以"人"作为实验室边界划分的依据。比如，实验室人员包括固定人员和流动人员，其中固定人员指高等学校聘用的聘期2年以上的全职人员，除承担高等学校教学任务外，原则上应全职在实验室工作。而流动人员包括访问学者、博士后研究人员等。特别要注意的是，实验室人员的科研工作只能主要依托于一个科研基地。例如，已经列入国家重点实验室固定人员的，不能再作为教育部重点实验室固定人员。此外，为了引导和鼓励实验室开展协同创新，牵头承担和作为主要参与单位承担的重大科研任务都可作为评估创新水平的指标内容。同时，为了引导依托高校汇聚资源落实实验室条件保障。评估指标把依托高校的支持情况作为实验室"开放与运行管理"考核的重要指标并明确了具体内容。

第三，科学统筹，把依托中央高校和地方高校建设的实验室纳入统一要求进行规范管理。考虑到历史积累和客观情况，依托中央高校和地方高校建设的实验室，将依照同样的程序和要求参加评估，但按照“同标准选优，同比例淘汰”的方式分别进行选优和末位淘汰。在选优的环节，依托地方高校建设的实验室要和依托中央高校建设的实验室同场竞争，成绩进入前15%的实验室评估结果为优秀。若没有地方高校实验室评估成绩进入总数的前15%，则该领域评估成绩最高的地方高校实验室评估结果为优秀。在末位淘汰环节，则对中央高校和地方高校实验室分别排队，按照相同比例根据成绩排序确定进入末位淘汰的实验室。

第四，评估过程强调开放透明，把评估与交流相结合。初评时所有参评实验室的主任工作报告都可以旁听，既是实验室公开交流的机会，也可以成为互相监督的环节。不参加现场考察的实验室，其主任和副主任可以作为现场考察的专家，到参评实验室进行实地交流。另外，实验室人员队伍和研究方向要求长期在网站公开，接受社会监督。

问：按照新的《评估规则》，评估过程在操作上有哪些新变化？

答：上面提到的将地方高校纳入评估是一个新变化。此外，《评估规则》引入了第三方评估机构负责评估的具体实施过程，并明确了教育部、评估机构在评估工作中的各方职责。

同时，新的《评估规则》强调材料的真实有效。评估材料若存在有意弄虚作假情形的实验室，其评估结果定为整改。加强社会监督，增加了五年工作总结在提交前要先在校内进行公示的要求，并把实验室网站作为实验室接受社会评估和监督的重要依据。前期，我司已发文对网站的建设和内容更新做了明确要求。

再次，在评估程序上，对于定期评估的时间节点，明确从明年(2016年)起，每年7月1日前公布参评实验室清单，整个评估工作在下半年完成。评估程序分为初评、现场考察和综合评议三个阶段。每个环节各有侧重：初评是全面、整体性地对实验室进行评价打分；现场考察以核实情况为主，侧重在标志性成果、实际运行状况、条件保障落实三个方面；综合评议重点是确定优秀类实验室和可能末位淘汰的实验室，因此不再分小组，并综合考虑初评和现场考察的结果。

问：《评估规则》的指标体系有什么新变化？

答：《评估规则》的指标体系将一级指标设定为四个，即研究水平与贡献40%、研究队伍建设20%、学科发展与人才培养20%和开放交流与运行管理20%。同时，按照评估定量与定性相结合且以定性为主的原则，不设二级细化指标。

研究水平与贡献部分，为强调具体作用和贡献，牵头承担和主要参与的重大科研任务都纳入本项评估指标的内容。把代表性成果的统计范围明确为实验室人员在本实验室产出的成果。增加了系统集成、标准规范、仪器研发、政策咨询和重要基础性工作都可以作为实验室代表性成果的内容。

研究队伍部分，增加了“青年骨干人才引进和培养”的内容，强调聚集培养优秀青年人才，关注40岁以下研究骨干的成长情况和作用发挥。增加了“访问学者与博士后研究人员”的内容，引导建立访问学者制度，吸引优秀博士毕业生到实验室开展博士后研究工作。

学科发展与人才培养部分，是新增加的一级指标，包含推动所依托学科、交叉学科和新兴学科发展；科教融合推动教学发展；研究生与本科生培养情况。

开放交流与运行管理部分，增加了对学术委员会工作情况考核的内容，鼓励聘请外籍专家担任学术委员会委员。

此外，还将实验室网站建设运行情况，以及依托单位的支持和条件保障落实情况增加为考核内容。

问：关于评估领域、周期和2015年度评估具体事项有哪些需要注意之处？

答：实验室定期评估每年进行1～2个领域，按照数理和地学、生命、信息、材料和工程、化学的顺序轮流进行，每个实验室的评估周期为5年。

2015年度将组织对数理和地学领域进行评估，评估时间初定为2015年12月～2016年1月。2015年度评估材料主要指五年工作总结报告，数据采集区间为2010年1月1日至2014年12月31日。2016年则将对生命领域实验室进行评估，并于2016年7月1日前启动评估事宜。

——引自：教育部 http://www.moe.gov.cn/jyb_xwfb/s271/201511/t20151130_221892.html

山东省重点实验室管理办法

鲁科字〔2018〕72号

第一章　总　则

第一条　为进一步加强山东省重点实验室(以下简称"省重点实验室")建设管理,发挥省重点实验室在强化基础研究和应用基础研究方面的作用,服务新旧动能转换"十强"产业发展,制定本办法。

第二条　省重点实验室是全省科技创新平台体系的重要组成部分,是聚集和培养优秀学术带头人、创新团队,开展基础科学研究的重要载体。

第三条　省重点实验室依托具有较强科研实力的高校、科研院所、企业及新型研发组织等单独或联合组建,分为学科重点实验室、企业重点实验室、省市共建重点实验室三类。

(一)学科重点实验室依托高校、科研院所建设,面向学科前沿和重大科技问题,开展战略性、前瞻性、前沿性基础和应用基础研究,聚集和培养高层次科技人才团队,为提升源头创新能力、实现可持续创新发展提供先进技术理论、人才团队等科技支撑。

(二)企业重点实验室依托研发投入力度大、科研活跃度高、研发条件完善、创新实力强的科技型企业建设,聚焦行业和产业关键共性技术,开展应用基础研究和现代工程技术、共性关键技术研究,聚集和培养优秀技术创新人才和团队,引领行业技术进步,为提升产业核心竞争力、推动行业科技进步提供支撑。

(三)省市共建重点实验室主要面向我省科研基地建设相对薄弱的地市,突出区域发展特色,通过省市共建、以市为主的建设方式,培育创建重点实验室,带动相关区域源头创新能力提升。

鼓励高校、科研院所与企业联合组建重点实验室,充分发挥各自创新资源,实现优势互补共赢。

第四条　省重点实验室按照多方投入、稳定支持、定期评估和动态调整原则实行分类管理。

第二章　职　责

第五条　省科技厅是省重点实验室的管理部门，主要职责包括：

（一）组织编制实施省重点实验室建设发展总体规划，编制发布实验室建设重点领域指南；

（二）对省重点实验室建设给予宏观指导，组织制定并协调落实支持省重点实验室建设发展的政策措施；

（三）负责省重点实验室的认定；组织开展省重点实验室评估评价工作；

（四）协调解决省重点实验室建设过程中出现的问题，决定省重点实验室调整、取消资格等事项；

（五）按相关规定及程序，遴选确定第三方专业机构为省重点实验室相关工作提供服务。

第六条　省重点实验室所属省直部门与单位、所在设区的市科技局以及中央驻鲁单位可作为省重点实验室主管部门，具体指导、协调省重点实验室的建设和运行工作，负责督促落实省重点实验室建设运行所需资金、人员、场所等保障条件。

省财政厅负责省级财政专项资金预算管理和资金下达工作。

第七条　高校、科研院所、企业及新型研发组织等建设依托单位是省重点实验室建设和运行管理的责任主体，主要职责包括：

（一）组建省重点实验室建设领导机构，对省重点实验室建设和管理的重大问题进行论证和决策；

（二）协调本单位优势资源，保障省重点实验室高质量建设、高效率运转；

（三）聘任省重点实验室主任、副主任和学术委员会主任、委员。

第八条　省重点实验室实行依托单位领导下的主任负责制，采用相对独立的人、财、物管理机制，鼓励具备条件的省重点实验室注册登记为独立法人。

第三章　组织结构

第九条　省重点实验室组织架构一般由实验室主任、副主任，学术委员会，科研团队，专职辅助科研与管理人员等组成。

第十条　省重点实验室主任应是本领域高水平学术带头人，具有较强的组织管理能力，每届任期五年，一般连任不得超过两届。如实验室主任为依托单位外聘人员，每年在实验室工作时间不得少于 6 个月，且应设常务副主任，协助主任负责实验室的日常管理工作。

第十一条　学术委员会是省重点实验室的学术指导机构，主要职责是为省重点实验室的发展目标、研究方向、研究任务、重大科技活动、年度工作计划和总结、开放课题等提供咨询。学术委员会人数一般不少于 7 人，主任应由非依托单位的国内外顶尖专家担任，其中依托单位人员不超过总人数的 1/3。省重点实验室主任应为学术委员会成员。同一专家不得同时担任 3 个以上省重点实验室的学术委员会委员。学术委员会委员每届任期五年，每次换届应更换总人数 1/3 以上。学术委员会会议每年至少召开一次，每次实到人数不得少于总人数的2/3。

第十二条 省重点实验室按研究方向和研究内容设置由若干学术带头人组成的科研团队，科研团队由省重点实验室全职研究人员、技术人员、管理人员等固定人员和柔性引进研究人员、访问学者、博士后研究人员等流动人员组成，保持结构和规模相对合理。省重点实验室实行首席科学家（PⅠ）等团队科研组织模式，赋予PⅠ等团队负责人相应的科研以及人、财、物支配自主权。

第十三条 省重点实验室应配备专职辅助科研与管理人员，负责实验室科研仪器的操作与维护、科研项目财务处理以及日常事务管理等辅助服务工作。

第四章 申请与认定

第十四条 根据省重点实验室建设发展总体规划，省科技厅发布省重点实验室建设重点领域指南，各主管部门组织所辖单位申请工作。

第十五条 申请建设学科重点实验室、企业重点实验室一般应为已开放运行2年以上的部门或市级重点实验室，并满足下列条件：

（一）研究方向符合国家和我省经济、社会与科技发展战略目标要求；

（二）具有高水平科研队伍，研究水平在本领域处于省内领先、国内先进，注重科技成果转化，具有较强的引领和支撑经济社会发展的能力；

（三）具备良好的科研实验条件，管理机构健全，规章制度完善；在凝聚学科优势、汇集科技资源和对外开放交流等方面能力突出；

（四）依托单位、主管部门重视省重点实验室建设，提供自主创新研究、科研仪器设备更新维护和开放运行等必需的资源条件。

省市共建重点实验室的申报条件由省科技厅与相关市参照上述条件共同商定。

第十六条 申请与认定程序

（一）依托单位组织填写《山东省重点实验室建设申请书》，并制定新建省重点实验室3年建设计划，经主管部门论证、审核、遴选后推荐至省科技厅；

（二）省科技厅依据申报指南和省重点实验室标准条件，对申请材料进行初审；

（三）省科技厅组织专家对拟新建省重点实验室申请及3年建设计划进行综合评审评估，进行现场考察论证，研究确定新建省重点实验室的名单。

对于我省产业发展急需或通过省“一事一议”政策引进的顶尖人才牵头申报省重点实验室可适当简化程序。

第十七条 拟新建的学科重点实验室和企业重点实验室实行筹建期制度，筹建期为3年，筹建期内加挂“山东省×××重点实验室（筹）”牌子。筹建期满3个月内，由省科技厅组织专家进行验收。筹建期内提前完成建设计划任务的，可由依托单位提交申请，主管部门审核后报省科技厅提前验收。通过验收的，认定其省重点实验室资格并授牌。筹建期满无法完成建设计划任务的，应由依托单位提前3个月提交延期申请，经主管部门审核后报省科技厅，筹建期可延长1年，1年后仍未通过验收的，取消其省重点实验室建设资格。

第十八条 省市共建重点实验室实行预期目标考核制，建设运行期一般为3年。期满后由省科技厅按照预期目标组织专家进行验收考核，通过验收的，可继续保留省市共建重点实验室称号，未获通过的实验室取消其省市共建重点实验室称号。

第五章 运 行

第十九条 省重点实验室应围绕经济社会发展需求和科技发展趋势，不断凝练研究方向，组织开展持续深入的系统性研究，集聚优秀人才团队，支持青年科技人员成长，加快提升源头创新供给能力。

第二十条 省重点实验室应加大开放力度，组织开展和参加国内外科技合作交流。根据研究方向面向全省乃至省外、国外设立开放课题，设置访问学者岗位，吸引国内外高水平研究人员来省重点实验室开展合作研究。

第二十一条 省重点实验室应强化产学研合作。注重发挥自身优势，增强对产业的引领和带动作用。鼓励研究领域、方向相近的省重点实验室，成立省重点实验室联盟，增强集成创新能力，优化产业创新链条。

第二十二条 省重点实验室应有计划地改进科研仪器设备等硬件条件，积极开展实验技术方法的创新研究。大型科学仪器设备应纳入省大型科学仪器设备协作共用网管理，开展对外服务，实现资源共享。大型科研仪器设备开放共享程度列入省重点实验室绩效评估标准。

第二十三条 省重点实验室完成的专著、论文、软件、数据库等研究成果均应标注省重点实验室名称。

第二十四条 省重点实验室应重视科学普及，向社会公众特别是学生开放，及时宣传最新的科学发展动态，提高国民科学素养。

第二十五条 省重点实验室应重视学术道德和学风建设，营造宽松民主、潜心研究、鼓励创新、宽容失败的科研氛围，如实记录和反映实验过程，确保实验记录、数据、资料、成果的真实性和科学性。

第六章 管 理

第二十六条 省重点实验室更名、实验室主任更换、研究方向变更或依托单位进行重大调整、重组的，须由依托单位提出书面报告，经学术委员会论证，主管部门同意，报省科技厅备案。

第二十七条 省重点实验室应按时提交年度工作报告，学术委员会会议纪要、学术委员会换届情况报告等，经依托单位、主管部门审核后报省科技厅备案。

第二十八条 依托单位组织省重点实验室年度考核工作，了解工作进展和存在问题，帮助与督促省重点实验室进行整改。考核结果报主管部门和省科技厅备案。

第二十九条 省科技厅组织省重点实验室定期绩效评估工作，评估周期一般为3年，对省重点实验室评估期内整体运行发展情况进行综合评价。评估工作采取同行专家评议方式。

第三十条 建立健全重点实验室定期绩效评估指标体系。学科重点实验室重点评估其研究水平与贡献、科研队伍建设与人才培养、开放交流与运行管理等方面的完成情况；企业重点实验室重点评估其引领区域和行业技术进步、共性关键技术研究、科研成果的产业化、产学研结合等方面的情况。将重点实验室吸纳社会资本投入情况纳入绩效评估内容。

第三十一条 省科技厅根据省重点实验室评估情况，确定优秀、良好、合格和不合格等4个评估结果等次，评估结果为不合格的取消其省重点实验室资格。

第三十二条 省重点实验室有下列情况之一的，省科技厅视情节轻重予以通报批评或者取消其省重点实验室资格。

（一）在实验室申报、年报、验收或评估工作中有弄虚作假，或实验室存在学术不端行为的；

（二）管理不善，省重点实验室阶段性工作不能正常进行的。

第三十三条 省重点实验室有下列情况之一的，由省科技厅取消其省重点实验室资格。

（一）省重点实验室主要科研人员离开依托单位或合作关系发生重大变化，省重点实验室无法继续建设运行的；

（二）依托单位发生重大变故或因其他不可抗拒的因素，造成省重点实验室无法继续建设运行的；

（三）无故不接受省科技厅或主管部门对省重点实验室检查、监督、审计和评估的。

主管部门和依托单位对被撤销的省重点实验室建设运行情况进行清算，按相关规定收缴资产和研发经费，并报省科技厅备案。

第七章 经 费

第三十四条 省重点实验室建设运行所需资金由各级财政、主管部门及依托单位共同筹集，形成多元化、多渠道、多层次的投入体系。对学科重点实验室和企业重点实验室，鼓励所在市结合实际予以支持。

第三十五条 主管部门和依托单位应保证省重点实验室建设运行所需经费。

第三十六条 省级财政专项经费主要用于支持重点实验室开展科学研究工作，开支范围包括重点实验室组织开展研发活动、购置更新科研设备及仪器等方面发生的费用。

第三十七条 省科技厅根据对重点实验室的绩效评估结果，研究提出分档支持建议，会同省财政厅确定具体支持标准。省财政厅按规定做好专项经费预算管理和资金拨付工作。

第三十八条 省级财政专项经费使用管理中涉及政府采购、国有资产管理、结余结转、信息公开等事项，严格按照有关规定执行。

第三十九条 省级财政专项经费按规定实行绩效目标管理，省科技厅、重点实验室主管部门和依托单位按照各自职责，对经费使用情况开展绩效评价。绩效评价结果作为今后省级财政专项经费支持的重要依据。

第四十条 省重点实验室依托单位应当建立健全省级财政专项经费内部管理制度，将经费纳入单位财务统一管理，单独核算，专款专用，切实提高经费使用效益。

第四十一条 省级财政专项经费使用管理实行责任追究机制，对弄虚作假、截留、挪用、挤占资金等行为，按照《中华人民共和国预算法》《财政违法行为处罚处分条例》（国务院令第427号）等有关规定进行处理，并依法追究责任。

第八章　附　则

第四十二条　学科、企业重点实验室统一命名为“山东省×××重点实验室”，省市共建重点实验室统一命名为“山东省×××省市共建重点实验室（20××年～20××年）”（×××为研究领域），英文名称统一为“Shandong Key Laboratory of ×××”。

第四十三条　本办法由省科技厅、财政厅负责解释。

第四十四条　本办法自2018年6月1日起施行，有效期至2023年5月31日。原《山东省重点实验室管理办法（试行）》（鲁科财字〔2003〕144号）、《山东省企业重点实验室管理暂行办法》（鲁科基字〔2009〕75号）、《山东省重点实验室绩效考评暂行管理办法》（鲁科财字〔2008〕127号）同时废止。

权威解读

《山东省重点实验室管理办法》解读

省科技厅、财政厅对原《山东省重点实验室管理办法》（以下简称“管理办法”）进行了修订。

本次修订将原《山东省重点实验室管理试行办法》和《山东省企业重点实验室管理暂行办法》《山东省重点实验室绩效评估管理办法》等3个办法合并，在结构和内容上进行了较大的调整充实，新的管理办法共包含了总则、职责、组织结构、申请与认定、运行、管理、经费、附则等8个部分。

（一）总则。明确了省重点实验室开展基础研究与应用基础研究的基本定位。参照国家科研基地的最新分类，将省重点实验室分为学科类、企业类、省市共建类等3类，明确了各类重点实验室发展定位，提出了省重点实验室多方投入、稳定支持、定期评估和动态调整等分类管理原则。

（二）职责。阐述省重点实验室的管理体系，对省科技厅、省财政厅、主管部门、依托单位、重点实验室等各责任主体各自的职责进行了明确与细化。强调进一步扩大省重点实验室的科研自主权，明确省重点实验室实行相对独立的人、财、物管理机制，积极推动省重点实验室的体制机制改革。

（三）组织结构。明确省重点实验室由实验室主任、副主任，学术委员会，科研团队，专职辅助科研与管理人员等组成。对各类人员的任职要求、任期、构成等进行了规定，强调了省重点实验室实行首席科学家（PI）等团队科研组织模式，赋予PI等团队负责人相应的科研以及人、财、物支配自主权。

（四）申请与认定。对省重点实验室的申报建设工作流程进行了梳理规范，明确了新建省重点实验室的申报工作组织、各类省重点实验室基本申报条件、评审认定程序、考核管理等具体管理要求。

（五）运行。明确了省重点实验室在实际运行过程中应达到的各项基本要求，包括组织开展科研创新、开展对外合作与共享、强化产学研合作、加强基础条件建设、规范研究成果管理、科普等社会服务以及学术道德与学风建设等方面的内容。

（六）管理。着重对省重点实验室的绩效评估工作进行了梳理规范，对绩效评估内容、工作程序以及评估结果的运用做出明确表述，其中绩效评估结果为不合格的将被取消省重点实验室资格。

（七）经费。省重点实验室建设运行所需资金由各级财政、主管部门及依托单位共同筹集，形成多元化、多渠道、多层次的投入体系，明确主管部门和依托单位应保证省重点实验室建设运行所需经费等原则。

（八）附则。对不同类型省重点实验室命名方式进行了规范等。

——引自：山东省科技厅 http://www.sdstc.gov.cn/page/subpage/detaIl.html?Id=1b361bb674fd4674acbe4cb9dbb6f524

山东高校典型经验

《鲁东大学科研平台（自然科学类）管理暂行办法》（节选）

（鲁大校发〔2017〕63 号）

第六条 学校和二级学院（研究院）应将所属的各类科研平台列入重点建设和发展计划，在人员配备、硬件条件建设等给予支持。

第七条 学校成立科研平台建设工作领导小组，由分管校长任组长，成员包括发展规划处、人事处、科技处、财经处、资产处、国际交流与合作处、基建处、后勤处等部门负责人。主要职责是协调解决科研平台在建设运行过程中的资源配置、人才培养、人员聘用、资金配套与管理、基础设施条件建设与后勤保障、国际交流与合作等事项。

第八条 科技处是学校科研平台（自然科学类）的归口管理部门，主要负责组织制定全校科研平台（自然科学类）的发展规划，建立健全相关制度；组织科研平台建设项目的申报、评审、考核与评估；对科研平台建设进行指导与管理；组织并支持科研平台开展业务活动等。

第十四条 科研平台实行专、兼职人员相结合，固定、流动人员相结合的动态人事管理政策，并按上级主管部门的规定设立专（兼）职副主任和专（兼）职秘书，协助主任做好日常管理工作。

第十九条 不允许以科研平台名义从事或参与以盈利为目的的各种商业活动。

第二十三条 对依托我校独立建设或我校为第一依托单位建设的科研平台，按下列标准给予运行经费资助：

国家级科研平台，每年资助 100 万元；教育部重点实验室，每年资助 60 万元；其他省

(部)级科研平台,每年资助30万元;市(厅)级科研平台,每年资助15万元。

以上资助经费,40%作为开放基金,用于资助开放课题。开放基金管理办法另行制定。40%作为内部研究经费,用于项目预研、中试,资助平台人员发表论文,开展学术交流和立项评审等;20%作为办公业务费,用于日常办公开支。

《山东科技大学科研平台建设与管理办法》(节选)

(山科大科字〔2018〕6号)

第五条 校级以上科研平台立项建设应严格遵循相应部门颁布的管理办法及相关要求。

第十一条 校级以上科研平台的运行管理必须按照主管部门颁布的管理办法及相关要求执行。

第十二条 校级以上科研平台依托单位、交叉科研平台牵头单位负责科研平台的日常管理运行、安全保障、信息填报等工作,协调其他参建单位积极参与,制定责、权、利明确的目标责任制;负责建立健全科研平台内部规章制度,确保科研平台申报、建设、考核、评估、验收等各项工作顺利进行。

第十三条 在科研平台建设过程中,确有需要更名、变更研究方向或进行调整、重组的,须由平台负责人提出书面报告,依托单位或牵头单位同意,科研处核准后,报学校或上级主管部门审批。需更换平台负责人的,由依托单位或牵头单位提出书面报告,科研处核准后,报学校或上级主管部门审批。

第十四条 重视发挥科研平台学术委员会的作用。各科研平台要成立学术委员会,充分发挥学术委员会在科研平台的学术发展、学术评价和学术规范中的作用。定期召开学术委员会会议,对科研平台的发展规划、年度报告、开放课题和大型资金使用等进行论证指导,会议召开前应向科研处报告会议召开时间及主要议题,并于会后将会议纪要报送科研处,作为科研平台考核考评的重要依据。

第十五条 加强知识产权管理。校级以上科研平台人员(包括固定人员与流动人员)完成的论文、软件、教材、专著及其他论著等研究成果均应署所在科研平台与我校名称。在国外学习、进修、从事客座研究的人员,凡涉及我校校级以上科研平台研究成果的,均须署对应科研平台名称。交叉科研平台和各单位独立建设的校内科研平台人员完成的研究成果应署学校名称。

第十六条 科研平台的开放课题必须公开向社会发布课题指南,并通过网站等渠道受理和公布评审结果,将评审结果报科研处备案。

第二十条 校级以上科研平台的考核与评估依据科研平台审批部门有关办法执行。

山东省工程实验室管理办法

鲁发改高技〔2018〕1435 号

第一章　总　则

第一条　第一条 为贯彻落实《中共山东省委《中共山东省委、山东省人民政府关于深入实施创新驱动发展战略的意见》(鲁发〔2015〕13 号)、《山东省人民政府关于印发山东省创新型省份建设实施方案的通知》(鲁政发〔2017〕38 号)精神,进一步加强和规范山东省工程实验宣(以下简称"工程实验室")管理,促进工程实验室健康快速发展,充分发挥对全省新旧动能转换和高质量发展的重要支撑作用,依据《山东省科学技术进步条例》,制定本办法。

第二条　本办法所称工程实验室是依托企业、科研机构或高等院校,围绕提高产业自主创新能力和核心竞争力,促进产业结构调整,推动产业转型升级而设立的研究开发平台,是基础研究成果向工程技术转化的重要途径,是我省自主创新体系的重要组成部分。工程实验室的主要任务是围绕重点产业开展核心技术攻关、关键工艺试验研究、重大装备样机研制、相关标准制定、创新人才培养、科技成果转化及为行业提供技术服务等。

第三条　省发展改革委负责对全省工程实验室建设布局进行宏观指导,组织开展认定和评价等工作。各市发展改革委(省有关部门、中央驻鲁单位)负责工程实验室的申报和管理工作。

第二章　申报认定

第四条　工程实验室认定原则上每年开展一次。省发展改革委发布通知进行安排,明确重点支持领域、申请材料、受理时间等事项。

第五条　申请单位应具备条件

(一)申请单位应具有较强的综合实力。申请单位为企业的,其固定资产原值应不低于 3000 万元,或者研发投入占销售收入的比重达到 8%以上;申请单位为科研机构或高等院校的,拟申报实验室近三年每年的建设与运行经费应不低于 300 万元。

(二)申请单位应具有较高水平的创新团队,凝聚一批高层次团队带头人和专职科研人员。注重工程实验室人才队伍建设,在外部人才引进、在职人员进修培训、职称晋升等方面,优先考虑支持。

(三)申请单位应具有先进的研发试验设施,具备良好的产学研合作基础。积极参与开展创新创业活动,具有主持国家或省重点科研项目的经历,拥有一批高水平研发成果和技术储备。

(四)申请单位应拥有运行一年以上的市级工程实验室;省属单位和中央驻鲁单位应拥有组建运行一年以上的工程实验室。

(五)工程实验室现有研发场所原则上应不少于1200平方米,研发设备原值原则上不少于800万元,固定科研人员不少于20人。

(六)拟认定工程实验室应定位明确、发展思路清晰,任务和目标合理。

(七)有规范的工程实验室管理体制和运行机制。

(八)符合国家和省其他相关规定。

第六条 认定程序

(一)申请单位注册登录省级创新平台申报及在线评价系统,按规定填报提交工程实验室申请材料(含申请报告、运行情况表、真实性承诺及有关证明材料)。

(二)各市发展改革委(省有关部门、中央驻鲁单位)组织对本地区申报单位的申请材料进行初审,择优筛选确定推荐申报单位名单,正式行文报送省发展改革委。

(三)省发展改革委委托第三方机构,通过在线评价和专家评审相结合的方式进行综合打分,择优确定年度认定工程实验室名单,正式公开发布。

第三章 运行评价

第七条 工程实验室实行定期评价制度。每两年评价一次,奇数年为评价年,报告期为上一年的1月1日至12月31日。

第八条 评价程序

(一)数据采集:3月30日前,各承担单位在省级创新平台申报及在线评价系统填报工程实验室运行情况表,提交运行工作报告、真实性承诺及有关证明材料。

(二)数据初审:各市发展改革委(省有关部门、中央驻鲁单位)对申报单位提交评价材料的真实性、准确性和规范性进行审查。

(三)评价方式:省发展改革委委托第三方机构,采取线上线下相结合、定量定性相结合的办法进行评价。

(四)评价结果:省发展改革委对评价结果进行审查确认后,正式向社会公布。评价结果60分(含)—75分以上及格;75分(含)—85分为良好;85分(含)以上为优秀。

第四章 监督管理

第九条 工程实验室名称、建设单位主体如需变更,须经省发展改革委审核批准。

第十条 出现下列情况之一的,撤销工程实验室资格:

(一)连续两次评价低于65分,或评价低于60分。

(二)不按时提交评价材料。

(三)承担单位自行要求撤销。

(四)承担单位被依法终止。

(五)有重大弄虚作假、伪造、瞒报等行为,或者司法、行政机关认定的其他严重违法失信行为。

(六)有其他造成严重后果的情况。

第五章　附　则

第十一条　本办法自发布之日起施行,有效期至2023年12月26日。原《山东省工程实验室管理办法》废止。

第十二条　山东省工程研究中心、纳入我省地方管理的国家地方联合工程实验室(工程研究中心)的管理,参照本办法执行。

第十三条　本办法由省发展改革委负责解释。

山东省技术创新中心管理办法

鲁科字〔2017〕167 号

第一章　总　则

第一条　为贯彻落实《中共山东省委山东省人民政府关于深化科技体制改革加快创新发展的实施意见》精神，按照《山东省"十三五"科技创新规划》和《国家科技创新基地优化整合方案》部署，现就加强山东省技术创新中心（以下简称"省技术创新中心"）建设，制定本管理办法。

第二条　省技术创新中心是科技创新基地的重要组成部分，是技术创新的重要载体和策源地，承担着推动重大关键核心技术、颠覆性技术、高端跨界融合技术研发与转化应用，带动产业迈向高端、抢占产业技术创新制高点的重要任务。中心以深化科技体制改革为核心，强化体制机制创新，实行开放运行科研模式，吸引社会力量参与建设管理，成为创新资源富集地。

第三条　省技术创新中心坚持"高点定位、机制创新、追求卓越、引领发展"原则，面向科技前沿、经济主战场和我省重大技术需求，重点在引领产业发展、跃升产业链高端潜力强的技术领域科学布局，推动形成新的经济增长点。

第四条　省技术创新中心履行重大技术创新和成果应用示范职责，积极构建新型科研体制，集聚国内外高端创新资源，凝聚领域高层次创新人才，强化政产学研用金服协同，开展从应用基础研究、关键技术攻关、成果转化到产业化应用的全链条创新，加速相关领域前沿技术和关键共性技术突破和重大科技成果的熟化、产业化进程，提升全省重点产业竞争力，引领产业发展。

第五条　省科技厅负责省技术创新中心的建设管理和宏观指导，系统规划，科学布局，严格履行中心设立、调整和撤销方面职责。省科技厅会同省财政厅对省技术创新中心进行运行绩效评估，研究制定支持中心建设和运行的相关政策措施。各市科技局和省直有关部门、单位（以下简称"主管部门"）负责协助做好对本地区、本行业省技术创新中心的日常运行管理和业务指导。

第二章　建设条件与程序

第六条　省技术创新中心由行业龙头企业、平台型公司以及具有优势的科研院所或高等学校等牵头，有关企业、高等学校、科研单位及新型研发组织参与建设。

第七条 省技术创新中心牵头建设单位应具备以下条件：

1. 在山东省境内注册登记，具有独立法人资格。

2. 技术创新能力和水平处于行业引领地位，具有行业公认的技术研发优势、领军人才和团队。

3. 创新组织能力强，与产业链上下游企业、相关重点学科的科研院所和高等学校有紧密的产学研合作基础，具有广泛联合产学研各方、整合创新资源、形成创新合作网络、组织实施重大科技创新任务的优势和能力。

4. 拥有完善的科研基础设施和先进的科研装备，具有为创新研发活动提供资源支持和持续较高科研投入的实力，创新效率和效益显著。

5. 已有高水平科研成果产生并应用，具有相关领域核心技术知识产权。

6. 地方政府或行业主管部门承诺给予支持且已有一定规模的前期投入。

第八条 申请组建省技术创新中心程序：

1. 申请建设。牵头组建单位编制省技术创新中心建设方案(以下简称“建设方案”)，明确中心重点技术领域和研发方向、组建模式、重点任务等，经主管部门审核后报送省科技厅。

2. 论证审核。对符合全省技术创新中心布局规划的建设方案，省科技厅组建由领域技术专家、创新管理专家、科技政策专家等组成的专家组，采取实地考察与现场答辩相结合的方式进行咨询论证，督促指导建设单位根据专家组意见进一步完善建设方案。

3. 批准筹建。经专家组评估论证，认为符合组建条件的组建申请，省科技厅公示征求意见，公示期七个工作日。公示期无异议的，由省科技厅发文批准筹建。中心筹建期内，所在设区市人民政府、省直主管部门和建设单位确保如期实现相关条件保障。

4. 编制规划。在获得筹建批复后六个月内，牵头建设单位应在经批准建设方案基础上，编制形成中心发展规划，经主管部门审核同意后，报送省科技厅备案。规划期一般不少于五年。

5. 评估认定。省技术创新中心筹建期一般不超过三年。筹建两年后进行评估，达不到建设标准的取消筹建资格。筹建期满后，由建设单位提交认定申请，经主管部门审核后报省科技厅。省科技厅组织专家进行认定评估，评估通过的认定为省技术创新中心，命名为“山东省×××技术创新中心”(英文：Shandong Technology Innovation Center of ＊＊＊)；评估未通过的，给予一年整改期；整改期满仍未通过认定的，取消筹建资格。

第三章　运行管理

第九条 省技术创新中心应注册独立法人实体。前期暂不具备注册法人实体条件的，在筹建期内准予探索实行人、财、物相对独立的管理运行机制，筹建期满建立独立法人实体。根据组建模式的不同，中心可以采取企业、社会服务机构等不同类型的法人实体。

第十条 省技术创新中心设立理事会(董事会)、专家委员会、管理执行机构，实行理事会(董事会)领导下的中心主任负责制，形成企业、高等学校、科研院所、政府等多方共同建设、共同管理、共同运营、良性互动的内部治理机构。中心理事会(董事会)、专家委员会成立后报省科技厅备案。

1. 理事会(董事会)由中心参与建设各方选派代表组成,负责中心重大事项决策。中心主任通过公开招聘方式遴选,由理事会(董事会)审定并聘任。

2. 专家委员会由行业内知名专家和企业家等组成,主要负责研判行业发展重大问题,提出中心研发方向、技术路线、团队组建等重大事项的意见建议。

3. 中心可以组建专业化管理团队作为管理执行机构,也可以依托专业化机构管理。

第十一条 牵头建设单位是省技术创新中心投入的主体,承担重大科研设施、项目研发、平台建设、人才培养等方面的重要投入责任。参与共建的企业、高等学校、科研院所等可以采用会员制、股份制、协议制等方式共同投入。鼓励设立建设发展基金,引导金融与社会资本参与中心成果转化和项目投资。中心利用自有资金、社会科研资金、成果转化收益等逐步实现独立运营。

第十二条 省技术创新中心是科技体制改革先行区,鼓励各项改革举措先行先试,不断探索、总结经验。主要任务包括:

1. 探索建立新型科研体制机制,在运营管理、项目实施、资金投入、人才培养等方面大胆改革创新,强化政产学研用协同,构建多方共建共治共享的管理运行机制。

2. 加强资源开放共享与产学研合作,强化与上、中、下游企业和高等学校、科研院所等创新力量协同,链接跨行业、跨学科、跨领域的技术创新力量,构建开放协同的创新网络。

3. 创造性落实科技经费管理、知识产权归属、科技成果转化收益分配等国家和省改革政策,赋予人才更大人财物支配权和技术路线选择权,探索打造“引得进”“用得好”“留得住”的人才培养引进机制,构筑高端人才聚集地,吸纳集聚一批相关领域顶尖人才,建设结构合理的创新人才团队。

4. 立足全省相关领域和产业发展,开展技术创新战略规划与产业路线图研究,提出产业重大技术创新目标和方向,组织实施相关领域前沿技术和关键共性技术产学研协同攻关。积极承担相关领域国家和省重大科技创新任务,加快掌握关键核心技术知识产权,形成与产业链相匹配的核心知识产权群,增强引领产业发展能力。

5. 面向产业发展需求,建设专业化的技术转移机构,组建专业化技术转移团队,提供技术开发、技术转让、技术咨询、技术服务及专业化科技服务,推动关键共性技术转移扩散,推进重大科技成果熟化、产业化。

6. 推动创新成果服务社会。搭建专业化众创空间和各类创新孵化载体,打造集大中小企业、高等学校、科研院所和个人创客协同互动的众创平台,辐射带动科技型小微企业创新发展。加强与各类科技园区和创新基地的深度融合,打造创新型产业集群,发挥对区域创新的辐射带动作用。

第十三条 省技术创新中心实行年度报告制度。从批准筹建次年开始,中心每年2月底前,编写上年度工作总结和本年度工作计划,经主管部门审核后,报省科技厅。

第十四条 建立省技术创新中心动态管理机制。中心通过认定评估后,省科技厅委托第三方机构,以三年为周期对中心进行定期绩效评估。根据评估结果,决定继续支持、整改或撤销等重大事项。

第四章　政策保障

第十五条　省科技厅与省技术创新中心所在设区市人民政府或省直主管部门签署协议，按责任分工在政策、资金、项目、土地、人才、基础设施等方面为中心建设发展提供支持保障。

第十六条　将省技术创新中心纳入省基地建设专项支持范围，建立稳定支持机制，支持中心牵头承担省级以上重大科技创新任务。

1. 评估合格的，探索采用省市联合或省科技厅与省直主管部门联合定向委托的方式，支持中心承担省重大科技创新工程项目和省重大基础研究项目。

2. 中心牵头承担国家重大科技创新任务的，省科技计划给予配套支持。

3. 升级为国家技术创新中心的，省财政科技资金给予1000万元后补助支持，用于增强科研条件，提升创新实力。

第十七条　引导科技资源向省技术创新中心聚集。支持中心根据产业发展需求形成一体多翼的创新平台体系；支持中心通过省级以上重大人才工程培养和引进高层次科技领军人才；支持中心建设院士工作站和千人计划专家工作站，柔性引进人才。

第五章　附　则

第十八条　本办法由省科技厅、省财政厅负责解释。

第十九条　本办法自2017年12月1日起施行，有效期至2022年11月30日。

权威解读

《山东省技术创新中心管理办法》解读

《办法》包括总则、建设条件与程序、运行管理、政策保障、附则五部分。

（一）总则部分明确了中心是科技创新基地的重要组成部分，是技术创新的重要载体和策源地，承担着推动重大关键核心技术、颠覆性技术、高端跨界融合技术研发与转化应用，带动产业迈向高端、抢占产业技术创新制高点的重要任务。中心以深化科技体制改革为核心，强化体制机制创新，实行开放运行科研模式，吸引社会力量参与建设管理。中心建设坚持“高点定位、机制创新、追求卓越、引领发展”原则，重点在引领产业发展、跃升产业链高端潜力强的技术领域科学布局。

（二）建设条件与程序部分重点明确了中心主要依托行业龙头企业、平台型公司以及具有优势的科研院所或高校等牵头建设。明确了对中心牵头建设单位在创新影响力、创新组织能力、人才团队情况、科研设施条件、地方政府和主管部门支持情况等方面的条件要求。在组建程序方面明确实行三年筹建期的建设方式，中心应在获批筹建后六个月内编制形成中心发展规划，规划期一般不少于五年。

(三)运行管理部门重点明确了中心要注册独立法人实体,建立理事会(董事会)加专家委员会的治理结构,以更好实现中心的开放运行;要实现多元化的投入,以实现中心的可持续发展;明确了中心在改革创新、资源共享、凝聚人才、协同攻关、技术转移、创新孵化等方面的建设任务;明确了中心要实行年度报告制度和动态管理机制。

(四)政策保障部分重点明确了省市联动支持中心建设发展的机制,探索将中心作为战略创新力量进行稳定支持。

(五)附则。明确了办法的解释权和有效期。

——引自:山东省科技厅 http://www.sdstc.gov.cn/page/subpage/detail.html?id=d84210117bcf4894b8aa34f27f3ffeae

关于加强中国特色新型智库建设的意见

新华社北京1月20日电　近日，中共中央办公厅、国务院办公厅印发了《关于加强中国特色新型智库建设的意见》，并发出通知，要求各地区各部门结合实际认真贯彻执行。

《关于加强中国特色新型智库建设的意见》全文如下。

为深入贯彻落实党的十八大和十八届三中、四中全会精神，加强中国特色新型智库建设，建立健全决策咨询制度，现提出如下意见。

一、重大意义

（一）中国特色新型智库是党和政府科学民主依法决策的重要支撑。决策咨询制度是我国社会主义民主政治建设的重要内容。我们党历来高度重视决策咨询工作。改革开放以来，我国智库建设事业快速发展，为党和政府决策提供了有力的智力支持。当前，全面建成小康社会进入决定性阶段，破解改革发展稳定难题和应对全球性问题的复杂性艰巨性前所未有，迫切需要健全中国特色决策支撑体系，大力加强智库建设，以科学咨询支撑科学决策，以科学决策引领科学发展。

（二）中国特色新型智库是国家治理体系和治理能力现代化的重要内容。纵观当今世界各国现代化发展历程，智库在国家治理中发挥着越来越重要的作用，日益成为国家治理体系中不可或缺的组成部分，是国家治理能力的重要体现。全面深化改革，完善和发展中国特色社会主义制度，推进国家治理体系和治理能力现代化，推动协商民主广泛多层制度化发展，建立更加成熟更加定型的制度体系，必须切实加强中国特色新型智库建设，充分发挥智库在治国理政中的重要作用。

（三）中国特色新型智库是国家软实力的重要组成部分。一个大国的发展进程，既是经济等硬实力提高的进程，也是思想文化等软实力提高的进程。智库是国家软实力的重要载体，越来越成为国际竞争力的重要因素，在对外交往中发挥着不可替代的作用。树立社会主义中国的良好形象，推动中华文化和当代中国价值观念走向世界，在国际舞台上发出中国声音，迫切需要发挥中国特色新型智库在公共外交和文化互鉴中的重要作用，不断增强我国的国际影响力和国际话语权。

智力资源是一个国家、一个民族最宝贵的资源。近年来，我国智库发展很快，在出思想、出成果、出人才方面取得很大成绩，为推动改革开放和社会主义现代化建设做出了重要贡献。同时，随着形势发展，智库建设跟不上、不适应的问题也越来越突出，主要表现在：智库的重要地位没有受到普遍重视，具有较大影响力和国际知名度的高质量智库缺乏，提供的高质量研究成果不够多，参与决策咨询缺乏制度性安排，智库建设缺乏整体规划，资源配置不够科学，组织形式和管理方式亟待创新，领军人物和杰出人才缺乏。解决这些问题，必须从党和国家事业发展全局的战略高度，把中国特色新型智库建设作为一项重大而紧迫的任务，采取有力措施，切实抓紧抓好。

二、指导思想、基本原则和总体目标

（四）指导思想。深入贯彻党的十八大和十八届三中、四中全会精神，高举中国特色社会主义伟大旗帜，坚持以马克思列宁主义、毛泽东思想、邓小平理论、“三个代表”重要思想、科学发展观为指导，深入贯彻习近平总书记系列重要讲话精神，以服务党和政府决策为宗旨，以政策研究咨询为主攻方向，以完善组织形式和管理方式为重点，以改革创新为动力，努力建设面向现代化、面向世界、面向未来的中国特色新型智库体系，更好地服务党和国家工作大局，为实现中华民族伟大复兴的中国梦提供智力支撑。

（五）基本原则

——坚持党的领导，把握正确导向。坚持党管智库，坚持中国特色社会主义方向，遵守国家宪法法律法规，始终以维护国家利益和人民利益为根本出发点，立足我国国情，充分体现中国特色、中国风格、中国气派。

——坚持围绕大局，服务中心工作。紧紧围绕党和政府决策急需的重大课题，围绕全面建成小康社会、全面深化改革、全面推进依法治国的重大任务，开展前瞻性、针对性、储备性政策研究，提出专业化、建设性、切实管用的政策建议，着力提高综合研判和战略谋划能力。

——坚持科学精神，鼓励大胆探索。坚持求真务实，理论联系实际，强化问题意识，积极建言献策，提倡不同学术观点、不同政策建议的切磋争鸣、平等讨论，创造有利于智库发挥作用、积极健康向上的良好环境。

——坚持改革创新，规范有序发展。按照公益服务导向和非营利机构属性的要求，积极推进不同类型、不同性质智库分类改革，科学界定各类智库的功能定位。加强顶层设计、统筹协调和分类指导，突出优势和特色，调整优化智库布局，促进各类智库有序发展。

（六）总体目标。到 2020 年，统筹推进党政部门、社科院、党校行政学院、高校、军队、科研院所和企业、社会智库协调发展，形成定位明晰、特色鲜明、规模适度、布局合理的中国特色新型智库体系，重点建设一批具有较大影响力和国际知名度的高端智库，造就一支坚持正确政治方向、德才兼备、富于创新精神的公共政策研究和决策咨询队伍，建立一套治理完善、充满活力、监管有力的智库管理体制和运行机制，充分发挥中国特色新型智库咨政建言、理论创新、舆论引导、社会服务、公共外交等重要功能。

中国特色新型智库是以战略问题和公共政策为主要研究对象、以服务党和政府科学民主依法决策为宗旨的非营利性研究咨询机构，应当具备以下基本标准：(1)遵守国家法律法规、相对稳定、运作规范的实体性研究机构；(2)特色鲜明、长期关注的决策咨询研究领域及其研究成果;(3)具有一定影响的专业代表性人物和专职研究人员;(4)有保障、可持续的资金来源;(5)多层次的学术交流平台和成果转化渠道;(6)功能完备的信息采集分析系统;(7)健全的治理结构及组织章程;(8)开展国际合作交流的良好条件等。

三、构建中国特色新型智库发展新格局

(七)促进社科院和党校行政学院智库创新发展。社科院和党校行政学院要深化科研体制改革,调整优化学科布局,加强资源统筹整合,重点围绕提高国家治理能力和经济社会发展中的重大现实问题开展国情调研和决策咨询研究。发挥中国社会科学院作为国家级综合性高端智库的优势,使其成为具有国际影响力的世界知名智库。支持中央党校、国家行政学院把建设中国特色新型智库纳入事业发展总体规划,推动教学培训、科学研究与决策咨询相互促进、协同发展,在决策咨询方面发挥更大作用。地方社科院、党校行政学院要着力为地方党委和政府决策服务,有条件的要为中央有关部门提供决策咨询服务。

(八)推动高校智库发展完善。发挥高校学科齐全、人才密集和对外交流广泛的优势,深入实施中国特色新型高校智库建设推进计划,推动高校智力服务能力整体提升。深化高校智库管理体制改革,创新组织形式,整合优质资源,着力打造一批党和政府信得过、用得上的新型智库,建设一批社会科学专题数据库和实验室、软科学研究基地。实施高校哲学社会科学走出去计划,重点建设一批全球和区域问题研究基地、海外中国学术研究中心。

(九)建设高水平科技创新智库和企业智库。科研院所要围绕建设创新型国家和实施创新驱动发展战略,研究国内外科技发展趋势,提出咨询建议,开展科学评估,进行预测预判,促进科技创新与经济社会发展深度融合。发挥中国科学院、中国工程院、中国科协等在推动科技创新方面的优势,在国家科技战略、规划、布局、政策等方面发挥支撑作用,使其成为创新引领、国家倚重、社会信任、国际知名的高端科技智库。支持国有及国有控股企业兴办产学研用紧密结合的新型智库,重点面向行业产业,围绕国有企业改革、产业结构调整、产业发展规划、产业技术方向、产业政策制定、重大工程项目等开展决策咨询研究。

(十)规范和引导社会智库健康发展。社会智库是中国特色新型智库的组成部分。坚持把社会责任放在首位,由民政部会同有关部门研究制定规范和引导社会力量兴办智库的若干意见,确保社会智库遵守国家宪法法律法规,沿着正确方向健康发展。进一步规范咨询服务市场,完善社会智库产品供给机制。探索社会智库参与决策咨询服务的有效途径,营造有利于社会智库发展的良好环境。

(十一)实施国家高端智库建设规划。加强智库建设整体规划和科学布局,统筹整合现有智库优质资源,重点建设50至100个国家亟须、特色鲜明、制度创新、引领发展的专业化高端智库。支持中央党校、中国科学院、中国社会科学院、中国工程院、国务院发展研究中心、国家行政学院、中国科协、中央重点新闻媒体、部分高校和科研院所、军队系统重点教学科研单位及有条件的地方先行开展高端智库建设试点。

(十二)增强中央和国家机关所属政策研究机构决策服务能力。中央和国家机关所属政策研究机构要围绕中心任务和重点工作，定期发布决策需求信息，通过项目招标、政府采购、直接委托、课题合作等方式，引导相关智库开展政策研究、决策评估、政策解读等工作。中央政研室、中央财办、中央外办、国务院研究室、国务院发展研究中心等机构要加强与智库的沟通联系，高度重视、充分运用智库的研究成果。全国人大要加强智库建设，开展人民代表大会制度和中国特色社会主义法律体系理论研究。全国政协要推进智库建设，开展多党合作和政治协商制度、社会主义协商民主制度理论研究。人民团体要发挥密切联系群众的优势，拓展符合自身特点的决策咨询服务方式。

四、深化管理体制改革

（十三）深化组织管理体制改革。按照行政管理体制改革和事业单位分类改革的要求，遵循智库发展规律，推进不同类型智库管理体制改革。强化政府在智库发展规划、政策法规、统筹协调等方面的宏观指导责任，创新管理方式，形成既能把握正确方向、又有利于激发智库活力的管理体制。

（十四）深化研究体制改革。鼓励智库与实际部门开展合作研究，提高研究工作的针对性实效性。健全课题招标或委托制度，完善公开公平公正、科学规范透明的立项机制，建立长期跟踪研究、持续滚动资助的长效机制。重视决策理论和跨学科研究，推进研究方法、政策分析工具和技术手段创新，搭建互联互通的信息共享平台，为决策咨询提供学理支撑和方法论支持。

（十五）深化经费管理制度改革。建立健全规范高效、公开透明、监管有力的资金管理机制，探索建立和完善符合智库运行特点的经费管理制度，切实提高资金使用效益。科学合理编制和评估经费预算，规范直接费用支出管理，合规合理使用间接费用，发挥绩效支出的激励作用。加强资金监管和财务审计，加大对资金使用违规行为的查处力度，建立预算和经费信息公开公示制度，健全考核问责制度，不断完善监督机制。

（十六）深化成果评价和应用转化机制改革。完善以质量创新和实际贡献为导向的评价办法，构建用户评价、同行评价、社会评价相结合的指标体系。建立智库成果报告制度，拓宽成果应用转化渠道，提高转化效率。对党委和政府委托研究课题和涉及国家安全、科技机密、商业秘密的智库成果，未经允许不得公开发布。加强智库成果知识产权创造、运用和管理，加大知识产权保护力度。

（十七）深化国际交流合作机制改革。加强中国特色新型智库对外传播能力和话语体系建设，提升我国智库的国际竞争力和国际影响力。建立与国际知名智库交流合作机制，开展国际合作项目研究，积极参与国际智库平台对话。坚持引进来与走出去相结合，吸纳海外智库专家、汉学家等优秀人才，支持我国高端智库设立海外分支机构，推荐知名智库专家到有关国际组织任职。重视智库外语人才培养、智库成果翻译出版和开办外文网站等工作。简化智库外事活动管理、中外专家交流、举办或参加国际会议等方面的审批程序。坚持以我为主、为我所用，学习借鉴国外智库的先进经验。

五、健全制度保障体系

（十八）落实政府信息公开制度。按照政府信息公开条例的规定，依法主动向社会发布政府信息，增强信息发布的权威性和及时性。完善政府信息公开方式和程序，健全政府信息公开申请的受理和处置机制。拓展政府信息公开渠道和查阅场所，发挥政府网站以及政务微博、政务微信等新兴信息发布平台的作用，方便智库及时获取政府信息。健全政府信息公开保密审查制度，确保不泄露国家秘密。

（十九）完善重大决策意见征集制度。涉及公共利益和人民群众切身利益的决策事项，要通过举行听证会、座谈会、论证会等多种形式，广泛听取智库的意见和建议，增强决策透明度和公众参与度。鼓励人大代表、政协委员、政府参事、文史馆员与智库开展合作研究。探索建立决策部门对智库咨询意见的回应和反馈机制，促进政府决策与智库建议之间良性互动。

（二十）建立健全政策评估制度。除涉密及法律法规另有规定外，重大改革方案、重大政策措施、重大工程项目等决策事项出台前，要进行可行性论证和社会稳定、环境、经济等方面的风险评估，重视对不同智库评估报告的综合分析比较。加强对政策执行情况、实施效果和社会影响的评估，建立有关部门对智库评估意见的反馈、公开、运用等制度，健全决策纠错改正机制。探索政府内部评估与智库第三方评估相结合的政策评估模式，增强评估结果的客观性和科学性。

（二十一）建立政府购买决策咨询服务制度。探索建立政府主导、社会力量参与的决策咨询服务供给体系，稳步推进提供服务主体多元化和提供方式多样化，满足政府部门多层次、多方面的决策需求。研究制定政府向智库购买决策咨询服务的指导意见，明确购买方和服务方的责任和义务。凡属智库提供的咨询报告、政策方案、规划设计、调研数据等，均可纳入政府采购范围和政府购买服务指导性目录。建立按需购买、以事定费、公开择优、合同管理的购买机制，采用公开招标、邀请招标、竞争性谈判、单一来源等多种方式购买。

（二十二）健全舆论引导机制。着眼于壮大主流舆论、凝聚社会共识，发挥智库阐释党的理论、解读公共政策、研判社会舆情、引导社会热点、疏导公众情绪的积极作用。鼓励智库运用大众媒体等多种手段，传播主流思想价值，集聚社会正能量。坚持研究无禁区、宣传有纪律。

六、加强组织领导

（二十三）高度重视智库建设。各级党委和政府要充分认识中国特色新型智库的地位和作用，把智库建设作为推进科学执政、依法行政、增强政府公信力的重要内容，列入重要议事日程。建立健全党委统一领导、有关部门分工负责的工作体制，切实加强对智库建设工作的领导。

（二十四）不断完善智库管理。有关部门和业务主管单位要按照谁主管、谁负责和属地管理、归口管理的原则，切实负起管理责任，建章立制，立好规矩，制定具体明晰的标准规范和管理措施，确保智库所从事的各项活动符合党的路线方针政策，遵守国家法律法规。加强统筹协调，做好整体规划，优化资源配置，避免重复建设，防止一哄而上和无序发展。

（二十五）加大资金投入保障力度。各级政府要研究制定和落实支持智库发展的财政、金融政策,探索建立多元化、多渠道、多层次的投入体系,健全竞争性经费和稳定支持经费相协调的投入机制。根据不同类型智库的性质和特点,研究制定不同的支持办法。落实公益捐赠制度,鼓励企业、社会组织、个人捐赠资助智库建设。

(二十六)加强智库人才队伍建设。各级党委和政府要把人才队伍作为智库建设重点,实施中国特色新型智库高端人才培养规划。推动党政机关与智库之间人才有序流动,推荐智库专家到党政部门挂职任职。深化智库人才岗位聘用、职称评定等人事管理制度改革,完善以品德、能力和贡献为导向的人才评价机制和激励政策。探索有利于智库人才发挥作用的多种分配方式,建立健全与岗位职责、工作业绩、实际贡献紧密联系的薪酬制度。加强智库专家职业精神、职业道德建设,引导其自觉践行社会主义核心价值观,增强社会责任感和诚信意识,牢固树立国家安全意识、信息安全意识、保密纪律意识,积极主动为党和政府决策贡献聪明才智。

各地区各有关部门要结合实际,按照本意见精神制定具体办法。

权威解读

中国打造新型智库体系　重点建设50～100个高端智库

——一文读懂《关于加强中国特色新型智库建设的意见》

【总体目标:形成中国特色新型智库体系】到2020年,统筹推进党政部门、社科院、党校行政学院、高校、军队、科研院所和企业、社会智库协调发展,形成定位明晰、特色鲜明、规模适度、布局合理的中国特色新型智库体系。

——重点建设一批具有较大影响力和国际知名度的高端智库;

——造就一支坚持正确政治方向、德才兼备、富于创新精神的公共政策研究和决策咨询队伍;

——建立一套治理完善、充满活力、监管有力的智库管理体制和运行机制;

——充分发挥中国特色新型智库咨政建言、理论创新、舆论引导、社会服务、公共外交等重要功能。

【什么是中国特色新型智库】中国特色新型智库是以战略问题和公共政策为主要研究对象、以服务党和政府科学民主依法决策为宗旨的非营利性研究咨询机构。

【必须具备八大标准】(1)遵守国家法律法规、相对稳定、运作规范的实体性研究机构;(2)特色鲜明、长期关注的决策咨询研究领域及其研究成果;(3)具有一定影响的专业代表性人物和专职研究人员;(4)有保障、可持续的资金来源;(5)多层次的学术交流平台和成果转化渠道;(6)功能完备的信息采集分析系统;(7)健全的治理结构及组织章程;(8)开展国际合作交流的良好条件等。

【数据指标:重点建设50～100个专业化高端智库】实施国家高端智库建设规划。加强智库建设整体规划和科学布局,统筹整合现有智库优质资源,重点建设50～100个国家亟须、特色鲜明、制度创新、引领发展的专业化高端智库。

支持中央党校、中国科学院、中国社会科学院、中国工程院、国务院发展研究中心、国家行政学院、中国科协、中央重点新闻媒体、部分高校和科研院所、军队系统重点教学科研单位及有条件的地方先行开展高端智库建设试点。

【打造新型智库体系的路线图】——发展新格局:促进社科院和党校行政学院智库创新发展;推动高校智库发展完善;建设高水平科技创新智库和企业智库;规范和引导社会智库健康发展;实施国家高端智库建设规划;增强中央和国家机关所属政策研究机构决策服务能力。

——深化五项改革:深化组织管理体制改革,深化研究体制改革,深化经费管理制度改革,深化成果评价和应用转化机制改革,深化国际交流合作机制改革。

——健全制度保障体系:落实政府信息公开制度,完善重大决策意见征集制度,建立健全政策评估制度,建立政府购买决策咨询服务制度,健全舆论引导机制。

【智库产品纳入政府采购】意见指出,凡属智库提供的咨询报告、政策方案、规划设计、调研数据等,均可纳入政府采购范围和政府购买服务指导性目录。建立按需购买、以事定费、公开择优、合同管理的购买机制,采用公开招标、邀请招标、竞争性谈判、单一来源等多种方式购买。

——引自:新华网 http://www.xinhuanet.com/2015-01/20/c_1114066509.htm

山东高校典型经验

山东师范大学加快构建中国特色哲学社会科学发展山东省哲学社会科学的意见(节选)

22. 加强中国特色新型智库建设。统筹推进各类智库协调发展,充分发挥新型智库咨政建言、理论创新、舆论引导、社会服务、公共外交等重要功能。建设山东省社会科学数据中心,搭建大容量、广覆盖的智库平台、知识交换平台、交流互动平台、普及应用平台、管理平台和哲学社会科学信息采集、分析系统。加强山东智库联盟建设和省新型智库建设试点工作,重点建设15家左右为党委和政府决策服务、在省内外有重大影响的高端专业智库。大力实施高端智库人才引进和培养计划,用3～5年时间,建成300名左右智库高端人才储备库,确定30名左右首席专家、100名左右岗位专家,组建30个左右智库人才团队。健全完善信息公开、意见征集、服务购买、成果推介、政策评估等制度,加强决策部门与智库的信息共享和互动交流,促进供需对接。发挥山东省社会科学数据中心的枢纽作用,推动智库间的共享、互补与协作,推动形成各有侧重、互为补充,具有高度系统性、开放性的“1+N”智库体系。

《山东工商学院关于推进新型智库建设的实施意见(试行)》(节选)

(院发〔2015〕63号)

(三)完善成果认定机制。依据成果发表水平、研究报告及咨询报告采纳数量、成果转化率、社会影响力等对新型智库研究成果进行认定,重点考察研究成果对实际决策和社会公众的影响力,特别突出质量和绩效导向,提高我校新型智库在社会经济发展中的影响力,树立良好的声誉。

以下成果可作为智库研究成果:(1)被党和国家领导人作了肯定性批示或被中央部委文件转发的;(2)被省委、省政府、省人大以正式文件形式转发或由省委、省政府、省人大办公厅以正式文件形式联合或单独转发的;(3)以《呈阅件》形式上报并被省委、省政府、省人大主要领导或市委、市政府、市人大主要领导作了批示的;(4)被纳入市(厅)级以上职能部门规划纲要或其他文件的;(5)被纳入市(厅)级以上党委、政府或职能部门成果简报的;(6)智库研究人员提出的被纳入法律、法规或行业标准的意见、建议;(7)智库研究人员提出并实施的被地市(厅)级以上党委、政府或部门推广、表彰的建议、方案;(8)出版、发布的面向全国、区域、行业的经济金融指数或发展报告;(9)由校学术委员会评议并认定的其他形式的研究成果或社会贡献。

中国特色新型高校智库建设推进计划

教社科〔2014〕1号

为深入贯彻落实党的十八大、十八届三中全会精神，贯彻落实习近平总书记关于加强智库建设的重要批示和刘延东副总理在"繁荣发展高校哲学社会科学推动中国特色新型智库建设"座谈会上的重要讲话精神，推进中国特色新型高校智库建设，为党和政府科学决策提供高水平智力支持，制定本计划。

一、服务国家发展，明确建设目标

1. 明确高校智库的功能定位。高校智库应当发挥战略研究、政策建言、人才培养、舆论引导、公共外交的重要功能。一是发挥基础研究实力雄厚的优势，着重开展事关国家长远发展的基础理论研究，为科学决策提供坚实的理论支撑。二是发挥学科门类齐全的优势，围绕重大现实问题，开展多学科的综合研究，提出具有针对性和操作性的政策建议。三是发挥人才培养的优势，努力培养复合型智库人才，为中国特色新型智库建设提供有力的人才保障。四是发挥高校学术优势，针对社会热点问题，积极释疑解惑，引导社会舆论。五是发挥对外交流广泛的优势，积极开展人文交流，推动公共外交。

2. 建立形式多样、结构合理的高校智库组织形式。按照总体设计、点面结合、突出重点、分类实施的原则，创新体制机制，整合优质资源，打造高校智库品牌，带动高校社会服务能力的整体提升。一是以学者为核心，支持和培养一批具有重要影响的高端智库人才和咨政研究团队。二是以机构建设为重点，培育建设一批具有集成优势的新型智库机构。三是以项目为抓手，改革科研项目管理，提高应用研究项目质量。四是以成果转化平台为基础，拓展转化渠道，搭建高端发布平台。

二、聚焦国家急需，确定主攻方向

围绕完善和发展中国特色社会主义制度，推进国家治理体系和治理能力现代化的总目标，结合高校优势和特色，统筹规划高校各类科研机构、人才团队和项目设置，凝练智库建设的主攻方向，力求在以下关键领域、关键环节以及亟待解决的问题上取得重大突破。

1. 经济建设。围绕社会主义市场经济体制完善、经济发展方式转变等重大问题，重点推进经济结构调整与转型、创新驱动发展和国家创新体系建设、城乡一体化发展、财税体制改革、金融创新与安全、粮食与食品安全、区域经济协调发展等重点领域研究。

2. 政治建设。围绕社会主义民主政治建设、依法治国等重大问题，重点推进发展人民民主、行政体制改革、公共治理创新、社会主义法律体系完善、司法体制改革、民族与宗教问题等重点领域研究。

3. 文化建设。围绕提升国家软实力、深化文化体制改革等重大问题，重点推进社会主义核心价值体系建设、中华优秀传统文化传承创新、文化产业发展、中国文化“走出去”等重点领域研究。

4. 社会建设。围绕民生保障与改善、社会体制改革等重大问题，重点推进教育现代化、医药卫生体制改革、人口发展战略、收入分配改革、社会保障体系、创新社会治理体制等重点领域研究。

5. 生态文明建设。围绕国家经济社会可持续发展中的重大问题，重点推进国土开发、节能减排、发展低碳经济、应对全球气候变化、环境保护等重点领域研究。

6. 党的建设。围绕提高党的建设科学化水平、保持党的先进性和纯洁性等重大问题，重点推进党的思想建设、组织建设、作风建设、反腐倡廉建设、制度建设等重点领域研究。

7. 外交与国际问题。围绕维护国家主权与安全、促进世界和平发展等重大问题，重点推进构建新型大国关系、周边环境与周边外交、新兴国家崛起、海洋战略与海洋强国政策、反恐维和、全球治理、公共外交等重点领域研究。

8.“一国两制”实践与推进祖国统一。围绕“一国两制”的理论与实践、两岸关系和平发展中的重大问题，重点推进完善与基本法实施相关的制度和机制、深化内地与港澳经贸关系、推进两岸交流合作等重点领域研究。

三、整合优质资源，建设新型智库机构

1. 以2011协同创新中心和人文社会科学重点研究基地建设为抓手，重点打造一批国家级智库。按照“国家急需、世界一流、制度先进、贡献重大”的总体要求，认定和建设一批国家“2011协同创新中心”。深化高校人文社会科学重点研究基地运行和管理体制改革，实行“有进有退、优胜劣汰”的动态管理和弹性经费制度，完善总体布局，推动重点研究基地从整体上向问题导向转型，提升社会服务能力。

2. 实施社科专题数据库和实验室建设计划，促进智库研究手段和方法创新。围绕内政外交重大问题，重点建设一批社会调查、统计分析、案例集成等专题数据库，和以模拟仿真和实验计算研究为手段的社会科学实验室，为高校智库提供有力的数据和方法支撑。

3. 以高校哲学社会科学“走出去”计划为依托，扩大高校智库国际学术话语权和影响力。完善结构布局，创新组织形式，重点建设一批全球和区域问题研究基地。推动高校智库与国外一流智库建立实质性合作关系，建立海外中国学术中心，支持高端智库参与和设立国际学术组织、举办创办高端国际学术会议。

4. 加强高等学校软科学研究基地建设。以综合性大学现有的高水平战略研究机构为基础，培育一批面向国家和国际重大科技战略问题的国家级智库。培育、鼓励行业特色院校组建行业、产业科技发展战略研究中心，形成全面覆盖的行业、产业发展战略与政策研究支撑网络。面向区域发展需要，在高校培育一批面向区域产业发展需要的特色政策咨询机构。

四、发挥人才关键作用，着力培养和打造高校智库队伍

1. 实施高端智库人才计划。遴选确定立场坚定、理论深厚、视野开阔、熟悉情况、掌握政策、联系实际的200多名高校专家，建立咨政研究核心人才库，给予长期稳定支持。构建密切联系机制，引导和支持专家围绕全局、战略问题和重点、热点、难点问题，及时向党中央、国务院各部门提出政策建议，适时向公众发布研究观点，引导社会舆论。

2. 实施哲学社会科学教学科研骨干研修跟踪培养计划。对参加中央六部门举办的哲学社会科学教学科研骨干研修学员进行跟踪培养，组织参与实践考察、社会调研、挂职锻炼，在各类人才计划、团队建设、科研项目、出国访学等方面给予重点支持，培养一支智库建设的骨干队伍。

3. 推动智库人才交流。与有关部门密切配合，有计划地推荐高校智库核心专家到政府部门和国际组织挂职任职。聘请有较高理论素养的党政、企事业单位领导干部参与高校智库研究工作，形成政产学研用之间人才交叉流动的良好格局。

五、拓展成果应用渠道，打造高端发布平台

1. 建设中外高校智库交流平台。围绕国际国内重大热点问题，支持高校与国外高水平智库开展合作研究，举办高层智库论坛，打造高端引领、集中发布、影响广泛的高校智库成果发布品牌，发挥高校智库引导舆论、公共外交的重要作用。

2. 加大智库成果报送力度。进一步加强高校、科研机构、项目团队咨政建议的报送工作。建立咨政报告数据库，定期收集、整理、分析和反馈相关信息。拓展《教育部社会科学委员专家建议》报送渠道，加大报送力度，建立定向征集、集中报送的工作机制。

3. 加强成果发布管理。制订实施《关于加强和规范高校哲学社会科学成果发布管理的实施办法》，规范发布流程，切实把好政治关和质量关。

六、改革管理方式，创新组织形式

1. 大力推动协同。支持高校智库与实际工作部门联合组建研究团队，主动加强与政府研究机构、社科院、科学院、工程院，以及民间智库等的合作，强化高校之间及高校内部的合作，着力构建强强联合、优势互补、深度融合、多学科交叉的协作机制。密切关注、全程跟踪党和政府重大决策，及时提供动态监测、效果评估和信息反馈。

2. 改进科研评价。牢固树立质量第一的评价导向，实施科学合理的分类评价标准，把解决国家重大需求的实际贡献作为核心标准，完善以贡献和质量为导向的绩效评估办法，建立以政府、企业、社会等用户为主的评价机制。协调推进组织管理、人才培养、资源配置等方面的综合改革，构建有利于智库创新发展的长效机制。

3. 改革项目管理。建立后期资助方式，对政府决策产生重大影响的科研成果给予后期奖励和持续支持。密切跟踪重大需求，与实际工作部门合作确定科研项目选题，完善课题立项和申报制度，提高项目设置的针对性实用性。

七、加强组织领导，提供有力保障

1. 健全管理体制。把加强智库建设作为推动高等教育改革发展和繁荣发展哲学社会科学的重点任务，研究制定《关于提高高等学校哲学社会科学社会服务能力的意见》等文件，做好统筹规划，明确任务分工，形成工作合力。

2. 完善政策配套支持。根据新型智库特点和发展需要，在研究生招生、经费投入、项目支持等方面给予重点倾斜，在组织管理、人员评聘、科研活动安排等方面赋予更大的自主权，建立健全政策指导到位、保障措施得力、有利于激发智库活力的管理机制。

3. 加强经费保障。加大经费投入力度，多措并举筹集智库建设经费。完善经费使用机制，加大人力资本投入，实行绩效奖励。规范经费管理，加强绩效评估和审计，提高经费使用效益。

权威解读

发挥高校优势　打造新型智库

——教育部社会科学司负责人就《中国特色新型高校智库建设推进计划》答记者问

教育部社会科学司负责人就有关问题回答了记者的提问。

1. 问：高校智库建设的现状如何？有什么优势，存在哪些问题？

答：高水平智库是高等教育质量的显著标志。近年来，高校紧密围绕国家需要，积极建言献策，一批优秀成果及时转化为政府决策和政策。2008～2013年，高校人文社科重点研究基地承担了600余项国家部委的调研和培训任务，直接参与了《民事诉讼法》《食品安全法》等多部重要法律的起草和修订工作，累计有1600余份咨询报告被国家有关部门采纳。高校科技专家和研究机构为国家行业产业发展、科技战略规划提供了有力支持。教育部社科委、科技委、专业学会、研究中心向有关部门呈报了系列专家建议。2013年，首批认定设立了14个国家协同创新中心，其中文科有两个，各地各高校也建立了一批自己的协同创新中心，这些都为发挥智库作用、推进智库建设奠定了基础。

高校具有建设高水平智库的天然优势：一是人力资源集中，高校聚集了80%以上的社科力量、近半数的两院院士、60%的“千人计划”入选者，以及规模庞大的研究生本科生队伍，可以为智库建设提供有力的人才支撑。二是学科门类齐全，能够迅速整合，从而解决横跨自然科学、工程技术和人文社会科学多个学科的问题。三是基础研究力量雄厚，可以为智库开展政策研究、战略研究提供丰厚的学术底蕴。四是对外学术交流和合作广泛深入，为开展战略研究和政策研究提供了广阔的国际视野和国际学术网络。

但从总体上看，目前高校智库建设还明显滞后，有分量、有影响的智库不多，结构不尽合理，高端人才和创新团队匮乏，高质量的、具有真知灼见的研究成果不多，每年提交的咨询报告对重大决策产生影响还不理想。产生这些问题的原因有多种，根本原因是问题意识不强、联系实际不足、评价机制不健全、改革和支持力度不够。

2. 问：新型高校智库应该具备哪些特点？

答：一是体现鲜明的中国特色，坚持马克思主义立场观点方法，牢牢把握正确方向，既要有国际视野，学习借鉴各国智库建设的成功经验，又能立足基本国情，服务于中国特色社会主义的伟大实践。二是体现高校优势和特色，紧扣国家需求，明确主攻方向，充分发挥战略研究、政策建言、人才培养、舆论引导、公共外交的重要功能。三是发展理念和组织管理方式的创新。通过深化改革，促进跨学科、跨部门、跨地区的优化组合，不断提高智库的创新活力。四是能拿出既有前瞻性、战略性，又有针对性、操作性的研究成果，成为服务党和国家决策的思想高地，形成有世界影响力的中国智库品牌。

3. 问：推进中国特色新型高校智库建设的总体思路和主要举措有哪些？

答：中国特色新型高校智库建设的总体思路是：紧紧围绕“五位一体”总布局和“四化同步”新要求，聚焦国家急需，明确建设目标，立足高校特点，以学者为核心，以机构建设为重点，以项目为抓手，以成果转化平台为基础，创新体制机制，整合优质资源，打造高校智库品牌。

主要举措重点从以下五个方面考虑：一是重点打造一批国家级智库，通过 2011 协同创新中心、人文社科重点研究基地、社科专题数据库和实验室、高校软科学研究基地建设等，整合优质资源，建设新型智库机构。二是通过凝聚高端智库人才、加强青年学术后备力量、推动智库人才交流，培养和打造高校智库队伍。三是通过建设中外高校智库交流平台、加大成果报送力度、加强成果发布管理，拓展成果应用渠道，打造高端发布平台。四是通过大力推动协同、改进科研评价、改革项目管理，推动管理和组织形式创新。五是从健全管理体制、完善政策配套支持、加强经费支持等方面，为智库建设提供有力保障。

4. 问：当前高校智库建设的重点领域有哪些？

答：高校智库建设的总目标是推动完善和发展中国特色社会主义制度，推进国家治理体系和治理能力现代化，围绕这一目标，结合高校自身的优势和特色，按照国家重大需求与高校能力相匹配的原则，当前高校智库建设应当力求在经济建设、政治建设、文化建设、社会建设、生态文明建设、党的建设、外交与国际问题、“一国两制”实践与推进祖国统一这八大领域里，找准关键环节，瞄准国家急需，凝练出亟待解决的重大问题，开展针对性研究。

5. 问：高校智库如何瞄准国家需求，明确主攻方向？

答：发现和找出真正需要研究和咨询的问题，是智库研究过程中一个关键的环节。这要求智库与实际部门建立起密切联系。一是要密切跟踪重大决策。全程紧密跟踪各级党委和政府的重大决策，及时提供动态监测、实时预警、效果评估和信息反馈。同时要加强战略研究，就未来可能出现的问题进行前瞻性研究，提供决策储备。二是要加强理论联系实际。如选拔推荐高校智库优秀学者到国际组织任职、到实际部门挂职，参与政策制定，推动智库人才在实践中锻炼能力。三是要建立与需求对接的新模式。邀请实际工作部门直接参与选题征集，共同确定智库的重点任务，联合组建研究团队，从源头上解决科学研究与决策需求脱节的问题。拓展成果发布应用渠道,完善专家建议报送机制,打造高校智库成果发布平台,增强对政府决策和社会舆论的渗透力、影响力。

6. 如何提高高校智库建言献策的质量?

答:真正具有前瞻性、科学性、实用性的政策建议,必须有厚重的理论、多学科的视角和先进的方法作支撑。高校智库不仅要出对策,更要出思想,谋战略,特别是在一些前沿应用问题和重要理论问题的研究范式上取得突破。提高高校智库建言献策的质量,一是发挥高校基础研究实力雄厚的优势,坚持基础研究和应用研究并重。重点支持一批对经济社会发展、社会和谐稳定和国家安全具有长远影响的基础研究项目,推出对理论创新具有重大影响的标志性成果,为提升应用对策研究水平提供坚实的理论支撑。二是着力推动跨学科研究。促进哲学社会科学与自然科学、哲学社会科学不同学科之间的交叉渗透,大力推进新兴学科发展,为应用对策研究提供更为有力的学科支撑。三是大力推动科研方法创新。吸收借鉴自然科学的研究方法,充分利用现代信息技术,加强文科实验室和数据库建设,推动资源共建共享,为智库建设提供有力的方法支撑和条件保障。

7. 智库建设在推动高校哲学社会科学发展中会起到什么样的作用?

答:智库建设是深化综合改革、推进制度建设的总揽性抓手,机构建设、人才队伍建设、平台建设以及高校哲学社会科学"走出去"计划都可以通过智库建设来推动。我们相信,通过创新体制机制、整合优质资源、打造高校智库品牌,必将有力地推动高校社科领域的综合改革,提升创新能力,促进高校社科事业的创新发展和科学发展。

——引自:教育部 http://www.moe.gov.cn/jyb_xwfb/s271/201403/t20140307_165002.html

山东高校典型经验

《山东农业大学社科研究发展基金管理办法》(节选)

(山农大校字〔2016〕109号)

第七条 人文社科研究的资助范围重点用于支持智库平台建设、上级无资项目后补助和校级重大社科研究项目(课题)。

第八条 学校根据经济社会发展的重大需求,组织各智库平台系统遴选自选课题,开展针对性、时效性、系统性的研究。

高等学校学科创新引智计划实施与管理办法

教技〔2016〕4 号

第一章　总　则

第一条　为进一步提升“高等学校学科创新引智计划”（以下简称“111 计划”）实施和管理的科学化与规范化水平，充分发挥引进国外高水平人才和智力在服务国家重大战略需求，引领和支撑世界一流大学和一流学科建设方面的重要作用，制定本办法。

第二条　“111 计划”由教育部和国家外国专家局联合组织实施，以建设世界一流学科创新引智基地为手段，加大成建制引进海外人才的力度，在高等学校汇聚一批世界一流人才，进一步提升高等学校引进国外智力的层次，促进海外人才与国内科研骨干的融合，形成国际化学术团队，开展高水平合作研究、高层次人才培养、高质量学术交流，重点建设一批具有自主创新能力的学科，提升高等学校的科技创新能力和综合竞争力。

第三条　“111 计划”的总体目标是瞄准国际学科发展前沿，围绕国家需求，结合高等学校具有国际前沿水平或国家重点发展的学科领域，以优势特色学科为基础，以国家、省、部级重点科研基地为平台，从世界排名前 100 位的大学、研究机构或世界一流学科队伍中，引进、汇聚 1000 名海外顶级学术大师以及一大批学术骨干，与国内优秀学科带头人和创新团队相互融合，形成高水平的研究队伍，重点建设 100 个世界一流的学科创新基地，努力取得具有重大国际影响的科研成果，提高高等学校的整体水平和国际地位。

第四条　“111 计划”以学科创新引智基地（以下简称“111 基地”）建设项目的形式实施，按照“统筹规划、服务需求、科教融合、择优建设、动态管理”的原则进行。

第二章　组织机构与职能职责

第五条　教育部、国家外国专家局联合成立“111 计划”领导小组，负责计划的宏观指导和决策。领导小组由两部门领导和相关司级领导组成，主要职能为：

1. 制订“111 计划”的整体规划、战略布局；

2. 审核确定“111 基地”建设名单和资助经费等。

第六条　教育部科技司和国家外国专家局教科文卫司相关业务处室人员联合组成“111 计划”管理办公室，主要职能为：

1. 制订并发布“111 计划”年度实施方案；

2. 聘请国内外知名学者组成“‘111 计划’高等学校学科创新引智计划专家委员会”（以下简称“111 专委会”），作为学术咨询机构。委员会成员实行聘任制，5 年一个聘期，可连续聘任；

3. 对计划项目申报材料进行形式审查，并组织“111 专委会”对项目进行评审；

4. 负责“111 基地”建设立项；

5. 负责推进项目的执行和检查经费的落实；

6. 组织对“111 基地”的验收和评估。

第七条 “111 专委会”受“111 计划”管理办公室委托，主要行使以下职能：

1. 对“111 计划”有关问题进行咨询；

2. 负责计划项目的评审；

3. 对各“111 基地”的建设运行情况进行检查监督与验收评估。

第八条 高等学校是“111 基地”建设的依托单位，获得“111 计划”资助的高校应加强学科创新引智工作力量。

第三章 支持范围与条件

第九条 “111 计划”遴选范围包括中央高校和地方高等学校。具体申报资格与申报数量由年度实施方案确定。

第十条 申请本计划的“111 基地”应具备以下条件：

1. 学科基础：

依托学科应为国内一流优势特色学科，建设有国家、省部级重点科研平台，具有良好的国际合作研究基础。

2. 人员构成：

(1)应聘请 10 名以上海外人才团队，其中包括：1 名以上国际一流学术大师，5 名以上高水平学术骨干；或成建制 10 人以上国际一流海外团队。

(2)国内人才团队 10 人以上，其中包括 5 人以上优秀学术带头人和中青年拔尖人才。

3. 人员条件：

(1)海外人才应在世界排名前 100 位的大学、研究机构任职或受聘于世界一流学科的教学科研岗位，与本学科有良好的合作研究基础。

(2)海外人才应具有外国国籍，对中国友好，品德高尚，治学严谨，富于合作精神。国际学术大师年龄一般不超过 65 岁（诺贝尔奖获得者可适当放宽），学术骨干年龄一般不超过 55 岁。

(3)国际学术大师应为外国国家科学院或工程院院士或国际公认的一流专家学者，其学术水平在国际同领域处于领先地位，取得过国际公认的重要成就。

(4)海外学术骨干应具有所在国副教授以上或其他同等职位，在所属领域取得过同行公认的创新性成果。

(5)国内工作时间：国际学术大师每人每年原则上累计不少于 1 个月；海外学术骨干

每人每年原则上累计不少于 3 个月，一般应保持有 1 名以上海外学术骨干长期在基地工作。

(6)国内研究团队学术带头人的年龄一般不超过 60 岁、科研骨干成员年龄一般不超过 50 岁，两院院士、千人计划、长江学者、杰出青年基金获得者等国家人才计划获得者应占有一定比例。

第十一条 两个“111 基地”不得引进同一名国际学术大师。

第四章 申报、评审及立项

第十二条 高等学校按照年度实施方案的具体要求进行申报。以学校为单位，不受理个人申报。

第十三条 申报单位根据核定的申报名额、本办法规定的申报条件和本单位实际情况进行遴选、推荐，组织填写《高等学校学科创新引智基地建设申请书》、并与相关材料一并报送至“111 计划”管理办公室。

第十四条 “111 计划”管理办公室组织项目的评审工作。项目评审程序为：

1.“111 计划”管理办公室对申报材料进行形式审查，凡审查不合格者将不予受理；

2. 组织本领域同行专家对申报材料进行初评；

3. 组织“111 专委会”进行会议评审，对相关情况进行综合评议并填写评审意见表；

4.“111 计划”管理办公室汇总专家意见，并根据专家意见制定年度支持方案报领导小组审核批准；

5. 根据领导小组审批结果，公布“111 计划”年度项目立项名单和资助经费额度。

第十五条 予以立项的“111 基地”依托高校须填写《高等学校学科创新引智基地建设计划任务书》，并组织专家组进行可行性论证，论证后的任务书和论证报告作为中期绩效检查和验收的依据。

第五章 组织管理与验收评估

第十六条 “111 基地”一个建设周期为 5 年，每个基地须从建设期首年度开始建立年度进展报告制度，每年根据相关通知要求将进展报告报送“111 计划”管理办公室。

第十七条 予以立项的“111 基地”根据计划任务书的要求，须持续提升引进国外人才层次和水平，自主开展合作研究，加强学科建设和人才培养，加大联合培养博士生力度，积极争取承担国内外重大科研任务，引领和支撑一流学科建设。

第十八条 “111 基地”实行依托单位领导下的主任负责制，基地主任应是本领域高水平学科带头人，具有较强组织管理和协调能力。“111 基地”实行“开放、流动、协同、共享”的运行机制。

第十九条 “111 基地”实行中期绩效检查制度，对立项建设后满 3 年的基地进行中期绩效检查。对中期绩效检查中出现下列情况之一的，要求予以整改或中止建设：

1. 对明显未达到引智计划要求、难以完成预期目标的；

2. 保障条件不能落实，无法按原建设方案实施的；

3. 其他因人为因素严重影响基地正常建设的。

第二十条 中期绩效检查委托"111专委会"进行，采取现场检查的办法，检查包括海外人才引进、重点工作进展、学校保障措施、基地管理运行、存在的主要问题等，并形成中期绩效检查报告。

第二十一条 对基地负责人调离的，其所在高等学校应在负责人调离后3个月内向"111计划"管理办公室提交负责人调整意见，经管理办公室同意后予以调整。

第二十二条 "111基地"首个5年建设期结束后，由"111计划"管理办公室组织验收，"111基地"所在高校应按相关通知要求，填写《高等学校学科创新引智基地验收申请报告》报"111计划"管理办公室。

第二十三条 "111计划"管理办公室组织专家对"111基地"进行现场验收，验收程序包括：听取基地主任和依托高校的建设汇报，审核验收材料，考察研究平台和建设成效，对照任务书确定的建设目标，重点对引进海外人才和国际化团队建设、创新能力和国际学术影响力、学科提升和高层次人才培养、建设管理和开放共享、高水平国际合作等进行验收并形成验收意见。

第二十四条 对"111基地"建立滚动支持机制，对建设成效显著、验收结果良好的"111基地"可继续滚动支持5年。

第二十五条 "111基地"须参加5年一次的周期性评估，评估工作由"111专委会"或委托第三方专家组进行，坚持公开、公平、公正的原则，评估内容包括学科建设水平与人才培养质量、合作研究与协同创新水平、国际化团队建设和青年拔尖人才引进、管理运行和开放共享等，对通过评估的基地保留名称继续开放运行，对于未通过评估的"111基地"要求整改或淘汰。

第二十六条 "111基地"要积极探索实质性、高水平、可持续的协同合作机制，推进机构化、制度化、规范化的建设模式，积极承担国际合作联合实验室（研究中心）、国际大科学计划（工程）、世界一流国际学术期刊建设等项目，鼓励基地人员在国际重要学术组织任职，不断提高国际合作的层次与水平。

第二十七条 "111基地"经费支持人员所发表的相关论文、专著、研究报告、资料、鉴定证书及成果报道等，均须标注"高等学校学科创新引智计划资助"（Supported by the 111 Project）中英文字样和项目编号。

第二十八条 "111基地"要建立国际一流的管理和运行机制，加大宣传力度，建立国际化动态信息网站，营造创新引领、追求卓越的文化氛围。

第六章 建设经费与使用管理

第二十九条 "111基地"建设期间可获得专项经费支持，专项经费由教育部、国家外国专家局、高等学校主管部门、依托单位共同筹措。

第三十条 国家专项建设经费的使用与管理应严格按照国家聘请外国专家经费相关办法和规定执行，依托单位应保障"111基地"建设经费投入，规范使用、提高效益，接受监督检查。

第三十一条 高校配套经费除补充聘请外国专家费用不足部分外，还可用于：

1. 开展科学研究所需的科研业务费、实验材料费、人员费、助研津贴和其他相关费用；

2."111 基地"配备的国内优秀科研骨干赴国外一流大学、科研机构从事合作研究、短期访问及联合培养博士研究生所需费用；

3."111 基地"召开相关国际学术会议及其他与学科创新引智基地建设相关的费用。

第七章　附　则

第三十二条　本办法自发布之日起施行，《高等学校学科创新引智基地管理办法》（教技〔2006〕4 号）同时废止。

第三十三条　有关高等学校可参照本办法，制定本校"111 基地"建设管理办法。

第三十四条　本办法由"111 计划"管理办公室负责解释。

权威解读

两部门实施"111 计划"建 100 个世界一流学科创新引智基地

教育部、国家外国专家局日前印发《高等学校学科创新引智计划实施与管理办法》。《办法》明确："高等学校学科创新引智计划"（简称"111 计划"）基地 5 年进行一次周期性评估，评估工作由"111 专委会"或委托第三方专家组进行，对于未通过评估的"111 基地"将被要求整改或淘汰。对建设成效显著、验收结果良好的"111 基地"可继续滚动支持 5 年。

据介绍，"111 计划"是教育部、国家外国专家局落实人才强国战略，推进高等学校自主创新的重大举措，其目标是瞄准国际学科发展前沿，以国家重点学科为基础，从世界排名前 100 位的大学及研究机构的优势学科队伍中，引进、会聚 1000 余名海外学术大师、学术骨干，配备一批国内优秀的科研骨干，形成高水平的研究队伍，建设 100 个左右世界一流的学科创新引智基地，以推进我国高等学校建设世界一流大学的进程，故简称"111 计划"。

《办法》对入选"111 计划"支持范围和条件作出了明确规定，其遴选范围包括中央高校和地方高等学校。在学科基础方面，依托学科应为国内一流优势特色学科，建设有国家、省部级重点科研平台，具有良好的国际合作研究基础。在人员构成方面，应聘请 10 名以上海外人才团队，其中包括：1 名以上国际一流学术大师，5 名以上高水平学术骨干；或成建制 10 人以上国际一流海外团队。国内人才团队 10 人以上，其中包括 5 人以上优秀学术带头人和中青年拔尖人才。

其中，国际学术大师应为外国国家科学院或工程院院士或国际公认的一流专家学者，其学术水平在国际同领域处于领先地位，取得过国际公认的重要成就。在国内工作时间，每人每年原则上累计不少于 1 个月。

《办法》规定，"111 基地"一个建设周期为 5 年，每个基地须从建设期首年度开始建立年度进展报告制度，每年根据相关通知要求将进展报告报送"111 计划"管理办公室。

“111基地”实行中期绩效检查制度，对立项建设后满3年的基地进行中期绩效检查。对中期绩效检查中出现的明显未达到引智计划要求、保障条件不能落实以及其他因人为因素严重影响基地正常建设的，要求予以整改或中止建设。

——引自：《中国教育报》2016年12月1日

山东省高等学校协同创新中心绩效评价办法

鲁教科字〔2018〕3 号

第一章　总　则

第一条　为贯彻落实习近平新时代中国特色社会主义思想和党的十九大精神，深入实施创新驱动发展战略，对接我省新旧动能转换重大工程实施规划，强化创新链和产业链的有机衔接，构建以创新质量和贡献为导向的评价机制，有效提升协同创新中心建设水平，制定本办法。

第二条　本办法所指的山东省高等学校协同创新中心，是指由省教育厅和省财政厅批准的建设期内的“山东省高等学校协同创新中心”（以下简称“协同创新中心”）。

第三条　协同创新中心绩效评价（以下简称“绩效评价”）是指运用相应的评价指标，对协同创新中心目标任务完成情况、运行管理情况、项目预算执行情况、取得的成效等进行综合考核与评价。

第四条　绩效评价是协同创新中心建设和管理的重要环节，目的是以评促建，提高资金使用效益，提升高等学校服务我省新旧动能转换重大工程能力，全面掌握协同创新中心建设进展和成效，客观总结协同创新中心建设取得的经验，及时发现和解决协同创新中心建设存在的问题。绩效评价结果将作为滚动支持的依据。

第五条　绩效评价采取年度自行评价与第三方验收评价相结合的办法。年度自行评价由牵头高等学校组织进行，第三方验收评价由省财政厅、省教育厅统一组织。

第二章　组织实施

第六条　省教育厅、省财政厅负责制定绩效评价办法和绩效评价指标，组织实施协同创新中心绩效评价工作。牵头高等学校负责组织协同创新中心和主要协同单位编制评价报告、审核评价材料，并对评价材料和自评结果负责。协同创新中心应客观全面总结建设进展和成效，认真规范准备绩效评价材料。

第七条　绩效评价的重点是协同创新任务完成情况、服务我省经济社会发展成效，突出服务新旧动能转换“十强”产业情况、建设成效和改革创新成效等。绩效评价的内容包括：

（一）服务我省经济社会发展成效，主要是对接新旧动能转换“十强”产业的科研创新与产出、经济社会服务与贡献等情况。

（二）建设成效，包括队伍建设、人才培养、学科发展、体制机制改革、国内外合作交流等情况。

（三）保障措施，包括条件保障情况、资源融合情况、经费筹措情况。

（四）组织管理，包括设备购置与使用效益、省财政资金管理使用情况、资产管理情况、评价开展与材料报送等情况。

第八条 协同创新中心建设周期一般为 4 年。建设周期内的每年 3 月底前，由牵头高等学校组织协同创新中心进行年度自行评价，省教育厅、省财政厅视情况对部分协同创新中心进行抽查。建设周期结束后 3 个月内，由省财政厅、省教育厅委托第三方机构对协同创新中心进行现场验收评价。

第三章 绩效评价程序

第九条 年度自行评价和第三方验收评价依据山东省高等学校协同创新中心绩效评价指标体系（见附件 2）进行。

第十条 年度自行评价的程序和内容包括：

（一）建设周期内的每年 3 月底前，牵头高等学校编制《山东省高等学校协同创新中心绩效评价报告》（见附件 1），连同相关证明材料及《山东省高等学校协同创新中心绩效评价指标及计分表》（见附件 2）、《山东省高等学校协同创新中心实施成效汇总表》（见附件 3），报省教育厅、省财政厅。

（二）省教育厅、省财政厅对各协同创新中心自评材料进行审核，随机对部分协同创新中心建设情况进行现场抽查。

第十一条 第三方验收评价的程序和内容包括：

（一）确定第三方机构。省财政厅、省教育厅根据政策要求，确定委托进行验收评价的第三方评价机构，并由第三方评价机构组织成立专家组。

专家组由学术、技术、管理、财务等方面专家组成。评价实行回避制度，专家不参加本单位牵头组建或本人参与的协同创新中心的评价。专家应严格按照绩效评价工作要求，遵守评价纪律，科学、公正、独立地行使评价职责和权力，并对评价工作所涉及的材料、业务内容、相关知识产权、评价结果等负有保密义务。

（二）书面评审。专家组对各协同创新中心上报的绩效自评报告进行书面评审。

（三）现场核查。被评价协同创新中心向专家组汇报项目实施情况、科研创新与产出情况、经济社会服务与贡献情况、资金投入及使用情况、目标完成及综合效益情况等，同时提供相应佐证材料。专家组在听取汇报的基础上，查阅佐证材料并进行质询，由被评价协同创新中心进行答疑。

第十二条 专家组依据评价指标，结合书面评审和现场核查情况，通过记名方式对协同创新中心打分。

第十三条 每个协同创新中心验收评价后，由专家组形成评价意见，包括总体评价、评价得分、存在的问题、改进的建议等。在第三方验收评价工作结束后，由专家组汇总形成全面评价报告，向省教育厅、省财政厅反馈评价情况，包括项目实施总体情况、存在的突出问题、项目管理的亮点、改进工作的建议、具有推广价值的措施等。

第四章 绩效评价结果

第十四条 绩效评价成绩＝年度自行评价平均成绩×30％＋第三方验收评价成绩×70％。

第十五条 绩效评价成绩90分及以上的为“优秀”等次，80～89分的为“良好”等次，60～79分的为“一般”等次，达不到60分的为“较差”等次。

第十六条 绩效评价报告和证明材料存在严重虚假不实，评定为“较差”等次。

第十七条 评价结果在一定范围内公布。评价成绩为“优秀”的，优先推荐申报省部共建协同创新中心。评价成绩为“较差”的，限期一年整改，整改后评价仍为较差的，取消“山东省高等学校协同创新中心”资格，并扣回省财政资金。

第十八条 省教育厅、省财政厅根据绩效评价结果，及时总结建设成效及管理经验，完善管理办法，引导建设单位不断提高资金使用效益，提升协同创新中心建设和运行管理水平，增强高等学校服务我省新旧动能转换重大工程和经济社会发展能力。

第五章 附 则

第十九条 本办法由省教育厅、省财政厅负责解释。

第二十条 本办法自发布之日起施行。省财政厅、省教育厅、省科学技术厅《关于印发〈山东省高等学校协同创新中心绩效考评办法〉的通知》（鲁财教〔2013〕81号）同时废止。

附件：1. 山东省高等学校协同创新中心绩效评价报告（略）

2. 山东省高等学校协同创新中心绩效评价指标及计分表（略）

3. 山东省高等学校协同创新中心实施成效汇总表（略）

山东省高等学校协同创新计划资金管理办法

鲁教科字〔2018〕4号

第一章 总 则

第一条 为全面贯彻落实党的十九大部署，对接我省新旧动能转换重大工程实施规划和“十三五”战略性新兴产业发展规划，更好地服务山东创新发展、持续发展、领先发展，在第一个周期建设的基础上，省财政继续安排资金实施“山东省高等学校协同创新计划”。为加强省资金管理，提高资金使用效益，制定本办法。

第二条 山东省高等学校协同创新计划资金（以下简称“资金”）指用于山东省高等学校协同创新中心（以下简称“协同创新中心”）围绕协同创新计划开展创新活动的资金。

第三条 资金的使用管理遵循“谁使用，谁负责”的原则。协同创新中心是资金的直接使用者，协同创新中心的牵头高等学校对资金的使用负总责。

第二章 资金使用

第四条 资金用于协同创新中心的以下支出：

（一）团队建设费。指协同创新中心聘用的首席科学家、骨干研究人员和其他科研人员的岗位补助、绩效奖励费。岗位补助根据聘用人员在协同创新中心的不同岗位发放；绩效奖励费依据聘用合同规定的绩效指标进行考核，完成指标任务的予以奖励。此项费用可按团队发放。

（二）人才培养费。指协同创新中心创新型人才、拔尖人才培养、培训所需的开支。

（三）专用设备费。指协同创新中心开展创新活动所需的专用仪器设备购置、租赁或改造费用，以及运行维护费。

（四）科研材料和测试费。指协同创新中心开展科研创新活动所需的材料、试剂等耗材费、委托测试化验分析加工费、燃料费等。

（五）国内外合作交流费和专家咨询费。指协同创新中心举办或成员参加国际国内学术会议、专题研讨会以及开展合作研究等所需的费用；邀请国际国内相关专家对协同创新中心工作进行咨询、指导所需的费用。

（六）知识产权费。指协同创新中心开展创新活动所需支付版权及文献检索费、专用软件开发或购买费、网络建设与维护费、专利申请费、专利维护费等。

（七）日常运行费。指协同创新中心建设和运行中所发生的办公费、印刷费、水电费、会议费、差旅费、物业管理费等。

第三章 资金监督管理

第五条 资金应于下达的当年形成支出。对未完成年度计划者，视资金使用情况，按比例予以扣回，同时适当核减次年资金下达数额。

第六条 协同创新中心年度收支预算是牵头高等学校综合预算的组成部分，须纳入牵头高等学校年度部门预算。

第七条 对应纳入政府采购范围的货物、工程和服务，应当按照《中华人民共和国政府采购法》等有关法律制度规定，建立规范的招投标机制和相应的责任机制，严格执行政府采购程序。

第八条 使用资金形成的固定资产，均属于国有资产，应及时纳入牵头高等学校的资产进行统一管理，认真维护，共享共用。

第九条 资金必须严格按照财政国库管理制度的有关规定拨付，实行单独核算、专款专用。协同创新中心和牵头高等学校要制定和完善管理制度，健全内部控制机制，确保经费规范、合理、有效使用。

第十条 牵头高等学校应制定资金绩效评价办法，认真开展总结和自评，并于每年年底前将资金预算执行、资金使用效益、资金管理等情况以正式文件报省教育厅、省财政厅。省教育厅、省财政厅将适时开展资金管理使用绩效评价，对执行效果不佳或无法实现预期目标的，责成牵头高等学校予以整改。整改不力的，视情节轻重减拨、停拨或扣回资金，取消“山东省高等学校协同创新中心”资格。

第十一条 牵头高等学校要严格执行国家和省有关财经法律法规。省财政厅、省教育厅将不定期对资金管理使用情况进行监督检查。对违反本办法规定，有下列行为之一的，省财政厅将扣回已经下拨的资金，并按照《预算法》《财政违法行为处罚处分条例》等有关规定给予严肃处理：

（一）弄虚作假骗取资金的；

（二）挤占、截留、挪用资金的；

（三）违反规定擅自改变资金用途的。

第四章 附 则

第十二条 本办法由省教育厅、省财政厅负责解释。

第十三条 本办法自发布之日起施行。省财政厅、省教育厅、省科学技术厅《关于印发〈山东省高等学校协同创新计划专项资金管理办法〉的通知》（鲁财教〔2013〕56 号）同时废止。

科技领军人才创新工作室管理办法(试行)

鲁科字〔2017〕139号

第一章　总　则

第一条　为深入贯彻省委省政府《关于深化科技体制改革加快创新发展的实施意见》(鲁发〔2016〕28号)精神,充分发挥科技人才创新创业创造的领军作用,决定建立荣誉激励与政策扶持相结合的科技人才支持机制,并以科研人员名字命名"科技领军人才创新工作室"(以下简称"创新工作室"),表彰科研人员在科技创新方面做出的突出贡献。

第二条　省内高等学校、科研院所和创新型企业科技领军人才及其科研团队共同组建创新工作室,旨在围绕全省新旧动能转换重大战略的技术需求,瞄准产业技术发展制高点,在基础研究、应用开发、产业化示范等创新活动中发挥科研人才队伍主力军作用,努力实现重大关键技术突破,在部分重点领域带动我省由"跟跑""并行"转为"领跑",成为全省重要的技术创新策源地和优秀科研人才培养基地。

第三条　创新工作室坚持人才是科技创新第一资源的理念,尊重科研人才智慧创造,营造科学研究的良好环境。以创新工作室为载体,探索科技人才体制改革有效路径,最大限度激发科技人才创新创业创造积极性。省科技主管部门与创新工作室依托单位共同为创新工作室开展技术创新活动创造条件、提供保障。鼓励各依托单位在科研条件保障、科研经费支持、科研团队组建、研究生名额分配等方面给予适当倾斜,支持创新工作室承担国家和省重大科技任务;省科技主管部门按照"一事一议"原则建立起适度竞争与稳定支持相结合的创新工作室科研扶持机制,努力构建良好的科研环境。

第二章　建设条件

第四条　创新工作室以领军人才为核心,强调领军人才作用发挥,申建创新工作室的科技领军人才应在科研一线全职从事科研工作,科研实力强,主持过国家重大科研任务(不包括子课题),在相关领域具有业内认可的重要科研成果;在形成重大原创成果、突破产业关键核心技术、解决重大民生问题等方面取得重大进展,研究成果转化应用业绩突出。国家科技进步奖获得者、发展潜力巨大的优秀中青年科技人员以及来鲁工作的省外优秀人才申请建立创新工作室,在同等条件下优先支持。

第五条　创新工作室应当重视在领军人才带领下优秀科研人才队伍的培养,为全省科技创新提供人才储备。创新工作室人才团队学科结构优化，年龄梯次合理，人员数量适中。做到多学科交叉融合，整体综合科研实力强，在国内外应当具有较高学术影响力或掌握相关产业领域关键核心技术，研究成果应用成效显著。

第六条 创新工作室是学术道德高地，应当具备高尚的科研道德，模范践行求真务实、精益求精、勇于创新、追求卓越的科学精神。

第三章 认定程序

第七条 推荐申报。省内高等学校、科研院所、创新型企业，省直有关部门、各市科技局，两院院士等知名学者依据上述建设条件，自行或择优推荐申报。一次申报保留3年参评资格。

第八条 专家评议。省科技主管部门组织相关领域技术、管理专家对申报方案进行评估，提出推荐意见。

第九条 认定命名。省科技主管部门结合全省科技创新工作的整体部署，根据专家评估推荐意见，研究确定拟命名创新工作室候选单位，按程序经公示无异议后予以命名。

第四章 服务与管理

第十条 备案管理。创新工作室管理周期为3年，命名的创新工作室对科研重点领域、研究方向、重点工作、团队建设等目标进行自主设计，提出推进规划，确定实现目标；创新工作室依托单位围绕创新工作室的建设发展，在团队力量配备、人才培养、科研条件建设等方面提出具体支持办法，形成3年建设任务书并报省科技主管部门备案。

第十一条 第三方评估。3年周期末，省科技主管部门委托第三方专业机构对创新工作室进行评估。评估合格创新工作室进入下一个三年周期；评估不合格的创新工作室取消命名。

第十二条 “一事一议，按需支持”。赋予创新工作室更大的科研自主权、人财物支配权。对创新工作室提出的创新需求，由省科技主管部门按照一事一议原则研究制定具体支持措施。支持创新工作室牵头组织实施重大科技创新任务、搭建高水平创新平台。

第十三条 精准服务。省科技主管部门对口业务处室与创新工作室建立工作联动服务机制，为创新工作室的发展提供优质服务。推动国家、省出台的有关科技、人才政策的落实；协调解决在成果转化应用、产业化等环节所遇到的困难；充分发挥创新工作室在全省科技发展政策、规划、指南等制订过程中的智库作用。

第十四条 舆论引导。及时总结创新工作室在科技创新、体制机制创新等方面取得的成绩与经验，加大宣传力度，营造良好舆论氛围，提升创新工作室的社会影响力，激发全社会的创新活力。

第五章 附 则

第十五条 创新工作室统一命名为“×××科技领军人才创新工作室”，英文名称统一为“×××Innovation Studio for Science and Technology Leader，Shandong Province，China”

第十六条 本办法由山东省科学技术厅负责解释。

第十七条 本办法自发布之日起执行,有效期至2020年9月30日。

权威解读

《科技领军人才创新工作室管理办法(试行)》解读

一、出台背景

2016年以来,省科技厅先期批复10个"科技领军人才创新工作室"。通过半年多的实践,创新工作室的工作初步得到社会认可。

二、主要内容

办法由总则、建设条件、认定程序、服务与管理、附则共五部分组成。

(一)总则

重点阐述了创新工作室设立的指导思想和宗旨。

(二)建设条件

主要是从科技领军人才、人才团队、学术道德三个方面对申报创新工作室的条件加以明确。一是提出了科技领军人才在科研工作中应具备的突出能力与水平;二是对创新工作室人才团队的学科结构、年龄结构、科研业绩等提出了具体要求;三是强调创新工作室应具备高尚的科研道德,模范践行科学精神。

(三)认定程序

将创新工作室的认定具体分为了推荐申报、专家评议、认定命名三个阶段。在推荐申报环节,界定了具备自荐和推荐资格的范围,提出了一次申报保留3年参评资格;提出了由省科技主管部门组织相关专家进行评审推荐的评议方式;规定了由省科技主管部门根据工作部署和专家意见对创新工作室进行命名。

(四)服务与管理

提出了具体的管理措施与支持手段,主要包括:备案管理,以3年为周期由创新工作室自主设计科研工作规划、创新工作室依托单位提出具体支持办法,共同形成建设任务书报省科技主管部门备案;第三方评估,由第三方专业机构以三年为周期定期对创新工作室进行评估,淘汰不合格创新工作室;实施"一事一议,按需支持",对创新工作室提出的创新需求,由省科技主管部门按照一事一议原则研究制定具体支持措施;开展精准服务,通过建立工作联动服务机制,省科技主管部门为创新工作室的发展提供优质服务;舆论引导,加大对创新工作室的宣传力度,提升创新工作室的社会影响力。

——引自:山东省科技厅 http://www.sdstc.gov.cn/page/subpage/detail.html?id=313a84e14f4e47a68e2dc78f901f19f5

山东省国际科技合作基地管理办法

鲁科字〔2018〕20 号

第一章　总　则

第一条　为进一步加强国际科技合作基地管理，发挥其在“一带一路”倡议中的积极作用，参照科技部《国家国际科技合作基地管理办法》有关规定，制定本办法。

第二条　山东省国际科技合作基地（简称“国合基地”）是省级科技创新公共服务平台，依托国际科技交流活跃、合作成效显著的高校、科研院所、企业、科技园区、科技企业孵化器及新型研发组织等建设，具有广泛的国际科技合作渠道，拥有开展国际合作的专业人才团队和一定规模的合作成果展示区。

第三条　国合基地是开展国际间科技合作的重要载体，是促进人才交流、技术对接和成果转化的桥梁纽带，通过创新合作机制，拓宽合作渠道，汇聚先进的技术成果和高层次创新人才，共同开展科学研究，实现技术引进消化吸收再创新，带动装备、技术、标准和服务“走出去”，提升科技创新实力。

第四条　山东省科学技术厅（以下简称“省科技厅”）是国合基地的认定和管理部门，负责国合基地宏观管理和业务指导，制定国合基地管理办法和支持国合基地发展的政策措施，对国合基地建设及运行组织综合评估并实行动态管理。省直有关部门和各设区市科技局是国合基地归口主管部门，负责本行业或本地区国合基地建设申请推荐和认定后的管理工作，协调解决国合基地发展中遇到的问题，制定相关配套支持政策并提供服务，支持国合基地开展工作、发挥作用。

第二章　建设条件和程序

第五条　国合基地建设依托单位为依法在山东省境内注册的独立法人机构，具有开展国际科技合作的条件和能力。

（一）依托高等院校、科研院所建立的国合基地应满足以下条件：

1. 具有明确的国际科技合作目标和开展国际合作的成功经验，取得明显成效。

2. 拥有高层次人才团队，承担过国家或省科技计划项目，科研能力较强，研发成果已经通过合作得到转化应用，形成知识产权。

3. 与(国)境外高校、科研单位或企业已建立稳定的合作关系，在引进海外高层次创新人才团队、国际化人才培养、共建联合实验室和海外创新载体等方面取得实质性成效。

(二)依托企业建立的国合基地应满足以下条件：

1. 已经建立联合开展科学研究的平台或机构，确定了支持合作的工作机制，有必要的研发投入或创新活动基金。企业拥有人员稳定、结构合理、较高水平的研发队伍，国际间科技交流活跃，拥有成功的合作项目或合作经验，制定国际化发展的布局，具备实施能力。

2. 与海外相关高校、科研单位或企业已建立稳定的合作关系，在引进海外先进技术成果进行消化吸收再创新、引进海外高水平创新团队、海外设立或收购研发机构等方面取得积极成效。

(三)依托科技园区、科技企业孵化器建立的国合基地应具备以下条件：

1. 具有企业孵化、技术研发及产业化、智力引进等多种功能和条件，是研发力量聚集的重要载体。

2. 以科技园区为依托的，应拥有省级以上科技创新公共服务平台，拥有一定数量的高新技术企业和创新型(试点)企业，建立海外研发机构或者研发团队；以科技企业孵化器为依托的，在吸引跨国公司、海外科技型中小企业的研发机构入驻，帮助在孵企业引进消化吸收再创新海外先进技术，引进海外高层次人才及创新团队，提升国际竞争力等方面成效显著。

3. 成立国际科技合作管理机构，已与多个海外政府机构、企业、科研院所、高校等建立合作关系，在通过科技创新培育经济增长点和推动产业结构升级等方面取得显著成绩。

(四)依托科技中介机构建立的国合基地应具备以下条件：

1. 以整合利用国际创新资源为目标，具有稳定的国际科技合作渠道、完备的服务支撑条件和开展国际技术转移服务的能力和经验。

2. 有能力提供技术、人才等创新资源的寻访、引入、推荐、测评和“走出去”等中介服务，具有明确的目标服务群体以及特色鲜明的发展模式，在服务各类机构开展技术引进和输出、海外高层次人才及创新团队引进、海外研发机构落地等方面具有显著业绩。

3. 在(国)境外建有引进人才、承接技术转移的联络机构，能够为省内高校、科研单位和企业“引进来”和“走出去”提供服务。

(五)在海外建设的国合基地应具备以下条件：

1. 依托省内高校、科研单位和企业，单独或者与国(境)外相关机构合作共建的研发机构、国际孵化器、科技园、科技中介机构等。

2. 在驻在国(地区)有固定的工作场所与研究条件，与驻在国(地区)相关机构有长期合作协议。在引进海外技术成果、创新人才团队和研发机构，帮助企业或科研机构在海外设立或并购研发机构等方面取得显著成效。

3. 对实施“走出去”战略，稳步推进与驻在国(地区)的科技交流与合作具有重要的示范带动作用。

第六条 国合基地建设依托单位提出申请，并提供建设方案等资料，经主管部门审核同意后报省科技厅。

第七条 按照以下程序开展审核认定：

1. 省科技厅对申报材料进行形式审查，组织专家进行论证和实地考察。

2. 省科技厅根据专家组推荐意见，确定国合基地名单并按有关规定进行公示，公示时间不少于5个工作日。

3. 公示期间有异议的，省科技厅邀请有关专家、行业代表等进行复议，复议程序及结论按照相关规定及时公开反馈国合基地建设依托单位和异议提出人。根据公示和复议结果，省科技厅认定“山东省国际科技合作基地”。

第三章 运行管理与绩效评估

第八条 国合基地作为国际科技合作任务的承载主体，应建立符合国际科技合作规律的内部管理体制及工作机制；积极承担国际科技合作任务，提升自主创新及引进消化吸收再创新能力，实现引进海外先进技术成果、人才及团队目标；积极开展对外技术转移和创新资源国际化配置，提升“走出去”合作创新能力，实现技术成果输出或通过合资、并购、共建等方式建设海外科技园区、研发中心、科技孵化器；建立国际化学术交流、人才培养机制，搭建双多边交流平台，定期举办国际科技合作交流活动并推动形成品牌，扩大国合基地影响力。

第九条 国合基地实行年度报告制度。国合基地建设期为3年，建设期内每年年底前，将本年度工作总结和下年度工作计划，经主管部门审核后，报省科技厅。

第十条 建设期内，省科技厅对国合基地进行绩效评价，评价结果公开发布并作为动态调整的重要依据。建设期满后，国合基地纳入全省科技创新公共服务平台实行常态化管理，省科技厅定期组织评估。

第十一条 评价和评估结果分为优秀、合格、不合格三档。评价和评估结果优秀的，经研究同意授予“山东省品牌国际科技合作基地”称号。评价和评估结果为不合格的国合基地，取消其国合基地资格。无正当理由不参加评价、评估或中途退出评价、评估的国合基地，视为放弃国合基地资格。建设期内国合基地不按时提交年度报告，依托单位出现重大失信行为等情况的，给予警告或取消国合基地资格。被取消国合基地资格的单位，五年内不得再次提出建设国合基地申请。

第十二条 根据国合基地建设情况，推荐加入政府间建立的科技合作机制，承担国家双边科技合作计划和国际大科学计划。国合基地开展国际科技合作活动，引进的外籍科学家和外资研发机构实行“国民待遇”，在承担科技计划和申报科技奖励方面享受省内科研活动相同的政策。推荐国合基地引进的国际顶尖和一流专家参评国际科技合作奖，享受人才政策支持。鼓励国合基地承担国家重大科技合作任务，成绩突出的给予奖励。第十三条鼓励国合基地提质升级，被认定为国家级国际科技合作基地的，通过后补助合作项目方式给予后补助支持。

第四章 附则

第十四条 本办法由山东省科学技术厅负责解释。

第十五条 本办法自2018年2月1日起实施，有效期至2023年1月31日。

权威解读

《山东省国际科技合作基地管理办法》政策解读

《办法》包括总则、建设条件和程序、运行管理与绩效评估和附则四章,共十五条。

第一章为总则。明确了管理办法制定的依据、国合基地的目标定位和管理职责。

第二章为建设条件和程序。明确了国合基地的建设主体、申建条件和申报程序。《办法》规定依法在山东省境内注册的独立法人机构,具有开展国际科技合作的条件和能力的省内高等院校、科研单位、企业、科技园区、科技企业孵化器及其他科技中介机构均可申请建设国合基地。国合基地由依托单位提出申请,并提供建设方案等资料,经归口主管部门审核同意后报省科技厅。省科技厅通过形式审查、专家论证、实地考察和公示研究确定。

第三章为运行管理与绩效评估。明确了国合基地的责任、绩效评估及支持措施。国合基地作为国际科技合作任务的承载主体必须履行相应的国际科技合作义务,实现引进海外先进技术成果、人才和团队;积极开展对外技术转移和创新资源国际化配置;搭建多边科技交流平台。国合基地实行年度报告制度。建设期内,省科技厅对国合基地进行绩效评价,建设期满后纳入全省科技创新公共服务平台实行常态化管理,定期组织评估。评价和评估结果优秀的,经研究同意授予“山东省品牌国际科技合作基地”,不合格的取消国合基地资格。积极推荐国合基地加入政府间科技合作机制,鼓励国合基地承担国家重大科技合作任务,成绩突出的给予奖励。对于国合基地引进的外籍专家和外资研发机构实行“国民待遇”。国合基地被认定为国家级国际科技合作基地的,通过后补助方式给予支持。

第四章为附则。明确了管理办法的解释权和有效期。

——引自:山东省科技厅 http://www.sdstc.gov.cn/page/subpage/detaⅠl.html?Ⅰd=9bd0d10b25d54efdb08c7d622ab8b232

国家重大科研基础设施和大型科研仪器开放共享管理办法

国科发基〔2017〕289 号

第一章　总　则

第一条　为推动国家重大科研基础设施和大型科研仪器的开放共享，充分释放服务潜能，提高使用效率，根据《中华人民共和国科学技术进步法》《国务院关于国家重大科研基础设施和大型科研仪器向社会开放的意见》（国发〔2014〕70 号），制定本办法。

第二条　本办法所指的国家重大科研基础设施和大型科研仪器（以下简称“科研设施与仪器”）主要包括政府预算资金投入建设和购置的用于科学研究和技术开发活动的各类重大科研基础设施和单台套价值在 50 万元及以上的科学仪器设备。

对于单台套价值在 50 万元以下的科学仪器设备，由管理单位自愿申报，主管部门择优纳入国家网络管理平台。

第三条　本办法所称管理单位是指科研设施与仪器所依托管理的法人单位。

本办法适用于中央级研究开发机构、高等院校以及其他机构。

第四条　本规定所称的开放共享，是指管理单位将科研设施与仪器向社会开放，由其他单位、个人用于科学研究和技术开发的行为。

第五条　科研设施与仪器原则上都应当对社会开放共享，为其他高校、科研院所、企业、社会研发组织以及个人等社会用户提供服务，尤其要为创新创业、中小微企业发展提供支撑保障。法律法规另有特殊规定的除外。

第六条　免税进口仪器设备纳入国家网络管理平台对外开放，应符合国家的有关规定。对于纳入国家网络管理平台统一管理、符合支持科技创新进口税收政策规定的免税进口的科学仪器设备，在符合监管的条件下准予用于其他单位的科学研究、科技开发和教学活动，未经海关审核同意不得擅自转让、移作他用或者进行其他处置。

第二章　管理职责

第七条　科技部牵头负责科研设施与仪器开放共享的宏观管理与综合协调，其主要职责是：

(1)按国务院要求协调、推动和监督科研设施与仪器开放共享工作；

(2)研究制定科研设施与仪器开放共享的政策措施和标准规范；

(3)会同有关部门建立和管理科研设施与仪器国家网络管理平台，指导管理单位建立在线服务平台；

(4)会同有关部门建立考核评价制度，组织开展科研设施与仪器开放共享评价考核工作。

第八条 财政部协同推动科研设施与仪器的开放共享工作，主要职责是：

(1)会同有关部门开展科研设施与仪器开放共享的评价考核工作；

(2)依据评价考核结果对科研设施与仪器开放效果好、用户评价高的管理单位通过后补助机制予以支持；

(3)会同有关部门，根据评价考核结果，推动科研设施与仪器优化配置。

第九条 国务院有关部门(以下简称“主管部门”)在推动科研设施与仪器开放共享的主要职责是：

(1)建立健全本部门科研设施与仪器开放共享的政策和规章制度，鼓励直属研究机构、高等院校及其他单位分享仪器设备、实验平台等创新资源；

(2)审核所属管理单位报送至国家网络管理平台的科研设施与仪器相关信息，监督指导本部门所属管理单位的开放共享工作；

(3)组织开展本部门所属管理单位开放共享的评价考核。按照国家开放共享评价考核工作的要求，组织做好相关工作。

第十条 管理单位是科研设施与仪器开放共享的责任主体，主要职责是：

(1)落实国家有关政策要求，制定本单位科研设施与仪器开放共享规章制度；

(2)建立健全科研设施与仪器开放共享的激励和约束机制；

(3)建设科研设施与仪器开放共享在线服务平台；

(4)加强实验技术人才队伍建设；

(5)配合有关部门做好开放共享评价考核工作，并接受社会监督。

第三章 开放共享

第十一条 管理单位应当自科研设施与仪器完成安装使用验收之日起30个工作日内，将符合开放条件的科研设施与仪器的有关信息按照统一标准及要求报送至国家网络管理平台。报送采取网络上传方式，需经上级行政主管部门审核。

第十二条 管理单位应按照统一的标准规范建立在线服务平台，把科研设施与仪器纳入国家网络管理平台统一管理，公布科研设施与仪器目录、开放共享管理制度、服务方式、服务内容、服务流程、收费标准等信息，实时提供在线服务。

科研设施与仪器不纳入国家网络管理平台应有正当理由，由管理单位提出申请，经主管部门审核同意后，报科技部备案。

第十三条 管理单位提供开放共享服务，应当与用户订立合同，约定服务内容、知识产权归属、保密要求、损害赔偿、违约责任、争议处理等事项。

第十四条 管理单位提供开放共享服务可按照成本补偿和非营利原则收取费用，开放服务收费标准应采取适当方式向社会公布。行政事业单位相关收入按国有资产有偿使用收入有关规定执行。

第十五条 管理单位要建立完善的科研设施与仪器运行和开放情况记录，每季度向国家网络管理平台报送一次。报送方式和流程参照第十一条规定办理。

第十六条 管理单位应建立和稳定高水平专业化的实验技术队伍，在岗位设置、业务培训、薪酬待遇、职称晋升和评价考核等方面实行富有激励性的政策措施。

第十七条 管理单位应当建立知识产权管理工作机制，保护科研设施与仪器用户身份信息及在使用过程中形成的知识产权和科学数据。

用户独立开展科学实验形成的知识产权由用户自主拥有；用户与管理单位联合开展科学实验形成的知识产权，双方应事先约定知识产权归属或比例。

用户使用科研设施与仪器形成的著作、论文等发表时，应明确标注利用科研设施与仪器情况。

第四章　考核和奖惩

第十八条 科技部会同相关部门按照分类、分级、分步的原则，制定考核标准和办法，组织实施科研设施与仪器开放共享评价考核工作，在国家网络管理平台上公布考核结果。

第十九条 评价考核应按照科研设施与仪器不同类型特点制定相应的考核指标，实施分类考核。国家重大科技基础设施的考核要符合《国家重大科技基础设施管理办法》的有关规定。

第二十条 评价考核采取试点先行、分步实施的方式组织开展。选择科研仪器多、大型仪器集中、开放共享需求大的管理单位先行考核，在取得经验的基础上逐步推开。

第二十一条 财政部会同有关部门，根据评价考核结果和财政预算管理的要求，对开放服务效果好、用户评价高的管理单位，安排后补助经费予以支持，调动管理单位开放共享积极性。

考核结果应作为科研设施与仪器建设和配置的依据。有关部门要结合考核结果和仪器设备资产存量情况，对拟新建设施和新购置仪器开展查重评议工作，避免资源重复建设。

第二十二条 利用政府预算资金购置大型科学仪器、设备后，不履行大型科学仪器、设备等科学技术资源共享使用义务的，由有关主管部门责令改正，对直接负责的主管人员和其他直接责任人员依法给予处分。

第二十三条 对于使用效率低、开放效果差、考核结果较差的管理单位，科技部会同有关部门将给予警告、公开通报并责令其限期整改；并视情节采取核减管理单位修缮购置资金、在申报科技计划（专项、基金）项目时不准购置仪器设备等措施予以约束。

对于通用性强但使用率比较低、开放共享差的科研设施与仪器，可以按规定在部门内或跨部门无偿划拨，管理单位也可以在单位内部调配。

第五章　附　则

第二十四条 本办法由科技部负责解释。

第二十五条 有关部门按照本办法结合实际制定或修订相关管理规定和实施细则。地方可参照本办法执行。

第二十六条 本办法自公布之日起施行。

权威解读

关于《国家重大科研基础设施和大型科研仪器开放共享管理办法》的解读

一、《国家重大科研基础设施和大型科研仪器开放共享管理办法》制定的背景和目的是什么?

《中华人民共和国科学进步法》第六十五条规定:"科学技术资源的管理单位应当向社会公布所管理的科学技术资源的共享使用制度和使用情况,并根据使用制度安排使用。"2014年12月,国务院发布了《国务院关于国家重大科研基础设施和大型科研仪器向社会开放的意见》(以下简称《意见》),明确要求"制定促进科研设施与仪器开放的管理制度和办法"。

二、制定《办法》的总体思路和原则是什么?

《办法》制定的总体思路是全面贯彻落实《意见》关于国家重大科研基础设施和大型科研仪器开放共享的要求。

《办法》强调了以下原则:一是坚持开放为常态,不开放为例外的原则。按照《意见》要求,非涉密和无特殊规定限制的科研设施与仪器应一律向社会开放。二是坚持奖惩结合的原则。应建立以用为主、用户参与的评估监督体系,形成和科研设施与仪器向社会服务的数量、质量紧密结合的奖惩机制。三是坚持分类管理的原则。对于不同类型的科研设施与仪器,制定不同的考核标准和办法,实施分类考核。

三、《办法》的主要内容和适用范围是什么?

《办法》共有五章:总则、管理职责、开放共享、考核和奖惩、附则。

《办法》明确了纳入开放共享的国家重大科研基础设施和大型科研仪器的范围;明确了科技部、财政部、国务院有关部委、地方政府、管理单位在开放共享工作中的职责;对管理单位的制度建设、队伍建设、服务收费及知识产权等方面作了要求;规定了评价考核工作的原则、考核方式、考核流程及考核结果的用途,建立了评价考核后补助机制,制定了惩罚措施。

《办法》适用于中央级的研究开发机构、高等院校以及其他机构。有关部门按照本办法结合实际制定或修订相关管理规定和实施细则,地方可参照本办法执行。

四、《办法》中重大科研基础设施与大型科研仪器的范畴是什么?

《办法》所指的国家重大科研基础设施和大型科研仪器主要包括政府预算资金投入建设和购置的用于科学研究和技术开发活动的各类重大科研基础设施和单台套价值在50万元及以上的科学仪器设备。

重大科研基础设施是指由政府预算资金进行较大规模的投入,同时通过较长时间工程建设完成,建成后一般需长期稳定运行和持续开展科学技术活动,以实现重要科学技术或公益服务目标的重大科学研究系统,既包括发改委批准建设的国家重大科技基础设施,如北京正负电子对撞机、上海光源等,也包括各部门、单位立项建设的其他重大科研基础设施,如各类风洞、超算中心等。

大型科研仪器是指原值在50万元人民币及以上直接服务于科学研究和技术开发活动的仪器设备,包括科研教学仪器,但不包括各种动力设备、机械设备等辅助设备,也不包括用于生产的仪器设备。

五、部门和管理单位在科研设施与仪器开放共享管理中的职责分工是什么?

《办法》对科技主管部门、国务院相关部门、主管部门和管理单位在科研设施与仪器的开放共享工作中的职责做了明确的分工,具体的职责划分如下。

科技部牵头负责科研设施与仪器开放共享的宏观管理与综合协调,推动和监督科研设施与仪器开放共享工作,会同有关部门建立和管理科研设施与仪器国家网络管理平台和考核评价制度,组织开展科研设施与仪器开放共享评价考核工作。

财政部协同推动科研设施与仪器的开放共享工作,依据评价考核结果对科研设施与仪器开放效果好、用户评价高的管理单位通过后补助机制予以支持,会同有关部门,根据评价考核结果,推动科研设施与仪器优化配置。

主管部门负责建立健全本部门科研设施与仪器开放共享的政策和规章制度,鼓励直属研究机构、高等院校及其他单位分享仪器设备、实验平台等创新资源;审核所属管理单位报送至国家网络管理平台的科研设施与仪器相关信息,监督指导本部门所属管理单位的开放共享工作;组织开展本部门所属管理单位开放共享的评价考核。

管理单位是科研设施与仪器开放共享的责任主体,主要职责包括落实国家有关政策要求,制定本单位科研设施与仪器开放共享规章制度;建立健全科研设施与仪器开放共享的激励和约束机制;建设科研设施与仪器开放共享在线服务平台;加强实验技术人才队伍建设;配合有关部门做好开放共享评价考核工作,并接受社会监督。

六、《办法》那些措施保障科研设施与仪器开放共享有效实施?

第一,允许对外共享服务合理收费,保障开放共享主体的合理利益。《办法》规定,科研设施与仪器管理单位提供开放共享服务可按照成本补偿和非营利原则收取费用,收费标准应采取适当方式向社会公布。行政事业单位相关收入按国有资产有偿使用收入有关规定执行。高校和科研院所可依据有关规定健全内部成本核算制度,建立有偿服务收支管理制度,保障本单位的合理利益。

第二，通过后补助机制鼓励开放共享。财政部会同有关部门，根据评价考核结果和财政预算管理的要求，对开放服务效果好、用户评价高的管理单位，安排后补助经费予以支持。

第三，加强对实验技术人员的保障，提高一线技术人员开放共享的积极性。《办法》规定，科研设施与仪器管理单位应建立和稳定高水平专业化的实验技术服务队伍，在岗位设置、业务培训、薪酬待遇、职称晋升和评价考核等方面实行富有激励性的政策措施。

七、《办法》提出的科研设施与仪器开放共享评价考核的具体要求有哪些？

《办法》从考核的组织方式、考核方法、考核对象以及考核结果四个方面对开放共享评价考核做了具体规定。

关于考核的组织。科研设施与仪器开放共享评价考核由科技部会同相关部门共同组织实施。考核采取试点先行、分步实施的方式组织开展。选择科研仪器多、大型仪器集中、开放共享需求大的管理单位先行考核，在取得经验的基础上逐步推开。

关于考核的方法。根据科研设施与仪器不同类型特点制定相应的考核指标和办法，实施分类考核；根据科研设施与仪器管理单位的不同特点分步进行考核。

关于考核的对象。重大科研基础设施单独作为考核对象，其他大型仪器以管理单位作为考核对象，对管理单位的所有符合条件的大型仪器进行整体考核。

关于考核的结果。考核结果将在国家网络管理平台上公布，考核结果有三种应用。一是前文所述的后补助机制。二是科研设施与仪器建设和配置方面。《办法》规定，考核结果应作为科研设施与仪器建设和配置的依据。对拟新建设施和新购置仪器的查重评议要结合考核结果。对于考核结果较差的管理单位，还要采取核减下一年度修缮购置资金、在申报科技计划（专项、基金）项目时不准购置仪器设备等措施予以处罚。三是对相关责任主体的影响。《办法》规定，对于考核结果较差的管理单位，科技部会同有关部门将给予警告并责令其限期整改，对不按规定履行共享使用义务的，由主管部门对相关负责人员给予处分。

八、《办法》对科研设施与仪器纳入国家网络管理平台的具体要求是什么？

《意见》明确要求，所有符合条件的科研设施与仪器全部纳入国家网络管理平台统一管理。

《办法》规定管理单位应当自科研设施与仪器完成安装使用验收之日起30个工作日内，将符合开放条件的科研设施与仪器的有关信息按照统一标准及要求报送至国家网络管理平台。对于未纳入的，由管理单位提出申请，经主管部门审核同意后，报科技部备案。同时，《办法》也要求管理单位建立完善的科研设施与仪器运行和开放情况记录，每季度向国家网络管理平台报送一次。

——引自：科技部 http://www.most.gov.cn/kjbgz/201711/t20171101_135920.htm

山东高校典型经验

《山东农业大学大型仪器设备管理办法(试行)》(节选)

(山农大校字〔2016〕124 号)

第八条 凡我校单台价值在 10 万元以上、通用性强、服务面宽且设备状态良好的仪器设备,原则上都应开放共享。

第九条 仪器设备开放共享依照学校规定的范围和要求,由所属单位提报,经资产管理处审定加入大型仪器设备共享平台。

第十条 学校仪器设备开放共享根据实际情况和管理要求,采取集中开放共享平台和分散管理查询开放平台,并逐步实现集中开放共享。集中开放共享平台。建立大型仪器设备开放共享管理信息系统平台,发布大型仪器设备信息,通过培训注册、预约测试、收费、下载测试数据、统计考核评价的管理形式,实现大型仪器设备的开放共享。分散管理查询开放平台。将分散管理的大型仪器设备,建立网上开放共享使用信息查询平台,公布相关开放信息,供查询和预约使用,并建立与此相适应的使用考核体系。

第十一条 仪器设备共享使用实行有偿服务、合理定价、统一收费、绩效考核。

第十六条 学校定期对共享使用的仪器设备进行年度效益综合考核评价,考核内容包括机时利用、完好程度、使用者评价、安全与环境等。考核评价结果向全校公布,作为学校年度绩效考核奖励的依据,并作为仪器设备购置论证的主要依据。对考核优秀并取得突出成绩者,学校对仪器设备所在单位和机组予以奖励。

《山东科技大学科研仪器设备管理办法》(节选)

(山科大科字〔2014〕14 号)

第五条 大型科研仪器设备是指单价在人民币 10 万元(含 10 万元)以上的,或单价不足人民币 10 万元具有特殊功能、精密、稀缺的单台或成套仪器设备。大型科研仪器设备购置应组织有关单位负责人、相关科研平台负责人和相关学术委员会成员等组成的专家组对其进行论证,论证主要包括以下内容:

(一)购置仪器设备的必要性、前瞻性和工作量预测分析。

(二)所购仪器设备的先进性和适用性,包括仪器设备适用学科范围,所选品牌、档次、规格、性能、价格及技术指标的合理性。

(三)校内外已购同类设备的配置情况及共享、共用方案。

(四)安装场地、实用环境及各项辅助设施的安全、完备程度。

……

第十条 购置的科研仪器设备符合山东省大型科学仪器设备协作共用网平台和青岛市大型科学仪器协作服务平台入网要求的,必须加入相应平台并对外开放使用,已经入网的仪器设备需注意平时使用信息的上网填报和及时登记。

第十一条 大型、精密科研仪器设备有偿服务原则。经学校资产管理处核准可以共享共用的科研仪器设备，各单位根据有关规定制定收费标准，报请所在地物价部门批准后依法收取，并将收费标准报财务处、资产管理处、科研处备案。

……

第十三条 所收费用由财务处单独建账管理，专款专用，主要用于科研仪器设备的维修、维护和运行等费用。

第十四条 对仪器设备开放使用情况进行年度效益综合考核评价，考核内容包括仪器设备利用率、维护完好度、功能利用与开发、开放服务与共享、获得科研成果、人才培养情况、服务质量和服务态度等方面。

第十五条 学校对评价结果为优秀的有关机组负责人和单位，对在山东省大型科学仪器设备协作共用绩效考评和青岛市大型科学仪器协作服务绩效考评中获得先进的单位、机组和个人，将给予表彰和奖励。评价结果将作为评选仪器设备管理先进单位、先进个人和学校分配仪器设备购置、运行维修经费的重要依据。

第十六条 仪器开放使用所收取的费用，必须纳入学校统一管理使用，应收尽收，严禁私自收费，对利用仪器设备为个人谋取利益的，一经发现，学校将根据有关规定严肃查处。

潍坊医学院科技创新平台管理办法（试行）（节选）

（潍医科字〔2017〕6号）

平台的科研基础设施和仪器设备可向校内外科研人员、研究生、本科生开放，提供专业化服务。平台30万元以上仪器设备须入“山东省大型科学仪器设备协作共用网”，10万元以上仪器设备须入学校仪器设备预约管理平台。

平台对外服务按照成本补偿和非盈利性原则收费，对各收费项目制定服务收费标准，报学校财务处核定，公示无异议后实施。开放共享服务收入纳入学校预算，分配方案按照《潍坊医学院社会服务收支管理暂行办法》执行。

国家科技资源共享服务平台管理办法

国科发基〔2018〕48号

第一章 总 则

第一条 为深入实施创新驱动发展战略，规范管理国家科技资源共享服务平台（以下简称"国家平台"），推进科技资源向社会开放共享，提高资源利用效率，促进创新创业，根据《中华人民共和国科学技术进步法》和《国家科技创新基地优化整合方案》（国科发基〔2017〕250号），制定本办法。

第二条 国家科技资源共享服务平台属于基础支撑与条件保障类国家科技创新基地，面向科技创新、经济社会发展和创新社会治理、建设平安中国等需求，加强优质科技资源有效集成，提升科技资源使用效率，为科学研究、技术进步和社会发展提供网络化、社会化的科技资源共享服务。

第三条 本办法所称的国家平台主要指围绕国家或区域发展战略，重点利用科学数据、生物种质与实验材料等科技资源在国家层面设立的专业化、综合性公共服务平台。

科研设施和科研仪器等科技资源，按照《国务院关于国家重大科研基础设施和大型科研仪器向社会开放的意见》（国发〔2014〕70号）和《国家重大科研基础设施和大型科研仪器开放共享管理办法》（国科发基〔2017〕289号）进行管理。图书文献等科技资源，依据相关管理章程和管理办法进行管理。

第四条 国家平台管理遵循合理布局、整合共享、分级分类、动态调整的基本原则，加强能力建设，规范责任主体，促进开放共享。

第五条 利用财政性资金形成的科技资源，除保密要求和特殊规定外，必须面向社会开放共享。

鼓励社会资本投入形成的科技资源通过国家平台面向社会开放共享。

第六条 中央财政对国家平台的运行维护和共享服务给予必要的支持。

第二章 管理职责

第七条 科技部、财政部是国家平台的宏观管理部门，主要职责是：

1. 制定国家平台发展规划、管理政策和标准规范；

2. 确定国家平台总体布局，协调组建国家平台，批准国家平台的建立、调整和撤销；

3. 建设国家平台门户系统即"中国科技资源共享网"(以下简称"共享网")；

4. 组织开展国家平台运行服务评价考核工作，根据评价考核结果拨付相关经费；

5. 指导有关部门、地方政府科技管理部门开展平台工作。

第八条 国务院有关部门、地方政府科技管理部门是国家平台的主管部门(以下简称"主管部门")，主要职责是：

1. 按照国家平台规划和布局，研究制定本部门或本地区平台发展规划、管理政策和标准规范；

2. 推动本部门或本地区平台建设，促进科技资源整合与共享服务；

3. 择优推荐本部门或本地区平台加入共享网，提出国家平台建设意见建议；

4. 负责本部门或本地区国家平台管理工作，支持和监督国家平台管理、运行与服务。

第九条 国家科技基础条件平台中心(以下简称"平台中心")受科技部、财政部委托承担共享网的建设和运行，以及国家平台的考核、评价等管理工作。

第十条 国家平台的依托单位应选择有条件的科研院所、高等院校等，是国家平台建设和运行的责任主体，主要职责是：

1. 制定国家平台的规章制度和相关标准规范；

2. 编制国家平台的年度工作方案并组织实施；

3. 负责国家平台的科技资源整合、更新、整理和保存，确保资源质量；

4. 负责国家平台的在线服务系统建设和运行，开展科技资源共享服务，做好服务记录；

5. 负责国家平台的建设、运行与管理并提供支撑保障，根据需要配备软硬件条件和专职人员队伍；

6. 配合完成相关部门组织的评价考核，接受社会监督；

7. 按规定管理和使用国家平台的中央财政经费，保证经费的单独核算、专款专用。

第三章　组　建

第十一条 科技部、财政部会同有关部门制定并发布国家平台发展的总体规划和布局。主管部门根据总体规划和布局制定本部门或本地区平台发展规划，组织实施本部门或本地区平台建设，鼓励开展跨部门、跨地区科技资源整合与共享。

第十二条 科技部、财政部共同建设共享网。共享网是国家平台的科技资源信息发布平台和网络管理平台，按照统一标准接受和公布科技资源目录及相关服务信息，具备承担平台组建、运行管理和评价考核等工作的在线管理功能。

第十三条 国家平台应具备以下基本条件：

1. 依托单位拥有较大体量的科技资源或特色资源，建立了符合资源特点的标准规范、质量控制体系和资源整合模式，在本专业领域或区域范围内具有一定影响力，具备较强的科技资源整合能力；

2. 纳入共享网并公布科技资源目录及相关服务信息，且发布的科技资源均按照国家标准进行标识；

3. 已按照相关标准建成科技资源在线服务系统，并与共享网实现有效对接和互联互通，资源信息合格，更新及时；

4. 具备资源保存和共享服务所需要的软硬件条件，具有稳定的专职队伍，具有保障运行服务的组织机构、管理制度和共享服务机制；

5. 建立了符合资源特点的服务模式并取得良好服务成效。

第十四条 科技部、财政部可根据国家平台发展的总体规划和布局，按照国家科技发展战略和重大任务需求，并商有关部门遴选基础较好、资源优势明显、资源特色突出的部门或地区平台组建形成国家平台。

第十五条 牵头组建国家平台的主管部门负责编制国家平台组建与运行管理方案，推荐国家平台依托单位和负责人，并报科技部。

国家平台负责人应由依托单位正式在职、具有较高学术水平、熟悉本领域科技资源、管理协调能力较强的科学家担任，由依托单位负责聘任。

第十六条 科技部、财政部委托平台中心负责组织对国家平台组建与运行管理方案进行论证评审，对上报材料进行形式审查，组织专家进行评审，进行现场考察核实，并将评审结果报科技部、财政部。由科技部、财政部确定并向社会发布国家平台和依托单位名单。

第十七条 根据资源类型和平台的特点，国家平台统一规范命名为“国家××科学数据中心”“国家××资源库(馆)”等，英文名称为 National XX Data Center、National XX Resource Center 等。

第四章 运行服务

第十八条 国家平台的主要任务包括：

1. 围绕国家战略需求持续开展重要科技资源的收集、整理、保存工作；

2. 承接科技计划项目实施所形成的科技资源的汇交、整理和保存任务；

3. 开展科技资源的社会共享，面向各类科技创新活动提供公共服务，开展科学普及，根据创新需求整合资源开展定制服务；

4. 建设和维护在线服务系统，开展科技资源管理与共享服务应用技术研究；

5. 开展资源国际交流合作，参加相关国际学术组织，维护国家利益与安全。

第十九条 依托单位要按照有关管理办法制定本国家平台运行管理和科技资源开放共享的管理制度，并报主管部门备案，保障国家平台日常运行，促进科技资源的开放共享。

第二十条 依托单位应该配备规模合理的专职从事国家平台管理的人员队伍，在绩效收入、职称评定等方面采取有利于激发积极性、稳定实验技术队伍的政策措施。

第二十一条 依托单位要建立健全国家平台科技资源质量控制体系，保证科技资源的准确性和可用性。依托单位要按照相关安全要求，建立应急管理和容灾备份机制，健全网络安全保障体系，为资源保存提供所需要的软硬件条件。主管部门应定期对资源安全情况进行检查。

第二十二条 依托单位可通过在线或者离线等方式向社会提供信息资源服务和实

物资源服务。积极开展综合性、系统性、知识化的共享服务。鼓励组织开展科技资源加工整理，形成有价值的科技资源产品，向社会提供服务。

第二十三条 利用财政性资金资助的各类科技计划项目所形成的科技资源应汇交到指定平台。主管部门应明确相关科技资源生产、管理、汇交和共享的工作原则，并对科技资源汇交进行审核。

建立国家平台科技资源的内部动态调整机制，及时整合相关科技资源纳入平台。全社会的科技资源拥有者均可通过共享网公布科技资源信息。主管部门可组织推荐本部门或本地区拥有科技资源并具备服务条件的平台通过共享网公布科技资源目录及相关服务信息，开展共享服务。

第二十四条 国家平台应建立符合国家知识产权保护和安全保密等有关规定的制度，保护科技资源提供者的知识产权和利益。

用户使用国家平台科技资源形成的著作、论文等发表时，应明确标注科技资源标识和利用科技资源的情况，并应事先约定知识产权归属或比例。

第二十五条 为政府决策、公共安全、国防建设、环境保护、防灾减灾、公益性科学研究等提供基本资源服务的，国家平台应当无偿提供。

因经营性活动需要国家平台提供资源服务的，当事人双方应签订有偿服务合同，明确双方的权利和义务。有偿服务收费标准应当按成本补偿和非营利原则确定。

国家法律法规有特殊规定的，遵从其规定。

第五章 评价考核

第二十六条 主管部门应按年度组织对本部门或地区所属的国家平台进行年度自评，并将年度自评报告与下一年度工作计划于次年1月底前报科技部、财政部备案。

第二十七条 科技部、财政部组织对国家平台进行分类评价考核，重点考核科技资源整合能力、服务成效、组织运行管理及专项经费使用情况等内容。评价考核采取用户评价、门户系统在线测评和专家综合评价等方式，每两年考核一次。

第二十八条 科技部、财政部委托平台中心开展国家平台的评价考核。平台中心根据经主管部门审核的各国家平台运行服务记录、服务成效等材料，组织专家进行评价考核，考核结果报科技部、财政部。

第二十九条 科技部、财政部确定评价考核结果，并通过共享网予以公示和公布。根据国家平台科技资源整合和运行维护情况给予后补助经费支持，经费主要用于资源建设、仪器设备更新、日常运行维护、人员培训等方面。

第三十条 科技部、财政部根据评价考核结果对国家平台进行动态调整。对于评价考核结果较差的责成其限期整改，仍不合格的不再纳入国家平台序列。

第三十一条 国家平台涉及内部管理重大变化、主要人员变动等重大事项或重要内容，由主管部门公示后确认，并报科技部备案。

第三十二条 依托单位应如实提供运行服务记录、服务成效及相关材料。凡弄虚作假、违反学术道德的，将取消申报和参加评价考核资格，并视具体情况予以严肃处理。

第三十三条 科技部及有关部门和地方要建立投诉渠道，接受社会对国家平台开放共享情况的意见和监督。

第六章 附 则

第三十四条 本办法由科技部和财政部负责解释。

第三十五条 有关部门和地方可参照本办法结合实际制定或修订部门或地方平台的相关管理办法。

第三十六条 本办法自发布之日起实施。

关于进一步加强大学科技园建设的实施意见

鲁科字〔2017〕202号

为认真贯彻党的十九大精神和习近平新时代中国特色社会主义思想，深入落实《国务院关于强化实施创新驱动发展战略进一步推进大众创业万众创新深入发展的意见》和《中共山东省委山东省人民政府关于深化科技体制改革加快创新发展的实施意见》精神，充分发挥大学科技园促进创新创业重要作用，现就进一步加强大学科技园建设制定如下实施意见。

一、总体思路

（一）指导思想。大学科技园建设以党的十九大精神和习近平新时代中国特色社会主义思想为指引，全面贯彻全国科技创新大会精神，以推进供给侧结构性改革为主线，以深化科技体制改革和高校科研体制改革为动力，将高校科教智力资源与市场优势创新资源紧密结合，培育以高校为主体，企业、科研单位和地方政府共同参与的开放、协同、共享的创新创业基地，激发高校师生、科研人员、企业家创新创业潜能，按照以“四新”促“四化”实现“四提”的要求，进一步加速科技成果转化和科技型企业孵化培育，培养壮大创新创业人才队伍，推动大众创业万众创新向纵深发展，促进高校科技创新与经济社会发展深度融合，为全省新旧动能转换提供动力支撑。

（二）总体目标。将大学科技园打造成为生态良好、人才集聚、资源高效、成效明显的双创中心和推动高校科技成果转化的重要载体，成为“四新”经济发展的重要策源地和全省新旧动能转换的重要驱动引擎。到2021年，全省新建省级以上大学科技园10家左右，其中国家大学科技园2～3家，形成以国家大学科技园为引领、省级大学科技园为支撑，层次分明、功能定位清晰、相互渗透、优势互补的发展格局。

二、创新大学科技园建设发展路径

（三）探索多元化组建模式。鼓励具有较强科研实力的一所或多所高校牵头发起，组建高校为主体、科研为纽带的科技成果转化应用型大学科技园。支持科技企业发挥创新主体优势，提供资金、场地、市场等条件支持，组建企业为主体，高校、科研单位参与的需求引导型大学科技园。鼓励科技园区突出产业特色，吸引高校技术、人才等创新资源，建设特色化、专业化大学科技园。鼓励地方政府围绕当地新旧动能转换和创新创业需求，创造条件加强与高校合作，牵头建设大学科技园。

（四）创新大学科技园管理模式。尊重创新规律和科研规律，构建大学科技园管理新模式。鼓励大学科技园组建法人化的运营实体，组建或委托专业化、市场化运营团队负责园区管理运行，大胆探索管理体制创新，实现园区快速发展。鼓励符合条件的大学科技园运营主体参加高新技术企业和技术先进型服务企业认定，打造成为高水平现代服务企业。支持建设成效突出的大学科技园升级为国家大学科技园，享受有关税收优惠政策。

三、提升大学科技园双创服务能力

（五）支持大学科技园设立技术转移服务机构。支持大学科技园引进或建设技术转移机构，组建专业化技术经纪人队伍，为高校科技成果转移转化提供专业化、市场化服务。支持大学科技园技术转移机构参与高校科技成果转移转化收益分配。支持有条件的省级以上大学科技园设立技术合同登记点。对省级以上大学科技园内的省级科技成果转移转化服务机构促成不低于5项我省高校和科研院所科技成果在省内转化，且年度技术合同成交额在2000万元以上的，省级财政按照合同成交额的1.5%给予补助，最高50万元。对高校教师和管理人员兼职担任技术经纪人的，将其技术转移服务绩效作为绩效考评、职称评定等的重要依据。

（六）支持大学科技园建设中试基地。鼓励在大学科技园内按市场化机制建设开放共享的中试基地，挖掘高校具有应用前景的科技成果，重点是承担的国家和省重点科技计划项目产生的阶段性成果，进行二次开发或中试熟化，解决科研成果向现实生产力转化最后一公里的问题。对取得明显成效的中试基地，纳入省科技基地建设专项予以支持。

（七）支持大学科技园建设公共研发平台。鼓励大学科技园牵头与入驻企业共同建设企业重点实验室、技术创新中心、工程技术研究中心等公共研发服务平台，符合条件的纳入省科技基地建设专项给予支持。鼓励大学科技园采取融资租赁方式，充分利用社会资金添置公共研发、中试服务等大型仪器设备。支持将大学科技园各类平台购置的仪器设备纳入省大型科学仪器设备协作共用网。

（八）支持大学科技园强化投融资服务。支持大学科技园建设及参与单位联合社会力量共同设立天使投资基金和科技成果转化投资基金，省新旧动能转换基金优先给予参股支持；与银行业金融机构共同探索创新符合科技型中小微企业需求的科技贷款模式，为大学科技园在孵企业和创新创业者提供覆盖全生命周期的投融资服务。

（九）支持高校科研条件向大学科技园开放共享。参与大学科技园建设的高校应创造条件，向大学科技园创新创业者开放共享重点实验室、工程技术研究中心、图书馆等科技创新平台和资源，为创新创业团队提供设备条件、技术研发、技术咨询等专业化服务。支持参与建设大学科技园的高校、科研单位探索将仪器设备所有权和经营权分离，在大学科技园成立仪器设备管理专业服务机构，提高仪器设备开放共享水平。

（十）支持大学科技园强化知识产权服务。鼓励大学科技园与知识产权专业服务机构合作，为园区企业提供专利、商标、版权等知识产权代理、导航、维权、规划及咨询等方面的一站式综合服务。支持省级知识产权公共服务平台在大学科技园设立分支机构，加强专利基础资源向园区开放共享。支持大学科技园建立知识产权维权中心，为科技成果转化和创新创业提供保障。进一步发挥知识产权质押融资作用，帮助大学科技园新创建企业解决发展资金短缺难题。对园区内小微企业以专利权质押取得的贷款，符合条件的，按规定给予贴息支持。

（十一）支持大学科技园组建高水平创业导师队伍。鼓励大学科技园组建由企业家、成功创业者、技术专家、产业专家、管理专家等组成的高素质创新创业导师队伍，在技术指导、融资服务、成果转化、市场开拓等方面为创业者提供特色服务。支持大学科技园中的优秀创业导师入选省百名优秀创业导师。

（十二）支持大学科技园提升政策服务能力。将大学科技园作为各类双创扶持政策宣传、培训的重要平台，定期对全省大学科技园进行科技创新政策的系统培育，帮助大学科技园服务团队全面了解、准确把握全省科技创新政策，增强对园内创新创业者和科技型中小微企业的政策服务能力。

（十三）支持大学科技园提升全链条创新孵化服务水平。支持大学科技园围绕创业生命周期，打造“众创空间＋孵化器＋加速器＋科技园区”的科技创业孵化链条。依托高校优势学科建设专业化众创空间和科技企业孵化器，为园区企业提供专业化孵化服务。围绕毕业企业发展需求，发展企业总部型、技术中试型等多种类型的加速器，提供资本运作、人力资源、市场开拓、国际合作、知识产权等服务。强化与当地科技园区的合作，支持毕业企业入驻科技园区，融入创新产业链条，拓展发展空间。

四、发挥大学科技园促进创新创业作用

（十四）加快推进高校科研成果转移转化。建立健全高校教师在岗兼职、离岗创业和返岗任职制度，完善以增加知识价值为导向的分配机制，激励高校教师、科研人员到大学科技园创新创业、从事科技成果转化活动，相关经历视为专业技术工作经历，取得的成效可作为职称评聘等方面的重要依据。支持大学科技园瞄准世界科技前沿和我省产业未来高端发展需求，强化对高校基础研究和前沿技术领域成果的熟化和转化，积极孵化创新性强、发展潜力大的创新创业项目，取得预期效果并成功转化应用的，择优纳入省市科技计划给予后补助支持。

（十五）大力培育科技型中小微企业。强化对大学科技园中小微企业的服务和支持，帮助入驻企业落实研发费用税前加计扣除、研发投入后补助、小微企业升级高新技术企业补助、创新创业补助等普惠性扶持政策。对省级以上大学科技园内科技型中小微企业使用“创新券”的，按照有关规定省财政给予最高60％补助。强化对大学科技园创新孵化绩效评估，对省级以上大学科技园科技企业孵化器和众创空间在3年孵化期内每成功培育一家高新技术企业，按照有关规定奖励10万元，每年最高奖励100万元。

（十六）凝聚壮大创新创业人才队伍。发挥大学科技园依托优质创新资源和贴近市场的优势，支持高校毕业生就地创业就业，吸引高校校友回归组建团队创新创业，鼓励在校大学生创业。在校大学生创业的，创业经历可作为学分认定的重要依据。支持地方创

业者利用大学科技园的创新资源，与高校师生或科研人员联合创业。鼓励大学科技园围绕学科优势和产业规划，引进高水平创新创业人才和团队，符合条件的，支持其申报国家和省重点人才工程，给予持续稳定支持。支持依托大学科技园建设院士工作站和千人计划专家工作站，柔性引进高层次人才及团队，落实稳定支持和竞争性支持相结合的科研扶持政策。

（十七）不断丰富双创活动。鼓励大学科技园建立市场化的优秀创新创业项目发现机制和扶持方式，申办或组织创业者参与中国创新创业大赛、山东省科技型中小微企业创新竞技行动计划等各类创新创业大赛。鼓励大学科技园组织和承办具有影响力的创业论坛、创业沙龙、创意设计等多元化的创业活动，开展专业性学术研讨，为大学科技园创业企业提供上市融资辅导和咨询服务。

五、建立大学科技园开放协同的创新网络

（十八）推动大学科技园与地方发展深度融合。支持大学科技园建设单位与地方政府签署合作共建协议，鼓励地方政府将大学科技园纳入发展规划，建立与大学科技园协同发展的有效机制。鼓励大学科技园与地方政府共建科技成果转化基地、大学生创新创业实践基地等，促进科技成果落地转化和大学生创业就业。鼓励有实力的大学科技园结合产业特色和优势在省内布局建设分园，带动地方产业发展。

（十九）促进大学科技园协同发展。组建大学科技园联盟，充分发挥联盟的平台组织和服务功能，推动省内外大学科技园之间的交流合作和资源共享，开展人才培训、智库研究、品牌建设等行业活动。定期举办大学科技园论坛，探讨大学科技园发展的新机制、新模式，不断提升大学科技园发展水平。

（二十）积极链接国际创新资源。支持境外高校来我省建设或参与共建大学科技园，在创新创业扶持、科技政策支持等方面享受国民待遇。鼓励大学科技园充分利用高校、企业的国际科技合作渠道，与境外高校、科研机构和企业等开展技术转移、项目对接、项目孵化、人才团队引进等合作，创建品牌国际科技合作基地。

六、完善大学科技园发展保障措施

（二十一）建立协同推进机制。省科技、教育、财政主管部门建立协同推进机制，进一步增强对大学科技园建设发展的统筹谋划，制定全省大学科技园布局规划，出台支持大学科技园建设发展的政策措施，统筹政策、资金、项目、人才等资源，共同支持大学科技园建设发展。大学科技园所在地方政府要将大学科技园作为本地聚集创新资源、培育创新力量的重要平台，为大学科技园建设提供政策支持和条件保障。各大学科技园依托单位要结合自身实际情况，制定发展规划，为大学科技园建设提供支持和保障。鼓励科技企业、科技金融机构、科技服务机构等积极参与大学科技园建设，在支持创新创业的同时拓展自身发展空间。

（二十二）建立绩效评估机制。制定山东省大学科技园管理办法，研究制定大学科技园绩效评估体系，委托第三方机构，对省级以上大学科技园在促进科技成果转化、培育科技型企业、培育创新创业人才等方面的成效进行定期评估。对升级为国家大学科技园

的，省财政结合相关资金给予每家300万元经费支持，鼓励市财政结合实际予以支持。

（二十三）加大宣传推广力度。加强对大学科技园建设发展进展的跟踪，及时研究和解决大学科技园发展中遇到的问题，总结推广大学科技园在推动创新创业和服务新旧动能转换中的典型做法和成功经验，加大宣传推广力度，推动大学科技园工作迈上新台阶。

权威解读

《关于进一步加强大学科技园建设的实施意见》解读

第一部分为总体思路。重点明确了大学科技园建设的指导思想和总体目标，明确将高校科教智力资源与市场优势创新资源紧密结合，积极培育以高校为主体，企业、科研单位和地方政府共同参与的开放、协同、共享的创新创业基地，打造成为生态良好、人才集聚、资源高效、成效明显的双创中心和推动高校科技成果转化的重要载体。

第二部分为建设发展路径。鼓励建设大学主导的科技成果转化应用型、科技领军企业主导的需求引导型、科技园区主导的特色专业型以及地方政府主导型等不同模式的大学科技园，鼓励大学科技园建设法人化运营实体，实现大学科技园的可持续发展。

第三部分为提升大学科技园服务能力的措施。重点支持提升大学科技园的技术转移、中试服务、公共研发、投融资服务、知识产权服务、创业辅导服务、政策服务、孵化服务等能力，并在技术转移机构补助等方面提出了具体激励措施。

第四部分为发挥大学科技园促进创新创业作用的举措。重点围绕推进高校科技成果转移转化、培养科技型中小微企业、聚集创新创业人才、培养和引进高层次人才、丰富双创活动等方面提出了相关举措。特别是在创新券、孵化绩效激励、创新创业绩效认定等方面给予支持。

第五部分为推动大学科技园开放协同的举措。重点鼓励大学科技园与地方发展深度融合、促进大学科技园之间协同发展、支持大学科技园开展国际合作等。

第六部分为大学科技园发展保障措施。提出了建立协同推进机制、开展绩效评估、加强宣传交流等具体举措。

——引自：山东省科技厅 http://www.sdstc.gov.cn/page/subpage/detail.html?id=40ba6889c8434963b864595112266e13

山东高校典型经验

《济南大学关于大学科技园建设与发展的意见》(节选)

(济大校字〔2014〕170号)

成立大学科技园工作指导委员会,和地方政府共同宏观指导大学科技园建设;设立大学科技园管理委员会,负责监督指导大学科技园的建设发展,做好大学科技园的管理与服务工作;大学科技园要把企业化运作作为自我发展的主要途径,成立具有独立法人资格的大学科技园有限责任公司,向在园孵化企业提供优质科技支撑服务。鼓励社会各界以多种方式参与大学科技园的建设和运行,吸引跟我校密切相关的学科型公司入驻大学科技园,按"研发区+孵化区+产业园+公共服务区"的园区建设模式进入大学科技园孵化发展。

学校授权大学科技园有限公司代表学校对科技园继续规划、建设、经营、管理与服务,园区服务管理职责主要包括规划建设、计划财务、投融资、成果转化、企业孵化、市场信息与开发、培训实训、大学生创业服务等,为入园企业和研发机构提供全方位支持。

学校加大对大学科技园的建设支持力度,出台专门支持大学科技园发展政策措施,安排一定资金用于大学科技园的建设。

山东省大学科技园管理办法

鲁科字〔2017〕203 号

第一章　总　则

第一条　为深入贯彻《国务院关于强化实施创新驱动发展战略进一步推进大众创业万众创新深入发展的意见》和《中共山东省委山东省人民政府关于深化科技体制改革加快创新发展的实施意见》精神，规范大学科技园建设管理，充分发挥大学科技园支持创新创业的重要作用，制定本办法。

第二条　大学科技园是促进高校科教智力资源与市场优势创新资源紧密结合的重要纽带，是有效推动高校科技成果转化、孵化培育科技型企业、开展科技创业、培养创新创业人才、集聚创新资源的重要载体，是支撑实体经济发展的科技服务机构。

第三条　大学科技园由高校、科技企业、科技园区或地方政府为主牵头建设，具有丰富创新资源和较强科研实力的高校是大学科技园建设的主要依托力量，鼓励各类创新主体参与共同建设。

第四条　省科技厅、省教育厅负责统筹全省大学科技园建设和管理，制定并指导实施大学科技园发展规划，开展大学科技园绩效评估。各设区的市科技局、教育局协助做好本地区大学科技园的管理和指导工作。

第二章　功能与定位

第五条　大学科技园是科技创新体系的重要组成部分，以体制机制创新为先导，提供集成化科技创新服务，有效激发科技人才创新创业潜能，促进高校科研优势发挥，加速科技成果转化，推进高校科技创新与经济社会发展深度融合。

第六条　大学科技园是开展协同创新和促进高校科技成果转移转化的重要平台，通过市场化的科技成果转移转化体系，将高校科研成果与经济社会发展需求紧密对接，实现高校科研成果转移转化与产业化。

第七条　大学科技园是培养创新型人才和孵化科技型企业的重要载体，通过构建良好的创新创业生态环境，吸引创新人才和团队参与创新实践，加快成长。鼓励高校教师、科研人员和在校大学生带着科技成果入驻创业，孵化培育紧密对接产业发展需求的科技型中小微企业群。

第八条 大学科技园是带动区域经济发展的重要基地，通过公共研发、创新孵化、科研中试、创新服务等平台建设，推动高校创新资源与地方创新型企业和科技园区有机衔接，紧密合作，提升区域创新能力，增强创新型产业聚集度，为区域重点产业发展和新旧动能转换提供支撑。

第三章 建设要求与程序

第九条 大学科技园应具备以下条件：

(1)牵头建设单位在山东省境内注册登记，具有独立法人资格；已经与参与单位签订合作或共建大学科技园协议；制定支持大学科技园建设发展的政策措施，确立各方支持大学科技园发展的协同机制。

(2)具有完备的大学科技园建设规划，建设发展思路清晰、重点任务和主要目标明确；具备建设大学科技园所需建设资金等基本条件。

(3)具有相应的法人运营实体，负责实施大学科技园日常管理。拥有专门的服务团队，具有指导孵化企业发展、提供技术经纪服务的专业力量。

(4)拥有权属清晰、可自主使用的研发、孵化场地，其中孵化场地面积不低于总面积的 60%，具备大学生创业实践空间。

(5)技术研发、中间试验、成果转化、知识产权、科技金融、政策法律咨询等服务条件相对完善，开放共享机制健全。

第十条 申请建设大学科技园，牵头建设单位为科技企业、科技园区或县(市、区)地方政府的，由牵头单位向所在设区的市科技局提出申请，由设区的市科技局会同教育局审核同意后，报送省科技厅；牵头建设单位为高校或设区的市政府的，由牵头单位直接向省科技厅提出申请。

第十一条 省科技厅会同省教育厅组织专家对大学科技园建设申请进行评估，对通过答辩评审和现场考察，达到建设标准的大学科技园，由省科技厅、省教育厅联合发文确认。

第十二条 经批准建设的大学科技园应加强和完善服务保障能力，形成全方位、集成化的科技服务体系。

(1)建设专业化众创空间和科技企业孵化器，为园区企业提供专业化孵化服务。

(2)组建专业化的创业导师队伍，在技术研发、商业模式构建、经营管理、资本运作、市场营销等方面提供实践性辅导和培训。

(3)建设或引进专业化技术转移机构，创新技术转移管理和运行机制，实行技术经理人聘用制，明确利益分配机制，为高校科技成果转移转化提供专业化、市场化服务。

(4)独立或联合社会力量共同设立天使投资基金和科技成果转化投资基金，为大学科技园在孵企业和创新创业者提供覆盖全生命周期的投融资服务。

(5)建设院士工作站或千人计划专家工作站等，引进高层次科技创新人才和团队，发挥大学科技园人才培养和凝聚作用。

(6)建设开放共享的中试基地，挖掘高校具有应用前景的科技成果，进行二次开发或中试熟化，加快科研成果向现实生产力转化。

(7)建立知识产权专业服务机构或分支机构，为园区企业提供专利、商标、版权等知识产权代理、导航、维权、规划及咨询等方面的一站式综合服务。

(8)与入驻企业共同建设企业重点实验室、技术创新中心、工程技术研究中心等公共研发服务平台，为园区企业提供创新服务。

(9)强化专业化服务团队建设，加强对双创扶持政策的宣传培训，帮助大学科技园入驻企业全面了解、准确把握、充分运用科技创新政策。

(10)建立国际科技合作基地，为大学科技园入驻企业开展国际科技合作提供支持。

第十三条 大学科技园建设期为两年，建设期满后由省科技厅会同省教育厅委托第三方专业机构进行验收。评价结果分优秀、合格、不合格三个等级。评价结果为不合格的，延长建设期一年，一年后再次评价仍然不合格的，取消建设资格。

第四章 运行管理

第十四条 大学科技园实施年度报告制度，每年第一季度末前将上一年度建设发展绩效统计数据、年度总结和本年度工作计划报送省科技厅。

第十五条 省科技厅会同省教育厅制定山东省大学科技园绩效评估指标体系和评价办法，对批准建设的大学科技园实行动态管理，每三年进行一次评估。经评估不合格的大学科技园，给予一年整改期，整改期满仍达不到标准的，取消大学科技园资格。

第五章 政策与措施

第十六条 省科技厅、省教育厅建立推进大学科技园发展联席会议制度，共同研究制定支持大学科技园建设与发展的政策措施，及时解决大学科技园发展中遇到的问题。根据地方创新创业发展需求，与大学科技园所在设区的市人民政府签署共建协议，加大支持力度。

第十七条 省科技厅对绩效评估优秀的大学科技园在条件建设、科研项目实施、人才引进等方面给予支持，优先推荐申报国家大学科技园。

第十八条 省教育厅将大学科技园建设成效作为高校绩效评估的重要内容，推动科技成果转化、高校师生创业等政策在大学科技园的落地落实。推动高校科技资源向大学科技园开放，将大学科技园纳入高校创新创业教育、学生实习实践和人才培养体系。支持高校将成果转化、创新创业绩效作为教师、科研人员工资分配和职称评定等的重要依据。

第十九条 大学科技园所在地方政府应建立支持大学科技园发展的政策措施，综合利用财政专项资金、政府投资基金等，支持大学科技园的创新项目和创业团队，对大学科技园发展用地、运营管理、平台建设以及开展创业教育、创业实训等给予支持。

第六章 附 则

第二十条 本办法由省科技厅、省教育厅负责解释。

第二十一条 本办法自2017年12月28日起施行，有效期至2022年12月31日。

权威解读

《山东省大学科技园管理办法》解读

省科技厅、省教育厅印发了《山东省大学科技园管理办法》(鲁科字〔2017〕203号,以下简称《办法》),明确了对大学科技园的建设、发展、管理等有关事项。

《办法》包括总则、功能和定位、建设要求与程序、运行管理、政策与措施、附则六部分,共二十一条。

(一)总则部分明确了管理办法制定的依据,大学科技园的定义、建设的主体,以及有关管理部门的职责。明确大学科技园主要由高校、科技领军企业、科技园区或地方政府牵头建设,具有较强科研实力的高校是大学科技园建设的主要依托力量。科技、教育等部门参与大学科技园的管理工作。

(二)功能和定位部分明确了大学科技园在推动创新创业,特别是促进科技成果转化、创新创业人才培养、科技型中小微企业培育、推动区域经济发展等方面的定位,为大学科技园的建设发展提供遵循。

(三)建设要求与程序部分明确省级大学科技园建设条件重点包括牵头建设单位重视情况、合作情况,规划情况,运营主体和团队情况,孵化场地和服务条件要求。明确了申请认定的程序,省科技厅会同省教育厅对达到标准的大学科技园进行发文确认。经批准建设的大学科技园应在孵化载体、导师队伍、专业化技术转移机构等十个方面强化科技服务体系建设。

(四)运行管理部分明确了大学科技园要有明确的发展规划和目标,实行年度报告和绩效评估制度。

(五)政策与措施部分重点明确了省科技、教育部门及地方政府的支持职责,同时鼓励管理部门与地方政府共建支持。

(六)附则部分明确了办法的解释权和有效期。

——引自:山东省科技厅 http://www.sdstc.gov.cn/page/subpage/detail.html?id=09758242b53c4ce18079e8190da41346

Ⅵ 知识产权类

国务院关于新形势下加快知识产权强国建设的若干意见

国发〔2015〕71 号

各省、自治区、直辖市人民政府，国务院各部委、各直属机构：

国家知识产权战略实施以来，我国知识产权创造运用水平大幅提高，保护状况明显改善，全社会知识产权意识普遍增强，知识产权工作取得长足进步，对经济社会发展发挥了重要作用。同时，仍面临知识产权大而不强、多而不优、保护不够严格、侵权易发多发、影响创新创业热情等问题，亟待研究解决。当前，全球新一轮科技革命和产业变革蓄势待发，我国经济发展方式加快转变，创新引领发展的趋势更加明显，知识产权制度激励创新的基本保障作用更加突出。为深入实施创新驱动发展战略，深化知识产权领域改革，加快知识产权强国建设，现提出如下意见。

一、总体要求

（一）指导思想。全面贯彻党的十八大和十八届二中、三中、四中、五中全会精神，按照“四个全面”战略布局和党中央、国务院决策部署，深入实施国家知识产权战略，深化知识产权重点领域改革，有效促进知识产权创造运用，实行更加严格的知识产权保护，优化知识产权公共服务，促进新技术、新产业、新业态蓬勃发展，提升产业国际化发展水平，保障和激励大众创业、万众创新，为实施创新驱动发展战略提供有力支撑，为推动经济保持中高速增长、迈向中高端水平，实现“两个一百年”奋斗目标和中华民族伟大复兴的中国梦奠定更加坚实的基础。

（二）基本原则。

坚持战略引领。按照创新驱动发展战略和“一带一路”等战略部署，推动提升知识产权创造、运用、保护、管理和服务能力，深化知识产权战略实施，提升知识产权质量，实现从大向强、从多向优的转变，实施新一轮高水平对外开放，促进经济持续健康发展。

坚持改革创新。加快完善中国特色知识产权制度，改革创新体制机制，破除制约知识产权事业发展的障碍，着力推进创新改革试验，强化分配制度的知识价值导向，充分发挥知识产权制度在激励创新、促进创新成果合理分享方面的关键作用，推动企业提质增效、产业转型升级。

坚持市场主导。发挥市场配置创新资源的决定性作用，强化企业创新主体地位和主导作用，促进创新要素合理流动和高效配置。加快简政放权、放管结合、优化服务，加强知识产权政策支持、公共服务和市场监管，着力构建公平公正、开放透明的知识产权法治环境和市场环境，促进大众创业、万众创新。

坚持统筹兼顾。统筹国际国内创新资源，形成若干知识产权领先发展区域，培育我国知识产权优势。加强全球开放创新协作，积极参与、推动知识产权国际规则制定和完善，构建公平合理国际经济秩序，为市场主体参与国际竞争创造有利条件，实现优进优出和互利共赢。

（三）主要目标。到2020年，在知识产权重要领域和关键环节改革上取得决定性成果，知识产权授权确权和执法保护体系进一步完善，基本形成权界清晰、分工合理、责权一致、运转高效、法治保障的知识产权体制机制，知识产权创造、运用、保护、管理和服务能力大幅提升，创新创业环境进一步优化，逐步形成产业参与国际竞争的知识产权新优势，基本实现知识产权治理体系和治理能力现代化，建成一批知识产权强省、强市，知识产权大国地位得到全方位巩固，为建成中国特色、世界水平的知识产权强国奠定坚实基础。

二、推进知识产权管理体制机制改革

（四）研究完善知识产权管理体制。完善国家知识产权战略实施工作部际联席会议制度，由国务院领导同志担任召集人。积极研究探索知识产权管理体制机制改革。授权地方开展知识产权改革试验。鼓励有条件的地方开展知识产权综合管理改革试点。

（五）改善知识产权服务业及社会组织管理。放宽知识产权服务业准入，促进服务业优质高效发展，加快建设知识产权服务业集聚区。扩大专利代理领域开放，放宽对专利代理机构股东或合伙人的条件限制。探索开展知识产权服务行业协会组织“一业多会”试点。完善执业信息披露制度，及时公开知识产权代理机构和从业人员信用评价等相关信息。规范著作权集体管理机构收费标准，完善收益分配制度，让著作权人获得更多许可收益。

（六）建立重大经济活动知识产权评议制度。研究制定知识产权评议政策。完善知识产权评议工作指南，规范评议范围和程序。围绕国家重大产业规划、高技术领域重大投资项目等开展知识产权评议，建立国家科技计划知识产权目标评估制度，积极探索重大科技活动知识产权评议试点，建立重点领域知识产权评议报告发布制度，提高创新效率，降低产业发展风险。

（七）建立以知识产权为重要内容的创新驱动发展评价制度。完善发展评价体系，将知识产权产品逐步纳入国民经济核算，将知识产权指标纳入国民经济和社会发展规划。发布年度知识产权发展状况报告。在对党政领导班子和领导干部进行综合考核评价时，注重鼓励发明创造、保护知识产权、加强转化运用、营造良好环境等方面的情况和成效。探索建立经营业绩、知识产权和创新并重的国有企业考评模式。按照国家有关规定设置知识产权奖励项目，加大各类国家奖励制度的知识产权评价权重。

三、实行严格的知识产权保护

（八）加大知识产权侵权行为惩治力度。推动知识产权保护法治化，发挥司法保护的主导作用，完善行政执法和司法保护两条途径优势互补、有机衔接的知识产权保护模式。提高知识产权侵权法定赔偿上限，针对情节严重的恶意侵权行为实施惩罚性赔偿并由侵权人承担实际发生的合理开支。进一步推进侵犯知识产权行政处罚案件信息公开。完善知识产权快速维权机制。加强海关知识产权执法保护。加大国际展会、电子商务等领域知识产权执法力度。开展与相关国际组织和境外执法部门的联合执法，加强知识产权司法保护对外合作，推动我国成为知识产权国际纠纷的重要解决地，构建更有国际竞争力的开放创新环境。

（九）加大知识产权犯罪打击力度。依法严厉打击侵犯知识产权犯罪行为，重点打击链条式、产业化知识产权犯罪网络。进一步加强知识产权行政执法与刑事司法衔接，加大涉嫌犯罪案件移交工作力度。完善涉外知识产权执法机制，加强刑事执法国际合作，加大涉外知识产权犯罪案件侦办力度。加强与有关国际组织和国家间打击知识产权犯罪行为的司法协助，加大案情通报和情报信息交换力度。

（十）建立健全知识产权保护预警防范机制。将故意侵犯知识产权行为情况纳入企业和个人信用记录。推动完善商业秘密保护法律法规，加强人才交流和技术合作中的商业秘密保护。开展知识产权保护社会满意度调查。建立收集假冒产品来源地相关信息的工作机制，发布年度中国海关知识产权保护状况报告。加强大型专业化市场知识产权管理和保护工作。发挥行业组织在知识产权保护中的积极作用。运用大数据、云计算、物联网等信息技术，加强在线创意、研发成果的知识产权保护，提升预警防范能力。加大对小微企业知识产权保护援助力度，构建公平竞争、公平监管的创新创业和营商环境。

（十一）加强新业态新领域创新成果的知识产权保护。完善植物新品种、生物遗传资源及其相关传统知识、数据库保护和国防知识产权等相关法律制度。适时做好地理标志立法工作。研究完善商业模式知识产权保护制度和实用艺术品外观设计专利保护制度。加强互联网、电子商务、大数据等领域的知识产权保护规则研究，推动完善相关法律法规。制定众创、众包、众扶、众筹的知识产权保护政策。

（十二）规制知识产权滥用行为。完善规制知识产权滥用行为的法律制度，制定相关反垄断执法指南。完善知识产权反垄断监管机制，依法查处滥用知识产权排除和限制竞争等垄断行为。完善标准必要专利的公平、合理、无歧视许可政策和停止侵权适用规则。

四、促进知识产权创造运用

（十三）完善知识产权审查和注册机制。建立计算机软件著作权快速登记通道。优化专利和商标的审查流程与方式，实现知识产权在线登记、电子申请和无纸化审批。完善知识产权审查协作机制，建立重点优势产业专利申请的集中审查制度，建立健全涉及产业安全的专利审查工作机制。合理扩大专利确权程序依职权审查范围，完善授权后专利文件修改制度。拓展“专利审查高速路”国际合作网络，加快建设世界一流专利审查机构。

（十四）完善职务发明制度。鼓励和引导企事业单位依法建立健全发明报告、权属划分、奖励报酬、纠纷解决等职务发明管理制度。探索完善创新成果收益分配制度，提高骨干团队、主要发明人收益比重，保障职务发明人的合法权益。按照相关政策规定，鼓励国有企业赋予下属科研院所知识产权处置和收益分配权。

（十五）推动专利许可制度改革。强化专利以许可方式对外扩散。研究建立专利当然许可制度，鼓励更多专利权人对社会公开许可专利。完善专利强制许可启动、审批和实施程序。鼓励高等院校、科研院所等事业单位通过无偿许可专利的方式，支持单位员工和大学生创新创业。

（十六）加强知识产权交易平台建设。构建知识产权运营服务体系，加快建设全国知识产权运营公共服务平台。创新知识产权投融资产品，探索知识产权证券化，完善知识产权信用担保机制，推动发展投贷联动、投保联动、投债联动等新模式。在全面创新改革试验区域引导天使投资、风险投资、私募基金加强对高技术领域的投资。细化会计准则规定，推动企业科学核算和管理知识产权资产。推动高等院校、科研院所建立健全知识产权转移转化机构。支持探索知识产权创造与运营的众筹、众包模式，促进“互联网＋知识产权”融合发展。

（十七）培育知识产权密集型产业。探索制定知识产权密集型产业目录和发展规划。运用股权投资基金等市场化方式，引导社会资金投入知识产权密集型产业。加大政府采购对知识产权密集型产品的支持力度。试点建设知识产权密集型产业集聚区和知识产权密集型产业产品示范基地，推行知识产权集群管理，推动先进制造业加快发展，产业迈向中高端水平。

（十八）提升知识产权附加值和国际影响力。实施专利质量提升工程，培育一批核心专利。加大轻工、纺织、服装等产业的外观设计专利保护力度。深化商标富农工作。加强对非物质文化遗产、民间文艺、传统知识的开发利用，推进文化创意、设计服务与相关产业融合发展。支持企业运用知识产权进行海外股权投资。积极参与国际标准制定，推动有知识产权的创新技术转化为标准。支持研究机构和社会组织制定品牌评价国际标准，建立品牌价值评价体系。支持企业建立品牌管理体系，鼓励企业收购海外知名品牌。保护和传承中华老字号，大力推动中医药、中华传统餐饮、工艺美术等企业“走出去”。

（十九）加强知识产权信息开放利用。推进专利数据信息资源开放共享，增强大数据运用能力。建立财政资助项目形成的知识产权信息披露制度。加快落实上市企业知识产权信息披露制度。规范知识产权信息采集程序和内容。完善知识产权许可的信息备案和公告制度。加快建设互联互通的知识产权信息公共服务平台，实现专利、商标、版权、集成电路布图设计、植物新品种、地理标志等基础信息免费或低成本开放。依法及时公开专利审查过程信息。增加知识产权信息服务网点，完善知识产权信息公共服务网络。

五、加强重点产业知识产权海外布局和风险防控

（二十）加强重点产业知识产权海外布局规划。加大创新成果标准化和专利化工作力度，推动形成标准研制与专利布局有效衔接机制。研究制定标准必要专利布局指南。

编制发布相关国家和地区专利申请实务指引。围绕战略性新兴产业等重点领域，建立专利导航产业发展工作机制，实施产业规划类和企业运营类专利导航项目，绘制服务我国产业发展的相关国家和地区专利导航图，推动我国产业深度融入全球产业链、价值链和创新链。

(二十一)拓展海外知识产权布局渠道。推动企业、科研机构、高等院校等联合开展海外专利布局工作。鼓励企业建立专利收储基金。加强企业知识产权布局指导，在产业园区和重点企业探索设立知识产权布局设计中心。分类制定知识产权跨国许可与转让指南，编制发布知识产权许可合同范本。

(二十二)完善海外知识产权风险预警体系。建立健全知识产权管理与服务等标准体系。支持行业协会、专业机构跟踪发布重点产业知识产权信息和竞争动态。制定完善与知识产权相关的贸易调查应对与风险防控国别指南。完善海外知识产权信息服务平台，发布相关国家和地区知识产权制度环境等信息。建立完善企业海外知识产权问题及案件信息提交机制，加强对重大知识产权案件的跟踪研究，及时发布风险提示。

(二十三)提升海外知识产权风险防控能力。研究完善技术进出口管理相关制度，优化简化技术进出口审批流程。完善财政资助科技计划项目形成的知识产权对外转让和独占许可管理制度。制定并推行知识产权尽职调查规范。支持法律服务机构为企业提供全方位、高品质知识产权法律服务。探索以公证方式保管知识产权证据、证明材料。推动企业建立知识产权分析评议机制，重点针对人才引进、国际参展、产品和技术进出口等活动开展知识产权风险评估，提高企业应对知识产权国际纠纷能力。

(二十四)加强海外知识产权维权援助。制定实施应对海外产业重大知识产权纠纷的政策。研究我驻国际组织、主要国家和地区外交机构中涉知识产权事务的人力配备。发布海外和涉外知识产权服务和维权援助机构名录，推动形成海外知识产权服务网络。

六、提升知识产权对外合作水平

(二十五)推动构建更加公平合理的国际知识产权规则。积极参与联合国框架下的发展议程，推动《TRIPS 协定与公共健康多哈宣言》落实和《视听表演北京条约》生效，参与《专利合作条约》《保护广播组织条约》《生物多样性公约》等规则修订的国际谈判，推进加入《工业品外观设计国际注册海牙协定》和《马拉喀什条约》进程，推动知识产权国际规则向普惠包容、平衡有效的方向发展。

(二十六)加强知识产权对外合作机制建设。加强与世界知识产权组织、世界贸易组织及相关国际组织的合作交流。深化同主要国家知识产权、经贸、海关等部门的合作，巩固与传统合作伙伴的友好关系。推动相关国际组织在我国设立知识产权仲裁和调解分中心。加强国内外知名地理标志产品的保护合作，促进地理标志产品国际化发展。积极推动区域全面经济伙伴关系和亚太经济合作组织框架下的知识产权合作，探索建立“一带一路”沿线国家和地区知识产权合作机制。

(二十七)加大对发展中国家知识产权援助力度。支持和援助发展中国家知识产权能力建设，鼓励向部分最不发达国家优惠许可其发展急需的专利技术。加强面向发展中国家的知识产权学历教育和短期培训。

(二十八)拓宽知识产权公共外交渠道。拓宽企业参与国际和区域性知识产权规则制修订途径。推动国内服务机构、产业联盟等加强与国外相关组织的合作交流。建立具有国际水平的知识产权智库,建立博鳌亚洲论坛知识产权研讨交流机制,积极开展具有国际影响力的知识产权研讨交流活动。

七、加强组织实施和政策保障

(二十九)加强组织领导。各地区、各有关部门要高度重视,加强组织领导,结合实际制订实施方案和配套政策,推动各项措施有效落实。国家知识产权战略实施工作部际联席会议办公室要在国务院领导下,加强统筹协调,研究提出知识产权"十三五"规划等具体政策措施,协调解决重大问题,加强对有关政策措施落实工作的指导、督促、检查。

(三十)加大财税和金融支持力度。运用财政资金引导和促进科技成果产权化、知识产权产业化。落实研究开发费用税前加计扣除政策,对符合条件的知识产权费用按规定实行加计扣除。制定专利收费减缴办法,合理降低专利申请和维持费用。积极推进知识产权海外侵权责任保险工作。深入开展知识产权质押融资风险补偿基金和重点产业知识产权运营基金试点。

(三十一)加强知识产权专业人才队伍建设。加强知识产权相关学科建设,完善产学研联合培养模式,在管理学和经济学中增设知识产权专业,加强知识产权专业学位教育。加大对各类创新人才的知识产权培训力度。鼓励我国知识产权人才获得海外相应资格证书。鼓励各地引进高端知识产权人才,并参照有关人才引进计划给予相关待遇。探索建立知识产权国际化人才储备库和利用知识产权发现人才的信息平台。进一步完善知识产权职业水平评价制度,稳定和壮大知识产权专业人才队伍。选拔培训一批知识产权创业导师,加强青年创业指导。

(三十二)加强宣传引导。各地区、各有关部门要加强知识产权文化建设,加大宣传力度,广泛开展知识产权普及型教育,加强知识产权公益宣传和咨询服务,提高全社会知识产权意识,使尊重知识、崇尚创新、诚信守法理念深入人心,为加快建设知识产权强国营造良好氛围。

国务院

2015 年 12 月 18 日

权威解读

国务院印发《关于新形势下加快知识产权强国建设的若干意见》

2008 年国家知识产权战略实施以来,我国发明专利申请量连续四年稳居世界首位,商标注册量保持世界第一,已成为知识产权大国。但大而不强、多而不优特征明显,保护不够严格、侵权易发多发等问题仍然突出,企业海外知识产权风险越来越高。意见指出,实施创新驱动发展战略,保障和激励大众创业、万众创新,迫切需要加快知识产权强国建设。

意见确定了四条基本原则、五条重要举措。

意见要求，完善知识产权管理体制，授权地方开展知识产权改革试验，鼓励有条件的地方开展知识产权综合管理改革试点，建立重大经济活动知识产权评议制度，推动专利许可制度改革，实现知识产权在线登记、电子申请和无纸化审批，加快建设世界一流的专利审查机构。

意见提出，加大知识产权侵权行为惩治力度，完善行政执法和司法保护两条途径优势互补、有机衔接的知识产权保护模式，将故意侵犯知识产权纳入企业和个人信用记录，构建公平竞争、公平监管的创新创业和营商环境。意见明确，加强新业态新领域创新成果的知识产权保护，加强互联网、电子商务、大数据等领域知识产权保护规则研究，推动完善相关法律法规，制定完善众创、众包、众扶、众筹知识产权保护政策。

意见提出，推动构建更加公平合理的国际知识产权规则，加强对外合作机制建设，拓展知识产权公共外交渠道，加强重点产业知识产权海外布局规划，完善海外知识产权风险预警体系，推动我国产业深度融入全球产业链、价值链和创新链。

意见还提出，要建立以知识产权为重要内容的创新驱动发展评价制度。将知识产权产品逐步纳入国民经济核算体系，将知识产权指标纳入国民经济和社会发展规划，对党政领导班子和领导干部进行综合考核评价时，注重鼓励发明创造、保护知识产权等方面的情况和成效，探索建立经营业绩、知识产权和创新并重的国有企业考评模式。

——引自：新华社 http://www.gov.cn/xinwen/2015－12/22/content_5026552.htm

让知识产权护航双创前行

12月22日，国务院印发《关于新形势下加快知识产权强国建设的若干意见》（下称《意见》），明确深入实施国家知识产权战略，深化知识产权重点领域改革，实行更加严格的知识产权保护，促进新技术、新产业、新业态蓬勃发展，提升产业国际化发展水平，保障和激励大众创业、万众创新。

之所以如此重视知识产权的保护工作，乃鉴于我们目前侵权颇为严重的状况。以2014年为例，全国专利行政执法办案总量24479件，全国工商系统共查处侵权假冒案件6.74万件，全国版权系统立案查处侵权盗版案件2600余件，全国海关共扣留侵权货物2.3万批，一些未曾被查处的侵权事件更是不胜枚举。这些侵权案例的频繁发生，大大挫伤了知识产权所有者的积极性，对科技进步和创新创业的发展亦形成较大的阻碍。

《意见》确定了坚持战略引领、坚持改革创新、坚持市场主导、坚持统筹兼顾四条原则。同时明确了推进知识产权管理体制机制改革、实行严格的知识产权保护、促进知识产权创造运用、加强重点产业知识产权海外布局和风险防控、提升知识产权对外合作水平五项重要举措。

陟罚臧否，各有其分。在完善知识产权管理体制的同时，《意见》还加大对知识产权侵权行为惩治力度，将故意侵犯知识产权纳入企业和个人信用记录，以期构建公平竞争、公平监管的创新创业环境。

20世纪80年代，新增长理论的主要建立者之一罗默建立了一个知识内生增长模型，该模型关键在于，知识积累对于知识生产的正的外在性产生了知识的内生增长，促进了经济的长期增长。罗默认为，知识溢出对于解释经济增长是不可缺少的，知识溢出可以提高投资的边际收益，因而能够长期恒定地提高经济增长率。

由此可知，一个国家，尤其是发展中国家，不注重知识产权保护，放任企业和个人抄袭、剽窃，是一种十分短视的行为，对国家科技水平的提升尤为不利。因为技术创新离不开知识产权，建立良好的知识产权制度目的就是通过激励发明创造、鼓励技术创新，以此促进经济、社会和科技的协调发展。

法律与监管机制的向好，加上市场的推动，可催生更多的知识产权。同时，专利所有者保护自身权利能力也得以提高，从而鼓励更多人将知识产权申请专利。监管机制与知识产权的这种良性互动，既能持续激发创新创业，亦可推动中国经济转型升级。

——引自:《第一财经日报》2015年12月24日

《国务院关于新形势下加快知识产权强国建设的若干意见》重点任务分工方案

国办函〔2016〕66号

为落实《国务院关于新形势下加快知识产权强国建设的若干意见》(国发〔2015〕71号),根据各相关部门职责,对各项重点任务作如下分工。

一、推进知识产权管理体制机制改革

(一)研究完善知识产权管理体制

1. 完善国家知识产权战略实施工作部际联席会议制度,由国务院领导同志担任召集人。(知识产权局负责)

2. 积极研究探索知识产权管理体制机制改革。(中央编办、知识产权局、工商总局、版权局负责。列第一位者为牵头部门,下同)

3. 授权地方开展知识产权改革试验。鼓励有条件的地方开展知识产权综合管理改革试点。(知识产权局、中央编办、工商总局、版权局负责)

(二)改善知识产权服务业及社会组织管理

4. 放宽知识产权服务业准入,促进服务业优质高效发展,加快建设知识产权服务业集聚区。(知识产权局、工商总局、版权局负责)

5. 扩大专利代理领域开放,放宽对专利代理机构股东或合伙人的条件限制。(知识产权局负责)

6. 探索开展知识产权服务行业协会组织"一业多会"试点。完善执业信息披露制度,及时公开知识产权代理机构和从业人员信用评价等相关信息。(知识产权局、工商总局、版权局负责)

7. 规范著作权集体管理机构收费标准,完善收益分配制度,让著作权人获得更多许可收益。(版权局负责)

(三)建立重大经济活动知识产权评议制度

8. 研究制定知识产权评议政策。完善知识产权评议工作指南,规范评议范围和程序。围绕国家重大产业规划、高技术领域重大投资项目等开展知识产权评议,建立国家科技计划知识产权目标评估制度,积极探索重大科技活动知识产权评议试点,建立重点领域知识产权评议报告发布制度，提高创新效率，降低产业发展风险。（知识产权局、发展改革委、科技部、工业和信息化部、工商总局负责）

（四）建立以知识产权为重要内容的创新驱动发展评价制度

9. 将知识产权产品逐步纳入国民经济核算，将知识产权指标纳入国民经济和社会发展规划。（统计局、发展改革委、知识产权局、工商总局、版权局负责）

10. 在对党政领导班子和领导干部进行综合考核评价时，注重鼓励发明创造、保护知识产权、加强转化运用、营造良好环境等方面的情况和成效。（中央组织部、知识产权局、工商总局、版权局负责）

11. 探索建立经营业绩、知识产权和创新并重的国有企业考评模式。（国资委、中央组织部、知识产权局负责）

12. 按照国家有关规定设置知识产权奖励项目，加大各类国家奖励制度的知识产权评价权重。（知识产权局、人力资源社会保障部、工商总局、版权局负责）

13. 发布年度知识产权发展状况报告。（知识产权局、农业部、工商总局、质检总局、版权局、林业局负责）

二、实行严格的知识产权保护

（一）加大知识产权侵权行为惩治力度

14. 提高知识产权侵权法定赔偿上限，针对情节严重的恶意侵权行为实施惩罚性赔偿并由侵权人承担实际发生的合理开支。（高法院、农业部、文化部、海关总署、工商总局、质检总局、版权局、食品药品监管总局、林业局、知识产权局、法制办按职责分别负责）

15. 进一步推进侵犯知识产权行政处罚案件信息公开。（全国打击侵权假冒工作领导小组办公室、农业部、文化部、海关总署、工商总局、质检总局、版权局、食品药品监管总局、林业局、知识产权局负责）

16. 完善知识产权快速维权机制。（知识产权局负责）

17. 加大国际展会、电子商务等领域知识产权执法力度。（农业部、文化部、海关总署、工商总局、质检总局、版权局、食品药品监管总局、林业局、知识产权局按职责分别负责）

18. 开展与相关国际组织和境外执法部门的联合执法，加强知识产权司法保护对外合作。（高法院、高检院、公安部、司法部、农业部、商务部、文化部、海关总署、工商总局、质检总局、版权局、食品药品监管总局、林业局、知识产权局按职责分别负责）

（二）加大知识产权犯罪打击力度

19. 依法严厉打击侵犯知识产权犯罪行为，重点打击链条式、产业化知识产权犯罪网络。（公安部负责）

20. 进一步加强知识产权行政执法与刑事司法衔接，加大涉嫌犯罪案件移交工作力度。（全国打击侵权假冒工作领导小组办公室、高检院牵头，高法院、公安部、农业部、文化部、海关总署、工商总局、质检总局、版权局、林业局、知识产权局负责）

21. 完善涉外知识产权执法机制，加强刑事执法国际合作，加大涉外知识产权犯罪案件侦办力度。（全国打击侵权假冒工作领导小组办公室、公安部、商务部、海关总署、工商

总局、质检总局、版权局、知识产权局、贸促会负责）

22. 加强与有关国际组织和国家间打击知识产权犯罪行为的司法协助，加大案情通报和情报信息交换力度。（司法部、高法院、高检院、公安部、海关总署、工商总局、质检总局、版权局、知识产权局负责）

（三）建立健全知识产权保护预警防范机制

23. 将故意侵犯知识产权行为情况纳入企业和个人信用记录。（发展改革委、人民银行牵头，工商总局、版权局、知识产权局等负责）

24. 推动完善商业秘密保护法律法规，加强人才交流和技术合作中的商业秘密保护。（工商总局、法制办负责）

25. 加强海关知识产权执法保护。建立收集假冒产品来源地相关信息的工作机制，发布年度中国海关知识产权保护状况报告。（海关总署、工商总局、知识产权局、邮政局负责）

26. 加强大型专业化市场知识产权管理和保护工作。（工商总局、质检总局、版权局、知识产权局按职责分别负责）

27. 发挥行业组织在知识产权保护中的积极作用。（全国打击侵权假冒工作领导小组办公室负责）

28. 运用大数据、云计算、物联网等信息技术，加强在线创意、研发成果的知识产权保护，提升预警防范能力。（知识产权局、网信办负责）

29. 加大对小微企业知识产权保护援助力度，构建公平竞争、公平监管的创新创业和营商环境。（工业和信息化部、公安部、司法部、农业部、商务部、文化部、人民银行、海关总署、工商总局、质检总局、版权局、林业局、知识产权局、网信办、邮政局按职责分别负责）

30. 开展知识产权保护社会满意度调查。（中央综治办、知识产权局按职责分别负责）

（四）加强新业态新领域创新成果的知识产权保护

31. 完善植物新品种、生物遗传资源及其相关传统知识、数据库保护和国防知识产权等相关法律制度。（科技部、环境保护部、农业部、林业局、知识产权局、法制办、国防科工局、中央军委装备发展部按职责分别负责）

32. 适时做好地理标志立法工作。（农业部、工商总局、质检总局、法制办按职责分别负责）

33. 研究完善商业模式知识产权保护制度和实用艺术品外观设计专利保护制度。（知识产权局、高法院牵头负责）

34. 加强互联网、电子商务、大数据等领域的知识产权保护规则研究，推动完善相关法律法规。（全国打击侵权假冒工作领导小组办公室、中央综治办、高法院、工业和信息化部、公安部、农业部、商务部、文化部、海关总署、工商总局、质检总局、版权局、食品药品监管总局、林业局、知识产权局、法制办、网信办负责）

35. 制定众创、众包、众扶、众筹的知识产权保护政策。（知识产权局负责）

(五)规制知识产权滥用行为

36. 完善规制知识产权滥用行为的法律制度,制定相关反垄断执法指南。(发展改革委、商务部、工商总局、知识产权局、法制办按职责分别负责)

37. 完善知识产权反垄断监管机制,依法查处滥用知识产权排除和限制竞争等垄断行为。(发展改革委、商务部、工商总局按职责分别负责)

38. 完善标准必要专利的公平、合理、无歧视许可政策和停止侵权适用规则。(质检总局、知识产权局、工业和信息化部、高法院负责)

三、促进知识产权创造运用

(一)完善知识产权审查和注册机制

39. 建立计算机软件著作权快速登记通道。(版权局负责)

40. 优化专利和商标的审查流程与方式,实现知识产权在线登记、电子申请和无纸化审批。(工商总局、知识产权局按职责分别负责)

41. 完善知识产权审查协作机制。(中央编办、工商总局、知识产权局按职责分别负责)

42. 建立重点优势产业专利申请的集中审查制度,建立健全涉及产业安全的专利审查工作机制。(知识产权局、工业和信息化部负责)

43. 合理扩大专利确权程序依职权审查范围,完善授权后专利文件修改制度。(知识产权局、法制办负责)

44. 拓展"专利审查高速路"国际合作网络,加快建设世界一流专利审查机构。(知识产权局负责)

(二)完善职务发明制度

45. 鼓励和引导企事业单位依法建立健全发明报告、权属划分、奖励报酬、纠纷解决等职务发明管理制度。(知识产权局、教育部、科技部、工业和信息化部、农业部、国资委、林业局、中科院负责)

46. 探索完善创新成果收益分配制度,提高骨干团队、主要发明人收益比重,保障职务发明人的合法权益。按照相关政策规定,鼓励国有企业赋予下属科研院所知识产权处置和收益分配权。(知识产权局、科技部、教育部、财政部、农业部、国资委、中科院、国防科工局负责)

(三)推动专利许可制度改革

47. 强化专利以许可方式对外扩散。研究建立专利当然许可制度,鼓励更多专利权人对社会公开许可专利。(知识产权局、法制办负责)

48. 完善专利强制许可启动、审批和实施程序。(知识产权局负责)

49. 鼓励高等院校、科研院所等事业单位通过无偿许可专利的方式,支持单位员工和大学生创新创业。(教育部、科技部、财政部、知识产权局、中科院负责)

(四)加强知识产权交易平台建设

50. 构建知识产权运营服务体系,加快建设全国知识产权运营公共服务平台。(知识产权局、财政部、教育部、科技部、工业和信息化部、国资委、中科院、国防科工局、中央军

委装备发展部负责）

51. 创新知识产权投融资产品，探索知识产权证券化，完善知识产权信用担保机制，推动发展投贷联动、投保联动、投债联动等新模式。在全面创新改革试验区域引导天使投资、风险投资、私募基金加强对高技术领域的投资。（人民银行、工商总局、版权局、知识产权局、银监会、证监会按职责分别负责）

52. 细化会计准则规定，推动企业科学核算和管理知识产权资产。（财政部、知识产权局负责）

53. 推动高等院校、科研院所建立健全知识产权转移转化机构。（知识产权局、教育部、中科院、国防科工局负责）

54. 支持探索知识产权创造与运营的众筹、众包模式，促进“互联网＋知识产权”融合发展。（知识产权局、发展改革委、工业和信息化部、证监会负责）

（五）培育知识产权密集型产业

55. 探索制定知识产权密集型产业目录和发展规划。运用股权投资基金等市场化方式，引导社会资金投入知识产权密集型产业。加大政府采购对知识产权密集型产品的支持力度。（知识产权局、发展改革委、财政部负责）

56. 试点建设知识产权密集型产业集聚区和知识产权密集型产业产品示范基地，推行知识产权集群管理。（知识产权局、发展改革委负责）

（六）提升知识产权附加值和国际影响力

57. 实施专利质量提升工程，培育一批核心专利。加大轻工、纺织、服装等产业的外观设计专利保护力度。（知识产权局负责）

58. 深化商标富农工作。（工商总局、农业部负责）

59. 加强对非物质文化遗产、民间文艺、传统知识的开发利用，推进文化创意、设计服务与相关产业融合发展。（文化部、版权局、知识产权局按职责分别负责）

60. 支持企业运用知识产权进行海外股权投资。（知识产权局、工业和信息化部、国资委负责）

61. 积极参与国际标准制定，推动有知识产权的创新技术转化为标准。（质检总局、工业和信息化部、知识产权局、国防科工局负责）

62. 支持研究机构和社会组织制定品牌评价国际标准，建立品牌价值评价体系。支持企业建立品牌管理体系，鼓励企业收购海外知名品牌。（质检总局、商务部、工商总局、国资委负责）

63. 保护和传承中华老字号，大力推动中医药、中华传统餐饮、工艺美术等企业“走出去”。（商务部、文化部、卫生计生委按职责分别负责）

（七）加强知识产权信息开放利用

64. 建立财政资助项目形成的知识产权信息披露制度。（知识产权局、科技部、财政部负责）

65. 加快落实上市企业知识产权信息披露制度。（证监会、知识产权局、工商总局负责）

66. 规范知识产权信息采集程序和内容。（知识产权局、工商总局、版权局负责）

67. 完善知识产权许可的信息备案和公告制度。(知识产权局负责)

68. 加快建设互联互通的知识产权信息公共服务平台,实现专利、商标、版权、集成电路布图设计、植物新品种、地理标志等基础信息免费或低成本开放。(知识产权局、发展改革委、农业部、工商总局、质检总局、版权局、林业局负责)

69. 增加知识产权信息服务网点,完善知识产权信息公共服务网络。(知识产权局、工商总局、版权局负责)

70. 推进专利数据信息资源开放共享,增强大数据运用能力。依法及时公开专利审查过程信息。(知识产权局、发展改革委负责)

四、加强重点产业知识产权海外布局和风险防控

(一)加强重点产业知识产权海外布局规划

71. 加大创新成果标准化和专利化工作力度,推动形成标准研制与专利布局有效衔接机制。研究制定标准必要专利布局指南。(质检总局、知识产权局、商务部负责)

72. 围绕战略性新兴产业等重点领域,建立专利导航产业发展工作机制,实施产业规划类和企业运营类专利导航项目,绘制服务我国产业发展的相关国家和地区专利导航图。(知识产权局、发展改革委、工业和信息化部负责)

73. 编制发布相关国家和地区专利申请实务指引。(知识产权局负责)

(二)拓展海外知识产权布局渠道

74. 推动企业、科研机构、高等院校等联合开展海外专利布局工作。鼓励企业建立专利收储基金。(知识产权局、教育部、工业和信息化部、财政部、商务部、国资委、中科院、国防科工局、贸促会负责)

75. 加强企业知识产权布局指导,在产业园区和重点企业探索设立知识产权布局设计中心。(知识产权局、科技部、工业和信息化部、国资委负责)

76. 分类制定知识产权跨国许可与转让指南,编制发布知识产权许可合同范本。(知识产权局、商务部负责)

(三)完善海外知识产权风险预警体系

77. 建立健全知识产权管理与服务等标准体系。(知识产权局、质检总局负责)

78. 支持行业协会、专业机构跟踪发布重点产业知识产权信息和竞争动态。制定完善与知识产权相关的贸易调查应对与风险防控国别指南。完善海外知识产权信息服务平台,发布相关国家和地区知识产权制度环境等信息。建立完善企业海外知识产权问题及案件信息提交机制,加强对重大知识产权案件的跟踪研究,及时发布风险提示。(工业和信息化部、商务部、工商总局、知识产权局、贸促会按职责分别负责)

(四)提升海外知识产权风险防控能力

79. 研究完善技术进出口管理相关制度,优化简化技术进出口审批流程。(商务部负责)

80. 完善财政资助科技计划项目形成的知识产权对外转让和独占许可管理制度。(商务部、科技部牵头,财政部、知识产权局负责)

81. 制定并推行知识产权尽职调查规范。支持法律服务机构为企业提供全方位、高

品质知识产权法律服务。(司法部、工商总局、版权局、知识产权局负责)

82. 探索以公证方式保管知识产权证据、证明材料。(司法部、高法院、工商总局、版权局、知识产权局负责)

83. 推动企业建立知识产权分析评议机制,重点针对人才引进、国际参展、产品和技术进出口等活动开展知识产权风险评估,提高企业应对知识产权国际纠纷能力。(知识产权局、商务部牵头,工业和信息化部、国资委、贸促会负责)

(五)加强海外知识产权维权援助

84. 制定实施应对海外产业重大知识产权纠纷的政策。(商务部、知识产权局牵头,工业和信息化部、海关总署、工商总局、质检总局、版权局、贸促会负责)

85. 研究我驻国际组织、主要国家和地区外交机构中涉知识产权事务的人力配备。(中央编办、外交部、财政部、商务部、工商总局、知识产权局、贸促会按职责分别负责)

86. 发布海外和涉外知识产权服务和维权援助机构名录,推动形成海外知识产权服务网络。(商务部、工商总局、知识产权局、贸促会按职责分别负责)

五、提升知识产权对外合作水平

(一)推动构建更加公平合理的国际知识产权规则

87. 积极参与联合国框架下的发展议程,推动《TRIPS 协定与公共健康多哈宣言》落实和《视听表演北京条约》生效,参与《专利合作条约》《保护广播组织条约》《生物多样性公约》等规则修订的国际谈判,推进加入《工业品外观设计国际注册海牙协定》和《马拉喀什条约》进程。(外交部、环境保护部、农业部、商务部、海关总署、工商总局、版权局、林业局、知识产权局、贸促会按职责分别负责)

(二)加强知识产权对外合作机制建设

88. 加强与世界知识产权组织、世界贸易组织及相关国际组织的合作交流。深化同主要国家知识产权、经贸、海关等部门的合作,巩固与传统合作伙伴的友好关系。(知识产权局、商务部、外交部牵头,农业部、文化部、海关总署、工商总局、质检总局、版权局、林业局、贸促会负责)

89. 推动相关国际组织在我国设立知识产权仲裁和调解分中心。(知识产权局、外交部、司法部负责)

90. 加强国内外知名地理标志产品的保护合作,促进地理标志产品国际化发展。(农业部、商务部、海关总署、工商总局、质检总局按职责分别负责)

91. 积极推动区域全面经济伙伴关系和亚太经济合作组织框架下的知识产权合作。(商务部、知识产权局、外交部、工商总局、质检总局、版权局负责)

92. 探索建立"一带一路"沿线国家和地区知识产权合作机制。(知识产权局、商务部牵头,外交部、发展改革委、工商总局、质检总局、版权局、贸促会负责)

(三)加大对发展中国家知识产权援助力度

93. 支持和援助发展中国家知识产权能力建设,鼓励向部分最不发达国家优惠许可其发展急需的专利技术。(知识产权局、外交部、科技部、商务部负责)

94. 加强面向发展中国家的知识产权学历教育和短期培训。(知识产权局、外交部、

教育部、人力资源社会保障部、商务部负责）

（四）拓宽知识产权公共外交渠道

95. 拓宽企业参与国际和区域性知识产权规则制修订途径。推动国内服务机构、产业联盟等加强与国外相关组织的合作交流。（知识产权局、外交部、工业和信息化部、商务部、贸促会负责）

96. 建立博鳌亚洲论坛知识产权研讨交流机制，积极开展具有国际影响力的知识产权研讨交流活动。（知识产权局、商务部负责）

97. 建立具有国际水平的知识产权智库。（知识产权局负责）

六、加强政策保障

（一）加大财税和金融支持力度

98. 运用财政资金引导和促进科技成果产权化、知识产权产业化。（知识产权局、科技部、财政部负责）

99. 落实研究开发费用税前加计扣除政策，对符合条件的知识产权费用按规定实行加计扣除。（财政部、税务总局负责）

100. 制定专利收费减缴办法，合理降低专利申请和维持费用。（财政部、发展改革委、知识产权局负责）

101. 积极推进知识产权海外侵权责任保险工作。（保监会、知识产权局负责）

102. 深入开展知识产权质押融资风险补偿基金和重点产业知识产权运营基金试点。（财政部、知识产权局牵头，工业和信息化部负责）

（二）加强知识产权专业人才队伍建设

103. 加强知识产权相关学科建设，完善产学研联合培养模式，在管理学和经济学中增设知识产权专业，加强知识产权专业学位教育。加大对各类创新人才的知识产权培训力度。（教育部、知识产权局负责）

104. 鼓励各地引进高端知识产权人才，并参照有关人才引进计划给予相关待遇。探索建立知识产权国际化人才储备库和利用知识产权发现人才的信息平台。（中央组织部、知识产权局负责）

105. 鼓励我国知识产权人才获得海外相应资格证书。进一步完善知识产权职业水平评价制度，稳定和壮大知识产权专业人才队伍。选拔培训一批知识产权创业导师，加强青年创业指导。（知识产权局、人力资源社会保障部负责）

（三）加强宣传引导

106. 广泛开展知识产权普及型教育，加强知识产权公益宣传和咨询服务，提高全社会知识产权意识。（中央宣传部、知识产权局、教育部、文化部、工商总局、版权局、网信办负责）

加快推进知识产权强省建设工作方案(试行)

国知发管字〔2015〕59号

为深入实施国家知识产权战略,加快推进知识产权强省建设,为建设知识产权强国提供有力支撑,制订工作方案如下。

一、总体思路

(一)指导思想

全面贯彻落实党的十八大和十八届三中、四中全会精神,按照"四个全面"战略布局,以加强知识产权运用和保护为主线,以深化知识产权领域改革为重点,着力提升区域创新驱动发展能力,大幅提升知识产权对经济社会发展的贡献度,推动形成与国家重大区域发展战略相匹配、与地方发展实际相适应的知识产权强省建设战略格局,努力探索具有区域特色、符合时代要求的知识产权强省建设之路,加快实现知识产权强国建设目标。

(二)工作方针

按照"试点探索、分类推进、分步实施、动态调整、整体升级"的工作方针,科学规划并推进形成知识产权强省建设的总体布局,有力支撑知识产权强国建设。

——试点探索。坚持顶层设计与基层探索相促进、理论研究与实证研究相结合,将知识产权强省建设试点工作作为知识产权强国建设理论研究和基层实践的试验平台,为知识产权强国建设顶层设计提供实践支撑。鼓励有条件的省份先行推进知识产权强省建设,大胆探索实践知识产权强省建设路径和举措。

——分类推进。结合各省发展实际,推动若干省份建设引领型知识产权强省,全面提升知识产权综合实力,率先达到国际一流水平;推动部分省份建设支撑型知识产权强省,推进知识产权重点环节突破发展,带动知识产权综合实力显著增强;推动一批省份建设特色型知识产权强省,聚焦区域特色领域,培育形成知识产权新优势。

——分步实施。结合知识产权强国建设进度安排,分三个阶段推进知识产权强省建设。分批布局知识产权强省建设试点省,着力探索路径,总结经验;对试点省进行考核评价,确定一批知识产权强省建设示范省,着力推广经验,深化发展;确定一批知识产权强省,着力引领带动,全面推进。

——动态调整。各知识产权强省建设试点、示范省均可根据工作进展情况,申请调整知识产权强省建设的类型。试点、示范阶段未达到考核评价标准的省份，调整知识产权强省建设的类型或退出知识产权强省建设试点、示范行列。暂未列入知识产权强省建设试点、示范行列的省份，应结合工作实际，参照知识产权强省建设的目标和任务要求，积极推进知识产权综合实力的整体提升，待条件成熟时可申请进入知识产权强省建设试点、示范行列。

——整体升级。结合西部开发、东北振兴、中部崛起和东部率先等区域发展重点，围绕“一带一路”、京津冀协同发展、长江经济带等战略实施，发挥引领型、支撑型和特色型知识产权强省示范带动作用，引导周边省份探索实践适合自身发展特点的知识产权强省建设路径模式，逐步构建形成以知识产权强省为主要支撑，以知识产权强市为发展极，以知识产权强企为重要支点的环渤海、长三角、珠三角和丝绸之路四大知识产权发展隆起带，推动各省知识产权综合实力升级，有力支撑知识产权强国建设。

（三）主要目标

到 2030 年，基本形成布局合理、科学发展、支撑有力的知识产权强省建设战略格局，加快推进知识产权强国建设进程。

——建成 3～4 个引领型知识产权强省。以运用知识产权提升区域经济发展国际竞争力为重点，对标西方主要国家知识产权发达区域，大幅提升知识产权对经济社会发展的贡献度，推动知识产权创造、运用、保护、管理和服务能力全面提升。每万人口有效发明专利拥有量、美日欧三方专利数量、PCT 国际专利申请量、知识产权密集型产业产值占 GDP 的比重、知识产权许可费收入等指标达到国际一流水平，行政区域内 60％地级市成为知识产权示范城市，建成一批知识产权执法强局，形成一批知识产权强企，知识产权在经济社会发展中的引领带动作用显现。

——建成 5～6 个支撑型知识产权强省。以增强知识产权支撑创新驱动发展能力为重点，结合知识产权事业发展阶段和相对优势，推动知识产权创造、运用、保护、管理或服务等某几个重点环节突破发展，引领带动其他环节加速发展，实现知识产权与区域经济、科技有效融合。每万人口有效发明专利拥有量、PCT 国际专利申请量、知识产权密集型产业产值占 GDP 的比重、知识产权许可费收入等指标大幅提升，行政区域内 40％地级市成为知识产权示范城市，建成一批知识产权执法强局，培育形成一批知识产权强企，知识产权成为经济社会发展的有力支撑。

——建成 4～5 个特色型知识产权强省。以夯实知识产权基础、优化知识产权环境为重点，聚焦区位优势和特色产业，统筹知识产权资源布局，在知识产权支撑特色产业升级发展、加强与周边国家知识产权合作交流等方面培育形成特色优势。每万人口有效发明专利拥有量等指标实现突破，行政区域内 2～3 个地级市成为知识产权示范城市，建成若干知识产权执法强局，培育一批知识产权强企，发展形成知识产权特色优势。

二、试点任务

（一）引领型知识产权强省建设试点省主要任务

1. 构建知识产权驱动型创新生态体系。构建以市场为主导、以知识产权利益分享为纽带、市场主体平等参与的知识产权驱动型创新生态体系，使知识产权制度成为实现市场化配置各类创新资源的基本制度。

2. 推进中国特色知识产权制度的地方实践。积极探索实践各具特色的地方知识产权工作，推动形成与中国特色社会主义市场经济体制相适应的知识产权制度体系，推动知识产权制度高效运转，为完善中国特色知识产权制度提供地方实践。

3. 全面深化知识产权领域综合改革。围绕全面深化体制机制改革，加快实施创新驱动发展战略的需求，以知识产权权益分配改革为核心，以严格保护和高效监管为重点，以放开和搞活市场为突破口，破除制约知识产权创造、运用、保护和管理的体制机制障碍。

4. 培育发展知识产权密集型产业。出台培育发展知识产权密集型产业的政策，引导财政、税收等政策向知识产权密集型产业倾斜。建立专利导航产业创新发展机制，优化产业发展决策，提升产业发展层次。创新知识产权服务模式和服务业态，促进知识产权服务与产业融合发展。

5. 提升区域知识产权国际竞争力。支持引导相关企业加强重点产业和技术领域知识产权国际布局。推动提升货物贸易中的知识产权竞争优势，利用财政、税收、金融、贸易便利化等政策，加大知识产权密集型商品出口。促进知识产权服务贸易发展，提升知识产权服务机构的国际竞争力，鼓励从事服务外包的企业加强知识产权储备。建立有效应对国际知识产权风险的维权援助机制。

（二）支撑型知识产权强省建设试点省主要任务

1. 提升知识产权支撑创新驱动发展能力。优化调整国家、单位、发明人、权利人与社会公众之间的创新利益分配机制，构建有利于技术扩散和市场价值实现的知识产权转移转化机制。推动创新主体建立科学规范的知识产权管理机制，提升知识产权制度运用能力，培育一批核心专利。

2. 健全知识产权制度实施体系。构建与科技、经济、贸易、金融等政策有效融合的知识产权政策体系。建立体系完备、纵向联动、执行有力的知识产权行政管理体系。推动构建司法审判、综合行政执法、维权援助、仲裁调解和诚信评价等为一体的知识产权保护体系。构建公益性与市场化互补互促的知识产权运营体系，推动知识产权金融创新。

3. 推进知识产权重点环节专项改革试验。结合区域知识产权事业发展阶段和优势特色，着力推进知识产权专项改革试验，促进知识产权运用、保护或管理等重点环节率先发展，并以率先发展的重点环节为核心和驱动力，带动知识产权链条上的其他环节深化发展，形成可复制推广的知识产权强省建设经验。

4. 支撑优势产业转型升级。面向区域重点产业，实施一批专利导航项目，明晰创新方向和重点，优化创新资源配置，提高产业发展决策科学化水平。引导扶持传统优势制造业企业通过引进、消化、吸收、再创新专利技术，增强市场竞争能力，加快实现转型升级。

（三）特色型知识产权强省建设试点省主要任务

1. 营造激发创新活力的知识产权环境。建立与区域经济社会发展相适应、较为完备的知识产权政策法规体系。强化知识产权行政执法能力建设。建立主动监管与行业自律相结合的知识产权保护体系。建设产业特色突出的知识产权运营服务网络。

2. 强化知识产权基础能力建设。巩固知识产权工作基础，健全知识产权行政管理体系。持续增加知识产权工作投入。优化专利申请激励政策,鼓励引导创新主体加强知识产权布局。建设知识产权公共服务平台。加强各类知识产权人才的培养和储备。

3. 培育知识产权特色优势。挖掘利用知识产权优势资源,探索形成知识产权支撑区域创新发展、知识产权国际交流合作、知识产权人才培养等方面的新措施新路径,培育形成特色鲜明、亮点突出的知识产权优势领域。

4. 助推特色产业做大做强。积极发挥专利等各类知识产权作用,提升农业产品知识产权附加值,促进现代农业升级发展。综合运用知识产权手段,培育生产性服务业品牌企业,促进工业设计向高端综合设计服务转变。打造一批从事服务外包的品牌企业,提升传统服务业发展水平。

三、实施步骤

按照知识产权强省建设总体思路和目标要求,制定知识产权强省建设时间表路线图如下:

(一)第一阶段:试点探索、积累经验(2015～2020 年)

1. 选择试点,完成试点省整体布局。组织各省自主选择申报引领型、支撑型或特色型知识产权强省建设试点省。引领型、支撑型和特色型知识产权强省建设试点省原则上分别不超过 5 个、7 个和 6 个。

2. 制订方案,分类推进试点工作。试点启动实施阶段,各省需根据确定的试点省份类别,并结合自身发展阶段和区位优势,研究制定知识产权强省建设试点工作实施方案,并报送国家知识产权局审核。实施方案经审核通过后,由国家知识产权局对各试点省的试点任务实施进行分类指导。

3. 积累经验,形成分类建设知识产权强省工作指引。各试点省率先推进知识产权制度与政策改革实践,探索知识产权强省建设路径与模式,及时形成可复制推广的政策措施。2019～2020 年期间,编制“分类建设知识产权强省工作指引”,进一步细化知识产权强省建设指标、任务和措施。

(二)第二阶段:示范引领、深化发展(2020～2025 年)

将通过考核评价的知识产权强省建设试点省,列为知识产权强省建设示范省,按照“分类建设知识产权强省工作指引”,推动知识产权工作持续深化发展,加快创建知识产权强省,引领其他省份知识产权工作加速发展。

(三)第三阶段:整体升级、全面支撑(2025～2030 年)

按照知识产权强国建设总体要求,集成中央和地方知识产权资源,建成一批知识产权强省,不断强化知识产权强省的引领带动作用,推动各地知识产权综合实力整体升级,在省级层面构建起知识产权强国建设支撑体系,加快推动我国迈入世界知识产权强国行列。

四、保障条件

(一)加强组织领导

国家知识产权局将知识产权强省建设纳入年度重点工作,建立组织统筹和协调推进机制，全面、系统、深入地指导知识产权强省建设。各地要高度重视知识产权强省建设工作，建立健全省级层面的统筹协调机制和省市县各级工作推进机制，推进知识产权强省建设各项任务落实。

（二）强化督导落实

研究构建知识产权强省建设试点、示范工作评价指标体系，强化知识产权强省建设试点示范工作的过程督导与阶段评价。将各地督导评价结果纳入年度专利战略推进绩效评价，并与国家各类知识产权项目的立项评价挂钩。

（三）实行重点支持

国家知识产权局在政策、项目、资金等方面全力支持知识产权强省建设，将建设知识产权强省作为开展知识产权合作会商的必要条件，并与知识产权示范城市评定、快速维权中心设立、专利代理行业区域协调发展政策、干部挂职交流政策、地方专利审查协作中心跨省帮扶以及其他重点项目布局和政策倾斜等挂钩。将委托项目经费向知识产权强省建设工作倾斜。充分发挥国家知识产权战略实施工作部际联席会议作用，协调相关部门加大对知识产权强省建设的支持力度。开展知识产权强省建设的省份要持续强化知识产权管理、执法和经费投入等基础条件。

（四）推进整体提升

未进入知识产权强省建设试点、示范行列的省份，应结合本省知识产权事业发展现状和特点，参照知识产权强省建设任务和目标要求，制定本省知识产权综合实力提升计划。国家知识产权局将加强工作指导、支持和考核，推动各地知识产权综合实力整体升级，加快推进知识产权强国建设。

山东省知识产权强省建设实施方案

鲁政发〔2016〕38 号

为贯彻落实《国务院关于新形势下加快知识产权强国建设的若干意见》(国发〔2015〕71 号)精神,加快知识产权强省建设步伐,制订本实施方案。

一、总体要求

(一)指导思想

全面贯彻党的十八大和十八届三中、四中、五中、六中全会精神,深入贯彻习近平总书记系列重要讲话精神,牢固树立创新、协调、绿色、开放、共享的发展理念,深化知识产权领域改革,强化知识产权保护和运用,优化知识产权公共服务,着力促进知识产权与创新驱动发展战略实施的深度融合,不断在知识产权创造、运用、保护、管理、服务和国际合作等方面取得新突破,为在全面建成小康社会中走在前列、加快建设经济文化强省提供有力支撑。

(二)基本原则

1. 全面深化改革。以深化知识产权体制机制改革为主线,以加强知识产权创造、运用和保护为重点,破除制约知识产权工作的体制机制障碍,构建有利于知识产权发展的新机制。

2. 坚持创新驱动。充分发挥知识产权制度在激励创新、促进创新成果合理分享方面的关键作用,激发创新活力,释放创新动能,促进新技术、新产业、新业态蓬勃发展,为大众创业、万众创新提供有力支撑。

3. 强化企业主体。以市场需求为导向,引导企业建立规范的知识产权管理体系,加强重点产业和技术领域知识产权国际布局,支持企业创造并掌握重点领域关键技术核心知识产权,培育形成知识产权密集型企业和产业,增强企业在市场竞争中的话语权。

4. 推动率先发展。以区域知识产权试点示范为基础,大力开展知识产权强市、强县、强企建设,加强知识产权创造、运用、保护、管理与服务链条,深入实施省知识产权战略行动计划,构建知识产权发展新格局。

(三)主要目标

知识产权支撑创新驱动发展能力显著增强,知识产权创造、运用、保护、管理和服务等方面加快发展，到 2020 年，知识产权综合实力位居全国前列，基本建成知识产权强省。重点在以下方面实现突破：

1. 知识产权创造能力全面提升。知识产权拥有量进一步提高，结构明显优化，质量显著提升，核心专利、知名品牌、版权精品和优良植物新品种大幅增加。每万人口发明专利拥有量力争达到 14 件，通过《专利合作条约》(PCT 途径)递交的国际专利申请达到 1000 件；国内有效注册商标达到 65 万件，中国驰名商标达到 700 件，山东省著名商标达到 3800 件，马德里商标注册量累计达到 2000 件，地理标志保护产品达到 500 件；作品著作权登记量达到 20 万件；植物新品种(种植业)授权量累计达到 500 件；林业植物新品种授权量累计达到 150 件。

2. 知识产权运用成效显著增强。知识产权运营体系更加健全，知识产权资产流转更加顺畅。知识产权投融资额度快速增长，市场价值充分显现。形成一批附加值高、经济发展贡献大的知识产权密集型产业。建设 2 家左右国家级专利运营机构。知识产权质押融资额度达到 200 亿元。

3. 知识产权保护环境更加优化。知识产权政策法规体系不断完善，知识产权司法保护和行政执法能力不断提高，对知识产权事业发展的激励和导向作用更加突出。知识产权保护社会满意度、社会公众知识产权认知度不断提升。

4. 知识产权与经济融合更加密切。探索开展知识产权综合管理改革试点，构建分工协作、统一高效的知识产权建设支撑体系。进一步加强知识产权与经济深度融合，支持科技创新和区域经济发展。以国家知识产权强市、国家知识产权示范城市建设为抓手，探索知识产权区域发展新路径，形成新模式，实现新融合。深入贯彻省科技服务业发展规划，全面提升知识产权服务水平，知识产权服务业规模和产值占现代服务业的比重明显提高，对经济社会发展的贡献度显著提升。专利代理机构(含分支机构)达到 200 家，商标代理机构达到 1500 家，版权登记代办机构达到 100 家，年营业收入过千万元的服务机构达到 20 家。

5. 知识产权人才队伍不断壮大。形成一支规模大、素质高、专业能力强的知识产权专业人才队伍，知识产权专业人员达到 1 万人，从业人员达到 3 万人。加大知识产权领军人才培养力度，建立知识产权领军人才成长新机制，纳入全省产业领军人才计划统筹谋划。

二、重点任务

(一)深化知识产权领域改革

1. 开展知识产权管理体制机制改革试点。按照国家统一部署，选择有条件的市、县(市、区)进行知识产权管理体制机制改革试点，探索建立权责清晰、运行高效的知识产权行政管理体系。开展知识产权综合执法改革，建立知识产权、工商、版权、商务、海关、公安等多部门协同联动的联合执法合作机制，形成知识产权保护合力。

2. 建立重大经济科技活动知识产权评议制度。制定重大经济科技活动知识产权评议办法，规范评议范围和程序。围绕重大产业规划、高技术领域重大投资项目、重大科技活动开展知识产权评议试点工作。建立重点领域知识产权评议报告发布制度，提高创新效率,降低产业发展风险。引导企业建立知识产权分析评议机制,对技术贸易、产品进出口等开展知识产权风险评估,提高企业应对知识产权国际纠纷能力。

3. 建立知识产权综合评价体系。探索将知识产权产品纳入国民经济核算体系,将知识产权指标纳入国民经济和社会发展规划综合评价。面向国有企业探索建立经营业绩、知识产权和创新并重的考评模式。加大科技奖励工作中知识产权评价的权重。

(二)建立严格的知识产权保护制度

1. 加大知识产权联合行政执法力度。全面落实国家有关知识产权法律法规,推动开展《山东省专利条例》《山东省著名商标认定和保护办法》《山东省著作权保护条例》修订工作。建立健全知识产权联合行政执法机制,实行省、市、县三级联动执法,提升知识产权快速维权能力。建立举报知识产权违法犯罪行为奖励制度,对查处重大案件做出贡献的举报人给予奖励。开展知识产权保护专项行动,加大国际展会、电子商务等领域知识产权执法力度。进一步推进侵犯知识产权行政处罚案件信息公开。提高知识产权在社会信用体系建设中的地位,将故意侵犯知识产权行为情况纳入企业和个人信用记录。探索建立知识产权纠纷调解、仲裁等非诉讼解决模式。

2. 完善知识产权司法保护体系。加强知识产权行政执法与刑事司法有效衔接,完善知识产权行政执法与刑事司法衔接信息平台,加大涉嫌犯罪案件移交工作力度。依法严厉打击侵犯知识产权犯罪行为,重点打击链条式、产业化知识产权犯罪网络。

3. 强化中小微企业知识产权维权援助工作。针对中小微企业规模小、知识产权维权能力弱的实际困难,建立中小微企业知识产权维权援助工作体系和快速维权机制,引导中小微企业建立知识产权保护联盟。建立知识产权维权援助公益专家库,为中小微企业知识产权维权提供专业帮助,构建良好的创新创业和营商环境。

(三)扩大知识产权运用成效

1. 培育知识产权密集型产业。制定针对知识产权密集型产业的扶持政策,引导社会资金投入知识产权密集型产业,集聚创新资源和人才优势,引领创新创造,形成一批拥有核心知识产权的企业,推动知识产权密集型产业发展壮大。试点建设知识产权密集型产业集聚区和产品示范基地,推行知识产权集群管理。

2. 促进高价值知识产权产出。围绕我省重点领域和重点产业,面向产业转型升级,瞄准高端目标和关键节点,加强前瞻性技术研发和跨界融合创新,加快重点领域关键核心技术突破。到"十三五"末,在全省重点领域掌握100项具有较强国际竞争力、能引领产业发展的核心知识产权,培育一批技术水平先进、权利状态稳定、市场收益高的关键核心专利,打造我省重点产业领域优势地位。

3. 落实知识产权权益分配制度。全面落实国家、省有关促进知识产权权益分配的法律法规和政策措施,鼓励和引导企事业单位依法建立健全发明报告、权属划分、奖励报酬、纠纷解决等职务发明管理制度,提高骨干团队、主要发明人收益比重,保障职务发明人的合法权益。鼓励国有企业赋予下属科研院所知识产权处置和收益分配权。建立保护创新领军人才知识产权归属权和转化收益分配权的新机制,最大限度释放创新人才活力。探索推动专利许可活动,引导专利以许可方式对外扩散,鼓励更多专利权人对社会公开许可专利。鼓励高等院校、科研院所等事业单位通过无偿许可专利的方式,支持单位员工和大学生创新创业。

4. 加大知识产权优势企业培育力度。推行企业知识产权管理标准化工作，引导企业加强知识产权管理机构和制度建设，将规范管理贯穿到企业生产经营全流程，提高企业知识产权防控风险能力。建立完善与国家相衔接的知识产权优势企业培育体系，整合多方有效资源，按需求对培育企业给予支持。树立典型企业标杆，在产业集群和行业中突出引领作用，使企业在创新中运用知识产权的综合能力得到显著增强。

5. 积极开展知识产权运营。建立山东省重点产业知识产权运营引导基金，充分发挥山东省知识产权运营联盟的促进作用，建设一批国家级专利运营机构。加快潍坊高新技术产业开发区光电产业、烟台经济技术开发区化工新材料产业专利导航产业发展国家试点园区建设。开展战略性新兴产业专利导航产业发展项目研究。

6. 加快知识产权金融融合发展。采取市场化运作的方式，开展知识产权质押融资风险补偿，引导企业将知识产权由“知本转化为资本”。探索开发专利股权融资、专利集合信托融资、专利执行保险、侵犯专利权责任保险、专利权质押贷款保险等知识产权金融产品和衍生品。探索运用知识产权互联网金融众筹模式，推动创新型中小企业建立知识产权收益担保机制，鼓励金融机构持续创新知识产权金融产品。

（四）提升知识产权服务能力

1. 推动知识产权高端服务业发展。拓宽知识产权服务领域，壮大服务规模，提高服务质量，引导知识产权服务向专业化、规模化、品牌化、高端化、国际化发展。探索引进知识产权综合服务机构，带动现有知识产权服务机构发展，培育知识产权服务品牌机构，鼓励服务机构向基层延伸。加强知识产权服务机构行业监管，促进代理服务业良性竞争。推动知识产权服务行业协会、服务联盟等自律组织建设。

2. 建设知识产权综合服务平台。加快建设包括专利代办服务、专利信息服务、知识产权大数据服务、知识产权维权援助服务、专利展示交易服务等功能的“一站式”知识产权综合服务平台。加快推进山东省知识产权交易中心建设，畅通流转、交易、融资等渠道。支持国家知识产权局区域专利信息服务（济南）中心、国家专利信息传播利用基地、各市专利信息中心等公共服务平台建设，实现重点布局、均衡发展。推动知识产权信息与法律、经济、科技、产业运行等各类信息资源的互联共享和综合运用。

3. 加强高层次知识产权人才培养。强化国家级和省级知识产权培训基地建设，打造高水平知识产权研究和人才培养基地。深入开展知识产权管理、执法、服务专业人才在职培训，提高业务技能和水平，推动企事业单位知识产权实务专业人才的经验交流和继续教育。支持有条件的高等院校设置知识产权学科专业或者开设知识产权辅修专业，积极培养知识产权人才。进一步完善知识产权职业水平评价制度，稳定和壮大知识产权专业人才队伍。推进知识产权智库建设。建立知识产权人才引进机制，加大吸引海内外知识产权高端人才的力度，通过有关人才引进计划给予相关待遇。

4. 推进知识产权文化建设。推动群众性发明创造活动广泛开展，催生蓬勃的创新创造创业热潮，用知识产权升级“山东制造”。建立和完善知识产权普及教育机制，逐步将知识产权内容纳入中小学教育体系，将知识产权教育作为高等院校学生素质教育的重要内容。加大知识产权法律法规宣传力度，充分利用报刊、广播、杂志、电视、网络等媒体，多形式、多渠道地宣传知识产权知识、法律法规和政策，不断扩大知识产权的影响力，在全社会培育重视知识产权的意识。

(五)增强知识产权国际合作交流

1. 拓展知识产权国际合作。抓住国家实施“一带一路”战略机遇，在国家知识产权局的统筹协调下，加强与世界知识产权组织以及“一带一路”沿线国家和地区的知识产权合作交流，促进国际创新资源与我省创新需求有效对接。推动省内服务机构、产业联盟等加强与国外相关组织的合作交流。建立高水平知识产权专家库，积极开展具有国际影响力的知识产权研讨交流活动。创建国际海洋知识产权信息服务平台，吸引国外高端海洋知识产权信息资源和服务人才集聚山东。搭建高效生态农业国际知识产权服务平台，加快农林作物新品种的繁育与推广，加强对农产品知识产权保护，提高农业的产出效益和竞争优势。

2. 提升知识产权国际竞争力。鼓励支持企业申请境外知识产权、参与国际技术标准制定，推动企业、科研机构、高等院校、知识产权服务机构等开展海外专利、商标布局工作。探索设立知识产权布局设计中心，加强对企业知识产权海外布局的指导。增强企业对专利信息分析利用能力，围绕战略性新兴产业等重点领域，实施产业规划类和企业运营类专利国际导航项目，提升企业知识产权海外生存力和国际竞争力。

3. 完善知识产权涉外维权机制。加强对国际知识产权制度及规则的研究，建立知识产权重大涉外案件报备、通报制度，加强对重大涉外知识产权案件的跟踪研究，及时发布风险提示。支持知识产权行业协会、专业机构建立海外知识产权信息服务平台，跟踪发布重点产业知识产权信息和竞争动态。研究制定应对海外产业重大知识产权纠纷的政策，加大对中小企业和民营企业在“走出去”和“引进来”过程中涉外知识产权维权服务力度，加快构建海外知识产权保护和服务网络，为企业参与国际竞争、应对知识产权争端保驾护航。

三、保障措施

(一)加强统筹协调

加强对知识产权强省建设工作的组织领导和统筹部署。深化与国家知识产权局的合作，做好省部会商。推动市、县级政府建立完善知识产权工作推进机制，把知识产权强省建设纳入重要议事日程，制定落实政策措施，确保各项工作任务有序推进。

(二)加强政策支持

完善知识产权统计制度和指标体系，将知识产权主要指标列入国民经济和社会发展规划目标，将知识产权工作纳入全省重点规划、重要政策和重大决策等工作中。将知识产权人才纳入创新人才体系。加大省级财政资金支持力度，统筹优化各类知识产权资金、政府项目资金向科技成果产权化、知识产权产业化方向倾斜。市、县级政府要统筹用好各类科技创新资金，加大知识产权支持力度。引导创新主体加大知识产权资金投入，通过政府和社会资本合作模式，广开融资渠道，逐步形成政府引导、企业主导、社会参与的多元化知识产权资金投入体系。

（三）加强督促检查

根据知识产权强省建设工作评价指标体系，结合实际制定具体推进方案和措施，拟定年度工作推进计划，加强对知识产权强省建设推进和完成情况的督促检查。

（四）营造良好氛围

创新方式方法，注重宣传实效，立足知识产权战略实施和知识产权强省、强市、强县、强企建设实际，加大宣传报道力度，提高全社会知识产权意识，大力推进以“尊重知识、崇尚创新、诚信守法”为核心的知识产权文化建设。加强对外宣传，积极开展涉外知识产权交流与宣传，充分利用对外交流、招商引资、涉外项目引进、国际会展、涉外业务论坛等机会，大力宣传我省在知识产权政策法规建设、创造良好知识产权保护环境等方面的经验做法，定期发布我省知识产权发展和保护状况（白皮书），吸引国际资本、技术、企业落户山东，为加快建设知识产权强省营造良好氛围。

附件：山东省知识产权强省建设实施方案重点任务分工表（略）

权威解读

《山东省知识产权强省建设实施方案》解读

该《方案》从总体要求、重点任务和保障措施三个方面，就加快建设知识产权强省做了全面部署，明确了强省建设的指导思想、基本原则、主要目标、重点任务、保障措施和任务分工。《方案》结合山东知识产权工作实际，提出了5大重点任务、19项工作举措，采取列表形式整理出54条任务分工并明确部门责任，促进各项工作措施落实到位。

（一）主要目标

《方案》提出，到2020年，山东知识产权综合实力要位居全国前列，基本建成知识产权强省。一是知识产权创造能力全面提升。每万人口发明专利拥有量力争达到14件，通过《专利合作条约》（PCT途径）递交的国际专利申请达到1000件；国内有效注册商标达到65万件，中国驰名商标达到700件，山东省著名商标达到3800件，马德里商标注册量累计达到2000件，地理标志保护产品达到500件；作品著作权登记量达到20万件；植物新品种（种植业）授权量累计达到500件；林业植物新品种授权量累计达到150件。二是知识产权运用成效显著增强。建设2家左右国家级专利运营机构。知识产权质押融资额度达到200亿元。三是知识产权保护环境更加优化。知识产权保护社会满意度、社会公众知识产权认知度不断提升。四是知识产权与经济融合更加密切。知识产权服务业规模和产值占现代服务业的比重要明显提高。专利代理机构（含分支机构）达到200家，商标代理机构达到1500家，版权登记代办机构达到100家，年营业收入过千万元的服务机构达到20家。五是知识产权人才队伍不断壮大。形成一支规模大、素质高、专业能力强的知识产权专业人才队伍，知识产权专业人员达到1万人，从业人员达到3万人，建立知识产权领军人才成长新机制，纳入全省产业领军人才计划统筹谋划。

（二）基本原则

一是全面深化改革。二是坚持创新驱动。三是强化企业主体。四是推动率先发展。以区域知识产权试点示范为基础，大力开展知识产权强市、强县、强企建设，加强知识产权创造、运用、保护、管理与服务链条，深入实施省知识产权战略行动计划，构建知识产权发展新格局。

（三）重点任务

《方案》围绕国务院《若干意见》提出的主要任务，从"深化改革""严格保护""促进运用""提升服务能力""增强国际合作"5个方面，提出了19项具体任务和措施。

一是深化知识产权领域改革。主要包括开展知识产权管理体制机制改革试点，建立重大经济科技活动知识产权评议制度和重点领域知识产权评议报告发布制度，建立知识产权综合评价体系，将知识产权指标纳入国民经济和社会发展规划综合评价，加大科技奖励工作中知识产权评价的权重。

二是建立严格的知识产权保护制度。主要包括：加大知识产权联合行政执法力度，建立健全知识产权联合行政执法机制，建立举报知识产权违法犯罪行为奖励制度，推进侵犯知识产权行政处罚案件信息公开，将故意侵犯知识产权行为情况纳入企业和个人信用记录。完善知识产权司法保护体系，完善知识产权行政执法与刑事司法衔接信息平台，加大涉嫌犯罪案件移交工作力度。依法严厉打击侵犯知识产权犯罪行为。建立中小微企业知识产权维权援助工作体系和快速维权机制，建立知识产权维权援助公益专家库，为中小微企业知识产权维权提供专业帮助。

三是扩大知识产权运用成效。主要包括：培育知识产权密集型产业，制定针对知识产权密集型产业的扶持政策，形成一批拥有核心知识产权的企业，试点建设知识产权密集型产业集聚区和产品示范基地，推行知识产权集群管理。促进高价值知识产权产出。到"十三五"末，在全省重点领域掌握100项具有较强国际竞争力、能引领产业发展的核心知识产权，培育一批技术水平先进、权利状态稳定、市场收益高的关键核心专利。落实知识产权权益分配制度。加大知识产权优势企业培育力度，推行企业知识产权管理标准化工作，提高企业知识产权防控风险能力。积极开展知识产权运营，建立山东省重点产业知识产权运营引导基金。探索运用知识产权互联网金融众筹模式，推动创新型中小企业建立知识产权收益担保机制，鼓励金融机构持续创新知识产权金融产品。

四是提升知识产权服务能力。推动知识产权高端服务业发展，引进知识产权综合服务机构，培育知识产权服务品牌机构，加强知识产权服务机构行业监管，推动知识产权服务行业协会、服务联盟等自律组织建设。建设知识产权综合服务平台。加快建设包括专利代办服务、专利信息服务、知识产权大数据服务、知识产权维权援助服务、专利展示交易服务等功能的"一站式"知识产权综合服务平台。加强高层次知识产权人才培养。支持有条件的高等院校设置知识产权学科专业或者开设知识产权辅修专业。推进知识产权智库建设。建立知识产权人才引进机制，通过有关人才引进计划给予相关待遇。推进知识产权文化建设。推动群众性发明创造活动开展。建立和完善知识产权普及教育机制，逐步将知识产权内容纳入中小学教育体系。

五是增强知识产权国际合作交流。主要包括：拓展知识产权国际合作，加强与世界知识产权组织以及"一带一路"沿线国家和地区的知识产权合作交流,促进国际创新资源与我省创新需求有效对接。提升知识产权国际竞争力。鼓励支持企业申请境外知识产权、参与国际技术标准制定,推动企业、科研机构、高等院校、知识产权服务机构等开展海外专利、商标布局。完善知识产权涉外维权机制,建立知识产权重大涉外案件报备、通报制度,支持知识产权行业协会、专业机构建立海外知识产权信息服务平台,跟踪发布重点产业知识产权信息和竞争动态。加快构建海外知识产权保护和服务网络,为企业参与国际竞争、应对知识产权争端保驾护航。

三、保障措施

一是加强统筹协调。二是加强政策支持。三是加强督促检查。四是立足知识产权战略实施和知识产权强省、强市、强县、强企建设实际,加大宣传报道力度,提高全社会知识产权意识,大力推进以"尊重知识、崇尚创新、诚信守法"为核心的知识产权文化建设。宣传我省在知识产权政策法规建设、定期发布我省知识产权发展和保护状况(白皮书),为加快建设知识产权强省营造良好氛围。

——引自:山东省知识产权局 http://www.sdipo.gov.cn/info/1008/4742.htm

山东高校典型经验

《烟台大学知识产权管理办法》(节选)

(烟大校发〔2010〕13号)

第五条 知识产权管理工作的主要任务:

(一)组织开展本校知识产权鉴定、申请、登记、注册、评估和管理工作。

(二)负责校内知识产权方面有关纠纷的调处。

(三)协助组织专利申请、专利技术实施和转让,促进专利技术的推广应用。

第六条 学校设立"知识产权基金"并纳入学校年度预算,该基金由知识产权管理办公室负责具体管理,主要用于知识产权保护过程中发生的部分费用和奖励。

知识产权基金来源:

(一)学校划拨的专项经费;

(二)上级机关对我校职务成果的奖励;

(三)职务成果的转让费和许可使用费。

……

第三十五条 为了鼓励师生员工申请职务专利,在专利权被授予后,学校对发明人或设计人给予一次性奖励。奖金额度暂定为:

发明专利:5000元/项;实用新型专利:800元/项;外观设计专利:500元/项。

……

第三十七条 我校职务技术成果转让或者许可他人使用的，学校从转让或者许可使用所得的净收入中提取20%作为“知识产权基金”，其余80%可以由完成该项职务技术成果的教职员工提取现金作为奖励，或者作为其横向课题经费。

《青岛农业大学科研奖励办法(修订)》(节选)

(青农大校字〔2017〕76号)

第十四条 授权专利、标准获批及新药、新品种奖励标准：

(一)授权专利：国际专利，每件奖励3万元；国家发明专利，每件奖励0.5万元。

(二)标准获批或颁布：国际标准，每项奖励5万元；国家标准，每项奖励3万元；行业标准，每项奖励1万元；地方标准，每项奖励0.2万元。

(三)新药：国家级一类新药(兽药、农药、医药)，每项奖励2万元；国家级二类新药(兽药、农药、医药)，每项奖励1万元；国家级三、四类新药(兽药、农药、医药)，每项奖励0.5万元。

(四)授权动植物新品种权：国家级动物和主要农作物新品种审定，每件奖励3万元；省级动物和主要农作物新品种审定每件奖励1万元；主要农作物之外的新品种登记，每件奖励0.3万元。

“十三五”国家知识产权保护和运用规划

国发〔2016〕86 号

为贯彻落实党中央、国务院关于知识产权工作的一系列重要部署，全面深入实施《国务院关于新形势下加快知识产权强国建设的若干意见》（国发〔2015〕71 号），提升知识产权保护和运用水平，依据《中华人民共和国国民经济和社会发展第十三个五年规划纲要》，制定本规划。

一、规划背景

“十二五”时期，各地区、各相关部门深入实施国家知识产权战略，促进知识产权工作融入经济社会发展大局，为创新驱动发展提供了有力支撑，进一步巩固了我国的知识产权大国地位。发明专利申请量和商标注册量稳居世界首位。与“十一五”末相比，每万人口发明专利拥有量达到 6.3 件，增长了 3 倍；每万市场主体的平均有效商标拥有量达到 1335 件，增长了 34.2%；通过《专利合作条约》途径提交的专利申请量（以下称 PCT 专利申请量）达到 3 万件，增长了 2.4 倍，跻身世界前三位；植物新品种申请量居世界第二位；全国作品登记数量和计算机软件著作权登记量分别增长 95.9%和 282.5%；地理标志、集成电路布图设计等注册登记数量大幅增加。知识产权制度进一步健全，知识产权创造、运用、保护、管理和服务的政策措施更加完善，专业人才队伍不断壮大。市场主体知识产权综合运用能力明显提高，国际合作水平显著提升，形成了一批具有国际竞争力的知识产权优势企业。知识产权质押融资额达到 3289 亿元，年均增长 38%。专利、商标许可备案分别达到 4 万件、14.7 万件，版权产业对国民经济增长的贡献率超过 7%。知识产权司法保护体系不断完善，在北京、上海和广州相继设立知识产权法院，民事、刑事、行政案件的“三合一”审理机制改革试点基本完成，司法裁判标准更加细致完备，司法保护能力与水平不断提升。知识产权行政保护不断加强，全国共查处专利侵权假冒案件 8.7 万件，商标权、商业秘密和其他销售假冒伪劣商品等侵权假冒案件 32.2 万件，侵权盗版案件 3.5 万件。全社会知识产权意识得到普遍增强。

同时，我国知识产权数量与质量不协调、区域发展不平衡、保护还不够严格等问题依然突出。核心专利、知名品牌、精品版权较少，布局还不合理。与经济发展融合还不够紧密，转移转化效益还不够高，影响企业知识产权竞争能力提升。侵权易发多发，维权仍面临举证难、成本高、赔偿低等问题，影响创新创业热情。管理体制机制还不够完善，国际交流合作深度与广度还有待进一步拓展。

“十三五”时期是我国由知识产权大国向知识产权强国迈进的战略机遇期。国际知识产权竞争更加激烈。我国经济发展进入速度变化、结构优化、动力转换的新常态。知识产权作为科技成果向现实生产力转化的重要桥梁和纽带，激励创新的基本保障作用更加突出。各地区、各相关部门要准确把握新形势新特点，深化知识产权领域改革，破除制约知识产权发展的障碍，全面提高知识产权治理能力，推动知识产权事业取得突破性进展，为促进经济提质增效升级提供有力支撑。

二、指导思想、基本原则和发展目标

（一）指导思想

全面贯彻党的十八大和十八届三中、四中、五中、六中全会精神，以邓小平理论、“三个代表”重要思想、科学发展观为指导，深入贯彻习近平总书记系列重要讲话精神，紧紧围绕统筹推进“五位一体”总体布局和协调推进“四个全面”战略布局，牢固树立和贯彻落实创新、协调、绿色、开放、共享的发展理念，认真落实党中央、国务院决策部署，以供给侧结构性改革为主线，深入实施国家知识产权战略，深化知识产权领域改革，打通知识产权创造、运用、保护、管理和服务的全链条，严格知识产权保护，加强知识产权运用，提升知识产权质量和效益，扩大知识产权国际影响力，加快建设中国特色、世界水平的知识产权强国，为实现“两个一百年”奋斗目标和中华民族伟大复兴的中国梦提供更加有力的支撑。

（二）基本原则

坚持创新引领。推动知识产权领域理论、制度、文化创新，探索知识产权工作新理念和新模式，厚植知识产权发展新优势，保障创新者的合法权益，激发全社会创新创造热情，培育经济发展新动能。

坚持统筹协调。加强知识产权工作统筹，推进知识产权与产业、科技、环保、金融、贸易以及军民融合等政策的衔接。做好分类指导和区域布局，坚持总体提升与重点突破相结合，推动知识产权事业全面、协调、可持续发展。

坚持绿色发展。加强知识产权资源布局，优化知识产权法律环境、政策环境、社会环境和产业生态，推进传统制造业绿色改造，促进产业低碳循环发展，推动资源利用节约高效、生态环境持续改善。

坚持开放共享。统筹国内国际两个大局，加强内外联动，增加公共产品和公共服务有效供给，强化知识产权基础信息互联互通和传播利用，积极参与知识产权全球治理，推动国际知识产权制度向普惠包容、平衡有效的方向发展，持续提升国际影响力和竞争力。

（三）发展目标

到 2020 年，知识产权战略行动计划目标如期完成，知识产权重要领域和关键环节的改革取得决定性成果，保护和运用能力得到大幅提升，建成一批知识产权强省、强市，为促进大众创业、万众创新提供有力保障，为建设知识产权强国奠定坚实基础。

——知识产权保护环境显著改善。知识产权法治环境显著优化，法律法规进一步健全，权益分配更加合理，执法保护体系更加健全，市场监管水平明显提升，保护状况社会满意度大幅提高。知识产权市场支撑环境全面优化，服务业规模和水平较好地满足市场需求，形成"尊重知识、崇尚创新、诚信守法"的文化氛围。

——知识产权运用效益充分显现。知识产权的市场价值显著提高，产业化水平全面提升，知识产权密集型产业占国内生产总值(GDP)比重明显提高，成为经济增长新动能。知识产权交易运营更加活跃，技术、资金、人才等创新要素以知识产权为纽带实现合理流动，带动社会就业岗位显著增加，知识产权国际贸易更加活跃，海外市场利益得到有效维护，形成支撑创新发展的运行机制。

——知识产权综合能力大幅提升。知识产权拥有量进一步提高，核心专利、知名品牌、精品版权、优秀集成电路布图设计、优良植物新品种等优质资源大幅增加。行政管理能力明显提升，基本形成权界清晰、分工合理、责权一致、运转高效、法治保障的知识产权体制机制。专业人才队伍数量充足、素质优良、结构合理。构建知识产权运营公共服务平台体系，建成便民利民的知识产权信息公共服务平台。知识产权运营、金融等业态发育更加成熟，资本化、商品化和产业化的渠道进一步畅通，市场竞争能力大幅提升，形成更多具有国际影响力的知识产权优势企业。国际事务处理能力不断提高，国际影响力进一步提升。

"十三五"知识产权保护和运用主要指标

指　标	2015年	2020年	累计增加值	属性
每万人口发明专利拥有量(件)	6.3	12	5.7	预期性
PCT专利申请量(万件)	3	6	3	预期性
植物新品种申请总量(万件)	1.7	2.5	0.8	预期性
全国作品登记数量(万件)	135	220	85	预期性
年度知识产权质押融资金额(亿元)	750	1800	1050	预期性
计算机软件著作权登记数量(万件)	29	44	15	预期性
规模以上制造业每亿元主营业务收入有效发明专利数(件)	0.56	0.7	0.14	预期性
知识产权使用费出口额(亿美元)	44.4	100	55.6	预期性
知识产权服务业营业收入年均增长(%)	20	20	—	预期性
知识产权保护社会满意度(分)	70	80	10	预期性

注：知识产权使用费出口额为五年累计值。

三、主要任务

贯彻落实党中央、国务院决策部署，深入实施知识产权战略，深化知识产权领域改革，完善知识产权强国政策体系，全面提升知识产权保护和运用水平，全方位多层次加快知识产权强国建设。

(一)深化知识产权领域改革

积极研究探索知识产权管理体制机制改革，努力在重点领域和关键环节取得突破性成果。支持地方开展知识产权综合管理改革试点。建立以知识产权为重要内容的创新驱动评价体系，推动知识产权产品纳入国民经济核算，将知识产权指标纳入国民经济和社会发展考核体系。推进简政放权，简化和优化知识产权审查和注册流程。放宽知识产权服务业准入，扩大代理领域开放程度，放宽对专利代理机构股东和合伙人的条件限制。加快知识产权权益分配改革，完善有利于激励创新的知识产权归属制度，构建提升创新效率和效益的知识产权导向机制。

（二）严格实行知识产权保护

加快知识产权法律、法规、司法解释的制修订，构建包括司法审判、刑事司法、行政执法、快速维权、仲裁调解、行业自律、社会监督的知识产权保护工作格局。充分发挥全国打击侵犯知识产权和制售假冒伪劣商品工作领导小组作用，调动各方积极性，形成工作合力。以充分实现知识产权的市场价值为指引，进一步加大损害赔偿力度。推进诉讼诚信建设，依法严厉打击侵犯知识产权犯罪。强化行政执法，改进执法方式，提高执法效率，加大对制假源头、重复侵权、恶意侵权、群体侵权的查处力度，为创新者提供更便利的维权渠道。加强商标品牌保护，提高消费品商标公共服务水平。规范有效保护商业秘密。持续推进政府机关和企业软件正版化工作。健全知识产权纠纷的争议仲裁和快速调解制度。充分发挥行业组织的自律作用，引导企业强化主体责任。深化知识产权保护的区域协作和国际合作。

（三）促进知识产权高效运用

突出知识产权在科技创新、新兴产业培育方面的引领作用，大力发展知识产权密集型产业，完善专利导航产业发展工作机制，深入开展知识产权评议工作。加大高技术含量知识产权转移转化力度。创新知识产权运营模式和服务产品。完善科研开发与管理机构的知识产权管理制度，探索建立知识产权专员派驻机制。建立健全知识产权服务标准，完善知识产权服务体系。完善“知识产权＋金融”服务机制，深入推进质押融资风险补偿试点。推动产业集群品牌的注册和保护，开展产业集群、品牌基地、地理标志、知识产权服务业集聚区培育试点示范工作。推动军民知识产权转移转化，促进军民融合深度发展。

四、重点工作

（一）完善知识产权法律制度

1. 加快知识产权法律法规建设。加快推动专利法、著作权法、反不正当竞争法及配套法规、植物新品种保护条例等法律法规的制修订工作。适时做好地理标志立法工作，健全遗传资源、传统知识、民间文艺、中医药、新闻作品、广播电视节目等领域法律制度。完善职务发明制度和规制知识产权滥用行为的法律制度，健全国防领域知识产权法规政策。

2. 健全知识产权相关法律制度。研究完善商业模式和实用艺术品等知识产权保护制度。研究“互联网＋”、电子商务、大数据等新业态、新领域知识产权保护规则。研究新媒体条件下的新闻作品版权保护。研究实质性派生品种保护制度。制定关于滥用知识产权的反垄断指南。完善商业秘密保护法律制度，明确商业秘密和侵权行为界定，探索建立诉前保护制度。

* * *

☞专栏 1　知识产权法律完善工程

推动修订完善知识产权法律、法规和部门规章。配合全国人大常委会完成专利法第四次全面修改。推进著作权法第三次修改。根据专利法、著作权法修改进度适时推进专利法实施细则、专利审查指南、著作权法实施条例等配套法规和部门规章的修订。完成专利代理条例和国防专利条例修订。

支持开展立法研究。组织研究制定知识产权基础性法律的必要性和可行性。研究在民事基础性法律中进一步明确知识产权制度的基本原则、一般规则及重要概念。研究开展反不正当竞争法、知识产权海关保护条例、生物遗传资源获取管理条例以及中医药等领域知识产权保护相关法律法规制修订工作。

(二)提升知识产权保护水平

1. 发挥知识产权司法保护作用。推动知识产权领域的司法体制改革,构建公正高效的知识产权司法保护体系,形成资源优化、科学运行、高效权威的知识产权综合审判体系,推进知识产权民事、刑事、行政案件的“三合一”审理机制,努力为知识产权权利人提供全方位和系统有效的保护,维护知识产权司法保护的稳定性、导向性、终局性和权威性。进一步发挥司法审查和司法监督职能。加强知识产权“双轨制”保护,发挥司法保护的主导作用,完善行政执法和司法保护两条途径优势互补、有机衔接的知识产权保护模式。加大对知识产权侵权行为的惩治力度,研究提高知识产权侵权法定赔偿上限,针对情节严重的恶意侵权行为实施惩罚性赔偿并由侵权人承担实际发生的合理开支。积极开展知识产权民事侵权诉讼程序与无效程序协调的研究。及时、有效做好知识产权司法救济工作。支持开展知识产权司法保护对外合作。

2. 强化知识产权刑事保护。完善常态化打防工作格局,进一步优化全程打击策略,全链条惩治侵权假冒犯罪。深化行政执法部门间的协作配合,探索使用专业技术手段,提升信息应用能力和数据运用水平,完善与电子商务企业协作机制。加强打假专业队伍能力建设。深化国际执法合作,加大涉外知识产权犯罪案件侦办力度,围绕重点案件开展跨国联合执法行动。

3. 加强知识产权行政执法体系建设。加强知识产权行政执法能力建设,统一执法标准,完善执法程序,提高执法专业化、信息化、规范化水平。完善知识产权联合执法和跨地区执法协作机制,积极开展执法专项行动,重点查办跨区域、大规模和社会反映强烈的侵权案件。建立完善专利、版权线上执法办案系统。完善打击侵权假冒商品的举报投诉机制。创新知识产权快速维权工作机制。完善知识产权行政执法监督,加强执法维权绩效管理。加大展会知识产权保护力度。加强严格知识产权保护的绩效评价,持续开展知识产权保护社会满意度调查。建立知识产权纠纷多元解决机制,加强知识产权仲裁机构和纠纷调解机构建设。

4. 强化进出口贸易知识产权保护。落实对外贸易法中知识产权保护相关规定,适时出台与进出口贸易相关的知识产权保护政策。改进知识产权海关保护执法体系,加大对优势领域和新业态、新领域创新成果的知识产权海关保护力度。完善自由贸易试验区、海关特殊监管区内货物及过境、转运、通运货物的知识产权海关保护执法程序，在确保有效监管的前提下促进贸易便利。坚持专项整治、丰富执法手段、完善运行机制，提高打击侵权假冒执行力度，突出打击互联网领域跨境电子商务侵权假冒违法活动。加强国内、国际执法合作，完善从生产源头到流通渠道、消费终端的全链条式管理。

5. 强化传统优势领域知识产权保护。开展遗传资源、传统知识和民间文艺等知识产权资源调查。制定非物质文化遗产知识产权工作指南，加强对优秀传统知识资源的保护和运用。完善传统知识和民间文艺登记、注册机制，鼓励社会资本发起设立传统知识、民间文艺保护和发展基金。研究完善中国遗传资源保护利用制度，建立生物遗传资源获取的信息披露、事先知情同意和惠益分享制度。探索构建中医药知识产权综合保护体系，建立医药传统知识保护名录。建立民间文艺作品的使用保护制度。

6. 加强新领域新业态知识产权保护。加大宽带移动互联网、云计算、物联网、大数据、高性能计算、移动智能终端等领域的知识产权保护力度。强化在线监测，深入开展打击网络侵权假冒行为专项行动。加强对网络服务商传播影视剧、广播电视节目、音乐、文学、新闻、软件、游戏等监督管理工作，积极推进网络知识产权保护协作，将知识产权执法职责与电子商务企业的管理责任结合起来，建立信息报送、线索共享、案件研判和专业培训合作机制。

7. 加强民生领域知识产权保护。加大对食品、药品、环境等领域的知识产权保护力度，健全侵权假冒快速处理机制。建立健全创新药物、新型疫苗、先进医疗装备等领域的知识产权保护长效工作机制。加强污染治理和资源循环利用等生态环保领域的专利保护力度。开展知识产权保护进乡村专项行动，建立县域及乡镇部门协作执法机制和重大案件联合督办制度，加强农村市场知识产权行政执法条件建设。针对电子、建材、汽车配件、小五金、食品、农资等专业市场，加大对侵权假冒商品的打击力度，严堵侵权假冒商品的流通渠道。

* * *

☞专栏 2　知识产权保护工程

开展系列专项行动。重点打击侵犯注册商标专用权、擅自使用他人知名商品特有名称包装装潢、冒用他人企业名称或姓名等仿冒侵权违法行为。针对重点领域开展打击侵权盗版专项行动，突出大案要案查处、重点行业专项治理和网络盗版监管，持续开展“红盾网剑”“剑网”专项行动，严厉打击网络侵权假冒等违法行为。开展打击侵犯植物新品种权和制售假劣种子行为专项行动。

推进跨部门跨领域跨区域执法协作。加大涉嫌犯罪案件移交工作力度。开展与相关国际组织和境外执法部门的联合执法。加强大型商场、展会、电子商务、进出口等领域知识产权执法维权工作。

加强“12330”维权援助与举报投诉体系建设。强化“12330”平台建设，拓展维权援助服务渠道。提升平台服务质量，深入对接产业联盟、行业协会。

完善知识产权快速维权机制。加快推进知识产权快速维权中心建设，提升工作质量与效率。推进快速维权领域由单一行业向多行业扩展、类别由外观设计向实用新型专利和发明专利扩展、区域由特定地区向省域辐射，在特色产业集聚区和重点行业建立一批知识产权快速维权中心。

推进知识产权领域信用体系建设。推进侵权纠纷案件信息公示工作，严格执行公示标准。将故意侵权行为纳入社会信用评价体系，明确专利侵权等信用信息的采集规则和使用方式，向征信机构公开相关信息。积极推动建立知识产权领域信用联合惩戒机制。

（三）提高知识产权质量效益

1. 提高专利质量效益。建立专利申请质量监管机制。深化专利代理领域改革。健全专利审查质量管理机制。优化专利审查流程与方式。完善专利审查协作机制。继续深化专利审查业务国际合作，拓展"专利审查高速路"国际合作网络。加快建设世界一流专利审查机构。加强专利活动与经济效益之间的关联评价。完善专利奖的评审与激励政策，发挥专利奖标杆引领作用。

* * *

☞专栏 3　专利质量提升工程

提升发明创造和专利申请质量。在知识产权强省、强市建设和有关试点示范工作中强化专利质量评价和引导。建立专利申请诚信档案，持续开展专利申请质量监测与反馈。

提升专利审查质量。加强审查业务指导体系和审查质量保障体系建设。完善绿色技术专利申请优先审查机制。做好基于审查资源的社会服务工作。构建专利审查指南修订常态化机制。改进审查周期管理，满足创新主体多样化需求。加强与行业协会、代理人、申请人的沟通，形成快捷高效的外部质量反馈机制，提高社会满意度。加大支撑专利审查的信息化基础设施建设。

提升专利代理质量。深化专利代理领域"放管服"改革，提高行业管理水平。强化竞争机制和行业自律，加大对代理机构和代理人的执业诚信信息披露力度。针对专利代理机构的代理质量构建反馈、评价、约谈、惩戒机制。

提升专利运用和保护水平。加快知识产权运营公共服务平台体系建设，为专利转移转化、收购托管、交易流转、质押融资、专利导航等提供平台支撑，提高专利运用效益。制定出台相关政策，营造良好的专利保护环境，促进高质量创造和高价值专利实施。

2. 实施商标战略。提升商标注册便利化水平，优化商标审查体系，建立健全便捷高效的商标审查协作机制。提升商标权保护工作效能，为商标建设营造公平竞争的市场环境。创新商标行政指导和服务监管方式，提升企业运用商标制度能力，打造知名品牌。研究建立商标价值评估体系，构建商标与国民生产总值、就业规模等经济指标相融合的指标体系。建立国家商标信息库。

3. 打造精品版权。全面完善版权社会服务体系，发挥版权社会服务机构的作用。推动版权资产管理制度建设。建立版权贸易基地、交易中心工作协调机制。充分发挥全国版权示范城市、单位、园区（基地）的示范引导作用。打造一批规模化、集约化、专业化的版权企业，带动版权产业健康快速发展。鼓励形成一批拥有精品品牌的广播影视播映和制作经营机构，打造精品影视节目版权和版权产业链。鼓励文化领域商业模式创新，大力发展版权代理和版权经纪业务，促进版权产业和市场的发展。

4. 加强地理标志、植物新品种和集成电路布图设计等领域知识产权工作。建立地理标志联合认定机制,加强我国地理标志在海外市场注册和保护工作。推动建立统筹协调的植物新品种管理机制,推进植物新品种测试体系建设,加快制定植物新品种测试指南,提高审查测试水平。加强种子企业与高校、科研机构的协作创新,建立授权植物新品种的基因图谱数据库,为维权取证和执法提供技术支撑。完善集成电路布图设计保护制度,优化集成电路布图设计的登记和撤销程序,充分发挥集成电路布图设计制度的作用,促进集成电路产业升级发展。

(四)加强知识产权强省、强市建设

1. 建成一批知识产权强省、强市。推进引领型、支撑型、特色型知识产权强省建设,发挥知识产权强省的示范带动作用。深入开展知识产权试点示范工作,可在国家知识产权示范城市、全国版权示范城市等基础上建成一批布局合理、特色明显的知识产权强市。进一步探索建设适合国情的县域知识产权工作机制。

2. 促进区域知识产权协调发展。推动开展知识产权区域布局试点,形成以知识产权资源为核心的配置导向目录,推进区域知识产权资源配置和政策优化调整。支持西部地区改善创新环境,加快知识产权发展,提升企业事业单位知识产权创造运用水平。制定实施支持东北地区等老工业基地振兴的知识产权政策,推动东北地区等老工业基地传统制造业转型升级。提升中部地区特色优势产业的知识产权水平。支持东部地区在知识产权运用方面积极探索、率先发展,培育若干带动区域知识产权协同发展的增长极。推动京津冀知识产权保护一体、运用协同、服务共享,促进创新要素自由合理流动。推进长江经济带知识产权建设,引导产业优化布局和分工协作。

3. 做好知识产权领域扶贫工作。加大对边远地区传统知识、遗传资源、民间文艺、中医药等领域知识产权的保护与运用力度。利用知识产权人才优势、技术优势和信息优势进一步开发地理标志产品,加强植物新品种保护,引导注册地理标志商标,推广应用涉农专利技术。开展知识产权富民工作,推进实施商标富农工程,充分发挥农产品商标和地理标志在农业产业化中的作用,培育一批知识产权扶贫精品项目。支持革命老区、民族地区、边疆地区、贫困地区加强知识产权机构建设,提升知识产权数量和保护水平。

(五)加快知识产权强企建设

1. 提升企业知识产权综合能力。推行企业知识产权管理国家标准,在生产经营、科技创新中加强知识产权全过程管理。完善知识产权认证制度,探索建立知识产权管理体系认证结果的国际互认机制。推动开展知识产权协同运用,鼓励和支持大型企业开展知识产权评议工作,在重点领域合作中开展知识产权评估、收购、运营、风险预警与应对。切实增强企业知识产权意识,支持企业加大知识产权投入,提高竞争力。

2. 培育知识产权优势企业。出台知识产权优势企业建设指南,推动建立企业知识产权服务机制,引导优质服务力量助力企业形成知识产权竞争优势。出台知识产权示范企业培育指导性文件,提升企业知识产权战略管理能力、市场竞争力和行业影响力。

3. 完善知识产权强企工作支撑体系。完善知识产权资产的财务、评估等管理制度及相关会计准则,引导企业发布知识产权经营报告书。提升企业知识产权资产管理能力,推动企业在并购重组、股权激励、对外投资等活动中的知识产权资产管理。加强政府、企业和社会的协作，引导企业开展形式多样的知识产权资本化运作。

* * *

☞专栏 4　知识产权强企工程

推行企业知识产权管理规范。建立政策引导、咨询服务和第三方认证体系。培养企业知识产权管理专业化人才队伍。

制定知识产权强企建设方案。建立分类指导的政策体系，塑造企业示范典型，培育一批具备国际竞争优势的知识产权领军企业。实施中小企业知识产权战略推进工程，加大知识产权保护援助力度，构建服务支撑体系，扶持中小企业创新发展。

鼓励企业国际化发展。引导企业开展海外知识产权布局。发挥知识产权联盟作用，鼓励企业将专利转化为国际标准。促进知识产权管理体系标准、认证国际化。

（六）推动产业升级发展

1. 推动专利导航产业发展。深入实施专利导航试点工程，引导产业创新发展，开展产业知识产权全球战略布局，助推产业提质增效升级。面向战略性新兴产业，在新材料、生物医药、物联网、新能源、高端装备制造等领域实施一批产业规划类和企业运营类专利导航项目。在全面创新改革试验区、自由贸易试验区、中外合作产业园区、知识产权试点示范园区等重点区域，推动建立专利导航产业发展工作机制。

2. 完善“中国制造”知识产权布局。围绕“中国制造 2025”的重点领域和“互联网＋”行动的关键环节，形成一批产业关键核心共性技术知识产权。实施制造业知识产权协同运用推进工程，在制造业创新中心建设等重大工程实施中支持骨干企业、高校、科研院所协同创新、联合研发，形成一批产业化导向的专利组合，强化创新成果转化运用。

3. 促进知识产权密集型产业发展。制定知识产权密集型产业目录和发展规划，发布知识产权密集型产业的发展态势报告。运用股权投资基金等市场化方式，引导社会资金投入知识产权密集型产业。加大政府采购对知识产权密集型产品的支持力度。鼓励有条件的地区发展知识产权密集型产业集聚区，构建优势互补的产业协调发展格局。建设一批高增长、高收益的知识产权密集型产业，促进产业提质增效升级。

4. 支持产业知识产权联盟发展。鼓励组建产业知识产权联盟，开展联盟备案管理和服务，建立重点产业联盟管理库，对联盟发展状况进行评议监测和分类指导。支持成立知识产权服务联盟。属于社会组织的，依法履行登记手续。支持联盟构筑和运营产业专利池，推动形成标准必要专利，建立重点产业知识产权侵权监控和风险应对机制。鼓励社会资本设立知识产权产业化专项基金，充分发挥重点产业知识产权运营基金作用，提高产业知识产权运营水平与国际竞争力，保障产业技术安全。

5. 深化知识产权评议工作。实施知识产权评议工程，研究制定相关政策。围绕国家重大产业规划、政府重大投资项目等开展知识产权评议，积极探索重大科技经济活动知识产权评议试点。建立国家科技计划（专项、基金等）知识产权目标评估制度。加强知识产权评议专业机构建设和人才培养，积极推动评议成果运用，建立重点领域评议报告发布机制。推动制定评议服务相关标准。鼓励和支持行业骨干企业与专业机构在重点领域合作开展评议工作，提高创新效率，防范知识产权风险。

* * *

☞专栏5　知识产权评议工程

推进重点领域知识产权评议工作。加强知识产权主管部门与产业主管部门间的沟通协作,围绕国家科技重大专项以及战略性新兴产业,针对高端通用芯片、高档数控机床、集成电路装备、宽带移动通信、油气田、核电站、水污染治理、转基因生物新品种、新药创制、传染病防治等领域的关键核心技术深入开展知识产权评议工作,及时提供或发布评议报告。

提升知识产权评议能力。制定发布重大经济活动评议指导手册和分类评议实务指引,规范评议范围和程序。实施评议能力提升计划,支持开发评议工具,培养一批评议人才。

培育知识产权评议服务力量。培育知识产权评议服务示范机构,加强服务供需对接。推动评议服务行业组织建设,支持制定评议服务标准,鼓励联盟实施行业自律。加强评议服务机构国际交流,拓展服务空间。

6. 推动军民知识产权转移转化。加强国防知识产权保护,完善国防知识产权归属与利益分配机制。制定促进知识产权军民双向转化的指导意见。放开国防知识产权代理服务行业,建立和完善相应的准入退出机制。推动国防知识产权信息平台建设,分类建设国防知识产权信息资源,逐步开放检索。营造有利于军民协同创新、双向转化的国防科技工业知识产权政策环境。建设完善国防科技工业知识产权平台,完成专利信息平台建设,形成更加完善的国防科技工业专利基础数据库。

(七)促进知识产权开放合作

1. 加强知识产权国际交流合作。进一步加强涉外知识产权事务的统筹协调。加强与经贸相关的多双边知识产权对外谈判、双边知识产权合作磋商机制及国内立场的协调等工作。积极参与知识产权国际规则制定,加快推进保护广播组织条约修订,推动公共健康多哈宣言落实和视听表演北京条约尽快生效,做好我国批准马拉喀什条约相关准备工作。加强与世界知识产权组织、世界贸易组织及相关国际组织的交流合作。拓宽知识产权公共外交渠道。继续巩固发展知识产权多双边合作关系,加强与"一带一路"沿线国家、金砖国家的知识产权交流合作。加强我驻国际组织、主要国家和地区外交机构中涉知识产权事务的人才储备和人力配备。

2. 积极支持创新企业"走出去"。健全企业海外知识产权维权援助体系。鼓励社会资本设立中国企业海外知识产权维权援助服务基金。制定实施应对海外产业重大知识产权纠纷的政策。完善海外知识产权信息服务平台,发布相关国家和地区知识产权制度环境等信息。支持企业广泛开展知识产权跨国交易,推动有自主知识产权的服务和产品"走出去"。继续开展外向型企业海外知识产权保护以及纠纷应对实务培训。

* * *

☞专栏6　知识产权海外维权工程

健全风险预警机制。推动企业在人才引进、国际参展、产品和技术进出口、企业并购等活动中开展知识产权风险评估,提高企业应对知识产权纠纷能力。加强对知识产权案件的跟踪研究,及时发布风险提示。

建立海外维权援助机制。加强中国保护知识产权海外维权信息平台建设。发布海外知识产权服务机构和专家名录及案例数据库。建立海外展会知识产权快速维权长效机制,组建海外展会快速维权中心,建立海外展会快速维权与常规维权援助联动的工作机制。

五、重大专项

(一)加强知识产权交易运营体系建设

1. 完善知识产权运营公共服务平台。发挥中央财政资金引导作用,建设全国知识产权运营公共服务平台,依托文化产权、知识产权等无形资产交易场所开展版权交易,审慎设立版权交易平台。出台有关行业管理规则,加强对知识产权交易运营的业务指导和行业管理。以知识产权运营公共服务平台为基础,推动建立基于互联网、基础统一的知识产权质押登记平台。

2. 创新知识产权金融服务。拓展知识产权质押融资试点内容和工作范围,完善风险管理以及补偿机制,鼓励社会资本发起设立小微企业风险补偿基金。探索开展知识产权证券化和信托业务,支持以知识产权出资入股,在依法合规的前提下开展互联网知识产权金融服务,加强专利价值分析与应用效果评价工作,加快专利价值分析标准化建设。加强对知识产权质押的动态管理。

3. 加强知识产权协同运用。面向行业协会、高校和科研机构深入开展专利协同运用试点,建立订单式发明、投放式创新的专利协同运用机制。培育建设一批产业特色鲜明、优势突出,具有国际影响力的专业化知识产权运营机构。强化行业协会在知识产权联合创造、协同运用、合力保护、共同管理等方面的作用。鼓励高校和科研机构强化知识产权申请、运营权责,加大知识产权转化力度。引导高校院所、企业联合共建专利技术产业化基地。

* * *

☞专栏7 知识产权投融资服务工程

建设全国知识产权运营公共服务体系。推进知识产权运营交易全过程电子化,积极开展知识产权运营项目管理。加快培育国家专利运营试点企业,加快推进西安知识产权军民融合试点、珠海知识产权金融试点及华北、华南等区域知识产权运营中心建设。

深化知识产权投融资工作。优化质押融资服务机制,鼓励有条件的地区建立知识产权保险奖补机制。研究推进知识产权海外侵权责任保险工作。深入开展知识产权质押融资风险补偿基金和重点产业知识产权运营基金试点。探索知识产权证券化,完善知识产权信用担保机制,推动发展投贷联动、投保联动、投债联动等新模式。创新知识产权投融资产品。在全面创新改革试验区引导创业投资基金、股权投资基金加强对知识产权领域的投资。

创新管理运行方式。支持探索知识产权创造与运营的众包模式,鼓励金融机构在风险可控和商业可持续的前提下,基于众创、众包、众扶等新模式特点开展金融产品和服务创新,积极发展知识产权质押融资,促进"互联网+"知识产权融合发展。

(二)加强知识产权公共服务体系建设

1. 提高知识产权公共服务能力。建立健全知识产权公共服务网络,增加知识产权信息公共服务产品供给。推动知识产权基础信息与经济、法律、科技、产业运行等其他信息资源互联互通。实施产业知识产权服务能力提升行动,创新对中小微企业和初创型企业的服务方式。发展“互联网+”知识产权服务等新模式,培育规模化、专业化、市场化、国际化的知识产权服务品牌机构。

2. 建设知识产权信息公共服务平台。实现专利、商标、版权、集成电路布图设计、植物新品种、地理标志以及知识产权诉讼等基础信息资源免费或低成本开放共享。运用云计算、大数据、移动互联网等技术,实现平台知识产权信息统计、整合、推送服务。

* * *

☞专栏3　知识产权信息公共服务平台建设工程

建设公共服务网络。制定发布知识产权公共服务事项目录和办事指南。增加知识产权信息服务网点,加强公共图书馆、高校图书馆、科技信息服务机构、行业组织等的知识产权信息服务能力建设。

创建产业服务平台。依托专业机构创建一批布局合理、开放协同、市场化运作的产业知识产权信息公共服务平台,在中心城市、自由贸易试验区、国家自主创新示范区、国家级高新区、国家级经济技术开发区等提供知识产权服务。在众创空间等创新创业平台设置知识产权服务工作站。

整合服务和数据资源。整合知识产权信息资源、创新资源和服务资源,推进实体服务与网络服务协作,促进从研发创意、知识产权化、流通化到产业化的协同创新。建设专利基础数据资源开放平台,免费或低成本扩大专利数据的推广运用。建立财政资助项目形成的知识产权信息和上市企业知识产权信息公开窗口。

3. 建设知识产权服务业集聚区。在自由贸易试验区、国家自主创新示范区、国家级高新区、中外合作产业园区、国家级经济技术开发区等建设一批国家知识产权服务业集聚区。鼓励知识产权服务机构入驻创新创业资源密集区域,提供市场化、专业化的服务,满足创新创业者多样化需求。针对不同区域,加强分类指导,引导知识产权服务资源合理流动,与区域产业深度对接,促进经济提质增效升级。

4. 加强知识产权服务业监管。完善知识产权服务业统计制度,建立服务机构名录库。成立知识产权服务标准化技术组织,推动完善服务标准体系建设,开展标准化试点示范。完善专利代理管理制度,加强事中事后监管。健全知识产权服务诚信信息管理、信用评价和失信惩戒等管理制度,及时披露相关执业信息。研究建立知识产权服务业全国性行业组织。具备条件的地方,可探索开展知识产权服务行业协会组织“一业多会”试点。

(三)加强知识产权人才培育体系建设

1. 加强知识产权人才培养。加强知识产权相关学科专业建设,支持高等学校在管理学和经济学等学科中增设知识产权专业,支持理工类高校设置知识产权专业。加强知识产权学历教育和非学历继续教育,加强知识产权专业学位教育。构建政府部门、高校和社会相结合的多元知识产权教育培训组织模式,支持行业组织与专业机构合作,加大实务人才培育力度。加强国家知识产权培训基地建设工作，完善师资、教材、远程系统等基础建设。加大对领导干部、企业家和各类创新人才的知识产权培训力度。鼓励高等学校、科研院所开展知识产权国际学术交流，鼓励我国知识产权人才获得海外相应资格证书。推动将知识产权课程纳入各级党校、行政学院培训和选学内容。

2. 优化知识产权人才成长体系。加强知识产权高层次人才队伍建设，加大知识产权管理、运营和专利信息分析等人才培养力度。统筹协调知识产权人才培训、实践和使用，加强知识产权领军人才、国际化专业人才的培养与引进。构建多层次、高水平的知识产权智库体系。探索建立行业协会和企业事业单位专利专员制度。选拔一批知识产权创业导师，加强创新创业指导。

3. 建立人才发现与评价机制。建立人才引进使用中的知识产权鉴定机制，利用知识产权信息发现人才。完善知识产权职业水平评价制度，制定知识产权专业人员能力素质标准。鼓励知识产权服务人才和创新型人才跨界交流和有序流动，防范人才流动法律风险。建立创新人才知识产权维权援助机制。

（四）加强知识产权文化建设

1. 加大知识产权宣传普及力度。健全知识产权新闻发布制度，拓展信息发布渠道。组织开展全国知识产权宣传周、中国专利周、绿书签、中国国际商标品牌节等重大宣传活动。丰富知识产权宣传普及形式，发挥新媒体传播作用。支持优秀作品创作，推出具有影响力的知识产权题材影视文化作品，弘扬知识产权正能量。

2. 实施知识产权教育推广计划。鼓励知识产权文化和理论研究，加强普及型教育，推出优秀研究成果和普及读物。将知识产权内容全面纳入国家普法教育和全民科学素养提升工作。

* * *

☞专栏9　知识产权文化建设工程

加强宣传推广。利用新媒体，加强知识产权相关法律法规、典型案例的宣传。讲好中国知识产权故事，推出具有影响力的知识产权主题书籍、影视作品，挖掘报道典型人物和案例。

加强普及型教育。开展全国中小学知识产权教育试点示范工作，建立若干知识产权宣传教育示范学校。引导各类学校把知识产权文化建设与学生思想道德建设、校园文化建设、主题教育活动紧密结合，增强学生的知识产权意识和创新意识。

繁荣文化和理论研究。鼓励支持教育界、学术界广泛参与知识产权理论体系研究，支持创作兼具社会及经济效益的知识产权普及读物，增强知识产权文化传播的针对性和实效性，支撑和促进中国特色知识产权文化建设。

六、实施保障

（一）加强组织协调

各地区、各相关部门要高度重视，加强组织领导，明确责任分工，结合实际细化落实本规划提出的目标任务，制定专项规划、年度计划和配套政策，推动规划有效落实。加强统筹协调，充分发挥国务院知识产权战略实施工作部际联席会议制度作用，做好规划组织实施工作。全国打击侵犯知识产权和制售假冒伪劣商品工作领导小组要切实加强对打击侵犯知识产权和制售假冒伪劣商品工作的统一组织领导。各相关部门要依法履职，认真贯彻落实本规划要求，密切协作，形成规划实施合力。

（二）加强财力保障

加强财政预算与规划实施的相互衔接协调，各级财政按照现行经费渠道对规划实施予以合理保障，鼓励社会资金投入知识产权各项规划工作，促进知识产权事业发展。统筹各级各部门与知识产权相关的公共资源，突出投入重点，优化支出结构，切实保障重点任务、重大项目的落实。

（三）加强考核评估

各地区、各相关部门要加强对本规划实施情况的动态监测和评估工作。国务院知识产权战略实施工作部际联席会议办公室要会同相关部门按照本规划的部署和要求，建立规划实施情况的评估机制，对各项任务落实情况组织开展监督检查和绩效评估工作，重要情况及时报告国务院。

权威解读

国务院印发《“十三五”国家知识产权保护和运用规划》

《规划》指出，到2020年，知识产权重要领域和关键环节的改革取得决定性成果，建成一批知识产权强省、强市，知识产权保护环境显著优化，知识产权运用效益充分显现，知识产权综合能力大幅提升。每万人口发明专利拥有量从2015年的6.3件增加到12件，国际专利申请量从2015年的3万件增加到6万件，知识产权使用费出口额从2015年的44.4亿美元提高到100亿美元。

《规划》提出了七个方面的重点工作。一是完善知识产权法律制度。加快推动专利法、著作权法、反不正当竞争法等法律法规建设，健全完善商业模式和实用艺术品、“互联网+”、电子商务、大数据等相关法律制度和规则。二是提升知识产权保护水平。发挥知识产权司法保护作用，强化知识产权刑事保护，加强知识产权行政执法体系建设，强化进出口贸易知识产权保护，加强传统优势领域、新领域新业态和民生领域知识产权保护。三是提高知识产权质量效益。实施专利质量提升工程，实施商标战略，打造精品版权，加强地理标志、植物新品种等领域知识产权工作。四是加强知识产权强省、强市建设。促进区域知识产权协调发展，做好知识产权领域扶贫工作。五是加快知识产权强企建设。提升企业知识产权综合能力，培育知识产权优势企业，完善知识产权强企工作支撑体系。六是推动产业升级发展。推动专利导航产业发展，完善“中国制造”知识产权布局，促进知识产权密集型产业发展，支持产业知识产权联盟发展，深化知识产权评议工作，推动军民知识产权转移转化。七是促进知识产权开放合作。加强知识产权国际交流合作，积极支持创新企业“走出去”。

《规划》还明确了知识产权法律完善、知识产权保护、专利质量提升、知识产权强企、知识产权评议、知识产权海外维权、知识产权投融资服务、知识产权信息公共服务平台建设、知识产权文化建设共9项工程。

——引自:新华社 http://www.gov.cn/xinwen/2017-01/13/content_5159586.htm

山东省“十三五”知识产权保护和运用规划

鲁政发〔2017〕25号

为加快推进知识产权强省建设，全面提升知识产权保护和运用水平，依据《国务院关于新形势下加快知识产权强国建设的若干意见》（国发〔2015〕71号）、《国务院关于印发“十三五”国家知识产权保护和运用规划的通知》（国发〔2016〕86号）和《山东省人民政府关于印发山东省国民经济和社会发展第十三个五年规划纲要的通知》（鲁政发〔2016〕5号），制定本规划。

一、发展基础与面临形势

“十二五”时期，全省各级、各部门紧紧围绕国家和省委省政府部署要求，深入实施知识产权战略，全省知识产权综合实力显著提升，知识产权工作位居全国先进行列。截至2015年底，全省拥有国内发明专利47694件，每万人口发明专利拥有量4.9件；有效注册商标超过50.3万件，拥有地理标志商标425件、马德里国际注册商标1040件、行政认定驰名商标656件；全省林业植物新品种权累计申请、授权量分别达到156件和122件；各类著作权作品登记达15万余件。

“十三五”时期，国际知识产权竞争日益激烈，以知识产权为主导的国际贸易规则体系正在加速形成。我国经济发展进入速度变化、结构优化、动力转换的新常态，知识产权激励创新的基本保障作用更加突出。我省正处于由大到强战略性转变的关键时期，强化知识产权保护和运用，通过实施创新驱动发展战略，集聚知识产权要素，加快产业转型升级和新旧动能转换，成为山东省经济发展的必然趋势。

二、总体思路与发展目标

（一）指导思想

全面贯彻党的十八大和十八届三中、四中、五中、六中全会精神，深入学习贯彻习近平总书记系列重要讲话精神和治国理政新理念新思想新战略，统筹推进“五位一体”总体布局和协调推进“四个全面”战略布局，坚持创新、协调、绿色、开放、共享发展理念，按照省委、省政府决策部署，以创新驱动发展战略为引领，以建设知识产权强省为目标，以深化知识产权领域改革为动力，以加强知识产权保护和运用为重点，全面提高知识产权创造质量、运用效益、保护效能、管理水平和服务能力，为创新驱动发展提供重要支撑。

（二）基本原则

坚持改革创新。积极探索新模式新方法，破除制约知识产权发展的体制机制障碍，营造各类创新主体活力充分迸发的政策制度环境。

坚持市场导向。充分发挥市场在创新资源配置中的决定性作用，加强知识产权市场监管，营造公平公正、开放透明的市场环境。

坚持统筹协调。加强知识产权与产业、科技、金融、贸易及军民融合等政策的衔接，加强区域分类指导，推动知识产权事业全面、协调、可持续发展。

坚持开放共享。坚持内促发展与外促开放相结合，加大对外交流合作，构建知识产权区域协作、共赢发展新格局，切实增加知识产权公共产品和公共服务有效供给。

（三）发展目标

到2020年，知识产权强省建设目标如期实现，知识产权重要领域和关键环节改革取得阶段性成果，知识产权综合实力居全国前列。

知识产权保护环境更加优化。知识产权政策法规体系不断完善，知识产权保护能力不断提高，形成司法保护、行政执法、维权援助、仲裁调解、行业自律、权利人自我保护相结合的知识产权保护体系。知识产权保护社会满意度、社会公众知识产权认知度显著提升。

知识产权运用成效显著增强。知识产权运用能力明显提高，运营体系更加健全，知识产权资产流转更加顺畅。知识产权投融资额度快速增长，市场价值充分显现。形成一批附加值高、经济发展贡献大的知识产权密集型产业。

知识产权服务能力明显提升。知识产权服务体系进一步完善，公共服务和市场化服务协调发展。知识产权服务主体多元化，形成一批专业化、规模化并初步具备国际化服务能力的知识产权服务机构。知识产权服务业规模和产值占现代服务业的比重明显提高。

知识产权人才队伍不断壮大。构建多元化、多层次人才培养工作机制，形成一支规模大、结构优、素质高的知识产权专业人才队伍。加强知识产权领军人才、国际化专业人才的培养和引进。

山东省“十三五”知识产权保护和运用主要指标

指标	2015年	2020年	累计增加值	属性
每万人口发明专利拥有量(件)	4.9	12	7.1	预期性
PCT专利申请量(件)	837	1800	963	预期性
林业植物新品种累计授权量(件)	122	150	28	预期性
作品登记数量(万件)	4.5	35	30.5	预期性
国内有效注册商标(万件)	50.3	65	14.7	预期性
中国驰名商标(件)	656	700	44	预期性
马德里商标累计注册量(件)	1040	2800	1760	预期性

续表

指标	2015年	2020年	累计增加值	属性
地理标志商标(件)	425	550	125	预期性
知识产权质押融资金额(亿元)	59.8	200	140.2	预期性
知识产权服务业营业收入年均增长(%)	15	20	5	预期性
知识产权保护社会满意度(分)	70	85	15	预期性

三、主要任务

深化知识产权领域改革，完善政策体系，提升知识产权保护和运用水平，全面推进知识产权强省建设。

(一)深化知识产权重点领域改革

按照党中央、国务院决策部署，深化知识产权管理领域改革，建立高效的知识产权综合管理体制，构建便民利民的知识产权公共服务体系，提升综合运用知识产权促进创新驱动发展的能力。大力推进知识产权强省、强市、强县和强企建设。

(二)实行严格的知识产权保护

健全完善知识产权政策体系，构建严格的知识产权保护政策环境。加大专利行政执法办案力度，改进执法方式，提高执法效率，完善执法协作机制。加强商标品牌保护，提高消费品商标公共服务水平。规范有效保护商业秘密。持续推进软件正版化工作。加快搭建知识产权保护中心，创新知识产权维权援助工作。

(三)促进知识产权高效运用

创新知识产权运营模式和服务产品，完善知识产权运营体系。创新知识产权金融服务机制，深入推进质押融资贴息和风险补偿试点。培育重点领域关键核心技术知识产权，加大高价值知识产权运用转化力度。

四、重点工作

(一)建立完善知识产权综合管理体系

1. 开展知识产权综合管理改革。积极推进知识产权管理体制机制改革，在有条件的市和国家级园区开展试点，探索建立权责清晰、运行高效的知识产权综合管理体系。开展知识产权综合执法改革，建立知识产权、工商、版权、商务、海关、公安等多部门协同联动的联合执法合作机制，形成知识产权保护合力。

2. 建立知识产权综合评价体系。探索将知识产权产品纳入国民经济核算体系，将知识产权指标纳入国民经济和社会发展规划综合评价。探索建立经营业绩、知识产权和创新并重的国有企业考评模式。加大科技奖励工作中知识产权评价权重。

3. 深化知识产权权益分配改革。开展专利权益分配、证券化、强制许可等方面改革试点，探索形成注重提升创新效率和效益的知识产权导向机制。建立健全职务发明知识产权成果权益归属、奖励报酬相关政策，构建更加科学合理的知识产权权益分配机制。

* * *

☞专栏 1　知识产权强省建设工程

按照《山东省知识产权强省建设实施方案》，完善知识产权强省建设考评机制，全面推进知识产权强省建设。根据国家知识产权强市、强县建设要求，加强上下联动，深入推进知识产权强市、强县建设。加大知识产权试点、示范城市建设的指导力度，积极推进试点、示范城市向知识产权强市迈进，为知识产权强省建设提供支撑。

（二）建立严格的知识产权保护制度

1. 加强知识产权行政保护。完善知识产权法规制度，开展《山东省专利条例》《山东省著作权保护条例》等修订工作。加快新兴领域和业态知识产权保护制度建设。加大知识产权侵权违法行为惩治力度。开展知识产权保护专项行动，加大国际展会、电子商务、专业市场等领域知识产权执法力度。健全知识产权保护社会信用标准和监督机制，将故意侵犯知识产权行为纳入企业和个人信用记录。建立完善举报知识产权违法犯罪行为奖励制度。

2. 加强知识产权司法保护。加强知识产权行政执法与刑事司法保护有效衔接，完善知识产权行政执法与刑事司法衔接信息平台。完善知识产权司法公开机制，提升知识产权司法保护透明度。依法严厉打击侵犯知识产权犯罪行为，重点打击链条式、产业化知识产权犯罪。

3. 强化知识产权维权援助。完善知识产权维权工作体系，建立重点产业知识产权快速维权机制。建立知识产权维权专家库，为知识产权维权援助提供专业支撑。推动重点产业知识产权保护联盟建设，提升行业知识产权自我保护能力。发挥“12330”知识产权举报投诉与维权援助热线和系统平台的作用，建立举报投诉与案件移交和违法线索沟通反馈机制。

* * *

☞专栏 2　知识产权保护能力提升工程

着眼于营造公平竞争的创新环境，构建知识产权大保护工作格局。按照国家搭建知识产权保护中心的要求，结合山东省产业集聚区和重点产业发展需要。推动搭建集快速审查、快速确权、快速维权于一体的知识产权保护中心，实现重点产业知识产权快速协同保护。重点搭建海洋、生物医药、石油化工、橡胶轮胎等领域的知识产权保护中心。

（三）切实提高知识产权质量效益

1. 完善专利质量监管措施。强化专利质量评价和引导，进一步发挥财政资金对促进专利质量提升的导向作用。完善专利奖的评审与激励政策，发挥专利奖标杆引领作用。加强知识产权服务业监管，建立知识产权服务机构和人员信息管理系统及信用档案，进一步规范知识产权中介服务市场秩序，引导知识产权中介服务机构诚信守法经营。推动知识产权服务行业协会、服务联盟等自律组织建设。

* * *

☞专栏 3　专利质量提升工程

完善激励政策，不断提升发明创造和专利申请质量，在知识产权强省、强市建设和有关试点示范工作中强化专利质量评价和引导。加强专利代理服务机构监管，提升专利代理质量，提升“山东创造”的品牌度和知名度，打造重点产业领域优势地位。

2. 实施商标战略推进工程。坚持分类指导、重点突破，积极引导各类市场主体特别是中小企业加强商标注册。突出抓好“老字号”商标的挖潜和品牌创建，推进传统产业转型升级。支持企业加强商标国际注册和保护，提高自主商标商品出口比例，加快推进全省企业自主品牌国际化进程。支持企业根据发展需要和市场规律，通过收购、兼并、控股等多种方式进行重组，通过许可使用、连锁经营、作价出资、质押融资等多种途径进行市场化运作，促进企业做大做强，在全省形成若干品牌经济区，在各行业中形成若干驰名商标产业集群。

3. 实施版权兴业和软件正版化工程。支持版权集体管理组织和版权交易中心（贸易基地）积极参与版权登记、版权交易和版权保护三大平台建设。加快建设集版权登记公告、交易信息发布、政策咨询等功能为一体的综合服务平台，推进文化版权交易中心建设。推进软件正版化，巩固正版化工作成果，完善软件正版化工作长效机制，确保软件正版化工作规范化、常态化。

4. 实施知识产权兴农工程。推进农业知识产权战略实施，着眼农业产业发展迫切需求，突破一批具有自主知识产权的主导品种、主推技术和重大装备，加快农业科技成果转化。加强农产品地理标志的管理与运用，建立健全地理标志的技术标准、质量保证和检测体系，培育具有山东特色的地理标志产品。

（四）全面提升知识产权运用水平

1. 培育知识产权密集型产业。建立专利密集型产业统计制度，发布专利密集型产业目录。加大知识产权密集型产业培育力度，构建以战略性新兴产业为先导、先进制造业为主体、生产性服务业为支撑的现代产业发展体系。加快知识产权密集型产业集聚区建设，重点围绕发展特色产业，努力建成一批战略性新兴产业集聚区。建设知识产权创新创业和产业化基地，带动具有知识产权优势的相关产业协同发展。建设专利导航产业发展实验区，有效提高区域产业发展水平。

* * *

☞专栏4　专利导航试点工程

完善山东省知识产权运管体系建设，积极稳妥推进专利密集型产业培育，加快潍坊高新技术产业开发区、烟台经济技术开发区国家专利导航产业发展实验区建设。围绕战略性新兴产业等重点领域，分类实施产业规划类和企业运营类专利导航项目。建立重点领域知识产权评议制度，围绕重大产业规划、高技术领域重大投资项目、重大科技活动开展知识产权评议试点。

2. 打造重点产业领域知识产权优势。围绕重点领域和重点产业，瞄准高端目标和关键节点，加强前瞻性技术研发和跨界融合创新，加快重点领域关键核心技术突破。到“十三五”末，在全省重点领域掌握100项具有较强国际竞争力、能引领产业发展的核心知识产权，培育一批技术水平先进、权利状态稳定、市场收益高的关键核心专利。

3. 培育知识产权优势企业。围绕提升企业知识产权创造、运用、保护能力开展培育工作。发挥优势企业在贯彻《企业知识产权管理规范》国家标准、优势培育、示范培育等工作中的作用，着力培育一批知识产权数量和质量较高、知识产权保护和运用能力较强、知识产权市场竞争优势初步形成、具有区域影响力的优势企业。

* * *

☞专栏 5　知识产权强企培育工程

完善知识产权优势企业培育体系，深入推行企业知识产权管理标准化工作，提高企业知识产权防控风险能力，培育一批具备行业影响力和国际竞争优势的知识产权领军企业，进一步落实政策措施，扶持中小微企业创新发展。加强企业知识产权战略研究和预警分析，引导企业开展海外知识产权布局。

4. 开展知识产权运营。发挥好山东省重点产业知识产权运营基金的作用，适时增加引导基金规模，推动基金做大做强。进一步发挥山东省知识产权运营联盟作用，加快建设一批国家级专利运营机构和企业。鼓励高校和科研机构强化知识产权申请、运营权责，加大知识产权转化力度。推动军民创新融合，促进国防知识产权成果在我省转移转化。

5. 推动知识产权金融融合发展。采取市场化运作的方式，开展知识产权质押融资风险补偿，引导企业将知识产权转化为资本。探索开发专利项目股权融资、专利集合信托融资、专利执行保险、侵犯专利权责任保险、专利权质押贷款保险等知识产权金融产品和衍生品。推动创新型中小企业建立知识产权收益担保机制，鼓励金融机构持续创新知识产权金融产品。探索试点高科技创新型中小微企业开展知识产权证券化融资，运用互联网股权融资平台融资。探索试点建设“知识产权银行”的路径。

（五）大力发展知识产权服务业

1. 建设知识产权综合服务平台。加快建设包括专利代办服务、专利信息服务、知识产权大数据服务、知识产权维权援助服务、专利展示交易服务等功能的“一站式”知识产权综合服务平台。加快推进山东省知识产权交易中心建设，畅通流转、交易、融资等渠道。支持国家知识产权局区域专利信息服务（济南）中心、国家专利信息传播利用基地、各市专利公共服务平台建设，实现重点布局、均衡发展。推动知识产权信息与法律、经济、科技、产业运行等各类信息资源的互联共享和综合运用。

2. 培育知识产权服务业集聚区。积极培育青岛崂山国家知识产权服务业集聚区，充分发挥青岛在山东半岛蓝色经济区中的区位优势，推动一批国家级知识产权服务资源向青岛集聚。打造济南知识产权运用示范区，依托济南省会城市群经济圈，重点发展知识产权运营、专利导航、知识产权评估交易等高端知识产权服务，支持建立知识产权运用和研究平台。培育烟台、潍坊、济宁知识产权服务业富集区，不断扩大知识产权服务业规模，打造区域知识产权服务中心城市。深入推动知识产权与产业、科技和经济深度融合，优化全省知识产权服务业区域发展布局。

3. 培育服务品牌机构。进一步开放专利、商标、版权等知识产权服务业市场，引导省内知识产权服务机构通过多种形式和渠道进行资源整合。积极引进国内外有影响、有实力的大型知识产权中介服务机构，借鉴国内外先进经营方式，促进山东知识产权服务业总体水平提升。开展知识产权服务品牌机构培育工作，有效运用财政资金的“杠杆”作用，支持知识产权服务机构做大做强，推动知识产权中介服务业从提供单一的代理申请服务向提供综合、全面、高端的知识产权中介服务转变，重点培育50家基础好、能力强、信誉良、市场占有率高、在全国具有较强市场竞争力的中介服务机构。

* * *

☞专栏6 知识产权服务提升工程

加强山东省"一站式"知识产权综合服务平台和山东省知识产权交易中心建设。优化国家知识产权局区域专利信息服务（济南）中心、国家知识产权局专利信息传播利用（山东）基地资源配置，支持各市专利公共服务平台建设，使创新主体便捷地获得专利信息，助力大众创业、万众创新，培育青岛崂山国家知识产权服务业集聚区、济南知识产权运用示范区和烟台、潍坊、济宁知识产权服务业富集区，大力培育品牌机构，培养专业人才。

4. 培养高层次知识产权人才。强化国家和省级知识产权培训基地建设，打造高水平知识产权研究和人才培养基地。深入开展知识产权管理、执法、服务专业人才在职培训，提高业务技能和水平，推动企事业单位知识产权实务专业人才的经验交流和继续教育。支持有条件的高等院校设置知识产权学科专业或者开设知识产权辅修专业，积极培养知识产权人才。进一步完善知识产权职业水平评价制度，稳定和壮大知识产权专业人才队伍。建立知识产权人才引进机制，加大引进海内外知识产权高端人才的力度。

（六）促进知识产权合作交流

1. 拓展知识产权合作交流。推动省内有关企业、服务机构、产业联盟等加强与国内外优秀知识产权组织机构的合作交流，建设国家知识产权国际合作基地。建立高水平知识产权专家智库，积极开展具有国际影响力的知识产权研讨交流活动。建设国际海洋知识产权信息服务平台，吸引国外高端海洋知识产权信息资源和服务人才集聚山东。搭建高效生态农业国际知识产权服务平台，加快农林作物新品种的繁育与推广，加强农产品知识产权保护，提高农业产出效益和竞争优势。

* * *

☞专栏7 知识产权合作提升工程

大力加强知识产权国内外合作交流，加强与世界知识产权组织以及"一带一路"沿线国家和地区的知识产权合作交流。按照国家设立知识产权国际合作基地的要求，结合山东实际，推动建设一批有影响力的知识产权国际合作基地，促进国际创新资源与山东创新需求有效对接。围绕推进黄河三角洲高效生态经济区和山东半岛蓝色经济区建设战略的实施，加强黄河三角洲国家农业高新技术产业示范区和青岛国家海洋实验室等涉农、涉海知识产权国际合作基地建设。

2. 提升企业知识产权国际竞争力。鼓励支持企业申请境外知识产权、参与国际技术标准制定，推动企业、科研机构、高等院校、知识产权服务机构等开展海外专利、商标布局工作。探索完善知识产权布局设计，加强对企业知识产权海外布局的指导。增强企业对专利信息分析利用能力，围绕战略性新兴产业等重点领域，实施专利导航国际项目，提升企业海外生存力和国际竞争力。

3. 完善知识产权涉外维权机制。加强对国际知识产权制度及规则的研究，建立知识产权重大涉外案件报备、通报制度，加强对重大涉外知识产权案件的跟踪研究，及时发布知识产权风险提示。支持知识产权行业协会、专业机构建立海外知识产权信息服务平台，跟踪发布重点产业知识产权信息和竞争动态。研究制定应对海外产业重大知识产权纠纷的措施，加大对中小企业和民营企业在“走出去”和“引进来”过程中涉外知识产权维权服务力度，加快构建海外知识产权保护和服务网络，为企业参与国际竞争、应对知识产权争端保驾护航。

五、实施保障

（一）强化组织领导

充分发挥省政府知识产权战略实施工作联席会议作用，做好规划组织实施工作。加强组织领导，明确责任分工，密切协作配合，结合实际细化落实目标任务，完善配套政策，推动规划有效落实。各市、县级政府要建立完善知识产权工作推进机制，把知识产权保护和运用纳入重要议事日程，制定落实政策措施，确保各项工作任务有序推进。

（二）强化投入保障

加大财政资金支持力度，加强财政预算与规划实施的相互衔接协调，统筹优化各类知识产权资金、政府项目资金。引导创新主体加大知识产权资金投入，广开融资渠道，逐步形成政府引导、企业主导、社会参与的多元化知识产权融资体系。

（三）强化监测评估

强化规划实施的动态监测和评估工作，建立规划实施考评体系，对规划实施推进情况进行跟踪分析，为规划的动态调整和顺利实施提供依据。完善规划实施督查机制，适时引入第三方开展绩效评估和社会评价。

权威解读

《山东省“十三五”知识产权保护和运用规划》解读（节选）

2017 年 9 月 4 日，省政府印发了《山东省“十三五”知识产权保护和运用规划》（鲁政发〔2017〕25 号，以下简称《规划》），有关主要精神解读如下：

《规划》共分为五个部分。

（一）总体思路与发展目标

1. 总体思路。

2. 发展目标。到 2020 年，知识产权强省建设目标如期实现，知识产权重要领域和关键环节改革取得阶段性成果，知识产权综合实力居全国前列。《规划》提出了“知识产权保护环境更加优化、知识产权运用成效显著增强、知识产权服务能力明显提升、知识产权人才队伍不断壮大”四个方面的工作目标，明确了 11 项主要量化指标。

（二）主要任务

1. 深化知识产权领域改革。建立高效的知识产权综合管理体制，构建便民利民的知识产权公共服务体系，提升综合运用知识产权促进创新驱动发展的能力。

2. 实行严格实行知识产权保护。健全完善知识产权政策体系，加大专利行政执法办案力度，加强商标品牌保护，规范有效保护商业秘密，持续推进软件正版化工作，加快推进知识产权保护中心建设。

3. 促进知识产权高效运用。完善知识产权运营体系，深入推进质押融资贴息和风险补偿试点，培育重点领域关键核心技术知识产权，加大高价值知识产权运用转化力度。

（三）重点工作

为实现以上目标和任务，《规划》提出六项重点工作。

1. 建立完善知识产权综合管理体系。开展知识产权综合管理改革，建立知识产权综合评价体系，深化知识产权权益分配改革。

2. 建立严格的知识产权保护制度。加强知识产权行政和司法保护，强化知识产权维权援助。

3. 切实提高知识产权质量效益。完善专利质量监管措施、实施商标战略推进工程、版权兴业和软件正版化工程、知识产权兴农工程。

4. 全面提升知识产权运用水平。培育知识产权密集型产业，打造重点产业领域知识产权优势，培育知识产权优势企业，开展知识产权运营，推动知识产权金融融合发展。

5. 大力发展知识产权服务业。建设知识产权综合服务平台，培育知识产权服务业集聚区，培育服务品牌机构，培养高层次知识产权人才。

6. 促进知识产权合作交流。拓展知识产权合作交流，提升企业知识产权国际竞争力，完善知识产权涉外维权机制。

（四）重点工程

《规划》紧密结合我省实际提出了七个重点工程。

1. 知识产权强省建设工程。按照《山东省知识产权强省建设实施方案》要求，完善知识产权强省建设考评机制，全面推进知识产权强省建设。深入推进知识产权强市、强县建设，积极推进试点、示范城市建设。

2. 知识产权保护能力提升工程。按照国家设立知识产权保护中心的要求，结合山东省产业集聚区和重点产业发展需要，推动搭建集快速审查、快速确权、快速维权于一体的知识产权大保护中心。

3. 专利质量提升工程。完善激励政策，不断提升发明创造和专利申请质量，在知识产权强省、强市建设和有关试点示范工作中强化专利质量评价和引导。加强对专利代理服务机构的监管，提升专利代理质量。提升“山东创造”的品牌度和知名度，打造重点产业领域优势地位。

4. 专利导航试点工程。完善山东省知识产权运营体系建设，推进专利密集型产业培育，实施产业规划类和企业运营类专利导航项目，建立重点领域知识产权评议制度，开展知识产权评议试点。

5. 知识产权强企培育工程。完善知识产权优势企业培育体系，深入推行企业知识产权管理标准化工作，培育一批具备行业影响力和国际竞争优势的知识产权领军企业。加强企业知识产权战略研究和预警分析，引导企业开展海外知识产权布局。

6. 知识产权服务提升工程。加强山东省“一站式”知识产权综合服务平台和山东省知识产权交易中心建设，支持各市专利信息中心等公共服务平台建设，助力大众创业、万众创新。培育知识产权服务业集聚区，培育知识产权品牌服务机构，培养专业服务人才。

7. 知识产权合作提升工程。加强与世界知识产权组织以及“一带一路”沿线国家和地区的知识产权合作交流，促进国际创新资源与山东创新需求的有效对接。加强黄河三角洲国家农业高新技术产业示范区和青岛海洋实验室等涉农、涉海知识产权国际合作基地建设。

（五）实施保障

1. 强化组织领导。

2. 强化投入保障。

3. 强化监测评估。

——引自：山东省知识产权局 http://www.sdipo.gov.cn/info/1008/5341.htm

山东高校典型经验

《山东交通学院知识产权管理办法》（节选）

（鲁交院科发〔2012〕17号）

第三条 本规定所称的知识产权包括：(1)专利权、商标权、著作权；(2)非专利技术成果权；(3)国家法律规定保护的其他智力劳动成果权。

第四条 职务技术成果的归属。合同有规定的按合同执行，无合同规定的职务技术成果属于学校，使用权、转让权归学校所有。

第五条 由学校主持，代表学校的意志创作，并由学校承担责任的作品为学校作品，其著作权由学校享有。

第六条 为完成学校的工作任务所创作的作品是职务作品，著作完成者享有署名权、修改权、保护作品完整权，学校对职务作品享有使用权。作品完成二年内，未经学校同意，作者不得许可第三人使用该作品。

第七条 主要利用学校的物质技术条件创作，并由学校承担责任的工程设计、产品设计图纸、计算机软件和图画等特殊职务作品，作者除享有署名权外，其著作权的其他权利由学校享有。

第八条 在执行学校工作任务过程中所产生所形成的不对外公开的信息属学校所有。此信息包括：调研资料、试验数据、科研进展情况、技术参数、商业秘密等。

山东省深入实施知识产权战略行动计划（2015～2020年）

鲁政办发〔2015〕40号

为贯彻落实《中共中央国务院关于深化体制机制改革加快实施创新驱动发展战略的若干意见》（中发〔2015〕8号）和《国务院办公厅关于转发知识产权局等单位深入实施国家知识产权战略行动计划（2014～2020年）的通知》（国办发〔2014〕64号），全面提升我省知识产权综合能力，实现创新驱动发展，推动经济提质增效升级，制定本行动计划。

一、总体目标

加快实施创新驱动发展战略和知识产权战略，积极推进深化体制机制改革，大力营造大众创业、万众创新的政策环境和制度环境，不断增强知识产权对经济发展的贡献度，努力建设知识产权强省，为加快创新型省份建设和全面建成小康社会提供有力支撑。到2020年，重点实现以下目标：

——知识产权创造能力明显提高。每万人口有效发明专利拥有量力争达到14件，年度通过《专利合作条约》途径提交的国际专利申请量达到1000件；拥有有效注册商标65万件、中国驰名商标700件、山东省著名商标3800件，马德里商标注册量累计达到2000件；作品著作权登记量20万件；植物新品种（种植业）授权量累计达到500件；林业植物新品种授权量累计达到109件。

——知识产权运用成效明显提升。市场主体运用知识产权参与市场竞争的能力明显提高，依法处理好知识产权与标准研制的关系，通过知识产权优势企业培育，省级以上知识产权示范企业达到500家。知识产权投融资额在"十二五"的基础上实现翻番，知识产权市场价值充分显现。培育形成一批区域特色明显、附加值高、经济贡献大的知识产权密集型产业，知识产权密集型产业增加值占地区生产总值的比重显著提高。建设15个专利导航产业发展试验区和知识产权集群管理示范区；省级商标战略实施示范区（市、区）、示范企业、示范园区和地理标志商标运用示范单位总数达到100家；省级版权示范单位、园区（基地）达到200家。

——知识产权保护环境明显优化。知识产权政策法规体系进一步健全，对知识产权事业发展的激励和导向作用更加突出。司法保护和行政执法能力不断提高，保护环境明显改善，知识产权保护社会满意度达到80%。全民知识产权意识显著增强，社会公众知识产权认知度达到85%以上。

——知识产权管理与服务能力明显增强。知识产权行政管理体系不断完善，宏观管理能力显著增强。知识产权服务业快速发展，专利代理机构达到110家，全省专利代理率达到65%以上；商标代理机构整体素质、营业收入实现逐年提高。知识产权人才规模不断壮大，形成一支规模大、结构优、素质高的知识产权人才队伍。

二、主要任务

（一）加强知识产权运用，助推经济转型升级

1. 实施知识产权优势企业培育工程。增强企业自主创新能力，促进高质量知识产权产出。以高新技术企业、重大科技经济项目承担企业、省管企业为重点，加大《企业知识产权管理规范》和《国家标准涉及专利的管理规定》实施力度，促进企业达标升级。加快知识产权密集型企业培育，集聚创新资源和高层次知识产权人才，创造引领产业发展的知识产权成果，形成一批拥有核心知识产权和具有国际竞争力的知识产权密集型企业。深入开展中小微企业知识产权试点工作，引导企业运用知识产权制度，激发企业自主创新活力，形成一批拥有自主知识产权的新产品，构筑企业发展和竞争优势。（省知识产权局、省科技厅、省工商局、省新闻出版广电局、省农业厅、省林业厅、省经济和信息化委、省国资委按照职责分工负责）

2. 实施专利运用促进工程。加快推进专利运营试点工作，构建专利运营体系，培育专利运营机构，引导专利运营机构专业化发展，鼓励建立知识产权运营联盟。实施专利导航产业发展计划，在有条件的区域性中心城市设立专利导航产业发展研发机构，为传统产业转型升级和新兴产业落地发展提供专利导航服务，在特色产业园区（高新技术产业开发区及经济开发区）建设专利导航产业发展实验区，构筑产业聚集发展和快速发展新优势。开展知识产权分析预警，推进重大经济科技活动实施知识产权评议制度，有效规避国内外知识产权风险。加快建设省级知识产权交易中心，推进知识产权、知识产权证券化产品交易，开展知识产权质押融资，搭建全省知识产权流转、融资的综合服务平台。在国家高新技术产业开发区、知识产权集聚区和知识产权运营试点市，积极探索建立“知识产权银行”，开展专利保险试点，努力为企业尤其是小微企业健康、快速发展提供强有力的知识产权融资服务。（省知识产权局、省科技厅、省经济和信息化委、省商务厅、省国资委、省金融办按照职责分工负责）

3. 实施商标战略推进工程。商标注册、运用、保护和管理是企业实施商标战略的关键环节。要引导企业强化主体意识，积极注册商标，科学使用商标。引导出口或对外投资企业加强商标国际注册，提高品牌国际化程度。支持企业通过商标专用权转让、许可使用、投资入股和质押融资等方式，实现商标的价值化。指导企业建立商标管理制度，制定商标纠纷预警和应对机制，加强商标专用权保护。加强集体商标、证明商标工作，促进区域品牌经济发展。推广“公司＋商标＋基地（农民专业合作社或农户）”经营模式，提高农业品牌化、现代化水平。（省工商局、省经济和信息化委、省商务厅按照职责分工负责）

4. 实施版权兴业和软件正版化工程。坚持政府主导、行业参与、全社会支持的原则，

充分发挥政府部门、创意企业、版权协会、版权示范基地（园区）的作用，支持版权集体管理组织和版权中介机构积极参与版权登记、版权交易和版权保护三大平台建设。加快建设集版权登记公告、交易信息发布、政策咨询等功能为一体的综合服务平台，推进文化版权交易中心建设。建成一批特色鲜明的版权产业优势区域，促进产业形成、产品集聚，实现规模化、集约化发展。推进软件正版化，巩固政府机关正版化工作成果，深入推进企业软件正版化，完善软件正版化工作长效机制，确保软件正版化工作常态化、规范化。（省新闻出版广电局负责）

5. 实施知识产权兴农工程。强化农业实施知识产权战略，加快建立农业“良种、良技、良法”普及运用和知识产权连接产学研金协同创新体系。强化农业新品种培育，认真落实国家关于植物新品种权保护的政策，加强对新品种推广应用和农民合法权益的保护，形成促进品种权转化的政策导向和激励机制，不断拓宽品种权商品化、产业化渠道。加强农产品地理标志的管理与运用，建立健全地理标志产品的技术标准体系，完善质量保证体系和监测体系，培育具有山东特色的地理标志产品。（省科技厅、省农业厅、省林业厅、省质监局、省工商局按照职责分工负责）

（二）加强知识产权保护，护航创新驱动发展

1. 加大行政执法力度。加强行政执法能力建设，完善知识产权行政执法体系，构建省、市、县三级联动的联合执法机制。加强执法协作，建立健全执法信息共享机制。推进知识产权行政执法信息公开，及时向社会发布案件处理情况。加强会展知识产权保护。加大海关知识产权保护力度，有效遏制进出口环节侵权等违法行为。开展电子商务领域知识产权保护专项行动。对知识产权违法案件高发的重点行业、领域和地区，开展集中整治。（省知识产权局、省工商局、省新闻出版广电局、省商务厅、济南海关、青岛海关按照职责分工负责）

2. 加强知识产权司法保护。完善知识产权审判工作机制，推进知识产权民事、行政、刑事审判“三合一”改革，争取设立知识产权法院。建立健全知识产权案件专家陪审员制度和特邀科技咨询专家制度。加强知识产权行政执法与刑事司法有效衔接，建立知识产权行政执法与刑事司法衔接信息平台，形成联合执法协调机制和纠纷快速解决机制。完善知识产权司法公开机制，提升知识产权司法保护的权威性和影响力。公安机关要继续加大打击侵犯知识产权犯罪力度，按照整链条、全覆盖的打击要求，形成强大声势，努力营造保护知识产权和促进自主创新的良好氛围。（省法院、省检察院、省公安厅及相关部门按照职责分工负责）

3. 强化知识产权维权援助。完善知识产权维权援助工作体系，实现维权援助网络17市全覆盖。建立重点产业知识产权快速维权机制。探索建立企业知识产权保护诚信评级体系。建立知识产权维权援助专家库，为知识产权维权援助提供专业支撑。发挥行业自律作用，推动重点产业建立知识产权保护联盟。建立科学决策、快速反应、协同运作的涉外知识产权纠纷应对机制，提高市场主体应对涉外知识产权纠纷的能力。（省知识产权局、省工商局、省新闻出版广电局、省商务厅按照职责分工负责）

（三）强化知识产权管理，提高行政效能

1. 深化知识产权管理体制改革。加快建设职责清晰、管理统一、运行高效的知识产

权行政管理体制。在国家知识产权示范城市、青岛西海岸新区、中韩自贸区地方经济合作示范区等先行先试，探索建立知识产权综合管理和综合执法模式。推进各类园区、高等院校、科研院所、规模以上工业企业建立健全知识产权工作体系，完善知识产权管理制度。（省知识产权局、省科技厅、省教育厅、省商务厅、省国资委，各市政府负责）

2. 促进知识产权区域协调发展。依托青岛地理区位和国际科技创新资源集聚优势，围绕山东半岛蓝色经济区和青岛西海岸新区建设，探索知识产权管理体制改革路径，构筑知识产权对外开放格局，积极推进在青岛设立知识产权服务业综合改革试验区。面向黄河三角洲高效生态经济区建设，实施知识产权促进现代农业升级发展工程，加强种子企业与高等院校、科研院所的合作，搭建种子产业技术创新联盟，建立品种权转让交易公共平台，建设山东农业知识产权托管和运营中心。利用省会城市群经济圈的区位优势，建设国家专利导航产业发展基地，开展知识产权运营工作，促进形成省会城市群经济圈产业发展新优势。针对西部经济隆起带清洁能源、医药化工、有色金属、农产品加工等产业聚集的特点，着力加强知识产权人才培养，搭建产学研协同创新的知识产权综合服务平台，促进知识产权战略实施和产业知识产权联盟建设，形成隆起带内知识产权聚集、经济发展的后发优势。（省知识产权局、省科技厅、省发展改革委、省工商局、省新闻出版广电局、相关行业主管部门，区域内各市政府负责）

3. 拓展知识产权国际合作。抓住国家实施"一带一路"战略机遇，加强与美国、欧盟、日本、韩国等国家和地区以及世界知识产权组织的合作，强化知识产权海外布局和技术转移，促进国际创新资源与我省创新需求有效对接。与国家知识产权局共建中德、中韩知识产权合作基地，开展学术交流和人员培训，建立知识产权保护与协作联盟，推动区域知识产权合作交流。加强对国际知识产权制度及规则的研究，建立知识产权重大涉外案件报备、通报制度，实现信息、资源共享。加大对中小企业和民营企业在"走出去"和"引进来"过程中涉外知识产权维权服务力度，加快构建海外知识产权保护和服务网络，为企业参与国际竞争、应对知识产权争端保驾护航。（省知识产权局、省科技厅、省商务厅、省工商局、省新闻出版广电局、相关行业主管部门按照职责分工负责）

4. 推进知识产权文化建设。推动群众性发明创造活动广泛开展，催生更加蓬勃的创新创造创业热潮，用智慧升级"山东制造"。建立和完善知识产权普及教育机制，逐步将知识产权内容纳入中小学教育体系，将知识产权教育作为高等院校学生素质教育的重要内容，在各级党校和行政学院开设知识产权培训课程。加大知识产权法律法规宣传力度。充分利用报刊杂志、广播电视、网络、微博、微信等媒体，多形式、多渠道地宣传知识产权知识、法律法规和政策，客观报道知识产权重大案件和典型案例，不断扩大知识产权的影响力。（省知识产权局、省教育厅、省司法厅、省工商局、省新闻出版广电局按照职责分工负责）

（四）加快知识产权人才培养，提升服务水平

1. 加强知识产权人才培养。建设高水平的知识产权研究和人才培养基地，开展知识产权管理、执法、服务专业人才在职培训，提高业务技能和水平，推进企事业单位知识产权实务人才的经验交流和继续教育。建立知识产权人才引进机制，加大吸引海内外知识产权高端人才的力度。充分利用各类国际资源和海外优质教育资源，加强知识产权高端

人才培养。(省知识产权局、省科技厅、省工商局、省新闻出版广电局、省人力资源社会保障厅按照职责分工负责)

2. 加快知识产权公共服务平台建设。依托国家知识产权局区域(济南)专利信息服务中心,建设集专利、商标、版权、集成电路布图设计、植物新品种等信息于一体的综合知识产权公共服务平台,构建布局合理、技术先进、功能完备、共享高效的知识产权信息公共服务体系。推动知识产权信息与法律、经济、科技、产业运行等各类信息资源的互联共享和综合运用。(省知识产权局、省科技厅、省工商局、省新闻出版广电局、省发展改革委按照职责分工负责)

3. 提升知识产权中介服务水平。完善服务机构布局,推动知识产权服务向基层延伸。壮大我省知识产权服务机构规模,拓展服务领域,提高服务质量,加快向专业化、规模化和国际化方向发展。引进一批高端、综合服务机构。培育一批知识产权品牌服务机构,鼓励我省服务机构到省外布局。加强对知识产权服务机构行业监管,定期发布专利代理区域成本核算指南,促进代理服务业良性竞争。推动行业协会、服务联盟等自律组织建设。(省知识产权局、省工商局、省新闻出版广电局、省发展改革委按照职责分工负责)

三、保障措施

(一)加强组织领导

各级政府要加强对知识产权战略实施工作的组织领导,县级以上人民政府应建立完善战略实施统筹协调工作机制,将本行动计划落实工作纳入重要议事日程。各级、各部门要按照职责分工研究具体落实措施,确保各项目标任务圆满完成。(各有关部门,各市政府负责)

(二)完善政策导向

进一步完善知识产权地方法规体系,推进修订《山东省专利纠纷处理办法》和《山东省查处冒充专利行为暂行办法》,加强配套措施的制定实施。各级、各部门在出台产业发展、结构调整、科技进步、招商引资、人才引进等政策时要充分体现知识产权导向。(省知识产权局、省科技厅、省法制办、省发展改革委、省人力资源社会保障厅按照职责分工负责)

(三)建立多元化的资金投入机制

各级政府要切实加大对知识产权的投入,积极支持知识产权战略实施工作。政府项目资金要向科技成果产权化、知识产权产业化方向倾斜。引导市场主体加大知识产权资金投入。广开融资渠道,广泛吸引社会资本,逐步形成政府引导、企业主导、社会参与的多元化知识产权资金投入体系。(省财政厅,各市政府负责)

山东高校典型经验

《济南大学科研工作奖励办法》(节选)

（济大校字〔2018〕6号）

第十一条 学校鼓励专业技术人员进行科技创新,并以职务专利形式保护知识产权。以济南大学作为第一专利权人申请的职务专利,由发明所在学院对其提出是否符合学科发展方向的认定意见。学校视专利对学科发展的支撑作用,对专利给予维护,对第一责任人奖励。

对符合学科发展方向的发明专利,授权后给予0.8万元奖励(依据济大校字〔2014〕30号文件已享受过实审奖励的,授权后奖励0.6万元),学校支付专利登记费和前六年的年费;对符合学科发展方向的实用新型专利,由学校支付专利登记费和第一年年费。

对符合学科发展方向的国际发明专利(PCT)申请,给予每件1万元奖励,国外授权发明专利,给予每件每个国家1万元奖励;对同一件发明创造在多个国家获发明专利权的,最多按五个国家予以奖励。

第十二条 学校对我校为牵头单位制定的国际标准、国家标准、地方及行业标准给予奖励,奖励额度为:国际标准奖励10万元,国家标准奖励5万元,地方及行业标准奖励1万元。

《鲁东大学知识产权管理暂行办法》(节选)

（鲁大校发〔2017〕64号）

第九条 学校的名称(包括英文名称及其缩写)、校标、以学校的名义申请注册的商标及其他服务标识,学校享有专用权。未经学校书面授权,学校所属单位、教职员工和学生均无权准许他人使用。

第十条 由学校派出的赴境外访问学者、进修人员、留学生等,其主要研究工作已在学校进行,而在国外有可能完成的发明创造、技术成果和其他智力成果,除另有协议外,其知识产权属于学校。

第十一条 承担国家科研计划(专项、基金等)项目形成的知识产权,除涉及国家安全、国家利益和社会重大公共利益外,由学校享有。承担企事业单位委托的技术开发项目形成的知识产权,除另有约定外,由学校享有。若约定其知识产权由对方独享的,须经科技处或社科处批准。

第十二条 知识产权的转移转化按照《鲁东大学科技成果转移转化管理暂行办法》(鲁大校发〔2017〕42号)相关规定执行。

第十三条 知识产权需要提前终止的,发明人必须提出书面申请,经所在单位签署意见,由科技处或社科处审批。

高校知识产权信息服务中心建设实施办法

国知办发规字〔2017〕62号

第一章　总　则

第一条　为贯彻落实《国务院关于新形势下加快知识产权强国建设的若干意见》(国发〔2015〕71号)的要求以及《"十三五"国家知识产权保护和运用规划》(国发〔2016〕86号)、《国家教育事业发展"十三五"规划》(国发〔2017〕4号)的部署,深入实施国家创新驱动发展战略,推进高校知识产权信息服务中心建设,完善知识产权信息公共服务网络,提升高校创新能力,支撑高校"双一流"建设,特制定本办法。

第二条　高校知识产权信息服务中心(以下简称"知识产权信息中心")是由高校设立并开展知识产权信息服务和人才培养等工作的机构。知识产权信息中心为高校知识产权的创造、运用、保护和管理提供全流程的服务,支撑高校协同创新和优势学科建设,促进高校科技成果转化。

第三条　知识产权信息中心建设按照"自主设立、择优遴选、重点支持"的原则进行。

第四条　国家知识产权局、教育部指导知识产权信息中心的建设和运行,对工作突出的知识产权信息中心,经遴选和确认后认定为高校国家知识产权信息服务中心,并给予重点支持。该项工作由国家知识产权局规划发展司、教育部科技司负责,教育部科技发展中心承担具体工作。有关省(区、市)知识产权局、教育厅予以协助。

第五条　知识产权信息中心一般设立在高校图书馆。所在高校是知识产权信息中心的建设单位,负责建立健全知识产权信息中心的管理机构,配备专职人员,制定日常管理办法,负责相关基础设施建设及条件保障。知识产权信息中心主要负责人由所在高校任命。

第二章　建设和运行

第六条　国家知识产权局、教育部对知识产权信息中心,在信息资源建设、人才培训、业务规范制定、交流平台搭建等方面予以指导和支持。

第七条　知识产权信息中心应当严格遵守相关法规和政策,立足高校知识产权信息服务需求,开展知识产权信息服务相关工作。

第八条 知识产权信息中心开展工作包括：(一)承担高校知识产权信息及相关数据文献情报的收集、整理、分析工作；(二)建设和维护高校知识产权信息资源平台，应用知识产权信息相关技术，有条件的可进行知识产权信息分析工具的开发；(三)为高校知识产权管理体系建立完善、知识产权重大事务和重大决策提供咨询、建议；(四)支持高校优势学科建设，配合高校知识产权管理机构提供重大科研项目的知识产权信息服务；(五)参与高校产学研协同创新，协助高校知识产权的资产管理和运营，促进高校知识产权转移转化；(六)承担高校知识产权信息相关培训，壮大信息服务人才队伍，开展知识产权信息素养教育，宣讲普及知识产权信息知识及技能；(七)为高校师生开展知识产权信息分析、创新活动提供实践场地和专业指导，参与高校知识产权教学研究、人才培养和国际交流等活动；(八)发挥信息资源和人才优势，为地方经济产业发展提供知识产权信息服务；(九)承担各级知识产权管理部门、教育管理部门委托的工作。

第三章 遴选和确认

第九条 高校是申报建设高校国家知识产权信息服务中心的主体。

第十条 申报建设高校国家知识产权信息服务中心的基本条件：(一)高校领导高度重视知识产权工作，对知识产权信息服务中心建设给予人员支持和经费保障。(二)拥有知识产权信息服务工作团队，人员业务素质强，已结合本校实际开展知识产权信息服务工作。团队人员在 10 名以上(含 10 名)，其中 5 名以上(含 5 名)具备科技查新工作经验并接受过系统的知识产权信息培训，从事过 3 年以上知识产权信息服务的人员不少于 2 人，具有高级专业技术职称的不少于 2 人，具有本校优势学科专业背景人员不少于 2 人。(三)具有知识产权相关的国内外文献资源、数据库、信息分析工具和基础设施，具备运用资源和工具开展知识产权信息服务的能力。(四)组织管理机制完善，有健全的内部管理规章制度，已建立知识产权管理制度和服务工作体系。

第十一条 在同等条件下，具备以下条件的优先考虑：(一)高校具有科技查新工作机构，或具有有关部委、全国性行业协会认可的类似机构。(二)高校具有获得知识产权相关的国家专业技术人才知识更新工程证书或国家知识产权局、教育部认可的其他证书的人员。(三)高校设有国家知识产权培训基地或政府相关部门认可的其他机构。(四)高校已贯彻实施《高等学校知识产权管理规范》国家标准。(五)高校建立了知识产权信息中心经费投入增长机制。(六)高校已有知识产权信息服务典型案例。

第十二条 申报材料包括：(一)高校国家知识产权信息服务中心申请书；(二)高校国家知识产权信息服务中心建设发展规划；(三)知识产权信息服务人员有关资格证明；(四)知识产权信息服务业绩证明材料；(五)相关规章和管理制度；(六)其他必要的说明材料。

第十三条 遴选程序：(一)提交材料。申报单位按照有关通知的要求，向教育部科技发展中心提交申报材料。(二)材料核实。教育部科技发展中心对申报单位提交的材料进行核实。(三)初步筛选。国家知识产权局规划发展司、教育部科技发展中心对通过材料核实的申报单位进行初步筛选，确定候选单位。(四)专家复核。国家知识产权局规划发展司、教育部科技发展中心组织专家对候选单位进行复核，并将结果公示。

第十四条 通过公示的单位名单，由国家知识产权局和教育部确认、发布。

第四章 考核和监督

第十五条 国家知识产权局规划发展司、教育部科技发展中心对高校国家知识产权信息服务中心实行动态管理，组织考核、监督等工作。

第十六条 高校国家知识产权信息服务中心应于每年12月底前，将本年度工作总结和下一年工作计划报送国家知识产权局规划发展司、教育部科技发展中心。国家知识产权局规划发展司、教育部科技发展中心将对高校国家知识产权信息服务中心的工作情况进行监督。

第十七条 国家知识产权局规划发展司、教育部科技发展中心以五年为周期，对高校国家知识产权信息服务中心进行考核。

第十八条 接受考核的高校国家知识产权信息服务中心应当提交以下材料：(一)工作成效报告书；(二)近五年知识产权服务项目明细表；(三)知识产权信息服务人员变更情况；(四)知识产权信息服务人员参加专业继续教育培训的情况；(五)其他要求提交的材料。

第十九条 考核合格的，保留高校国家知识产权信息服务中心称号；考核不合格，限期三个月进行整改，整改结束再行检查，仍然不合格者或无正当理由不参加考核的，取消高校国家知识产权信息服务中心称号。

第二十条 对于在申请过程中弄虚作假、骗取高校国家知识产权信息服务中心称号，或者利用高校国家知识产权信息服务中心从事违法违规活动的，一经发现，将取消称号。

第五章 附 则

第二十一条 知识产权信息中心所在部门的名称、主要负责人、联系方式等重要信息发生变更，须及时报国家知识产权局规划发展司、教育部科技发展中心备案。

第二十二条 本办法由国家知识产权局规划发展司、教育部科技司负责解释。

第二十三条 本办法自发布之日起施行。

权威解读

《高校知识产权信息服务中心建设实施办法》解读

一、背景情况

《国务院关于新形势下加快知识产权强国建设的若干意见》提出“增加知识产权信息服务网点，完善知识产权信息公共服务网络”，《“十三五”国家知识产权保护和运用规划》(国发〔2016〕86号)要求“增加知识产权信息服务网点，加强公共图书馆、高校图书馆、科技信息服务机构、行业组织等的知识产权信息服务能力建设”,《国家教育事业发展“十三五”规划》(国发〔2017〕4号)明确“支持高校图书馆建设知识产权信息服务中心,为促进高校创新提供服务”。

……

三、主要内容

《办法》分五章,共二十三条。

第一章“总则”,明确了高校知识产权信息服务中心的定位、建设原则、建设单位,相关部门的管理职责。高校知识产权信息服务中心是由各高校自主设立并开展知识产权信息服务和人才培养等工作的机构,将为高校知识产权的创造、运用、保护和管理提供全流程的服务,支撑高校协同创新和优势学科建设,促进高校科技成果转化。国家知识产权局、教育部指导高校知识产权信息服务中心的建设和运行,对于工作突出的,经遴选和确认后认定为高校国家知识产权信息服务中心,并给予重点支持。

第二章“建设和运行”,规定了高校知识产权信息服务中心开展的工作,包括收集整理高校知识产权信息、建设维护高校知识产权信息资源平台、高校知识产权管理咨询建议、重大科研项目知识产权信息服务、促进高校知识产权转移转化、开展知识产权信息素养教育、宣讲普及知识产权信息知识技能、提供创新活动实践场地和专业指导等方面内容。

第三章“遴选和确认”,规定了申报高校国家知识产权信息服务中心的主体、基本条件、申报材料、遴选程序等内容。高校国家知识产权信息服务中心名单,将由国家知识产权局、教育部确认发布。

第四章“考核和监督”,要求高校国家知识产权信息服务中心接受相关管理部门的监督、考核,并规定了取消称号的情形,以确保建设成效。

第五章“附则”,明确高校国家知识产权信息服务中心相关信息的变更需备案,并规定了《办法》的解释权。

——引自:国家知识产权局 http://www.sipo.gov.cn/zcfg/zcjd/1109514.htm

知识产权创新支持新旧动能转换的工作措施

鲁知规字〔2018〕7 号

为认真贯彻《中共山东省委山东省人民政府关于推进新旧动能转换重大工程的实施意见》(鲁发〔2018〕9 号),全面推进《山东新旧动能转换综合试验区建设总体方案》和《山东省新旧动能转换重大工程实施规划》深入实施,落实山东省科学技术厅《科技创新支持新旧动能转换的实施方案》,充分发挥知识产权创新支持新旧动能转换的重要作用,制定如下工作措施。

一、提升专利创造能力。围绕新旧动能转换重大工程"十强"产业和重点企业,着力提升 PCT(专利合作条约)国际专利申请量和有效发明专利拥有量。支持鼓励企事业单位开展知识产权海外布局,对 PCT 国际专利申请进入国际阶段的给予资助。对年度 PCT 国际专利申请大户和获授权发明大户分别实施梯次奖励。对维持 5 年以上、具有较好市场价值的国内有效发明专利择优给予一次性专利维持费资助,每件不超过 1 万元。探索建立重点企业联系机制,建立专利申请绿色通道,加快专利的申请和审批进程,提供优先审查支持,促进高价值专利得到快速授权和确权。力争"十强"产业 PCT 国际专利申请量和有效发明专利拥有量年均增长 20%以上。

二、培育高价值核心知识产权。实施新旧动能转换重大工程"十强"产业和重点产业领域核心技术专利(群)培育工作,对入选省核心技术专利(群)的项目,每项给予 100 万元资金支持。通过培育,引导企业围绕核心技术专利(群),继续创新创造,促进产出更多新的高价值核心专利和国际专利,形成核心技术专利池,以核心技术专利(群)为支撑的技术标准,打造企业品牌,占领产业和行业发展制高点。

三、建立新旧动能转换重点产业专利库。积极吸收引进省内外高校、科研院所和外向型知识产权服务机构尚未转化实施的有利于提升新动能的高价值发明专利技术,建立新旧动能转换专利库。以市场化方式开展专利收储及运营,构建线上线下相结合,市场化、规范化、标准化的知识产权交易运营体系。线上,常年开设专利展示交易专栏,为企业创新发展供给新动能、新技术,加快专利技术的线上交易流转;线下,依托山东省知识产权交易中心,定期举办专利技术展示交易会,为"十强"产业提供技术支持。力争 2018 年入库专利达到 1 万件,2022 年达到 5 万件。

四、建设"十强"产业专利大数据中心。紧紧围绕新旧动能转换重大工程"十强"产业，依托国家区域专利信息服务中心，构建覆盖全省重点区域、重点产业、重点企业的知识产权信息服务网络体系，打造新旧动能转换专利大数据中心。定期更新国际国内专利大数据，开展精准式专利信息服务，为企业自主创新、技术改造、并购重组、产业或行业标准制定和实施“走出去”战略等提供全面的专利数据服务和支撑。加快建设完善山东省知识产权“一站式”综合服务平台，提供知识产权申请、保护、运用、转移转化等一站式综合服务，以“互联网＋”知识产权在线服务，实现自助化、智能化、生态化服务和管理。

五、深入开展专利导航工程。采取点线面结合，在我省重点区域、重点产业、重点企业三个层面开展专利导航。围绕加快提升济青烟核心地位和协调发展，开展“3＋14”区域创新类专利导航，立足地区特色和优势，提出区域创新发展路径；围绕“十强”产业和各地重点产业实施产业规划类专利导航，摸清产业专利布局，找准发展方向和突破口；围绕重点企业、知识产权优势企业和专利密集型企业开展企业运营类专利导航，加快突破企业关键核心技术，为企业自主创新提供支撑。逐步建立以专利导航引导推动我省区域经济、重点产业、重点企业实现精准规划、科学发展的新型发展模式，建立“政产学研金介用”深度融合的专利导航工作体系。

六、大力发展知识产权金融服务。促进知识产权与金融资源的有效融合，有助于拓宽中小微企业融资渠道，全面促进知识产权转移转化，引导金融资本向高新技术产业转移，促进传统产业的转型升级和战略性新兴产业的培育发展，提升经济质量和效益。积极推广“政银保”融资模式，建立以政府扶持为导向，银行贷款投入为基础，担保和保险为保障的合作体系，运用市场化手段，形成优势互补、风险分担、利益共享的企业融资模式。实施专利保险补贴政策，对企业专利保险保费按60％的标准给予补贴，每家企业每年最高补贴6万元。扩大知识产权质押融资补助范围，由小微企业扩大到中小微企业，提高年度贴息标准，确保“十强”产业中每年受惠企业400家以上。完善知识产权质押融资风险补偿政策，合作银行由签约制改为备案制，进一步简化流程，凡是在我省设立的国有银行、商业银行等金融机构均可参与质押融资并享受风险补偿政策。

七、加强知识产权运营。知识产权运营是实现知识产权权利人和相关市场主体优化资源配置，实现知识产权价值的重要举措。搭建政府引导、市场化运作、创新主体共同参与的知识产权转化交易运营平台，积极开展线上线下展示交易活动。大力培育发展知识产权运营服务机构，支持知识产权运营机构与高等院校、科研院所、企业建立对接服务，每年遴选100项左右取得较好经济社会效益的具有典型示范带动效应的运营项目给予支持。鼓励支持国有高校建立专门或与服务机构合作的知识产权运营服务机构，加快促进专利技术成果转移转化。推动国有高校院所职务发明知识产权权益分配制度改革试点，推行知识产权入股、股权期权奖励等新型分配方式。深入推进青岛市国家知识产权运营服务体系重点市建设，构建知识产权运营生态体系与高价值专利培育体系、知识产权大保护体系融合结合，要素完备、体系健全、运行顺畅的知识产权运营服务体系。

八、大力培育专利密集型企业。紧紧围绕新旧动能转换重大工程“十强”产业，在高新技术企业、科技型中小微企业中，重点培育一批专利密集度指数高于全行业平均水平的专利密集型企业。不断完善专利密集型企业培育体系，着力培育一批知识产权数量和质量较高、知识产权保护和运用能力较强、知识产权市场竞争优势初步形成、具有区域影响力的专利密集型企业和“小巨人”企业。深入推广实施《企业知识产权管理规范》国家标准。建立专利密集型产业统计指标体系，定期发布我省专利密集型产业目录，开展密集型产业统计监测，培育一批新旧动能转换专利密集型产业园区、专利密集型产业及产业联盟。力争到2022年全省专利密集型企业达到2000家。

九、加强知识产权保护。强化国家知识产权保护中心建设，建设好烟台保护中心，加快推进东营、潍坊等保护中心建设，实现新旧动能转换重大工程“十强”产业和重点产业专利的快速审查、确权、维权，努力创建知识产权保护示范区。进一步完善省、市、县三级联动的专利行政执法体系，深入开展专利行政执法专项行动，针对重点领域及重点环节开展集中整治。加强部门协作，完善办案移送、协作办案工作机制，依法严厉惩治恶意侵权、群体侵权、重复侵权等行为，加强互联网执法监管中的跨部门协作。建立协同查处重大案件工作机制。完善举报投诉快速反应机制，加强跨地区举报投诉案件转办协作，完善举报投诉奖励制度，营造良好知识产权保护和营商环境。强化知识产权涉外维权援助力度，建立中小微企业知识产权维权援助工作体系和快速维权机制。

十、加快发展知识产权服务业。积极引进国内外优秀服务机构，培育一批品牌机构。推动服务机构为“十强”产业和重点企业开展高端知识产权服务，支持优秀服务机构与重点企业建立点对点联络对接机制，对在重大专利技术进行转移转化和产业化方面做出贡献的优秀服务机构给予支持。深入推进《山东省知识产权服务业转型升级实施方案》相关工作，加快青岛市崂山区国家知识产权服务业集聚发展试验区建设。加快推进省级以上知识产权培训基地建设，加强知识产权学院、学科建设和学历教育，开展知识产权产学研人才联合培养。加大知识产权急需紧缺人才和高层次人才的培养培训力度，强化知识产权职业化人才培养，建设多层次、多元化知识产权人才梯队。围绕新旧动能转换重大工程“十强”产业及重点企业，深入试点重点企业建立专利审查员实践基地，推动专利申请、审查、培育工作与企业创新结合。

权威解读

知识产权助推新旧动能转换　我局出台10项新措施

3月19日，省知识产权局正式印发《知识产权创新支持新旧动能转换的工作措施》(以下简称《措施》)。《措施》推出了十条具体工作措施。

在引导激励知识产权创新方面，《措施》从“提升专利创造能力、培育高价值核心知识产权”两个方面提出了相应的激励措施，重点提升PCT(专利合作条约)国际专利申请和有效发明专利拥有量，力争“十强”产业PCT国际专利申请量和有效发明专利拥有量年均增长20%以上；积极培育省核心技术专利(群)的项目，每项给予100万元资金支持，促进产出更多新的高价值核心专利和国际专利，打造企业品牌，占领产业和行业发展制高点。

在支撑新旧动能转换“十强”产业发展方面，《措施》以“建立新旧动能转换重点产业专利库、建设'十强'产业专利大数据中心、深入开展专利导航工程、大力发展知识产权金融服务、加强知识产权运营、大力培育专利密集型企业"6个方面具体工作为抓手，提出了以市场化方式开展专利收储及运营，构建线上线下相结合，市场化、规范化、标准化的知识产权交易运营体系，力争2018年新旧动能转换重点产业专利库入库专利达到1万件，2022年达到5万件；依托国家区域专利信息服务中心，构建覆盖全省的重点区域、重点产业、重点企业的知识产权信息服务网络体系，打造"十强"产业专利大数据中心，提供"互联网+"知识产权在线服务；采取点线面结合，在我省重点区域、重点产业、重点企业三个层面开展专利导航，逐步建立以专利导航引导推动我省区域经济、重点产业、重点企业实现精准规划、科学发展的新型发展模式；促进知识产权与金融资源的有效融合，积极推广"政银保"融资模式，扩大知识产权质押融资补助范围，进一步简化风险补偿流程，拓宽中小微企业融资渠道，确保"十强"产业中每年受惠企业400家以上；搭建政府引导、市场化运作、创新主体共同参与的知识产权转化交易运营平台，积极开展线上线下展示交易活动，大力培育发展知识产权运营服务机构，鼓励支持国有高校建立专门或与服务机构合作的知识产权运营服务机构；不断完善专利密集型企业培育体系，深入推广实施《企业知识产权管理规范》国家标准，培育一批知识产权数量和质量较高、知识产权保护和运用能力较强、知识产权市场竞争优势初步形成、具有区域影响力的专利密集型企业和"小巨人"企业，力争到2022年全省专利密集型企业达到2000家。

在服务保障新旧动能转换方面，《措施》重点强调了"加强知识产权保护、加快发展知识产权服务业"两个方面，要求强化国家知识产权保护中心建设，进一步完善省、市、县三级联动的专利行政执法体系，建立协同查处重大案件工作机制，完善举报投诉快速反应机制，强化知识产权涉外维权援助力度，实现"十强"产业专利的快速审查、确权、维权，努力创建知识产权保护示范区；加强知识产权服务业转型升级，加强知识产权学院、学科建设和学历教育，加大知识产权急需紧缺人才和高层次人才的培养培训力度，推动服务机构为"十强"产业和重点企业开展高端知识产权服务，推动专利申请、审查、培育工作与企业创新结合。

——引自：山东省知识产权局 http://www.sdipo.gov.cn/info/1008/5782.htm

中国专利奖评奖办法

知办发管字〔2018〕20号

第一条　评奖宗旨

引导和推进知识产权工作对供给侧结构性改革、加快建设创新型国家、推动高质量发展发挥重要作用；鼓励和表彰专利权人和发明人（设计人）对技术（设计）创新及经济社会发展做出的突出贡献。

第二条　评奖周期

国家知识产权局与世界知识产权组织共同开展中国专利奖评选工作，每年举办一届。

第三条　奖项设置

中国专利奖设中国专利金奖、中国专利银奖、中国专利优秀奖、中国外观设计金奖、中国外观设计银奖、中国外观设计优秀奖。

中国专利金奖、中国专利银奖及中国专利优秀奖从发明专利和实用新型专利中评选产生，评出中国专利金奖20项、中国专利银奖60项。中国外观设计金奖、中国外观设计银奖及中国外观设计优秀奖从外观设计专利中评选产生，评出中国外观设计金奖5项、中国外观设计银奖15项。

第四条　评审组织

国家知识产权局设立中国专利奖评审委员会（以下称“评审委员会”），会同世界知识产权组织开展中国专利奖的评审、批准和授奖等有关工作。评审委员会下设评审办公室，负责日常组织协调工作。

第五条　评价指标及权重

一、发明、实用新型专利

（一）专利质量（25%）。评价：1. 新颖性、创造性、实用性；2. 文本质量。

（二）技术先进性（25%）。评价：1. 原创性及重要性；2. 相比当前同类技术的优缺点；3. 专利技术的通用性。

（三）运用及保护措施和成效（35%）。评价：1. 专利运用及保护措施；2. 经济效益及市场份额。

（四）社会效益及发展前景（15%）。评价：1. 社会效益；2. 行业影响力；3. 政策适应性。

二、外观设计专利

(一)专利质量(25%)。评价:1. 创新性和工业适用性;2. 文本质量。

(二)设计要点及理念的表达(25%)。评价:1. 设计要点独特性;2. 艺术性及象征性;3. 功能性。

(三)运用及保护措施和成效(35%)。评价:1. 专利运用及保护措施;2. 经济效益及市场份额。

(四)社会效益及发展前景(15%)。评价:1. 社会效益;2. 发展前景。

第六条 推荐及评审程序

一、中国专利奖参评项目采用推荐方式,由地方知识产权局、国务院有关部门和单位知识产权工作管理机构、全国性行业协会、中国科学院院士和中国工程院院士等根据当年评选通知要求择优推荐。

二、评审办公室负责对推荐项目进行初审,并组织开展有关初评工作。

三、评审办公室根据初评情况,提出预获奖项目名单,报评审委员会。

四、评审委员会对预获奖项目名单进行审定,确定获奖项目及其奖励等级。

五、评审办公室在国家知识产权局政府网站公示评选结果。

第七条 异议处理

一、中国专利奖评选工作接受社会监督,社会公众对公示项目有异议的,可在规定时间内向评审办公室提出。

二、评审办公室接收异议材料,成立异议处理小组,对异议的具体情况进行分析,形成异议分析材料及处理意见并向评审委员会报告,经评审委员会决定后,将处理意见通知异议方和项目申报人、推荐单位。

三、参与异议处理的有关人员对异议者的身份及有关异议信息予以保密。

第八条 授奖

国家知识产权局及世界知识产权组织根据评选结果公示情况,对无异议或异议不成立的项目予以授奖,联合向获得金奖项目的发明人(设计人)颁发奖牌和证书,向专利权人颁发奖牌;国家知识产权局向获得银奖、优秀奖项目的发明人(设计人)颁发证书,向专利权人颁发奖牌。

国家知识产权局会同世界知识产权组织召开会议,共同表彰有关获奖的发明人(设计人)及专利权人。

国家知识产权局通过电视、网络、报刊等媒体公布获奖结果;对于获奖的项目,专利权人可以在其产品上标注奖项名称及获奖时间。

第九条 撤奖

对于获奖项目,若发现报送材料不实,且有证据证明不符合获奖条件的,由评审办公室提出撤销授奖的意见,经评审委员会批准,撤销授奖并追回奖牌和证书。

第十条 本办法由中国专利奖评审办公室负责解释。

第十一条 本办法自公布之日起执行。

山东高校典型经验

《山东建筑大学科研与学科建设奖励办法(试行)》(节选)

(山建大校发〔2018〕10号)

职务专利获省级及以上专利奖，奖励标准为：(一)中国专利奖，金奖奖励50万元，优秀奖奖励20万元。

《曲阜师范大学科研项目管理与科研业绩奖励办法》(节选)

(曲师大校字〔2018〕29号)

职务专利获省级及以上专利奖，奖励标准为：中国专利奖金奖奖励10万元，优秀奖6万元。

《青岛农业大学科研奖励办法(修订)》(节选)

(青农大校字〔2017〕76号)

第八条 以青岛农业大学为第一完成单位获得的各类奖励按以下标准计算：中国专利奖按照奖金额的1∶1进行奖励。

山东省专利奖励办法

鲁政办字〔2015〕45 号

第一条 为进一步加大专利技术保护和运用力度，表彰专利权人和发明人（设计人）对技术（设计）创新做出的贡献，根据《山东省专利条例》等有关规定，制定本办法。

第二条 山东省专利奖由省政府设立，每两年评选一次，重点奖励对技术创新及经济社会发展具有突出贡献的发明、实用新型和外观设计专利。

第三条 省政府设立山东省专利奖评审委员会（以下称评审委员会），负责山东省专利奖的评审工作。评审委员会成员由各专业领域的专家及相关部门负责人组成。评审委员会办公室（以下称评审办公室）设在省知识产权局，负责评审委员会的日常工作。

第四条 山东省专利奖的申报、推荐、评审和奖励遵循公开、公平、公正的原则。

第五条 山东省专利奖的评审工作接受社会监督。对评审工作有异议的单位或者个人，可以书面形式向评审办公室提出。评审办公室应当认真核实，及时处理。

第六条 申报。

（一）申报山东省专利奖，应当具备以下基本条件：

1. 申报单位或者个人须是在山东省行政区域内注册或者常住的专利权人；

2. 申报专利为已获授权的有效国内专利，包括发明、实用新型和外观设计专利，不含国防专利、保密专利；

3. 申报专利已经在山东省行政区域内实施，并取得显著的经济、社会效益。

（二）有下列情形之一的，不得申报山东省专利奖：

1. 存在专利权属纠纷、发明人或者设计人纠纷的；

2. 专利权无效宣告请求程序未终结的；

3. 已经获得过中国专利奖、山东省专利奖的；

4. 法律、行政法规规定的其他不适合申报的情形。

（三）申报山东省专利奖，须填写《山东省专利奖申报书》，并向具有推荐资格的单位或个人提交以下材料：

1. 专利权属证明，包括专利证书和专利登记簿副本；

2. 申报单位的法人证明或者申报人的身份证明材料；

3. 专利项目实施所产生的经济、社会效益证明材料；

4. 有助于评价专利的其他证明材料。

申报专利为实用新型专利、外观设计专利的,还须提交专利权评价报告。

第七条 推荐。山东省专利奖由下列单位或者个人推荐:

(一)省政府组成部门和直属机构;

(二)设区的市知识产权局;

(三)中国科学院院士或者中国工程院院士;

(四)省级行业协会;

(五)省科学院、省农业科学院、省医学科学院;

(六)驻鲁部属高校、中央驻鲁科研单位和企业。推荐单位或者个人应当对山东省专利奖申报材料进行审查,合格后报评审办公室。

第八条 受理。评审办公室对推荐报送的申报材料进行初步审查,按照专业相近原则进行分组,并在政府网站上公布拟受理名单,公示期为5个工作日。

第九条 评审。

(一)初评。评审委员会按专业分设山东省专利奖评审组。各评审组负责对本专业的参评专利进行初评,并将初评结果报评审委员会。

(二)终评。评审委员会对初评结果进行审查,选择重点项目进行答辩,综合评定参评项目,提出拟奖励名单。

第十条 公示。评审办公室将拟奖励名单在省级媒体上公示,公示期为5个工作日。

第十一条 批准。公示结束后,评审结果报省政府批准,并向社会公布。

第十二条 表彰。省政府发布奖励通报,对获得奖励的专利权人、发明人(设计人)颁发证书和奖金。

山东省专利奖每届表彰名额为特别奖2项、一等奖不超过20项、二等奖不超过30项、三等奖不超过60项,各奖项总数不超过100项,其中授予发明专利的奖项数量不少于授奖总数的70%。奖金数额分别为特别奖50万元、一等奖10万元、二等奖5万元、三等奖3万元。

奖励经费由省级财政预算安排的省知识产权(专利)资金列支。

第十三条 获奖专利发明人(设计人)所在单位的人事部门应将获奖情况记入本人档案,并作为职称评聘、职务晋升、业绩考核等工作的重要依据。

第十四条 以不正当手段骗取山东省专利奖的,撤销其奖励,追回证书和奖金。推荐单位或者推荐专家协助他人骗取山东省专利奖,属于单位推荐的,暂停其推荐资格;属于专家推荐的,取消其推荐资格。评审专家和工作人员在评审活动中弄虚作假、徇私舞弊的,对评审专家取消其评审资格,对工作人员依据情节轻重给予处分。

第十五条 省知识产权局可以根据本办法制定实施细则。

第十六条 本办法自2015年5月1日起施行,有效期至2020年4月30日。

权威解读

《山东省人民政府办公厅关于印发山东省专利奖励办法的通知》解读

近日，山东省人民政府办公厅印发《山东省专利奖励办法》(鲁政办字〔2015〕45 号，以下简称《奖励办法》)，5 月 1 日起正式实施。

一、《奖励办法》出台的背景

我省专利奖励工作始于 1989 年，作为部门奖励，至今一共举办了 14 届。2004 年，我省专利申请总量一年只有万余件，到 2014 年，全省年专利申请总量接近 16 万件，10 年时间增长了约 15 倍；专利质量明显提高，2004 年全省年发明专利授权量只有 788 件，到 2014 年全省年发明专利授权量达 10538 件，10 年时间增长了 12.37 倍。为适应新的形势发展，需要从政府层面出台和规范专利奖励的相关政策和制度。

2015 年 3 月 19 日，省政府办公厅印发《山东省专利奖励办法》，设立省政府专利奖。

二、《奖励办法》的主要内容

《奖励办法》共十六条，总体分为三个部分，实现了四个方面的突破和创新：

一是实现奖励层次的跃升。首先，《奖励办法》将“山东省专利奖”确定为由省人民政府设立，使全省自 1989 年以来开展的专利奖励活动从部门奖提升为省政府奖，实现专利奖励层次的跃升。其次，在专利奖一、二、三等奖的基础上，增加了特别奖设置。

二是注重评审程序的科学规范。《奖励办法》将评审程序总体分为六个环节，即形式审查—初审公示—项目初评—专家评审—评审公示—奖励批准。这六个环节在实施细则中都会进行一一对应的程序细化设计，如在项目初评阶段，根据专利自身特点，设计“计算机检索指标评价体系”模型，增加专利信息计算机检索赋分程序，增强评审结果的客观性。在重点阶段，如网络评审、初评答辩、终评答辩和评审委表决环节，设置严格的打分、筛选、淘汰标准。在评审专家选择方面，采取网评专家随机抽取、评审专家信息保密制度、省内省外专家合理配置等措施，预防评审过程中非正常人为因素干扰。

三是加强奖励和政策导向的力度。省专利奖表彰名额为每届特别奖 2 项、一等奖不超过 20 项、二等奖不超过 30 项、三等奖不超过 60 项，各奖项总数不超过 100 项，并分别给予每项 50 万元、10 万元、5 万元、3 万元的奖励。此外，《奖励办法》中还明确了“获奖专利的发明人(设计人)所在单位的人事部门应将获奖情况记入本人档案，并作为职称评聘、职务晋升、业绩考核等工作的重要依据”的规定，大大加强了政策引导的力度。

四是强化评审工作的监督和公示。评审委员会下设评审办公室和评审专家组，分别负责评奖的组织工作和评审工作，工作相对独立，相互配合又相互制约。评审程序设置单位内部公示、初审合格公示及专家评审奖励建议公示三次公示环节，加强了对社会的公开。评审工作全程接受社会监督，使相关人员在整个评审活动中，对违规行为“不想做、不能做、不敢做”。

——引自：山东省知识产权局 http://www.shandong.gov.cn/art/2015/4/28/art_2262_20709.html

山东高校典型经验

《中国石油大学(华东)科技成果奖励办法(修订)》(节选)

(中石大东发〔2015〕23号)

对于我校作为第一专利权人获山东省专利奖二等奖以上的专利,给予一定的现金奖励。奖励标准如下:1. 一等奖奖励1万元奖金;2. 二等奖奖励5000元奖金。

《曲阜师范大学科研项目管理与科研业绩奖励办法》(节选)

(曲师大校字〔2018〕29号)

职务专利获省级及以上专利奖,奖励标准为:山东省专利奖特等奖奖励8万元,一等奖奖励5万元,二等奖奖励2万元,三等奖奖励1万元。

《山东建筑大学科研与学科建设奖励办法(试行)》(节选)

(山建大校发〔2018〕10号)

职务专利获省级及以上专利奖,奖励标准为:(一)山东省政府专利奖,特别奖奖励50万元,一等奖奖励10万元,二等奖奖励5万元,三等奖奖励3万元。

山东省专利奖励办法实施细则

鲁知管字〔2017〕50 号

第一条 为规范山东省专利奖励工作，根据《山东省专利奖励办法》(以下简称《办法》)，制定本细则。

第二条 本细则适用于山东省专利奖的申报、推荐、评审、授奖及监督等活动。

第三条 山东省专利奖评审委员会(以下简称“评审委员会”)，由省知识产权局会同省相关部门和有关专家组成，设主任委员 1 人，副主任委员、委员若干人。

评审委员会负责组织山东省专利奖的评审活动，研究、处理专利奖励工作中的重大事项，提出完善专利奖励工作的政策性意见、建议。

第四条 评审委员会办公室(以下简称“评审办公室”)是评审委员会的办事机构，负责组织、协调山东省专利奖评审的日常工作，按照专利奖评审的规程和内容，选择、委托相关组织(单位)和专家开展评审工作。

第五条 山东省专利奖的申报工作依照省政府相关部门批复启动，省知识产权局对外发布申报通知，明确申报时限、申报范围、申报材料和受理方式。

第六条 《山东省专利奖申报书》(以下简称《申报书》)填报内容包括：基本信息、申报专利信息、自我评价、获得效益、发展前景和获奖情况，按《办法》要求附具证明材料。

申报专利属于多专利组合中核心专利的，其外围专利填写不超过五项。

申报专利可以提名指定参评奖项。

申报专利的专利权人为两个以上的应当联合申报，部分权利人放弃申报的，申报人应提供其他权利人放弃申报的书面声明。

申报人应对申报材料信息的有效性、真实性负责，并签署声明。

第七条 《办法》第六条所称的经济效益，是指申报专利实施后获得的直接经济效益，包括通过提高产品质量、劳动生产率或者降低生产成本，获得的净增销售收入、税金、利润等；所称的社会效益，是指在保证国家和公共安全、改善劳动条件、保护人民身体健康、消除公害污染、保持生态平衡、环保节能等方面发挥作用所产生具有公益性质的贡献。

经济效益证明应加盖出具单位的财务专用章；社会效益证明应加盖出具单位公章。

第八条 符合《办法》第七条的单位和个人(简称“推荐人”)，负责专利奖申报的推荐组织工作。推荐人是单位的，应当按照申报通知要求择优提出；推荐人是个人的，需由两名以上本专业领域院士联名提出。

第九条 推荐人依照《办法》和本细则的规定，对申报材料进行审查、核实，承担提名推荐、异议答复、答辩等责任，并对相关材料的真实性和准确性负责。推荐人应在出具的推荐函上填写推荐意见，随《申报书》等材料一同报送评审办公室。

评审委员会建立推荐人信用管理和动态调整机制，规范推荐工作。

第十条 评审办公室依照《办法》第六条规定，对申报专利进行初步审查，对符合申报条件的在省知识产权局网站上公示。

第十一条 评审指标

（一）发明、实用新型专利评审指标：

1. 专利文本质量；

2. 专利性，包括新颖度、创造度、实用度和保护措施；

3. 技术先进性，包括领先性、通用性；

4. 运用情况，包括经济和社会价值、发展前景。

上述新颖度、创造度、实用度，是指该发明专利性与最接近的现有技术对比，对本技术领域内解决其技术问题的贡献程度；领先性是指在该技术领域创新水平的高度、对原有技术具有的颠覆性和不可替代性；通用性是指该技术适用领域的广泛程度。

（二）外观设计专利评审指标：

1. 专利文本质量；

2. 专利质量，包括创新性、保护措施；

3. 理念表达，包括设计风格、美感度；

4. 运用情况，包括工业适用性、经济价值、发展前景。

第十二条 评审标准

总体要求：发明、实用新型专利应当权利稳定、文本质量优良、技术方案新颖、保护措施得力，专利技术实施运用和转移转化成效显著。外观设计专利应当权利稳定、文本质量优良、设计独特且富有美感、造型风格具备社会认可度、保护措施得力、实施后获得突出的经济效益。

（一）特别奖应当具备下列条件之一：

1. 颠覆性原创技术发明，能够转变公众习惯，引领未来产业发展，并在实施中取得重大经济和社会效益的；

2. 在解决我省发展的瓶颈制约、促进新旧动能转换、转变经济增长方式、降低资源能源消耗等方面做出重大贡献的；

3. 对形成国际标准或国家标准发挥重大作用，并得到普遍应用的。

（二）一等奖应当具备下列条件之一：

1. 重大技术发明，在国家和我省确定的重点行业或重点领域中实现重要技术突破，并取得突出经济效益或社会效益的；

2. 在行业中处于领先地位，对解决产业结构调整、转变经济增长方式、节能降耗减排以及公共管理和安全等面临的现实疑难技术问题起到突出作用的；

3. 对形成国际标准或国家标准发挥突出作用的；

4. 外观设计用于工业后，产品系列形成了独特设计风格，普遍被国内外市场认可。

（三）二、三等奖应当具备下列条件之一：

1. 属于行业核心技术，在国家和我省确定的重点领域解决了关键的技术问题，并取得较大（一定）的经济效益或社会效益的；

2. 对解决产业结构调整、节能降耗减排以及城市管理和安全等面临的现实疑难问题起到较大（一定）作用的；

3. 对形成国际标准或国家标准发挥较大（一定）作用的；

4. 外观设计用于工业后，产品凭借独特的设计美感，在国内外市场具有较大（一定）的认可度。

第十三条 评审程序。评审委员会设立专家评审组。专家评审组分为技术专家组和专利法律组。技术专家组专家在科技奖励评审专家库中随机选取，按专利 I PC 分类结合所属学科分类，设置评审单元组；专利法律组专家由评审办公室聘请资深专利审查员、代理人组成，也可以委托国家级或者省级专利评审机构（组织）承担评审工作。

（一）初评

1. 客观指标评价，由国家或省级专利服务机构运用专利信息数据库，针对参评专利文本通过机检，对客观指标进行检索评价。

2. 技术先进性和运用情况评价，由技术专家组专家依据评审指标，结合申报材料对参评专利通过网络进行评审。

3. 专利性评价，由专利法律组专家依据法律和评审指标，参照申报材料对入围参评专利进行评审。

评审办公室汇总客观指标情况和专家评审组评价意见，列出候选专利项目名单。

（二）终评

评审委员会根据初评候选专利项目情况，按比例选取部分优秀项目，组织委员和相关专家对进入特别奖、一等奖的候选项目答辩。评审委员会召开评审会议，依据初评和终评项目情况进行综合评价，以投票方式表决产生终评奖励意见。

第十四条 议事表决规则

（一）评审委员会召开评审会议应当有 3/4（含）以上委员参加，表决结果方为有效；

（二）特别奖、一等奖项目应当获得到会专家的 2/3（含）以上同意；

（三）二等奖、三等奖项目应当获得到会专家的 1/2 以上（含 1/2）同意；

（四）参评专利项目在奖项批准公布之前丧失专利权的，评奖资格自动取消。

第十五条 山东省专利奖的申报、评审、奖励等工作经费由省级财政预算安排的省知识产权（专利）资金列支。

获得山东省专利奖项目的单位及个人，应将所获奖金按不少于 70% 的比例，奖励给获奖专利的发明人或设计人（有合同约定的从其约定），其余奖金应用于专利相关工作。

第十六条 异议处理。

（一）山东省专利奖评选工作接受社会监督，社会公众对公示项目有异议的，可在规定时间内向评审办公室提出。涉及对评审工作的意见和建议，不列入异议范围。

（二）评审办公室接收异议材料，应当对异议内容进行审查，形成异议分析材料及处理意见，并向评审委员会报告，经评审委员会决定后，将处理意见通知异议方和项目申报人、推荐单位。

（三）参与异议处理的有关人员对异议者的身份及有关异议信息予以保密。

第十七条 本细则由山东省知识产权局负责解释。

第十八条 本细则自 2017 年 9 月 30 日起施行，有效期至 2020 年 4 月 30 日。原《山东省专利奖励办法实施细则》（鲁知管字〔2015〕35 号）同时废止。

附件：1. 申报材料真实性声明（略）

2. 山东省专利奖申报书（发明、实用新型专利）（略）

3. 山东省专利奖申报书（外观设计专利）（略）

4. 山东省专利奖推荐函（略）

专利优先审查管理办法

(2017)(局令第76号)

第一条 为了促进产业结构优化升级,推进国家知识产权战略实施和知识产权强国建设,服务创新驱动发展,完善专利审查程序,根据《中华人民共和国专利法》和《中华人民共和国专利法实施细则》(以下简称“专利法实施细则”)的有关规定,制定本办法。

第二条 下列专利申请或者案件的优先审查适用本办法:

(一)实质审查阶段的发明专利申请;

(二)实用新型和外观设计专利申请;

(三)发明、实用新型和外观设计专利申请的复审;

(四)发明、实用新型和外观设计专利的无效宣告。

依据国家知识产权局与其他国家或者地区专利审查机构签订的双边或者多边协议开展优先审查的,按照有关规定处理,不适用本办法。

第三条 有下列情形之一的专利申请或者专利复审案件,可以请求优先审查:

(一)涉及节能环保、新一代信息技术、生物、高端装备制造、新能源、新材料、新能源汽车、智能制造等国家重点发展产业;

(二)涉及各省级和设区的市级人民政府重点鼓励的产业;

(三)涉及互联网、大数据、云计算等领域且技术或者产品更新速度快;

(四)专利申请人或者复审请求人已经做好实施准备或者已经开始实施,或者有证据证明他人正在实施其发明创造;

(五)就相同主题首次在中国提出专利申请又向其他国家或者地区提出申请的该中国首次申请;

(六)其他对国家利益或者公共利益具有重大意义需要优先审查。

第四条 有下列情形之一的无效宣告案件,可以请求优先审查:

(一)针对无效宣告案件涉及的专利发生侵权纠纷,当事人已请求地方知识产权局处理、向人民法院起诉或者请求仲裁调解组织仲裁调解;

(二)无效宣告案件涉及的专利对国家利益或者公共利益具有重大意义。

第五条 对专利申请、专利复审案件提出优先审查请求,应当经全体申请人或者全体复审请求人同意;对无效宣告案件提出优先审查请求,应当经无效宣告请求人或者全体专利权人同意。

处理、审理涉案专利侵权纠纷的地方知识产权局、人民法院或者仲裁调解组织可以对无效宣告案件提出优先审查请求。

第六条 对专利申请、专利复审案件、无效宣告案件进行优先审查的数量，由国家知识产权局根据不同专业技术领域的审查能力、上一年度专利授权量以及本年度待审案件数量等情况确定。

第七条 请求优先审查的专利申请或者专利复审案件应当采用电子申请方式。

第八条 申请人提出发明、实用新型、外观设计专利申请优先审查请求的，应当提交优先审查请求书、现有技术或者现有设计信息材料和相关证明文件；除本办法第三条第五项的情形外，优先审查请求书应当由国务院相关部门或者省级知识产权局签署推荐意见。

当事人提出专利复审、无效宣告案件优先审查请求的，应当提交优先审查请求书和相关证明文件；除在实质审查或者初步审查程序中已经进行优先审查的专利复审案件外，优先审查请求书应当由国务院相关部门或者省级知识产权局签署推荐意见。

地方知识产权局、人民法院、仲裁调解组织提出无效宣告案件优先审查请求的，应当提交优先审查请求书并说明理由。

第九条 国家知识产权局受理和审核优先审查请求后，应当及时将审核意见通知优先审查请求人。

第十条 国家知识产权局同意进行优先审查的，应当自同意之日起，在以下期限内结案：

（一）发明专利申请在四十五日内发出第一次审查意见通知书，并在一年内结案；

（二）实用新型和外观设计专利申请在两个月内结案；

（三）专利复审案件在七个月内结案；

（四）发明和实用新型专利无效宣告案件在五个月内结案，外观设计专利无效宣告案件在四个月内结案。

第十一条 对于优先审查的专利申请，申请人应当尽快作出答复或者补正。申请人答复发明专利审查意见通知书的期限为通知书发文日起两个月，申请人答复实用新型和外观设计专利审查意见通知书的期限为通知书发文日起十五日。

第十二条 对于优先审查的专利申请，有下列情形之一的，国家知识产权局可以停止优先审查程序，按普通程序处理，并及时通知优先审查请求人：

（一）优先审查请求获得同意后，申请人根据专利法实施细则第五十一条第一、二款对申请文件提出修改；

（二）申请人答复期限超过本办法第十一条规定的期限；

（三）申请人提交虚假材料；

（四）在审查过程中发现为非正常专利申请。

第十三条 对于优先审查的专利复审或者无效宣告案件，有下列情形之一的，专利复审委员会可以停止优先审查程序，按普通程序处理，并及时通知优先审查请求人：

（一）复审请求人延期答复；

(二)优先审查请求获得同意后,无效宣告请求人补充证据和理由;

(三)优先审查请求获得同意后,专利权人以删除以外的方式修改权利要求书;

(四)专利复审或者无效宣告程序被中止;

(五)案件审理依赖于其他案件的审查结论;

(六)疑难案件,并经专利复审委员会主任批准。

第十四条 本办法由国家知识产权局负责解释。

第十五条 本办法自 2017 年 8 月 1 日起施行。2012 年 8 月 1 日起施行的《发明专利申请优先审查管理办法》同时废止。

权威解读

《专利优先审查管理办法》解读

修改内容

(一)扩展优先审查的适用范围

原《办法》只规定了发明专利申请的优先审查,不涉及实用新型和外观设计专利申请,也没有包括专利复审和专利权无效宣告案件。新《办法》的适用范围涵盖实质审查阶段的发明专利申请、实用新型和外观设计专利申请,发明、实用新型和外观设计专利申请的复审以及发明、实用新型和外观设计专利的专利权无效宣告案件,形成系统完整的专利优先审查制度。

(二)完善优先审查的适用条件

除了原《办法》中规定的与国家产业相关的适用优先审查的情形外,新《办法》扩充和丰富了适用优先审查的情形。

(三)简化优先审查的办理手续

从方便申请人、减轻文件准备负担、提高工作效率角度出发,进一步简化办理优先审查的手续。例如,不再要求提交检索报告,请求人仅需提交现有技术或现有设计信息材料;在某些情况下,不再需要国务院相关部门或者省级知识产权局签署推荐意见。

(四)优化优先审查的处理程序

新《办法》根据不同的专利类型以及程序特点分别设定相应的答复期限和结案期限,并根据我国《专利法》及其实施细则,结合审查实践,规定了因一些事由出现需要停止优先审查程序,按照普通程序处理的具体情形。

适用范围

(一)优先审查适用哪些申请或者案件?

原《办法》仅涉及实质审查阶段的发明专利申请,对于实用新型和外观设计专利申请以及专利复审和专利权无效宣告案件的优先审查没有作出规定,而现实中创新主体对于

3种类型的发明创造各个阶段的审查程序都有进行优先审查的需求，尤其是专利权无效宣告案件往往与专利侵权案件相关联，进行优先审查能够有效解决专利维权“周期长”的问题。因此，新《办法》明确了优先审查适用于下列申请或者案件：

1. 实质审查阶段的发明专利申请；

2. 实用新型和外观设计专利申请；

3. 发明、实用新型和外观设计专利申请的复审；

4. 发明、实用新型和外观设计专利的无效宣告。

（二）哪些专利申请、专利复审案件可以请求优先审查？

与原《办法》相比，新《办法》增加了多项可以请求优先审查的情形：从支持地方经济建设、鼓励优势产业发展角度考虑，增加了各省级和设区的市级人民政府重点鼓励的产业；在新一代技术革命中蓬勃发展的互联网、大数据、云计算等前沿热点领域，技术更新迭代快、产品生命周期短，对涉及的专利申请进行优先审查能够更好地满足该领域创新主体“快获权”的需求；从尽快确定权利状态、有效保护权利人利益角度考虑，对申请人或者请求人已经做好实施准备或者已经开始实施，或者有证据证明他人正在实施其发明创造的申请也需要进行优先审查。因此，新《办法》规定的专利申请、专利复审案件的优先审查适用于以下6种情形：

1. 涉及节能环保、新一代信息技术、生物、高端装备制造、新能源、新材料、新能源汽车和智能制造等国家重点发展产业；

2. 涉及各省级和设区的市级人民政府重点鼓励的产业；

3. 涉及互联网、大数据、云计算等领域且技术或者产品更新速度快；

4. 专利申请人或者复审请求人已经做好实施准备或者已经开始实施，或者有证据证明他人正在实施其发明创造；

5. 就相同主题首次在中国提出专利申请又向其他国家或地区提出申请的该中国首次申请；

6. 其他对国家利益或者公共利益具有重大意义需要优先审查。

（三）哪些专利权无效宣告案件可以请求优先审查？

主要针对存在专利侵权纠纷的专利权无效宣告案件进行优先审查，更加准确、及时地确定专利权的有效性，解决目前专利制度运行中突出存在的专利维权“周期长”的问题。同时，当专利权无效宣告案件涉及的专利具有重大影响和重大意义时，也需要通过优先审查来更好地维护国家利益或者社会公共利益。因此，新《办法》规定专利权无效宣告案件的优先审查适用于以下两种情形：

1. 针对专利权无效宣告案件涉及的专利发生侵权纠纷，当事人已请求地方知识产权局处理、向人民法院起诉或者请求仲裁调解组织仲裁调解；

2. 专利权无效宣告案件涉及的专利对国家利益或者公共利益具有重大意义。

办理手续

（一）哪些主体可以请求优先审查？

专利申请人可以对专利申请、专利复审案件提出优先审查请求，当申请人为多个时，应当经全体申请人或者全体复审请求人同意；

无效宣告请求人或者专利权人可以对专利权无效宣告案件提出优先审查请求，当专利权人为多个时，应当经全体专利权人同意。

此外，为了加快专利侵权纠纷的解决，处理、审理涉案专利侵权纠纷的地方知识产权局、人民法院或者仲裁调解组织可以对专利权无效宣告案件提出优先审查请求。

（二）对优先审查的数量有无要求？

在保证审查质量和总体审查周期不受影响的前提下，国家知识产权局专利局、专利复审委员会将在现有审查能力范围内提供尽量多的专利申请、专利复审、专利权无效宣告案件优先审查资源。对专利申请、专利复审、专利权无效宣告案件进行优先审查的数量，由国家知识产权局根据不同专业技术领域的审查能力、上一年度专利授权数量以及本年度待审案件数量等情况确定。

（三）请求优先审查的申请或者案件应当采用什么申请方式？

为了提高优先审查的效率，新《办法》第七条规定，对于请求优先审查的专利申请以及专利复审案件，应当采用电子申请方式。建议申请人采用XML格式文件的电子申请，该格式文件的电子申请有利于规范化管理，并能充分保证专利申请在整个流程的快速、准确；而对于PDF格式或Word格式文件，系统需要时间转换为审查用的XML格式文件，将影响整个审查周期。对于专利权无效宣告案件则没有申请方式的限制，考虑到纸质文件会涉及较长的数据采集和代码化周期，建议专利权无效宣告案件当事人采用电子请求方式以加快案件审查流程。

（四）提出优先审查请求的时机是什么？

对于发明专利申请人请求优先审查的，应当在提出实质审查请求、缴纳相应费用后具备开始实质审查的条件时提出。

对于实用新型、外观设计专利申请人请求优先审查的，应当在申请人完成专利申请费缴纳后提出。

对于专利复审和专利权无效宣告案件，在缴纳专利复审或专利权无效宣告请求费后至案件结案前，都可以提出优先审查请求。

（五）提出优先审查请求需要提交哪些材料？

1. 申请人提出专利申请优先审查请求的，应当提交优先审查请求书、现有技术或者现有设计信息材料和相关证明文件；有同日申请的，还需要在请求书中提供相对应的同日申请的申请号。除“就相同主题首次在中国提出专利申请又向其他国家或者地区提出申请的该中国首次申请”的情形外，优先审查请求书应当由国务院相关部门或者省级知识产权局签署推荐意见。“国务院相关部门”是指国家科技、经济、产业主管部门，以及国家知识产权战略部际协调成员单位。

2. 当事人提出专利复审、专利权无效宣告案件优先审查请求的，应当提交优先审查请求书和相关证明文件，优先审查请求书应当由国务院相关部门或者省级知识产权局签署推荐意见，但以下两种情形除外：专利复审案件涉及的专利申请在实质审查或者初步审查程序中已经进行了优先审查；处理、审理涉案专利侵权纠纷的地方知识产权局、人民法院、仲裁调解组织对专利权无效宣告案件请求优先审查，需要提交“复审无效程序优先审查请求书”和相关证明文件，并说明理由。

3. 目前，无论是对于专利申请、专利复审案件还是专利权无效宣告案件提出优先审查请求，优先审查请求书以及相关证明文件都需要提交纸质原件。

（六）“现有技术或者现有设计信息材料”指的是什么？

根据我国《专利法》第二十二条规定，现有技术是指（发明或者实用新型专利）申请日以前在国内外为公众所知的技术。包括在申请日（有优先权的，指优先权日）以前在国内外出版物上公开发表、在国内外公开使用或者以其他方式为公众所知的技术。申请人应重点提交与发明或者实用新型专利申请最接近的现有技术文件。

根据我国《专利法》第二十三条规定，现有设计是指（外观设计专利）申请日以前在国内外为公众所知的设计。申请人应重点提交与外观设计专利申请最接近的现有设计信息。

对于专利文献，可以只提供专利文献号和公开日期，对于非专利文献，例如期刊或书籍，建议提供全文或相关页。

（七）“相关证明文件”指哪些？什么情况下需要提交？

相关证明文件主要指证明该专利申请、专利复审、专利权无效宣告案件是符合新《办法》所列优先审查情形的必要的证明文件。

对于新《办法》第三条第四项已经做好实施准备或者已经开始实施以及存在他人潜在侵权的情形，申请人或复审请求人需要提交相关证据。证明已经做好实施准备，可以提供产品照片、产品目录、产品手册等；证明已经开始实施或者存在潜在侵权，可以提供产品交易或销售证明，例如买卖合同、产品供应协议、采购发票等。

对于新《办法》第三条第五项向外申请的情形，如果是通过《专利合作条约》(PCT)途径向其他国家或地区提出申请，仅在优先审查请求书中说明即可；如果是通过《保护工业产权巴黎公约》途径向外申请，则需要提交对应国家或地区专利审查机构的受理通知书。

对于新《办法》第四条第一项专利权无效宣告案件涉及的专利侵权纠纷的情形，需要提供相应的立案通知书、答辩通知书、起诉状、应诉通知书等证明文件。

审查程序

（一）优先审查请求受理后，国家知识产权局多久可以发出是否同意优先审查的审核意见？在多长时间内可以结案？

对于专利申请，通常自收到优先审查请求之日起3个至5个工作日向申请人发出是否同意进行优先审查的审核意见。对于专利复审、专利权无效宣告案件，在收到优先审查请求书后，会尽快对该请求进行审核，并发出相应通知书来通知请求人是否进入优先审查程序。

对于国家知识产权局同意进行优先审查的申请或者案件，自同意优先审查之日起，发明专利申请在45日内发出第一次审查意见通知书并在一年内结案；实用新型和外观设计专利申请2个月内结案；专利复审案件7个月内结案；发明和实用新型专利权无效宣告案件5个月内结案，外观设计专利权无效宣告案件4个月内结案。

（二）在优先审查过程中，对答复期限如何要求？

申请人答复发明专利审查意见通知书的期限为通知书发文日起2个月，申请人答复实用新型和外观设计专利审查意见通知书的期限为通知书发文日起15日。“发文日”即为通知书上注明的发文日期。

请求优先审查的专利复审案件和专利权无效宣告案件的通知书答复期限与普通案件相同。

（三）在什么情况下，专利申请的优先审查程序会被停止？

专利申请的审查过程中存在多种非审理原因而延长审查期限的情形。例如，在优先审查获得同意之前，申请人可以根据我国《专利法实施细则》第五十一条第一、二款对申请文件提出修改，满足申请人修改申请文件的需要，而优先审查获得同意后，上述修改将造成审查周期延长；如果申请人的答复期限超过新《办法》第十一条规定的期限，将造成审查周期延长；申请人提交虚假材料或者提交非正常申请都是违背了诚实信用原则的行为，不应当再获得优先审查。因此，对于优先审查的专利申请，新《办法》第十二条规定了有下列情形之一的，国家知识产权局可以停止优先审查程序，按普通程序处理：

1. 优先审查请求获得同意后，申请人根据《专利法实施细则》第五十一条第一、二款对申请文件提出修改；

2. 申请人答复期限超过本办法第十一条规定的期限；

3. 申请人提交虚假材料；

4. 在审查过程中发现为非正常专利申请。

（四）在什么情况下，专利复审、专利权无效宣告案件的优先审查程序会被停止？

专利复审、专利权无效宣告案件的审理过程中也存在多种需要延长审查期限的情形。如果复审请求人延期答复，将造成审查周期延长；在专利权无效宣告案件的优先审查请求获得同意之前，当事人可以补充证据和理由以及修改权利要求书，而优先审查获得同意后，上述情形将造成审查周期延长；当专利复审或者专利权无效宣告程序被中止、案件审理依赖于其他案件的审查结论时，不能保证在规定的期限内结案；当遇到疑难案件，为了保证审理质量，维护当事人权益，也需要较长的审理时间。因此，对于优先审查的专利复审或者专利权无效宣告案件，新《办法》第十三条规定了如果出现下列情形，国家知识产权局专利复审委员会可以停止该案件的优先审查程序，按普通程序处理：

1. 复审请求人延期答复；

2. 优先审查请求获得同意后，无效宣告请求人补充证据和理由；

3. 优先审查请求获得同意后，专利权人以删除以外的方式修改权利要求书；

4. 专利复审或者专利权无效宣告程序被中止；

5. 案件审理依赖于其他案件的审查结论；

6. 疑难案件，并经专利复审委员会主任批准。

——引自：国家知识产权局 http://www.sipo.gov.cn/zcfg/zcjd/1020271.htm

山东省专利纠纷处理和调解办法

山东省人民政府令第296号

第一章　总　则

第一条　为了规范专利纠纷的处理和调解活动，保护当事人的合法权益，根据《中华人民共和国专利法》《中华人民共和国专利法实施细则》《山东省专利条例》等法律、法规，结合本省实际，制定本办法。

第二条　本省行政区域内专利纠纷的处理和调解，适用本办法。

第三条　省、设区的市人民政府专利行政部门根据当事人的请求，处理和调解本行政区域内的专利纠纷。

县(市、区)人民政府专利行政部门受省、设区的市人民政府专利行政部门委托，可以处理和调解本行政区域内的专利纠纷。

第四条　当事人请求处理或者调解专利纠纷，由侵权行为地或者被请求人所在地的专利行政部门管辖。

当事人向两个以上有管辖权的专利行政部门提出处理请求的，由最先受理的专利行政部门管辖。

专利行政部门对管辖权发生争议的，由争议双方共同的上一级人民政府专利行政部门指定管辖。

第五条　专利纠纷有下列情形之一的，由省人民政府专利行政部门处理和调解：

(一)当事人一方为外国人、无国籍人、外国企业和组织的；

(二)被请求人所在地不在本省同一个设区的市的；

(三)重大、复杂或者有较大影响的。

对前款第二项的专利纠纷，省人民政府专利行政部门可以指定有关设区的市人民政府专利行政部门管辖。

第六条　专利行政部门处理专利纠纷，应当以事实为依据、以法律为准绳，遵循公正、及时的原则。

专利行政部门调解专利纠纷，应当遵循自愿、合法的原则，在查明事实的基础上，促使当事人相互谅解，达成调解协议。

第七条 对已经作出处理决定或者达成调解协议的专利纠纷，当事人以同一事实和理由再次请求专利行政部门处理和调解的，专利行政部门不予受理。

第二章 专利纠纷的处理

第八条 未经专利权人许可实施其专利，引起专利侵权纠纷的，专利权人或者利害关系人可以向专利行政部门提起专利侵权纠纷处理请求。

第九条 提起专利纠纷处理请求，应当符合下列条件：

（一）有明确的被请求人；

（二）有明确的请求事项和具体事实、理由；

（三）属于专利行政部门的管辖范围；

（四）当事人未就该纠纷向人民法院起诉。

第十条 当事人请求处理专利纠纷的，应当提交下列材料：

（一）请求书；

（二）当事人主体资格的证明；

（三）相关专利文件及专利权有效的证明；

（四）涉嫌侵犯专利权的证据；

（五）其他有关证据、证明。

当事人应当提供有关材料的原件、原物或者经专利行政部门核对无异的复制品、照片、副本、节录本；提交外文材料的，应当附有中文译本。

第十一条 当事人委托代理人的，应当提交由委托人签名或者盖章的授权委托书。授权委托书应当载明委托事项和权限。

代理人代为承认、放弃、变更处理请求或者进行和解的，应当有委托人的特别授权。

第十二条 专利行政部门对请求书及有关材料进行审查，认为符合立案条件的，应当自收到请求书之日起五个工作日内立案，并通知当事人；认为不符合立案条件的，应当自收到请求书之日起五个工作日内书面通知请求人不予受理，并说明理由。

请求书及有关材料需要补正的，专利行政部门应当自收到请求书及有关材料之日起五个工作日内，通知请求人在指定期限内补正。经补正符合立案条件的，专利行政部门应当自收到补正材料之日起五个工作日内立案；请求人逾期不补正或者未按照要求补正的，书面通知请求人不予受理，并说明理由。

第十三条 专利行政部门处理专利纠纷，可以依职权调查收集有关证据。

当事人因客观原因不能自行收集有关证据的，可以书面请求专利行政部门调查取证，专利行政部门根据情况决定是否调查收集有关证据。

专利行政部门调查取证时，当事人和有关人员应当协助配合，如实反映情况，不得拒绝、阻挠，或者隐瞒、伪造、转移、毁灭证据。

第十四条 专利行政部门处理专利纠纷时，应当要求当事人出示证据，并进行质证。

对涉及商业秘密、个人隐私的证据，当事人可以提出不公开质证的申请。

第十五条 当事人对专利纠纷涉及的专业性问题，可以向专利行政部门提出鉴定申请。专利行政部门认为有必要的，由双方当事人协商确定具备相应资格的鉴定人进行鉴定；协商不成的，由专利行政部门指定。

专利行政部门可以聘请有关专家或者机构，对专利纠纷涉及的专业性问题进行咨询。

第十六条 专利行政部门应当自立案之日起五个工作日内将请求书及其他有关材料发送被请求人，要求其自收到之日起十五日内提交答辩书。被请求人逾期不提交的，不影响专利行政部门进行处理。

专利行政部门应当自收到答辩书之日起五个工作日内将答辩书发送请求人。

第十七条 专利行政部门处理专利纠纷时，可以根据案情需要决定是否进行口头审理。

进行口头审理的，应当至少在口头审理三个工作日前将时间、地点通知当事人。当事人无正当理由拒不参加的，或者未经允许中途退出的，对请求人按照撤回请求处理，对被请求人按照缺席处理。

第十八条 有下列情形之一的，可以延期审理：

（一）必须到场的当事人和其他参与人有正当理由未到场的；

（二）当事人临时提出回避申请的；

（三）需要通知新的证人到场，调取新的证据，重新鉴定、勘验，或者需要补充调查的；

（四）法律、法规规定可以延期的其他情形。

第十九条 专利行政部门立案后，认为需要追加有关单位或者个人参加专利纠纷处理的，应当书面通知有关单位或者个人。

第二十条 有下列情形之一的，中止专利纠纷处理：

（一）一方当事人死亡，需要等待继承人表明是否参加纠纷处理的；

（二）一方当事人丧失行为能力，尚未确定法定代理人的；

（三）作为一方当事人的法人或者其他组织终止，尚未确定权利义务承受人的；

（四）一方当事人因不可抗拒的事由，不能参加纠纷处理的；

（五）本案应当以其他案件的处理结果为依据，其他案件尚未处理完结的；

（六）法律、法规规定应当中止的其他情形。

中止的原因消除后，应当及时恢复处理。

第二十一条 有下列情形之一的，撤销专利纠纷案件：

（一）立案后发现不属于该专利行政部门管辖的；

（二）处理过程中发现不符合受理条件的；

（三）法律、法规规定应当撤销案件的其他情形。

第二十二条 有下列情形之一的，终结专利纠纷处理：

（一）请求人死亡，没有继承人或者继承人放弃处理请求的；

（二）被请求人死亡，没有义务承担人的；

（三）作为一方当事人的法人或者其他组织终止，没有权利义务承受人的；

（四）请求人撤回或者视为撤回请求的；

（五）涉案专利权被宣告无效的；

（六）当事人达成调解协议的；

（七）法律、法规规定应当终结的其他情形。

第二十三条 专利行政部门处理专利纠纷，可以进行调解；调解不成的，应当及时作出处理决定。

第二十四条 专利行政部门处理专利纠纷，应当自立案之日起三个月内结案。案件特别复杂需要延长期限的，应当由专利行政部门负责人批准，经批准延长的期限不超过一个月。

下列期间不计入前款规定的案件办理期限：

（一）公告、鉴定的期间；

（二）中止处理至恢复处理的期间；

（三）管辖权争议处理期间；

（四）双方当事人进行调解的期间；

（五）调取新证据、重新勘验的期间。

第二十五条 专利行政部门处理专利侵权纠纷，认定侵权行为成立的，应当作出处理决定，依法责令侵权人立即停止侵权行为；认定侵权行为不成立的，应当驳回请求。

第三章　专利纠纷的调解

第二十六条 专利行政部门根据当事人请求，可以调解下列专利纠纷：

（一）在发明专利申请公布后、专利权授予前使用该项发明而未支付适当费用的纠纷；

（二）专利申请权和专利权归属纠纷；

（三）发明人、设计人资格纠纷；

（四）职务发明创造的发明人、设计人的奖励和报酬纠纷；

（五）法律、法规规定的其他专利纠纷。

专利行政部门根据当事人的请求，也可以就侵犯专利权的赔偿数额进行调解。

对于第一款第一项的纠纷，当事人请求专利行政部门调解的，应当在专利权被授予之后提出。

第二十七条 请求专利行政部门调解专利纠纷的，应当提交书面请求书及相关证据。

单独对侵犯专利权赔偿数额提出调解请求的，应当提交专利行政部门作出的认定侵权行为成立的处理决定。

第二十八条 专利行政部门应当自收到调解请求书之日起五个工作日内将请求书发送被请求人，要求其在收到之日起十五日内提交意见陈述书，表明是否同意调解；被请求人逾期不提交的，视为不同意调解。

第二十九条 被请求人提交意见陈述书并同意调解的，专利行政部门应当自收到意见陈述书之日起五个工作日内，书面告知当事人调解的方式、时间和地点。

被请求人逾期未提交意见陈述书，或者在意见陈述书中表示不接受调解的，专利行政部门应当及时告知请求人。

第三十条 当事人经调解达成协议的，由专利行政部门制作调解协议书，并由当事人在协议书上签名或者盖章。当事人认为必要的,可以依法向人民法院申请司法确认。

第四章 展会期间和电子商务专利纠纷处理

第三十一条 在本省行政区域内举办的各类经济技术贸易展览会、展销会、博览会、交易会、展示会等展会期间,专利权人或者利害关系人向展会所在地专利行政部门提出专利纠纷处理请求的,专利行政部门应当自收到专利纠纷处理请求书后二十四小时内决定是否受理,并通知请求人、被请求人、展会主办方。

第三十二条 专利行政部门受理专利纠纷处理请求的,可以要求被请求人在指定期限内答辩。被请求人逾期不答辩的,不影响专利行政部门对案件的处理。

第三十三条 有下列情形之一的,专利行政部门不予受理:

(一)请求人已经向专利行政部门提出处理请求或者向人民法院提起诉讼的;

(二)专利权处于无效宣告请求处理程序的;

(三)专利权存在权属纠纷,处于人民法院的审理程序或者专利行政部门的调解程序的。

第三十四条 专利行政部门经审查,认定专利侵权行为成立的,应当责令被请求人从展会上撤出侵犯专利权的展品,销毁或者封存相关宣传材料;对专利侵权行为是否成立不能作出认定的,应当告知当事人,并在展会结束后继续处理。

第三十五条 专利行政部门认定电子商务平台上的专利侵权行为成立并作出处理决定的,应当通知电子商务平台提供方及时对专利侵权产品的相关网页采取删除、屏蔽或者断开链接等措施。

第五章 法律责任

第三十六条 违反本办法规定,法律、法规已有行政处罚规定的,适用其规定。

第三十七条 专利行政部门及其工作人员不依法履行处理和调解专利纠纷职责的,由上级专利行政部门责令限期改正;情节严重的,对直接负责的主管人员和其他直接责任人员依法给予处分。

专利行政部门工作人员在处理和调解专利纠纷活动中玩忽职守、滥用职权、徇私舞弊的,依法给予处分;给公民、法人和其他组织合法权益造成损害的,依法予以赔偿;构成犯罪的,依法追究刑事责任。

第三十八条 违反本办法规定,有关当事人隐瞒、伪造、转移、毁灭与案件有关的证据的,由专利行政部门处以一万元以上三万元以下的罚款。

第三十九条 违反本办法规定,展会期间被认定专利侵权行为成立的当事人,拒不从展会上撤出认定侵权的展品,销毁或者封存相关宣传材料的,由专利行政部门处以一万元以上三万元以下的罚款。

第四十条 违反本办法规定,电子商务平台提供方拒不对专利侵权产品相关网页采取删除、屏蔽或者断开链接等措施的,由专利行政部门处以一万元以上三万元以下的罚款。

第六章　附　则

第四十一条　本办法自2016年5月1日起施行。1993年4月14日省人民政府发布的《山东省专利纠纷处理办法》(省政府令第44号)同时废止。

山东高校典型经验

《山东交通学院专利管理暂行办法》(节选)

(鲁交院科发〔2017〕5号)

第二十四条　未经学校同意,出现下列行为的,视情节轻重,对责任人予以批评教育、行政处分、追究经济责任,情节特别严重或造成重大经济损失的,依法追究其相关责任:(一)擅自将职务发明创造申请为非职务专利;(二)擅自泄露职务发明创造内容;(三)擅自转让职务发明创造的专利申请权或专利权;(四)擅自许可他人实施职务专利或已申请专利的技术;(五)擅自变更发明人及发明人顺序,以及变更证明文件弄虚作假;(六)其他违反规定的行为。

以上行为由科研处会同学校纪委进行调查后,依据情节轻重分别移交学校学术委员会或司法机关进行处理。

山东省知识产权(专利)资金管理办法

鲁财教〔2017〕29 号

第一章　总　则

第一条　为贯彻落实《山东省专利条例》《山东省知识产权战略纲要》和《中共山东省委、山东省人民政府关于深化科技体制改革加快创新发展的实施意见》等法规政策，加强财政资金管理，提高资金使用效益，有效发挥山东省知识产权（专利）资金（以下简称“资金”）在促进知识产权强省建设中的重要支撑作用，制定本办法。

第二条　资金的管理与使用，应遵守国家有关法律法规和财政管理制度，按照“公开透明、科学管理、注重实效、利于监督”的原则，充分体现财政资金的引导和带动作用。

第三条　本办法适用于我省境内（不含计划单列市）的机关团体、企事业单位和有经常居所的个人。

第四条　鼓励各市、县（市、区）根据当地实际设立相应资金，在专利创造、运用、保护、服务和奖励等方面给予支持，形成上下配套联动机制，共同推动我省专利事业发展。

第二章　资金使用范围

第五条　资金主要用于专利创造、运用、保护、服务和奖励等方面。

第六条　专利创造资金主要用于：

（一）国内外授权发明专利资助。

（二）专利合作条约（即 PCT）申请资助。

（三）企事业单位维持五年以上国内有效发明专利资助。

（四）企业首件国内授权发明专利资助。

（五）年授权发明专利数量达到 10 件以上和年 PCT 申请达到 5 件以上的专利大户奖励。

第七条　专利运用资金主要用于：

（一）知识产权（专利）战略实施、知识产权强省建设与相关计划推进。

（二）企业、高校、科研院所、知识产权服务机构推行知识产权管理标准与优势培育。

（三）专利密集型企业、产业和区域发展知识产权分析评议与专利导航。

(四)知识产权运营和托管。

(五)专利质押融资、专利证券化、专利保险、专利担保、专利评估评价等知识产权金融服务。

(六)重点产业关键核心技术知识产权培育与专利池的组建。

第八条 专利保护资金主要用于:

(一)专利执法专项行动的组织与实施。

(二)专利执法队伍和基础条件建设。

(三)知识产权维权援助。

(四)知识产权保护联盟、知识产权保护规范化市场及知识产权保护中心建设。

(五)专利违法行为举报奖励。

(六)涉外知识产权交流与合作。

(七)涉外专利维权。

第九条 专利服务资金主要用于:

(一)知识产权公共服务平台建设及维护运行。

(二)知识产权宣传。

(三)知识产权人才培训及培训基地建设,专利审查员实践基地建设。

(四)中小学知识产权教育推广与示范。

(五)知识产权重大活动组织。

(六)知识产权服务机构培育与知识产权服务业转型升级。

第十条 专利奖励资金主要用于对获中国专利金奖、优秀奖和山东省专利奖特别奖及一、二、三等奖的奖励。

第三章 资助与奖励标准

第十一条 专利创造资助与奖励标准:

(一)企业、事业单位及个人国内授权发明专利,每件给予一次性资助 2000 元;对企业首件授权发明专利择优给予申请费、代理费全额资助,每件最高 1 万元。

(二)国外授权发明专利,单位每件每个国家资助 2 万元,个人每件每个国家资助 1 万元;对同一件发明创造在多个国家获发明专利权的,最多按 5 个国家予以资助。

(三)PCT 专利申请,单位申请每件资助 1 万元、个人申请每件资助 4000 元。

(四)企事业单位维持 5 年以上、具有较好市场价值的国内有效发明专利,择优给予一次性专利维持费资助,每件资助额度不超过 1 万元。

(五)企业年度授权发明专利超过 10 件的,在普通资助基础上,按企业当年授权发明专利数量择优给予奖励。

奖励标准按年授权发明专利数量,10~20 件的奖励 5 万元,21~50 件的奖励 10 万元,50 件以上的奖励 20 万元。

(六)企业年度 PCT 专利申请超过 5 件的,在普通资助的基础上,按企业当年 PCT 申请数量择优给予奖励。

奖励标准按年 PCT 申请数量,5~10 件的奖励 5 万元,11~20 件的奖励 10 万元,20

件以上的奖励15万元。

第十二条 部分专利运用单项奖励标准：

(一)对被确定为省重点领域关键核心技术知识产权项目的，给予每项最高100万元奖励。

(二)对高等院校和科研院所转化实施并取得显著经济社会效益的专利群，择优给予10万～20万元奖励。

(三)科技型小微企业通过消化吸收再创新形成新的自主知识产权，并通过科技成果转化服务平台实现技术转让的，每件奖励1万元。

第十三条 假冒专利行为举报奖励标准：

(一)举报人提供的情况属实，有助于查处假冒专利行为的，给予300元奖励。

(二)举报人提供的情况详细，证据确凿，并积极协助案件查处的，给予500元奖励。

(三)举报人提供重大案件的情况和线索，对查处重大案件做出贡献的，给予5000元奖励。

第十四条 专利运用、保护和服务等方面资助标准，由省知识产权局根据年度工作要求，制定专门实施方案，并提出相应资金使用计划，具体资助标准按照相关要求及年度资金使用计划执行。

第十五条 专利奖奖励标准：

(一)对获中国专利金奖、优秀奖的，每项分别给予50万元、10万元奖励。

(二)对获山东省专利奖特别奖和一、二、三等奖的，分别给予50万元、10万元、5万元、3万元奖励。

(三)对同一项目在同一评选年度内，同时获得国家和省专利奖的，不重复奖励。

第四章 申报与审批

第十六条 专利创造部分：

(一)申报省专利创造资助资金的单位或个人，应填写山东省专利创造资助资金申报表(一式两份)，单位应提供统一社会信用代码证，个人应提供身份证明，并分别提供下列资料：

1. 国内发明专利证书。

2. 国家知识产权局作为受理局出具的PCT国际申请日、申请号受理通知书和缴费证明；国家知识产权局出具的PCT国际检索报告。

3. 国外发明专利授权文件、证书及相关费用证明。

以上资料均为复印件，单位申请应在复印件背面加盖单位财务公章，个人应签字。

(二)对年获授权发明专利10件以上及PCT申请5件以上的企业奖励，由单位提出申请，并填写山东省专利奖励资金申报表，同时提供有关发明专利明细表、发明专利证书等资料。

(三)受理与审批。由设区的市知识产权局负责受理、初审、汇总，省知识产权局负责审批、兑付。

第十七条 对获国家或省专利奖的奖励，由单位提出申请，并填写山东省专利奖励资金申报表(一式两份),经审核后,由省知识产权局组织实施奖励。

第五章 监督与管理

第十八条 省知识产权局负责提出年度资金使用计划,并在年度终了编制年度资金使用报告报送省财政厅。省财政厅会同省知识产权局对资金使用和管理情况进行监督检查。

第十九条 省知识产权局会同省财政厅按照省级财政资金绩效管理有关要求,认真做好绩效目标管理、绩效评价等工作。根据工作需要,可以委托第三方机构开展独立评价工作。

第二十条 申请资金的单位和个人,应提供真实的材料和凭据。对有关部门认定的非正常申请专利不予资助;对弄虚作假、骗取资金的,依法追究相关责任,三年内不再给予资金支持。

第二十一条 获得资金支持的单位,应加强对资金的管理,实行专款专用、独立核算,确保发挥最大效益。

第二十二条 各级财政、知识产权等部门工作人员,存在违规分配资金,以及其他滥用职权、玩忽职守、徇私舞弊等违法违纪行为的,按照《预算法》《财政违法行为处罚处分条例》(国务院令第 427 号)等有关规定追究相应责任;涉嫌犯罪的,移送司法机关处理。

第六章 附 则

第二十三条 本办法由省财政厅、省知识产权局负责解释。

第二十四条 本办法自 2017 年 7 月 1 日起施行,有效期至 2020 年 6 月 30 日。原《山东省知识产权(专利)专项资金管理暂行办法》(鲁财教〔2013〕45 号)同时废止。

附件:1. 山东省专利创造资助资金申报表(略)

2. 山东省专利奖励资金申报表(略)

山东高校典型经验

《中国石油大学(华东)科技成果奖励办法(修订)》(节选)

(中石大东发〔2015〕23 号)

学校鼓励具有核心竞争力以及良好市场前景的技术和产品申请国外发明专利。对于我校作为第一专利权人获得授权的国外(欧、美、日等发达国家)发明专利,每件奖励 3 万元。对于我校作为第一专利权人获得授权的国内发明专利,每件奖励 3000 元。

《山东科技大学教职工科研奖励办法》(节选)

(山科大科字〔2015〕9 号)

对我校作为第一专利权人获得的专利予以奖励。(一)授权的国际专利,每件奖励

10000元;(二)授权的国内发明专利,每件奖励5000元。

《山东女子学院科研奖励暂行规定》(节选)

(鲁女院发〔2017〕24号)

凡结合本专业,我校教职员工以学校名义申请批准的专利,学校给予如下奖励:1. 每项发明专利奖励10000元;2. 每项软件著作权奖励5000元;3. 每项实用新型奖励3000元;4. 每项外观设计奖励1000元。

《曲阜师范大学科研项目管理与科研业绩奖励办法》(节选)

(曲师大校字〔2018〕29号)

发达国家授权发明专利奖励额度5万元,国内授权发明专利奖励额度1.5万元,国内授权实用新型专利和外观设计专利奖励额度0.4万元。

《山东中医药大学科研奖励办法(试行)》(节选)

(校字〔2016〕68号)

第七条 对以我校为专利权人的职务发明专利给予奖励。以我校为首位获国际发明专利授权(通过国际申请,被其他国家授权保护的发明专利),奖励1.5万元/项,同样的发明内容在多个国家获得授权保护的,不重复奖励;与他人合作获国际发明专利授权,奖励0.7万元/项;以我校为首位获国家发明专利,奖励0.5万元/项。

第八条 软件著作权参照发明专利奖励办法。

第九条 获新药临床批件(6类及以上新药),奖励5万元/项;获新药证书(6类及以上新药),奖励10万元/项。

第十条 获省级优良品种证书,奖励1万元/项;获国家级植物新品种证书,奖励2万元/项。

第十一条 获批的国际标准,奖励4万元/项;国家标准,奖励2万元/项;行业标准,奖励1万元/项;省级标准,奖励0.5万元/项。

《山东英才学院科研奖励办法》(节选)

(鲁英才院字〔2014〕11号)

第二十一条 学校对获中华人民共和国专利证书者,按如下标准给予奖励:1. 发明专利每项奖励1万元;2. 实用新型专利每项奖励0.4万元;3. 外观设计专利每项奖励0.3万元。

《山东交通学院专利管理暂行办法》(节选)

(鲁交院科发〔2017〕5号)

第四章 专利申请费用

第十二条 申请职务发明创造专利所产生的代理费、申请费等费用可从专利发明人的相关科研项目经费中列支。其中授权的发明专利,申请费、登记费、印花税等费用可由发明人提出书面申请,经所在单位签署意见,报科研处审核,由学校专项资金资助,其他如申请加快等业务费用由专利申请人承担。实用新型及外观设计专利的相关费用由专利申请人承担。自发明专利授权后第二年起,发明人自行缴纳维护年费。

第十三条 已经申请或已经授权的专利,被证明是虚假或构成侵权的,学校将追回此前给予的资助和奖励。造成损失或情节严重的,将按有关规定追究其责任。

第十四条 职务发明创造申请国际专利的,由发明人科研课题经费支出,学校将对符合规定的予以加大奖励。

第十五条 学校与外单位共同申请专利的,按双方签订的协议办理。

Ⅶ　科技成果转化类

中华人民共和国促进科技成果转化法
(2015年修订)

中华人民共和国主席令第三十二号

(1996年5月15日第八届全国人民代表大会常务委员会第十九次会议通过[主席令8届第68号];根据2015年8月29日第十二届全国人民代表大会常务委员会第十六次会议《关于修改〈中华人民共和国促进科技成果转化法〉的决定》[中华人民共和国主席令第三十二号]修正)

第一章　总　则

第一条　为了促进科技成果转化为现实生产力,规范科技成果转化活动,加速科学技术进步,推动经济建设和社会发展,制定本法。

第二条　本法所称科技成果,是指通过科学研究与技术开发所产生的具有实用价值的成果。职务科技成果,是指执行研究开发机构、高等院校和企业等单位的工作任务,或者主要是利用上述单位的物质技术条件所完成的科技成果。

本法所称科技成果转化,是指为提高生产力水平而对科技成果所进行的后续试验、开发、应用、推广直至形成新技术、新工艺、新材料、新产品,发展新产业等活动。

第三条　科技成果转化活动应当有利于加快实施创新驱动发展战略,促进科技与经济的结合,有利于提高经济效益、社会效益和保护环境、合理利用资源,有利于促进经济建设、社会发展和维护国家安全。

科技成果转化活动应当尊重市场规律,发挥企业的主体作用,遵循自愿、互利、公平、诚实信用的原则,依照法律法规规定和合同约定,享有权益,承担风险。科技成果转化活动中的知识产权受法律保护。

科技成果转化活动应当遵守法律法规,维护国家利益,不得损害社会公共利益和他人合法权益。

第四条　国家对科技成果转化合理安排财政资金投入,引导社会资金投入,推动科技成果转化资金投入的多元化。

第五条　国务院和地方各级人民政府应当加强科技、财政、投资、税收、人才、产业、金融、政府采购、军民融合等政策协同,为科技成果转化创造良好环境。

地方各级人民政府根据本法规定的原则，结合本地实际，可以采取更加有利于促进科技成果转化的措施。

第六条 国家鼓励科技成果首先在中国境内实施。中国单位或者个人向境外的组织、个人转让或者许可其实施科技成果的，应当遵守相关法律、行政法规以及国家有关规定。

第七条 国家为了国家安全、国家利益和重大社会公共利益的需要，可以依法组织实施或者许可他人实施相关科技成果。

第八条 国务院科学技术行政部门、经济综合管理部门和其他有关行政部门依照国务院规定的职责，管理、指导和协调科技成果转化工作。

地方各级人民政府负责管理、指导和协调本行政区域内的科技成果转化工作。

第二章 组织实施

第九条 国务院和地方各级人民政府应当将科技成果的转化纳入国民经济和社会发展计划，并组织协调实施有关科技成果的转化。

第十条 利用财政资金设立应用类科技项目和其他相关科技项目，有关行政部门、管理机构应当改进和完善科研组织管理方式，在制定相关科技规划、计划和编制项目指南时应当听取相关行业、企业的意见；在组织实施应用类科技项目时，应当明确项目承担者的科技成果转化义务，加强知识产权管理，并将科技成果转化和知识产权创造、运用作为立项和验收的重要内容和依据。

第十一条 国家建立、完善科技报告制度和科技成果信息系统，向社会公布科技项目实施情况以及科技成果和相关知识产权信息，提供科技成果信息查询、筛选等公益服务。公布有关信息不得泄露国家秘密和商业秘密。对不予公布的信息，有关部门应当及时告知相关科技项目承担者。

利用财政资金设立的科技项目的承担者应当按照规定及时提交相关科技报告，并将科技成果和相关知识产权信息汇交到科技成果信息系统。

国家鼓励利用非财政资金设立的科技项目的承担者提交相关科技报告，将科技成果和相关知识产权信息汇交到科技成果信息系统，县级以上人民政府负责相关工作的部门应当为其提供方便。

第十二条 对下列科技成果转化项目，国家通过政府采购、研究开发资助、发布产业技术指导目录、示范推广等方式予以支持：

（一）能够显著提高产业技术水平、经济效益或者能够形成促进社会经济健康发展的新产业的；

（二）能够显著提高国家安全能力和公共安全水平的；

（三）能够合理开发和利用资源、节约能源、降低消耗以及防治环境污染、保护生态、提高应对气候变化和防灾减灾能力的；

（四）能够改善民生和提高公共健康水平的；

（五）能够促进现代农业或者农村经济发展的；

（六）能够加快民族地区、边远地区、贫困地区社会经济发展的。

第十三条 国家通过制定政策措施，提倡和鼓励采用先进技术、工艺和装备，不断改进、限制使用或者淘汰落后技术、工艺和装备。

第十四条 国家加强标准制定工作，对新技术、新工艺、新材料、新产品依法及时制定国家标准、行业标准，积极参与国际标准的制定，推动先进适用技术推广和应用。

国家建立有效的军民科技成果相互转化体系，完善国防科技协同创新体制机制。军品科研生产应当依法优先采用先进适用的民用标准，推动军用、民用技术相互转移、转化。

第十五条 各级人民政府组织实施的重点科技成果转化项目，可以由有关部门组织采用公开招标的方式实施转化。有关部门应当对中标单位提供招标时确定的资助或者其他条件。

第十六条 科技成果持有者可以采用下列方式进行科技成果转化：

(一)自行投资实施转化；

(二)向他人转让该科技成果；

(三)许可他人使用该科技成果；

(四)以该科技成果作为合作条件，与他人共同实施转化；

(五)以该科技成果作价投资，折算股份或者出资比例；

(六)其他协商确定的方式。

第十七条 国家鼓励研究开发机构、高等院校采取转让、许可或者作价投资等方式，向企业或者其他组织转移科技成果。

国家设立的研究开发机构、高等院校应当加强对科技成果转化的管理、组织和协调，促进科技成果转化队伍建设，优化科技成果转化流程，通过本单位负责技术转移工作的机构或者委托独立的科技成果转化服务机构开展技术转移。

第十八条 国家设立的研究开发机构、高等院校对其持有的科技成果，可以自主决定转让、许可或者作价投资，但应当通过协议定价、在技术交易市场挂牌交易、拍卖等方式确定价格。通过协议定价的，应当在本单位公示科技成果名称和拟交易价格。

第十九条 国家设立的研究开发机构、高等院校所取得的职务科技成果，完成人和参加人在不变更职务科技成果权属的前提下，可以根据与本单位的协议进行该项科技成果的转化，并享有协议规定的权益。该单位对上述科技成果转化活动应当予以支持。

科技成果完成人或者课题负责人，不得阻碍职务科技成果的转化，不得将职务科技成果及其技术资料和数据占为己有，侵犯单位的合法权益。

第二十条 研究开发机构、高等院校的主管部门以及财政、科学技术等相关行政部门应当建立有利于促进科技成果转化的绩效考核评价体系，将科技成果转化情况作为对相关单位及人员评价、科研资金支持的重要内容和依据之一，并对科技成果转化绩效突出的相关单位及人员加大科研资金支持。

国家设立的研究开发机构、高等院校应当建立符合科技成果转化工作特点的职称评定、岗位管理和考核评价制度，完善收入分配激励约束机制。

第二十一条 国家设立的研究开发机构、高等院校应当向其主管部门提交科技成果转化情况年度报告，说明本单位依法取得的科技成果数量、实施转化情况以及相关收入分配情况，该主管部门应当按照规定将科技成果转化情况年度报告报送财政、科学技术等相关行政部门。

第二十二条 企业为采用新技术、新工艺、新材料和生产新产品，可以自行发布信息或者委托科技中介服务机构征集其所需的科技成果，或者征寻科技成果转化的合作者。

县级以上地方各级人民政府科学技术行政部门和其他有关部门应当根据职责分工，为企业获取所需的科技成果提供帮助和支持。

第二十三条 企业依法有权独立或者与境内外企业、事业单位和其他合作者联合实施科技成果转化。

企业可以通过公平竞争，独立或者与其他单位联合承担政府组织实施的科技研究开发和科技成果转化项目。

第二十四条 对利用财政资金设立的具有市场应用前景、产业目标明确的科技项目，政府有关部门、管理机构应当发挥企业在研究开发方向选择、项目实施和成果应用中的主导作用，鼓励企业、研究开发机构、高等院校及其他组织共同实施。

第二十五条 国家鼓励研究开发机构、高等院校与企业相结合，联合实施科技成果转化。

研究开发机构、高等院校可以参与政府有关部门或者企业实施科技成果转化的招标投标活动。

第二十六条 国家鼓励企业与研究开发机构、高等院校及其他组织采取联合建立研究开发平台、技术转移机构或者技术创新联盟等产学研合作方式，共同开展研究开发、成果应用与推广、标准研究与制定等活动。

合作各方应当签订协议，依法约定合作的组织形式、任务分工、资金投入、知识产权归属、权益分配、风险分担和违约责任等事项。

第二十七条 国家鼓励研究开发机构、高等院校与企业及其他组织开展科技人员交流，根据专业特点、行业领域技术发展需要，聘请企业及其他组织的科技人员兼职从事教学和科研工作，支持本单位的科技人员到企业及其他组织从事科技成果转化活动。

第二十八条 国家支持企业与研究开发机构、高等院校、职业院校及培训机构联合建立学生实习实践培训基地和研究生科研实践工作机构，共同培养专业技术人才和高技能人才。

第二十九条 国家鼓励农业科研机构、农业试验示范单位独立或者与其他单位合作实施农业科技成果转化。

第三十条 国家培育和发展技术市场，鼓励创办科技中介服务机构，为技术交易提供交易场所、信息平台以及信息检索、加工与分析、评估、经纪等服务。

科技中介服务机构提供服务，应当遵循公正、客观的原则，不得提供虚假的信息和证明，对其在服务过程中知悉的国家秘密和当事人的商业秘密负有保密义务。

第三十一条 国家支持根据产业和区域发展需要建设公共研究开发平台，为科技成果转化提供技术集成、共性技术研究开发、中间试验和工业性试验、科技成果系统化和工程化开发、技术推广与示范等服务。

第三十二条 国家支持科技企业孵化器、大学科技园等科技企业孵化机构发展，为初创期科技型中小企业提供孵化场地、创业辅导、研究开发与管理咨询等服务。

第三章　保障措施

第三十三条　科技成果转化财政经费，主要用于科技成果转化的引导资金、贷款贴息、补助资金和风险投资以及其他促进科技成果转化的资金用途。

第三十四条　国家依照有关税收法律、行政法规规定对科技成果转化活动实行税收优惠。

第三十五条　国家鼓励银行业金融机构在组织形式、管理机制、金融产品和服务等方面进行创新，鼓励开展知识产权质押贷款、股权质押贷款等贷款业务，为科技成果转化提供金融支持。

国家鼓励政策性金融机构采取措施，加大对科技成果转化的金融支持。

第三十六条　国家鼓励保险机构开发符合科技成果转化特点的保险品种，为科技成果转化提供保险服务。

第三十七条　国家完善多层次资本市场，支持企业通过股权交易、依法发行股票和债券等直接融资方式为科技成果转化项目进行融资。

第三十八条　国家鼓励创业投资机构投资科技成果转化项目。

国家设立的创业投资引导基金，应当引导和支持创业投资机构投资初创期科技型中小企业。

第三十九条　国家鼓励设立科技成果转化基金或者风险基金，其资金来源由国家、地方、企业、事业单位以及其他组织或者个人提供，用于支持高投入、高风险、高产出的科技成果的转化，加速重大科技成果的产业化。

科技成果转化基金和风险基金的设立及其资金使用，依照国家有关规定执行。

第四章　技术权益

第四十条　科技成果完成单位与其他单位合作进行科技成果转化的，应当依法由合同约定该科技成果有关权益的归属。合同未作约定的，按照下列原则办理：

(一)在合作转化中无新的发明创造的，该科技成果的权益，归该科技成果完成单位；

(二)在合作转化中产生新的发明创造的，该新发明创造的权益归合作各方共有；

(三)对合作转化中产生的科技成果，各方都有实施该项科技成果的权利，转让该科技成果应经合作各方同意。

第四十一条　科技成果完成单位与其他单位合作进行科技成果转化的，合作各方应当就保守技术秘密达成协议；当事人不得违反协议或者违反权利人有关保守技术秘密的要求，披露、允许他人使用该技术。

第四十二条　企业、事业单位应当建立健全技术秘密保护制度，保护本单位的技术秘密。职工应当遵守本单位的技术秘密保护制度。

企业、事业单位可以与参加科技成果转化的有关人员签订在职期间或者离职、离休、退休后一定期限内保守本单位技术秘密的协议；有关人员不得违反协议约定，泄露本单位的技术秘密和从事与原单位相同的科技成果转化活动。

职工不得将职务科技成果擅自转让或者变相转让。

第四十三条 国家设立的研究开发机构、高等院校转化科技成果所获得的收入全部留归本单位，在对完成、转化职务科技成果做出重要贡献的人员给予奖励和报酬后，主要用于科学技术研究开发与成果转化等相关工作。

第四十四条 职务科技成果转化后，由科技成果完成单位对完成、转化该项科技成果做出重要贡献的人员给予奖励和报酬。

科技成果完成单位可以规定或者与科技人员约定奖励和报酬的方式、数额和时限。单位制定相关规定，应当充分听取本单位科技人员的意见，并在本单位公开相关规定。

第四十五条 科技成果完成单位未规定、也未与科技人员约定奖励和报酬的方式和数额的，按照下列标准对完成、转化职务科技成果做出重要贡献的人员给予奖励和报酬：

（一）将该项职务科技成果转让、许可给他人实施的，从该项科技成果转让净收入或者许可净收入中提取不低于百分之五十的比例；

（二）利用该项职务科技成果作价投资的，从该项科技成果形成的股份或者出资比例中提取不低于百分之五十的比例；

（三）将该项职务科技成果自行实施或者与他人合作实施的，应当在实施转化成功投产后连续三至五年，每年从实施该项科技成果的营业利润中提取不低于百分之五的比例。

国家设立的研究开发机构、高等院校规定或者与科技人员约定奖励和报酬的方式和数额应当符合前款第一项至第三项规定的标准。

国有企业、事业单位依照本法规定对完成、转化职务科技成果做出重要贡献的人员给予奖励和报酬的支出计入当年本单位工资总额，但不受当年本单位工资总额限制、不纳入本单位工资总额基数。

第五章 法律责任

第四十六条 利用财政资金设立的科技项目的承担者未依照本法规定提交科技报告、汇交科技成果和相关知识产权信息的，由组织实施项目的政府有关部门、管理机构责令改正；情节严重的，予以通报批评，禁止其在一定期限内承担利用财政资金设立的科技项目。

国家设立的研究开发机构、高等院校未依照本法规定提交科技成果转化情况年度报告的，由其主管部门责令改正；情节严重的，予以通报批评。

第四十七条 违反本法规定，在科技成果转化活动中弄虚作假，采取欺骗手段，骗取奖励和荣誉称号、诈骗钱财、非法牟利的，由政府有关部门依照管理职责责令改正，取消该奖励和荣誉称号，没收违法所得，并处以罚款。给他人造成经济损失的，依法承担民事赔偿责任。构成犯罪的，依法追究刑事责任。

第四十八条 科技服务机构及其从业人员违反本法规定，故意提供虚假的信息、实验结果或者评估意见等欺骗当事人，或者与当事人一方串通欺骗另一方当事人的，由政府有关部门依照管理职责责令改正，没收违法所得，并处以罚款；情节严重的，由工商行政管理部门依法吊销营业执照。给他人造成经济损失的，依法承担民事赔偿责任；构成犯罪的,依法追究刑事责任。

科技中介服务机构及其从业人员违反本法规定泄露国家秘密或者当事人的商业秘密的,依照有关法律、行政法规的规定承担相应的法律责任。

第四十九条 科学技术行政部门和其他有关部门及其工作人员在科技成果转化中滥用职权、玩忽职守、徇私舞弊的,由任免机关或者监察机关对直接负责的主管人员和其他直接责任人员依法给予处分;构成犯罪的,依法追究刑事责任。

第五十条 违反本法规定,以唆使窃取、利诱胁迫等手段侵占他人的科技成果,侵犯他人合法权益的,依法承担民事赔偿责任,可以处以罚款;构成犯罪的,依法追究刑事责任。

第五十一条 违反本法规定,职工未经单位允许,泄露本单位的技术秘密,或者擅自转让、变相转让职务科技成果的,参加科技成果转化的有关人员违反与本单位的协议,在离职、离休、退休后约定的期限内从事与原单位相同的科技成果转化活动,给本单位造成经济损失的,依法承担民事赔偿责任;构成犯罪的,依法追究刑事责任。

第六章 附 则

第五十二条 本法自 1996 年 10 月 1 日起施行。(自 2015 年 10 月 1 日起施行)

权威解读

疏通成果转化的"中梗阻"
——科技部部长万钢解读《促进科技成果转化法》修订

"这次修订《促进科技成果转化法》,就是要加大加快大学、科研机构的成果向企业、向社会转化的速度,转化的效率以及转化的利益机制分配。"9 月 28 日,万钢在接受科技日报记者采访时说。有了好的机制,科研人员才愿意去做转化工作。

亟须释放高校和科研机构的创业热忱

谈及修法的必要性,万钢首先引用了一组数据:2014 年全国技术合同成交额已达 8570 多亿元,相当于企业每年在研究开发上的投入。虽然体量已经很大,但集聚了大量高层次人才、承担了大量国家科研任务、积累了大量科技成果的高校、科研机构占的比例很低,如何释放他们转化科技成果的热忱、发展潜力,这是《促进科技成果转化法》修订中亟须解决的问题。

万钢说,科研项目虽然目标任务都完成得很好,但实现科技成果转化却不尽如人意。因为一项科研成果不能只为了一个目标,而应该为整个产业、为经济发展提升"助力",从这个角度来说,科研人员不能把某项科研成果局限于某个特定目标,而应向其他领域发展、扩散。

另一方面,现阶段国家正在实施创新驱动发展战略,产业在升级,结构在调整,需要大量新技术新产品，新技术新产品来源于科学研究、技术开发，因此需要解决阻碍成果转化的“中梗阻”问题。

修订前的《促进科技成果转化法》自1996年实施，近年来，随着科技的快速发展，在实践中存在事业单位科技成果相关管理制度不适应成果转化需要的情况，包括政府部门对成果使用、处置事项的审批环节多、周期长，影响了转化的时效性；成果处置收益上缴国库，用于人员奖励的支出，挤占了工资总额，削弱了单位和科技人员科技成果转移转化的积极性，等等。

万钢说，此次修法一大亮点是从问题入手：让全社会获得科研成果知情权，加强国家和地方政府支持的科研成果的信息发布；转变政府职能，取消审批，赋予科研机构成果使用权、处置权；建立利益机制，使科研人员、科研机构在转化过程中有收益，激励转化热忱；强化企业在科技成果转化中的主体作用；政府建立公共服务平台，构建转移转化的市场，以及与之相适应的税收、政策环境。

“过去成果转化的一个问题是，有些科研成果躺在实验室、学校里‘睡大觉’，没人知道，没人知晓，也没人去转化。”在万钢看来，这些措施将对破除制约科技成果转化的制度性障碍，打通科技成果向现实生产力转化的通道，进一步释放高校和科研机构沉淀的大量科技资源起到重要作用，为科技人员创新创业添油加力，为大众创业、万众创新提供源头活水。

提高奖励比例，激活市场活水

修订后的《促进科技成果转化法》从科研机构及高校主管部门、单位、科技人员三个维度，完善促进科技成果转化的评价导向。修订后的《促进科技成果转化法》提高了对科技人员转化科技成果最低奖励力度，对现金和股权奖励最低比例从20%提高到50%。

为什么将奖励比例提高这么多？对此，万钢解释，一个产品和服务需要很多技术，一项技术又可用于很多产品和服务，科技成果转化是一个再研发再开发的过程，如果科研人员能积极按照市场需求，主动把技术转化为市场需要的产品，科研就能增值，产生更大生产力，从而形成良性循环，科研人员因此获得报酬，这也是对知识的尊重。

在万钢看来，更重要的是，科技人员在成果转化中获得很多市场需求信息，在实际应用中能获得很多灵感。这些信息、灵感会促使他们探索新技术，这种正向激励会让市场资源形成一池活水。

正在制定和落实配套制度措施

与此同时，科技部正在制定科技成果转化行动计划，启动由科技部牵头的相关配套政策制定，如科技成果转化市场化定价挂牌公示管理相关制度、高校和科研机构科技成果转化年度报告制度、科技计划项目成果对外转让审查制度、加强对应用类科技计划项目科技成果转化的管理和监督制度以及继续推进国家科技报告制度等。

——引自：科技部 http://www.most.gov.cn/xinwzx/mtjj/mtzf/201509/t20150930_121859.htm

《中华人民共和国促进科技成果转化法》解读：“陈果”如何释放新动能

新华社北京8月31日电　长期以来，我国科技经济“两张皮”现象突出。一方面论文发表完后，科技成果就“束之高阁”，成为“陈果”；另一方面企业缺乏核心技术“嗷嗷待哺”。

把科研成果处置权下放科研单位

近年来，我国对科学技术研发的投入保持高增长，但科技成果转化率较低。中国科技尚未彻底走出“低效泥潭”。我国智力资源数量和国际科技论文数量均位居世界前茅，科技创新能力却仅排世界第19位，科技成果转化率仅约为10%。

国务院法制办教科文卫司司长王振江表示，转化率的根源在于科研的组织实施与市场需求的结合不紧密。相关机构对科技成果的处置审批手续比较繁琐，科技成果转化所得收益按照现行规定都要上缴财政，不能充分有效反哺科研和后续产业。科技成果的提供方和企业需求方信息交流还不畅通。

新修订的促进科技成果转化法规定：国家设立的研究开发机构、高等院校对其持有的科技成果，可以自主决定转让、许可或者作价投资，但应当通过协议定价、在技术交易市场挂牌交易、拍卖等方式确定价格。通过协议定价的，应当在本单位公示科技成果名称和拟交易价格。而且，国家设立的研究开发机构、高等院校转化科技成果所获得的收入全部留归本单位。

科研人员转化成果可变“千万富翁”

新法规定：科技成果完成单位可以规定或者与科技人员约定奖励和报酬的方式、数额和时限，但应当充分听取本单位科技人员的意见，并在本单位公开相关规定。

对于科研成果完成单位未规定，也未与科技人员约定奖励和报酬的方式和数额的，新法明确：对科研人员奖励和报酬的最低标准由现行法律的不低于职务科技成果转让或者许可收入，或者作价投资形成的股份、出资比例的20%提高至50%。

新法进一步明确了科技成果持有者成果转化的六种方式：自行投资事实转化；向他人转让该科技成果；许可他人使用该科技成果；以该科技成果作为合作条件、与他人共同实施转化；以该科技成果作价投资、折算股份或者出资比例；其他协商确定的方式。

“法律还规定了国有企业、事业单位给予科技人员奖励和报酬的支出不受当年本单位工资总额限制。”谢经荣说。

财政部科教文司司长赵路认为，随着科技成果处置、收益分配制度的改革和相关奖励、报酬的明确，一批科研人员将通过转化成果成为“百万富翁”“千万富翁”。

还需各方面政策协同跟进

新法特别强调，科技成果转化应当尊重市场规律，发挥企业在科技成果转化中的主体作用。

针对科技界长期诟病“重理论成果、轻成果运用”的评价导向，新法规定：研究开发机构、高等院校的主管部门以及财政、科学技术等相关行政部门应当建立有利于促进科技成果转化的绩效考核评价机制，将科技成果转化情况作为相关单位及人员评价、科研资金支持的重要内容和依据之一。

为规范科技成果转化活动，新法第五章法律责任部分明确了科研机构、科研人员、科技服务机构及其从业人员、科学技术行政部门的相关责任。

在全国人大常委会委员、中国科学院党组副书记方新看来，新修订的促进科技成果转化法具体实施中，需要有关各方面政策跟进，包括税收政策的协调。

“比如，科技成果转化可以以股权的形式给到科技人员，且在分红时才交所得税。但是按国家税务总局的规定，从知识产权入股之日就要交所得税。希望加强各部门政策的协调。”方新说。

——引自：广西政府法制网 http://www.gx—law.gov.cn/a64/32426.jhtml

实施《中华人民共和国促进科技成果转化法》若干规定

国发〔2016〕16号

为加快实施创新驱动发展战略，落实《中华人民共和国促进科技成果转化法》，打通科技与经济结合的通道，促进大众创业、万众创新，鼓励研究开发机构、高等院校、企业等创新主体及科技人员转移转化科技成果，推进经济提质增效升级，作出如下规定。

一、促进研究开发机构、高等院校技术转移

（一）国家鼓励研究开发机构、高等院校通过转让、许可或者作价投资等方式，向企业或者其他组织转移科技成果。国家设立的研究开发机构和高等院校应当采取措施，优先向中小微企业转移科技成果，为大众创业、万众创新提供技术供给。

国家设立的研究开发机构、高等院校对其持有的科技成果，可以自主决定转让、许可或者作价投资，除涉及国家秘密、国家安全外，不需审批或者备案。

国家设立的研究开发机构、高等院校有权依法以持有的科技成果作价入股确认股权和出资比例，并通过发起人协议、投资协议或者公司章程等形式对科技成果的权属、作价、折股数量或者出资比例等事项明确约定，明晰产权。

（二）国家设立的研究开发机构、高等院校应当建立健全技术转移工作体系和机制，完善科技成果转移转化的管理制度，明确科技成果转化各项工作的责任主体，建立健全科技成果转化重大事项领导班子集体决策制度，加强专业化科技成果转化队伍建设，优化科技成果转化流程，通过本单位负责技术转移工作的机构或者委托独立的科技成果转化服务机构开展技术转移。鼓励研究开发机构、高等院校在不增加编制的前提下建设专业化技术转移机构。

国家设立的研究开发机构、高等院校转化科技成果所获得的收入全部留归单位，纳入单位预算，不上缴国库，扣除对完成和转化职务科技成果做出重要贡献人员的奖励和报酬后，应当主要用于科学技术研发与成果转化等相关工作，并对技术转移机构的运行和发展给予保障。

（三）国家设立的研究开发机构、高等院校对其持有的科技成果，应当通过协议定价、在技术交易市场挂牌交易、拍卖等市场化方式确定价格。协议定价的，科技成果持有单位应当在本单位公示科技成果名称和拟交易价格，公示时间不少于 15 日。单位应当明确并公开异议处理程序和办法。

（四）国家鼓励以科技成果作价入股方式投资的中小企业充分利用资本市场做大做强，国务院财政、科技行政主管部门要研究制定国家设立的研究开发机构、高等院校以技术入股形成的国有股在企业上市时豁免向全国社会保障基金转持的有关政策。

（五）国家设立的研究开发机构、高等院校应当按照规定格式，于每年 3 月 30 日前向其主管部门报送本单位上一年度科技成果转化情况的年度报告，主管部门审核后于每年 4 月 30 日前将各单位科技成果转化年度报告报送至科技、财政行政主管部门指定的信息管理系统。年度报告内容主要包括：

1. 科技成果转化取得的总体成效和面临的问题；

2. 依法取得科技成果的数量及有关情况；

3. 科技成果转让、许可和作价投资情况；

4. 推进产学研合作情况，包括自建、共建研究开发机构、技术转移机构、科技成果转化服务平台情况，签订技术开发合同、技术咨询合同、技术服务合同情况，人才培养和人员流动情况等；

5. 科技成果转化绩效和奖惩情况，包括科技成果转化取得收入及分配情况，对科技成果转化人员的奖励和报酬等。

二、激励科技人员创新创业

（六）国家设立的研究开发机构、高等院校制定转化科技成果收益分配制度时，要按照规定充分听取本单位科技人员的意见，并在本单位公开相关制度。依法对职务科技成果完成人和为成果转化做出重要贡献的其他人员给予奖励时，按照以下规定执行：

1. 以技术转让或者许可方式转化职务科技成果的，应当从技术转让或者许可所取得的净收入中提取不低于 50%的比例用于奖励。

2. 以科技成果作价投资实施转化的，应当从作价投资取得的股份或者出资比例中提取不低于 50%的比例用于奖励。

3. 在研究开发和科技成果转化中做出主要贡献的人员，获得奖励的份额不低于奖励总额的 50%。

4. 对科技人员在科技成果转化工作中开展技术开发、技术咨询、技术服务等活动给予的奖励，可按照促进科技成果转化法和本规定执行。

（七）国家设立的研究开发机构、高等院校科技人员在履行岗位职责、完成本职工作的前提下，经征得单位同意，可以兼职到企业等从事科技成果转化活动，或者离岗创业，在原则上不超过 3 年时间内保留人事关系，从事科技成果转化活动。研究开发机构、高等院校应当建立制度规定或者与科技人员约定兼职、离岗从事科技成果转化活动期间和期满后的权利和义务。离岗创业期间，科技人员所承担的国家科技计划和基金项目原则上不得中止，确需中止的应当按照有关管理办法办理手续。

积极推动逐步取消国家设立的研究开发机构、高等院校及其内设院系所等业务管理岗位的行政级别，建立符合科技创新规律的人事管理制度，促进科技成果转移转化。

（八）对于担任领导职务的科技人员获得科技成果转化奖励，按照分类管理的原则执行：

1. 国务院部门、单位和各地方所属研究开发机构、高等院校等事业单位（不含内设机构）正职领导，以及上述事业单位所属具有独立法人资格单位的正职领导，是科技成果的主要完成人或者对科技成果转化做出重要贡献的，可以按照促进科技成果转化法的规定获得现金奖励，原则上不得获取股权激励。其他担任领导职务的科技人员，是科技成果的主要完成人或者对科技成果转化做出重要贡献的，可以按照促进科技成果转化法的规定获得现金、股份或者出资比例等奖励和报酬。

2. 对担任领导职务的科技人员的科技成果转化收益分配实行公开公示制度，不得利用职权侵占他人科技成果转化收益。

（九）国家鼓励企业建立健全科技成果转化的激励分配机制，充分利用股权出售、股权奖励、股票期权、项目收益分红、岗位分红等方式激励科技人员开展科技成果转化。国务院财政、科技等行政主管部门要研究制定国有科技型企业股权和分红激励政策，结合深化国有企业改革，对科技人员实施激励。

（十）科技成果转化过程中，通过技术交易市场挂牌交易、拍卖等方式确定价格的，或者通过协议定价并在本单位及技术交易市场公示拟交易价格的，单位领导在履行勤勉尽责义务、没有牟取非法利益的前提下，免除其在科技成果定价中因科技成果转化后续价值变化产生的决策责任。

三、营造科技成果转移转化良好环境

（十一）研究开发机构、高等院校的主管部门以及财政、科技等相关部门，在对单位进行绩效考评时应当将科技成果转化的情况作为评价指标之一。

（十二）加大对科技成果转化绩效突出的研究开发机构、高等院校及人员的支持力度。研究开发机构、高等院校的主管部门以及财政、科技等相关部门根据单位科技成果转化年度报告情况等，对单位科技成果转化绩效予以评价，并将评价结果作为对单位予以支持的参考依据之一。

国家设立的研究开发机构、高等院校应当制定激励制度，对业绩突出的专业化技术转移机构给予奖励。

（十三）做好国家自主创新示范区税收试点政策向全国推广工作，落实好现有促进科技成果转化的税收政策。积极研究探索支持单位和个人科技成果转化的税收政策。

（十四）国务院相关部门要按照法律规定和事业单位分类改革的相关规定，研究制定符合所管理行业、领域特点的科技成果转化政策。涉及国家安全、国家秘密的科技成果转化，行业主管部门要完善管理制度，激励与规范相关科技成果转化活动。对涉密科技成果，相关单位应当根据情况及时做好解密、降密工作。

（十五）各地方、各部门要切实加强对科技成果转化工作的组织领导，及时研究新情况、新问题，加强政策协同配合，优化政策环境，开展监测评估，及时总结推广经验做法，加大宣传力度，提升科技成果转化的质量和效率，推动我国经济转型升级、提质增效。

（十六）《国务院办公厅转发科技部等部门关于促进科技成果转化若干规定的通知》

(国办发〔1999〕29号)同时废止。此前有关规定与本规定不一致的,按本规定执行。

国务院

2016年2月26日

权威解读

细化政策 成果转化更接"地气"
——解读促进科技成果转化法若干规定

国务院近日印发了《实施〈中华人民共和国促进科技成果转化法〉若干规定》(以下简称《规定》)的通知,科技部15日召开发布会,对《规定》进行了解读。

加大源头供给 促进技术转移

科技部政策司法规与知识产权处处长张杰军认为,规定的最大看点是对法律作了进一步的细化和补充,提出了更为明确的操作措施。具体来说,规定提出,国家设立的研发机构、高等院校应当完善技术转移工作体系。此外,规定增加义务性条款:科技成果转化收入扣除对完成和转化科技成果做出重要贡献人员的奖励后的部分,应充分保障技术转移机构的运行和发展。

对于科技成果协议定价,规定明确了公示时间:应在本单位公示科技成果名称和拟交易价格,公示时间不应少于15个工作日。

按照相关规定,凡在境内证券市场首次公开发行股票并上市的含国有股的股份有限公司,除有规定外,均须按首次公开发行时实际发行股份数量的10%,将股份有限公司部分国有股转由全国社会保障基金理事会持有。

规定提出,国家鼓励科技成果作价入股企业通过资本市场获得发展。财政、科技行政部门要研究制定科研机构、高校技术入股形成的国有股在企业上市时豁免向全国社保基金转持的有关政策。

调动积极性 激励科技人员创新创业

在中国科学技术发展战略研究院综合所所长陈宝明看来,《规定》中对"人"的鼓励政策颇有看点。

《促进科技成果转化法》第44、45条对完成、转化职务科技成果做出重要贡献的人员给予奖励和报酬做了原则性规定:提取不低于50%的比例。

规定进一步完善了科技成果转化奖励制度。明确在研究开发和成果转化中做出主要贡献的人员,所得奖励份额不得低于奖励总额的50%。

张杰军解释,目前这一政策比发达国家激励力度更大,美国联邦技术转移法规定,联邦实验室可以从技术转移收入中提取不低于15%的比例奖励发明人,但不能超过15万美元，如果超过需要美国总统批准。

促进科技成果转化法实施后，担任行政职务的科研人员在“下海”创业后面临一个现实困难：如果创业失败，回原单位还有自己的位置吗？

“规定明确提出，科研人员可以在企业兼职、可以离岗创业，保留3年人事关系。”在陈宝明看来，这是对促进科技成果转化法中关于科技人员流动的细化规定，为其创业免除后顾之忧。

科技成果的处置权下放到各单位后，单位负责人在处置成果时会有一定的顾虑，因为科技成果的定价不像房产等固定资产那么容易，依据什么确定转让价格？会不会出现资产低估？

规定中提出，“单位领导在履行勤勉尽责义务、没有牟取非法利益的前提下，免除其在科技成果定价中因科技成果转化后续价值变化产生的决策责任。”陈宝明认为，该规定其实是为负责人免除顾虑，只要转让时履行了相应的法律程序，后续不必为新的变化承担责任。

此外，对于担任领导职务的科技人员获得科技成果转化的收益，规定提出，按照分类管理的原则执行。具体来说，正职领导可以按照促进科技成果转化法的规定获得现金奖励，原则上不得获取股权激励。其他担任领导职务的科技人员，可按规定获得现金、股份或者出资比例等奖励和报酬。“现金是一次性交易，但股权意味着合作双方形成了长期的捆绑关系，此规定是为了避免权利寻租。”相关专家解释。

完善相关制度　为成果转化营造良好环境

对于法律中提到的科技成果转化的年度报告，规定做了细化，明确了报送时间、主要内容等。但相关人士表示，法律还有待完善的地方。

陈宝明举例说，科研人员以技术入股的形式参与企业创新时，一旦入股就需要缴纳高额所得税，这也导致很多科研人员宁愿低价一次性转让技术，也不愿意以入股的形式长期合作，这其实不利于成果转化。

张杰军提到，要做好国家自主创新示范区试点税收政策向全国推广的工作，落实好现有促进科技成果转化的税收政策。积极研究探索支持单位和个人科技成果转化的税收政策，值得一提的是，之前有关个人科技成果转化的税收支持政策较少。

对于军工企业反映的科技成果转化难题，张杰军表示，相关行业主管部门已在研究涉及国家安全、国家秘密的科技成果转化，完善管理制度，激励与规范相关科技成果转化活动。

——引自：科技部 http://www.most.gov.cn/kjbgz/201603/t20160316_124708.htm

山东高校典型经验

《山东师范大学关于成立科技成果推广与文化交流服务中心的通知》(节选)

(山东师大校字号〔2016〕179号)

根据国务院《关于印发实施中华人民共和国促进科技成果转化法若干规定的通知》(国发〔2016〕15号)精神,经校长办公会议研究决定,成立山东师大科技成果推广与文化交流服务中心。该中心由山东师范大学经营性资产管理办公室监管,主要为我校科技成果转化及文化交流做好服务工作,提升我校在科技、文化方面服务社会的能力和水平。

促进科技成果转移转化行动方案

国办发〔2016〕28号

促进科技成果转移转化是实施创新驱动发展战略的重要任务，是加强科技与经济紧密结合的关键环节，对于推进结构性改革尤其是供给侧结构性改革、支撑经济转型升级和产业结构调整，促进大众创业、万众创新，打造经济发展新引擎具有重要意义。为深入贯彻党中央、国务院一系列重大决策部署，落实《中华人民共和国促进科技成果转化法》，加快推动科技成果转化为现实生产力，依靠科技创新支撑稳增长、促改革、调结构、惠民生，特制定本方案。

一、总体思路

深入贯彻落实党的十八大、十八届三中、四中、五中全会精神和国务院部署，紧扣创新发展要求，推动大众创新创业，充分发挥市场配置资源的决定性作用，更好发挥政府作用，完善科技成果转移转化政策环境，强化重点领域和关键环节的系统部署，强化技术、资本、人才、服务等创新资源的深度融合与优化配置，强化中央和地方协同推动科技成果转移转化，建立符合科技创新规律和市场经济规律的科技成果转移转化体系，促进科技成果资本化、产业化，形成经济持续稳定增长新动力，为到2020年进入创新型国家行列、实现全面建成小康社会奋斗目标做出贡献。

（一）基本原则

——市场导向。发挥市场在配置科技创新资源中的决定性作用，强化企业转移转化科技成果的主体地位，发挥企业家整合技术、资金、人才的关键作用，推进产学研协同创新，大力发展技术市场。完善科技成果转移转化的需求导向机制，拓展新技术、新产品的市场应用空间。

——政府引导。加快政府职能转变，推进简政放权、放管结合、优化服务，强化政府在科技成果转移转化政策制定、平台建设、人才培养、公共服务等方面职能，发挥财政资金引导作用，营造有利于科技成果转移转化的良好环境。

——纵横联动。加强中央与地方的上下联动，发挥地方在推动科技成果转移转化中的重要作用，探索符合地方实际的成果转化有效路径。加强部门之间统筹协同、军民之间融合联动，在资源配置、任务部署等方面形成共同促进科技成果转化的合力。

——机制创新。充分运用众创、众包、众扶、众筹等基于互联网的创新创业新理念，建立创新要素充分融合的新机制，充分发挥资本、人才、服务在科技成果转移转化中的催化作用，探索科技成果转移转化新模式。

（二）主要目标

“十三五”期间，推动一批短中期见效、有力带动产业结构优化升级的重大科技成果转化应用，企业、高校和科研院所科技成果转移转化能力显著提高，市场化的技术交易服务体系进一步健全，科技型创新创业蓬勃发展，专业化技术转移人才队伍发展壮大，多元化的科技成果转移转化投入渠道日益完善，科技成果转移转化的制度环境更加优化，功能完善、运行高效、市场化的科技成果转移转化体系全面建成。

主要指标：建设100个示范性国家技术转移机构，支持有条件的地方建设10个科技成果转移转化示范区，在重点行业领域布局建设一批支撑实体经济发展的众创空间，建成若干技术转移人才培养基地，培养1万名专业化技术转移人才，全国技术合同交易额力争达到2万亿元。

二、重点任务

围绕科技成果转移转化的关键问题和薄弱环节，加强系统部署，抓好措施落实，形成以企业技术创新需求为导向、以市场化交易平台为载体、以专业化服务机构为支撑的科技成果转移转化新格局。

（一）开展科技成果信息汇交与发布

1. 发布转化先进适用的科技成果包。围绕新一代信息网络、智能绿色制造、现代农业、现代能源、资源高效利用和生态环保、海洋和空间、智慧城市和数字社会、人口健康等重点领域，以需求为导向发布一批符合产业转型升级方向、投资规模与产业带动作用大的科技成果包。发挥财政资金引导作用和科技中介机构的成果筛选、市场化评估、融资服务、成果推介等作用，鼓励企业探索新的商业模式和科技成果产业化路径，加速重大科技成果转化应用。引导支持农业、医疗卫生、生态建设等社会公益领域科技成果转化应用。

2. 建立国家科技成果信息系统。制定科技成果信息采集、加工与服务规范，推动中央和地方各类科技计划、科技奖励成果存量与增量数据资源互联互通，构建由财政资金支持产生的科技成果转化项目库与数据服务平台。完善科技成果信息共享机制，在不泄露国家秘密和商业秘密的前提下，向社会公布科技成果和相关知识产权信息，提供科技成果信息查询、筛选等公益服务。

3. 加强科技成果信息汇交。建立健全各地方、各部门科技成果信息汇交工作机制，推广科技成果在线登记汇交系统，畅通科技成果信息收集渠道。加强科技成果管理与科技计划项目管理的有机衔接，明确由财政资金设立的应用类科技项目承担单位的科技成果转化义务，开展应用类科技项目成果以及基础研究中具有应用前景的科研项目成果信息汇交。鼓励非财政资金资助的科技成果进行信息汇交。

4. 加强科技成果数据资源开发利用。围绕传统产业转型升级、新兴产业培育发展需求，鼓励各类机构运用云计算、大数据等新一代信息技术，积极开展科技成果信息增值服务，提供符合用户需求的精准科技成果信息。开展科技成果转化为技术标准试点，推动更多应用类科技成果转化为技术标准。加强科技成果、科技报告、科技文献、知识产权、标准等的信息化关联，各地方、各部门在规划制定、计划管理、战略研究等方面要充分利用科技成果资源。

5. 推动军民科技成果融合转化应用。建设国防科技工业成果信息与推广转化平台，研究设立国防科技工业军民融合产业投资基金，支持军民融合科技成果推广应用。梳理具有市场应用前景的项目，发布军用技术转民用推广目录、“民参军”技术与产品推荐目录、国防科技工业知识产权转化目录。实施军工技术推广专项，推动国防科技成果向民用领域转化应用。

（二）产学研协同开展科技成果转移转化

6. 支持高校和科研院所开展科技成果转移转化。组织高校和科研院所梳理科技成果资源，发布科技成果目录，建立面向企业的技术服务站点网络，推动科技成果与产业、企业需求有效对接，通过研发合作、技术转让、技术许可、作价投资等多种形式，实现科技成果市场价值。依托中国科学院的科研院所体系实施科技服务网络计划，围绕产业和地方需求开展技术攻关、技术转移与示范、知识产权运营等。鼓励医疗机构、医学研究单位等构建协同研究网络，加强临床指南和规范制定工作，加快新技术、新产品应用推广。引导有条件的高校和科研院所建立健全专业化科技成果转移转化机构，明确统筹科技成果转移转化与知识产权管理的职责，加强市场化运营能力。在部分高校和科研院所试点探索科技成果转移转化的有效机制与模式，建立职务科技成果披露与管理制度，实行技术经理人市场化聘用制，建设一批运营机制灵活、专业人才集聚、服务能力突出、具有国际影响力的国家技术转移机构。

7. 推动企业加强科技成果转化应用。以创新型企业、高新技术企业、科技型中小企业为重点，支持企业与高校、科研院所联合设立研发机构或技术转移机构，共同开展研究开发、成果应用与推广、标准研究与制定等。围绕“互联网＋”战略开展企业技术难题竞标等“研发众包”模式探索，引导科技人员、高校、科研院所承接企业的项目委托和难题招标，聚众智推进开放式创新。市场导向明确的科技计划项目由企业牵头组织实施。完善技术成果向企业转移扩散的机制，支持企业引进国内外先进适用技术，开展技术革新与改造升级。

8. 构建多种形式的产业技术创新联盟。围绕“中国制造 2025”“互联网＋”等国家重点产业发展战略以及区域发展战略部署，发挥行业骨干企业、转制科研院所主导作用，联合上下游企业和高校、科研院所等构建一批产业技术创新联盟，围绕产业链构建创新链，推动跨领域跨行业协同创新，加强行业共性关键技术研发和推广应用，为联盟成员企业提供订单式研发服务。支持联盟承担重大科技成果转化项目，探索联合攻关、利益共享、知识产权运营的有效机制与模式。

9. 发挥科技社团促进科技成果转移转化的纽带作用。以创新驱动助力工程为抓手，提升学会服务科技成果转移转化能力和水平，利用学会服务站、技术研发基地等柔性创新载体，组织动员学会智力资源服务企业转型升级，建立学会联系企业的长效机制，开展科技信息服务，实现科技成果转移转化供给端与需求端的精准对接。

(三)建设科技成果中试与产业化载体

10. 建设科技成果产业化基地。瞄准节能环保、新一代信息技术、生物技术、高端装备制造、新能源、新材料、新能源汽车等战略性新兴产业领域,依托国家自主创新示范区、国家高新区、国家农业科技园区、国家可持续发展实验区、国家大学科技园、战略性新兴产业集聚区等创新资源集聚区域以及高校、科研院所、行业骨干企业等,建设一批科技成果产业化基地,引导科技成果对接特色产业需求转移转化,培育新的经济增长点。

11. 强化科技成果中试熟化。鼓励企业牵头、政府引导、产学研协同,面向产业发展需求开展中试熟化与产业化开发,提供全程技术研发解决方案,加快科技成果转移转化。支持地方围绕区域特色产业发展、中小企业技术创新需求,建设通用性或行业性技术创新服务平台,提供从实验研究、中试熟化到生产过程所需的仪器设备、中试生产线等资源,开展研发设计、检验检测认证、科技咨询、技术标准、知识产权、投融资等服务。推动各类技术开发类科研基地合理布局和功能整合,促进科研基地科技成果转移转化,推动更多企业和产业发展亟须的共性技术成果扩散与转化应用。

(四)强化科技成果转移转化市场化服务

12. 构建国家技术交易网络平台。以"互联网+"科技成果转移转化为核心,以需求为导向,连接技术转移服务机构、投融资机构、高校、科研院所和企业等,集聚成果、资金、人才、服务、政策等各类创新要素,打造线上与线下相结合的国家技术交易网络平台。平台依托专业机构开展市场化运作,坚持开放共享的运营理念,支持各类服务机构提供信息发布、融资并购、公开挂牌、竞价拍卖、咨询辅导等专业化服务,形成主体活跃、要素齐备、机制灵活的创新服务网络。引导高校、科研院所、国有企业的科技成果挂牌交易与公示。

13. 健全区域性技术转移服务机构。支持地方和有关机构建立完善区域性、行业性技术市场,形成不同层级、不同领域技术交易有机衔接的新格局。在现有的技术转移区域中心、国际技术转移中心基础上,落实"一带一路"、京津冀协同发展、长江经济带等重大战略,进一步加强重点区域间资源共享与优势互补,提升跨区域技术转移与辐射功能,打造连接国内外技术、资本、人才等创新资源的技术转移网络。

14. 完善技术转移机构服务功能。完善技术产权交易、知识产权交易等各类平台功能,促进科技成果与资本的有效对接。支持有条件的技术转移机构与天使投资、创业投资等合作建立投资基金,加大对科技成果转化项目的投资力度。鼓励国内机构与国际知名技术转移机构开展深层次合作,围绕重点产业技术需求引进国外先进适用的科技成果。鼓励技术转移机构探索适应不同用户需求的科技成果评价方法,提升科技成果转移转化成功率。推动行业组织制定技术转移服务标准和规范,建立技术转移服务评价与信用机制,加强行业自律管理。

15. 加强重点领域知识产权服务。实施"互联网+"融合重点领域专利导航项目,引导"互联网+"协同制造、现代农业、智慧能源、绿色生态、人工智能等融合领域的知识产权战略布局,提升产业创新发展能力。开展重大科技经济活动知识产权分析评议,为战略规划、政策制定、项目确立等提供依据。针对重点产业完善国际化知识产权信息平台,发布"走向海外"知识产权实务操作指引,为企业"走出去"提供专业化知识产权服务。

(五)大力推动科技型创新创业

16. 促进众创空间服务和支撑实体经济发展。重点在创新资源集聚区域,依托行业龙头企业、高校、科研院所,在电子信息、生物技术、高端装备制造等重点领域建设一批以成果转移转化为主要内容、专业服务水平高、创新资源配置优、产业辐射带动作用强的众创空间,有效支撑实体经济发展。构建一批支持农村科技创新创业的“星创天地”。支持企业、高校和科研院所发挥科研设施、专业团队、技术积累等专业领域创新优势,为创业者提供技术研发服务。吸引更多科技人员、海外归国人员等高端创业人才入驻众创空间,重点支持以核心技术为源头的创新创业。

17. 推动创新资源向创新创业者开放。引导高校、科研院所、大型企业、技术转移机构、创业投资机构以及国家级科研平台(基地)等,将科研基础设施、大型科研仪器、科技数据文献、科技成果、创投资金等向创新创业者开放。依托3D打印、大数据、网络制造、开源软硬件等先进技术和手段,支持各类机构为创新创业者提供便捷的创新创业工具。支持高校、企业、孵化机构、投资机构等开设创新创业培训课程,鼓励经验丰富的企业家、天使投资人和专家学者等担任创业导师。

18. 举办各类创新创业大赛。组织开展中国创新创业大赛、中国创新挑战赛、中国“互联网+”大学生创新创业大赛、中国农业科技创新创业大赛、中国科技创新创业人才投融资集训营等活动,支持地方和社会各界举办各类创新创业大赛,集聚整合创业投资等各类资源支持创新创业。

(六)建设科技成果转移转化人才队伍

19. 开展技术转移人才培养。充分发挥各类创新人才培养示范基地作用,依托有条件的地方和机构建设一批技术转移人才培养基地。推动有条件的高校设立科技成果转化相关课程,打造一支高水平的师资队伍。加快培养科技成果转移转化领军人才,纳入各类创新创业人才引进培养计划。推动建设专业化技术经纪人队伍,畅通职业发展通道。鼓励和规范高校、科研院所、企业中符合条件的科技人员从事技术转移工作。与国际技术转移组织联合培养国际化技术转移人才。

20. 组织科技人员开展科技成果转移转化。紧密对接地方产业技术创新、农业农村发展、社会公益等领域需求,继续实施万名专家服务基层行动计划、科技特派员、科技创业者行动、企业院士行、先进适用技术项目推广等,动员高校、科研院所、企业的科技人员及高层次专家,深入企业、园区、农村等基层一线开展技术咨询、技术服务、科技攻关、成果推广等科技成果转移转化活动,打造一支面向基层的科技成果转移转化人才队伍。

21. 强化科技成果转移转化人才服务。构建“互联网+”创新创业人才服务平台,提供科技咨询、人才计划、科技人才活动、教育培训等公共服务,实现人才与人才、人才与企业、人才与资本之间的互动和跨界协作。围绕支撑地方特色产业培育发展,建立一批科技领军人才创新驱动中心,支持有条件的企业建设院士(专家)工作站,为高层次人才与企业、地方对接搭建平台。建设海外科技人才离岸创新创业基地,为引进海外创新创业资源搭建平台和桥梁。

(七)大力推动地方科技成果转移转化

22. 加强地方科技成果转化工作。健全省、市、县三级科技成果转化工作网络,强化科技管理部门开展科技成果转移转化的工作职能，加强相关部门之间的协同配合，探索适应地方成果转化要求的考核评价机制。加强基层科技管理机构与队伍建设，完善承接科技成果转移转化的平台与机制，宣传科技成果转化政策，帮助中小企业寻找应用科技成果，搭建产学研合作信息服务平台。指导地方探索“创新券”等政府购买服务模式，降低中小企业技术创新成本。

23. 开展区域性科技成果转移转化试点示范。以创新资源集聚、工作基础好的省(区、市)为主导，跨区域整合成果、人才、资本、平台、服务等创新资源，建设国家科技成果转移转化试验示范区，在科技成果转移转化服务、金融、人才、政策等方面，探索形成一批可复制、可推广的工作经验与模式。围绕区域特色产业发展技术瓶颈，推动一批符合产业转型发展需求的重大科技成果在示范区转化与推广应用。

(八)强化科技成果转移转化的多元化资金投入

24. 发挥中央财政对科技成果转移转化的引导作用。发挥国家科技成果转化引导基金等的杠杆作用，采取设立子基金、贷款风险补偿等方式，吸引社会资本投入，支持关系国计民生和产业发展的科技成果转化。通过优化整合后的技术创新引导专项(基金)、基地和人才专项，加大对符合条件的技术转移机构、基地和人才的支持力度。国家科技重大专项、重点研发计划支持战略性重大科技成果产业化前期攻关和示范应用。

25. 加大地方财政支持科技成果转化力度。引导和鼓励地方设立创业投资引导、科技成果转化、知识产权运营等专项资金(基金)，引导信贷资金、创业投资资金以及各类社会资金加大投入，支持区域重点产业科技成果转移转化。

26. 拓宽科技成果转化资金市场化供给渠道。大力发展创业投资，培育发展天使投资人和创投机构，支持初创期科技企业和科技成果转化项目。利用众筹等互联网金融平台，为小微企业转移转化科技成果拓展融资渠道。支持符合条件的创新创业企业通过发行债券、资产证券化等方式进行融资。支持银行探索股权投资与信贷投放相结合的模式，为科技成果转移转化提供组合金融服务。

三、组织与实施

(一)加强组织领导。各有关部门要根据职能定位和任务分工，加强政策、资源统筹，建立协同推进机制，形成科技部门、行业部门、社会团体等密切配合、协同推进的工作格局。强化中央和地方协同，加强重点任务的统筹部署及创新资源的统筹配置，形成共同推进科技成果转移转化的合力。各地方要将科技成果转移转化工作纳入重要议事日程，强化科技成果转移转化工作职能，结合实际制定具体实施方案，明确工作推进路线图和时间表，逐级细化分解任务，切实加大资金投入、政策支持和条件保障力度。

(二)加强政策保障。落实《中华人民共和国促进科技成果转化法》及相关政策措施，完善有利于科技成果转移转化的政策环境。建立科研机构、高校科技成果转移转化绩效评估体系，将科技成果转移转化情况作为对单位予以支持的参考依据。推动科研机构、高校建立符合自身人事管理需要和科技成果转化工作特点的职称评定、岗位管理和考核评价制度。完善有利于科技成果转移转化的事业单位国有资产管理相关政策。研究探索科研机构、高校领导干部正职任前在科技成果转化中获得股权的代持制度。各地方要围绕落实《中华人民共和国促进科技成果转化法》，完善促进科技成果转移转化的政策法规。建立实施情况监测与评估机制，为调整完善相关政策举措提供支撑。

（三）加强示范引导。加强对试点示范工作的指导推动，交流各地方各部门的好经验、好做法，对可复制、可推广的经验和模式及时总结推广，发挥促进科技成果转移转化行动的带动作用，引导全社会关心和支持科技成果转移转化，营造有利于科技成果转移转化的良好社会氛围。

附件：重点任务分工及进度安排表（略）

2016年4月21日

权威解读

《促进科技成果转移转化行动方案》解读

——让科技成果转移转化畅通无阻

国务院办公厅日前印发的《促进科技成果转移转化行动方案》（以下简称《方案》），在重点领域和关键环节提出针对性措施，推动实施一批具体任务。

"与之前修订《促进科技成果转化法》、制定《实施促进科技成果转化法若干规定》这'两部曲'不同，这次是部署实施一批有针对性的举措和具体任务。"科技部创新发展司副司长崔玉亭在接受科技日报记者专访时说，《方案》可视为促进科技成果转移转化的"第三部曲"，与前"两部曲"一脉相承，目的是将已经出台的法律规定"抓实、落地、生根"。

此次《方案》明确提出"十三五"期间科技成果转移转化的量化工作指标，但在崔玉亭看来，有关行动目标的定性表述更值得关注。崔玉亭说，行动目标囊括了成果转化的诸多环节，意在落实和完善有利于科技成果转化的政策环境，从多主体、全链条、全要素打通科技成果转移转化的通道。

激发创新主体积极性

高校和科研院所是科技成果产出"大户"，但之前因为种种原因，大量"成果"变"陈果"，被锁在"保险柜"无法走向市场。

为增强"大户"科技成果转移转化有效供给，《方案》提出，加快建立单位科技成果转移转化绩效评价和年度报告制度，将科技成果转移转化情况作为对单位考核和支持的重要依据。

专业化技术经纪人队伍是成果的有效"推销员"。《方案》将科技成果转移转化领军人才纳入创新创业人才引进培养计划，推动有条件的高校设立相关课程，培育专业化技术经纪人队伍。

《方案》同时强化了企业在科技成果转移转化中的主体地位。支持企业与高校、科研院所构建一批产业技术创新联盟，联合设立新型研发机构或技术转移机构，协同开展合作研发、中试熟化、应用推广及标准制定等。探索企业“研发众包”新模式，更加经济、便利地获得科技成果。

对于科研活动中最核心的要素“人”，《方案》提出，推动成果转化与创新创业互动融合，建设一批以科技成果转移转化为主要内容的众创空间，支撑服务科技人员开展创新创业与成果转化。继续实施“万名专家服务基层行动计划”“科技创业者行动”等活动，引导科技人员深入一线开展转移转化。

加快国家科技计划成果应用

从今年3月起，为促进科技成果转移转化，科技部会同相关部门以国家财政科技计划产生的科技成果为重点，陆续汇总发布符合产业转型升级方向、投资规模与产业带动作用大的先进适用科技成果，引导企业、地方、社会资本和各类机构参与，促进科技成果转化为现实生产力。

这些成果主要来源于近年国家科技重大专项、863、973等科技计划的项目成果，涉及能源、现代农业、高端装备与先进制造等11个重点技术领域。

此次《方案》提出，将围绕新一代信息网络、智能绿色制造等重点产业领域需求，发布转化一批能够促进产业转型升级、投资规模与带动作用大的科技成果包，探索市场化的商业模式和产业化路径，促进供需有效对接。

“这是科技成果包发布工作的继续推进，最终要形成长效机制，让国家财政科技资金产出的成果加快转化应用。”崔玉亭说。

完善支撑服务体系

成果要实现价值，一个重要渠道是通过技术市场交易、转化。

《方案》提出，构建国家技术交易网络平台，其中很重要的一点是，以“互联网+”科技成果转移转化为核心，聚集技术、人才、资本、服务、需求、政策等创新要素，形成线上与线下相结合、专业化、市场化的交易网络平台。平台将为高校、科研院所提供科技成果挂牌交易与公示，与地方性、行业性技术交易平台互联互通，解决成果交易流通与市场化定价问题。

《方案》同时提出，支持地方和有关机构建立完善区域性、行业性技术市场，完善技术产权交易、知识产权交易等平台功能。引导培育一批机制灵活、专业化、市场化的国家技术转移机构。

支撑区域产业发展转型升级

政策的生命力在于落实和执行，“顶天”的政策必须“立地”，才能落实到行动。此次《方案》特别强调，发挥好地方在推动科技成果转移转化中的重要作用，其中重要举措是提出建设国家科技成果转移转化示范区，以创新资源集聚、工作基础好的省区市为主导，依托国家自主创新示范区、高新区等，整合成果、人才、资本等创新资源，探索形成一批可复制、可推广的工作经验与模式，打造科技成果转移转化高地。

崔玉亭说，各地方也要根据自身实际，制定完善促进科技成果转移转化的政策。

——引自:《科技日报》2016年5月12日

国家技术转移体系建设方案

国发〔2017〕44 号

国家技术转移体系是促进科技成果持续产生,推动科技成果扩散、流动、共享、应用并实现经济与社会价值的生态系统。建设和完善国家技术转移体系,对于促进科技成果资本化产业化、提升国家创新体系整体效能、激发全社会创新创业活力、促进科技与经济紧密结合具有重要意义。党中央、国务院高度重视技术转移工作。改革开放以来,我国科技成果持续产出,技术市场有序发展,技术交易日趋活跃,但也面临技术转移链条不畅、人才队伍不强、体制机制不健全等问题,迫切需要加强系统设计,构建符合科技创新规律、技术转移规律和产业发展规律的国家技术转移体系,全面提升科技供给与转移扩散能力,推动科技成果加快转化为经济社会发展的现实动力。为深入落实《中华人民共和国促进科技成果转化法》,加快建设和完善国家技术转移体系,制定本方案。

一、总体要求

(一)指导思想

全面贯彻党的十八大和十八届三中、四中、五中、六中全会精神,深入贯彻习近平总书记系列重要讲话精神和治国理政新理念新思想新战略,按照党中央、国务院决策部署,统筹推进"五位一体"总体布局和协调推进"四个全面"战略布局,坚持稳中求进工作总基调,牢固树立和贯彻落实新发展理念,深入实施创新驱动发展战略,激发创新主体活力,加强技术供需对接,优化要素配置,完善政策环境,发挥技术转移对提升科技创新能力、促进经济社会发展的重要作用,为加快建设创新型国家和世界科技强国提供有力支撑。

(二)基本原则

——市场主导,政府推动。发挥市场在促进技术转移中的决定性作用,强化市场加快科学技术渗透扩散、促进创新要素优化配置等功能。政府注重抓战略、抓规划、抓政策、抓服务,为技术转移营造良好环境。

——改革牵引,创新机制。遵循技术转移规律,把握开放式、网络化、非线性创新范式的新特征,探索灵活多样的技术转移体制机制,调动各类创新主体和技术转移载体的积极性。

——问题导向,聚焦关键。聚焦技术转移体系的薄弱环节和转移转化中的关键症结,提出有针对性、可操作的政策措施,补齐技术转移短板,打通技术转移链条。

——纵横联动，强化协同。加强中央与地方联动、部门与行业协同、军用与民用融合、国际与国内联通，整合各方资源，实现各地区、各部门、各行业技术转移工作的衔接配套。

（三）建设目标

到2020年，适应新形势的国家技术转移体系基本建成，互联互通的技术市场初步形成，市场化的技术转移机构、专业化的技术转移人才队伍发展壮大，技术、资本、人才等创新要素有机融合，技术转移渠道更加畅通，面向“一带一路”沿线国家等的国际技术转移广泛开展，有利于科技成果资本化、产业化的体制机制基本建立。

到2025年，结构合理、功能完善、体制健全、运行高效的国家技术转移体系全面建成，技术市场充分发育，各类创新主体高效协同互动，技术转移体制机制更加健全，科技成果的扩散、流动、共享、应用更加顺畅。

（四）体系布局

建设和完善国家技术转移体系是一项系统工程，要着眼于构建高效协同的国家创新体系，从技术转移的全过程、全链条、全要素出发，从基础架构、转移通道、支撑保障三个方面进行系统布局。

——基础架构。发挥企业、高校、科研院所等创新主体在推动技术转移中的重要作用，以统一开放的技术市场为纽带，以技术转移机构和人才为支撑，加强科技成果有效供给与转化应用，推动形成紧密互动的技术转移网络，构建技术转移体系的“四梁八柱”。

——转移通道。通过科研人员创新创业以及跨军民、跨区域、跨国界技术转移，增强技术转移体系的辐射和扩散功能，推动科技成果有序流动、高效配置，引导技术与人才、资本、企业、产业有机融合，加快新技术、新产品、新模式的广泛渗透与应用。

——支撑保障。强化投融资、知识产权等服务，营造有利于技术转移的政策环境，确保技术转移体系高效运转。

二、优化国家技术转移体系基础架构

（五）激发创新主体技术转移活力

强化需求导向的科技成果供给。发挥企业在市场导向类科技项目研发投入和组织实施中的主体作用，推动企业等技术需求方深度参与项目过程管理、验收评估等组织实施全过程。在国家重大科技项目中明确成果转化任务，设立与转化直接相关的考核指标，完善“沿途下蛋”机制，拉近成果与市场的距离。引导高校和科研院所结合发展定位，紧贴市场需求，开展技术创新与转移转化活动；强化高校、科研院所科技成果转化情况年度报告的汇交和使用。

促进产学研协同技术转移。发挥国家技术创新中心、制造业创新中心等平台载体作用，推动重大关键技术转移扩散。依托企业、高校、科研院所建设一批聚焦细分领域的科技成果中试、熟化基地，推广技术成熟度评价，促进技术成果规模化应用。支持企业牵头会同高校、科研院所等共建产业技术创新战略联盟，以技术交叉许可、建立专利池等方式促进技术转移扩散。加快发展新型研发机构，探索共性技术研发和技术转移的新机制。充分发挥学会、行业协会、研究会等科技社团的优势，依托产学研协同共同体推动技术转移。

面向经济社会发展急需领域推动技术转移。围绕环境治理、精准扶贫、人口健康、公共安全等社会民生领域的重大科技需求，发挥临床医学研究中心等公益性技术转移平台作用，发布公益性技术成果指导目录，开展示范推广应用，让人民群众共享先进科技成果。聚焦影响长远发展的战略必争领域，加强技术供需对接，加快推动重大科技成果转化应用。瞄准人工智能等覆盖面大、经济效益明显的重点领域，加强关键共性技术推广应用，促进产业转型升级。面向农业农村经济社会发展科技需求，充分发挥公益性农技推广机构为主、社会化服务组织为补充的“一主多元”农技推广体系作用，加强农业技术转移体系建设。

（六）建设统一开放的技术市场

构建互联互通的全国技术交易网络。依托现有的枢纽型技术交易网络平台，通过互联网技术手段连接技术转移机构、投融资机构和各类创新主体等，集聚成果、资金、人才、服务、政策等创新要素，开展线上线下相结合的技术交易活动。

加快发展技术市场。培育发展若干功能完善、辐射作用强的全国性技术交易市场，健全与全国技术交易网络联通的区域性、行业性技术交易市场。推动技术市场与资本市场联动融合，拓宽各类资本参与技术转移投资、流转和退出的渠道。

提升技术转移服务水平。制定技术转移服务规范，完善符合科技成果交易特点的市场化定价机制，明确科技成果拍卖、在技术交易市场挂牌交易、协议成交信息公示等操作流程。建立健全技术转移服务业专项统计制度，完善技术合同认定规则与登记管理办法。

（七）发展技术转移机构

强化政府引导与服务。整合强化国家技术转移管理机构职能，加强对全国技术交易市场、技术转移机构发展的统筹、指导、协调，面向全社会组织开展财政资助产生的科技成果信息收集、评估、转移服务。引导技术转移机构市场化、规范化发展，提升服务能力和水平，培育一批具有示范带动作用的技术转移机构。

加强高校、科研院所技术转移机构建设。鼓励高校、科研院所在不增加编制的前提下建设专业化技术转移机构，加强科技成果的市场开拓、营销推广、售后服务。创新高校、科研院所技术转移管理和运营机制，建立职务发明披露制度，实行技术经理人聘用制，明确利益分配机制，引导专业人员从事技术转移服务。

加快社会化技术转移机构发展。鼓励各类中介机构为技术转移提供知识产权、法律咨询、资产评估、技术评价等专业服务。引导各类创新主体和技术转移机构联合组建技术转移联盟，强化信息共享与业务合作。鼓励有条件的地方结合服务绩效对相关技术转移机构给予支持。

（八）壮大专业化技术转移人才队伍

完善多层次的技术转移人才发展机制。加强技术转移管理人员、技术经纪人、技术经理人等人才队伍建设，畅通职业发展和职称晋升通道。支持和鼓励高校、科研院所设置专职从事技术转移工作的创新型岗位，绩效工资分配应当向做出突出贡献的技术转移人员倾斜。鼓励退休专业技术人员从事技术转移服务。统筹适度运用政策引导和市场激励，更多通过市场收益回报科研人员，多渠道鼓励科研人员从事技术转移活动。加强对研发和转化高精尖、国防等科技成果相关人员的政策支持。

加强技术转移人才培养。发挥企业、高校、科研院所等作用，通过项目、基地、教学合作等多种载体和形式吸引海外高层次技术转移人才和团队。鼓励有条件的高校设立技术转移相关学科或专业，与企业、科研院所、科技社团等建立联合培养机制。将高层次技术转移人才纳入国家和地方高层次人才特殊支持计划。

三、拓宽技术转移通道

(九)依托创新创业促进技术转移

鼓励科研人员创新创业。引导科研人员通过到企业挂职、兼职或在职创办企业以及离岗创业等多种形式，推动科技成果向中小微企业转移。支持高校、科研院所通过设立流动岗位等方式，吸引企业创新创业人才兼职从事技术转移工作。引导科研人员面向企业开展技术转让、技术开发、技术服务、技术咨询，横向课题经费按合同约定管理。

强化创新创业载体技术转移功能。聚焦实体经济和优势产业，引导企业、高校、科研院所发展专业化众创空间，依托开源软硬件、3D 打印、网络制造等工具建立开放共享的创新平台，为技术概念验证、商业化开发等技术转移活动提供服务支撑。鼓励龙头骨干企业开放创新创业资源，支持内部员工创业，吸引集聚外部创业，推动大中小企业跨界融合，引导研发、制造、服务各环节协同创新。优化孵化器、加速器、大学科技园等各类孵化载体功能，构建涵盖技术研发、企业孵化、产业化开发的全链条孵化体系。加强农村创新创业载体建设，发挥科技特派员引导科技成果向农村农业转移的重要作用。针对国家、行业、企业技术创新需求，通过“揭榜比拼”“技术难题招标”等形式面向社会公开征集解决方案。

(十)深化军民科技成果双向转化

强化军民技术供需对接。加强军民融合科技成果信息互联互通，建立军民技术成果信息交流机制。进一步完善国家军民技术成果公共服务平台，提供军民科技成果评价、信息检索、政策咨询等服务。强化军队装备采购信息平台建设，搭建军民技术供需对接平台，引导优势民品单位进入军品科研、生产领域，加快培育反恐防爆、维稳、安保等国家安全和应急产业，加强军民研发资源共享共用。

优化军民技术转移体制机制。完善国防科技成果降解密、权利归属、价值评估、考核激励、知识产权军民双向转化等配套政策。开展军民融合国家专利运营试点，探索建立国家军民融合技术转移中心、国家级实验室技术转移联盟。建立和完善军民融合技术评价体系。建立军地人才、技术、成果转化对接机制，完善符合军民科技成果转化特点的职称评定、岗位管理和考核评价制度。构建军民技术交易监管体系，完善军民两用技术转移项目审查和评估制度。在部分地区开展军民融合技术转移机制探索和政策试点，开展典型成果转移转化示范。探索重大科技项目军民联合论证与组织实施的新机制。

(十一)推动科技成果跨区域转移扩散

强化重点区域技术转移。发挥北京、上海科技创新中心及其他创新资源集聚区域的引领辐射与源头供给作用，促进科技成果在京津冀、长江经济带等地区转移转化。开展振兴东北科技成果转移转化专项行动、创新驱动助力工程等，通过科技成果转化推动区域特色优势产业发展。优化对口援助和帮扶机制，开展科技扶贫精准脱贫，推动新品种、新技术、新成果向贫困地区转移转化。

完善梯度技术转移格局。加大对中西部地区承接成果转移转化的差异化支持力度，围绕重点产业需求进行科技成果精准对接。探索科技成果东中西梯度有序转移的利益分享机制和合作共赢模式，引领产业合理分工和优化布局。建立健全省、市、县三级技术转移工作网络，加快先进适用科技成果向县域转移转化，推动县域创新驱动发展。

开展区域试点示范。支持有条件的地区建设国家科技成果转移转化示范区，开展体制机制创新与政策先行先试，探索一批可复制、可推广的经验与模式。允许中央高校、科研院所、企业按规定执行示范区相关政策。

（十二）拓展国际技术转移空间

加速技术转移载体全球化布局。加快国际技术转移中心建设，构建国际技术转移协作和信息对接平台，在技术引进、技术孵化、消化吸收、技术输出和人才引进等方面加强国际合作，实现对全球技术资源的整合利用。加强国内外技术转移机构对接，创新合作机制，形成技术双向转移通道。

开展“一带一路”科技创新合作技术转移行动。与“一带一路”沿线国家共建技术转移中心及创新合作中心，构建“一带一路”技术转移协作网络，向沿线国家转移先进适用技术，发挥对“一带一路”产能合作的先导作用。

鼓励企业开展国际技术转移。引导企业建立国际化技术经营公司、海外研发中心，与国外技术转移机构、创业孵化机构、创业投资机构开展合作。开展多种形式的国际技术转移活动，与技术转移国际组织建立常态化交流机制，围绕特定产业领域为企业技术转移搭建展示交流平台。

四、完善政策环境和支撑保障

（十三）树立正确的科技评价导向

推动高校、科研院所完善科研人员分类评价制度，建立以科技创新质量、贡献、绩效为导向的分类评价体系，扭转唯论文、唯学历的评价导向。对主要从事应用研究、技术开发、成果转化工作的科研人员，加大成果转化、技术推广、技术服务等评价指标的权重，把科技成果转化对经济社会发展的贡献作为科研人员职务晋升、职称评审、绩效考核等的重要依据，不将论文作为评价的限制性条件，引导广大科技工作者把论文写在祖国大地上。

（十四）强化政策衔接配套

健全国有技术类无形资产管理制度，根据科技成果转化特点，优化相关资产评估管理流程，探索通过公示等方式简化备案程序。探索赋予科研人员横向委托项目科技成果所有权或长期使用权，在法律授权前提下开展高校、科研院所等单位与完成人或团队共同拥有职务发明科技成果产权的改革试点。高校、科研院所科研人员依法取得的成果转化奖励收入，不纳入绩效工资。建立健全符合国际规则的创新产品采购、首台套保险政策。健全技术创新与标准化互动支撑机制，开展科技成果向技术标准转化试点。结合税制改革方向，按照强化科技成果转化激励的原则，统筹研究科技成果转化奖励收入有关税收政策。完善出口管制制度，加强技术转移安全审查体系建设，切实维护国家安全和核心利益。

（十五）完善多元化投融资服务

国家和地方科技成果转化引导基金通过设立创业投资子基金、贷款风险补偿等方式，引导社会资本加大对技术转移早期项目和科技型中小微企业的投融资支持。开展知识产权证券化融资试点，鼓励商业银行开展知识产权质押贷款业务。按照国务院统一部署，鼓励银行业金融机构积极稳妥开展内部投贷联动试点和外部投贷联动。落实创业投资企业和天使投资个人投向种子期、初创期科技型企业按投资额70%抵扣应纳税所得额的试点优惠政策。

（十六）加强知识产权保护和运营

完善适应新经济新模式的知识产权保护，释放激发创新创业动力与活力。加强对技术转移过程中商业秘密的法律保护，研究建立当然许可等知识产权运用机制的法律制度。发挥知识产权司法保护的主导作用，完善行政执法和司法保护两条途径优势互补、有机衔接的知识产权保护模式，推广技术调查官制度，统一裁判规范标准，改革优化知识产权行政保护体系。优化专利和商标审查流程，拓展“专利审查高速路”国际合作网络，提升知识产权质量。

（十七）强化信息共享和精准对接

建立国家科技成果信息服务平台，整合现有科技成果信息资源，推动财政科技计划、科技奖励成果信息统一汇交、开放、共享和利用。以需求为导向，鼓励各类机构通过技术交易市场等渠道发布科技成果供需信息，利用大数据、云计算等技术开展科技成果信息深度挖掘。建立重点领域科技成果包发布机制，开展科技成果展示与路演活动，促进技术、专家和企业精准对接。

（十八）营造有利于技术转移的社会氛围

针对技术转移过程中高校、科研院所等单位领导履行成果定价决策职责、科技管理人员履行项目立项与管理职责等，健全激励机制和容错纠错机制，完善勤勉尽责政策，形成敢于转化、愿意转化的良好氛围。完善社会诚信体系，发挥社会舆论作用，营造权利公平、机会公平、规则公平的市场环境。

五、强化组织实施

（十九）加强组织领导

国家科技体制改革和创新体系建设领导小组负责统筹推进国家技术转移体系建设，审议相关重大任务、政策措施。国务院科技行政主管部门要加强组织协调，明确责任分工，细化目标任务，强化督促落实。有关部门要根据本方案制定实施细则，研究落实促进技术转移的相关政策措施。地方各级政府要将技术转移体系建设工作纳入重要议事日程，建立协调推进机制，结合实际抓好组织实施。

（二十）抓好政策落实

全面贯彻落实促进技术转移的相关法律法规及配套政策，着重抓好具有标志性、关联性作用的改革举措。各地区、各部门要建立政策落实责任制,切实加强对政策落实的跟踪监测和效果评估,对已经出台的重大改革和政策措施落实情况及时跟踪、及时检查、及时评估。

(二十一)加大资金投入

各地区、各部门要充分发挥财政资金对技术转移和成果转化的引导作用,完善投入机制,推进科技金融结合,加大对技术转移机构、信息共享服务平台建设等重点任务的支持力度,形成财政资金与社会资本相结合的多元化投入格局。

(二十二)开展监督评估

强化对本方案实施情况的监督评估,建立监测、督办和评估机制,定期组织督促检查,开展第三方评估,掌握目标任务完成情况,及时发现和解决问题。加强宣传和政策解读,及时总结推广典型经验做法。

权威解读

创新大国首提国家技术转移体系,意义几何

——科技部副部长李萌解读《国家技术转移体系建设方案》三大看点

国务院印发的《国家技术转移体系建设方案》首次描绘了我国技术转移体系建设的蓝图,在创新大国向科技强国迈进的征程中,我们该如何破解当前技术转移体系建设面临的难题,发挥好科技成果转化对经济社会发展的推动作用?科技部副部长李萌接受了新华社记者专访。

首提国家技术转移体系,意义深远

记者:为全面提升国家科技创新能力,我国首次提出国家技术转移体系的概念,其内涵是什么?有何重要意义?

李萌:国家技术转移体系是国家创新体系的重要组成部分,是促进科技成果持续产生,推动科技成果扩散、流动、共享、应用并实现经济与社会价值的生态系统。

方案首次提出了国家技术转移体系的概念,目的是要构建符合科技创新规律、技术转移规律和产业发展规律的技术转移体系,加强对技术转移和成果转化工作的系统设计,形成体系化推进格局,进一步推动科技成果加快转化为经济社会发展的现实动力。

建设国家技术转移体系,一是有效把握和应对全球科技革命和产业变革新态势,抢占国际竞争制高点的必然要求;二是推进供给侧结构性改革,培育壮大发展新动能的关键举措;三是深化科技体制改革,提升国家创新体系整体效能的重要抓手。

科技成果向现实生产力转化不畅,从根子上讲还在于技术转移和成果转化的体系不健全,表现为创新链条衔接不畅、供需对接不顺、体制机制不完善等诸多方面。为此,必须要加快建设国家技术转移体系,健全技术转移机制,促进科技成果资本化产业化,构建政产学研用多方协同推动科技成果转化和创新创业的新格局。

到 2025 年，全面建成国家技术转移体系

记者：建设国家技术转移体系是一项复杂的系统工程，其总体要求、发展目标和重点任务是什么？

李萌：技术转移和成果转化涉及方方面面，方案特别提出了行之有效的“两步走”目标和“三方面”重点任务。

“两步走”目标包括：第一步，到 2020 年，适应新形势的国家技术转移体系基本建成，互联互通的技术市场初步形成，有利于科技成果资本化、产业化的体制机制基本建立。第二步，到 2025 年，结构合理、功能完善、体制健全、运行高效的国家技术转移体系全面建成。

着眼于构建高效协同的国家创新体系，要从三个方面对国家技术转移体系进行系统布局：

一是优化国家技术转移体系基础架构，构建技术转移体系的“四梁八柱”。建设统一开放的技术市场，构建互联互通的全国技术交易网络。发展技术转移机构，加强高校、科研院所和社会化技术转移机构建设。

二是拓宽技术转移通道，放大技术转移体系的辐射和扩散功能。依托创新创业促进技术转移，深化军民科技成果双向转化，推动科技成果跨区域转移扩散，拓展国际技术转移空间。

三是完善政策环境和支撑保障，保障体系高效运行。推动高校、科研院所完善科研人员分类评价制度，建立以科技创新质量、贡献、绩效为导向的分类评价体系。健全国有技术类无形资产管理制度，统筹研究科技成果转化奖励收入有关税收政策等。

让国家技术转移体系成为惠及社会大众的“及时雨”

记者：我国已经形成了促进科技成果转移转化工作的“三部曲”，为什么还要制定这个文件，有哪些亮点？

李萌：与之前的文件相比，方案最突出的特点是设计出了一个体系框架，并不是全部从头重建，而是要把促进科技成果转移转化的现有工作和各个环节勾连起来；同时，方案明确了进一步促进科技成果转移转化的改革突破方向，优化政策环境。为此，方案明确了我国技术转移体系建设的战略重点：

首先，立足发展全局，加快推动科技成果转化为现实生产力。使成果转化能够真正成为释放经济新活力、惠及社会大众的“及时雨”，深入研究和解决制约经济和产业发展的重大科技问题，推动科技成果转移转化，促进产业和产品向价值链中高端跃升。

其次，瞄准薄弱环节，加快构建高效协同的技术转移体系。补齐技术转移链条上的短板，形成纵横联动的技术转移网络。大力发展技术转移机构，培育职业化技术转移人才队伍。发挥财政资金的杠杆作用，引导各类金融和社会资本投入成果转化，支持科技成果跨区域、跨国界流动。

再次，破除制度障碍，加快培育技术转移的良好生态。鼓励高校院所探索符合成果转化规律的职务成果所有权制度，完善容错试错机制，探索对科研人员的长效激励机制，

让企业真正成为科技成果产业化和先进技术扩散应用的主体。

——引自:新华社 http://www.gov.cn/zhengce/2017—09/27/content_5227973.htm

国务院印发《国家技术转移体系建设方案》

国务院日前印发《国家技术转移体系建设方案》(以下简称《方案》),明确提出了加快建设和完善国家技术转移体系的总体思路、发展目标、重点任务和保障措施。

《方案》明确了两步走的建设目标:到2020年,适应新形势的国家技术转移体系基本建成,互联互通的技术市场初步形成,市场化的技术转移机构、专业化的技术转移人才队伍发展壮大,技术、资本、人才等创新要素有机融合,技术转移渠道更加畅通,面向"一带一路"沿线等国家的国际技术转移广泛开展,有利于科技成果资本化、产业化的体制机制基本建立;到2025年,结构合理、功能完善、体制健全、运行高效的国家技术转移体系全面建成,科技成果的扩散、流动、共享、应用更加顺畅。

《方案》提出了三个方面重点任务:一是优化国家技术转移体系基础架构,推动形成紧密互动的技术转移网络。激发创新主体技术转移活力,强化需求导向的科技成果供给。建设统一开放的技术市场,构建互联互通的全国技术交易网络。发展技术转移机构,加强高校、科研院所和社会化技术转移机构建设。壮大专业化技术转移人才队伍,完善多层次的技术转移人才发展机制。二是拓宽技术转移通道,放大技术转移体系的辐射和扩散功能。依托创新创业促进技术转移,深化军民科技成果双向转化,推动科技成果跨区域转移扩散,拓展国际技术转移空间。三是完善政策环境和支撑保障,保障体系高效运行。树立正确的科技评价导向,推动高校、科研院所完善科研人员分类评价制度,建立以科技创新质量、贡献、绩效为导向的分类评价体系。强化政策衔接配套,健全国有技术类无形资产管理制度,高校、科研院所科研人员依法取得的成果转化奖励收入不纳入绩效工资,统筹研究科技成果转化奖励收入有关税收政策。完善多元化投融资服务,加强知识产权保护和运营,强化信息共享和精准对接,营造有利于技术转移的社会氛围。

——引自:新华社 http://www.gov.cn/xinwen/2017—09/26/content_5227705.htm

教育部　科技部
加强高等学校科技成果转移转化工作的若干意见

教技〔2016〕3号

各省、自治区、直辖市教育厅（教委）、科技厅（科委），新疆生产建设兵团教育局、科技局，教育部直属各高等学校：

为深入贯彻落实《中共中央国务院关于深化体制机制改革加快实施创新驱动发展战略的若干意见》《中共中央关于深化人才发展体制机制改革的意见》和《中共中央办公厅关于印发深化科技体制改革实施方案的通知》精神，推动高校加快科技成果转移转化，依据《中华人民共和国促进科技成果转化法》、国务院《实施〈中华人民共和国促进科技成果转化法〉若干规定》和国务院办公厅《促进科技成果转移转化行动方案》，结合高校实际，提出如下意见：

一、全面认识高校科技成果转移转化工作

科技成果转化是高校科技活动的重要内容，高校要引导科研工作和经济社会发展需求更加紧密结合，为支撑经济发展转型升级提供源源不断的有效成果。高校要改革完善科技评价考核机制，促进科技成果转化。高校科技成果转移转化工作，既要注重以技术交易、作价入股等形式向企业转移转化科技成果，又要加大产学研结合的力度，支持科技人员面向企业开展技术开发、技术服务、技术咨询和技术培训；还要创新科研组织方式，组织科技人员面向国家需求和经济社会发展积极承担各类科研计划项目，积极参与国家、区域创新体系建设，为经济社会发展提供技术支撑和政策建议；高校作为人才培养的主阵地，更要引导、激励科研人员教书育人，注重知识扩散和转移，及时将科研成果转化为教育教学、学科专业发展资源，提高人才培养质量。

二、简政放权鼓励科技成果转移转化

高校对其持有的科技成果，可以自主决定转让、许可或者作价投资，除涉及国家秘密、国家安全外，不需要审批或备案。高校有权依法以持有的科技成果作价入股确认股权和出资比例，通过发起人协议、投资协议或者公司章程等形式对科技成果的权属、作

价、折股数量或出资比例等事项明确约定、明晰产权，并指定所属专业部门统一管理技术成果作价入股所形成的企业股份或出资比例。高校职务科技成果完成人和参加人在不变更职务科技成果权属的前提下，可以按照学校规定与学校签订协议，进行该项科技成果的转化，并享有相应权益。高校科技成果转移转化收益全部留归学校，纳入单位预算，不上缴国库；在对完成、转化科技成果做出重要贡献的人员给予奖励和报酬后，主要用于科学技术研究与成果转化等相关工作。

三、建立健全科技成果转移转化工作机制

高校要加强对科技成果转移转化的管理、组织和协调，成立科技成果转移转化工作领导小组，建立科技成果转移转化重大事项领导班子集体决策制度；统筹成果管理、技术转移、资产经营管理、法律等事务，建立成果转移转化管理平台；明确科技成果转移转化管理机构和职能，落实科技成果报告、知识产权保护、资产经营管理等工作的责任主体，优化并公示科技成果转移转化工作流程。

高校应根据国家规定和学校实际建立科技成果使用、处置的程序与规则。在向企业或者其他组织转移转化科技成果时，可以通过在技术交易市场挂牌、拍卖等方式确定价格，也可以通过协议定价。协议定价的，应当通过网站、办公系统、公示栏等方式在校内公示科技成果名称、简介等基本要素和拟交易价格、价格形成过程等，公示时间不少于15日。高校对科技成果的使用、处置在校内实行公示制度，同时明确并公开异议处理程序和办法。涉及国家秘密和国家安全的，按国家相关规定执行。

科技成果转化过程中，通过技术交易市场挂牌、拍卖等方式确定价格的，或者通过协议定价并按规定在校内公示的，高校领导在履行勤勉尽职义务、没有牟取非法利益的前提下，免除其在科技成果定价中因科技成果转化后续价值变化产生的决策责任。

四、加强科技成果转移转化能力建设

鼓励高校在不增加编制的前提下建立负责科技成果转移转化工作的专业化机构或者委托独立的科技成果转移转化服务机构开展科技成果转化，通过培训、市场聘任等多种方式建立成果转化职业经理人队伍。发挥大学科技园、区域（专业）研究院、行业组织在成果转移转化中的集聚辐射和带动作用，依托其构建技术交易、投融资等支撑服务平台，开展技术开发和市场需求对接、科技成果和风险投资对接，形成市场化的科技成果转移转化运营体系，培育打造运行机制灵活、专业人才集聚、服务能力突出的国家技术转移机构。高校要充分利用各级政府建立的科技成果信息平台，加强成果的宣传和展览展示；鼓励科研人员面向企业开展技术开发、技术咨询和技术服务等横向合作，与企业联合实施科技成果转化。

五、健全以增加知识价值为导向的收益分配政策

高校要根据国家规定和学校实际，制定科技成果转移转化奖励和收益分配办法，并在校内公开。在制定科技成果转移转化奖励和收益分配办法时，要充分听取学校科技人员的意见，兼顾学校、院系、成果完成人和专业技术转移转化机构等参与科技成果转化的

各方利益。

高校依法对职务科技成果完成人和为成果转化做出重要贡献的其他人员给予奖励时，按照以下规定执行：以技术转让或者许可方式转化职务科技成果的，应当从技术转让或者许可所取得的净收入中提取不低于50%的比例用于奖励；以科技成果作价投资实施转化的，应当从作价投资取得的股份或者出资比例中提取不低于50%的比例用于奖励；在研究开发和科技成果转化中做出主要贡献的人员，获得奖励的份额不低于总额的50%。成果转移转化收益扣除对上述人员的奖励和报酬后，应当主要用于科学技术研发与成果转移转化等相关工作，并支持技术转移机构的运行和发展。

担任高校正职领导以及高校所属具有独立法人资格单位的正职领导，是科技成果的主要完成人或者为成果转移转化做出重要贡献的，可以按照学校制定的成果转移转化奖励和收益分配办法给予现金奖励，原则上不得给予股权激励；其他担任领导职务的科技人员，是科技成果的主要完成人或者为成果转移转化做出重要贡献的，可以按照学校制定的成果转化奖励和收益分配办法给予现金、股份或出资比例等奖励和报酬。对担任领导职务的科技人员的科技成果转化收益分配实行公示和报告制度，明确公示其在成果完成或成果转化过程中的贡献情况及拟分配的奖励、占比情况等。

高校科技人员面向企业开展技术开发、技术咨询、技术服务、技术培训等横向合作活动，是高校科技成果转化的重要形式，其管理应依据合同法和科技成果转化法；高校应与合作单位依法签订合同或协议，约定任务分工、资金投入和使用、知识产权归属、权益分配等事项，经费支出按照合同或协议约定执行，净收入可按照学校制定的科技成果转移转化奖励和收益分配办法对完成项目的科技人员给予奖励和报酬。对科技人员承担横向科研项目与承担政府科技计划项目，在业绩考核中同等对待。

科技成果转移转化的奖励和报酬的支出，计入单位当年工资总额，不受单位当年工资总额限制，不纳入单位工资总额基数。

六、完善有利于科技成果转移转化的人事管理制度

高校科技人员在履行岗位职责、完成本职工作的前提下，征得学校同意，可以到企业兼职从事科技成果转化，或者离岗创业在不超过三年时间内保留人事关系。离岗创业期间，科技人员所承担的国家科技计划和基金项目原则上不得中止，确需中止的应当按照有关管理办法办理手续。高校要建立和完善科技人员在岗兼职、离岗创业和返岗任职制度，对在岗兼职的兼职时间和取酬方式、离岗创业期间和期满后的权利和义务及返岗条件作出规定并在校内公示。担任领导职务的科技人员的兼职管理，按中央有关规定执行。鼓励高校设立专门的科技成果转化岗位并建立相应的评聘制度。鼓励高校设立一定比例的流动岗位，聘请有创新实践经验的企业家和企业科技人才兼职从事教学和科研工作。教育部将组织高校开展将企业任职经历作为新聘工程类教师必要条件的试点，加大对应用型本科和高职院校专业教师在校企之间的交流力度。

七、支持学生创新创业

探索建立以创新创业为导向的人才培养机制，完善产学研用结合的协同育人模式。

支持高校与企业、研究院所联合建立学生实习实训和研究生科研实践等教学科研基地，提高学生创新创业实践能力。推动国家大学科技园为学生创新创业提供力所能及的场地、信息网络和商事、法律服务，建立微创新实验室、创新创业俱乐部等，发展众创、众包、众扶、众筹空间等新型孵化模式。鼓励国家大学科技园组织有创业实践经验的企业家、高校科技人员和天使投资人开展志愿者行动，为学生创新创业提供创业辅导以及技术开发合作援助，编写高校师生创新创业成功案例作为高校创新创业教辅材料，支持高校创新创业教育。加强知识产权相关学科专业建设，对学生开展知识产权保护相关法律法规的教育培训。鼓励高校通过无偿许可专利的方式，向学生授权使用科技成果，引导学生参与科技成果转移转化。

八、推进科研设施和仪器设备开放共享

鼓励高校与企业、研究开发机构及其他组织联合建立研究开发平台、技术转移机构或技术创新联盟，共同开展研究开发、成果应用与推广、标准研究与制定。支持高校和地方、企业联合共建实验室和大型仪器设备共享平台，加快推进高校科研设施与仪器在保障本校教学科研基本需求的前提下向其他高校、科研院所、企业、社会研发组织等社会用户开放共享。依托高校建设的国家重点实验室、国家工程实验室、国家工程(技术)研究中心、大型科学仪器中心、分析测试中心等各类研发平台，要按功能定位，建立向企业特别是中小企业有效开放的机制，加大向社会开放的力度，为科技成果转移转化提供服务支撑。科研设施和仪器设备有偿开放的，严格按国家工商、价格管理等规定办理，收入、支出纳入学校财务统一管理。

九、建立科技成果转移转化年度报告制度和绩效评价机制

按照国家科技成果年度报告制度的要求，高校要按期以规定格式向主管部门报送年度科技成果许可、转让、作价投资以及推进产学研合作、科技成果转移转化绩效和奖励等情况，并对全年科技成果转移转化取得的总体成效、面临的问题进行总结。高校要建立科技成果转移转化绩效评价机制，对科技成果转移转化业绩突出的机构和人员给予奖励。高校主管部门要根据高校科技成果转移转化年度报告情况，对高校科技成果转移转化绩效进行评价，并将评价结果作为对高校给予支持的重要依据之一。高校科技成果转移转化绩效纳入世界一流大学和一流学科建设考核评价体系。

十、切实加强领导，认真组织实施

各省级教育、科技行政部门，各高校要认真学习贯彻“创新是引领发展的第一动力”的深刻内涵，将思想和行动统一到党中央、国务院的重大战略部署上来，根据本意见的要求和自身实际情况，采取切实有效的措施加快科技成果转移转化。要切实防范道德风险、廉政风险和法律风险；加强对科技成果转移转化工作的监督检查，对不作为、乱作为的行为严肃问责，对借机谋取私利、搞利益输送的违纪违法问题依法依规严肃查处。教育部将组织实施促进高校科技成果转移转化行动计划，引导高校进一步完善科技成果转移转化的体制机制，为经济社会发展提供科技支撑和智力支持。

本意见自发布之日起施行，执行过程中遇到的问题，请及时向教育部科学技术司、科学技术部创新发展司反馈。此前有关规定与本意见不一致的，按本意见执行。

教育部　科技部

2016年8月3日

权威解读

两部门简政放权鼓励科技成果转移转化
高校科技成果转移转化收益全部留归学校

教育部、科技部近日共同发布《关于加强高等学校科技成果转移转化工作的若干意见》，提出高校科技成果转移转化收益全部留归学校，并将高校科技成果转移转化绩效纳入世界一流大学和一流学科建设考核评价体系。

《意见》明确，高校对其持有的科技成果，可以自主决定转让、许可或者作价投资，除涉及国家秘密、国家安全外，不需要审批或备案。高校科技成果转移转化收益全部留归学校，纳入单位预算，不上缴国库；在对完成、转化科技成果做出重要贡献的人员给予奖励和报酬后，主要用于科学技术研究与成果转化等相关工作。

《意见》提出，科技成果转化过程中，通过技术交易市场挂牌、拍卖等方式确定价格的，或者通过协议定价并按规定在校内公示的，高校领导在履行勤勉尽职义务、没有牟取非法利益的前提下，免除其在科技成果定价中因科技成果转化后续价值变化产生的决策责任。

健全以增加知识价值为导向的收益分配政策是此次新政的重要内容。《意见》明确，高校依法对职务科技成果完成人和为成果转化做出重要贡献的其他人员给予奖励时，按照以下规定执行：以技术转让或者许可方式转化职务科技成果的，应当从技术转让或者许可所取得的净收入中提取不低于50%的比例用于奖励；以科技成果作价投资实施转化的，应当从作价投资取得的股份或者出资比例中提取不低于50%的比例用于奖励；在研究开发和科技成果转化中做出主要贡献的人员，获得奖励的份额不低于总额的50%。

《意见》明确，高校科技人员在履行岗位职责、完成本职工作的前提下，征得学校同意，可以到企业兼职从事科技成果转化，或者离岗创业在不超过3年时间内保留人事关系。离岗创业期间，科技人员所承担的国家科技计划和基金项目原则上不得中止，确需中止的应当按照有关管理办法办理手续。此外，《意见》还鼓励高校设立专门的科技成果转化岗位，并建立相应的评聘制度，设立一定比例的流动岗位，聘请有创新实践经验的企业家和企业科技人才兼职从事教学和科研工作等。

——引自：《中国教育报》2016年8月20日

促进高等学校科技成果转移转化行动计划

教技厅函〔2016〕115 号

促进科技成果转移转化工作是高校实施创新驱动发展战略，增强高校服务社会能力的重要手段。为贯彻落实国务院《实施〈中华人民共和国促进科技成果转化法〉若干规定》和国务院办公厅《促进科技成果转移转化行动方案》要求，根据《教育部　科技部关于加强高等学校科技成果转移转化工作的若干意见》，制定本行动计划。

一、总体要求

（一）指导思想

贯彻落实党的十八大和十八届三中、四中、五中全会精神，深入实施创新驱动发展战略，充分发挥高校在科技成果转移转化中的突出作用，推进高校科技成果转化体制机制改革，理顺科技成果转移转化各环节，优化资源配置，充分调动高校科技人员积极性，促进科技成果向现实生产力转化，提升高校科技成果转移转化水平，切实增强高校服务经济社会发展能力。

（二）基本原则

——创新体制机制，畅通转移转化渠道。根据高校自身特点，建立有利于高校科技成果转移转化的管理机制和政策体系，探索科技成果转移转化的新机制和新模式。

——落实改革要求，推动成果转移转化。各省级教育行政部门支持并指导高校科技成果转移转化工作，结合落实高校办学自主权，由高校自主决定科技成果的使用、处置和收益分配。

——发挥市场作用，强化产学研用结合。加强产学研合作力度，建立科技成果协同创新机制，完善科技成果转移转化市场需求导向，畅通创新链、产业链和资金链。

——典型示范引领，稳步推进转化工作。充分调动技术转移机构、大学科技园、区域（行业）研究院等机构积极性，结合专项计划实施，优化资源配置，全面开展科技成果转移转化工作。

（三）主要目标

围绕科技成果转移转化难点问题和薄弱环节，加强高校顶层设计与校内协同，建立适合高校特点的科技成果转移转化体制机制，培养一批复合型科技成果转移转化专业人才，建设一批专业化服务机构，拓宽科技成果转移转化渠道，促进产业技术创新联盟及科技成果转移转化平台建设；采用兼顾市场化运营手段的多种转移转化模式，支持创新创业，激发科技人员从事产学研及科技成果转移转化积极性，提高科研质量和科技成果转移转化效益。“十三五”期间，以企业技术需求为导向，依托高校人才、科技优势，推动一批能支撑经济转型升级，带动产业结构调整的重大科技成果转化应用，显著提升高校科技成果转移转化能力。

二、重点任务

尊重科技发展客观规律，全面认识科技成果转移转化工作对深化高校改革的重大意义，教育部、省级教育行政部门和各高等学校要采取切实有效措施，充分调动各方积极性，促进高校科技成果转化。

（一）加强制度建设，营造成果转化良好环境

1. 建立完善工作机制。成立以学校主要领导为组长、相关职能部门负责人组成的科技成果转移转化领导小组，优化科技成果转移转化工作流程，开列权力清单，明确议事规则；建立和完善科技成果使用、处置的政策措施。

2. 实行成果转化公示制度。建立科技成果转移转化工作公示制度及异议处理办法，公示内容包括科技成果转移转化的各项制度、工作流程、重要人事岗位设置以及领导干部取得科技成果转移转化奖励和收益等情况。

3. 健全人事管理制度。制定科技人员在岗兼职、离岗创业和返岗任职的制度，完善鼓励科技人员与企业工程人员双向交流的政策措施。组织开展将企业任职经历作为新聘工程类教师必要条件的试点工作。

4. 完善成果转化收益分配制度。完善科技成果转化收益分配政策，保障参与科技成果转移转化各方的权益。对完成“四技”合同项目科研人员的奖励和报酬，参照科技成果转化收益分配政策。

（二）创新服务模式，形成技术转移服务体系

5. 创新科技成果转移转化新型孵化模式。建立各种形式的“创新创业俱乐部”，在大学科技园等创新资源集聚区域建设专业服务水平高、创新资源配置优、产业辐射带动作用强的众创空间，为教师、学生创新创业提供技术研发、孵化空间、信息网络、法律服务和资本对接等服务。

6. 加强技术转移机构建设。整合校内各类技术转移、转化机构，促进高校技术转移机构与市场化第三方技术转移机构在信息、人才、孵化空间、技术转移平台载体等方面的共享、共建力度，形成集对接市场需求、促进成果交易、投融资服务等为一体的科技成果转移转化服务体系。与地方政府、大型企业共建技术转移机构，积极创建国家技术转移示范机构。

7. 加大专业人才队伍培养力度。推动组织高校技术经纪人联盟，采取特邀讲座、案例研讨、实例调研、参与创新创业竞赛等方式，着力培养既懂技术又懂市场的复合型技术转移转化人才；引入国外先进的技术经理人培训课程体系，培养一批具有国际视野、通晓国际规则的高校技术经纪人队伍；加强技术转移机构管理人员的专题培训。制订并推行

《高等学校知识产权管理规范》标准贯彻工作。

(三)加强平台建设,服务国家发展战略实施

8. 推动区域行业联盟载体建设。推动高校与行业、领域上下游科研院所、企业联合建立产业技术创新联盟,推动区域科技成果转移转化联盟建设,支持联盟承担重大科技研发与转化项目。

9. 推动科技成果转化基地建设。结合学校学科特色优势,优化大学科技园、高校区域(行业)研究院等创新载体的空间布局,围绕一带一路、京津冀、长江经济带、粤港澳等重点区域的产业规划需求建设一批创新研究基地。以创新性企业、高新技术企业、科技型中小企业为重点,共同建立科技成果转化基地,承担流程改造、工艺革新、产品升级等研究任务,开展成果应用与推广、标准研究与制定等工作。

(四)立足以人为本,助力学生创新创业

10. 加强学生创新创业教育。深化高校创新创业教育改革,探索建立创新创业导向的人才培养机制。开展知识产权专业课程教育及培训工作,与企业、研究院所联合建立学生实习实践培训基地和研究生联合培养基地。组织高校青年教师和高年级研究生深入地方、企业一线,开展创新创业活动,探索并打造具有高校特色的"师徒创新创业"新模式。

11. 组织参与创新创业竞赛。结合深化创新创业教育改革示范高校建设,推动双创示范基地建设步伐,组织中国"互联网+"大学生创新创业大赛等多种类型的创新创业竞赛活动。

12. 增强学生创新创业能力。组织实施大学生创新创业训练计划,支持学生开展创新训练、创业训练和创业实践。加强高校创新创业典型案例宣传工作,完善升级全国大学生创业服务网,提供创业培训实训、项目对接等服务。加强创业指导,对准备创业的学生,提供创业指导、政策咨询;对正在创业的学生,给予项目孵化、金融服务支持。采取专利许可等方式,向学生授权使用科技成果;推进万名优秀创新创业导师人才库建设。

(五)实施专项计划,促进科技成果转移扩散

13. 推进实施"蓝火计划"。建立校地产学研合作长效机制。结合国家、地方的产业规划,在重点区域分片建设高校科技成果转化中心;针对行业、产业共性技术问题和社会公益等需求,以博士生工作团、科技特派员、科技镇长团、科技专家企业行、企业专家(院士)工作站等多种形式,与地方、企业、园区等开展产学研对接。

14. 组织实施"海桥计划"。争取建立中美、中英等中外大学技术转移与创新合作对话机制,构建高校国际技术转移协作网络和国际先进产业技术创新合作网络,促进高校开展海外专利布局工作。与地方政府合作,建设国际创新园区,汇聚国际创新资源要素,促进一批跨国技术转移项目落地实现产业化。

(六)开展项目筛选,挖掘科技成果转化潜力

15. 加强科技成果源头管理。对科技奖励、专利、结题项目等进行深入挖掘,编辑整理形成技术成果汇编。加强应用类科技成果及基础研究中具有应用前景的科技成果信息的汇交力度,加大对财政资金设立的应用类科技项目成果的转化义务;通过建立专利池、可转移转化科技成果储备库等手段,培育一批具有一定成熟度、市场认可度高的科技

成果，推动一批市场前景好的科技成果进行小试、中试。

16. 加强科技成果展示与推广。加强与各级政府的信息共享力度，推动高校积极参与科技成果交易、展示活动；面向产业和地方开展技术攻关、技术转移与示范、知识产权运营等增值服务。结合“中国技术供需在线”建设运营工作，推进建立产学双方交流的公共服务平台；围绕传统产业转型升级、国家战略性新兴产业发展需求，通过举办中国高校科技成果交易会，建设高校科技成果项目库等大数据中心，发布具有自有知识产权的先进实用技术，构建线上信息服务与线下实体服务相结合的高校科技成果转移转化服务网络和服务体系。

（七）产学研用结合，促进创新资源开放共享

17. 加大科教融合力度。完善高校教材管理相关规定，加快推动科技成果以出版专著、编辑教材、讲义等形式尽快转化为教育教学内容，丰富教学手段，革新教学技术，增强教学深度、广度。

18. 加强产学研协同创新。联合有实力的企业承担重点研发计划等国家重点科研任务，加强成果产业化示范工作；围绕“互联网＋”战略开展企业技术难题竞标等“研发众包”模式探索。推动建设高校新兴产业技术创新网络，组织高校创新资源与地方政府、行业骨干企业开展合作，建成若干领域产业技术创新协作组织，为相关领域产业向国际风价值链高端攀升提供服务。

19. 加强高校创新资源开放共享。构建高校仪器设备开放共享平台，完善向社会开放科研设施和大型仪器设备的管理运行机制，为创新创业群体开放科技数据、论文等创新资源，提供科技成果相关信息。

（八）拓展资金渠道，加强科技与金融的结合

20. 拓宽社会资金参与渠道。以知识产权作价入股等形式引入产业类资金参与科技成果转化；通过组织成立创业投资基金等方式，吸引天使投资、私募基金、风险投资等社会资本参与高校科技成果转化；向各类基金会等社会团体推介高校科技成果，吸引其以自有资金支持科研成果转移转化工作。

21. 发挥财政资金引导作用。加强高校内部资源整合，鼓励强强联合，与相关单位共同争取国家科技成果转化引导基金以及各级政府财政设立的技术创新引导专项（基金）、成果转化基地、知识产权运营和人才专项等的专项资金（基金）的支持。

（九）建立报告制度，完善成果转化评价体系

22. 建设科技成果信息系统。积极参与各级政府科技成果网络信息系统建设，完善科技成果信息发布机制，向社会公布科技成果和知识产权信息，提供科技成果信息查询、筛选等服务。

23. 完善评价机制。省级教育行政部门定期汇总高校科技成果转移转化报告内容，完善科技成果转移转化绩效评价机制，将科技成果转移转化成效纳入高校考核评价体系，分类指导高校科技成果转移转化工作。

三、组织实施

（一）加强组织领导

省级教育行政部门要加强政策、资源统筹，建立协同推进机制，督促指导高校开展科技成果转移转化工作；各高校要结合自身实际情况，制定切实可行的科技成果转化制度和实施方案，落实任务分工和责任主体，健全工作机制，为科技成果转移转化工作提供政策支持和条件保障。

（二）开展示范推广

教育部和省级教育行政部门将持续跟踪高校科技成果转移转化工作，及时研究、解决高校在科技成果转移转化过程中遇到的实际问题；汇聚可复制、可推广的高校科技成果转移转化成功模式和经验，通过典型示范、经验交流等方式进行宣传、推广，推动高校科技成果转移转化工作迈上新台阶，形成新亮点，做出大贡献。

权威解读

教育部出台行动计划

——23 项举措助力高校科技成果转移转化

《促进高等学校科技成果转移转化行动计划》明确提出 23 项重点任务，涉及 9 大方面，要求教育部直属高校要在今年年底前，其他高校在明年 3 月底前完成涉及科技成果转移转化各项制度、工作机制的建立和完善。

在制度建设方面，行动计划要求建立完善工作机制，优化科技成果转移转化工作流程，实行成果转化公示制度，完善科技成果转化收益分配政策，保障参与科技成果转移转化各方的权益，同时要制定科技人员在岗兼职、离岗创业和返岗任职的制度，完善鼓励科技人员与企业工程人员双向交流政策措施，并组织开展将企业任职经历作为新聘工程类教师必要条件的试点工作。

为挖掘科技成果转化潜力，行动计划明确，要加强科技成果源头管理，开展项目筛选，通过建立专利池、可转移转化科技成果储备库等手段，培育一批具有一定成熟度、市场认可度高的科技成果，推动一批市场前景好的科技成果进行小试、中试。

拓宽资金渠道，加强科技与金融结合，是行动计划明确的重点任务之一，不仅要求发挥财政资金引导作用，同时还要拓宽社会资金参与渠道，如通过组织成立创业投资基金等方式，吸引社会资本参与高校科技成果转化。

在完善成果转化评价体系方面，行动计划明确将科技成果转移转化纳入高校考核评价体系，分类指导高校科技成果转移转化工作，并将建设科技成果信息系统，完善科技成果信息发布机制，向社会公布科技成果和知识产权信息，提供科技成果信息查询、筛选等服务。

——引自：《中国教育报》2016 年 11 月 18 日

山东高校典型经验

《中国石油大学(华东)科技成果转移转化管理办法(试行)》(节选)

(中石大东发〔2016〕49号)

学校转移转化科技成果所获得的收入由学校统一分配,分配原则如下:(一)以科技成果转让或许可方式转化的,扣除成果转移转化运行费用后的净收入按如下比例进行分配:(1)15%作为学校收益;(2)10%作为院部基金;(3)70%作为成果完成人团队奖励;(4)5%作为中介服务费,若无中介的,作为成果完成人团队奖励。成果转移转化运行费用是指在成果转移转化过程中发生的价值评估、律师费以及转化增值税费用。该费用根据实际发生核算。

(二)以科技成果作价投资实施转化的,学校从作价投资取得的股份或者出资比例中提取70%的比例作为对科技成果完成人团队及转化工作中做出重要贡献人员的奖励,30%由青岛中石大控股有限公司代表学校持有。学校持有部分获得股权分红或股权交易等收益后,60%由学校支配,40%奖励给团队所在院部。

(三)成果完成人自行创办企业实施科技成果转移转化的,学校在企业享有的股权或出资比例参照本条第二款执行,或者参照本条第一款学校以科技成果转让的方式直接取得现金收益。

教育部办公厅关于进一步推动高校落实科技成果转化政策相关事项的通知

教技厅函〔2017〕139 号

各省、自治区、直辖市教育厅(教委),部属各高等学校:

为深入贯彻落实党的十九大精神,实施创新驱动发展战略,激发科技人员创新创造活力,进一步推动落实科技成果转化政策,全面协调推进高校科技成果转化工作,根据《促进科技成果转化法》《关于深化体制机制改革加快实施创新驱动发展战略的若干意见》(中发〔2015〕8 号)、《关于实行以增加知识价值为导向分配政策的若干意见》(厅字〔2016〕35 号)、《关于深化教育体制机制改革的意见》(中办发〔2017〕46 号)、《实施〈促进科技成果转化法〉若干规定》(国发〔2016〕16 号)、《促进科技成果转移转化行动方案》(国办发〔2016〕28 号)、《国家技术转移体系建设方案》(国发〔2017〕44 号)和教育部等五部门《关于深化高等教育领域简政放权放管结合优化服务改革的若干意见》(教政法〔2017〕7 号)相关要求,结合高校实际,现就有关事项通知如下:

一、依法推进高校科技成果转移转化,落实相关激励政策

1. 维护职务科技成果权益。高校依法享有并自主行使职务科技成果使用权、处置权和收益权。高校要按照《教育部　科技部关于加强高等学校科技成果转移转化工作的若干意见》(教技〔2016〕3 号)要求,建立职务科技成果产权管理制度,明确登记、使用、处置的管理规范及办事流程,依法维护国家、学校和科技人员合法权益。

2. 完善市场运营体系。高校要按照教技〔2016〕3 号文要求,通过招标委托第三方机构或整合、重组校内市场化运营机构从事科技成果转化工作,探索实行技术经理人市场化聘用制。校内市场化运营机构、第三方机构和市场化聘用人员根据约定,可以从科技成果转化净收入中提取一定比例作为中介服务的报酬。

3. 建立风险防控机制。高校要按照教技〔2016〕3 号文要求,建立健全涉及科技成果转化的科技人员兼职兼薪、离岗创业、返岗任职管理制度和办事流程,明确各参与方的权利、责任和义务。要对科技成果转化中的关联交易、科技人员利用科技成果领办或参与创办企业等建立风险防范制度,引导科技人员依法依规从事科技成果转化工作。

4. 确定成果交易价格。高校依法以协议定价、在技术交易市场挂牌交易、拍卖等方式确定科技成果交易价格。高校依据教技〔2016〕3 号文精神,要积极推动建立科技成果

专业化、市场化定价机制,可以由学校技术转移部门开展尽职调查进行价值判断,也可委托专家委员会或具有相应资质的第三方机构对科技成果进行价值评估,作为市场化交易定价的参考依据。

5. 完善奖励分配政策。高校要依法制定科技成果转化收益分配政策,科技成果转化的股权期权奖励税收政策按照《财政部 国家税务总局关于完善股权激励和技术入股有关所得税政策的通知》(财税〔2016〕101 号)执行,现金奖励根据国家规定的税率标准,向成果转化受益人发放。

6. 规范领导干部奖励。按照《实施〈促进科技成果转化法〉若干规定》(国发〔2016〕16 号),符合科技成果转化奖励条件的高校领导干部可以依法获得科技成果转化奖励。担任领导干部的科技人员获取科技成果转化奖励时,除执行学校规定的流程外,还应在校内公示,并按规定进行个人收入和重大事项申报。

7. 确定勤勉尽责行为。在推动科技成果转化过程中,学校各级管理人员依法按照规章制度、内控机制、规范流程开展工作且没有牟取非法利益的,即视为勤勉尽责,适用国发〔2016〕16 号文的免责条款。

二、进一步简政放权,优化科技成果转化流程,激发科技人员创新活力

8. 支持创新改革试验。支持高校参与国家自主创新示范区、全面创新改革试验区相关改革试点。示范(试验)区内高校可根据实际情况,执行所在地区省级人民政府有关科技成果转化政策,并在校内制度规范中载明实施的具体事项和办法。

9. 简化评估备案管理。教育部授权部属高校负责科技成果资产评估备案工作。高校应根据教育部、财政部有关国有资产评估备案管理规定,结合本校实际,制定科技成果资产评估备案管理制度,优化备案程序,切实做好评估备案工作。

10. 核算成果转化成本。高校可根据实际情况,制定科技成果转化净收入的核算办法。成果转化净收入一般以许可、转让合同实际交易额扣除完成本次成果转化交易发生的直接成本来确定。直接成本应包括科技成果评估评价费、拍卖佣金等第三方服务费以及与科技成果转化相关的税金等。

11. 明确成果转化受益人。成果转化受益人应是在与科技成果转化相关科研任务的正式合同、计划任务书或论文、专利及奖励证书上署名的机构和人员,或是在成果转化服务合同中约定的第三方机构和人员。成果转化受益人按规定或约定参与科技成果转化收益的初次分配。

三、加强组织领导,健全技术转移体系,强化责任落实

12. 健全转化工作体系。高校要按照《关于深化高等教育领域简政放权放管结合优化服务改革的若干意见》(教政法〔2017〕7 号)精神和《教育部 科技部关于加强高等学校科技成果转移转化工作的若干意见》(教技〔2016〕3 号)要求,统筹科技成果转化与人才培养、科学研究和学科建设,按照"市场导向、规范管理、协调推进、激励创新"的原则,制度先行,强化管理责任,加快推进成果转化管理体系、制度体系、服务支撑体系建设。

13. 建立评估评价机制。高校要建立健全科技成果评估评价机制,可根据需要设立

科技成果评估评价机构或专家委员会，对科技成果转化受益人、成果交易估值、转化成本核算以及科技人员兼职兼薪、离岗创业等相关合同约定独立进行审核、评估，审核、评估意见作为高校决策的参考依据。专家委员会成员应包括法律、管理、财务、投资、行业及科技领域专家。

14. 完善细化实施细则。高校要按照《关于深化教育体制机制改革的意见》(中办发〔2017〕46 号)要求，结合各自特点和具体情况，落实人才培养根本任务，创新工作方法和工作思路，完善、细化科技成果转化落地政策和实施细则。实施细则和办事流程要清晰明了、可操作，并在校内公开，不得简单以参照执行上级文件、规定来代替制定本校科技成果转化落地政策和实施细则。

15. 组织开展试点示范。教育部将在创新资源集聚、成果转化工作基础好的部分地区和若干高校，开展科技成果转化示范基地建设，探索形成若干可复制、可推广的高校科技成果转化模式和经验，助力大众创业、万众创新持续深入发展，推动高校科技服务国家战略，为区域经济发展提供新动能。

16. 实施年度报告制度。高校要按照规定格式，于每年 3 月 31 日前按隶属关系向主管部门报送本校上一年度科技成果转化情况的年度报告。省级教育行政部门对所属高校科技成果转化年度报告审核后，于每年 4 月 20 日前统一报送至教育部科学技术司。教育部将对高校科技成果转化情况进行汇总评估。

17. 推动地方落实政策。各省级教育行政部门要根据上述要求，结合本地区实际情况，落实中央决策部署，指导所属高校落实科技成果转化政策。

18. 报告落实政策情况。对落实科技成果转化政策情况实行零报告制度。各省级教育行政部门按照隶属关系将所属高校落实本《通知》要求情况及落实科技成果转化政策的实施细则汇总整理形成报告，于 2018 年 4 月 30 日前正式行文报送教育部(同时将电子版发送:gxc7937@moe. edu. cn)。直属高校直接报送教育部。

19. 加大政策宣传和督查。各高校要通过组织开展宣贯解读、学习手册等形式，将中央、省级部门及高校落实科技成果转化相关政策精神与要求，传达到一线科技人员，营造科技成果转化的良好氛围。教育部将按照党中央、国务院的决策部署，对政策落实情况进行督查，并对各地、各高校落实科技成果转化政策及实施情况进行通报。

各地方、各高校在落实中央决策部署，促进科技成果转化中的创新做法、取得的重大进展以及出现的新情况、新问题要及时报告教育部。

教育部办公厅

2017 年 12 月 26 日

山东省促进科技成果转化条例

（2001年10月28日山东省第九届人民代表大会常务委员会第二十三次会议通过，2017年12月1日山东省第十二届人民代表大会常务委员会第三十三次会议修订）

第一章　总　则

第一条　为了促进科技成果转化为现实生产力，规范科技成果转化活动，加快实施创新驱动发展战略和新旧动能转换重大工程，推动经济社会发展，根据《中华人民共和国促进科技成果转化法》等法律、行政法规，结合本省实际，制定本条例。

第二条　本省行政区域内的科技成果转化活动，适用本条例。

本条例所称科技成果转化，是指为提高生产力水平对科技成果所进行的后续试验、开发、应用、推广直至形成新技术、新工艺、新材料、新产品，发展新产业等活动。

第三条　促进科技成果转化活动应当尊重科技创新和市场规律，发挥企业的主体作用，体现知识价值分配导向，遵循自愿、互利、公平、诚实信用的原则，保障科技成果转化单位和个人的合法权益，提高经济效益、社会效益和生态效益。

第四条　县级以上人民政府应当加强对科技成果转化工作的管理、指导、协调，将科技成果转化纳入国民经济和社会发展规划，统筹科技、财政、投资、税收、人才、产业、金融、知识产权、军民融合等政策，为科技成果转化创造良好环境。

乡镇人民政府、街道办事处应当协助有关部门做好科技成果转化相关工作。

第五条　县级以上人民政府应当合理安排科技成果转化财政资金投入，鼓励、引导社会资金投入，推动科技成果转化资金投入的多元化。

第六条　县级以上人民政府科学技术行政部门应当会同有关部门建立科技成果转化机制，具体负责管理、指导、协调科技成果转化工作，优化科技成果转化服务；其他部门按照各自职责，做好科技成果转化相关工作。

第七条　县级以上人民政府按照有关规定，对在科技成果转化活动中做出突出贡献的单位和个人给予表彰和奖励。

第二章　组织实施

第八条　县级以上人民政府科学技术行政部门应当制定促进科技成果转化工作计划，发布科技成果目录，引导科技成果转化活动。

高新技术产业开发区、经济开发区、农业高新技术产业开发区(示范区)的管理机构,应当采取更加有利于促进科技成果转化的措施,推动科技成果转化。

第九条 县级以上人民政府科学技术行政部门和其他有关部门在制定科技规划、计划和编制项目指南时,对利用财政资金设立的应用类科技项目和其他相关科技项目,应当听取相关行业、企业以及科学技术研究开发机构和高等学校的意见;在组织实施应用类科技项目时,应当在项目合同中明确项目承担者的科技成果转化义务。

第十条 对利用财政资金设立的具有市场应用前景、产业目标明确的科技项目,有关部门和管理机构应当发挥企业在研究开发方向选择、项目实施和成果应用中的主导作用,由企业组织实施或者由企业联合科学技术研究开发机构、高等学校共同组织实施。

第十一条 县级以上人民政府科学技术行政部门应当会同有关部门建立科技报告制度,推动科技资源的持续积累、传播交流、信息共享和转化应用;建设科技成果信息系统,规范科技成果信息采集、加工与信息公开服务等活动。

利用财政资金设立的科技项目的承担者应当按照规定及时提交相关科技报告,并将科技成果信息和相关知识产权信息主动汇入科技成果信息系统。

鼓励利用非财政资金设立的科技项目的承担者按照规定提交相关科技报告,将科技成果信息和相关知识产权信息汇入科技成果信息系统,县级以上人民政府科学技术行政部门应当为其提供便利。

第十二条 县级以上人民政府及其质量技术监督、科学技术等部门应当鼓励、支持企业对新技术、新工艺、新材料、新产品制定企业标准,参与地方标准、行业标准、国家标准以及国际标准的制定,推动先进适用技术推广应用。

第十三条 鼓励科学技术研究开发机构、高等学校采取转让、许可或者作价投资等方式,向企业或者其他组织转移科技成果。

政府设立的科学技术研究开发机构、高等学校对其持有的科技成果,可以自主决定科技成果的实施、转让、许可或者作价投资等事项。除涉及国家秘密、国家安全外,相关部门不再审批或者备案。

第十四条 政府设立的科学技术研究开发机构、高等学校应当通过协议定价、在技术交易市场挂牌交易、拍卖等方式确定科技成果价格。通过协议定价的,应当在本单位公示科技成果名称和拟交易价格等相关信息,公开异议处理程序和处理结果,公示时间不得少于十五日;通过在技术交易市场挂牌交易、拍卖方式确定价格的,可以采取公开询价或者其他合理方式确定基准价格。

政府设立的科学技术研究开发机构、高等学校负责人已经依照有关法律、法规和本单位规定,履行了民主决策、合理注意和监督管理等勤勉尽责义务,并且没有牟取非法利益的,免除其在科技成果定价中因科技成果转化后续价值变化产生的决策责任。

第十五条 政府设立的科学技术研究开发机构、高等学校应当于每年三月底前向其主管部门提交上一年度科技成果转化情况年度报告,说明本单位取得科技成果的数量、转移转化、收入以及分配等情况。主管部门应当对科技成果转化情况年度报告进行审核、汇总,并于四月底前报送同级科学技术、财政、人力资源社会保障等部门。

第十六条 县级以上人民政府及其科学技术、发展改革、经济和信息化、质量技术监督等部门应当鼓励、支持企业与科学技术研究开发机构、高等学校通过联合建立研究开发平台、技术转移机构或者技术创新联盟等方式，共享人才、技术、信息和研究开发设施，共同开展研究开发、成果应用与推广、标准研究与制定等活动。

第十七条 各级人民政府应当加强农业科技创新和农业技术推广体系建设，促进农业科学研究、技术开发、成果引进和转化。

鼓励、支持农业科学技术研究开发机构、高等学校、农业技术推广机构、农业试验示范单位独立或者与其他单位合作开展农业技术研究开发与推广应用。

第十八条 县级以上人民政府应当培育和发展技术市场，加强技术转移人才队伍建设，鼓励、支持企业、科学技术研究开发机构、高等学校和其他社会力量建立科技中介服务机构。

第十九条 县级以上人民政府应当鼓励、支持科技中介服务机构为科技成果转移转化提供技术咨询、信息检索加工、评估评价、成果推介、交易经纪、融资担保等专业服务，承接政府委托的专业性、技术性服务。

县级以上人民政府科学技术等部门应当加强对科技中介服务机构的监督管理。

第二十条 省、设区的市和有条件的县（市、区）人民政府应当根据产业和区域发展需要建设公共研究开发平台，为科技成果转化提供技术集成、共性技术研究开发、中间试验和工业性试验、科技成果系统化和工程化开发、技术推广与示范等服务。

鼓励、支持企业、科学技术研究开发机构、高等学校、行业组织等建设或者参与建设公共研究开发平台。

第二十一条 县级以上人民政府可以通过后补助、风险补偿、奖励等措施，鼓励、支持科技企业孵化器、大学科技园、众创空间等科技企业孵化机构发展，培育发展新型孵化方式，加快科技成果转化。

省人民政府科学技术行政部门应当建立科技企业孵化机构运营评价机制，引导、支持科技企业孵化机构为初创期科技型中小企业提供孵化场地、创业辅导、研究开发、管理咨询、融资和市场开发等服务。

第二十二条 政府设立的科学技术研究开发机构、高等学校和其他事业单位，应当支持科技人员按照有关规定创办科技企业或者从事科技成果转化活动。

鼓励企业以及其他组织的科技人员到科学技术研究开发机构、高等学校兼职从事科研和教学工作。

鼓励科学技术研究开发机构、高等学校组织科技人员为企业以及其他组织提供技术开发、技术咨询、技术服务、技术培训等科技成果转化服务。

高等学校在校学生经所在学校同意，可以休学开展科技成果转化活动。

第三章 保障措施

第二十三条 县级以上人民政府应当加大对科技成果转化的投入，在基础设施建设、人才培养、项目用地等方面对科技成果转化给予支持。

第二十四条 县级以上人民政府可以通过设立引导资金、提供贷款贴息、发放补助资金以及风险补偿、示范推广等方式，对科技成果转化项目给予支持。

县级以上人民政府和有关部门应当按照国家有关规定，对技术开发、技术转让、技术咨询、技术服务以及技术入股等科技成果转化活动所得落实税收优惠。

第二十五条 省、设区的市人民政府应当建立科技成果转化风险补偿机制，引导金融机构创新金融产品、优化金融服务；鼓励建设科技金融服务平台，加大对企业、科学技术研究开发机构、高等学校科技成果转化的融资支持力度。

第二十六条 县级以上人民政府应当支持企业利用多层次资本市场，通过上市、挂牌、发行债券、私募股权等直接融资方式，为科技成果转化募集资金。

第二十七条 省人民政府设立的科技成果转化引导基金，应当引导社会资本、地方政府资金参与发起设立或者参股科技成果转化子基金，促进科技成果转化。

省、设区的市人民政府设立的创业投资引导基金，应当引导和支持天使投资机构、创业投资机构、私募基金等投资初创期科技型中小企业。

第二十八条 科学技术研究开发机构、高等学校的主管部门以及科学技术、教育、财政等部门应当建立有利于促进科技成果转化的绩效考核评价体系，将科技成果转化情况纳入对科学技术研究开发机构和高等学校及其人员评价、科研经费支持的重要内容。绩效考核评价结果应当作为对科学技术研究开发机构和高等学校科技平台建设、人才引进培养、科研项目支持的重要依据。

第二十九条 政府设立的科学技术研究开发机构、高等学校应当建立符合科技成果转化工作特点的岗位管理、人员选聘、职称评审和考核评价制度，完善科技成果转化收益分配激励机制。

对完成、转化职务科技成果做出重要贡献的人员，科技成果转化情况应当作为其专业技术职称评审、岗位聘用聘任和考核评价的重要依据；做出突出贡献的，可以破格聘用聘任。

第三十条 本省以外的高层次人才及其创新创业团队在本省独立或者联合实施科技成果转化的，享受本省的有关优惠。

第四章 技术权益

第三十一条 鼓励企业建立健全科技成果转化奖励机制。对在科技成果转化中做出重要贡献的人员，企业可以通过产品销售提成或者股权、期权和分红等形式给予奖励。

第三十二条 政府设立的科学技术研究开发机构、高等学校转化科技成果所获得的收入全部留归本单位，在对完成、转化职务科技成果做出重要贡献的人员给予奖励和报酬后，其余部分应当用于研究开发、知识产权管理、人才引进、团队建设、科技成果转移转化等工作。

第三十三条 对职务科技成果，由科技成果完成单位对完成、转化该项科技成果做出重要贡献的人员给予奖励和报酬。

科技成果完成单位可以规定或者与成果研发团队、完成人约定科技成果转化奖励和报酬的方式、数额和时限。

第三十四条 政府设立的科学技术研究开发机构、高等学校按照下列标准对完成、转化职务科技成果做出重要贡献的人员给予奖励和报酬：

(一)将职务科技成果转让、许可给他人实施的,从该项科技成果转让净收入或者许可净收入中提取不低于70%的比例;

(二)将职务科技成果作价投资的,从该项科技成果形成的股份或者出资比例中提取不低于70%的比例;

(三)将职务科技成果自行实施或者与他人合作实施的,应当在实施转化成功投产后连续3~5年,每年从实施该项科技成果的营业利润中提取不低于10%的比例。

第三十五条 担任事业单位领导职务的科技人员对完成、转化职务科技成果做出重要贡献的,可以按照有关规定获取奖励和报酬,并在本单位公示。

担任事业单位领导职务的科技人员不得利用职权侵占他人科技成果转化收益。

第三十六条 政府设立的科学技术研究开发机构、高等学校可以从科技成果转让净收入中,提取不低于10%的比例用于本单位专业化技术转移机构绩效奖励。

第三十七条 利用财政资金资助的应用类科技项目,项目完成后一年内未实施转化的,成果研发团队或者完成人可以优先实施成果转化。

第五章 法律责任

第三十八条 对违反本条例的行为,法律、行政法规已经规定法律责任的,适用其规定。

第三十九条 在科技成果转化活动中弄虚作假,采取欺骗手段,骗取奖励或者荣誉称号、诈骗钱财、牟取非法利益的,由县级以上人民政府科学技术行政部门或者其他有关部门依照管理职责责令改正,取消其奖励或者荣誉称号,处1万元以上5万元以下的罚款;有违法所得的,并处没收违法所得。

第四十条 以唆使窃取、利诱胁迫等手段侵占他人科技成果的,由县级以上人民政府科学技术行政部门责令停止违法行为,可以处2万元以上10万元以下的罚款。

第四十一条 科技中介服务机构及其从业人员在提供专业服务过程中欺骗当事人的,由县级以上人民政府科学技术行政部门或者其他有关部门依照管理职责责令改正,处2万元以上10万元以下的罚款;有违法所得的,并处没收违法所得。

第四十二条 政府设立的科学技术研究开发机构、高等学校违反本条例,未对完成和转化职务科技成果做出重要贡献的科技人员给予奖励和报酬的,由主管机关责令限期改正;逾期未改正的,对直接负责的主管人员和其他直接责任人员依法给予处分。

第四十三条 县级以上人民政府科学技术等部门及其工作人员在科技成果转化工作中滥用职权、玩忽职守、徇私舞弊的,由主管机关对直接负责的主管人员和其他直接责任人员依法给予处分;构成犯罪的,依法追究刑事责任。

第六章 附 则

第四十四条 本条例所称完成、转化职务科技成果做出重要贡献的人员,包括职务科技成果完成人和为科技成果转化做出重要贡献的科技人员、技术转移机构工作人员。

第四十五条 本条例自2018年1月1日起施行。

权威解读

《山东省促进科技成果转化条例》解读

新的《条例》共6章45条，主要从科技成果转化的原则、政府和部门的职责、组织实施、保障措施、技术权益等方面对我省的科技成果转化活动进行了规范。《条例》的主要内容包括：

一是强化了政府在科技成果转化活动中的职责。《条例》规定，县级以上人民政府应当加强对科技成果转化工作的管理、指导、协调，将科技成果转化纳入国民经济和社会发展规划，合理安排科技成果转化财政资金投入，推动资金投入的多元化；培育和发展技术市场，加强技术转移人才队伍建设；建设公共研究开发平台，通过有效措施支持科技企业孵化机构发展；在基础设施建设、人才培养、项目用地等方面对科技成果转化给予支持；通过设立引导资金、提供贷款贴息、发放补助资金以及风险补偿、示范推广等方式，对科技成果转化项目给予支持，对科技成果转化活动所得落实税收优惠；建立科技成果转化风险补偿机制，鼓励、引导金融机构创新金融产品、优化金融服务，鼓励建设科技金融服务平台，加大对科技成果转化的融资支持力度，支持企业利用多层次资本市场，通过直接融资方式为科技成果转化募集资金。

二是注重发挥市场在科技成果转化中的导向作用。《条例》规定科技部门和有关部门在制定有关科技规划、计划和编制项目指南时，应当听取相关行业、企业的意见；对利用财政资金设立的有关科技项目，应当发挥企业的主导作用，由企业组织实施或由企业联合科研机构、高等学校共同组织实施；支持企业对新技术、新工艺、新材料、新产品制定企业标准，参与相关标准的制定，推动先进适用技术推广应用；鼓励科研机构、高等学校向企业转移科技成果，支持企业与科研机构、高等学校联合建立研发平台、技术转移机构或技术创新联盟，共享人才、技术、信息和研发设施；鼓励企业建立科技成果转化奖励机制，对做出重要贡献的科技人员给予不同形式的奖励。

三是对科技成果转化活动进行了规范。《条例》规定，县级以上人民政府科技部门应当制定工作计划，发布科技成果目录，建立科技报告制度，建设科技成果信息系统，并加强对科技中介服务机构的监督管理；政府设立的科研机构、高等学校应当按照规定向主管部门报告科技成果转化情况，由主管部门汇总报送科技、财政、人社等部门；有关部门应当建立有利于促进科技成果转化的绩效考核评价体系，作为对科研机构和高等学校及其人员的评价、科研经费支持的重要内容。

四是加大了科技成果转化主体权益的保障力度。《条例》在上位法的基础上，对有关内容进一步细化，规定政府设立的科研机构、高等学校对其持有的科技成果，可以自主决定实施、转让、许可或作价投资等事项，转化科技成果所获得收入全部留归本单位，其负责人履行了勤勉尽责义务后，免除决策责任；政府设立的科研机构、高等学校应当完善科技成果转化收益分配激励机制，可以从科技成果转化净收入中提取不低于10%的比例用于本单位专业化技术转移机构绩效奖励；根据我省实际，将对科技人员进行奖励、报酬的收益分配比例，按不同情形，分别由不低于50%提高到不低于70%的比例，不低于5%提高到不低亍10%的比例。

——引自：山东省科技厅 http://www.sdstc.gov.cn/page/subpage/detail.html?id=98bea2ee219041a4a3fa80e787013c11

山东高校典型经验

《山东科技大学科技成果转移转化办法(试行)》(节选)

(山科大科字〔2017〕3号)

第十五条 科技成果持有者、科技成果完成人(团队)可采用下列模式组织实施科技成果转移转化，并根据不同的转化模式采取不同的成果转化净收益和股权分配方式。

(一)自行转化：是指科技成果从项目立项、发明披露、专利申请和授权到成果转移转化，以科技成果完成人(团队)为主导完成的转化形式。自行转化的收益和股权的分配比例如下：

级数	分配方式	学校比例	校区、学院或相关单位比例	科技成果完成人(团队)比例	级距(含税)	备注
1	净收益	6%	4%	90%	合同价款≤100万元	
		12%	8%	80%	100万元＜合同价款≤300万元	超过100万元至300万元部分按照此项比例计算
		18%	12%	70%	合同价款＞300万元	超过300万元的部分按照此项比例计算
2	股权	30%	占学校持股所得收益的30%	70%		股权、股红等
3	其他方式	根据合同约定				
	1. 净收益：是指科技成果技术合同的成交额扣除完成本次交易发生的直接成本如评估费、许可期间内的专利维护费、税金等但不包括前期财政资金投入的研发费用。 2. 学校股权由山东科技大学青岛科技发展有限公司代持。 3. 净收益按照货币资金额累进计算。					

(二)一站式转化：是指以技术转移管理处为主导，技术转移管理处根据对市场信息的掌握情况，从项目的立项、发明披露、知识产权保护、市场推介到成果转移转化全程参

与的转化形式。一站式转化的收益和股权的分配比例如下：

级数	分配方式	学校比例	校区、学院或相关单位比例	科技成果完成人（团队）比例
1	净收益	20%	10%	70%
2	股权	30%	占学校持股所得权益的30%	70%

（三）授权转化：是指经学校科技成果转移转化工作领导小组研究同意，科技成果从发明披露到知识产权保护直至成果的转化委托第三方转移转化的转化形式。授权转化的收益分配比例依据合同执行，学校所获收益的比例分配参照本条第（一）款执行。

第十六条 对已经形成的科技成果，由技术转移管理处经过遴选、评估组织实施转化的，其收益和股权的分配参照第十五条的第（二）款执行。

第十七条 技术转移合同签订程序：

技术转移管理处负责组织技术合同的报审、签订等工作。

（一）合同价款小于100万元，由技术转移管理处审核批准；

（二）合同价款大于或等于100万元，由技术转移管理处报学校科技成果转移转化工作领导小组审核批准。

《青岛大学科技成果转化办法》（节选）

（青大科字〔2016〕16号）

第十二条 科技成果的转移转化可选择下列方式进行：

（一）自行投资实施转化；（二）向他人转让该科技成果；（三）许可他人使用该科技成果；（四）以该科技成果作为合作条件，与他人共同实施转化；（五）以该科技成果作价投资，折算股份或者出资比例；（六）其他协商确定的方式。

第十三条 科技成果持有者、完成人（团队）可采用下列模式组织实施科技成果转移转化，并根据不同的转化模式采取不同的成果转化净收益和股权分配方式。

（一）自行转化：是指科技成果从项目立项、发明披露、专利申请和授权到成果转移转化，以成果完成人（团队）为主导完成的转化形式。自行转化的收益和股权的分配比例如下：

序号	分配方式	成果完成人（团队）比例	学院（研究院）比例	学校比例	备注
1	净收益	90%	4%	6%	货币资金≤100万元
		80%	8%	12%	100万元＜货币资金≤300万元
		70%	10%	20%	货币资金＞300万元

续表

序号	分配方式	成果完成人(团队)比例	学院(研究院)比例	学校比例	备注
2	股权	70%	0	30%(其中学院或研究院占学校持股所得收益的30%)	股权、股红等
3	其他方式	根据合同确定			

1. 净收益:是指科技成果技术合同的成交额扣除完成本次交易发生的直接成本如评估费、专利及专利维护费、税金等但不包括前期财政资金投入的研发费用。2. 学校股权由学校委托资产经营公司代持。3. 净收益按照货币资金额累进计算。

(二)一站式转化:是指以科研成果转化中心为主导,科研成果转化中心根据对市场信息的掌握情况,从项目的立项、发明披露、知识产权保护、市场推介到成果转移转化全程参与的转化形式。一站式转化的收益和股权的分配比例如下:

序号	分配方式	成果完成人(团队)比例	学院(研究院)比例	学校比例
1	净收益	60%	10%	30%
2	股权	60%	0	学校占40%(其中学院或研究院占学校持股所得权益的30%)

(三)授权转化:是指经学校科技成果转化工作领导小组研究同意,科技成果从发明披露到知识产权保护直至成果的转化委托第三方转移转化的转化形式。授权转化的收益分配比例依据合同执行,学校所获收益的比例分配参照本条第(一)款执行。

《山东交通学院科技成果转移转化管理暂行办法》(节选)

(鲁交院科发〔2016〕7号)

第十三条 科技成果转移转化收益按如下比例分配:以合同约定的转让金额为基数,83%归成果完成人所在的课题组,由成果完成人负责按照国家和学校有关规定支配使用(含支出成本);7%为成果管理及转移转化的管理费,其中3%归成果完成人所在二级单位、4%归科研处支配使用;10%为学校科技成果转移转化发展基金,由科研处支配专用于支持科技成果转移转化。

对于向校内实践教学单位转移转化的项目,学校科技成果转移转化发展基金只收取5%,其余5%按比例向其他各方予以分配。

第十四条 以技术入股形式进行科技成果转移转化或成果完成人自行创办企业实施转移转化的,其技术股份所占具体股份比例可在发起人协议等合同或章程中予以明确。技术股权按如下比例分配:83%归成果完成人所在的课题组,由成果完成人负责按照国家和学校有关规定执行;17%归学校,学校拥有的技术股权委托山东交通科技园发展有限公司负责管理,并将实际获得的股权收益按如下比例处置:7%为成果管理及转移转化的管理费,其中3%归成果完成人所在二级单位、4%归科研处支配使用;10%为学校科技成果转移转化发展基金,由科研处与山东交通科技园发展有限公司各支配5%,专用于支持科技成果转移转化。

对于在山东交通科技园发展有限公司注册实体的科技成果转移转化项目,学校科技成果转移转化发展基金只收取5%,其余5%按比例向其他各方予以分配。

第十五条 对于特殊的科技成果转移转化项目,经学校科技成果转移转化工作领导小组或校长办公会批准,可从学校收取的科技成果转移转化发展基金中给予一定的补助。

第十六条 学校鼓励校内外机构或人员对我校科技成果转移转化提供中介服务,中介机构或人员可以在转化收益中提取总额不超过5%的中介费用,该费用在进行收益分配之前扣除。

第十八条 学校内设机构开展科技成果转移转化,应建立明确的科技服务流程,建立健全内部管理制度,树立良好信誉。根据年度促成技术交易额或转移转化成果项目数量,学校对科技成果转移转化做出突出贡献的内设机构给予一定的奖励。其中,对上年度促成技术交易额不低于500万元或促成5项以上科技成果转移转化的内设机构,由科研处组织申报省级服务机构资质及省级奖励,学校按照省级奖励的1∶1配套奖励,奖励资金由学校科技成果转移转化发展基金列支。

第十九条 担任学校正职领导以及学校所属具有独立法人资格单位的正职领导,是科技成果的主要完成人或者为成果转移转化做出重要贡献的,可以按照本办法给予现金奖励,原则上不得给予股权激励;其他担任领导职务的科技人员,是科技成果的主要完成人或者为成果转移转化做出重要贡献的,可以按照本办法给予现金、股份或出资比例等奖励和报酬。对担任领导职务的科技人员的科技成果转移转化收益分配实行公示和报告制度,明确公示其在成果完成或成果转移转化过程中的贡献情况及拟分配的奖励、占比情况等。

《临沂大学科技成果转化管理办法(试行)》(节选)

(临大校办发〔2017〕15号)

第八条 学校科技成果转化审批工作实行集体决策。(一)科技成果转化价格在50万元以下的,学校授权社会服务处组织相关部门和专家论证审批;(二)科技成果转化价格在50万元以上、100万元以下的,由社会服务处组织相关部门和专家论证,论证结果报分管校长签批;(三)科技成果转化价格在100万元以上的,由社会服务处组织相关部门和专家论证,论证结果报校长办公会研究决定。

第九条 科技成果转化收入纳入学校总体预算,通过预算安排用于对成果完成人员和转化贡献人员的奖励和报酬,以及用于学校技术转移体系建设、科学技术研发与成果转化等工作。作价入股的,学校所占股份由学校指定的科技公司持有。

第十条 预算安排的奖励和报酬根据科技成果转化的净收益额度，按以下比例分配和奖酬：

（一）对无后续责任或义务的成果转让、成果许可、技术开发、技术咨询、技术服务、技术培训等项目，技术团队获得净收益总额度90%的分配权益，可一次性用于个人奖励。剩余部分，40%划入学校科技成果转化培育基金，30%为学校管理费，30%为学院管理费。

（二）对有后续责任和义务的技术开发、技术服务等项目，应在完成项目结项鉴定后再进行收益分配和奖酬，分配办法同上。

（三）科技成果作价投资的股权分配，由社会服务处与相关技术团队及其所在单位协商确认，学校所占公司股份一般为5%～30%。其中用于技术人员（团队）奖励的份额一般占学校所占额度的50%（含股权、出资比例等）。

（四）科技成果的完成人（团队）自行投资创办学科性公司实施转化的，由社会服务处与相关技术团队及其所在单位协商确认，学校可持有公司不超过10%的股份或不持股。

（五）技术团队的负责人或科技成果的主要贡献人有内部收益分配权，团队内人员具体收益分配比例由负责人或主要贡献人根据贡献多少确定，并报所在单位主要负责人审议批准。

第十一条 成果转化实施过程中有关业务洽谈、合同签订、上级主管部门报批与备案、财务办理及知识产权规划与管理等服务的费用，可以从成果转化收入中支出。技术经纪人为学校科技成果的转化提供中介服务，原则上可以从转化收益中提取总额不超过5%的中介费用，协议另有约定除外。上述费用在进行收益分配之前扣除。

第十二条 担任领导职务的科技人员，是科技成果的主要完成人或者对科技成果转化做出重要贡献的，科技成果转化收益分配按上级有关规定执行。

第十三条 学校科技人员在履行岗位职责、完成本职工作的前提下，经征得所在单位同意，可以兼职到企业从事科技成果转化活动，兼职收入归个人所有。

学校科技人员兼职、离岗创业管理，由学校人事主管部门按照人社部发《关于支持和鼓励事业单位专业技术人员创新创业的指导意见》及省人社厅《关于明确高等院校和科研院所科研人员离岗创业有关问题的通知》规定执行。

担任处级以上领导职务的科技人员的兼职、离岗创业管理，按中组部发《关于进一步规范党政领导干部在企业兼职［任职］问题的意见》及省人社厅《关于明确高等院校和科研院所科研人员离岗创业有关问题的通知》规定执行。

第十四条 学校将科技成果转化工作业绩作为对校内单位及科技人员业绩考核的重要内容和依据，在教师岗位聘任、年度考核、任期考核和学院（校区）年度考核中，成果转化经费（以实际到位经费为准）按照文科50分/万元、理工科30分/万元的标准进行考核。

《山东英才学院科技成果转化管理试行办法》（节选）

（鲁英才院字〔2013〕1号）

第八条 科研处组织成果完成人和所在单位对拟转化的科技成果进行价值评估，必要时可由专业评估机构评估，以供转让或入股定价时参考。各有关单位应采取积极措施，对科技成果转化中的队伍组织、技术支撑环节等方面加强协调并给予必要的支持，推进科技成果的迅速转化。

第十四条 学校对科技成果转化、专利转让所取得经济收益的分配办法是：成果完成人85%～90%，用于课题主持人和团队的奖励以及后续科研工作，其分配比例由主持人确定；学校管理费6%，作为科技成果推广转化的基金；成果完成人所在单位4%，用于科技成果转化的服务性工作。

第十五条 学校鼓励校内外相关机构、单位、个人参与科技成果的转化工作，对推动科技成果转化的中介人或机构，可从成果转化经济收益中提取5%（由成果完成人奖金提供）作为技术转移的服务费。

第十六条 以技术入股形式转化的，可按股份形式和合同约定进行权益分配。

《山东城市建设职业学院教科研经费管理办法》（节选）

（鲁城建职院字〔2015〕16号）

科技成果转化效益奖（1）以技术转让方式将科技成果转让他人的，学院将技术转让所得净收入中的50%一次性奖励在研究和成果转让中做出主要贡献的人员。

（2）科技成果由学院自行实施转化或与校外合作实施转化的，项目投产后，学院每年将所得净利润的30%奖励有关人员。

（3）科技成果采取股份形式入股企业实施转化的，学院将所得股份收益中的50%奖励有关人员。

山东省人民政府办公厅
关于进一步促进科技成果转移转化的实施意见

鲁政办字〔2017〕221 号

各市人民政府，各县（市、区）人民政府，省政府各部门、各直属机构，各大企业，各高等院校：

为全面贯彻落实党的十九大精神，以习近平新时代中国特色社会主义思想为指导，深入贯彻习近平总书记视察山东重要讲话、重要指示批示精神，牢固树立创新、协调、绿色、开放、共享的发展理念，认真贯彻落实党中央、国务院决策部署，加快推动科技成果转化为现实生产力，加快实施新旧动能转换重大工程，按照《中华人民共和国促进科技成果转化法》《国务院关于印发实施〈中华人民共和国促进科技成果转化法〉若干规定的通知》（国发〔2016〕16 号）和《国务院办公厅关于印发促进科技成果转移转化行动方案的通知》（国办发〔2016〕28 号）要求，结合我省实际，制定如下实施意见。

一、建立健全科技成果有效供给体系

（一）支持开展面向应用的基础研究。促进科技成果转移转化要从加强源头创新抓起，重视开展基础理论研究，紧扣突出短板，着力增强原始创新和源头创新能力，健全投入机制和激励机制，充分调动科研人员积极性，加快探索未知空间。强化基础研究与应用研究的有机衔接，推动科技与产业贯通，加速把科研成果转化为现实生产力，为创新驱动发展提供更多源泉。建立符合科研规律和基础研究规律的体制机制，为开展基础研究提供良好环境和条件。持续加大基础研究投入力度，切实发挥省自然科学基金与国家自然基金委联合基金作用，鼓励科研人员开展面向应用的基础研究，支持科研人员自组团队、自选题目开展研究，建立开放式的基础研究新模式。深化科研体制改革，赋予科研人员及团队在研发路线选择、科技经费支配、科技成果转化收益及知识产权归属方面更大自主权，激发科研人员创新动力，创造更多具有转化前景的科研成果。

（二）建立面向需求的技术创新机制。强化技术创新的需求导向，进一步加强前沿领域技术攻关，提升竞争实力。在突破核心技术、产出原创性成果上狠下工夫，力争在更多重大创新领域实现由“跟跑”转为“并跑”“领跑”。建立由技术专家、企业家等参加的高端智库，针对制约我省产业发展重大关键技术问题，探索技术创新路径，开展协同创新，努力实现突破。按照“企业出题、先期投入、协同创新、市场验收、政府补助”原则，支持骨干企业牵头开展重大共性关键技术攻关，取得预期技术效果并成功转化应用的，省、市财政科技资金予以后补助支持。围绕企业亟须解决的重大技术问题，制定并发布科技计划指南，聚集各方资源共同攻关，实现突破。

（三）探索面向未来的技术储备机制。重点关注和跟踪世界科技前沿领域发展变化，加强研判预测，努力形成“见事早、动作快”的先手决断。加大力度支持有关未来发展全局、方向明确的科技攻关，力争在战略领域构建先发优势。对方向难以预测、路径看不清楚还处在“无人区”的前沿技术，加强技术研判和人才储备，夯实攻关基础。支持开展综合学科、交叉学科的技术研究，着力突破关键领域的核心技术，储备一批具有形成先发优势的技术成果，为新兴产业培育和传统产业升级提供支持。鼓励开展跨界融合技术研究，紧密结合“中国制造2025”“互联网＋”等，通过联合攻关和协同创新，依靠汇聚群智群力实现重大科技创新，催生技术融合新形态，突破更多技术瓶颈，促进新技术、新产业、新业态和新模式融合发展，推进前沿技术研发应用与传统产业升级互促共进。

二、建立健全科技成果信息汇交与发布体系

（四）加强科技成果信息汇交。建立科技成果信息汇交机制，畅通科技成果信息收集渠道，制定科技成果信息采集、加工与服务规范，实现国家、省、市各类科技计划、科技奖励成果数据资源互联互通，为科技成果传递、扩散、交流提供信息资源支持。完善省科技成果信息汇交系统，丰富科技成果信息库内容，实现财政资金支持的应用类和基础研究中具有应用前景的科研项目成果信息汇交，鼓励非财政资金资助形成的科技成果进行信息互动。财政资金支持实施的应用类科技项目，应在项目合同中明确承担单位科技成果信息公开发布的义务和要求。

（五）公开发布各类科技成果信息。依托山东省科技成果转化服务平台，积极承接国家科技成果包；倡导建立科技成果信息服务机构联盟，主动对接其他省（区、市）科技成果发布信息，实现科技成果信息跨省共享。系统梳理我省科技成果信息，集中发布符合新旧动能转换要求、产业带动作用大、保障重大民生需求支撑作用明显的科技成果信息。围绕重点产业和关键领域，征集企业技术需求并对外发布，实现技术供需有效对接，满足企业发展需要。

（六）促进科技成果数据资源开发利用。加强科技数据资源共享，实现科技成果、科技报告、科技文献、知识产权、技术标准等信息的互联互通。由财政资金支持的科研项目在项目合同中明确项目结项验收时提供符合要求的报告。鼓励运用云计算、大数据等信息技术开展科技成果信息检索、挖掘等增值服务，提供符合用户需求、具有使用价值的科技成果信息。大力推动科技成果向技术标准转化试点，在省科技进步奖中增设技术标准创新奖励内容，推动更多应用类科技成果形成技术标准。

三、建立健全科技成果转移转化市场化服务体系

（七）完善技术市场体系。落实加快全省技术市场发展的意见的政策措施，构建开放共享的技术市场体系。建设国家农业科技成果转移转化中心山东分中心和国家农业技

术交易中心山东分中心，努力发展成为全国重要的农业科技成果转化中心；推动济南建设技术成果转化综合服务中心，在技术信息发布、技术成果转化、科技金融支持等方面提供全链条服务，培育成为国家区域性中心；加快山东省技术转移转化中心建设，主动承接京津冀成果转移，辐射带动全省技术转化。发挥省知识产权交易中心、青岛海洋技术转移中心、中国（烟台）知识产权保护中心、寿光果菜品种权交易中心、鲁南技术产权交易中心、齐鲁技术产权交易中心等中心作用，打造特色鲜明的行业性产权交易中心，形成国家分中心、区域性中心、省中心和行业性中心互相衔接、资源共享的四级技术市场体系。健全全省统一的网上技术交易平台体系，构建数据标准、品牌标识、管理制度和服务规则相统一的全省网上平台。鼓励有条件的市、县（市、区）建设省技术市场分支机构。省财政科技资金按照规定对作用突出的服务平台给予支持。

（八）扩大技术交易内容和方式。加强技术合同登记认定管理，依托技术市场体系为技术成果交易提供服务。鼓励各市和高校、科研院所成立专门的技术合同登记服务机构，提供技术合同登记服务。建设技术合同网上认定系统，推行技术合同证明网上认证，实现技术合同认定和税收优惠联网办公，提高服务水平和效率。推动科技成果、专利等无形资产价值市场化，促进知识产权、基金、证券、保险等新型服务模式创新发展，加快实行协议定价和挂牌、拍卖定价，促进科技成果、专利推广应用。建立技术市场信用征信体系，规范技术交易行为。

（九）加快培育科技成果转移转化服务机构。按照《中共山东省委山东省人民政府关于深化科技体制改革加快创新发展的实施意见》（鲁发〔2016〕28号）要求，支持高校、科研院所设立专业化科技成果转移转化机构，允许按不低于科技成果转化净收入的10%比例提取绩效奖金。全面落实科技成果转移转化服务机构补助政策，加大对科技成果转移转化服务机构培育支持力度。鼓励中介服务机构围绕科技成果所有权转让、专利技术许可、专有技术许可、组合许可等开展许可证贸易、有偿技术咨询、技术服务与技术协助等活动，实现科技成果和专利技术的产业化。支持技术转移转化机构探索适应不同用户需求的科技成果评价方法，差异化促成科技成果转移转化。

四、建立健全促进科技成果转化协同体系

（十）鼓励高校、科研院所大力开展科技成果转移转化活动。贯彻落实体现以增加知识价值为导向分配政策，支持高校、科研院所完善科技成果转化激励措施。认真落实科研成果处置、收益分配和知识产权归属权利及鼓励科技成果转化的各项政策。由财政资金支持形成的战略性新兴产业领域科技成果实行限时转化。鼓励高校、科研院所深化科研体制改革，建立有利于科技成果转移转化的机制与模式，通过研发合作、技术转让、技术许可、作价投资等多种形式，实现科技成果市场价值。

（十一）支持企业开展科技成果转化应用示范。鼓励企业主动承接和转化高校、科研院所具有应用价值的科技成果，与高校、科研院所共建研发机构，开展技术攻关、中试熟化与产业化开发。支持国有企业探索建立科技成果、知识产权归属和利益分享机制，推动落实技术类无形资产等国有资产评估优化管理。实施科技型中小微企业创新竞技行动计划，通过财政科技资金支持，吸引金融机构、创业投资等各类社会资源共同支持科技型中小微企业转化科技成果。支持企业探索以“研发众包”等模式解决技术难题，转化应用科技成果。

（十二）强化科技成果精准对接。发挥政府在科技成果转化中的引导作用，通过举办拍卖会和发布会、网上展示、成果推介路演等线上线下结合方式，推介高校、科研院所及企业技术成果，实现技术成果精准对接。打造全省技术成果转移转化活动品牌，进一步扩大“中国·德州京津冀鲁资本技术交易大会”“环渤海区域技术转移大会”等活动影响，吸引更多技术供需方实现技术交易并顺利转化应用。加强中科院山东综合技术转化中心建设，深化我省与复旦大学、中国科学院、中国工程院等国内高校、科研院所科技合作。探索以政府购买服务的形式，委托行业协会、研发机构、技术转移机构等，按专业或领域组织成熟可转化成果进行专场对接转移。落实外资企业、外籍人才科技成果转化支持政策的“国民待遇”，打造一批品牌国际科技合作基地，促进海外科技成果来鲁转化。

（十三）推动军民融合科技成果转化应用。积极对接国防科技工业成果信息与推广转化平台，及时发布军用技术转民用推广目录，推动军民融合科技成果推广应用。实施“民参军”科技计划，在新材料、电子信息、先进制造与装备、航空航天、特种舰船及配套装备等领域支持开展军用技术研发、军事装备研制。实施“军转民”计划，组织高校、科研院所和企业积极承接国防科技储能释放，加强重点领域军民两用技术的引进和消化吸收。发挥省军民科技融合网络平台作用，增强军地技术成果信息交流，省科技资金支持省内企业技术参与国防建设，促进双方成果转化应用。

五、建立健全科技成果转化平台载体体系

（十四）加强科技创新公共平台建设。加快培育科技创新品牌深入开展“双创”活动，到“十三五”末，培育百个品牌技术创新研发平台，提高科技成果的熟化水平；培育百个品牌技术创新公共服务平台，形成从技术开发到产业化的服务纽带，为科技成果转化提供服务。布局建设一批通用性或行业性技术创新服务平台，开展研发设计、检验检测、技术标准等服务。鼓励企业牵头建立中小微企业创新中试平台，为中小微企业开展中试熟化与产业化开发提供检测检验、集成与二次开发、评估与评价、技术示范推广与交易等服务。

（十五）打造专业化的创新创业孵化载体。按照一器多区、分类集群模式，培育一批专业化科技企业孵化器。鼓励大型企业参与建设低成本、便利化、全要素、开放式的众创空间，重点培育以创客空间、创业咖啡、网上创新工厂等为代表的创业孵化新业态，满足成果转移转化需要。实施“星创天地”“农科驿站”孵化工程，加快推进基层农业科技创业基地建设。对升级为国家级平台的相关孵化载体，按照有关规定给予支持。依托留学人员创业园，通过海外异地孵化器、企业海外研发机构等多种渠道，吸引海外项目来山东转移转化。探索社会资本以融资租赁方式建设具备技术放大、成果熟化、人才培训、市场运营、测试论证、政策咨询等综合服务功能的中试基地，引导科技成果对应特色产业需求转移转化，省科技成果转化引导基金给予支持。

（十六）建设国家科技成果转移转化示范区。发挥山东半岛国家自主创新示范区优势，创建济青烟国家科技成果转移转化示范区，推动科技成果转化政策先行先试和应用

示范。加快山东技术成果转化综合服务中心、知识产权交易中心等服务平台落户济南，建设全国区域性技术成果转化中心；支持青岛市发挥国家科技创新平台优势，在科研成果产出、转化、应用方面率先示范，形成以海洋技术成果转化为特色的示范中心。支持烟台聚焦海工装备、生物医药、智能制造等产业，打造一批科技成果转移转化示范基地。发挥黄河三角洲国家农业高新技术产业示范区的产业带动和辐射作用，打造绿色农业科技成果转移转化高地。支持德州市建设京津冀地区科技成果转化基地，支持枣庄市建设鲁南科技成果转移转化基地，培育形成西部隆起带科技成果转移转化走廊。

（十七）完善创新资源开放共享机制。积极推动创新资源向创新创业者开放，实现仪器设备所有权和经营权分离，对于财政资金购置的仪器设备，探索引入专业化服务机构进行社会化服务等多种方式，促进仪器设备开放共享。明确财政资金支持建设的科研设施和大型仪器设备开放共享义务责任，形成跨部门、跨领域、多层次的开放服务网络体系，为科技创新和创新创业提供基础条件支持。鼓励非财政资金购置科研设施入网，与财政资金购置设施享受同等支持政策。进一步发挥“创新券”支持创新作用，将省科技“创新券”优惠政策补助范围由使用科学仪器设备费用扩大到接受科技服务项目所发生的费用等方面，由科技型小微企业扩大到科技型中小微企业。

六、建立健全科技成果转移转化人才支撑体系

（十八）建设专业化技术经纪人队伍。持续推进“基地＋教材＋师资＋管理”四位一体的技术市场人才培养体系建设，建立与国际接轨、以市场为导向的选人用人育人机制，聘用一批具有法律基础、专利管理、企业创办、风险投资及国际商务方面丰富经验的复合型人才。支持德州市建设山东国际技术经理人培训学院，打造全国技术经理人培训基地。支持高层次人才从事成果转移转化活动，加快培养科技成果转移转化人才，将科技成果转化人才纳入各类创新创业人才引进培育计划。推动有条件的高校设立科技成果转移转化相关专业，打造一支高水平的师资队伍，支持其与国际技术转移转化组织联合培养国际化技术转移转化人才。依托高校、科研院所和骨干企业建立一批技术转移转化人才培养基地，享受科技服务平台支持政策。

（十九）壮大面向基层的科技成果转化人才队伍。按照《中共山东省委关于深化人才发展体制机制改革的实施意见》（鲁发〔2016〕22 号）要求，全面实施专家服务基层、科技精准扶贫计划等，推动人才向基层和欠发达地区流动。瞄准科技创新、产业发展需求，选择部分高校设立“产业教授”岗位，聘请科技型企业家参与教学和科研活动，推进产学研用紧密结合。实施“百人服务百企”行动计划，每年从高校、科研院所、创新型企业中选派 100 名高层次科技人才赴中小企业担任“技术特派员”，帮助中小企业开展技术攻关。继续深入开展科技特派员、企业院士行、科技活动周等品牌活动，动员科技人员及高层次专家深入企业、园区、农村等基层一线开展科技成果转移转化活动，打造一支面向基层的科技成果转移转化人才队伍。完善基层农技推广人才定向培养机制，依托省内高校每年定向培养 200～300 名基层农技推广本科、专科生。推动由省现代农业产业技术体系创新团队的专家学者与基层农技推广人才建立一对一联合团组，共同服务新型农业经营主体的农技推广新模式，加快农业科技成果转移转化。

（二十）强化科技成果转移转化人才服务。构建“互联网＋”创新创业人才服务平台，为科技成果转移转化人才提供人才计划、科技活动、教育培训和科技咨询服务。围绕支撑地方特色产业培育和发展，支持有条件的企业建设院士工作站、“千人计划”专家工作站，为高层次人才与企业、地方对接搭建平台。根据科技成果转移转化全过程和关键环节的实际需求，对从事技术转移服务的机构和人才开展有需求性、针对性的培训，提高技术经纪人、市场经营者、综合服务者队伍的整体服务能力和水平。按照科技成果转化收入奖励有关规定，对转化科技成果做出突出贡献的技术经理人等优秀人才给予奖励。认真落实乡镇农技推广人才相关政策，完善乡镇农技推广人才岗位聘用办法。

七、建立健全加速科技成果转化政策支持体系

（二十一）鼓励企业加大科技成果转化投入。认真落实企业研发财政补助政策，鼓励企业加大研发投入和持续开展技术创新。对符合条件的年销售收入2亿元以上企业，按其较上年度新增享受研发费用部分的10％给予补助；年销售收入2亿元（含）以下企业，按其当年享受研发费用加计扣除费用总额的10％给予补助。进一步落实研发费用加计扣除与高新技术企业认定政策，为企业开展科技成果转移转化提供税收优惠支持。鼓励企业加大研发投入，凡申报省科技计划项目的企业，其研发投入占销售收入的比例必须达到2.5％以上。

（二十二）推动以科技金融手段支持科技成果转化。加大省级科技成果转化引导基金和天使投资引导基金对科技型小微企业和科技成果转化的支持力度，为加快实施新旧动能转换培育新动能。扎实做好科技金融服务工作，建设省级科技金融综合服务平台，组建科技金融联盟，为科技资源与金融资源的信息共享和互联互通提供服务。鼓励有条件的市和高新区建设区域性科技金融服务平台或一站式服务中心，为科技型企业融资提供对接服务，根据绩效评估情况择优纳入省级创新公共服务平台计划予以支持。鼓励银行业金融机构在省级以上高新区设立科技支行，实现省级以上高新区科技支行全覆盖。

（二十三）建立科技成果转化风险分担机制。全面落实科技成果转化贷款风险补偿政策，引导合作银行支持国家和省科技成果转化项目库中的科技成果，按照贷款一定比例给予合作银行风险补偿。设立省级知识产权质押融资风险补偿基金，对合作银行贷款期限不超过2年且余额不超过500万元的中小微企业知识产权质押贷款形成的呆账，按照实际贷款本金损失的40％给予补偿。建立中试平台风险补偿机制，引导金融机构、保险机构、风险投资机构等社会力量共同参与，加大对中试基地等各类中试平台的支持力度，推动科技成果加快进入工业生产。

（二十四）落实新产品研发扶持政策。落实政府采购促进中小企业发展的相关政策，促进创新产品的研发和规模化应用。大力推广首台（套）技术装备及关键核心零部件、首批（次）新材料保险风险补偿机制，对列入《山东省首台（套）技术装备和关键核心零部件及生产企业名单》的产品，投保经保监局备案的产品质量保证保险、产品责任保险、质量保证和产品责任综合险等险种，省级财政将按不高于3％的费率上限及实际投保年度保费的80％比例给予扶持，单个企业的年度财政扶持额度最高不超过500万元，时间按保险期限据实核算，原则上不超过2年。

八、建立健全科技成果转移转化政策保障体系

（二十五）加大知识产权运用和保护力度。推动完善知识产权创造、保护、运用体制，通过建立知识产权保护中心、知识产权综合服务平台，构建有效的知识产权保护服务体系。建立重点产业、重点专业市场和重点企业知识产权保护机制，深入开展专利导航、分析和预警，实施专利导航试点工程，大力扶持专利密集型企业发展，重点培育百项重点领域关键核心技术知识产权。建立知识产权侵权查处快速反应机制，建立知识产权保护信用系统，将恶意侵犯知识产权等违法失信行为信息纳入社会信用体系。

（二十六）营造良好科技成果转化政策环境。宣传贯彻《山东省促进科技成果转化条例》，建立构建有利于科技成果转移转化的政策环境。推动高校、科研院所建立符合自身人事管理需要和科技成果转化工作特点的岗位聘用和考核评价制度。完善有利于科技成果转移转化的事业单位国有资产管理相关政策。引导全社会关心和支持科技成果转移转化，营造有利于科技成果转移转化的良好社会氛围。

（二十七）推动各项工作措施落实落地。省政府有关部门、各市和县（市、区）政府要根据职能定位和任务分工，加强政策、资源统筹，建立协同推进机制，形成科技部门、行业部门、社会团体等密切配合、协同推进的工作格局。健全省、市、县三级科技成果转化工作网络，强化科技部门开展科技成果转移转化的工作职能，加强基层科技管理机构与队伍建设，完善承接科技成果转移转化的平台与机制，推动全省科技成果转移转化再上新台阶，为加快经济文化强省建设做出新贡献。

附件：重点任务分工及进度安排（略）

山东省人民政府办公厅

2017 年 12 月 29 日

权威解读

《关于进一步促进科技成果转移转化的实施意见》解读

《实施意见》分 8 部分、27 条：

第一部分，共 3 条。围绕提高科技成果供给能力，提出支持开展面向应用的基础研究，强化基础研究与应用研究的有机衔接，建立开放式的基础研究新模式。强化技术创新的需求导向，加强前沿领域技术攻关，在突破核心技术、产出原创性成果上狠下工夫。关注和跟踪世界科技前沿领域发展变化，力争在战略领域构建先发优势，储备一批具有形成先发优势的技术成果，为新兴产业培育和传统产业升级提供支持。

第二部分，共 3 条。为解决科技成果信息交流不畅的问题，提出建立健全科技成果信息汇交与发布体系，畅通科技成果信息收集渠道，实现各类科技计划、科技奖励成果数据资源互联互通。依托山东省科技成果转化服务平台，主动对接国家和其他省市科技成果发布信息,实现科技成果信息共享。促进科技成果数据资源开发利用,提供符合用户需求、具有使用价值的科技成果信息。

第三部分,共3条。从技术市场、技术交易和中介服务机构三个方面协同推进科技成果转移转化市场化服务体系建设。在全国率先建立由国家分中心、区域性中心、省中心和行业性中心构成的四级技术市场体系,健全全省统一的网上技术交易平台。建设技术合同网上认定系统,实现技术合同认定和税收优惠联网办公。加快培育科技成果转移转化服务机构,全面落实科技成果转移转化服务机构补助政策。

第四部分,共4条。深化产学研合作,建立健全促进科技成果转化协同体系。支持高等院校、科研院所完善科技成果转化激励措施,将科研成果处置、收益分配和知识产权归属权,以及鼓励科技成果转化的各项政策落到实处。鼓励企业主动承接和转化高校、科研院所具有应用价值的科技成果,支持企业探索以"研发众包"等模式解决技术难题。强化科技成果精准对接,通过举办拍卖会和发布会、网上展示、成果推介路演等线上线下结合方式,推介高校、科研院所及企业技术成果。积极对接国防科技工业成果信息与推广转化平台,推动军民融合科技成果推广应用。

第五部分,共4条。加快推进科技成果转化平台载体建设。着力培育百个品牌技术创新研发平台,培育百个品牌技术创新公共服务平台,布局建设一批通用性或行业性技术创新服务平台。打造专业化的创新创业孵化载体,培育一批专业化科技企业孵化器。抢抓国家刚刚批复建设济青烟国家科技成果转移转化示范区的机遇,推动科技成果转化政策先行先试和应用示范。积极推动创新资源向创新创业者开放,促进仪器设备开放共享。

第六部分,共3条。加强科技成果转移转化人才队伍建设,建立与国际接轨、市场导向的选人用人育人机制,将科技成果转化人才纳入各类创新创业人才引进培育计划。壮大面向基层的科技成果转化人才队伍,推动人才向基层和欠发达地区流动。强化科技成果转移转化人才服务,为科技成果转移转化人才提供人才计划、科技活动、教育培训和科技咨询服务。

第七部分,共3条。发挥企业在成果转化中的主体作用,多渠道增加科技成果转化投入。认真落实企业研究开发财政补助政策,鼓励企业加大研发投入和持续开展技术创新。推动以科技金融手段支持科技成果转化,加大省级科技成果转化引导基金和天使投资引导基金对科技型小微企业和科技成果转化的支持力度。建立科技成果转化风险分担机制,按照贷款一定比例给予合作银行风险补偿。

第八部分,共4条。强调要完善科技成果转移转化政策保障措施。积极落实新产品研发扶持政策,促进创新产品的研发和规模化应用。加大知识产权运用和保护力度,构建有效的知识产权保护服务体系。构建有利于科技成果转移转化的政策环境,引导全社会关心和支持科技成果转移转化。加强政策和资源统筹,建立协同推进机制,推动各项工作措施落实落地,为加快经济文化强省建设做出新贡献。

——引自:科技厅政策法规处 http://www.sdstc.gov.cn/page/subpage/detail.html?id=6f7cbfd149db4eff96188e3eb8ee096c

山东高校典型经验

《鲁东大学科技成果转移转化管理暂行办法》(节选)

(鲁大校发〔2017〕42号)

第十六条 拟转让(包括自行投资转化)、作价入股企业的科技成果,须经审核、批准后方可进行转移转化。一般科技成果转移转化由科技成果转移转化中心审批,下列事项由校长办公会审批。

(一)转让(包括自行投资转化)、作价投资折算股份或出资比例100万元及以上的成果转化;

(二)100万元及以上知识产权的转让;

(三)向境外转让或独占许可的成果转让;

(四)科技成果作价入股办企业等相关事宜;

(五)涉及国家安全、国家利益和重大社会公共利益的科技成果的转移转化,须依照相关法律规定执行并报批。

第十九条 建立成果使用、处置公示制度。对科技成果转让及作价入股等事宜进行公示(包括成果的项目来源、资金、简介、拟交易价格、成果拥有者及单位、受让的单位或个人),公示期为15个工作日。

第二十三条 我校与其他单位合作进行科技成果转化的,应当约定所转化的科技成果有关权益的归属。合同未作约定的,按下列原则办理。

(一)在合作转化中无新的发明创造的,该科技成果的权益归我校;

(二)在合作转化中产生新的发明创造的,该新发明创造的权益归合作各方共有;

(三)对合作转化中产生的科技成果,各方都有实施该项科技成果的权利,转让该科技成果应经合作各方同意。

第二十四条 本办法所指"收益"是指成果转化过程中扣除专利申请费、中介服务费等相关成本后所得的净收入。科技成果转让、许可所产生的收益,按照下列收益分配办法进行分配。

(一)成果完成人以技术转让或许可方式转化职务科技成果的收益,学校、成果完成人所在单位和成果完成人按4%∶6%∶90%的比例进行分配;

(二)成果完成人以科技成果作价投资实施转化形成的股权或出资比例,学校和成果完成人按10%∶90%的比例进行分配;

(三)成果完成人自行投资实施转化、创办创建学科型企业的收益或股权,学校和成果完成人按10%∶90%的比例进行分配。

第二十五条 成果转让、技术入股所获得的收益,属于成果完成团队,由团队负责人负责分配。其中80%用于团队成员的绩效,20%用于团队后续项目的预研经费。

第二十七条 对于担任领导职务的科技人员获得科技成果转化奖励,按照下列规定执行。

（一）担任校级领导正职的人员是科技成果的主要完成人或者对科技成果转化做出重要贡献的，按照国务院关于《实施〈中华人民共和国促进科技成果转化法〉若干规定》可以获得现金奖励。

（二）其他担任领导职务的科技人员，是科技成果的主要完成人或者对科技成果转化做出重要贡献的，可获得现金、股权或者出资比例等奖励和报酬，但获得股权激励的领导人员不得利用职权为所持股权的企业谋取利益。

（三）担任校级领导职务的人员在担任现职前因科技成果转化获得的股权，任职后应在三个月内予以转让，逾期未转让的，任期内限制交易。限制股权交易的，在本人不担任上述职务一年后解除限制。

（四）对担任领导职务的科技人员的科技成果转化收益分配实行公开公示制度，明确公示其在成果完成或成果转化过程中的贡献及拟分配的奖励、占比情况等。不得利用职权侵占他人科技成果转化收益。

第二十八条 鼓励校内外人员和中介机构对我校科技成果转化提供中介服务，可在转化总额中提取不超过10%的中介费用。

第二十九条 学校提取一定比例的中间服务费，用于市场调研、成果评估鉴定、成果宣传推介、项目孵化、人员培训等相关工作支出。转化总额200万元及以下部分提取1%，转化总额200万元以上部分提取0.5%。

第三十条 完善有利于科技成果转移转化的人事管理制度。允许教职工在履行岗位职责、完成本职工作的前提下，经学校人事部门同意，可以到企业兼职从事科技成果转化，或者离岗创业。设置以开展科技项目开发、科技服务、科技成果推广和转化为主要工作的创新岗位。教职工在岗兼职创业、离岗创业、返岗任职、创新岗位设置等相关政策另行制定。

第三十一条 完善有利于科技成果转移转化的岗位评聘制度和绩效评价考核制度，将教职工开展科技成果转移转化的成效作为岗位评聘和个人年度考核内容之一。

第三十二条 允许教职工从事多点教学获得合法收入。教职工在完成本职工作和任务的前提下，经学校同意，可开展多点教学并获得报酬。鼓励教师通过网络平台等多种媒介，推动精品课程等优质教学资源的社会共享，授课教师按照市场机制取得相应报酬。

第三十四条 鼓励本科生、研究生参与学校的科技成果转移转化，采取专利许可等方式，向学生授权使用科技成果。支持创业团队依托科技成果转化实效创办科技型小微企业。在校学生使用和转化学校的职务科技成果按照本办法第二十一条、第二十四条执行。

第三十五条 推进科研设施和仪器设备开放共享。支持各学院与企业、研究开发机构及其他组织联合建立研究开发平台、技术转移机构或技术创新联盟，共同开展研究开发、成果应用与推广。支持各学院和地方、企业联合共建实验室和大型仪器设备共享平台，加快推进科研设施与仪器在保障教学科研基本需求的前提下向其他高校、科研院所、企业、社会研发组织等社会用户开放共享。依托各类实验室、工程（技术）研究中心、分析测试中心等各类研发平台，明确功能定位，建立向社会有效开放的机制。科研设施和仪器设备有偿开放的，严格按国家工商、价格管理等规定办理，收入、支出纳入学校财务统一管理。

《山东中医药大学促进科技成果转移转化实施方案》（节选）

（校科字〔2017〕7号）

（三）健全以增加知识价值为导向的收益分配政策

7. 积极鼓励以增加知识价值为导向的收益分配政策。以技术转让或者许可方式转移转化职务科技成果的，学校从技术转让或者许可所取得的净收益中提取70%的比例用于奖励技术团队和发明人，其余经费分配按照《山东中医药大学横向科研经费管理实施细则》执行。

以科技成果作价投资实施转移转化的，学校从作价投资取得的收益中提取70%的比例用于奖励技术团队和发明人，学校、二级学院分别获得20%、10%的收益权奖励。

以面向企业的技术开发、技术咨询、技术服务、技术培训等横向合作活动开展科技成果转化，由学校与合作单位依法签订合同或协议，约定任务分工、资金投入和使用、知识产权归属、权益分配等事项，经费支出按照合同或协议约定执行，经费分配按照《山东中医药大学横向科研经费管理实施细则》执行。

8. 学校正职领导是科技成果的主要完成人或者为成果转移转化做出重要贡献的，按照学校成果转移转化奖励和收益分配办法给予现金奖励，原则上不得获取股权奖励。在担任现职前因科技成果转化获得的股权，可在任现职后及时予以转让，转让股权的完成时间原则上不超过3个月；股权非特殊原因逾期未转让的，应在任现职期间限制交易；限制股权交易的，不得利用职权为所持股的企业谋取利益，在本人不担任上述职务1年后解除限制。

其他担任领导职务的科技人员，是科技成果的主要完成人或者为成果转移转化做出重要贡献的，可以按照学校制定的成果转移转化奖励和收益分配办法给予现金、股份或出资比例等奖励和报酬。但获得股权激励的领导人员不得利用职权为所持股的企业谋取利益。

对担任领导职务的科技人员的科技成果转移转化收益分配实行公示和报告制度，明确公示其在成果完成或成果转移转化过程中的贡献情况及拟分配的奖励、占比情况等。

（四）完善有利于科技成果转移转化的人事管理制度

9. 在国家、教育部和地方政府政策文件的大力支持下，学校进一步深入推进教学科研人员从事科技成果转移转化工作，完善相关人事管理制度。教学科研人员在履行岗位职责、完成本职工作的前提下，经个人申请、学院审核、校人事处批准，可以到企业兼职从事科技成果转移转化，也可以与学校签订不超过三年的离岗创业协议，明确离岗创业的条件、要求，以及离岗创业期间和期满后的权利和义务。

10. 设立专门的科技成果转移转化岗位，逐步建立和完善相应的评聘制度。设立一定比例的流动岗位。

(五)支持学生创新创业

11. 做好学生创新创业的统筹、协调和组织。

12. 进一步推进创新创业教学改革和完善鼓励学生创新创业的学籍管理规定。

13. 在技术发明人许可的情况下,允许三年内以无偿许可知识产权的方式,向学生授权使用科技成果,引导学生参与科技成果转移转化和开展创新创业实践。

14. 结合国家级实验教学示范中心和公共服务平台建设,切实提升教学实验室、虚拟仿真平台的内涵质量,完善软件、设备与载体改造,增加服务学生创新创业素质教育的开放空间与时间,形成部分专业技能培养和创新创业技能提升的开放式创客空间。

支持师生进行虚拟仿真教学软件与示教平台的研制与开发,以实验教学改革项目方式,鼓励教师从事虚拟仿真实验教学与实验项目设计工作。支持虚拟仿真实验教学中心与校外技术企业合作研发专业实验教学虚拟仿真系统、实施新技术与软件的校外应用与推广。鼓励中心吸纳学生进行虚实结合的专业教学实验、分布式远程实验以及课外创新研学项目,充分发挥平台技术先进性和便捷性优势。

15. 推动大学生创业孵化基地为学生创新创业提供力所能及的场地、信息网络和商事、法律等服务。支持创业孵化基地建立微创新实验室、双创俱乐部等,鼓励创业孵化基地组织并聘请一批创业成功人士、知名企业家、天使和创业投资人、专家学者等担任创业导师,并参与编写高校师生创新创业成功案例作为创新创业教辅材料。鼓励创业孵化基地内企业设立为在校学生提供实习实训和研究生科研实践等教学科研平台。

(六)设立科技成果转移转化基金(略)

(七)推进科研设施和仪器设备开放共享

17. 继续推进科研设施和仪器设备的开放共享,鼓励校企合作联合建立研究开发平台、技术转移机构或创新联盟,共同开展研究开发、成果应用推广、标准研究与制定。学校各级各类重点实验室、工程(技术)中心、大型科学仪器中心、分析测试中心、各级实验教学示范中心等有效向企业特别是中小企业开放,为科技成果转化和创新创业提供服务支撑。相关仪器设备和设施有偿开放使用的,其收入、支出纳入学校财务统一管理。

(八)建立科技成果转移转化年度报告制度和绩效评价机制(略)

《山东工艺美术学院科技成果转化管理办法(试行)》(节选)

(鲁工美院办字〔2017〕1号)

第十六条 收益分配按如下办法执行:

(一)科技成果转让或者许可他人使用,所取得的现金收益按照3∶7的比例分配,即学校占30%、成果完成人(课题组)占70%(可根据本人意愿作为个人奖励或者科研经费,作为科研经费部分的按照学校相关规定执行),技术转化后产生的经济纠纷,也按此比例承担相应的经济风险。学校将所获收益的40%,用于奖励在科技成果转化工作中做出贡献的单位和个人。

(二)成果完成人(课题组)自行创办企业实施成果转化的,经学校和成果完成人(课题组)认可的资产评估机构评估后,约定学校在企业享有的股权或出资比例,或者学校以科技成果转让的方式直接取得现金收益。

（三）以科技成果作价入股取得的收益按照 3∶7 的比例分配，即学校占 30%、成果完成人（课题组）占 70%。

第十七条 成果完成人（课题组）之间的收益分配由项目主持人确定。

第十八条 鼓励校内外人员对我校科技成果转化进行中介，与中介的合作由科研处统一管理，中介人员可以在转化收益中提取不超过 5% 的中介费用（其中学校承担 30%，成果完成人承担 70%）。

山东省人民政府关于加快全省技术转移体系建设的意见

鲁政发〔2018〕13号

各市人民政府，各县（市、区）人民政府，省政府各部门、各直属机构，各大企业，各高等院校：

为贯彻落实《国务院关于印发国家技术转移体系建设方案的通知》（国发〔2017〕44号）精神，推动科技成果转化为现实生产力，现就加快全省技术转移体系建设，提出如下意见。

一、总体要求

深入学习贯彻习近平新时代中国特色社会主义思想和党的十九大精神，聚焦创新型省份建设和新旧动能转换重大工程，坚持“市场主导、政府推动、改革牵引、机制创新”原则，激发创新主体活力，加强供需对接，优化要素配置，完善政策环境，强化协同推进，建立符合科技创新规律和市场经济规律的技术转移体系，为实现“走在前列、由大到强、全面求强”，全面开创新时代现代化强省建设新局面提供有力支撑。

到2020年，我省基本建成实体和网上技术市场健全，专业技术市场补充的技术市场体系，形成线上线下联动、横向纵向联通，衔接国内外技术转移机构，政产学研金服用共同创新，覆盖全省各市、县（市、区）的科技成果转化新格局。科技成果转化服务平台支撑作用更加突出，技术转移服务机构队伍不断壮大，技术转移人才服务能力明显提高，技术合同成交额稳步增长，科技成果转化能力显著提升。积极争创国家技术转移区域中心，培育国家技术转移示范机构50家以上、省级技术转移平台20个以上、省级技术转移服务机构200家以上，全省年技术合同成交额突破800亿元，年均增长20%以上。

二、构建完善的技术市场体系

（一）完善实体市场体系。发挥实体技术市场重要作用，合理规划布局，强化示范带动，突出专业特色，重点围绕济青烟国家科技成果转移转化示范区建设，带动各市同步推进。加快建设山东省技术成果交易中心（济南）、山东省技术转移转化中心（德州）等省级实体平台，依法赋予科技成果交易权，培育形成功能完善、辐射作用强的全国性技术交易市场。加快推进各市、县（市、区）和省级以上高新区实体性的技术转移平台建设，围绕产业技术需求开展技术转移和科技成果转化活动。优化专业化技术转移中心布局，围绕新旧动能转换技术需求，继续发挥青岛国家海洋技术转移中心示范带动作用，倾力打造一批具有区域特色的专业化技术转移中心，加速先进科技成果与产业精准对接，推动区域优势产业创新升级。

（二）建成网上技术市场体系。发挥“互联网＋科技服务”新优势，综合运用移动互联网、大数据、云计算等先进技术手段，在山东省科技成果转化服务平台统筹布局省、市、县（市、区）网上技术市场，统一数据标准、品牌标识和服务要求，构建山东省网上技术市场体系。链接全国重点区域网上技术市场，嵌入全国技术交易网络，提升网上技术市场信息交汇、技术交易、服务转化的能力，形成国家、省、市、县四级联动局面。支持高校、科研院所、技术转移服务机构和企业通过网上技术市场实名注册，发布技术供给和需求，实现技术转移和科技成果转化。

三、优化技术转移服务架构

（三）大力培育技术转移服务机构。加大省级技术转移服务机构培育力度，落实服务机构扶持政策，助力初创期技术转移服务机构成长发展。鼓励市、县（市、区）政府制定扶持政策，按照绩效给予支持，加强对本地技术转移服务机构的培育。支持技术转移服务机构联合高校、科研院所、重点实验室平台、行业内龙头企业共同发起建立科技成果转化中试基地或联盟，加强行业共性、关键技术研发和推广，从源头上解决科技成果转化难的问题。支持有条件的技术转移服务机构与天使投资、创业投资等合作建立投资基金，加大对科技成果转化项目的投资力度，建立从实验研究、中试到生产的全过程融资模式，促进科技成果资本化、产业化。

（四）建设服务技术转移的人才队伍。加快推动技术经纪服务行业发展，积极引进、培养技术经理人，并将业绩突出的高层次技术转移人才纳入省级和各市高层次人才支持计划。选择具有较好条件和基础的高校、技术转移中心建设技术经理人培训中心，打造区域技术经理人培训平台。鼓励高校、科研院所按有关规定自主设置技术转移服务机构，在分配中、高级专业技术岗位时要向技术转移服务机构倾斜。高校、科研院所以及科研组织要建立符合科技成果转化特点的职称评审、岗位聘用、考核评价制度，将科技成果转化工作纳入职称评审、岗位聘用和考核评价指标体系，对推动科技成果转化贡献突出的科研人员，可破格评审职称，聘用相应专业技术岗位。

（五）为科技成果转化提供融资支持。鼓励引导金融机构及风险投资等各类市场投资机构加大对科技成果转化的扶持力度。强化财政资金对社会资本参与科技成果转化的引导作用，各级要充分利用国家科技成果转化引导基金和省新旧动能转换基金，与国内外科技创投机构、大型企业和社会资本联合，设立创业投资子基金，继续实施科技成果转化贷款风险补偿政策，促进科技成果加速转化。扩大我省小微企业知识产权质押融资合作银行范围，推动科技成果转化贷款业务在省内全覆盖。积极推广“评、保、贷、投、易”五位一体的融资服务模式，加大对科技型中小微企业的信贷支持力度。

（六）培育科技成果转化共享服务新业态。围绕我省新旧动能转换“十强”产业规划布局，打造一批产业技术创新战略联盟和技术转移联盟，承担重大科技成果转化项目，建立围绕行业重大、关键技术问题组织攻关、协同创新、成果共享的机制，助力传统产业转型升级。鼓励高校、科研院所、龙头骨干企业开放创新创业资源，结合产业链上下游企业，推动学科间、企业间跨界融合，引导研发、制造、服务各环节协同创新，为技术概念验证、商业化开发等科技成果转化活动提供服务支撑。利用大型科研仪器共享平台，集聚公共资源开展共享服务，省、市级创新券对使用共享平台予以支持。强化技术转移平台创新服务作用，吸引聚集科技中介机构，为技术转移提供知识产权、法律咨询、资产评估、技术评价等专业服务。充分发挥学会、行业协会、研究会等科技社团的优势，依托政产学研金服用创新共同体推动技术转移。

四、拓宽技术转移通道

（七）打造技术转移“十”字走廊。依托济青烟国家科技成果转移转化示范区，建设济南—淄博—潍坊—青岛—烟台—威海技术转移通道，采取科技成果转移转化示范区与自主创新示范区政策互认互通的共享模式，形成贯穿山东半岛国家自主创新示范区的“科技成果转移转化示范推广辐射经济带”。围绕京沪、京九高铁沿线布局一批创新基地和科技成果转化基地，打造德州—聊城—济南—泰安—济宁—菏泽—枣庄技术转移辐射轴，形成连接京津冀、长三角、珠三角等地区的跨区域技术转移走廊，带动我省中西部地区的产业转型升级与经济发展。

（八）促进军民融合科技成果转化应用。加强军民融合科技成果信息互联互通，搭建军民技术供需对接平台。支持军工单位以市场为导向，利用技术和资本优势，通过技术合作、并购重组、参股等方式，与我省共建生产和研发企业。加强军民融合科技服务平台建设，继续实施省级“军民融合科技创新行动计划”，鼓励省内企业、高校、科研院所与军工单位合作，共建军民两用技术重点实验室、示范工程技术研究中心等各类创新平台，开展科技创新。组织开展省级军民融合创新示范区建设，积极争创国家军民融合技术转移中心和创新示范区。

（九）推动国际技术转移。加强与“一带一路”沿线国家政府部门、企业、高校、科研机构的双边、多边合作交流，编制先进技术重点引进目录，畅通与以色列、德国、荷兰等重点国家的信息交流与技术合作渠道，利用信息技术和市场手段，积极引导社会化机构建立国际技术转移中心及创新合作中心，促进先进技术的引进转化和集成创新。积极实施“走出去”战略，鼓励技术成熟、国际市场需求大、能源资源依赖性强的企业，积极利用海外的人才、技术资源，在海外建立研发中心、营销中心和科技创新企业孵化器，构建“一带一路”技术转移协作网络，实现我省优势产业的国际市场开拓。

五、推动县域成为科技成果转化的主阵地

（十）完善组织服务体系。各市、县（市、区）要以市场为导向，着力强化科技成果转化工作，建立一批县域科技成果转化服务平台和专门人员队伍。明确技术转移管理机构和人员，完善技术转移工作机制。依托“农科驿站”、农村电商等平台搭建信息服务载体，帮助基层中小微企业和新型职业农民寻找吸纳科技成果。发挥基层农技人员、科技特派员、大学生村官、扶贫第一书记的重要作用，打造一支面向基层的技术转移和科技成果转化人才队伍，鼓励深入基层一线开展技术咨询、技术诊断、技术服务、科技攻关、成果推广等活动。发挥好乡镇科技管理服务的终端和末梢作用，配合省、市、县级科技部门和相关单位组织、协调、指导当地科技成果转化工作。

（十一）推动技术供需对接。发挥省科技成果信息库作用，按专业领域在县域组织成熟可转化科技成果专场对接，加快先进适用技术和成果向县域转移并加速转化，为乡村振兴提供强力科技支撑。优化对口援助和帮扶机制，开展科技精准扶贫，推动新品种、新技术、新成果向基层特别是贫困地区转移并加速转化。建设一批支持农村科技创新创业的科技孵化器和众创空间，加快农业科技成果推广、普及和产业化。

（十二）加强试点示范。开展省级技术转移先进县（市、区）创建活动，在全省选择一批产业基础好、转化能力强、政策配套全的县（市、区）开展技术转移试点示范，健全技术转移体制机制，建立符合科技创新规律和市场经济规律的技术转移新模式；积极探索制定可落地、见成效的科技成果转化政策措施，为全省科技成果转化提供经验。

六、深入完善技术转移保障体系

（十三）规范技术合同认定登记。完善技术合同登记流程，强化技术合同登记监管，全面落实国家技术交易税收优惠政策，保护交易双方合法权益。鼓励创新主体引入技术转移服务机构，设立技术合同登记服务点，简化技术合同登记程序。启动省级技术合同认定下放试点，重点支持省内科技成果转化工作突出地区。建设技术合同网上认定系统，实现网上材料提交、合同审核、电子认证等功能，并通过省政府信息共享交换平台与税务等部门进行数据交换，让数据多“跑路”，群众少跑腿，切实提高服务质量与效率。

（十四）创新科技成果交易方式。依托省技术市场，开展春秋两季科技成果竞价（拍卖）活动，支持市、县（市、区）等开展行业性、区域性科技成果竞价（拍卖）活动，实现竞拍活动的常态化、规范化，打造技术成果交易品牌活动，产生带动效应。进一步丰富线上线下技术市场服务内容，鼓励开展技术转让、合作开发、委托开发、人才参股、专利实施许可等各类合法交易。积极发展协议转让、招标转让、竞价交易等灵活多样的交易方式，满足不同市场主体需求。

（十五）严格规范技术市场秩序。加快推进《山东省技术市场条例》修订工作，为全省技术转移、科技成果转化提供法律保障。按照《国家技术转移服务规范》标准，加强技术转移服务机构、人员培训，统一技术转移服务范围、标准、流程等内容，促进技术转移服务规范化。

（十六）提升技术交易统计分析水平。健全全省科技服务业统计制度，建立统计指标体系，面向全省技术交易活动开展统计工作，各级科技部门要完善技术交易信息的录入、上报、汇总等统计工作机制，提高统计的准确性和时效性。建立全省技术交易统计监测数据库，实现技术交易分类检索，定期发布统计数据和监测分析报告，为促进全省技术市场有序发展提供决策支持。

七、强化组织实施

（十七）加强统筹协调。各市、县（市、区）要将技术转移体系建设工作摆上重要位置，明确工作推进路线图和时间表,切实推动各项工作措施落实到位。各相关部门要根据各自职责,细化目标任务,强化督促落实,加强指导与服务。

(十八)加大政策扶持。各级、各有关部门要进一步完善科技投入机制,用好用足各项支持政策,充分发挥财政资金对技术转移和科技成果转化的引导作用,推进科技金融结合,加大对技术转移服务机构、技术转移平台建设的支持力度,形成财政资金与社会资本相结合的多元化投入格局。

(十九)抓好评估监督。建立技术转移服务评价与信用机制,加强对各市和高校、科研院所技术转移和科技成果转化工作的评估,把评估结果作为平台建设、人才引进和项目支持的重要依据。强化对本意见实施情况的动态监督评估,建立监测、督办和评估机制,及时掌握地方各项目标任务完成情况。

山东省人民政府
2018 年 5 月 24 日

权威解读

山东加快建设技术转移体系

根据省政府常务会议 5 月 8 日审议通过的《关于加快全省技术转移体系建设的意见》,山东将统筹布局建设技术转移的实体市场和网上市场体系,形成覆盖省、市、县和园区的技术市场体系架构,2020 年基本建成覆盖全省科技成果转化新格局。

山东加快构建完善的技术市场体系。发挥实体技术市场重要作用,合理规划布局,加快建设山东省技术成果交易中心(济南)、山东省技术转移转化中心(德州)等省级实体平台。发挥“互联网+科技服务”新优势,综合运用移动互联网、大数据、云计算等先进技术手段,在山东省科技成果转化服务平台统筹布局省、市、县(市、区)网上技术市场,统一数据标准、品牌标识和服务要求,构建山东省网上技术市场体系。

山东将从组织管理体系、技术供需对接、试点示范三个方面入手,大力推动县域成为科技成果转化的重要阵地。建立一批县域科技成果转化服务平台和专门人员队伍,依托“农科驿站”、农村电商等平台搭建信息服务载体,帮助基层中小微企业和新型职业农民寻找吸纳科技成果。山东还将开展省级技术转移先进县(市、区)创建活动,在全省选择一批产业基础好、转化能力强、政策配套全的县(市、区)开展技术转移试点示范。

山东将启动省级技术合同认定登记下放试点,建设技术合同网上认定系统,实现网上材料提交、合同审核、电子认证等功能,并通过省政府信息共享交换平台与税务等部门进行数据交换,让数据多“跑路”,群众少跑腿。

——引自:山东省政府常务会议网 http://www.shandong.gov.cn/art/2018/5/8/art_10371_148479.html

推动科技成果转为现实生产力山东加快技术转移体系建设

5月8日，山东省政府召开常务会，审议通过了《关于加快全省技术转移体系建设的意见》(以下简称《意见》)，提出到2020年，山东基本建成实体和网上技术市场健全，专业技术市场补充的技术市场体系，形成线上线下联动、横向纵向联通，衔接国内外技术转移机构，政产学研金服用共同创新，覆盖全省各市、县(市、区)的科技成果转化新格局。

《意见》要求，我省要积极争创国家技术转移区域中心，到2020年，培育国家技术转移示范机构50家以上、省级技术转移平台20个以上、省级技术转移服务机构200家以上，全省年技术合同成交额突破800亿元，年均增长20%以上。

与《国家技术转移体系建设方案》(国发〔2017〕44号)相对照，《意见》主要在以下8个方面进行了创新细化：(1)提出统筹布局建设实体市场和网上市场体系，形成覆盖省、市、县和园区的技术市场体系架构；(2)明确提出推动县域成为科技成果转化的重要阵地，提出开展省级技术转移先进县(市、区)创建活动；(3)提出围绕我省新旧动能转换"十强"产业规划布局，培育成果转化共享服务新业态，以打造重点产业专利成果库等方式，引导高端专利成果向山东汇集；(4)提出鼓励各级财政充分利用国家科技成果转化引导基金和山东省新旧动能转换基金，联合设立创业投资子基金，同时提出推广"评、保、贷、投、易"五位一体的融资服务模式；(5)明确提出建设具有科技成果全领域法定交易权的山东省技术成果交易中心(济南)等省级实体平台；(6)推进科技领域"放管服"改革，提出启动省级技术合同认定登记下放试点，合同认定信息通过省政府信息共享平台与税务等部门进行数据交换；(7)推动军民融合科技成果转化应用；(8)进一步提出将业绩突出的高层次技术转移人才纳入省级和各市高层次人才支持计划，对推动科技成果转化贡献突出的科研人员，可破格评审职称，聘用相应专业技术岗位。

——引自：山东省政府常务会议网 http://www.shandong.gov.cn/art/2018/5/8/art_10371_148476.html

山东高校典型经验

《济南大学关于促进科技成果转化工作的实施意见》(节选)

(济大校字〔2016〕47号)

第十条 学校自行投资实施转化的，成果转化收益的分配按照国家及上级规定执行。其他方式转化的，学校从成果转化所得中，按照下列规定的比例，对成果完成人和为成果转化做出重要贡献的其他人员给予奖励：

(一)以技术转让或者许可方式转化的，按转让或许可净收入的95%奖励，涉及科技成果所有权转移的，应扣除学校已发放给完成人的科研奖励；

（二）以作价投资所形成股份或出资比例的股权，按50%～90%的比例奖励给成果完成人和为成果转化作出重要贡献的其他人员持有。用于奖励人员的股权超过入股时作价金额50%的，须经学校职工代表大会讨论决定；作价入股注册新公司起三个年度内，学校股份分红收益扣除必要税款后，按95%的比例奖励。

第十一条 学校转化所得发放奖励的剩余部分，按1∶1的比例，分别划入“济南大学科技成果转化培育基金”账户和二级单位科研基金账户，用于学校科技成果的培育及转化。

第十二条 成果完成人获得的科技成果转化奖励，可以一次性领取。也可个人申请并经科研管理部门审批后，一次性转入个人科研发展基金账户。

关于科技人员取得职务科技成果转化现金奖励有关个人所得税政策的通知

财税〔2018〕58号

各省、自治区、直辖市、计划单列市财政厅（局）、地方税务局、科技厅（委、局），新疆生产建设兵团财政局、科技局：

为进一步支持国家大众创业、万众创新战略的实施，促进科技成果转化，现将科技人员取得职务科技成果转化现金奖励有关个人所得税政策通知如下：

一、依法批准设立的非营利性研究开发机构和高等学校（以下简称“非营利性科研机构和高校”）根据《中华人民共和国促进科技成果转化法》规定，从职务科技成果转化收入中给予科技人员的现金奖励，可减按50%计入科技人员当月“工资、薪金所得”，依法缴纳个人所得税。

二、非营利性科研机构和高校包括国家设立的科研机构和高校、民办非营利性科研机构和高校。

三、国家设立的科研机构和高校是指利用财政性资金设立的、取得《事业单位法人证书》的科研机构和公办高校，包括中央和地方所属科研机构和高校。

四、民办非营利性科研机构和高校，是指同时满足以下条件的科研机构和高校：

（一）根据《民办非企业单位登记管理暂行条例》在民政部门登记，并取得民办非企业单位登记证书。

（二）对于民办非营利性科研机构，其《民办非企业单位登记证书》记载的业务范围应属于“科学研究与技术开发、成果转让、科技咨询与服务、科技成果评估”范围。对业务范围存在争议的，由税务机关转请县级（含）以上科技行政主管部门确认。

对于民办非营利性高校，应取得教育主管部门颁发的民办学校办学许可证，民办学校办学许可证记载学校类型为“高等学校”。

（三）经认定取得企业所得税非营利组织免税资格。

五、科技人员享受本通知规定税收优惠政策，须同时符合以下条件：

（一）科技人员是指非营利性科研机构和高校中对完成或转化职务科技成果做出重要贡献的人员。非营利性科研机构和高校应按规定公示有关科技人员名单及相关信息（国防专利转化除外），具体公示办法由科技部会同财政部、税务总局制定。

（二）科技成果是指专利技术（含国防专利）、计算机软件著作权、集成电路布图设计专有权、植物新品种权、生物医药新品种,以及科技部、财政部、税务总局确定的其他技术成果。

(三)科技成果转化是指非营利性科研机构和高校向他人转让科技成果或者许可他人使用科技成果。现金奖励是指非营利性科研机构和高校在取得科技成果转化收入三年(36个月)内奖励给科技人员的现金。

(四)非营利性科研机构和高校转化科技成果,应当签订技术合同,并根据《技术合同认定登记管理办法》,在技术合同登记机构进行审核登记,并取得技术合同认定登记证明。

非营利性科研机构和高校应健全科技成果转化的资金核算,不得将正常工资、奖金等收入列入科技人员职务科技成果转化现金奖励享受税收优惠。

六、非营利性科研机构和高校向科技人员发放现金奖励时,应按个人所得税法规定代扣代缴个人所得税,并按规定向税务机关履行备案手续。

七、本通知自2018年7月1日起施行。本通知施行前非营利性科研机构和高校取得的科技成果转化收入,自施行后36个月内给科技人员发放现金奖励,符合本通知规定的其他条件的,适用本通知。

财政部　税务总局　科技部

2018年5月29日

权威解读

职务科技成果转化现金奖励可享个税优惠

2018年5月30日,财政部、税务总局和科技部联合发布《关于科技人员取得职务科技成果转化现金奖励有关个人所得税政策的通知》,明确自2018年7月1日起,依法批准设立的非营利性研究开发机构和高等学校根据《促进科技成果转化法》规定,从职务科技成果转化收入中给予科技人员的现金奖励,可减按50%计入科技人员当月"工资、薪金所得",依法缴纳个人所得税。

《通知》明确,科技人员是指非营利性科研机构和高校中对完成或转化职务科技成果做出重要贡献的人员,非营利性科研机构和高校应按规定公示有关科技人员名单及相关信息(国防专利转化除外);科技成果是指专利技术(含国防专利)、计算机软件著作权、集成电路布图设计专有权、植物新品种权、生物医药新品种,以及科技部、财政部、税务总局确定的其他技术成果。

此外,根据《通知》,科技成果转化是指非营利性科研机构和高校向他人转让科技成果或者许可他人使用科技成果。现金奖励是指非营利性科研机构和高校在取得科技成果转化收入3年(36个月)内奖励给科技人员的现金。非营利性科研机构和高校转化科技成果,应当签订技术合同,并根据《技术合同认定登记管理办法》,在技术合同登记机构进行审核登记,并取得技术合同认定登记证明。

《通知》要求，非营利性科研机构和高校应健全科技成果转化的资金核算，不得将正常工资、奖金等收入列入科技人员职务科技成果转化现金奖励享受税收优惠。非营利性科研机构和高校向科技人员发放现金奖励时，应按个人所得税法规定代扣代缴个人所得税，并按规定向税务机关履行备案手续。

——引自：《经济日报》2018年5月31日

科技部　财政部
税务总局关于科技人员取得职务科技成果转化现金奖励信息公示办法的通知

国科发政〔2018〕103 号

各省、自治区、直辖市、计划单列市科技厅(委、局)、财政厅(局)、税务局,新疆生产建设兵团科技局、财政局:

为落实《财政部　税务总局　科技部关于科技人员取得职务科技成果转化现金奖励有关个人所得税政策的通知》(财税〔2018〕58 号)的要求,规范科技人员取得职务科技成果转化现金奖励有关个人所得税缴纳,确保现金奖励相关信息公开、透明,现就科技人员取得职务科技成果转化现金奖励信息公示有关工作通知如下:

一、符合《关于科技人员取得职务科技成果转化现金奖励有关个人所得税政策的通知》(财税〔2018〕58 号)条件的职务科技成果完成单位应当按照本通知要求,对本单位科技人员取得职务科技成果转化现金奖励相关信息予以公示。职务科技成果完成单位是指具有独立法人资格的非营利性研究开发机构和高等学校。

二、科技成果完成单位要结合本单位科技成果转化工作实际,健全完善内控制度,明确公示工作的负责机构,制定公示办法,对公示内容、公示方式、公示范围、公示时限和公示异议处理程序等事项作出明确规定。

三、公示信息应当包含科技成果转化信息、奖励人员信息、现金奖励信息、技术合同登记信息、公示期限等内容。

科技成果转化信息包括转化的科技成果的名称、种类(专利、计算机软件著作权、集成电路布图设计专有权、植物新品种权、生物医药新品种及其他)、转化方式(转让、许可)、转化收入及取得时间等。

奖励人员信息包括获得现金奖励人员姓名、岗位职务、对完成和转化科技成果做出的贡献情况等。

现金奖励信息包括科技成果现金奖励总额,现金奖励发放时间等。

技术合同登记信息包括技术合同在技术合同登记机构的登记情况等。

四、科技成果完成单位已经按照《中华人民共和国促进科技成果转化法》的规定公示上述信息的,如公示信息没有变化,可不再重复公示。

五、公示期限不得低于15个工作日。公示期内如有异议，科技成果完成单位应及时受理，认真做好调查核实并公布调查结果。

六、公示范围应当覆盖科技成果完成单位，并保证单位内的员工能够以便捷的方式获取公示信息。

七、公示信息应真实、准确。科技成果完成单位发现存在提供虚假信息、伪造变造信息等情况的，应当对责任人严肃处理并在本单位公布处理结果。

八、科技成果完成单位应当在职务科技成果转化现金奖励发放前15个工作日内完成公示，并将公示信息结果和个人奖励数额形成书面文件留存备相关部门查验。

九、公示应当遵守国家保密相关规定。

十、本通知自发布之日起实施。

科技部　财政部　税务总局
2018年7月26日

关于改革省属高校科研院所科技成果使用处置和收益管理制度的意见

鲁政办发〔2015〕42号

为调动科研人员创新创业积极性，加快科技成果转化，根据《中共山东省委山东省人民政府关于深入实施创新驱动发展战略的意见》(鲁发〔2015〕13号)要求和《财政部科技部国家知识产权局关于开展深化中央级事业单位科技成果使用、处置和收益管理改革试点的通知》(财教〔2014〕233号)精神，按照"鼓励创新、利益共享、规范透明、宽容失败"的原则，从2015年起，改革省属高校、科研院所科技成果使用、处置和收益管理制度。

一、下放科技成果使用、处置管理权限。省属高校、科研院所对持有的财政资金形成的科技成果，自主决定采取转让、许可、作价入股等方式开展转移转化活动，单位主管部门和财政部门对其科技成果使用、处置和收益分配不再审批备案。涉及国家安全、国家利益和重大社会公共利益的科技成果转移转化，依照相关法律规定管理和实施。

二、科技成果转移转化收入不上缴国库。省属高校、科研院所科技成果转移转化收入不上缴国库，全部留归单位，纳入部门预决算管理。

三、健全科技成果转化市场定价机制。省属高校、科研院所可通过协议定价、技术市场挂牌交易、拍卖等方式确定成果交易、作价入股的价格。实行协议定价的，应当在本单位公示成果名称、拟交易价格，在此基础上确定最终成交价格。

四、完善科技成果转化收益分配机制。省属高校、科研院所的科技成果转移转化收入，在扣除科技成果转移转化过程中发生的费用后，明确对科技成果完成人(团队)、院系(所)，以及为科技成果转移转化做出重要贡献的人员、机构等相关方的收入分配比例。其中，对发明人、共同发明人、科研负责人等在科技成果完成和转移转化中做出重要贡献人员(团队)的奖励比例不低于70%、不超过95%。单位1年内未实施转化的，成果完成人或团队拥有优先处置权。以科技成果作价入股，用于奖励人员的股权超过入股时作价金额50%的，由单位职工代表大会讨论决定。对科研团队的收益，团队负责人有内部收益分配权。

五、科技成果奖励收入直接发放到人。省属高校、科研院所对科技成果完成人(团队)和为科技成果转移转化做出重要贡献的人员奖励，可直接发放给个人。科技成果转移转化收入除用于人员奖励外，其余部分应当用于科研、知识产权管理、人才和团队引进建设、科技成果转移转化、单位条件建设等方面。科技成果转移转化收入用于人员奖励的支出部分，计入当年单位工资总额，但不受单位绩效工资水平上限限制，由单位按照本意见有关规定自主发放，不纳入绩效工资总额基数。

六、实施科技成果转化风险免责政策。省属高校、科研院所采取投资方式转移转化科技成果，对已经履行勤勉尽责义务、但发生投资损失的情况，经审计确认后，不纳入对高校、科研院所资产增值保值考核范围，积极营造"诚实守信、鼓励创新、宽容失败"的创新环境。

七、严格履行科技成果境外转让程序。科技成果向境外转让、独占许可的，依法履行审批程序。对列入《中国禁止出口限制出口技术目录》中禁止出口以及其他影响、损害国家竞争力和国家安全的科技成果，禁止向境外许可或转让。科技主管部门完善落实科技成果向境外转让、独占许可的管理制度。

八、建立科技成果转化年度报告制度。省属高校、科研院所要于每年 3 月 31 日前向单位主管部门报告上一年度科技成果转化情况，详细说明科技成果的获得、转移转化、收入及分配等情况。单位主管部门应将省属高校、科研院所年度科技成果转化报告汇总后，报送财政、科技、人力资源社会保障等部门。财政、审计及相关主管部门等要加强对省属高校、科研院所科技成果转移转化的监督。

九、完善科技成果信息服务平台建设。科技主管部门会同有关部门建立财政资金资助产生的科技成果信息库，鼓励其他资金产生的成果自愿入库，构筑信息服务网络，完善信息传播利用服务体系，加强知识产权执法保护，面向社会提供科技成果信息查询、项目筛选等公益服务，面向产业部门和政府提供分析评议和预警保护等措施性意见建议。科技成果完成单位应主动做好科技成果登记备案和信息提供工作。

十、改进科研管理和评价方式。科技主管部门要改进完善科研组织管理方式，明确应用类科研项目承担单位科技成果转移转化义务，将科技成果转移转化和知识产权创造、运用作为科研项目立项和验收的重要内容和依据。省属高校、科研院所及其主管部门将科技成果转移转化和知识产权创造、运用作为对机构及人员评价、资金支持的重要依据，建立有利于促进科技成果转移转化的绩效考核评价体系。

十一、加快培育和发展技术市场。采取股权投资、基金扶持、后补助等方式，支持搭建技术产权交易服务平台，培育具有区域和产业特色的技术交易市场，为科研人员开展科技成果转化提供财务、金融、技术和政策信息等专业支持。鼓励高校、科研院所建立网络化的科技成果储备交易平台，加强与技术产权交易服务平台对接，逐步建立科技成果转化项目市场化发现和推送机制。

十二、健全科技成果转化管理制度。省属高校、科研院所要建立科技成果转移转化重大事项领导班子集体决策制度，优化科技成果转移转化流程，明确科技成果转移转化、成果报告、知识产权管理、评价奖励等工作的责任主体，建立符合科技成果转移转化特点的岗位管理、考核评价、奖励和内部控制等制度。对科技成果转移转化相关制度和收益分配方案，省属高校、科研院所应在本单位进行公开。

本意见自发布之日起实施。省属高校、科研院所以横向课题形式向企业等有关单位提供的技术服务，相应的收入分配、过程管理等可参照本意见有关要求执行。

权威解读

《山东省人民政府办公厅转发省财政厅等部门关于改革省属高校科研院所科技成果使用处置和收益管理制度的意见的通知》解读

10月28日，省财政厅、省科技厅、省教育厅、省人力资源社会保障厅、省审计厅联合对《关于改革省属高校科研院所科技成果使用处置和收益管理制度的意见》的政策内容进行解读：

（一）下放科技成果使用、处置和收益权限。对财政资金形成的科技成果，省属高校、科研院所可自主决定采取转让、许可、作价入股等方式，开展转移转化活动，单位主管部门和财政部门对科技成果使用、处置和收益分配不再审批备案。科技成果转化收入不上缴国库，全部留归单位，纳入部门预决算管理。涉及国家安全、国家利益和重大社会公共利益的科技成果转化，依照相关法律规定管理和实施。对科技成果向境外转让、独占许可的，依法履行审批程序。

（二）完善科技成果转化收益分配管理。省属高校、科研院所在扣除科技成果转化过程中发生费用后，对发明人、共同发明人、科研负责人等重要贡献人员（团队）的奖励比例不低于70%、不超过95%，团队负责人有内部收益分配权。单位一年内未实施转化的，成果完成人或团队有优先处置权。考虑到股权投资风险较大，参照国家自主创新示范区政策，对省属高校、科研院所以科技成果作价入股，用于奖励人员股权超过入股时作价金额50%的，分配方案要由单位职工代表大会讨论决定。

（三）健全科技成果市场定价机制。允许省属高校、科研院所通过协议定价、技术市场挂牌交易、拍卖等方式确定成果交易、作价入股的价格。为防止交易双方暗箱操作、利益输送等问题，实行协议定价的，由省属高校、科研院所在本单位公示成果名称、拟交易价格，并确定最终成交价格。

（四）科技成果奖励直接发放到人。省属高校、科研院所对科技成果转化重要贡献人员的奖励，可以直接发放给个人。为确保奖励政策落实，避免奖励支出挤占工资基数，对科技成果转化收入用于人员奖励部分，计入当年单位工资总额，但不受单位绩效工资水平上限限制，由单位按本意见规定自主发放，不纳入绩效工资总额基数。

（五）实施科技成果转化风险免责政策。对省属高校、科研院所采取投资方式转化科技成果，已经履行勤勉尽责义务、但发生投资损失的情况，经审计确认后，不纳入对高校、科研院所资产增值保值的考核范围，以积极营造“诚实守信、鼓励创新、宽容失败”的创新环境。

（六）建立科技成果转化年度报告制度。取消单位主管部门和财政部门的审批后，将通过建立单位主管部门、财政部门、高校和科研院所多层次相互衔接的科技成果转化年度报告制度，加强对高校、科研院所科技成果转化的监管。每年省属高校、科研院所向单位主管部门报告上年度的科技成果转化情况，单位主管部门将报告汇总后，报送财政、科技、人力资源社会保障等部门，以便于各方面及时了解、掌握省属高校、科研院所科技成果转化情况，有针对性地加强指导和监督。

（七）加快培育和发展技术市场。政府将采取股权投资、基金、后补助等方式，支持搭建技术产权交易服务平台，培育具有区域和产业特色的技术交易市场，为科研人员进行科技成果转化提供财务、金融、技术和政策信息等专业支持。鼓励高校、科研院所建立网络化的科技成果储备交易平台，加强与技术产权交易服务平台对接，逐步建立科技成果转化项目市场化发现和推送机制。

（八）完善相关配套政策。将重点完善科技成果信息平台建设和改进科研评价管理。在信息平台建设方面，建立财政资金资助产生的科技成果信息库，构筑信息服务网络，完善信息传播利用服务体系，加强知识产权执法保护；面向社会提供科技成果信息查询、项目筛选等公益服务，面向产业部门和政府提供分析评议和预警保护等措施性意见建议。在完善科研评价管理方面，将科技成果转化和知识产权创造、运用作为科研项目立项和验收的重要依据，并明确项目承担单位科技成果转化义务。

（九）强化高校、科研院所管理责任。省属高校、科研院所要建立科技成果转化重大事项的领导班子集体决策制度，优化科技成果转化流程，明确科技成果转移转化、成果报告、知识产权管理、评价奖励等工作责任主体，建立符合科技成果转化特点的岗位管理、考核评价、奖励和内部控制等制度。对科技成果转化相关制度和收益分配方案，省属高校、科研院所应在本单位进行公开，主动接受监督。

——引自：山东省财政厅 http://www.sdstc.gov.cn/page/subpage/detail.html?id=3d6fff2a88294d0dadbbe6b2a8ef8768

山东高校典型经验

《济南大学科研项目经费管理办法》（节选）

（济大校字〔2017〕172号）

第二十五条 对横向科研项目结余经费，根据相关政策，视为科技成果转化收入，项目组可按最高95%的比例提取科技成果转化收入，按照贡献大小分配给项目组成员。剩余部分，一次性转入项目负责人横向科研发展基金。横向科研发展基金按照横向科研项目开支范围用于项目组改善科研条件、开展科技成果转化使用。

《山东农业大学科技成果转化管理规定》（节选）

（山农大校字〔2016〕108号）

第十三条 科技成果转让、许可、入股所获得的收入划拨到学校账户，学校按8%的比例提取管理费后，视科技成果转化的具体形式，由学校、学院、成果完成人员按如下办法进行分配：

（一）科技成果对外转让、许可使用收入分配比例为：学校10%，学院10%，成果完成人员80%。

（二）科技成果入股校外企业或自办科技企业，学校所占股份原则上不低于20%，股权收益分配比例为：学校20%，学院10%，成果完成人员70%。签订合同时应约定学校不承担由于经营不善所造成的亏损。

（三）校内联合开发项目的收益分配，视成果转化的实际情况，由学校、学院、成果完成人员三方具体商定。

第十四条 成果完成人员因科研经费紧张希望将成果转化收益用于相关领域科学技术研究时，由成果完成人员提出申请，经学校科学技术处审核批准后，可将成果转让、许可所得经费转为科研经费使用，经费管理按《山东农业大学科技经费管理办法》执行。

《山东艺术学院横向科研项目与科技成果收益管理办法（试行）》（节选）

（山艺院字〔2017〕41号）

第十九条 我校科技成果转移转化收入，在扣除科技成果转移转化过程中发生的费用后，对结余收益进行分配。其中，结余收益的80%奖励给发明人、共同发明人、科研负责人等在科技成果完成和转移转化中作出重要贡献人员（团队），直接发放到人；10%归所在二级学院（部），用于科研和条件建设等；10%转入学校科研管理基金，用于学校科研管理。

《山东中医药大学横向科研经费管理实施细则》（节选）

（校科字〔2017〕1号）

第九条 科技成果转让收益在扣除学校直接投入该项目的成本费（为完成该项目研究学校资助、匹配的资金）和中介费后，按以下比例分配：学校基金10%、科技发展基金5%、科研处5%、财务处2%、项目负责人所在二级学院3%、基础条件使用费5%，项目组70%。

《山东女子学院横向科研项目管理办法（试行）》（节选）

（鲁女院字〔2016〕88号）

第十九条 横向项目结题后，结余资金按合同约定办理。没有明确约定的，视为科技成果转化收入，项目组可按最高90%的比例提取科技成果转化收入，按照贡献大小分配给项目组成员。剩余部分，一次性转入项目负责人横向科研发展基金。

第二十条 科技成果转化收入直接发放到人。科技成果转化收入用于人员奖励的支出部分，计入当年工资总额，但不受绩效工资水平上限限制，不纳入绩效工资总额基数。

《山东药品食品职业学院职务科技成果转化实施细则(试行)》(节选)

(鲁药食职院字〔2018〕31 号)

文件规定“学院按照下列标准对完成、转化职务科技成果做出重要贡献的人员给予奖励和报酬:(一)将职务科技成果转让、许可给他人实施的,从该项科技成果转让净收入或者许可净收入中提取70%的比例。(二)将职务科技成果作价投资的,从该项科技成果形成的股份或者出资比例中提取70%的比例。(三)将职务科技成果自行实施或者与他人合作实施的,应当在实施转化成功投产后连续三至五年,每年从实施该项科技成果的营业利润中提取10%的比例。

《聊城大学关于促进科技成果转移转化工作的实施办法(试行)》(节选)

(聊大校发〔2017〕37 号)

第三条 权益分配

1. 学校科技成果转移转化所得的收入归属学校,等价记为成果完成人的到账科研经费(但不享受学校的科研奖励)。学校从成果转移转化收入中提取一定比例,对成果完成人和为成果转移转化做出贡献的其他人员给予奖励。在成果完成人应得奖励的分配中,署名第一位的成果完成人具有奖励比例分配的决定权。

2. 学校正式事业编制的科研、教学、管理和其他人员,是科技成果的主要完成人或者为科技成果转移转化做出重要贡献的,可以按照本规定给予现金、股份或出资比例等奖励和报酬。担任副处级(含)以上领导职务的人员取得的科技成果转化收益,要进行公示和报告。

3. 学校自行投资实施转移转化的,成果转移转化收益的分配按照合同约定执行。其他方式转移转化的,学校从成果转移转化所得中,按照下列规定的比例,对成果完成人和为成果转移转化做出贡献的其他人员给予奖励:

(1)以技术转让或者许可方式转移转化的,获取的现金收益在扣除科技成果转移转化过程中发生的费用后,其中的80%奖励给成果转化负责人,并由该成果转化负责人决定奖励分配比例,涉及科技成果所有权转移的,应扣除学校已发给完成人的科研奖励;(2)已作价投资所形成股份或出资比例的股权,按照80%的比例奖励给成果转化负责人,并由该成果转化负责人决定奖励分配比例。

4. 科技成果转移转化所得发放奖励的剩余部分,学校和学院按1∶1的比例分配。

5. 成果完成人获得的科技成果转移转化奖励,可直接发放给个人。

国务院办公厅关于深化产教融合的若干意见

国办发〔2017〕95 号

各省、自治区、直辖市人民政府，国务院各部委、各直属机构：

进入新世纪以来，我国教育事业蓬勃发展，为社会主义现代化建设培养输送了大批高素质人才，为加快发展壮大现代产业体系做出了重大贡献。但同时，受体制机制等多种因素影响，人才培养供给侧和产业需求侧在结构、质量、水平上还不能完全适应，“两张皮”问题仍然存在。深化产教融合，促进教育链、人才链与产业链、创新链有机衔接，是当前推进人力资源供给侧结构性改革的迫切要求，对新形势下全面提高教育质量、扩大就业创业、推进经济转型升级、培育经济发展新动能具有重要意义。为贯彻落实党的十九大精神，深化产教融合，全面提升人力资源质量，经国务院同意，现提出以下意见。

一、总体要求

(一)指导思想。全面贯彻党的十九大精神，坚持以习近平新时代中国特色社会主义思想为指导，紧紧围绕统筹推进“五位一体”总体布局和协调推进“四个全面”战略布局，坚持以人民为中心，坚持新发展理念，认真落实党中央、国务院关于教育综合改革的决策部署，深化职业教育、高等教育等改革，发挥企业重要主体作用，促进人才培养供给侧和产业需求侧结构要素全方位融合，培养大批高素质创新人才和技术技能人才，为加快建设实体经济、科技创新、现代金融、人力资源协同发展的产业体系，增强产业核心竞争力，汇聚发展新动能提供有力支撑。

(二)原则和目标。统筹协调，共同推进。将产教融合作为促进经济社会协调发展的重要举措，融入经济转型升级各环节，贯穿人才开发全过程，形成政府企业学校行业社会协同推进的工作格局。

服务需求，优化结构。面向产业和区域发展需求，完善教育资源布局，加快人才培养结构调整，创新教育组织形态，促进教育和产业联动发展。

校企协同，合作育人。充分调动企业参与产教融合的积极性和主动性，强化政策引导，鼓励先行先试，促进供需对接和流程再造，构建校企合作长效机制。

深化产教融合的主要目标是，逐步提高行业企业参与办学程度，健全多元化办学体制，全面推行校企协同育人，用 10 年左右时间，教育和产业统筹融合、良性互动的发展格局总体形成，需求导向的人才培养模式健全完善，人才教育供给与产业需求重大结构性矛盾基本解决，职业教育、高等教育对经济发展和产业升级的贡献显著增强。

二、构建教育和产业统筹融合发展格局

（三）同步规划产教融合与经济社会发展。制定实施经济社会发展规划，以及区域发展、产业发展、城市建设和重大生产力布局规划，要明确产教融合发展要求，将教育优先、人才先行融入各项政策。结合实施创新驱动发展、新型城镇化、制造强国战略，统筹优化教育和产业结构，同步规划产教融合发展政策措施、支持方式、实现途径和重大项目。

（四）统筹职业教育与区域发展布局。按照国家区域发展总体战略和主体功能区规划，优化职业教育布局，引导职业教育资源逐步向产业和人口集聚区集中。面向脱贫攻坚主战场，积极推进贫困地区学生到城市优质职业学校就学。加强东部对口西部、城市支援农村职业教育扶贫。支持中部打造全国重要的先进制造业职业教育基地。支持东北等老工业基地振兴发展急需的职业教育。加强京津冀、长江经济带城市间协同合作，引导各地结合区域功能、产业特点探索差别化职业教育发展路径。

（五）促进高等教育融入国家创新体系和新型城镇化建设。完善世界一流大学和一流学科建设推进机制，注重发挥对国家和区域创新中心发展的支撑引领作用。健全高等学校与行业骨干企业、中小微创业型企业紧密协同的创新生态系统，增强创新中心集聚人才资源、牵引产业升级能力。适应以城市群为主体的新型城镇化发展，合理布局高等教育资源，增强中小城市产业承载和创新能力，构建梯次有序、功能互补、资源共享、合作紧密的产教融合网络。

（六）推动学科专业建设与产业转型升级相适应。建立紧密对接产业链、创新链的学科专业体系。大力发展现代农业、智能制造、高端装备、新一代信息技术、生物医药、节能环保、新能源、新材料以及研发设计、数字创意、现代交通运输、高效物流、融资租赁、电子商务、服务外包等产业急需紧缺学科专业。积极支持家政、健康、养老、文化、旅游等社会领域专业发展，推进标准化、规范化、品牌化建设。加强智慧城市、智能建筑等城市可持续发展能力相关专业建设。大力支持集成电路、航空发动机及燃气轮机、网络安全、人工智能等事关国家战略、国家安全等学科专业建设。适应新一轮科技革命和产业变革及新经济发展，促进学科专业交叉融合，加快推进新工科建设。

（七）健全需求导向的人才培养结构调整机制。加快推进教育“放管服”改革，注重发挥市场机制配置非基本公共教育资源作用，强化就业市场对人才供给的有效调节。进一步完善高校毕业生就业质量年度报告发布制度，注重发挥行业组织人才需求预测、用人单位职业能力评价作用，把市场供求比例、就业质量作为学校设置调整学科专业、确定培养规模的重要依据。新增研究生招生计划向承担国家重大战略任务、积极推行校企协同育人的高校和学科倾斜。严格实行专业预警和退出机制，引导学校对设置雷同、就业连续不达标专业，及时调减或停止招生。

三、强化企业重要主体作用

（八）拓宽企业参与途径。鼓励企业以独资、合资、合作等方式依法参与举办职业教

育、高等教育。坚持准入条件透明化、审批范围最小化，细化标准、简化流程、优化服务，改进办学准入条件和审批环节。通过购买服务、委托管理等，支持企业参与公办职业学校办学。鼓励有条件的地区探索推进职业学校股份制、混合所有制改革，允许企业以资本、技术、管理等要素依法参与办学并享有相应权利。

（九）深化“引企入教”改革。支持引导企业深度参与职业学校、高等学校教育教学改革，多种方式参与学校专业规划、教材开发、教学设计、课程设置、实习实训，促进企业需求融入人才培养环节。推行面向企业真实生产环境的任务式培养模式。职业学校新设专业原则上应有相关行业企业参与。鼓励企业依托或联合职业学校、高等学校设立产业学院和企业工作室、实验室、创新基地、实践基地。

（十）开展生产性实习实训。健全学生到企业实习实训制度。鼓励以引企驻校、引校进企、校企一体等方式，吸引优势企业与学校共建共享生产性实训基地。支持各地依托学校建设行业或区域性实训基地，带动中小微企业参与校企合作。通过探索购买服务、落实税收政策等方式，鼓励企业直接接收学生实习实训。推进实习实训规范化，保障学生享有获得合理报酬等合法权益。

（十一）以企业为主体推进协同创新和成果转化。支持企业、学校、科研院所围绕产业关键技术、核心工艺和共性问题开展协同创新，加快基础研究成果向产业技术转化。引导高校将企业生产一线实际需求作为工程技术研究选题的重要来源。完善财政科技计划管理，高校、科研机构牵头申请的应用型、工程技术研究项目原则上应有行业企业参与并制订成果转化方案。完善高校科研后评价体系，将成果转化作为项目和人才评价重要内容。继续加强企业技术中心和高校技术创新平台建设，鼓励企业和高校共建产业技术实验室、中试和工程化基地。利用产业投资基金支持高校创新成果和核心技术产业化。

（十二）强化企业职工在岗教育培训。落实企业职工培训制度，足额提取教育培训经费，确保教育培训经费60%以上用于一线职工。创新教育培训方式，鼓励企业向职业学校、高等学校和培训机构购买培训服务。鼓励有条件的企业开展职工技能竞赛，对参加培训提升技能等级的职工予以奖励或补贴。支持企业一线骨干技术人员技能提升，加强产能严重过剩行业转岗就业人员再就业培训。将不按规定提取使用教育培训经费并拒不改正的行为记入企业信用记录。

（十三）发挥骨干企业引领作用。鼓励区域、行业骨干企业联合职业学校、高等学校共同组建产教融合集团（联盟），带动中小企业参与，推进实体化运作。注重发挥国有企业特别是中央企业示范带头作用，支持各类企业依法参与校企合作。结合推进国有企业改革，支持有条件的国有企业继续办好做强职业学校。

四、推进产教融合人才培养改革

（十四）将工匠精神培育融入基础教育。将动手实践内容纳入中小学相关课程和学生综合素质评价。加强学校劳动教育，开展生产实践体验，支持学校聘请劳动模范和高技能人才兼职授课。组织开展“大国工匠进校园”活动。鼓励有条件的普通中学开设职业类选修课程，鼓励职业学校实训基地向普通中学开放。鼓励有条件的地方在大型企业、产业园区周边试点建设普职融通的综合高中。

(十五)推进产教协同育人。坚持职业教育校企合作、工学结合的办学制度,推进职业学校和企业联盟、与行业联合、同园区联结。大力发展校企双制、工学一体的技工教育。深化全日制职业学校办学体制改革,在技术性、实践性较强的专业,全面推行现代学徒制和企业新型学徒制,推动学校招生与企业招工相衔接,校企育人"双重主体",学生学徒"双重身份",学校、企业和学生三方权利义务关系明晰。实践性教学课时不少于总课时的50%。

健全高等教育学术人才和应用人才分类培养体系,提高应用型人才培养比重。推动高水平大学加强创新创业人才培养,为学生提供多样化成长路径。大力支持应用型本科和行业特色类高校建设,紧密围绕产业需求,强化实践教学,完善以应用型人才为主的培养体系。推进专业学位研究生产学结合培养模式改革,增强复合型人才培养能力。

(十六)加强产教融合师资队伍建设。支持企业技术和管理人才到学校任教,鼓励有条件的地方探索产业教师(导师)特设岗位计划。探索符合职业教育和应用型高校特点的教师资格标准和专业技术职务(职称)评聘办法。允许职业学校和高等学校依法依规自主聘请兼职教师和确定兼职报酬。推动职业学校、应用型本科高校与大中型企业合作建设"双师型"教师培养培训基地。完善职业学校和高等学校教师实践假期制度,支持在职教师定期到企业实践锻炼。

(十七)完善考试招生配套改革。加快高等职业学校分类招考,完善"文化素质+职业技能"评价方式。适度提高高等学校招收职业教育毕业生比例,建立复合型、创新型技术技能人才系统培养制度。逐步提高高等学校招收有工作实践经历人员的比例。

(十八)加快学校治理结构改革。建立健全职业学校和高等学校理事会制度,鼓励引入行业企业、科研院所、社会组织等多方参与。推动学校优化内部治理,充分体现一线教学科研机构自主权,积极发展跨学科、跨专业教学和科研组织。

(十九)创新教育培训服务供给。鼓励教育培训机构、行业企业联合开发优质教育资源,大力支持"互联网+教育培训"发展。支持有条件的社会组织整合校企资源,开发立体化、可选择的产业技术课程和职业培训包。推动探索高校和行业企业课程学分转换互认,允许和鼓励高校向行业企业和社会培训机构购买创新创业、前沿技术课程和教学服务。

五、促进产教供需双向对接

(二十)强化行业协调指导。行业主管部门要加强引导,通过职能转移、授权委托等方式,积极支持行业组织制定深化产教融合工作计划,开展人才需求预测、校企合作对接、教育教学指导、职业技能鉴定等服务。

(二十一)规范发展市场服务组织。鼓励地方政府、行业企业、学校通过购买服务、合作设立等方式,积极培育市场导向、对接供需、精准服务、规范运作的产教融合服务组织(企业)。支持利用市场合作和产业分工,提供专业化服务,构建校企利益共同体,形成稳定互惠的合作机制,促进校企紧密联结。

(二十二)打造信息服务平台。鼓励运用云计算、大数据等信息技术,建设市场化、专业化、开放共享的产教融合信息服务平台。依托平台汇聚区域和行业人才供需、校企合作、项目研发、技术服务等各类供求信息，向各类主体提供精准化产教融合信息发布、检索、推荐和相关增值服务。

（二十三）健全社会第三方评价。积极支持社会第三方机构开展产教融合效能评价，健全统计评价体系。强化监测评价结果运用，作为绩效考核、投入引导、试点开展、表彰激励的重要依据。

六、完善政策支持体系

（二十四）实施产教融合发展工程。“十三五”期间，支持一批中高等职业学校加强校企合作，共建共享技术技能实训设施。开展高水平应用型本科高校建设试点，加强产教融合实训环境、平台和载体建设。支持中西部普通本科高校面向产业需求，重点强化实践教学环节建设。支持世界一流大学和一流学科建设高校加强学科、人才、科研与产业互动，推进合作育人、协同创新和成果转化。

（二十五）落实财税用地等政策。优化政府投入，完善体现职业学校、应用型高校和行业特色类专业办学特点和成本的职业教育、高等教育拨款机制。职业学校、高等学校科研人员依法取得的科技成果转化奖励收入不纳入绩效工资，不纳入单位工资总额基数。各级财政、税务部门要把深化产教融合作为落实结构性减税政策，推进降成本、补短板的重要举措，落实社会力量举办教育有关财税政策，积极支持职业教育发展和企业参与办学。企业投资或与政府合作建设职业学校、高等学校的建设用地，按科教用地管理，符合《划拨用地目录》的，可通过划拨方式供地，鼓励企业自愿以出让、租赁方式取得土地。

（二十六）强化金融支持。鼓励金融机构按照风险可控、商业可持续原则支持产教融合项目。利用中国政企合作投资基金和国际金融组织、外国政府贷款，积极支持符合条件的产教融合项目建设。遵循相关程序、规则和章程，推动亚洲基础设施投资银行、丝路基金在业务领域内将“一带一路”职业教育项目纳入支持范围。引导银行业金融机构创新服务模式，开发适合产教融合项目特点的多元化融资品种，做好政府和社会资本合作模式的配套金融服务。积极支持符合条件的企业在资本市场进行股权融资，发行标准化债权产品，加大产教融合实训基地项目投资。加快发展学生实习责任保险和人身意外伤害保险，鼓励保险公司对现代学徒制、企业新型学徒制保险专门确定费率。

（二十七）开展产教融合建设试点。根据国家区域发展战略和产业布局，支持若干有较强代表性、影响力和改革意愿的城市、行业、企业开展试点。在认真总结试点经验基础上，鼓励第三方开展产教融合型城市和企业建设评价，完善支持激励政策。

（二十八）加强国际交流合作。鼓励职业学校、高等学校引进海外高层次人才和优质教育资源，开发符合国情、国际开放的校企合作培养人才和协同创新模式。探索构建应用技术教育创新国际合作网络，推动一批中外院校和企业结对联合培养国际化应用型人才。鼓励职业教育、高等教育参与配合“一带一路”建设和国际产能合作。

七、组织实施

（二十九）强化工作协调。加强组织领导，建立发展改革、教育、人力资源社会保障、财政、工业和信息化等部门密切配合，有关行业主管部门、国有资产监督管理部门积极参与的工作协调机制，加强协同联动，推进工作落实。各省级人民政府要结合本地实际制定具体实施办法。

（三十）营造良好环境。做好宣传动员和舆论引导，加快收入分配、企业用人制度以及学校编制、教学科研管理等配套改革，引导形成学校主动服务经济社会发展、企业重视“投资于人”的普遍共识，积极营造全社会充分理解、积极支持、主动参与产教融合的良好氛围。

附件：重点任务分工（略）

国务院办公厅

2017年12月5日

权威解读

国家发展改革委有关负责人就《关于深化产教融合的若干意见》答记者问

记者对国家发展改革委负责人进行了采访。

问：当前深化产教融合面临的主要问题和困难有哪些？

答：我认为，当前产教融合发展还面临不少瓶颈和制约因素，比如教育人才培养和产业需求存在着“两张皮”问题，主要表现在：宏观层面，教育和产业统筹融合、良性互动格局尚未根本确立。一些地方发展“见物不见人”，教育资源规划布局、人才培养层次、类型与产业布局和发展需求不相适应，技工、高技能人才求人倍率居高不下，部分高校毕业生就业压力持续增大，人才供需结构性矛盾凸显。微观层面，校企协同、实践育人的人才培养模式尚未根本形成，校企合作“学校热、企业冷”，处于浅层次、自发式、松散型、低水平状态。企业参与办学积极性不高，课程内容与职业标准、教学过程与生产过程相对脱节，“重理论、轻实践”问题普遍存在。政策层面，缺乏促进产教融合、校企合作的整体性、系统性政策供给，激励保障服务还不到位，政府企业学校行业社会各负其责、协同共进的发展格局尚未健全。

问：制定《意见》的总体考虑是什么？

答：产教融合的核心是要让行业企业成为重要办学主体，这是深化教育供给侧结构性改革的重大举措，既涉及宏观的教育布局和结构，又涉及人才培养模式改革，还事关教育组织形态和服务供给多元化，是完善现代办学体制和教育治理体系的一项制度创新。在制定《意见》过程中，我们将深化人才发展体制机制改革和推进供给侧结构性改革结合起来统筹推进。同时，将落脚点放在提高教育质量，优化服务供给，切实解决人才供需“两张皮”的现实问题上，推动教育与经济社会发展相协调，促进就业创业，引领和支撑产业转型升级。

《意见》坚持问题导向，重点聚焦与就业市场、企业需求、创新创业直接相连的职业教育、高等教育，重点聚焦调动企业参与积极性，发挥企业重要主体作用，形成政府企业学校行业社会协同参与的工作格局，着力构建产教融合一揽子政策体系。宏观上，发挥好政府统筹作用，同步规划产教融合和经济社会发展，优化职业教育、高等教育布局结构，促进教育和产业联动发展。微观上，促进人才供需两端相向发力，引导产业需求融入人才供给，促进产教融合供需对接，支持校企协同开展人才培养和科技创新。政策上，着力完善体系，综合运用投资、财税、用地、金融和试点，形成激励保障协同支持，强化组织实施。

问：《意见》在政策设计上有什么亮点？

答：《意见》从7个方面提出了30项措施意见，有以下亮点：

一是明确"四位一体"体系架构。《意见》首次明确了深化产教融合的政策内涵及制度框架，完善顶层设计，强调发挥政府统筹规划、企业重要主体、人才培养改革主线、社会组织等供需对接作用，搭建"四位一体"架构，将产教融合从职业教育延伸到以职业教育、高等教育为重点的整个教育体系，上升为国家教育改革和人才开发整体制度安排，推动产教融合从发展理念向制度供给落地。

二是将教育先行、人才优先融入各项政策。《意见》着眼促进人力资本积累，提出制定实施经济社会发展等各类规划时要明确产教融合要求，同步规划产教融合发展政策措施、支持方式、实现途径和重大项目，将人才作为支撑发展的第一资源，在提升人力资本中推动发展质量、效率和动力变革。

三是强调企业重要主体作用。《意见》坚持问题导向，找准症结，着眼发挥企业重要主体作用，提出企业办学准入条件透明化、审批范围最小化，实行"引企入教"改革，健全学生到企业实习实训制度等，推动企业多种形式参与办学，支持企业需求融入人才培养，由人才"供给—需求"单向链条，转向"供给—需求—供给"闭环反馈，促进企业需求侧和教育供给侧要素全方位融合。

四是合理划分政府、社会组织和市场边界。《意见》不搞行政命令式"拉郎配"，侧重加强企业行为信用约束，强化行业协会组织协调，促进中介组织和服务型企业催化，打造"互联网+"信息服务平台，化解校企合作的信息不对称，降低制度性交易成本，体现市场配置资源的改革取向，落实"放管服"改革要求。

五是完善产教融合推进机制。《意见》提出，重点构建三项推进机制：一是重点在学校侧，实施产教融合工程，引导各类学校建立对接产业需求的人才培养模式。二是重点在企业侧，加强财税用地和金融支持政策协同，鼓励企业投资产教融合。三是重点在地方政府等层面，开展产教融合型城市建设等试点，支持有条件地区、行业和企业先行先试，完善评价引导，推进以评促建。

问：《意见》在高等教育产教融合方面，有何考虑？

答：《意见》明确将产教融合作为高校改革发展的重要任务，主要有4个方面的考虑。

一是准确把握我国高等教育发展的阶段性特征。2016年我国高等教育毛入学率42.7%，各类在学总规模3699万人，高等教育加速由大众化向普及化迈进。经济社会发展对人才和创新的多样化需求，推动高校的办学定位和功能发生深刻变化，要求高校向内涵发展转轨、加快培养各类高素质劳动者。深化产教融合,就是要加快高等教育发展方式转变,不断增强服务经济社会发展能力。

二是加快推动高等教育结构调整。在不同层次深化产教融合,以结构调整促进质量提升,已成为应用型本科高校和高水平大学的一致共识。我们将重点聚焦三大举措:第一,完善类型结构,持续推动应用型本科高校转型,办好一批高水平示范性高校,促进专业建设和产业需求融合对接。第二,优化区域结构,继续加强中西部高校基础能力建设,以提升实践教学能力为重点,提高人才培养水平,服务地方发展,带动中西部高等教育振兴。第三,提升学科结构,以学科建设为基础,统筹推进"双一流"建设,重点支持中央高校聚焦四类学科基础设施建设,促进高校学科和人才优势转化为创新优势和产业竞争优势。

三是积极促进高校毕业生就业创业。近年来,全国高校毕业生人数逐年攀升,规模连创历史新高。在毕业生总量继续增大的同时,就业的结构性矛盾更为凸显,迫切要求高等教育加快转型发展,改革人才培养机制,实行学术人才和应用人才分类、通识教育和专业教育相结合的培养制度,增强学生应用实践和就业创业能力。

四是加速高校科技成果向产业转化。深化高等教育产教融合,促进校企协同创新,有助于缩短成果转化链条,加快高校创新力向产业竞争力转换,让高校真正成为催化产业技术变革、加速创新驱动的重要策源地。

——引自:发展改革委 http://www.gov.cn/zhengce/2017-12/19/content_5248610.htm

破解产教深度融合的瓶颈

《关于深化产教融合的若干意见》(以下简称《意见》)的出台,对于推进应用型本科高校和职业院校在产教融合中实现应用型、技术技能型人才培养,促进科研与产业相结合,提升科技成果转化率,促进我国经济发展新旧动能持续转化,提升产业的核心竞争力,具有重要的指导意义。《意见》有以下三个方面的亮点。

一是《意见》明确提出要"强化企业重要主体作用",直接瞄准产教融合培养人才的"瓶颈"。近10年来,高职院校和地方本科高校在校企结合和产教融合方面取得了很大进展。但这些院校转型发展的实践证明,仅仅依靠学校的主动是不够的,产教融合要取得显著成效关键在于让企业真正成为人才培养的重要主体。新出台的《意见》在多处鲜明地提出企业在产教融合中的重要作用,虽然不少内容在以前的政策中已有明确,但《意见》将这些内容系统化,特别是将职业教育方面的政策扩展到本科高校,为地方本科高校在转型过程中开展校企合作提供了明确的政策依据。《意见》第十一条特别明确提出"发挥骨干企业引领作用","注重发挥国有企业特别是中央企业示范带头作用",可以说是重要的政策亮点。

二是《意见》对行业组织和社会机构在构建协同体系中的作用给予了特别重视。这些介于企业和学校之间的机构或组织大体上可分为两类:一类是能够提供创新创业、前沿技术课程、职业培训和教学服务类的教育培训机构或行业企业。《意见》肯定了这种探索,明确“推动高校和行业企业课程学分转换互认,允许和鼓励高校向行业企业和社会培训机构购买创新创业、前沿技术课程和教学服务”。另一类组织则是行业组织和行业性的中介组织。《意见》提出要发展产教融合中介组织和服务性企业,促进校企紧密联结,并提出“积极支持社会第三方机构开展产教融合效能评价,健全统计评价体系”。

三是保障产教融合相关方利益,建立长效合作机制。长期以来,产教融合之所以较多地停留在表层难以深入下去,主要原因在于相关方的利益关切并没有得到很好保障,根源在于体制约束。现有体制对校企合作中的利益分配还有诸多限制,束缚了学校的手脚。对此,《意见》均有针对性设计,比如支持企业、行业组织参与产教融合的方式就有三类:政府或学校的服务购买,校企的共建共赢,税收减免与融资支持。这些支持方式的明确,破解了校企合作中的一些棘手问题,为相关方以利益为纽带形成长期的合作关系提供了稳固的政策基础。

——引自:2017 年 12 月 20 日《光明日报》

山东高校典型经验

《山东中医药大学以科研促进教学实施方案》(节选)

(校字〔2017〕7 号)

二、工作目标

1. 构建“学科—团队—人才”三位一体的教研网络,扎实推动一流学科建设,充分发挥学科建设在科研兴教工作中的主导作用。

2. 以课堂教学为重点,兼顾第二课堂,抓好新课程改革与实施,促进教育教学质量与学生科研素养的提高。

3. 全面提升教师的业务素质,有效促进师资队伍职业能力提升。

三、实施内容

1. 科研成果丰富教学内容

2. 加强实践平台建设

3. 营造良好学术氛围

四、保障措施

1. 设立校级大学生科研创新基金。为进一步提高学生的科学研究和实践创新能力,构建具有特色的学生科研、教学训练与实践能力体系,激发学生对专业研究的兴趣和热情,培养品德高尚、专业突出、追求创新的人才,学校设立大学生科研创新基金,资助学生在教师指导下积极参加科研活动与发明创造,鼓励学生自觉参加主题鲜明的社会调研等活动。

2. 以科学研究促进师资队伍建设。坚持目标导向，精准发力促进教师职业能力提高，加强科研骨干特别是加强青年科研骨干培养，带动学科团队建设，推动科学研究；鼓励教师围绕教学，开展教育教学改革研究；通过创新平台建设、科研项目特别是重大科研项目的研究，推进理论创新、技术创新和文化传承创新，使广大教教师及时掌握学科发展前沿动态和最新研究成果，为教师的知识丰富、思路拓展、能力提升提供有力支撑，为新知识、新技术、新方法进教材、进课堂提供有力保障，进而为教师教学能力的发展奠定坚实基础。

3. 扎实推动一流学科建设。坚持“传承实践、理论创新、重点突破”的学科发展思路，扎实推动一流学科建设，以全面提升学科在全国中医药领域的学术地位、提高学科人才培养质量和健康服务水平为目标，以凝练学科方向，汇聚学科队伍、构建高端平台、深化产教融合、创新体制机制、产出一流成果为建设重点，以促进学科发展和高层次人才培养为目的，着重在学术团队、平台建设、科学研究、人才培养、教学研究、社会贡献等方面进行建设，重视探索学科教师培养与考核机制，积极开展课程体系研究，促进学科教师在教学内容和方法上的不断更新，提升学科教师教学及教研水平，提升高级别教学成果的数量与质量，从而夯实科研促进教学发展基础。

科技成果转化对口合作工作指引(试行)

鲁教科字〔2017〕2号

根据《山东省促进科技成果转化条例》、省委《关于深化人才发展体制机制改革的实施意见》(鲁发〔2016〕22号)、省委省政府《关于深化科技体制改革加快创新发展的实施意见》(鲁发〔2016〕28号),为建立健全我省科技成果转化对口合作机制,推动县(市、区)与高等学校、科研院所有效开展技术成果对口转移,全面推进科技成果转化,制定本工作指引。

一、指引导向

充分发挥高等学校、科研院所人才、技术和成果优势,适应地方经济转型升级对科技创新和成果转化的新需求,引导、鼓励、支持我省高等学校、科研院所与县(市、区)建立科技成果转化对口合作的长效机制,创新服务模式,促进科技成果转化对口合作工作顺利开展。

二、基本原则

(一)坚持优势互补、互利双赢

充分考虑成果供给方和成果接收方的实际需求,聚集高等学校、科研院所人才、技术和成果资源,发挥县(市、区)吸纳、承接、转化科技成果的衔接作用,优势互补,互利双赢,开展形式多样、注重实效的深度合作,促进科技成果转化落实地见效。

(二)坚持市场主导、有效合作

充分发挥企业在成果转移转化对口合作中的主体作用,坚持以企业为主体、以市场为导向,围绕企业需求探索科技成果转移转化机制,支持建立股份制、企业化的运营实体,遵循市场化运营管理规则。

(三)坚持重点突破、资源集约

着力发挥高等学校、科研院所的成果集约优势,对接县(市、区)产业基础和发展需求,以成果转化带动相关产业发展,依托产业发展促进科技创新和人才培养,实现持续合作,相互促进。

三、合作方式

(一)全面战略合作方式

鼓励县(市、区)政府与高等学校、科研院所开展全面战略合作,发挥对口高等学校、科研院所的人才、学科和科研优势,发挥高新技术产业开发区、经济技术开发区和企业的产业技术优势,开展全方位战略合作;合作制定地方经济社会发展规划和行业发展规划,合作筹划实质性共建企业和成果转化落地的具体措施。

(二)共建服务平台方式

鼓励县(市区)政府、企事业单位与我省高等学校、科研院所合作建设符合区域产业需求的科技创新、成果转化的服务平台,共同建设高等学校、科研院所地方工程分院、中试基地、技术转移中心、孵化器、产业化园区等载体,开展技术服务、应用技术开发与成果转移转化工作,提升高等学校、科研院所科技成果的针对性和实效性。

(三)专项研究合作方式

鼓励地方企事业单位与我省高等学校、科研院所开展符合当地需求、体现优势特色的领域研究与专题合作,通过联合承担国家及省各级各类科技研发计划、共建科技创新平台、牵头组建产业技术创新联盟等途径,提高地方自主创新能力和成果转化承载能力。

(四)人才队伍共建方式

鼓励地方企事业单位与我省高等学校、科研院所合作建设技术人才培训基地、研究生联合培养基地等,通过合作共建人才培养基地,实现人才的交流互聘,提高人才培养的适应性和实用性。

(五)共建股份制企业方式

鼓励地方企事业单位与我省高等学校、科研院所以公司制的组织架构、法人治理的经营模式,组建制股份企业,调动各方积极性,依法管理,规范运作,注重绩效,影响带动相关产业发展壮大。

四、保障措施

(一)健全有关决策机制

省属高等学校、科研院所要建立科技成果转移转化对口合作事项集体决策制度,优化科技成果转移转化流程,明确成果转化、成果报告、知识产权管理,以及转化绩效评价、奖励等工作的责任主体,创新完善体现科技成果转移转化特点的岗位管理制度。

(二)落实收益分配政策

省属高等学校、科研院所的科技成果转移转化收入,在扣除科技成果转移转化过程中发生的费用后,明确对科技成果完成人(团队)、院系(所),以及为科技成果转移转化做出重要贡献的人员、机构等相关方的收入分配比例。其中,对发明人、共同发明人、科研负责人等在科技成果完成和转移转化中做出重要贡献人员(团队)的奖励比例不低于70%、不超过95%。单位1年内未实施转化的,成果完成人或团队拥有优先处置权。以科技成果作价入股,用于奖励人员的股权超过入股时作价金额50%的,由单位职工代表大会讨论决定。对科研团队的收益,团队负责人拥有内部收益分配权。高等学校、科研院所科技人员在履行岗位职责、完成本职工作的前提下，经与单位协商一致，可兼职从事科技成果转化活动，兼职收入归个人所有。

（三）落实规定待遇

按照《关于明确高等学校、科研院所科研人员离岗创业有关问题的通知》（鲁人社发〔2015〕69 号）精神，高校、院所科研人员经报请单位同意，可带着科研项目和成果离岗到企业开展创新工作或创办企业，3 年内保留原单位人事关系和国家规定的基本工资，享有职称评聘、岗位等级晋升和社会保险等方面的权利。高校、院所应建立符合科技成果转化特点的职称评聘和考核评价制度，将成果转化绩效纳入职称评聘和考核评价内容，对贡献突出者，可破格评聘相应专业技术职务。鼓励高校、院所建立专业化技术转移机构并制定具体支持措施。

（四）完善激励措施

对在科技成果转化对口合作工作中做出突出贡献，科技成果转化绩效考评为优秀的高校、院所，在以下方面予以优先支持。

1. 以共建成果转化服务平台和共建企业名义申报各类省级科技计划，同等条件优先立项，优先推荐申报国家各类科技计划。

2. 以共建成果转化服务平台名义申报省级以上技术转移示范机构的，按照省财政厅、省科技厅《山东省支持培育科技成果转移转化服务机构补助资金管理暂行办法》（鲁教财〔2016〕44 号），同等条件优先登记、奖补；共建中试基地优先作为省科技成果转化中试基地试点。

3. 共建合作企业取得的科技成果，优先纳入山东省科技成果转化引导基金项目库，并优先向山东省科技成果转化引导基金推介。

4. 共建合作载体、平台和企业的科技成果，在申报山东省科技奖励、山东省高校优秀科技奖时，同等条件优先授奖；在推荐国家级科技奖励时，同等情况优先推荐。

（五）创新管理运营模式

各类合作载体和平台要以产学研结合、多方资本参与、市场化运营的方式进行建设和管理；充分发挥由技术专家、管理专家和经营专家组成的专家委员会的作用，认真制定发展规划、年度工作计划，科学决策，推动科技成果转化推广工作不断取得新成效。

学科性公司工作指引(试行)

鲁教科字〔2017〕3号

学科性公司是以高等学校或科研院所拥有的科技成果(包括专利、非专利技术、计算机软件、著作权等)作为无形资产入股,吸引社会资本,运用现代企业制度共同组建的有利于学科发展的有限责任公司或股份有限公司。

为认真贯彻落实创新驱动发展战略,推进高等教育综合改革,激发科研人员创新创业积极性,加快科技成果向现实生产力的转移转化,规范学科性公司建设和科技成果产业化行为,制定本工作指引。

一、总体思路

学科性公司要以优势学科资源为依托,以知识创新支持和促进技术创新,以技术创新检验和反哺知识创新。以基础研究为核心的知识创新为成果产业化提供技术储备和支撑,以技术创新为主的成果产业化为基础研究提供资金和研发平台,实现科技创新资源的合理集聚和有效集成。

要贯彻创新、协调、绿色、开放、共享的发展理念,保证学科性公司产品和服务的竞争力,保证学科性公司的内外协同,保证学科性公司运行的规范性和人员流动的灵活性,保证学科性公司各利益主体的合作共赢,贯彻可持续发展战略,促进人与自然的和谐。

(一)基本原则

分类引导、试点先行。根据各高等学校、科研院所学科与技术优势的差异和特征,分类别引导探索不同的学科性公司发展模式。对竞争优势明显、条件成熟的学科性公司的建立,以及已经取得较好经济和社会效益的学科性公司给予培育基金扶持或后补助奖励。

举办为主、强化协同。发挥高等学校、科研院所的举办主体作用,强化各级主管部门的领导和协同,有效集聚各方科技资源和创新力量,形成上下联动、深度融合的联动格局。

(二)发展目标

到2020年,创立100家以上具有较强产品竞争力和行业影响力的学科性公司,当年实现经济效益10亿元以上,取得显著的社会效益,力争培育部分学科性公司上市。

二、具体要求

(一)明确利益分配

以职务技术成果作价入股的学科性公司,成果作价和股份应由科技成果所有方、投资人等各方谈判确定或经正规无形资产评估公司评估,不得虚构技术成熟程度和技术水平。学科性公司董事会中,高等学校、科研院所至少委派董事、监事各一名。公司增资扩股时,高等学校、科研院所可将其所占股份的适当比例直接奖励给课题组。学科性公司分红时,课题组直接按所占公司股份比例进行分红。高等学校、科研院所实际所占股份(除去奖励给课题组的部分)取得的分红收益,可按一定比例划归主要成果完成人所在的二级部门。

(二)加强公司管理

学科性公司(含有限责任公司或股份有限公司),必须依照《中华人民共和国公司法》组建和设立,并建立现代企业制度,严格管理。高等学校、科研院所原则上不参与公司的日常经营活动。以高等学校、科研院所技术成果出资入股(以股份证书确定的额度为准)所获实际股份与分红视同为相关科技人员当年或次年的科研业绩考核中的科研经费与科研工作量。高等学校在岗人员在学科性公司承担的各类科研项目,经审核备案后,可以纳入高等学校相应的科研业绩考核体系。

三、建设任务

(一)增强支持措施的针对性

鼓励各高等学校、科研院所根据自身条件采取针对性政策措施,制定有利于发挥特色优势、牵引作用的规章制度。降低科研人员进行创新创业、成立学科性公司的门槛,破除不符合国家政策和不合时宜的体制机制障碍,培育学科性公司持续诞生和快速成长的生态系统,扶持若干个具有较强示范效应的典型,构建各具特色的发展格局。

(二)营造创业环境

建立专门领导或指导机构,完善顶层制度设计,出台指导意见,使政策创新能够与时俱进。各高等学校、科研院所完善学科性公司制度,按照《关于明确高等学校、科研院所科研人员离岗创业有关问题的通知》(鲁人社发〔2015〕69 号)精神,与科研人员、创业企业签订三方协议,明确各方权利义务。在政策允许的范围内,尝试建立免责机制和兜底机制,解除后顾之忧,最大限度地挖掘和调动科研人员的能动性,充分体现其科学价值、经济价值和社会价值,营造尊重人才、鼓励创业、宽容失败的环境氛围。

(三)完善投入体系

各级政府应加大投入,吸引社会资本建立引导基金向学科性公司增资扩股,培育一批有明显技术优势的科技成果转化成立学科性公司,在已有学科性公司中扶持一批加快“专精特新”发展。鼓励高等学校、科研院所在已有科技创新平台上实现科技成果转化,从而培育学科性公司。发挥市场作用,鼓励引导银行、保险、证券、创投等金融和民间资本参与学科性公司的前期建立和后期投资,形成多元化、多层次、多渠道的投融资体系。鼓励、引导、支持各类融资平台,积极开展知识产权质押融资、科技保险、科技融资担保风险补偿等金融服务，构建高效协同的创业服务体系。

四、建设程序

（一）编制方案，确立试点

有关高等学校、科研院所按照本指引，根据自身实际制定切实可行的建设方案，明确创办条件、创办程序、股份比例、权益分配和管理要求。确定青岛科技大学等单位作为先行试点，探索具有推广价值的学科性公司创建与运行模式。

（二）开展建设，监督评价

各有关高等学校、科研院所根据建设方案启动建设，每年 12 月 31 日前书面向省教育厅、省科技厅报送进展情况，重要事项随时汇报。省教育厅、省科技厅及时对工作开展情况进行监督，每年通过评价给予扶持和指导。

五、组织实施

（一）加强领导

省直相关部门建立会商制度，聚焦区域经济和行业发展要求，加强统筹支持和政策指导。各高等学校、科研院所应成立工作领导小组，明确机构和人员职责，建立协同推进机制，加快学科性公司建设步伐。

（二）强化支撑

有关主管部门加强资源集聚和措施集成，分类指导、统筹支持，对创建效果明显、经济社会效益突出的单位和企业优先予以扶持和倾斜。各有关高等学校、科研院所应制定出台明确的学科性公司建设扶持或奖励文件和系列配套政策，明确工作目标和考核要求，加大支撑保障和落实力度。

图书在版编目(CIP)数据

科研政策文件解读/邓云锋主编．—济南：山东大学出版社，2019.5

ISBN 978-7-5607-6334-7

Ⅰ.①科… Ⅱ.①邓… Ⅲ.①高等学校－科研管理－科技政策－研究－中国 Ⅳ.①G644

中国版本图书馆 CIP 数据核字(2019)第 086137 号

责任编辑：王桂琴
封面设计：牛　钧

出版发行：山东大学出版社
社　址　山东省济南市山大南路 20 号
邮　编　250100
电　话　市场部(0531)88364466
经　销：新华书店
印　刷：山东新华印务有限责任公司
规　格：787 毫米×1092 毫米　1/16
42.75 印张　985 千字
版　次：2019 年 5 月第 1 版
印　次：2019 年 5 月第 1 次印刷
定　价：128.00 元